FormularBibliothek Zivilprozess

herausgegeben von

Dr. Ludwig Kroiß,
Vorsitzender Richter am Landgericht

FormularBibliothek Zivilprozess

Verkehr | Schaden Versicherung

Verkehrsrecht
Hartmut Roth, Rechtsanwalt, Dresden
Christian Janeczek, Rechtsanwalt, Dresden

Deliktsrecht
Dr. Tobias Windhorst, Staatsanwalt, derzeit Leiter eines Referats u. a. für Rechtsfragen im Bayerischen Landtag

Arzthaftungsrecht
Matthias Teichner, Rechtsanwalt, Hamburg

Versicherungsrecht
Oskar Riedmeyer, Rechtsanwalt, München

Die Deutsche Bibliothek – CIP-Einheitsaufnahme

Die Deutsche Bibliothek verzeichnet diese Publikation in
der Deutschen Nationalbibliografie; detaillierte bibliografische
Daten sind im Internet über http://dnb.ddb.de abrufbar.

FormularBibliothek Zivilprozess
ISBN 3-8329-1098-0

Einzelband **Verkehr | Schaden | Versicherung**
ISBN 3-8329-1316-5

Hinweis:
Die Muster der FormularBibliothek Zivilprozess sollen dem Benutzer als
Beispiele und Arbeitshilfen für die Erstellung eigener Schriftsätze dienen.
Sie wurden mit größter Sorgfalt von den Autoren erstellt. Gleichwohl bitten
Autoren und Verlag um Verständnis dafür, dass sie keinerlei Haftung für die
Vollständigkeit und Richtigkeit der Muster übernehmen.

1. Auflage 2005
© Nomos Verlagsgesellschaft, Baden-Baden 2005. Printed in Germany. Alle
Rechte, auch die des Nachdrucks von Auszügen, der fotomechanischen Wiedergabe und der Übersetzung, vorbehalten.

FormularBibliothek Zivilprozess

Teil 1: **Verkehr** Seite 5
Christian Janeczek, Rechtsanwalt
Hartmut Roth, Rechtsanwalt

Teil 2: **Schaden** Seite 185
Dr. Tobias Windhorst, Staatsanwalt

Teil 3: **Arzthaftung** Seite 261
Matthias Teichner, Rechtsanwalt

Teil 4: **Versicherung** Seite 369
Oskar Riedmeyer, Rechtsanwalt

Inhalt

Verweise erfolgen auf Randnummern

- § 1 Verkehrszivilrecht 1
  - A. Vorprozessuale Situation......... 2
    - I. Mandatsübernahme 2
      - 1. Muster 2
        - a) *Muster:* Fragebogen für Anspruchsteller........... 2
        - b) *Muster:* Fragebogen zur Berechnung des Haushaltsführungsschadens.. 5
        - c) *Muster:* Entbindung von der ärztlichen Schweigepflicht.................... 9
        - d) *Muster:* Zivilprozessvollmacht................... 11
      - 2. Schriftliche Vollmacht...... 12
      - 3. Unfalltagebuch............ 16
    - II. Außergerichtliche Tätigkeit ... 17
      - 1. Kontaktaufnahme mit den Verfahrensbeteiligten...... 17
        - a) *Muster:* Telefax an den Zentralruf der Autoversicherer 17
        - b) *Muster:* Schreiben an die gegnerische Haftpflichtversicherung 22
        - c) *Muster:* Schreiben an die eigene Haftpflichtversicherung 25
        - d) *Muster:* Anforderung der amtlichen Ermittlungsakte 28
        - e) *Muster:* Anforderung eines ärztlichen Attestes 30
        - f) *Muster:* Einholung der Deckungszusage bei der Rechtsschutzversicherung 32
        - g) Schreiben an die Haftpflichtversicherung mit der Anregung, einen Rehabilitationsdienst einzuschalten 35
        - h) *Muster:* Mandatsbestätigung 39
      - 2. Schadensbezifferung 41
        - a) Sachschaden............. 41
          - aa) *Muster:* Schadensaufstellung.................. 41
          - bb) Schadenspositionen und Schadensbezifferung im Reparaturfall............ 42
            - (1) Wiederherstellung 42
            - (2) Wertminderung......... 51
            - (3) Sachverständigenkosten 55
            - (4) *Muster:* Klage von Sachverständigengebühren... 58
            - (5) Mietwagenkosten........ 59
            - (6) *Muster:* Vortrag zu Mietwagenkosten i.H.d. Unfallersatztarifes 63
            - (7) Abschleppkosten......... 73
          - cc) Schadenspositionen und Schadensbezifferung im Totalschadensfall 76
            - (1) *Muster:* Schreiben an Versicherung zum Wiederbeschaffungswert 77
            - (2) Wiederbeschaffungswert . 78
            - (3) Restwert................. 84
            - (4) 130%-Regelung.......... 85
          - dd) *Muster:* Abrechnungsschreiben an die eigene Kaskoversicherung 88
          - ee) *Muster:* Schadensabwicklung über das „Quotenvorrecht" 90
        - b) Personenschaden 98
          - aa) Bezifferung des Schmerzensgeldes............... 98
          - bb) *Muster:* Bezifferung des Haushaltsführungsschadens 104
          - cc) Bezifferung des Verdienstausfallschadens 105
          - dd) Bezifferung der vermehrten Bedürfnisse 112

3. *Muster:* Mahnschreiben an die gegnerische Haftpflichtversicherung 115
   III. *Muster:* Abrechnung der außergerichtlichen Tätigkeit   116
  B. Prozess....................... 119
   I. *Muster:* Unfallsache in der 1. Instanz – Klageschrift mit Sach- und Personenschaden.. 119
   II. *Muster:* Berufungseinlegungsschrift 120

§ 2 Verkehrsordnungswidrigkeitenrecht, Verkehrsstrafrecht, Verwaltungsrecht 121
  A. Verkehrsordnungswidrigkeitenrecht......................... 121
   I. Mandatsübernahme......... 121
   1. *Muster:* Vollmacht im Bußgeld-/Strafverfahren 133
   2. *Muster:* Honorarvereinbarung 136
   3. Fragebogen zum Absehen von Fahrverbot 139
   II. Behördliches Verfahren 147
   1. *Muster:* Bestellungsschriftsatz mit Akteneinsichtsgesuch 147
   2. *Muster:* Deckungsanfrage an Rechtsschutzversicherung mit Kostenschutzanfrage für außergerichtliches Sachverständigengutachten 153
   3. *Muster:* Einholung eines Verkehrszentralregisterauszuges................ 156
   4. *Muster:* Einspruch gegen den Bußgeldbescheid...... 161
   5. *Muster:* Einlassung nach Vorliegen eines Sachverständigengutachtens 164
   6. Einlassung bei fehlerhafter Radarmessung 169
   Muster: Einlassung des Betroffenen nach fehlerhafter Radarmessung......... 175
   7. Einlassung bei fehlerhafter Lichtschrankenmessung... 176
   Muster: Einlassung bei fehlerhafter Lichtschrankenmessung 184
   8. Einlassung bei fehlerhafter Messung durch Nachfahren 185
   9. Anregung zur Einstellung gem. § 47 Abs. 2 OWiG 188
   Muster: Anregung zur Verfahrenseinstellung 191
   10. Anregung des Absehens von Fahrverbot................ 192
   Muster: Anregung des Absehens vom Fahrverbot....... 202
   III. Gerichtliches Verfahren 203
   1. Rechtsbeschwerdeeinlegung 203
   a) Zulässigkeit der Rechtsbeschwerde (Allgemeine Zulässigkeitsvoraussetzungen) 204
   b) Zulässigkeit der Rechtsbeschwerde (Besondere Zulässigkeitsvoraussetzungen) 204
   c) Begründetheit der Rechtsbeschwerde 206
   aa) Verfahrensrüge.......... 207
   bb) Sachrüge................ 212
   d) Rechtsbeschwerde....... 215
   Muster: Einlegung der Rechtsbeschwerde....... 222
   Muster: Rechtsbeschwerdebegründung 223
  B. Verkehrsstrafrecht im engeren Sinne 224
   I. Mandatsübernahme 224
   1. *Muster:* Information über den Ablauf eines Gerichtstermins................... 231
   2. Information über Strafmilderungsmaßnahmen 233
   3. Information zur Vorbereitung auf einen MPU-Test... 245
   Muster: Information zur Vorbereitung auf eine MPU.... 247
   II. Ermittlungsverfahren 250
   1. Deckungsanfrage bei Rechtsschutzversicherung

auch bei vorsätzlichen Verkehrsdelikten 250
Muster: Deckungsanfrage bei der Rechtsschutzversicherung bei vorsätzlichem Verkehrsdelikt 250
2. Einholung von Verkehrszentralregisterauszug und Bundeszentralregisterauszug... 253
Muster: Einholung von Verkehrszentralregisterauszug und Bundeszentralregisterauszug 255
3. Bestellung des Verteidigers und Akteneinsichtsgesuch 261
Muster: Bestellungsschriftsatz mit Akteneinsichtsgesuch 261
4. Besondere Probleme einzelner Straftatbestände 267
a) Besondere Probleme bei § 142 StGB 267
b) Besondere Probleme bei § 316 StGB 282
aa) Fahrzeug i.S.d. § 316 StGB 283
bb) Öffentlicher Straßenverkehr 284
cc) Fahrzeug vom Mandanten geführt................. 286
dd) Fahruntüchtigkeit 288
ee) Ordnungsgemäßer Nachweis der alkoholbedingten Fahruntüchtigkeit.... 291
ff) Nachtrunk.............. 295
gg) Schuldform............. 297
c) Besondere Probleme des § 21 StVG 298
aa) Strafbarkeit des Fahrers nach § 21 StVG 298
(1) Der Tatbestand des § 21 StVG 299
(2) Das Kfz................. 300
(3) Führen des Kfz.......... 301
(4) Anschieben und Abschleppen 304
(5) Teilnahme am öffentlichen Straßenverkehr..... 307
(6) Fahren ohne die erforderliche Fahrerlaubnis........ 310

(7) Fahren trotz Fahrverbot oder amtlicher Verwahrung des Führerscheins... 318
(8) Vorsatz und Fahrlässigkeit 320
bb) Strafbarkeit des Halters .. 324
(1) Tatbestand des § 21 StVG 325
(2) Halter des Kfz........... 326
(3) Zeitpunkt der Strafbarkeit 327
(4) Fahren ohne die erforderliche Fahrerlaubnis....... 328
(5) Pflichten des Halters 329
(6) Vorsatz und Fahrlässigkeit 332
cc) Entscheidungen.......... 335
(1) Fahren mit ausländischer Fahrerlaubnis 335
(2) Fahren mit einem Leichtkraftrad.................. 340
d) Besondere Probleme bei § 229 StGB 347
Muster: Schreiben an die Staatsanwaltschaft – Einlassung 351
e) Besondere Probleme bei § 240 StGB 352
aa) Ausbremsen als Nötigung 352
bb) Dauerndes Linksfahren auf der Autobahn 356
cc) Längeres Verhindern des Überholens durch einen Radfahrer 364
dd) Versperren der Fahrbahn mit ausgebreiteten Armen................... 370
ee) Zufahren auf einen Fußgänger................... 377
5. Antrag auf Einstellung des Verfahrens nach § 170 StPO 387
a) Antrag auf Einstellung des Verfahrens gem. § 153 StPO..................... 387
b) Geständige Einlassung mit Anregung des Erlasses eines Strafbefehls........ 402
c) Einspruch gegen den Strafbefehl.............. 409
Muster: Einspruch gegen den Strafbefehl 409

Inhalt

  d) Widerspruch gegen die vorläufige Entziehung der Fahrerlaubnis **410**
  III. Gerichtliches Verfahren **418**
   1. Berufungseinlegung **418**
    Muster: Berufungseinlegung **420**
   2. Berufungsbegründung **431**
   3. Revisionseinlegung **433**
    Muster: Revisionseinlegung **435**
   4. Revisionsbegründung **437**
C. Verkehrsverwaltungsrecht **439**
  I. Widerspruch gegen eine Fahrtenbuchauflage **439**
    Muster: Widerspruch gegen eine Fahrtenbuchauflage **441**
  II. Widerspruch gegen die Anordnung einer MPU **442**
  III. Widerspruch gegen die verwaltungsrechtliche Fahrerlaubnisentziehung **446**
  IV. Einstweiliger Rechtsschutz bei sofortiger Vollziehung von Verwaltungsentscheidungen **451**
    Muster: Antrag auf Wiederherstellung der aufschiebenden Wirkung **453**
  V. Abwägung in Führerscheinsverfahren **454**

Musterverzeichnis

§ 1 Verkehrszivilrecht — 1

1. Fragebogen für Anspruchsteller — 2
2. Fragebogen zur Berechnung des Haushaltsführungsschadens — 5
3. Entbindung von der ärztlichen Schweigepflicht — 9
4. Zivilprozessvollmacht — 11
5. Telefax an den Zentralruf der Autoversicherer, GDV Dienstleistungs-GmbH & Co. KG Hamburg (FAX-Nr.: 040/33965401) — 17
6. Schreiben an die gegnerische Haftpflichtversicherung — 22
7. Schreiben an die eigene Haftpflichtversicherung — 25
8. Anforderung der amtlichen Ermittlungsakte — 28
9. Anforderung eines ärztlichen Attestes — 30
10. Einholung der Deckungszusage bei der Rechtsschutzversicherung — 32
11. Mandatsbestätigung — 39
12. Schadensaufstellung — 41
13. Klage von Sachverständigengebühren — 58
14. Vortrag zu Mietwagenkosten i.H.d. Unfallersatztarifes — 63
15. Schreiben an Versicherung zum Wiederbeschaffungswert — 77
16. Abrechnungsschreiben an die eigene Kaskoversicherung — 88
17. Schadensabwicklung über das „Quotenvorrecht" — 90
18. Bezifferung des Haushaltsführungsschadens — 104
19. Mahnschreiben an die gegnerische Haftpflichtversicherung — 115
20. Abrechnung der außergerichtlichen Tätigkeit — 116
21. Unfallsache in der 1. Instanz – Klageschrift mit Sach- und Personenschaden — 119
22. Berufungseinlegungsschrift — 120

§ 2 Verkehrsordnungswidrigkeitenrecht, Verkehrsstrafrecht, Verwaltungsrecht — 121

23. Vollmacht im Bußgeld-/Strafverfahren — 133
24. Honorarvereinbarung — 136

1 Musterverzeichnis

25	Bestellungsschriftsatz mit Akteneinsichtsgesuch	147
26	Deckungsanfrage an Rechtsschutzversicherung mit Kostenschutzanfrage für außergerichtliches Sachverständigengutachten	153
27	Einholung eines Verkehrszentralregisterauszuges	156
28	Einspruch gegen den Bußgeldbescheid	161
29	Einlassung nach Vorliegen eines Sachverständigengutachtens	164
30	Einlassung des Betroffenen nach fehlerhafter Radarmessung	175
31	Einlassung bei fehlerhafter Lichtschrankenmessung	184
32	Anregung zur Verfahrenseinstellung	191
33	Anregung des Absehens vom Fahrverbot	202
34	Einlegung der Rechtsbeschwerde	222
35	Rechtsbeschwerdebegründung	223
36	Information über den Ablauf eines Gerichtstermins	231
37	Information zur Vorbereitung auf eine MPU	247
38	Deckungsanfrage bei der Rechtsschutzversicherung bei vorsätzlichem Verkehrsdelikt	251
39	Einholung von Verkehrszentralregisterauszug und Bundeszentralregisterauszug	255
40	Bestellungsschriftsatz mit Akteneinsichtsgesuch	261
41	Schreiben an die Staatsanwaltschaft – Einlassung	351
42	Einspruch gegen den Strafbefehl	409
43	Berufungseinlegung	420
44	Revisionseinlegung	435
45	Widerspruch gegen eine Fahrtenbuchauflage	441
46	Antrag auf Wiederherstellung der aufschiebenden Wirkung	453

§ 1 Verkehrszivilrecht

Für viele Kollegen stellt das Verkehrsrecht ein Rechtsgebiet dar, von welchem sie der Überzeugung sind, es ohne große Erfahrung und Kenntnis neben ihrer eigentlichen Spezifikation „so neben her" bearbeiten zu können. Es kann ja nicht schwer sein, das Schmerzensgeld oder die Reparaturkosten zu beziffern und bei der Versicherung geltend zu machen oder zu überprüfen, ob auf einem Messfoto der Mandant als Fahrer zu erkennen ist. Dass das Verkehrsrecht deutlich darüber hinaus geht, soll im Folgenden dargestellt werden. Es soll aber auch aufgezeigt werden, welche Probleme entstehen können, wie diese zu lösen sind und wie die tägliche Arbeit erleichtert und effektiv gestaltet werden kann.

A. Vorprozessuale Situation

I. Mandatsübernahme

1. Muster

a) Muster: Fragebogen für Anspruchsteller

Anspruchsteller

Name: ▪▪▪
Geburtsname: ▪▪▪
Beruf: ▪▪▪
Anschrift: ▪▪▪
Bankverbindung: ▪▪▪

Versicherungsnehmer (Schadenstifter)

Name: ▪▪▪
Geburtsname: ▪▪▪
Anschrift: ▪▪▪
versichert bei: ▪▪▪
amtl. Kennzeichen: ▪▪▪
Fahrer (wenn nicht VN): ▪▪▪

Unfall-Ort: ▪▪▪
Unfall-Datum, -Zeit: ▪▪▪

§ 1 Verkehrszivilrecht

Unfallschilderung:

■■■

■■■

andere Unfallbeteiligte:

Vorname	Name	PLZ	Ort	Straße	KFZ	Kennz.

Unfallzeugen:

Vorname	Name	PLZ	Ort	Straße

Unfallaufnahme durch:

Polizei-Dienststelle: ■■■

Straße: ■■■

PLZ, Ort: ■■■

Tagebuch-Nummer: ■■■

Angaben zum beschädigten KFZ:

Eigentümer (wenn nicht

Anspruchsteller): ■■■

vorsteuerabzugsberechtigt: ■■■

Beschreibung des Schadens:

Schadenshöhe: siehe unter Schadensaufstellung

Anzahl Nutzungsausfalltage: ■■■

Name der Reparatur-Werkstatt: ■■■

Janeczek

A. Vorprozessuale Situation

Straße: ▪▪▪

PLZ, Ort: ▪▪▪

Besichtigungsort: ▪▪▪

Name Gutachter: ▪▪▪

Straße: ▪▪▪

PLZ, Ort: ▪▪▪

Vorschäden: ▪▪▪

Hersteller: ▪▪▪

Typ: ▪▪▪

Baujahr: ▪▪▪

km-Stand: ▪▪▪

amtl. Kennzeichen: ▪▪▪

Anzahl der Vorbesitzer: ▪▪▪

versichert bei: ▪▪▪

Versicherungs-/Schaden-Nr.: ▪▪▪

Rechtsschutzversicherung: ▪▪▪

PLZ, Ort: ▪▪▪

Versicherungsschein-Nr.: ▪▪▪

Das zivilrechtliche Unfallmandat bahnt sich regelmäßig auf zweierlei Weise an: Entweder der Mandant ruft seinen Anwalt noch von der Unfallstelle an und fragt, wie er sich verhalten soll, oder er begibt sich nach dem Unfall zu seinem Rechtsbeistand. Im Vordergrund bei Beginn jeder Bearbeitung steht das **Sammeln der vollständigen Informationen**. Alles, was bereits als Information in der Akte ist, muss anschließend nicht aufwendig in Telefonaten und Besprechungsterminen nachgefragt werden. 3

Der Fragebogen für Anspruchsteller erfüllt zwei Funktionen: Zum einen soll er sicherstellen, dass in der Akte des Anwalts alle Informationen enthalten sind, die er braucht, zum anderen soll damit verhindert werden, dass der Mandant gegenüber seiner eigenen Haftpflichtversicherung oder gar gegenüber der gegnerischen Haftpflichtversicherung noch selbst den Fragenbogen ausfüllt, welcher ihn von dort erreicht, und so gerade bei der Unfallschilderung Unterschiede im Wortlaut auftreten und ungeschickte Einlassungen erfolgen. Auch wenn es anfänglich mühselig erscheint, mit dem Mandanten gemeinsam den Fragebogen auszufüllen, so stellt diese Vorgehensweise jedoch 4 sicher, dass keine Fragen vergessen werden und so kein späteres Nachfragen erforderlich wird, was mit Sicherheit mehr Zeit in Anspruch nähme. Dieser Fragebogen enthält aber auch all die Informationen, die die eigene und die gegnerische Versicherung benötigen, so dass der Fragebogen lediglich noch kopiert werden muss, um an die Versicherungen geschickt zu werden. Es wird dem Mandanten so erspart, dass er zwei weitere Fragebögen ausfüllen muss. Zudem stellt dieser Fragebogen sicher, dass der Anwalt genau weiß, welche Informationen die Versicherungen haben.

b) Muster: Fragebogen zur Berechnung des Haushaltsführungsschadens

I. Personen im Haushalt

Anzahl ■■■, darunter ■■■ Kinder.

Ehemann

Geburtsdatum ■■■, ausgeübter Beruf: ■■■

Wöchentliche Arbeitszeit: ■■■ h, Einkommen (netto ca.): ■■■ EUR

Ehefrau

Geburtsdatum: ■■■, ausgeübter Beruf: ■■■

Wöchentliche Arbeitszeit: ■■■ h, Einkommen (netto ca.): ■■■ EUR

Kinder im Haushalt

erstes Kind

Sohn ( ) oder Tochter ( )

Geburtsdatum: ■■■

eventuell Beruf/Ausbildung/Studium: ■■■

zweites Kind

Sohn ( ) oder Tochter ( )

Geburtsdatum: ■■■

eventuell Beruf/Ausbildung/Studium: ■■■

drittes Kind

Sohn ( ) oder Tochter ( )

Geburtsdatum: ■■■

eventuell Beruf/Ausbildung/Studium: ■■■

viertes Kind

Sohn ( ) oder Tochter ( )

A. Vorprozessuale Situation

Geburtsdatum: ▬▬▬

eventuell Beruf / Ausbildung / Studium: ▬▬▬

Im Haushalt lebende Verwandte

erste Person

Alter: ▬▬▬, Mithilfe im Haushalt in Stunden: ▬▬▬

zweite Person

Alter: ▬▬▬, Mithilfe im Haushalt in Stunden: ▬▬▬

Haushaltsnettoeinkommen (ca.): ▬▬▬ EUR (alle Einnahmen einschließlich Wohngeld, Kindergeld ▬▬▬)

II. Rechtliche Wohnlage (Zutreffendes ankreuzen)

Eigentum ( ) Pacht / Miete ( )

Einfamilienhaus ( ) Zweifamilienhaus ( ) Mehrfamilienhaus ( )

III. Wohnverhältnisse

Wohnfläche: ▬▬▬ qm (ohne Küche)

Anzahl Räume: ▬▬▬

Heizart: ▬▬▬

IV. Garten

Größe: ▬▬▬ qm davon Ziergarten: ▬▬▬ qm Nutzgarten: ▬▬▬ qm

Lage: am Haus ( ) oder Entfernung ca. ▬▬▬ km

Hilfskräfte, vor Eintritt des Schadensfalls

Art der Hilfe: ▬▬▬

Umfang der Hilfe: ▬▬▬

V. Technische Ausstattung:

Kühlschrank ( ) Gefrierschrank ( ) Gefriertruhe ( )

Geschirrspülmaschine ( ) Waschvollautomat ( ) Wäschetrockner ( )

VI. Mahlzeiten

1. Teilnahme an Außer-Haus-Verpflegung

( ) Ehemann: ▬▬▬ Anzahl Mahlzeiten / Woche

( ) Ehefrau: ▬▬▬ Anzahl Mahlzeiten / Woche

( ) 1. Kind: ▬▬▬ Anzahl Mahlzeiten / Woche

( ) 2. Kind: ▬▬▬ Anzahl Mahlzeiten / Woche

( ) 3. Kind: ■■■ Anzahl Mahlzeiten / Woche

( ) 4. Kind: ■■■ Anzahl Mahlzeiten / Woche

VII. Auslagerung bzw. Vergabe von Haushaltsaufgaben (z.B. Wäsche, Reinigung): ■■■ Besonderheiten

( ) pflegebedürftige Personen: ■■■

Art der Behinderung: ■■■

Pflegeaufwand: ■■■ Std. / Woche

( ) Schichtarbeit: wer? ■■■

( ) Montage- / Pendelarbeit: wer? ■■■

Abwesenheit von Haushalt: ■■■ Tage / Woche

Ersatzkraft anlässlich des Unfalls

Wurde eine solche eingestellt?:

( ) nein ( ) ja

von wann bis wann: ■■■

Arbeitszeit je Woche: ■■■ h

Bruttolohn: ■■■ EUR

sonstige Besonderheiten des Haushalts: ■■■

6 Eine leider gerade von Nichtspezialisten oft vergessene Schadensposition ist der **Haushaltsführungsschaden**. Gerade hier unterscheidet sich der gute Anwalt vom durchschnittlichen Kollegen. Bei jedem Unfall mit einem nicht nur unerheblichen Personenschaden ist zwingend an den Haushaltsführungsschaden als **Unterhaltsschaden** zu denken. Soweit ein Familienmitglied durch seine Haushaltstätigkeit ganz oder teilweise zum Familienunterhalt beiträgt, stellt sich der Verlust der Fähigkeit zur Haushaltsführung als eigener Erwerbsschaden dar. Soweit die Tätigkeit dazu gedient hat, eigene Bedürfnisse zu befriedigen, führt der entsprechende Verlust zur Entstehung vermehrter Bedürfnisse.

7 Die Geltendmachung des Schadens bedarf nicht der Einstellung einer Ersatzkraft. Auch dann, wenn Familienangehörige einspringen, soll dies nicht dem Schädiger zugute kommen, so dass der Anspruch **fiktiv** begehrt werden kann.[1]

8 Der Fragebogen zur Berechnung des Haushaltsführungsschadens stellt sicher, dass alle Informationen vorhanden sind, die im Regelfall erforderlich werden, um den Haushaltsführungsschaden zu berechnen. Es wird davon abgeraten, den Schaden pauschal über ausgefallene Stunden und einem bestimmten Stundenlohn zu berechnen. Viel-

---

[1] BGH VersR 1979, 670.

mehr wird eindringlich geraten, die **Tabelle von Schulz-Borck/Hofmann**[2] zu benutzen, die der BGH[3] mehrfach als geeignete Schätzungsgrundlage angesehen hat, von der der Tatrichter nur im Ausnahmefall abweichen soll. Der praktische Umgang mit der Tabelle erfordert anfänglich Eingewöhnung, erleichtert die Berechnung jedoch ungemein und führt zu deutlich höheren Schadensbeträgen als die pauschale Berechnung. Im übrigen verhilft der Hinweis auf die Entscheidung des BGH dazu, dass das Streitpotential um die Schadenshöhe vermindert ist.

c) Muster: Entbindung von der ärztlichen Schweigepflicht

ERKLÄRUNG

zur Entbindung von der ärztlichen Schweigepflicht

Hiermit entbinde ich

Name: ▪▪▪

Vorname: ▪▪▪

Geburtsdatum: ▪▪▪

Anschrift: ▪▪▪

alle Ärzte, die mich aus Anlass des am ▪▪▪ erlittenen Unfalls behandelt haben bzw. behandeln werden, von der ärztlichen Schweigepflicht, und zwar gegenüber
a) den beteiligten Versicherungsgesellschaften
b) den beteiligten Gerichten und Strafverfolgungsbehörden
c) den beteiligten Rechtsanwälten

unter der Bedingung, dass die von mir beauftragten Rechtsanwälte,

▪▪▪

gleichzeitig und unaufgefordert eine Durchschrift der erteilten Auskünfte und Stellungnahmen erhalten.

▪▪▪, den ▪▪▪

▪▪▪ (Unterschrift)

Gegenstand jeder Akte, in der ein **Personenschaden** enthalten ist, muss die Schweigepflichtentbindung sein. Effektiv und schnell ist es, wenn man selbst mit Hilfe der Entbindung ein ärztliches Attest anfordert und der Versicherung eine beglaubigte Kopie zur Verfügung stellt, damit diese eine Regulierung nicht dadurch in die Länge ziehen kann, dass sie erst noch selbst eine solche Entbindung bei dem Mandanten anfordert. Auch hier ist immer daran zu denken, dass der Rechtsanwalt als Rechtsbeistand des Mandanten neben diesem die Aufgabe hat, alle Informationen zu beschaffen, um den Schaden beziffern zu können. Wer sich hier auf die Versicherung verlässt, wird mindestens lange warten müssen.

---

2 Schadensersatz bei Ausfall von Hausfrauen und Müttern im Haushalt, 6. Aufl. 2000.
3 BGH VersR 1979, 670.

11 d) Muster: Zivilprozessvollmacht

> Zustellungen werden nur an die Bevollmächtigten erbeten

VOLLMACHT

Hiermit wird den Rechtsanwälten ■■■

in Sachen ■■■

wegen Geltendmachung von Schadensersatz aus dem Unfall vom ■■■

Vollmacht erteilt
1. zur Prozessführung (u.a. nach §§ 81ff. ZPO) einschließlich der Befugnis zur Erhebung und Zurücknahme von Widerklagen;
2. zur Antragstellung in Scheidungs- und Scheidungsfolgesachen, zum Abschluss von Vereinbarungen über Scheidungsfolgen sowie zur Stellung von Anträgen auf Erteilung von Renten- und sonstigen Versorgungsauskünften;
3. zur Vertretung in sonstigen Verfahren und bei außergerichtlichen Verhandlungen aller Art (insbesondere in Unfallsachen zur Geltendmachung von Ansprüchen gegen Schädiger, Fahrzeughalter und deren Versicherer);
4. zur Begründung und Aufhebung von Vertragsverhältnissen und zur Abgabe und Entgegennahme von einseitigen Willenserklärungen (z.B. Kündigungen) im Zusammenhang mit der oben genannten Angelegenheit.

Die Vollmacht gilt für alle Instanzen und erstreckt sich auch auf Neben- und Folgeverfahren aller Art (z.B. Arrest und einstweilige Verfügung, Kostenfestsetzungs-, Zwangsvollstreckungs-, Interventions-, Zwangsversteigerungs-, Zwangsverwaltungs- und Hinterlegungsverfahren, Gesamtvollstreckungs-, Konkurs- und Vergleichsverfahren über das Vermögen des Gegners sowie Insolvenzverfahren). Sie umfasst insbesondere die Befugnis, Zustellungen zu bewirken und entgegenzunehmen, die Vollmacht ganz oder teilweise auf andere zu übertragen (Untervollmacht), Rechtsmittel einzulegen, zurückzunehmen oder auf sie zu verzichten, den Rechtsstreit oder außergerichtliche Verhandlungen durch Vergleich, Verzicht oder Anerkenntnis zu erledigen, Geld, Wertsachen und Urkunden, insbesondere auch den Streitgegenstand und die vom Gegner, von der Justizkasse oder von sonstigen Stellen zu erstattenden Beträge entgegenzunehmen sowie Akteneinsicht zu nehmen.

Wichtiger Hinweis gem. § 49b Abs. 5 BRAO:

Es wird darauf hingewiesen, dass sich die Höhe der zu erhebenden Gebühren nach dem Gegenstandswert richtet, soweit das Gesetz nichts anderes bestimmt.

■■■, den ■■■

■■■ (Unterschrift)

2. Schriftliche Vollmacht

12 Voraussetzung für die Bearbeitung des Mandats muss das Vorliegen einer schriftlichen Vollmacht sein. Nicht nur, um sich gegenüber den anderen Verfahrensbeteiligten legitimieren zu können, sondern auch, um seine Beauftragung nachweisen zu können, wenn es um das eigene **Honorar** geht, ist die Schriftlichkeit geboten. Gerade bei Verkehrsunfällen bietet es sich an, die Vollmacht nicht auf einen bestimmten Gegner zu begrenzen. Sehr oft kommen **mehrere Anspruchsgegner** in Betracht, an die bei Auftragserteilung noch nicht zu denken ist (Büro Grüne Karte, Verkehrsopferhilfe, vom Fahrer verschiedene Halter von Fahrzeugen). Darum sollte obige Auftragsbenennung erfolgen, wobei jedoch ausdrücklich zu betonen ist, dass es sich um ein Zivilmandat handelt. Kommt wie häufig auch ein Strafmandat in Betracht, ist unbedingt ein **zweites Vollmachtsformular** zu verwenden, welches die Vollmacht auf einen bestimmten Anwalt bereits wegen § 137 Abs. 2 StPO beschränkt.

Es wird sehr oft verkannt, dass die Unterschrift unter eine Vollmacht auch die Beendigung eines Mandates verursachen kann, nämlich dann, wenn diese Unterschrift zu einer **Interessenkollision** führt und damit der Vertrag nichtig ist. Insbesondere seit der Schadensersatzreform ist es unmöglich, als Anwalt sowohl den Fahrer als auch einen Beifahrer zu vertreten, da im Regelfall immer ein Anspruch des Beifahrers gegen den Fahrer bestehen wird. Hier wird auch bei Eheleuten oder Kindern keine Ausnahme gemacht werden dürfen, so dass sich der Anwalt für einen entscheiden muss, um den anderen an einen guten Kollegen zu verweisen. Auch wenn Mandanten dies zunächst nicht verstehen wollen, weil ja der andere den Unfall allein verursacht hat, wird hier der Anwalt im eigenen Interesse auf eine Doppelvertretung verzichten müssen. Bereits dann, wenn der Unfallgegner keine wirksame Haftpflichtversicherung abgeschlossen hat, müsste er dem Beifahrer raten, den von ihm vertretenen Fahrer und dessen Haftpflichtversicherung in Anspruch zu nehmen, so dass eine klassische Interessenkollision gegeben ist.

Übersehen wird auch der Fall, in denen die Eltern des verletzten Kindes zum Anwalt gehen, um diesen zu beauftragen, Schadensersatz für das Kind durchzusetzen, und das Kind in einem von einem Elternteil gefahrenen Fahrzeug verletzt worden ist. Dann kommt dieser Elternteil als Schädiger in Betracht. Aufgrund der bestehenden Interessenkollision ist dann dieser Elternteil von der Vertretung ausgeschlossen, aber auch der andere Elternteil (§ 1629 Abs. 2 BGB i.V.m. §§ 1795, 1796 BGB). Unterschreibt hier ein Elternteil eine Vollmacht, ist eine zukünftige Vertretung des Kindes ausgeschlossen. Es ist nur möglich, beim zuständigen Familiengericht einen Antrag auf Ergänzungspflegschaft zu stellen und sich dann vom **Ergänzungspfleger** beauftragen zu lassen. Empfehlenswert kann es auch sein, sich selbst als Ergänzungspfleger bestellen zu lassen. Übrigens, das Bestellungsverfahren ist zur Durchsetzung der Ansprüche des Geschädigten erforderlich i.S.v. § 249 BGB, so dass die entsprechenden Anwaltskosten bei der gegnerischen Haftpflichtversicherung begehrt werden können.

Nach der Änderung der BRAO und insbesondere von § 49b Abs. 5 BRAO darf der Hinweis darauf, dass nach Gegenstandswert abgerechnet wird, nicht fehlen!

3. Unfalltagebuch

Insbesondere dann, wenn viele Unfälle bearbeitet werden oder mehrere Anwälte in einer Sozietät verantwortlich sind, wird man nicht umhin kommen, ein Unfalltagebuch zu führen. Es muss sicher gestellt werden, dass kein Doppelmandat entsteht. Sobald ein Mandat angenommen worden ist, muss dieses einen Eintrag in das Unfalltagebuch finden. Hier ist auf Penibilität zu achten. Ein kleines Versäumnis kann hier zum Verlust des Zivilmandates allein dadurch führen, dass ein Kollege in der Sozietät einem anderen Unfallbeteiligten eine strafrechtliche Beratung wegen des Unfalles erteilt.

II. Außergerichtliche Tätigkeit

1. Kontaktaufnahme mit den Verfahrensbeteiligten

17 a) Muster: Telefax an den Zentralruf der Autoversicherer, GDV Dienstleistungs-GmbH & Co. KG Hamburg (FAX-Nr.: 040/33965401)

Absender: ■■■

Hier Ihre FAX-Nr.: ■■■

eigenes Aktenzeichen: ■■■

Angaben über den Schädiger: ■■■

Name des Halters und Anschrift: ■■■

Schadenstag: ■■■

Fahrzeugtyp: ■■■

Amtl. Kennzeichen: ■■■

Angaben über den Geschädigten: ■■■

18 Die einfachste und effektivste Möglichkeit, die gegnerische Haftpflichtversicherung nach einem Unfall in Erfahrung zu bringen, wenn nur das Kennzeichen zur Verfügung steht, ist die kostenlose Abfrage bei dem Zentralruf des Gesamtverbandes der Deutschen Versicherungswirtschaft e.V. (GDV). Innerhalb von maximal 24 Stunden, oft aber weniger Minuten kann hier der Haftpflichtversicherer in Erfahrung gebracht werden. Eine Abfrage lohnt sich auch dann, wenn der Unfallgegner zwar seine Versicherung, nicht jedoch die Versicherungsscheinnummer kannte. Mit dieser kann eine Haftpflichtversicherung deutlich schneller den eigenen Versicherungsnehmer identifizieren. Die Versicherungsscheinnummer wird vom Zentralruf mitgeteilt, so dass eine schnellere Regulierung durch die Haftpflichtversicherung ermöglicht werden kann.

19 Als problematisch wird regelmäßig ein Fall eingestuft, der einen **Auslandsbezug** aufweist. Bei einem Unfall im Ausland, bei welchem der Gegner Ausländer ist, wird es im Regelfall nicht ratsam sein, sich direkt mit der ausländischen Versicherung um die Regulierung zu bemühen. Neben den Sprachschwierigkeiten entstehen Probleme bei der Regulierungsdauer. Insoweit der Unfallgegner mit einer sogenannten „Grünen Karte" eingereist ist, ist es regelmäßig am einfachsten, die Ansprüche direkt gegen das Deutsche Büro Grüne Karte e.V. (Glockengießerwall 1, 20095 Hamburg) zu richten. Vorn dort wird eine inländische Versicherung mit der Regulierung beauftragt, so dass sich die außergerichtliche Regulierung wie bei einem Unfall ohne Auslandsbezug

gestaltet. Sollte eine Klage notwendig werden, ist jedoch unbedingt zu beachten, dass nicht die Versicherung, sondern allein das Büro passivlegitimiert ist.

Für einen Unfall in einem ausländischen Staat, welcher nicht Mitglied der EU ist, kann nur geraten werden, ein solches Mandat nicht anzunehmen. Eine Regulierung wird sehr oft Jahre in Anspruch nehmen und zusätzlich viel kosten. In vielen Staaten werden Anwaltskosten nicht von der gegnerischen Haftpflichtversicherung übernommen. Um den Mandanten nicht im Regen stehen zu lassen, sollte ihm der Rat erteilt werden, dass er sich bei seiner Rechtsschutzversicherung oder bei der Juristischen Zentrale des ADAC einen Anwalt im entsprechenden Ausland empfehlen lässt, welcher im Tatortstaat die Regulierung für ihn übernimmt.

Zumindest die außergerichtliche Regulierung wurde für Auslandsunfälle innerhalb der EU durch die **4. KH-Richtlinie** des Europäischen Parlaments deutlich vereinfacht. Jede Versicherung aus einem Mitgliedstaat muss in jedem anderen Mitgliedstaat einen Schadensbeauftragten haben, was regelmäßig ein deutscher Haftpflichtversicherer sein wird. Dieser Schadensbeauftragte ist wiederum bei dem Zentralruf des GDV in Erfahrung zu bringen. Hier empfiehlt es sich, dies zunächst telefonisch (bundeseinheitlich 0180/25026) zu tun. Es ist aber zu beachten, dass der Schadensbeauftragte niemals Klagegegner ist. Ein Prozess ist – wie bislang auch – gegen die ausländische Versicherung im Ausland zu führen, so dass hierzu regelmäßig ein ausländischer Anwalt zu bemühen ist. Es empfiehlt sich, den Mandanten bereits bei Annahme des Mandates darauf hinzuweisen, dass die außergerichtliche Regulierung etwas länger dauern wird, da regelmäßig der Schadensbeauftragte die Regulierung mit dem ausländischen Versicherer abstimmt. Zu beachten ist auch, dass ausländisches Tatortrecht gilt, so dass sich der Anwalt mit den im Ausland bestehenden Ansprüchen befassen muss.

b) Muster: Schreiben an die gegnerische Haftpflichtversicherung

Versicherungs-Nr.: ■■■

Schadens-Nr.: ■■■

Sehr geehrte Damen und Herren,

wir wurden von ■■■ mit der Wahrnehmung seiner Interessen aus einem Verkehrsunfall beauftragt. Eine uns legitimierende Vollmacht fügen wir anliegend bei.

Wegen weiterer Einzelheiten, insbesondere auch zum Unfallhergang, nehmen wir Bezug auf den anliegenden Fragebogen für Anspruchsteller. Wie Sie diesen Unterlagen entnehmen können, ist der genannte Verkehrsunfall ausschließlich durch den Fahrer des bei Ihnen versicherten Fahrzeuges verursacht und verschuldet worden.

Wir bitten Sie, Ihren Haftungseintritt dem Grunde nach bis zum

■■■

zu erklären.

Zur Schadenshöhe werden wir in den nächsten Tagen noch gesondert Stellung nehmen und insofern unaufgefordert auf die Sache zurückkommen.

Es wird bereits jetzt darauf hingewiesen, dass unsere Mandantschaft wirtschaftlich nicht in der Lage ist, den Schaden vorzufinanzieren oder vorfinanzieren zu lassen. Die Schadenshöhe hängt somit von der Regulierungsgeschwindigkeit wesentlich ab.

Mit freundlichen Grüßen

Rechtsanwalt

Anlagen:

Vollmacht

Fragebogen für Anspruchsteller

23   So schnell wie möglich muss der Unfallgegner aufgefordert werden, den **Haftungseintritt dem Grunde nach** zu erklären. Dabei macht es natürlich wenig Sinn, den Fahrer oder Halter persönlich anzuschreiben. Das Geld will man am Ende von der liquiden Versicherung haben, so dass es allein Zeitverschwendung ist, den Fahrer oder Halter anzuschreiben. Richtigerweise muss direkt und ausschließlich mit der gegnerischen Versicherung korrespondiert werden. Fehlerhaft ist es auch, wenn abgewartet wird, bis zur Schadenshöhe Stellung genommen werden kann. Wer wartet, bis ein Gutachten zur Verfügung steht, kann bei der Regulierung schnell eine Woche verlieren. Damit muss nicht nur der Mandant eine Woche länger auf sein Geld warten, auch der Anwalt wartet eine Woche länger auf sein Honorar.

24   Gerade dann, wenn der Mandant zu erkennen gibt, dass er z.B. die Reparaturkosten nicht ausgleichen kann, ist es wichtig, dass die Versicherung darauf hingewiesen wird. Gibt die Werkstatt das Fahrzeug ohne Ausgleich der Rechnung nicht heraus und kann der Mandant die Kosten auch nicht finanzieren, so muss die Versicherung darauf hingewiesen werden und von dieser ein **Vorschuss** verlangt werden.[4] Erhält die Versicherung Kenntnis davon, dass eine zögernde Regulierung eine längere Ausfallzeit des Fahrzeuges verursacht, wird sie regelmäßig schneller regulieren oder zumindest einen Vorschuss zahlen.

25   c) Muster: Schreiben an die eigene Haftpflichtversicherung

Versicherungs-Nr.: ■■■

Schadens-Nr.: ■■■

Sehr geehrte Damen und Herren,

in vorgenannter Angelegenheit hat uns Ihr Versicherungsnehmer mit der Wahrnehmung seiner rechtlichen Interessen bezüglich der Geltendmachung von Schadensersatzansprüchen aus einem Unfallereignis betraut.

---

4   OLG Frankfurt DAR 1984, 318.

A. Vorprozessuale Situation

Nähere Einzelheiten zum Unfallhergang entnehmen Sie bitte dem beigefügten Fragebogen für Anspruchsteller und der darin befindlichen Unfallschilderung.

Betrachten Sie dieses Schreiben bitte als Schadensanzeige.

Soweit Sie von der Gegenseite auf Schadenersatz in Anspruch genommen werden sollten, bitten wir im Interesse der Erhaltung des Schadenfreiheitsrabattes unserer Mandantschaft darum, die Regulierung zuvor mit uns abzustimmen.

1.

Wir haben Akteneinsicht beantragt. Auf Wunsch stellen wir Ihnen gern einen Aktenauszug zu den üblichen Gebühren zur Verfügung.

2.

Die Zeugen

■■■
■■■
■■■

haben wir angeschrieben und um eine schriftliche Zeugenaussage gebeten. Nach Vorlage der Aussagen können Ihnen diese bei Bedarf zur Verfügung gestellt werden.

3.

Sollten Sie direkt Zeugenaussagen einholen, so bitten wir darum, uns hiervon ebenfalls eine Abschrift zukommen zu lassen.

Weitere Informationen werden wir Ihnen auf Anfrage gern zukommen lassen.

Mit freundlichen Grüßen

Rechtsanwalt

Das Schreiben an die eigene Haftpflichtversicherung erfüllt mehrere Aufgaben. Zunächst wird damit sichergestellt, dass der Mandant seiner **Obliegenheit** gem. § 7 Abs. 1 Satz 2 AKB zur Meldung des Schadens innerhalb einer Woche nachkommt. Gleichzeitig wird dem Mandanten eine lästige Aufgabe abgenommen, die als kostenlose Serviceleistung verkauft werden kann. Der Mandant wird sich darüber freuen und dem Anwalt kostet es lediglich die Kopie des Fragebogens für Anspruchsteller und den Ausdruck eines Standardschreibens. Weiterhin wird damit ermöglicht, dass der Anwalt Einfluss auf die Regulierung der eigenen Haftpflichtversicherung nehmen kann. Allzu schnell ist diese gerade bei kleineren Beträgen bereit, einen Teil des Schadens zu regulieren, obwohl eine Haftung i.H.v. 100% des Unfallgegners in Betracht kommt. Hier muss vermieden werden, dass der Mandant einen **Höherstufungsschaden** erleidet. Es kann aber auch bei der eigenen Haftpflichtversicherung angeregt werden, einen Unfall analytisch überprüfen zu lassen. Gerade dann, wenn der Mandant ein solches Gutachten selbst bezahlen müsste, kann es sich anbieten, hiermit die eigene Haftpflichtversicherung zu betrauen und von den Ergebnissen dieses Gutachtens zu profitieren. Am wichtigsten für den Anwalt ist jedoch der Kontakt mit der eigenen Haftpflichtversicherung dann, wenn diese durch den Unfallgegner verklagt wird. Hier kann dieser Kontakt das Erlangen des **Passivmandats** ermöglichen. Erkennen Haftpflichtversicherungen, dass ihr Versicherungsnehmer bereits einen fähigen Anwalt beauftragt hat und dieser in den Unfall eingearbeitet ist, werden sie diesen Anwalt ebenfalls mit der Verteidigung betrauen. So kann schnell aus einem Mandat ein zweites entstehen.

27 Die eigene Haftpflichtversicherung ist sicher auch an der Ermittlungsakte interessiert. Hier kann der Anwalt noch Gebühren dadurch verdienen, dass er die Akte für die Versicherung kopiert. Auch wenn dies im Einzelfall lediglich einen Gewinn von 20-30 € bedeutet, sind dies beim 100. Unfall bereits 2.000-3.000 € extra.

28 d) Muster: Anforderung der amtlichen Ermittlungsakte

Ihre Tagebuch-Nr.: ■■■

Verkehrsunfall vom ■■■

Sehr geehrte Damen und Herren,

■■■ hat uns in obiger Sache mit der Wahrnehmung seiner Interessen beauftragt. Eine uns legitimierende Vertretungsvollmacht fügen wir diesem Schreiben als Anlage bei.

Zur Geltendmachung der zivilrechtlichen Ansprüche ist es erforderlich, die Verfahrensakte einzusehen.

Wir beantragen daher, uns die Verfahrensakte alsbald, spätestens nach Abschluss der Ermittlungen, zur EINSICHTNAHME zu übersenden.

Eine umgehende Rücksendung der Akte sichern wir zu. Für eine kurzfristige Erledigung bedanken wir uns im Voraus.

Mit freundlichen Grüßen

Rechtsanwalt

Anlage:

Vollmacht

29 Zugleich mit der Mandatserteilung muss die Ermittlungsakte bestellt werden. Auch wenn der Mandant einen eindeutigen Fall schildert, der vollkommen unproblematisch erscheint, kann sich jedoch ergeben, dass gerade der Unfallgegner den Unfall ganz anders geschildert hat. Aus der Ermittlungsakte erfährt man zunächst, was der Unfallgegner angegeben hat, welche **Beweise** die Polizei gesichert hat und ob und gegen wen ein Ermittlungsverfahren eingeleitet worden ist. Es verzögert die Regulierung, wenn die Ermittlungsakte erst angefordert wird, wenn man erkennt, dass die Versicherung ob der Schilderung des Unfallgegners eine Regulierung zunächst verweigert. Widerlegt der Inhalt der Ermittlungsakte die Schilderung des Unfallgegners, wird sich eine Versicherung nicht schwer tun, die Haftung anzuerkennen. Gleichzeitig mit Erhalt der Ermittlungsakte kann auch der gegnerischen Versicherung die Kopie der Akte angeboten werden, was wiederum einen **zusätzlichen Gebührenanfall** auslöst.

e) Muster: Anforderung eines ärztlichen Attestes

Patient: ■■■

geb. am ■■■

Sehr geehrte Damen und Herren,

wir vertreten die Interessen von ■■■ aufgrund eines Verkehrsunfalls vom ■■■. Aus Anlass dieses Unfalles wurde ■■■ in Ihrem Hause vom ■■■ bis zum ■■■ ärztlich behandelt. ■■■ beabsichtigt, Schadenersatzansprüche wegen Personenschadens gegenüber dem Unfallverursacher und dessen Haftpflichtversicherung geltend zu machen. Zur Realisierung der Schadenersatzansprüche sind wir auf die ärztlichen Feststellungen angewiesen.

Wir bitten deshalb um möglichst baldige Erstattung eines ärztlichen Berichts, dem die Unfallfolgen und der Heilungsverlauf entnommen werden können.

Eine Erklärung, womit unsere Mandantschaft Sie von der ärztlichen Schweigepflicht entbindet, fügen wir dieser Anfrage bei.

Ihre Liquidation bitten wir, ausgestellt auf den Namen unserer Mandantschaft, uns ebenfalls zuzuleiten.

Mit freundlichen Grüßen

Rechtsanwalt

Auch wenn Versicherungen regelmäßig selbst ein **Attest** einholen, empfiehlt es sich, eine ärztliche Bescheinigung anzufordern. Denn es ist auch im außergerichtlichen Verfahren Maxime, dass der Geschädigte verpflichtet ist, seine Verletzungen nachzuweisen. Wenn dies der Versicherung überlassen wird, kann davon auszugehen sein, dass die entsprechende Anforderung regelmäßig erst geschieht, wenn die Versicherung die Eintrittspflicht überprüft hat, so dass sich die Regulierung wiederum verzögert. Es empfiehlt sich, der Versicherung mitzuteilen, dass ein solches Attest angefordert worden ist.

f) Muster: Einholung der Deckungszusage bei der Rechtsschutzversicherung

Rechtsschutzversicherungs-Nr.: ■■■

Ihr Versicherungsnehmer: ■■■

Sehr geehrte Damen und Herren,

■■■ hat uns in vorgenannter Unfallsache mit der Wahrnehmung seiner Interessen beauftragt.

Weitere Einzelheiten entnehmen Sie bitte den als Anlage beigefügten Unterlagen.

Wir bitten um kurzfristige

Deckungszusage

für die Geltendmachung der zivilrechtlichen Schadensersatzansprüche bzw. für ein mögliches Bußgeld- oder Strafverfahren.

Ferner bitten wir höflich um Ausgleichung der beigefügten Kostennote.

Mit freundlichen Grüßen

Rechtsanwalt

Anlage:

Kostennote

Schriftverkehr

33 Bei Vorhandensein einer Rechtsschutzversicherung ist es stets empfehlenswert, sofort mit der Erteilung des Mandates die **Deckungszusage** bei der Versicherung einzuholen. Dies mag bei einem eindeutigen Fall zunächst unsinnig erscheinen, jedoch sind gerade die eindeutigen Fälle die, die später kompliziert werden. Im Übrigen ist zu beachten, dass wenn man sich nicht um die Haftung dem Grunde nach streiten muss, nicht ausgeschlossen ist, dass man sich um einzelne Schadenspositionen streitet. Auch dann, wenn der Eindruck entsteht, dass eine Haftpflichtversicherung eine Regulierung verzögert, empfiehlt es sich, die Deckungszusage der Rechtsschutzversicherung für das Klageverfahren in der Akte zu haben, um die Klageerhebung nicht noch durch notwendige Abstimmung mit der Rechtsschutzversicherung hinauszuzögern. Nur so kann die gegnerische Haftpflichtversicherung angehalten werden, die Taktik einer zögerlichen Schadensregulierung aufzugeben.

34 Im Übrigen ist daran zu denken, dass gerade dann, wenn es um größere Beträge geht, auch schon der Geldeingang in Form von Honorar verzeichnet werden sollte, bevor die Angelegenheit endgültig abgeschlossen ist. Die entsprechenden Vorschusskosten können dann bei der Rechtsschutzversicherung bis zur Endabrechnung mit der Haftpflichtversicherung begehrt werden. Schließlich ist daran zu denken, dass die Rechtschutzversicherung bei quotenmäßiger Beteiligung des Mandanten verpflichtet ist, die entstehenden **Differenzgebühren** zu decken.

g) Schreiben an die Haftpflichtversicherung mit der Anregung, einen Rehabilitationsdienst einzuschalten

35 Einem Anwalt, der sich mit einem größeren Personenschaden zu beschäftigen hat, welcher einen nicht nur unerheblichen Dauerschaden zur Folge haben wird, ist anzuraten, sich über die Einschaltung eines Rehabilitationsdienstes mit der Haftpflichtversicherung auseinanderzusetzen. Der **Arbeitskreis II des 38. Deutschen Verkehrsgerichtstages** hat aufgrund der Feststellung, dass die Instrumentarien des sozialen Sicherheitssystems allein nicht ausreichen, um Unfallopfern schnell, individuell und bestmöglich Hilfe zukommen zu lassen, empfohlen, dass auf freiwilliger Basis ein privates Rehabilitationsmanagement eingeschaltet wird. Dabei kann das Management bei der Überwindung von psychischen Folgeschäden, bei der Errichtung eines behindertengerechten Hauses, beim Kauf eines behindertengerechten Autos, bei der Schaffung einer behindertengerechten Arbeitsstelle, aber auch bei der Findung der idealen medizinischen Versorgung behilflich sein.

36 Die Beauftragung eines solchen privaten Rehabilitationsdienstes hat durch die gegnerische Haftpflichtversicherung und auf deren Kosten zu erfolgen. Schließlich ist es auch

sie, die dadurch profitiert, dass statt eines lebenslangen Verdienstausfalles der Arbeitsplatz des Geschädigten so umgestaltet werden kann, dass dieser trotz der Schäden in der Lage ist, seiner Arbeitstätigkeit nachzugehen. Es wird davon abgeraten, die Einschaltung eines solchen Dienstes mit der Haftpflichtversicherung schriftlich abzuklären. Dies sollte ein Telefongespräch wert sein, in dem man die Notwendigkeit darlegt und den entsprechenden Dienst abspricht. In vielen Schadensabteilungen von Haftpflichtversicherungen hat die Arbeit des Rehabilitationsdienstes bereits großen Anklang gefunden, so dass hier die Absprachen kurz bleiben werden. Bei einigen Versicherungen ist aber leider noch immer eine große Überzeugungsleistung erforderlich, damit sie den Wert des Rehabilitationsdienstes verstehen.

Auch für den Anwalt kann der Rehabilitationsdienst Erleichterungen bei der Arbeit schaffen. Die Kompetenz des Rehabilitationsdienstes ermöglicht es zu verstehen, was der verletzte Mandant aufgrund seiner Beschwerden braucht und letztlich an Schaden bei ihm entsteht. Seine Kompetenz kann auch die Bezifferung von Verdienstausfallschäden oder Haushaltsführungsschäden erleichtern. Schließlich ist zu beachten, dass der Rehabilitationsdienst eine **neutrale Rolle** bei der Unfallregulierung spielt und somit bei der Schaffung einer gemeinsamen Basis mit der Haftpflichtversicherung zur Vorbereitung eines **Abfindungsvergleiches** behilflich sein kann.

37

Die Rückversicherer haben inzwischen Rehabilitationsdienste geschaffen. Empfehlenswert sind folgende:
- Rehabilitationsdienst der GenRe (Kölner Rück), Köln
- Mercur RehaCare GmbH, München (Münchner Rückversicherung)

38

h) Muster: Mandatsbestätigung

39

Rubrum

Verkehrsunfall vom: ■■■

11

Sehr geehrte(r) ■■■

in der vorbezeichneten Unfallsache beziehen wir uns auf die Besprechung in unserer Kanzlei am ■■■. Wir möchten Ihnen auf diesem Wege die Übernahme des Mandates bestätigen und uns für das mit der Übertragung entgegengebrachte Vertrauen bedanken.

Die beigefügten Schriftstücke erhalten Sie zur Kenntnisnahme und zum Verbleib bei Ihren Unterlagen.

Entsprechend anwaltlichen Gepflogenheiten erlauben wir uns, Sie um die Entrichtung eines Kostenvorschusses gemäß angeschlossener Kostennote zu bitten.

Über den weiteren Fortgang der Angelegenheit halten wir Sie informiert.

Mit freundlichen Grüßen

Rechtsanwalt

Anlagen

40 Die schriftliche Mandatsbestätigung ist nicht nur dazu da, um dem Mandanten das Aktenzeichen mitzuteilen und so spätere Zuordnungen bei Rückrufen zu ermöglichen. Die Mandatsbestätigung ist auch ein Zeichen für die **Bearbeitungsgeschwindigkeit** des Anwalts. Es sollte das Ziel jeder Bearbeitung eines Unfallmandates sein, dass der Mandant spätestens an dem dem Besprechungstermin folgenden Tage die Mandatsbestätigung erhält, bei der auch die ersten Anschreiben (Schreiben an die gegnerische Haftpflichtversicherung, Anforderung der E-Akte etc.) in Kopie enthalten sind. Bei einer standardisierten Bearbeitung von Unfallmandaten ist der Aufwand hierfür gering und der Mandant wird zufrieden sein, dass sich sein Anwalt so schnell um ihn gekümmert hat.

2. Schadensbezifferung

a) Sachschaden

41 *aa) Muster: Schadensaufstellung*

Der durch den Unfall entstandene Schaden wird vorläufig wie folgt beziffert:

12 SCHADENSAUFSTELLUNG

Verkehrsunfall vom ■■■, ■■■ Uhr

in ■■■

Pos.	Bezeichnung	Forderung	Zahlung
	Reparaturkosten		
	Wertminderung		
	Sachverständigenkosten		
	Nutzungsausfall		
	Pauschale f. unfallbedingte Wege		
	Mietwagenkosten		
Gesamtbetrag			

42 *bb) Schadenspositionen und Schadensbezifferung im Reparaturfall:*
(1) Wiederherstellung: Gem. § 249 BGB hat der Geschädigte grundsätzlich einen Anspruch auf Ersatz der Kosten, die zur Wiederherstellung der beschädigten Sache erforderlich sind. Der Schädiger hat somit dem Geschädigten die Reparaturkosten für den von ihm angerichteten Schaden zur Verfügung zu stellen. Der Geschädigte kann somit die Kosten ersetzt verlangen, die für die Reparatur des Fahrzeuges angefallen sind. Ausnahme hiervon ist lediglich der Fall, dass die Reparaturkosten den Wiederbeschaffungswert des Fahrzeuges um mehr als 130% übersteigen. Bei tatsächlich durchgeführter Reparatur unter Vorlage einer Reparaturrechnung gibt es nur selten Schwie-

rigkeiten bei der Abrechnung. Einziger gängiger Streit bei der Abrechnung der Reparaturkosten ist die sogenannte Wertverbesserung durch die Reparatur. Wenn z.B. an einem älteren Fahrzeug kurzlebige Teile beschädigt worden sind (Auspuff, Reifen etc.), muss sich der Geschädigte die durch die Reparatur entstehende Wertverbesserung an seinem Fahrzeug anrechnen lassen (so genannter Abzug „**neu für alt**"). Durch Versicherungen wird z.B. bei Reifen grundsätzlich so vorgegangen, dass der Abzug so berechnet wird, dass ausgehend vom Neupreis des Teiles der Betrag abgezogen wird, der dem Verschleißgrade entspricht. Dies bedeutet z.B., dass bei Reifen, welche zu 50% verschlissen waren, nur die Hälfte der Kosten für einen neuen Reifen ersetzt wird. Dies ist jedoch falsch, denn es entsteht nur das an Wertverbesserung, was sich auch konkret auf den Wiederbeschaffungswert des Fahrzeuges auswirkt. Es ist somit nach der Reparatur zu schauen, ob der Wiederbeschaffungswert des Fahrzeuges durch die Reparatur angestiegen ist. Nur um diesen Betrag kann ein Abzug „neu für alt" vorgenommen werden. Wichtig an dieser Stelle ist, dass die Wertverbesserung eine Einwendung der Versicherung ist, die diese darzulegen und ggf. zu beweisen hat.

43 Ziel der Reparatur des unfallbeschädigten Fahrzeuges sollte sein, dass der Geschädigte schnellstmöglich sein unfallbeschädigtes Fahrzeug im reparierten Zustand zurückerhält, ohne mit den Reparaturkosten in Vorleistung zu treten. Dies kann dadurch geschehen, dass mit der Werkstatt ein Verzicht auf das Werkunternehmerpfandrecht vereinbart wird und eine Abtretung der Ansprüche auf Ersatz der Reparaturkosten an die Werkstatt erfolgt, indem eine sogenannte Reparaturkostenübernahmeerklärung unterzeichnet wird. Wichtig ist, dass die Abtretung nur erfüllungshalber und nicht an Erfüllung statt erfolgt, sodass die Werkstatt jederzeit in der Lage ist, auch den Geschädigten auf Ersatz der Reparaturkosten in Anspruch zu nehmen.

44 Sollte es nach erfolgter Abtretung der Ansprüche zu einem Rechtsstreit kommen, ist darauf zu achten, dass der Anspruch auf Ersatz der Reparaturkosten zurück abgetreten wird oder in Prozessstandschaft auf Zahlung der Reparaturkosten an die Werkstatt geklagt wird. Dies wird immer wieder übersehen, so dass Klage erhoben wird, ohne dass der Mandant aktivlegitimiert ist.

45 Höher ist das Streitpotential dann, wenn Ersatz der Reparaturkosten begehrt wird, ohne dass das Fahrzeug tatsächlich repariert worden ist. Der Geschädigte hat auch dann einen Anspruch auf Ersatz der Reparaturkosten, wenn er das Fahrzeug nicht einer Reparatur zuführt. Gemäß § 249 Abs. 2 Satz 1 BGB hat er einen Anspruch auf Ersatz der notwendigen Kosten, ohne dass er diese entsprechend verwenden muss. Auf Grund dessen gestattet der BGH in ständiger Rechtsprechung,[5] dass der Geschädigte seine **Dispositionsfreiheit** ausüben und entscheiden kann, ob er reparieren lässt oder nicht. Zuweilen wird eingewandt, dass der Geschädigte jedenfalls dann nicht fiktiv abrechnen könne, wenn er sein Fahrzeug tatsächlich reparieren ließ. Gerade dann, wenn der Geschädigte das Fahrzeug in einer freien Reparaturwerkstatt reparieren ließ, werden die Reparaturkosten oftmals niedriger sein, als dies das Sachverständigengutachten vorausgesagt hat. Von Seiten der Versicherungen wird dann eingewandt, dass

---

5 Vgl. z.B. BGH NJW 1976, 1390.

der Sachverständige falsch kalkuliert hat und die tatsächlichen Reparaturkosten sich in der Rechnung widerspiegeln. Dies ist jedoch falsch, da der BGH in ständiger Rechtsprechung davon ausgeht, dass grundsätzlich nach dem Sachverständigengutachten abgerechnet werden kann. Der Geschädigte ist darum gerade nicht verpflichtet, die Reparaturrechnung außergerichtlich vorzulegen.[6] Dies gilt gerade dann, wenn er das Fahrzeug einer Teil- oder Billigreparatur zugeführt hat.[7] Selbstverständlich kann der Geschädigte auch dann die fiktiven Reparaturkosten ersetzt verlangen, wenn er das Fahrzeug selbst repariert. Der Einwand von Versicherungen, der Geschädigte könne dann allenfalls die Ersatzteilkosten ersetzt verlangen, jedoch nicht den Ersatz der verwendeten Freizeit, ist falsch.

46 Streit gibt es immer wieder um die so genannten Verbringungskosten und UPE-Aufschläge. Von Seiten der Versicherungen wird immer wieder eingewandt, dass diese Kosten nur dann ersetzt verlangt werden können, wenn diese tatsächlich anfallen. Dies ist jedoch auch falsch, denn maßgeblich für die Schadensberechnung ist allein, ob derartige Zuschläge ortsüblich sind und insbesondere in der eigenen Stammwerkstatt anfallen würden.[8] Ein weiterer Einwand der Versicherung ist, dass der Geschädigte nur Anspruch auf Ersatz der mittleren Stundenverrechnungssätze einer Werkstatt verlangen dürfe. Dieser Auffassung hat der BGH mit seiner prominenten sogenannten **Porsche-Entscheidung**[9] eine Absage erteilt. Der BGH hat darin geäußert, dass der Geschädigte, der fiktive Reparaturkosten abrechnet, der Schadensabrechnung die Stundenverrechnungssätze einer markengebunden Fachwerkstatt zugrunde legen darf. Der Mittelwert der Stundenverrechnungssätze aller repräsentativen Marken- und freien Fachwerkstätten einer Region repräsentiert als statistisch ermittelte Rechengröße nicht den zur Wiederherstellung erforderlichen Betrag.

47 Zumindest zunächst sollte die fiktive Abrechnung dann bevorzugt werden, wenn keine Kaskoversicherung vorhanden ist und ein Mithaftungseinwand zur Debatte steht. Dann könnte nach Klärung der Haftungsquote der Mandant dass nach der fiktiven Abrechnung und unter Berücksichtigung der Mithaftung erhaltene Geld so einsetzen, dass er durch Reparatur in einer Billigwerkstatt eine vollständige Reparatur erhält, ohne selbst an den Reparaturkosten beteiligt zu sein.

48 Nach richtiger Rechtsprechung kann der Geschädigte nach durchgeführter fiktiver Abrechnung auch noch konkret abrechnen.[10] Dieses Problem stellt sich immer dann, wenn sich nach tatsächlich durchgeführter Reparatur herausstellt, dass die tatsächlichen Reparaturkosten höher liegen als die durch den Sachverständigen ermittelten Kosten. Da die Rechtsprechung zu diesem Umsteigen jedoch uneinheitlich ist, ist grundsätzlich zu empfehlen, die fiktive Abrechnung ausdrücklich als vorläufige Abrechnung darzustellen. Nur dies stellt den vom Anwalt zu wählenden sichersten Weg der Abrechnung dar.

---

6 BGH NJW 1989, 3009 ff.
7 OLG Hamm zfs 1997, 371.
8 AG Darmstadt zfs 1999, 152; AG Westerburg zfs 2002, 72.
9 DAR 2003, 373.
10 OLG Düsseldorf zfs 2001, 111.

A. Vorprozessuale Situation

Die fiktive Abrechnung hat durch das **2. Schadensrechtsänderungsgesetz** eine wesentliche Einschränkung dadurch gefunden, dass die Mehrwertsteuer nur noch dann ersetzt verlangt werden kann, wenn diese tatsächlich anfällt. Somit kann der Geschädigte bei einer einen fiktiven Abrechnung nur den durch den Sachverständigen ermittelten Nettoreparaturwertbetrag ersetzt verlangen. Dies schließt jedoch nicht aus, dass der Geschädigte bei durchgeführter Eigenreparatur oder Billigreparatur zumindest den geringeren Mehrwertsteueranteil ersetzt verlangen kann. Möchte der Mandant selbst reparieren, muss er durch den Anwalt darauf hingewiesen werden, dass er die entsprechenden Rechnungen für die Beschaffung der Ersatzteile aufheben und zur Verfügung stellen muss, um die darin enthaltene Mehrwertsteuer von der Versicherung ersetzt verlangen zu können. | 49

Acht zu geben hat der Anwalt dann, wenn sich nach tatsächlich durchgeführter Reparatur in einer Fachwerkstatt herausstellt, dass die Reparaturkosten wesentlich unter den Kosten liegen, die der Sachverständige ermittelt hat. Wenn die Differenz größer als 16% ist, empfiehlt es sich hier, lediglich fiktiv abzurechnen. Denn dann liegen die Nettoreparaturkosten, welche der Sachverständige prognostiziert hat, über den tatsächlichen Bruttoreparaturkosten. Legt der Anwalt dies gegenüber der Versicherung dar, schädigt er seinen Mandanten. Von daher ist zu empfehlen, dass nach Vorliegen der Reparaturrechnung und vor Bezifferung der verbleibenden Mehrwertsteuer zunächst überprüft wird, in welchem Verhältnis die Reparaturkosten in der Rechnung zu den Reparaturkosten im Sachverständigengutachten stehen. | 50

(2) Wertminderung: Die zweite regelmäßig bei einem Reparaturschaden entstehende Schadensposition ist die Wertminderung. Auch wenn ein Fahrzeug vollständig repariert wird, bleibt ihm der Makel eines erlittenen Unfalles anhaften. Ein solches Fahrzeug erzielt auf dem Gebrauchtwagenmarkt auch nach sach- und fachgerechter vollständiger Reparatur einen geringeren Wert. Dieser Wert stellt die sogenannte **merkantile Wertminderung** dar. Es existieren verschiedenen Methoden zur Berechnung der entsprechenden Wertminderung. So unterschiedlich die Berechnungsmethoden sind, so unterschiedlich sind auch die entsprechenden Ergebnisse. Unterschiedliche Ergebnisse wiederum führen zu einem Streit über die tatsächliche Höhe der Wertminderung. Überwiegend wird die Berechnungsmethode von **Ruhkopf/Sahm** verwendet. Hiernach entspricht der Minderwert einem bestimmten Anteil der Summe von Wiederbeschaffungswert und Reparaturkosten. Da der Anwalt sowohl für die Berechnung des Wiederbeschaffungswertes als auch der Reparaturkosten regelmäßig einen Sachverständigen zu Rate ziehen muss, wird geraten, die entsprechende Berechnung auch grundsätzlich dem Sachverständigen zu überlassen. An dieser Stelle sei bereits darauf hingewiesen, dass es im Interesse des Geschädigten sein muss, dass der Sachverständige von ihm und nicht von der gegnerischen Versicherung beauftragt wird. Man braucht nicht viel Fantasie, um sich auszumalen, dass ein Sachverständiger, welcher durch den Schädiger beauftragt wurde, eine Berechnung an der untersten Grenze vornehmen wird. Um dies zu vermeiden, ist es sinnvoll, sich selbst um einen Sachverständigen zu bemühen. | 51

52 Nachteil der Tabelle von Ruhkopf/Sahm ist, dass diese aus dem Jahre 1962 stammt und nicht mehr auf die modernen Verhältnisse des Gebrauchtwagenmarktes abgestimmt ist. Insbesondere ist es nicht mehr vertretbar, wie das die Tabelle vorsieht, dass an Fahrzeugen, welche älter als 5 Jahre sind oder mehr als 100.000 Kilometer gelaufen sind, grundsätzlich eine Wertminderung nicht mehr anfällt. Gerade bei hochwertigen Fahrzeugen, welche regelmäßig auch eine große Laufleistung aufweisen können, trägt die Rechtsprechung dem zögernd Rechnung und stellt auch eine Wertminderung an Fahrzeugen fest, die älter als 5 Jahre sind oder mehr als 100.000 Kilometer gelaufen sind. Die Rechtsprechung ist hier jedoch sehr zögerlich und sehr uneinheitlich. Es wird hier stets auf den Einzelfall ankommen. Als Richtschnur kann jedoch berücksichtigt werden, dass je hochwertiger ein Fahrzeug ist, desto länger eine Wertminderung entfallen kann.

53 Eine Wertminderung fällt grundsätzlich dann nicht an, wenn einen Schaden so gering ist, dass er im reparierten Zustand keinen Einfluss auf den Wert des Fahrzeuges hat. Wann dies genau der Fall ist, stellt sich wieder als Einzelfall dar. Bei einem reinen Blechschaden an einer eng begrenzten Stelle des Fahrzeuges wird regelmäßig eine Wertminderung nicht entstehen. Andererseits kann die Notwendigkeit einer Vermessung des Fahrzeugs nach dem Unfall unabhängig von der Höhe des Schadens grundsätzlich eine Wertminderung anfallen lassen, da hier ein Einfluss des Unfalls auf die Fahrzeuggeometrie nicht ausgeschlossen werden kann. Als Richtschnur wird man annehmen können, dass bei einem Schaden, welcher unterhalb von 750 € liegt, regelmäßig eine Wertminderung nicht anfällt. Andererseits wird man davon ausgehen dürfen, dass bei einem Schaden, welcher über 1.000 € liegt, eine Wertminderung anfallen wird.

54 Von der merkantilen Wertminderung streng zu unterscheiden ist die sogenannte **technische Wertminderung**, welche dann anfällt, wenn ein Fahrzeug mit allen technischen Mitteln nicht mehr vollständig repariert werden kann. Sollte dies der Fall sein, ist auch dies durch einen Sachverständigen zu berechnen. Aufgrund der heutigen technischen Möglichkeiten bei einer Reparatur fällt eine technische Wertminderung jedoch kaum noch an.

55 *(3) Sachverständigenkosten:* Die dritte wesentliche Schadensposition im Reparaturschadensfall, aber auch im Falle des Totalschadens sind die Sachverständigenkosten. Da der Geschädigte gehalten ist, seinen Schaden darzulegen und zu beweisen, ist er auch berechtigt, diesen Nachweis mittels eines Sachverständigengutachtens zu führen. Die Sachverständigenkosten sind somit als **Schadensermittlungskosten** ersatzfähige Schadensposition. Es ist ratsam, einen Sachverständigen **selbst** und unmittelbar nach dem Unfall mit der Schadensbegutachtung zu beauftragen. Denn je schneller der Sachverständige beauftragt wird, desto schneller stehen die Schäden der Höhe nach fest und können beziffert werden. Da die Erfahrung zeigt, dass Sachverständigengutachten, welche durch die Versicherung in Auftrag gegeben worden sind, regelmäßig niedriger ausfallen, ist es ebenso ratsam, dass der Sachverständige durch den Geschädigten beauftragt wird. Im Übrigen dauert es viel zu lange, darauf zu warten, dass zunächst die Versicherung einen Sachverständigen beauftragt. Bei der Auswahl des Sachverständigen ist der Geschädigte grundsätzlich frei. Es sollte jedoch darauf geachtet werden, dass ein öffentlich bestellter und vereidigter Sachverständiger beauftragt wird, da bei ihm ein Auswahlverschulden des Geschädigten nicht vorliegen kann. Im Einzelfall kann es ratsam sein, den Sachverständigen auszuwählen, mit dem die Werkstatt bereits seit längerer Zeit zusammenarbeitet. Zum einen steht dann fest, dass die Werkstatt mit diesem gute Erfahrungen gemacht hat, und zum anderen ist die Werkstatt immer daran interessiert, möglichst hohe Reparaturkosten beziffert zu bekommen, um hiernach auch den entsprechend höheren Auftrag zur Reparatur zu erhalten. Insofern stimmen dann die Interessen der Werkstatt mit denen des Geschädigten überein.

Die Grenze der Beauftragung eines Sachverständigen stellt die Erforderlichkeit dar. Ein Sachverständiger ist somit dann nicht zu beauftragen, wenn er nicht erforderlich ist. Dies wird allenfalls dann der Fall sein, wenn von vornherein und augenscheinlich feststeht, dass lediglich ein **Bagatellschaden** gegeben ist. Die Grenze wird hier bei 500 € bis 1.000 € gezogen. Diese Grenze gilt jedoch nur dann, wenn der Geschädigte als Laie von vornherein erkennen konnte, dass der Schaden nicht höher liegt. Diese Einschränkung wird von Seiten der Versicherung sehr oft übersehen. Jedoch ist diese regelmäßig einschlägig, da ein Laie von vornherein wohl nur selten ausschließen kann, dass der Schaden sich lediglich als ein Kratzer darstellt. Aus der Sicht des Geschädigten wird es meist auch möglich sein, dass sich ein versteckter Schaden z.B. hinter der Stoßstange zeigt. Ist dies für den Geschädigten nicht auszuschließen, ist die Beauftragung des Sachverständigen auch dann erforderlich, wenn sich nach Erstellung des Sachverständigengutachtens herausstellt, dass die Reparaturkosten lediglich im Bagatellbereich liegen.

Probleme können sich auch bei der Abrechnung der Kosten des Sachverständigen ergeben, wenn dieser nicht nach einer bestimmten Gebührentabelle des BVSK abgerechnet hat. Einige Versicherungen wollen Sachverständige dazu zwingen, nach dieser Tabelle abzurechnen. Es wird dann dem Geschädigten vorgeworfen, dass er sich ein Auswahlverschulden anrechnen lassen müsse, weil er einen Vertrag mit dem Sachverständigen abgeschlossen habe, in welchem unübliche und vor allen Dingen zu hohe Sachverständigenkosten vereinbart worden seien. Insbesondere wird dann vorgeworfen, dass es unüblich sei, eine Abrechnung nicht nach Zeitaufwand, sondern nach Schadenshöhe vorzunehmen. Zum Teil wird dann nur ein reduzierter Betrag ausgezahlt, zum Teil wird sogar gar nichts gezahlt. In diesem Fall kann nur der Klageweg bestritten werden. Oft wird dann nach Zustellung der Klage der Sachverständigenbetrag zum Ausgleich gebracht. Zum Teil ist auch eine Durchführung der Beweisaufnahme erforderlich. Ein zu beantragendes Sachverständigengutachten wird dann nachweisen, dass die Kosten des Sachverständigen der Höhe nach ortsüblich und angemessen sind. In derzeit ca. 97% der Sachverständigenrechnungen wird nicht nach dem Zeitaufwand, sondern nach der Schadenshöhe abgerechnet, so dass der Einwand, dass eine solche Abrechnung unüblich sei, natürlich falsch ist. Im Übrigen ist der Einwand auch widersprüchlich, da auch die Tabelle des BVSK nach der Schadenshöhe die Gebühren des Sachverständigen bestimmt. Zur Erstellung der Klageschrift kann auf folgendes Klageformular verwiesen werden. Es wird angeraten, beim Einstreiten solcher Kleinbeträge den Versicherungsnehmer allein und direkt zu verklagen und in der Klageschrift darzustellen, dass seine Versicherung eine Ausnahme gegenüber den meisten anderen Versicherungen macht und an dieser Stelle zu Unrecht und zu Lasten des Versicherungsnehmers sparen will.

(4) Muster: Klage von Sachverständigengebühren

Klage

der Frau ▬▬▬

Klägerin

Prozessbevollmächtigte: ▬▬▬

gegen

den Herrn ▬▬▬

Beklagter

wegen Schadensersatzes

Streitwert: 515,92 EUR

Namens und in Vollmacht der Klägerin erheben wir Klage und werden beantragen:
1. Der Beklagte wird verurteilt, an die Klägerin ▬▬▬ EUR nebst 5% Zinsen über dem Basiszinssatz seit dem ▬▬▬ zu bezahlen.
2. Das Urteil ist vorläufig – notfalls gegen Sicherheitsleistung – vollstreckbar.
3. Der Beklagte trägt die Kosten des Verfahrens.

Sofern das Gericht das schriftliche Vorverfahren anordnet, beantragen wir bereits jetzt bei Säumnis des Beklagten den Erlass eines entsprechenden Versäumnisurteils, im Falle eines Anerkenntnisses den Erlass eines entsprechenden Anerkenntnisurteils ohne mündliche Verhandlung.

BEGRÜNDUNG

Die Klägerin macht den Anspruch auf Ersatz der Sachverständigenkosten als Schadensersatzanspruch aus einem Verkehrsunfall vom 13.02.2003 um ca. 13.50 Uhr auf der ▬▬▬ Strasse in ▬▬▬ geltend. Fahrer und Halter des unfallgegnerischen PKW war der Beklagte.

Die Klägerin befuhr mit dem in ihrem Eigentum stehenden PKW, amtl. Kennzeichen ▬▬▬, die ▬▬▬ Strasse in ▬▬▬. Der Beklagte parkte rückwärts aus einer Einfahrt aus und missachtete die Vorfahrt der Klägerin, sodass es zum Zusammenstoß kam.

Der Unfallhergang und die Haftung dem Grunde nach waren außergerichtlich unstreitig. Insofern sind auch alle bislang bezifferten Schäden im Zusammenhang mit dem Fahrzeug im vorprozessualen Verfahren, bis auf die Sachverständigenkosten, durch den Haftpflichtversicherer des Beklagten beglichen worden.

Die Klägerin ließ ihr Fahrzeug nach dem Unfall in die Reparaturwerkstatt der ▬▬▬ GmbH verbringen. Hiernach erteilte die Klägerin dem Sachverständigen ▬▬▬ den Auftrag, das Fahrzeug hinsichtlich des Unfallschadens zu begutachten.

Beweis: Werkvertrag in Kopie als Anlage K1

Dem Werkvertrag lagen die allgemeinen Geschäftsbedingungen des Sachverständigen zugrunde, nach der die Wertberechnung des Werklohnes von der Schadenshöhe abhängt, wobei tabellarisch der jeweilige Werklohn bei einer bestimmten Schadenshöhe angegeben worden ist.

Beweis: wie vor

Der beauftragte Sachverständige kam in seinem Gutachten zu dem Ergebnis, dass der Reparaturschaden 4.819,62 EUR beträgt.

Beweis: Gutachten in Kopie als Anlage K2

Die Kosten des Sachverständigengutachtens, die der Sachverständige der Klägerin in Rechnung stellte, beliefen sich auf 515,92 EUR.

Beweis: Rechnung in Kopie als Anlage K3

Die Rechnungshöhe ist angemessen. Die Kosten bewegen sich im Rahmen des Üblichen.

Beweis: Sachverständigengutachten

Diese Rechnung wurde dem Haftpflichtversicherer des Beklagten vorgelegt. Auf die Aufforderung der Prozessbevollmächtigten, diese Rechnung bis zum 10.03.2003 zum Ausgleich zu bringen,

Beweis: Schreiben vom 21.02.2003 in Kopie als Anlage K4

reagierte die Haftpflichtversicherung des Beklagten mit Schreiben vom 03.03.2003. Darin stellte diese klar, dass ein Ausgleich der Sachverständigenkosten wegen angeblich in der Rechnung enthaltener Pauschalpositionen nicht möglich sei. Des weiteren sei eine genaue Spezifizierung der einzelnen Rechnungspositionen notwendig.

Beweis: Schreiben vom 03.03.2003 in Kopie als Anlage K5

Auf die telefonische Nachfrage der Prozessbevollmächtigten der Klägerin bei dem zuständigen Sachbearbeiter der Versicherung des Beklagten teilte dieser mit, dass er überprüfen möchte, ob die Rechnung in der Höhe mit den BVSK-Gebühren übereinstimmt. Des weiteren teilte dieser mit, dass die Versicherung nur noch solche Sachverständigenrechnungen ausgleicht, die nach den BVSK-Gebührentabellen abgerechnet werden. Andere Rechnungen werden nicht einmal mehr in Höhe der BVSK-Gebühren ausgeglichen, sondern gar nicht.

Beweis: Telefonnotiz in Kopie als Anlage K6

Des weiteren teilte der Sachbearbeiter mit, dass er zum einen davon ausgeht, dass die Rechnung höher liegt als die BVSK-Gebührentabelle, und er zum anderen davon ausgeht, dass er deshalb die Akte bald seiner Prozessabteilung übergeben kann.

Beweis: wie vor

Der Beklagte muss sich gem. § 10 Abs. 5 AKB die Erklärungen seiner Versicherung zurechnen lassen.

Rechtlich ist der Beklagte als Schädiger verpflichtet, der Klägerin die Aufwendungen für das Sachverständigengutachten als Schadensermittlungskosten zu ersetzen. Nach einhelliger Meinung gehören die Kosten eines Sachverständigengutachtens zu dem vom Schädiger zu tragenden Herstellungsaufwand gem. § 249 BGB. Der Geschädigte kann demnach die Kosten eines zur Schadensbezifferung notwendigen Gutachtens unabhängig von dessen Richtigkeit und Brauchbarkeit ersetzt verlangen (OLG Hamm NZV 1993, 149, NZV 1994, 393).

Der Beklagte hat aber auch der Höhe nach die vollständigen Sachverständigenkosten zu ersetzen. Ein Verstoß gegen die Schadensminderungspflicht ist nicht ersichtlich. Die Klägerin durfte ohne weiteres ein zur Erstellung von Gutachten bekanntes Sachverständigenbüro beauftragen. Als Laie brauchte sie keine Erwägungen darüber anzustellen, ob der beauftragte Sachverständige nach Gebühren abrechnen würde, die in einer von einer Privatorganisation erarbeiteten Gebührenordnung liegen. Abgesehen davon, dass diese aufgestellten Gebühren keine rechtliche Bedeutung haben, brauchte der Geschädigte keine Ermittlungen darüber anzustellen, ob es einen Gebührenrahmen gab, den der Sachverständige nicht überschreiten dürfe (AG Wiesbaden, AZ 92 C 2714/97).

Ähnlich hat sich hierzu auch das AG Erfurt (AZ 23 C 1319/97) verhalten:

„Die von dem Kläger geltend gemachte Forderung ist fällig. Das Gutachten des Klägers ist ohne Beanstandung als vertragsgemäße Leistung anerkannt worden. Die Schadensregulierung erfolgte auf der Basis des Gutachtens. Mit der Abnahme der Leistung des Klägers ist der Anspruch auf Werklohn grundsätzlich gemäß § 641 BGB fällig. Der Kläger ist nicht verpflichtet, seine innerbetriebliche Kalkulation offenzulegen. Es entspricht der durchgängigen Praxis, die Ortsüblichkeit nach der Schadenshöhe zu bemessen und hierauf bezogen die durchschnittlichen Kosten zu kalkulieren. Solange es keine bundeseinheitliche Tabelle zur Berechnung der Gebühren des Kfz-Sachverständigen gibt, kann der Sachverständige sein Honorar auf der Grundlage der Schadenshöhe als Ausgangsgröße nach billigem Ermessen festsetzen. Dem Geschädigten ist dagegen nicht zuzumuten, vor der Beauftragung eines Sachverständigen, ähnlich wie bei der Anmietung eines Mietfahrzeuges nach Verkehrsunfall, Gebührenvergleiche vorzunehmen. Die durch die Beauftragung des Sachverständigen entstandenen Kosten sind dem Geschädigten, ebenso dem Sachverständigen nach Abtretung, als Schadensfolge zu ersetzen."

Ebenso hat auch das AG Lüdenscheid (zfs 1998, 293) entschieden, dass die Sachverständigenkosten vom Schädiger zu ersetzen sind, wenn sie sich aus der Sicht des Geschädigten im Rahmen des Üblichen bewegen. Nur dann, wenn für den Geschädigten ohne weiteres erkennbar ist, dass der von ihm ausgewählte Sachverständige Kosten verlangt, die außerhalb des Üblichen liegen, darf er einen entsprechenden Auftrag nicht auf Kosten des Schädigers erteilen (AG München AZ 331 C 34009/00; AG Nürnberg zfs 1998, 348; AG Bochum zfs 1999, 59). Eine solche Kenntnis hat die Klägerin jedoch nicht. Im Übrigen bewegen sich die Gebühren im Rahmen des Üblichen.

Auch die Höhe des entstandenen Schadens ist ein sachgerechtes Kriterium für die Berechnung des Honorars (AG Hamburg AZ 55c C 2102/96; AG Köln AZ 138 C 406/97; AG Brühl, DAR 1998, 73; AG Eschweiler zfs 1998, 292; AG Essen NZV 1999, 255; AG Lingen zfs 1999, 336; AG Hamburg AZ 50a C 1047/97). Dabei gilt es auch zu berücksichtigen, dass immerhin 97% aller Kfz-Sachverständigen ihr Honorar nach dem Gegenstandswert abrechnen.

Weiter stellt das AG Idstein (3 C 245/01) fest, dass es angesichts einer Honorarvereinbarung auf die Angemessenheit der Gutachterkosten nicht ankommt und trotzdem keine Anhaltspunkte für eine Verletzung der Schadensminderungspflicht gegeben sind.

A. Vorprozessuale Situation

Das AG Wiesbaden (91 C 1669/01) stellt fest, dass eine Vereinbarung, wonach sich die Grundvergütung der Gutachtenerstellung nach dem Gegenstandswert bemisst, keinen Verstoß gegen die Schadensminderungspflicht des Geschädigten darstellt.

Das AG Wiesbaden (93 C 4968/00) stellt fest, dass die Schadensminderungspflicht des Geschädigten nicht so weit geht, dass er verpflichtet wäre, vor der Beauftragung eines Sachverständigen Preisvergleiche anzustellen.

Das AG Bochum (42 C 42/2000) stellt fest, dass der Geschädigte seine Schadensminderungspflicht nicht verletzt, wenn er mit der Begutachtung der Fahrzeugschäden einen Sachverständigen beauftragt, der höhere Preise verlangt als ein anderer und das festgesetzte Honorar nicht unbillig im Sinne des § 315 BGB ist. Das AG Bochum akzeptiert dabei eine Preisdifferenz von 40%.

Das LG Nürnberg-Fürth (2 S 7649/99) entschied, dass die nach der Schadenshöhe berechnete Pauschalgebühr eines Sachverständigengutachtens keiner positionierten Aufschlüsselung bedarf.

Es steht somit außer Zweifel, dass der Beklagte zur Zahlung des vollständigen Sachverständigenhonorars verpflichtet ist. Dagegen ist die Taktik des Versicherers des Beklagten allzu offensichtlich. Er möchte zur Einschränkung des Umfangs seiner Leistungspflicht erreichen, dass die Sachverständigenkosten möglichst gering sind. Dies ist zwar vom Grundsatz her legitim, nicht jedoch in der hier praktizierten Variante. Der Versicherer will alle Sachverständigen dazu zwingen, dass diese nach einer den bisherigen marktüblichen Bereich unterschreitenden Gebührentabelle abrechnen, um so in der Regulierung in entsprechender Weise Kosten zu sparen. Als empfindliches Übel stellt es sich dabei für die Sachverständigen dar, dass diese ihre angemessenen Gebühren erst nach längerer Zeit erreichen, was zu einem erheblichen Liquiditätsverlust und erheblichen wirtschaftlichen Problemen führt. Dabei ist es der Versicherung nicht nur egal, dass unter dieser Regulierungspraxis der Sachverständige und der Geschädigte leiden, sie nimmt es sogar in Kauf, dass sie ihren Vertragspartner, den Versicherungsnehmer zum Spielball macht. Denn dieser Versicherungsnehmer, der glaubt, eigentlich ordentlich versichert zu sein, findet sich nun im gerichtlichen Verfahren wieder, weil sein Versicherer der Meinung ist, sein Gewinnstreben auch auf dem Rücken seiner Versicherungsnehmer austragen zu können.

Da die Versicherung des Beklagten gem. § 10 Abs. 5 AKB eine Regulierung der fällig gestellten und begründeten Ansprüche der Klägerin auf den Ersatz der Sachverständigenkosten abgelehnt hat, befindet sich der Beklagte in Verzug, sodass Klage geboten ist.

■■■

Rechtsanwalt

(5) Mietwagenkosten: Eine weitere zu berücksichtigende Schadensposition sind die Mietwagenkosten. Es gibt wohl keine weitere Schadenspositionen, bei der mehr Streit entsteht, als bei der Höhe der Mietwagenkosten. Insbesondere dann, wenn ein Mietwagen zum so genannten **Unfallersatztarif** angemietet wird, kann man bei bestimmten Versicherungen davon ausgehen, dass die entsprechenden Kosten nur im Wege eines Rechtsstreites durchgesetzt werden können. Bereits von 1991 bis 1996 herrschte eine regelrechter Mietwagenkrieg. Zu dieser Zeit waren ca. 150.000 Mietwagenprozesse an deutschen Gerichten anhängig gewesen. Beendet wurde der Mietwagenkrieg durch

eine Entscheidung des BGH.[11] Darin entschied der BGH, dass als erforderliche Mietwagenkosten grundsätzlich Kosten in Höhe eines üblichen Unfallersatztarifes angesehen werden können. Weiterhin hat der BGH darin entschieden, dass der Geschädigte grundsätzlich **keine Marktforschung** betreiben muss, um das preisgünstigste Mietwagenunternehmen ausfindig zu machen. Nur dann, wenn der Geschädigte erkennen kann, dass der Mietwagen über längere Zeit (Faustregel zwei Wochen) angemietet werden muss, ist er verpflichtet, Vergleichsangebote einzuhalten. Ansonsten kann er davon ausgehen, dass die bei bekannten Autovermietern angebotenen Mietwagenpreise üblich und angemessen sind.

60 Die Rechtfertigung des Unfallersatztarifes, welcher immerhin durchschnittlich einen Tagesmietpreis von 150 bis 250 € täglich bestimmt, ist darin zu sehen, dass der Vermieter ein besonders hohes wirtschaftliches Risiko eingeht, wenn er sein Fahrzeug an einem solchen Unfallgeschädigten vermietet. Zum einen ist zu berücksichtigen, dass er keinerlei Vorschüsse verlangt und zum anderen keine Prüfung vornimmt, inwieweit die Haftpflichtversicherung tatsächlich einstandspflichtig ist. Für den Fall, dass der Mieter nicht liquide ist und eine Haftpflichtversicherung nicht vollumfänglich haftungspflichtig ist, bleibt er vollständig auf seinen Kosten sitzen. Das wirtschaftliche Risiko der Realisierung der Forderung, was durch diese Vorleistung entsteht, muss sich der Vermieter vergüten lassen. Anders macht dies auch eine Bank nicht, indem sie für einen Dispositionskredit Zinsen i.H.v. 12-18% verlangt, während sie bei einem normalen Kredit Geld bereits ab 3% verleiht. Auch Haftpflichtversicherungen sichern sich ihr wirtschaftliches Risiko, indem sie bei einem Fahranfänger bis zu 260% des Beitragssatzes verlangen, während sie bei einem geübten Fahrer nur 30% des Beitrages vereinbaren. Dass sich dann Vermieter dieses wirtschaftliche Risiko absichern und dafür erhöhte Mietwagenkosten beanspruchen, sollte eigentlich verständlich sein.

61 Festzustellen ist jedoch, dass die Versicherungen die Rechtsprechung des BGH immer weiter aufzuweichen versuchen. Zum einen wird dem Geschädigten ein Verstoß gegen die Schadensminderungspflicht vorgeworfen, zum anderen wird versucht, die Nichtigkeit der Mietwagenforderung zu konstruieren, indem Aufklärungspflichtverletzungen der Mietwagenfirmen darin gesehen werden, dass diese nicht über die unterschiedlichen Tarife aufklären. Es ist zu beobachten, dass Versicherungen mit diesen Auffassungen zum Teil bei der Rechtsprechung durchdringen und fast nicht mehr abzusehen ist, wie ein Gericht bei den entsprechenden Fallgestaltungen entscheiden wird. Der BGH hat nun mit zwei inhaltlich gleichlautenden Entscheidungen[12] seine Rechtsprechung aus dem Jahr 1996 eingeschränkt, ohne der grundsätzlichen Erstattbarkeit des Unfallersatztarifes eine Absage zu erteilen. Insoweit hat er deutlich vorangestellt, dass im Allgemeinen davon auszugehen sein wird, dass der Geschädigte nicht allein deshalb gegen seine Pflicht zur Schadensgeringhaltung verstößt, weil er ein Kfz zu einem Unfallersatztarif anmietet, der gegenüber einem Normaltarif teurer ist, solange dies dem Geschädigten nicht ohne weiteres erkennbar ist. Nur dann, wenn der Tarif nicht mehr von Angebot und Nachfrage bestimmt wird, sondern sich als Tarif darstellt, welcher allein

---

11 BGH NJW 1996, 1958.
12 BGH VI ZR 151/03 (= DAR 2005, 21 f.) und VI ZR 300/03.

zur Bereicherung der Mietwagenfirmen vereinbart wird, können die entsprechenden Mietwagenkosten nicht mehr als erforderlich im Sinne des § 249 BGB angesehen werden. Da es an dem Geschädigten liegt, die Erforderlichkeit der Schadensbeseitigungskosten nachzuweisen, verlangt der BGH somit in Zukunft von dem Geschädigten, der die vollständigen Mietwagenkosten ersetzt begehrt, dass er darlegt, dass der gewählte Tarif unter **Wirtschaftlichkeitsgesichtspunkten** angemessen war, was er unter Beweis zu stellen hat. Insoweit spricht der BGH in seinem Urteil ausdrücklich an, dass zum Nachweis dieser Darlegungen ein Sachverständiger zu bemühen sein könnte, der die Rechtfertigungsmöglichkeit des Unfallersatztarifes aus betriebswirtschaftlicher Sicht überprüft. Dies bedeutet in Zukunft jedoch, dass der Geschädigte in seiner Klage umfänglich darlegt, dass der gewählte Tarif in der besonderen Situation wirtschaftlich angemessen ist.

Aus obiger Überlegung ist die Existenz des Unfallersatztarifes zu verteidigen und der Geschädigte wird sich ein Fahrzeug zu diesem Tarif anmieten dürfen. Es ist hier zu raten, sich nicht auf die Regulierung durch die Versicherung zu beschränken und die entsprechenden Beträge einzuklagen. Hierfür soll folgende Argumentationsgrundlage dienen:

(6) Muster: Vortrag zu Mietwagenkosten i.H.d. Unfallersatztarifes

Der Anspruch der Klägerin auf Erstattung der Mietwagenkosten auch i.H.d. Unfallersatztarifes ergibt sich aus der richtungsweisenden Entscheidung des BGH aus dem Jahr 1996. Der BGH hat mit seiner Entscheidung den von 1991 bis 1995 wütenden „Mietwagenkrieg" beendet und unmissverständlich entschieden, dass der Geschädigte nicht gegen seine Pflicht zur Geringhaltung des Schadens verstößt, wenn er ein Ersatzfahrzeug zu einem Tarif im Rahmen der sogenannten Unfallersatztarife anmietet.

Zunächst bestreitet die beklagte Versicherung die Erforderlichkeit der Mietwagenkosten. Als erforderlich i.S.d. § 249 Abs. 2 BGB sind diejenigen Mietaufwendungen anzusehen, die ein verständiger, wirtschaftlich denkender Mensch in der konkreten Lage des Geschädigten machen würde (BGH NJW 1996, 1958).

Vorliegend sind die Mietwagenkosten nicht unverhältnismäßig. Der BGH (NJW 1998, 1358 ff.) hat hierzu entschieden, dass bei der Prüfung, ob der Geschädigte den Aufwand zur Schadensbeseitigung in vernünftigen Grenzen gehalten hat, eine subjektbezogene Schadensbetrachtung anzustellen ist.

Das OLG Stuttgart (zfs 2000, 440) hat insoweit die Rechtsprechung des BGH präzisiert:

„In Anwendung der Grundsätze der aktuellen Rechtsprechung des BGH (BGH NJW 1996, S. 1958, bestätigt durch BGH NJW 1999, S. 279) ist das LG zu Recht zu dem Ergebnis gelangt, dass die in Rechnung gestellten Mietwagenkosten den tatsächlich erforderlichen und damit erstattungsfähigen Aufwand bilden. Dabei kommt es auf der ersten Stufe der Prüfung nicht darauf an, ob der Kläger gegen eine Erkundigungspflicht verstoßen hat, wie die Berufung meint. Sie räumt zwar ein, dass ein Geschädigter vor der Anmietung eines Ersatzfahrzeugs nicht erst eine Art Marktforschung zu betreiben habe, um das preisgünstigste

Mietwagenunternehmen ausfindig zu machen. Zuzumuten sei ihm aber eine Erkundigungspflicht dergestalt, dass er sich durch zwei oder drei Konkurrenzangebote vergewissern müsse, ob das ihm gemachte Angebot nicht deutlich aus dem Rahmen falle. ... Im Ausgangspunkt kommt es indessen darauf an, ob sich der Tarif, zu dem der Geschädigte ein Ersatzfahrzeug angemietet hat, im Rahmen des Üblichen hält. Wenn ja, so hat der Schädiger die aufgewendeten Kosten zu ersetzen, gleichviel, ob der Unfallgeschädigte sich nach alternativen Preisen bzw. Tarifen erkundigt hat oder nicht. Nur dann, wenn für den Geschädigten ohne weiteres erkennbar ist, dass das von ihm ausgewählte Unternehmen Mietwagensätze verlangt, die außerhalb des Üblichen liegen, darf er einen Mietvertrag zu solchen Bedingungen nicht auf Kosten des Schädigers abschließen (BGH NJW 1996, S. 1358)."

Zur Höhe des Angemessenen führt das OLG Stuttgart wie folgt aus:

„Nach jetziger Meinung des Senats kommt es in einem Fall wie dem vorliegenden auf die für den Unfallgeschädigten örtlich verfügbaren Angebote im Unfall-Ersatzwagen-Geschäft an. Der sachlich relevante Markt beschränkt sich für den durchschnittlichen Unfallgeschädigten, insbesondere eine Privatperson, auf die Vermietung von Unfall-Ersatzfahrzeugen. Um innerhalb des Üblichen zu liegen und damit das Merkmal der Erforderlichkeit i.S.v. § 249 S. 2 BGB zu erfüllen, muss sich der konkrete Vertragspreis nicht am unteren Rand der Unfall-Ersatzwagen-Tarife der lokalen und überregionalen Anbieter bewegen. Erst recht braucht es nicht der örtlich günstigste Mietzins zu sein."

An dieser Rechtsprechung hat sich auch durch die neuesten Entscheidungen des BGH (BGH VI ZR 151/03 und VI ZR 300/03) nichts geändert. Der BGH stellt ausdrücklich klar, dass im Allgemeinen von der Erstattbarkeit des Unfallersatztarifes auszugehen sein wird. Vorliegend ergibt sich auch aus betriebswirtschaftlichen Überlegungen die Angemessenheit des Unfallersatztarifes.

Ein täglicher Mietzins i.H.v. 130,00 € zzgl. 15,00 € Haftungsbefreiung zzgl. 4,00 € Winterpauschale bewegt sich im Rahmen des Üblichen im Vergleich zum regionalen Unfall-Ersatzwagen-Geschäft für einen Peugeot 306 1.6 (Preisklasse 4).

Beweis:
1. Sachverständigengutachten
2. Einholung des örtlichen Schwacke-Mietpreisspiegels

Für das regionale Unfall-Ersatzwagen-Geschäft sieht der Schwacke-Mietpreisspiegel für Fahrzeuge der Klasse 4 (z.B. Peugeot 306 1.6) einen durchschnittlichen Mietpreis von 150,00 € vor.

Beweis: wie vor

Die Angemessenheit der Mietwagenkosten ergibt sich aus dem Schwacke-Mietpreisspiegel zum Unfall-Ersatz-Tarif (statt vieler AG Leipzig, AZ 13 C 3210/00; AG Rheinbach AZ 3 C 46/01; AG Karlsruhe AZ 11 C 40/02).

Mit Nichtwissen bestritten wird, dass bei den Firmen ▬▬▬ und ▬▬▬ ein Fahrzeug zu einem Preis von ▬▬▬ € anzumieten gewesen wäre. Im übrigen kommt es darauf nicht an, da der Klägerin ein solches konkretes Angebot nicht vorgelegen hat.

Die Mietpreise der Autovermietung ▬▬▬ sind üblich und angemessen und liegen zum Teil deutlich unter denjenigen von Konkurrenzunternehmen.

Bei der ▬▬-Autovermietung muss ein Unfallgeschädigter für einen Unfallersatzwagen der Gruppe 4 täglich 152,40 € (brutto) zahlen.

Beweis:
1. ▬▬-Unfallersatzwagen-Preise, in Kopie als Anlage
2. Sachverständigengutachten

Bei der ▬▬-Autovermietung muss ein Unfallgeschädigter für einen Unfallersatzwagen der Gruppe 4 täglich 164,72 € (brutto) ohne Versicherung zahlen.

Beweis:
1. ▬▬-Unfallersatzwagen-Preise in Kopie als Anlage
2. Sachverständigengutachten

Bei der ▬▬ Autovermietung muss ein Unfallgeschädigter für einen Unfallersatzwagen der Gruppe 4 täglich 171,40 € (brutto) ohne Versicherung zahlen.

Beweis:
1. ▬▬-Unfallersatzwagen-Preise, in Kopie als Anlage
2. Sachverständigengutachten

Bei der ▬▬-Autovermietung muss ein Unfallgeschädigter für einen Unfallersatzwagen täglich 155,99 € (brutto) zahlen.

Beweis:
1. ▬▬-Unfallersatzwagen-Preise, in Kopie als Anlage
2. Sachverständigengutachten

Die Angemessenheit der Höhe des gewählten Tarifes gegenüber sogenannten Normaltarifen ergibt sich aus der besonderen Risikosituation, aus der heraus der Vermieter dem Kläger sein Fahrzeug vermietet hat. Im Gegensatz zum unfallgeschädigten Mieter lässt der gewöhnliche Mieter Bonitätsprüfungen über sich ergehen, hinterlässt Sicherheiten und zahlt zumeist auch die Selbstbeteiligung der Kaskoversicherung im Voraus ein. Dieses Sicherungsbedürfnis wird bei dem unfallgeschädigten Mieter nicht befriedigt. Es ergibt sich ein erhöhtes wirtschaftliches Risiko, welches angemessen bei der Kalkulierung des Tarifes berücksichtigt wird. Insoweit ist die Lage vergleichbar mit der Bank, welche für ein Darlehen nach Bonitätsprüfung nur ein Bruchteil der Zinsen verlangt, welche sie für einen ungeprüften Dispositionskredit in Rechnung stellt. Ebenso kalkulieren Haftpflichtversicherer bei Bemessung der Versicherungsprämie und verlangen von dem einen Autofahrer mit besonderem Schadensrisiko 260% der Versicherungsprämie, während sie bei einem anderen Autofahrer lediglich 30% der Versicherungsprämie in Rechnung stellen. Insoweit ist zu erkennen, dass das wirtschaftliche Risiko des Anbieters entscheidenden Einfluss bei der Bemessung der Gegenleistung des Kunden hat. Unter Berücksichtigung der konkreten Situation ist der gewählte Tarif als aus betriebswirtschaftlicher Sicht angemessen zu erachten.

Beweis: Sachverständigengutachten

Die Klägerin hat auch kein Zurückbehaltungsrecht gegen den Autovermieter.

Ganz aktuell hat das LG Erfurt (AZ 2 S 3/04) am 04.06.2004 entschieden, dass ein gewerblicher Autovermieter, der nach einem Verkehrsunfall einen Ersatzwagen zum Unfallersatztarif anbietet, nicht dazu verpflichtet ist, den Mieter von sich aus auf Tarife hinzuweisen,

Janeczek

die für diesen günstiger sind. Die Entscheidung des LG Erfurt wird durch den BGH (NJW 1999, 279) zumindest mittelbar gestützt. Ebenso entschied das LG Darmstadt (AZ 7 S 165/03). Etwas anderes ergibt sich nach einhelliger Auffassung nach BGH NJW 1996, 1356 ff. nur dann, wenn der Mieter ausdrücklich nachgefragt hat.

Ein Zurückbehaltungsrecht besteht somit nicht. Die Mietwagenkosten sind somit vollumfänglich zum Ausgleich zu bringen und dem klägerischen Antrag ist zu entsprechen.

■■■

Rechtsanwalt

64 Der Versicherung hat jedoch selbst die Möglichkeit, die Mietwagenkosten gering zu halten: Wenn die Versicherung dem Geschädigten ein gleichwertiges Ersatzfahrzeug zur Verfügung stellt und ein gleichwertiges Mietwagenangebot vermittelt, wird das Recht des Geschädigten auf freie Wahl des Vermieters hinter der Verpflichtung zur Geringhaltung des Schadens zurücktreten müssen. Das Angebot der Versicherung muss dann aber so konkret sein, dass der Geschädigte nur noch anzunehmen hat, ohne weiteren Aufwand betreiben zu müssen. Hierzu gehört es selbstverständlich, dass dem Geschädigten das Fahrzeug quasi vor die Tür gestellt wird. Bei weitem nicht ausreichend ist die oft zu lesende Mitteilung, dass Mietwagenkosten nur bis zu einem bestimmten Betrag übernommen werden und ein entsprechender Mietwagen vermittelt werden könne. Will der Schädiger den Schaden gering halten, ist er gehalten, selbst aktiv zu werden und darf dies nicht dem Geschädigten überlassen. Eine Nachfrage nach diesen Angeboten entpuppt sich meist als Scheinangebot oder es ist festzustellen, dass für dieses Angebot Bedingungen zu erfüllen sind, wie z.B. Vorkasse etc.

65 Ein weiterer Punkt, bei dem ein heilloses Durcheinander in der Rechtsprechung festzustellen ist, ist die Frage der **ersparten Eigenaufwendungen**. Zwischen einem pauschalen Abzug von 3% bis 15% ist hier alles zu finden. Es stellt auch einen Irrtum dar, dass dieser Abzug durch Anmietung eines Fahrzeuges niedrigerer Klasse vermieden werden kann. Da der HUK-Verband das Mietwagenabkommen, in dem diese Vereinbarung festgehalten war, 1992 gekündigt hat, existiert eine solche Regelung nicht mehr. Sie ist einzig und allein im Einzelfall mit der Versicherung ausgehandelt worden. Darum sollte sich darauf konzentriert werden, darzustellen, dass der ersparte Eigenaufwand tatsächlich lediglich 3% beträgt. Sollte die Versicherung außergerichtlich nicht darauf eingehen, muss geklagt werden. Eine konkrete Berechnung geht einer pauschalen Berechnung stets vor. Darum muss ein Sachverständigengutachten zum Beweis der Tatsache, dass der ersparte Eigenaufwand lediglich 3% betragen hat, beantragt werden. Das Gericht kann diesen Beweisantrag nicht dadurch umgehen, dass es gem. § 287 ZPO schätzt, wenn das „Gutachten zur Erstellung eines Modells zur Berechnung des Eigenersparnisanteils im Unfallersatzwagengeschäft" der Universität Bamberg[13] vorgelegt wird, welches feststellt, dass der ersparte Eigenaufwand lediglich 3% beträgt.

66 Ein weiterer Streit entsteht leicht bei der **Dauer** der Mietwageninanspruchnahme. Durch Versicherungen wird im Reparaturfalle immer wieder eingewandt, dass im

---

13 DAR 1993, 281 ff.

Sachverständigengutachten lediglich eine Reparaturdauer von drei bis vier Tage prognostiziert worden ist, der Mietwagen tatsächlich jedoch für 708 Tage angemietet werden musste, weil erst hiernach das Fahrzeug repariert zur Verfügung stand. Gleichsam ergibt sich das Problem im Falle eines Totalschadens, wenn die prognostizierte Wiederbeschaffungsdauer von 14 Tagen um mehrere Tage überzogen worden ist. Übersehen wird dabei, dass sich der Nutzungsausfallschaden nicht nur durch die Reparaturdauer oder die Wiederbeschaffungsdauer kennzeichnet, sondern hier auch der **Schadensermittlungszeitraum** und ggf. ein **Überlegungszeitraum** zu berücksichtigen sind. Der Schadensermittlungszeitraum ist dabei der Zeitraum, der vom Tag des Unfalles bis zur Verfügung des Sachverständigengutachtens vergeht. Erst hiernach kann der Geschädigte eine Reparatur des Fahrzeuges in Auftrag gegeben. Ein Schadensermittlungszeitraum von drei bis vier Tagen dürfte als normal angesehen werden. Gegebenenfalls kann er sich dadurch verlängern, dass in diesen drei bis vier Tagen noch Feiertage dazwischen fallen. Nach dem Schadensermittlungszeitraum kann sich der Überlegungszeitraum anschließen. Insbesondere dann, wenn der Geschädigte vor der Wahl steht, ob er reparieren lässt oder nach Totalschaden abrechnet, billigt ihm die Rechtsprechung einen Überlegungszeitraum von fünf Tagen[14] bis zu zehn Tagen[15] zu. Erst nach diesem Zeitraum schließt sich die Reparaturdauer oder die Wiederbeschaffungsdauer an. Weiter zu bemerken ist, dass die Feststellungen im Sachverständigengutachten lediglich eine Prognose darstellen. Eine tatsächlich darüber hinausgehende Reparaturdauer geht der Prognose des Sachverständigen vor. Insoweit verlängert sich die Reparaturdauer insbesondere sehr oft dadurch, dass notwendige Ersatzteile erst bestellt werden müssten und sich so die Reparatur hinauszögert. Aufzupassen ist hier, wenn sich das Fahrzeug nach dem Unfall noch in einem fahrfähigen Zustand befindet. Dann hat der Geschädigte zur Geringhaltung seines Schadens die Reparatur hinauszuschieben, bis sämtliche Ersatzteile beschafft sind. Dies gilt natürlich nur dann, wenn für den Geschädigten erkennbar war, dass eine solche Teilebestellung mit der entsprechenden Verzögerung anfallen wird.

Für den Fall, dass der Geschädigte nach einem Totalschaden eine Ersatzbeschaffung plant, bis zu dieser jedoch einen Mietwagen in Anspruch nehmen müsste, wird von Versicherungen eingewandt, dass der Geschädigte bis zur Ersatzbeschaffung sein totalbeschädigtes Fahrzeug hätte notreparieren lassen können. Die **Notreparatur** wäre dann günstiger gewesen als die angefallenen Mietwagenkosten. Dieser Einwand ist jedoch nur dann berechtigt, wenn für den Geschädigten erkennbar war, dass eine Notreparatur sinnvollerweise möglich gewesen wäre. Dies wird im Regelfall nur dann gegeben sein, wenn der Sachverständige eine solche Notreparatur als möglich dargestellt hat oder eine solche Reparatur durch die Versicherung angeboten worden ist.

Insgesamt ist zu bedenken, dass eine angeblich zu lange Inanspruchnahme eines Mietwagens einen Vorwurf der Versicherung im Rahmen des § 254 BGB darstellt, den die Versicherung nicht nur substantiiert darzulegen, sondern auch zu beweisen hat. Die Darlegungs- und Beweispflicht des Geschädigten endet damit, dass er die konkrete

---

14 AG Aschaffenburg zfs 1999, 103.
15 AG Gießen zfs 1995, 93.

Ausfallzeit darlegt und beweist. Insoweit sind die pauschalen Einwendungen der Versicherungen unerheblich. Dies sollte beachtet werden, um dann nicht ungerechtfertigte Kompromisse einzugehen.

69 Zum Teil mit Erfolg wenden sich Versicherungen gegen die Übernahme des Vollkaskoschutzes für den Mietwagen, wenn für das eigene Fahrzeug ein solcher Schutz nicht bestand. Dabei wird nicht beachtet, dass der Geschädigte durch die Anmietung eines Mietwagens zwangsweise einem erhöhten wirtschaftlichen Risiko ausgesetzt wird, da von ihm Kosten verlangt werden, die ohne den Unfall nicht entstanden wären. Die Rechtsprechung trägt dem zumindest insoweit Rechnung, als eine hälftige Übernahme der Kosten für den **Vollkaskoschutz** ausgeurteilt wird.[16]

70 Der Anwalt sollte seinen Mandanten vor Anmietung des Fahrzeuges auch danach befragen, wie viel er beabsichtigt mit dem Mietwagen zu fahren. Wenn der Mandant als Geschädigter erwartet, dass der tägliche Fahrbedarf weniger als ca. 30 km beträgt, ist er durch den Anwalt darauf hinzuweisen, dass die Inanspruchnahme eines Taxis günstiger ist als die Anmietung eines Fahrzeuges. Im Rahmen seiner Verpflichtung zur Geringhaltung des Schadens ist er dann gehalten, auf die Anmietung eines Ersatzfahrzeuges zu verzichten und einen Mietwagen in Anspruch zu nehmen. Diese Kosten sind dann jedoch durch die Versicherung zu übernehmen. Etwas anderes kann dann gelten, wenn zwar täglich weniger als 30 km gefahren wird, jedoch die ständige Verfügbarkeit eines Fahrzeuges dringend notwendig ist. Dies kann z.B. für den Arzt in den Bereitschaft gelten, aber auch für den gesundheitlich angeschlagenen Geschädigten, welcher auf die ständige Verfügbarkeit des Fahrzeuges angewiesen ist, um schnellstmöglich einen Arzt zu erreichen. Aber auch an dieser Stelle trägt der Geschädigte niemals das Prognoserisiko. War für ihn nicht absehbar, wie viel er mit dem Fahrzeug fährt, und stellt sich hiernach heraus, dass er dieses lediglich für eine geringe Laufleistung benötigt hat, kann dies nicht zu Lasten des Geschädigten gehen. Auch dann hat die Versicherung die entsprechenden Kosten zu übernehmen.

71 Wird kein Mietwagen in Anspruch genommen, hat der Geschädigte für die Ausfallzeit einen Anspruch auf Ersatz des so genannten **Nutzungsausfallschadens**. Er gründet sich darauf, dass die ständige Verfügbarkeit eines Fahrzeuges einen vermögensrechtlichen Charakter hat, der auszugleichen ist. Zu den Problemen im Zusammenhang mit der Dauer des Nutzungsausfalles kann auf obige Darstellung zur Mietwagendauer verwiesen werden. Probleme können sich jedoch auch zur Höhe des täglichen Nutzungsausfallschadens ergeben. Dies insbesondere dann, wenn das beschädigte Fahrzeug älter als fünf Jahre wahr. Um die Anwendung der Tabellen nach **Sanden/Danner/Küppersbusch** wird heute nicht mehr ernsthaft gestritten. Somit kann der tägliche Nutzungsausfallschaden für den Anwalt einfach aus der entsprechenden Tabelle ausgelesen werden. Von Seiten der Versicherung wird eingewandt, dass sich der tägliche Nutzungsausfallschaden ab einem Fahrzeugalter von 5 Jahren insoweit reduziert, als dass das Fahrzeug eine Gruppe niedriger anzusetzen ist. Nach 10 Jahren soll es eine weitere Gruppe niedriger angesetzt werden. Zum Teil wird an dieser Stelle sogar ver-

---

16 LG Münster zfs 1989, 49.

treten, dass lediglich die täglichen Vorhaltekosten zum Ausgleich zu bringen sind. Nunmehr hat sich in der Rechtsprechung[17] jedoch weitgehend die Erkenntnis durchgesetzt, dass das Alter eines Fahrzeuges weder Einfluss auf den Nutzwert noch auf die Nutzungsmöglichkeit hat. Somit ist ein entsprechender Abzug ab einem bestimmten Alter nicht gerechtfertigt.

Sehr oft wird durch Versicherungen auch ein Ersatz des Nutzungsausfallschadens solange verweigert, bis eine Reparatur oder eine Ersatzbeschaffung nachgewiesen wird. Damit wird durch Versichererseite eingewandt, dass der Nutzungswillen nachgewiesen werden müsste. Auch dies ist jedoch falsch, da sich der Nutzungswillen eines Fahrzeuges bereits dadurch dokumentiert, dass das Fahrzeug im Moment des Unfalles bewegt worden und entsprechend genutzt worden ist. Dieser Anschein ist durch die Versicherung zu widerlegen, was wohl seltenst möglich ist. Sollte der Nachweis einer Reparatur oder einer Ersatzbeschaffung ohne Probleme möglich sein, bietet es sich trotzdem an, zu Vermeidung eines Streits im außergerichtlichen Falle den entsprechenden Nachweis zu führen. Abhängig gemacht werden darf die Regulierung hiervon jedoch nicht.

(7) Abschleppkosten: Weiter zu beachten sind die Abschleppkosten. Gestritten wird hier nicht um die Frage des „Ob" der Ersetzbarkeit der Abschleppkosten, sondern allein um die Höhe der entsprechenden Abschleppkosten, wenn das Fahrzeug nicht zur nächstgelegenen Werkstatt gebracht wird. Festzuhalten ist hier zunächst, dass der Geschädigte grundsätzlich einen Anspruch darauf hat, dass das Fahrzeug in die nächstgelegene **Markenfachwerkstatt** gebracht wird. Einzelfallabhängig ist jedoch, ob der Geschädigte auch verlangen kann, dass das Fahrzeug in seine heimatliche Stammwerkstatt gebracht wird. Grundsätzlich ist dies zu bejahen, da der Geschädigte hiermit sein Recht zur freien Wahl der Werkstatt ausübt. Dies ist jedoch dann nicht mehr der Fall, wenn die entsprechenden Abschleppkosten unverhältnismäßig hoch werden. Dies kann dann bejaht werden, wenn die Entfernung zu groß ist. Bis zu einer Entfernung von 50 Kilometern sollte dies niemals der Fall sein. Ab einer Entfernung von 100 Kilometern ist dies im Einzelfall zu prüfen. Der Geschädigte kann auch dann einen Anspruch auf Übernahme zweifacher Abschleppkosten haben, wenn das Abschleppunternehmen das Fahrzeug nach dem Unfall zunächst zu sich oder in eine Billigwerkstatt verbracht hat. Der Geschädigte kann dann das Fahrzeug von dieser Werkstatt in seine Werkstatt nochmals verbringen lassen und die entsprechenden Rechnungen bei der Versicherung ersetzt verlangen.

Stellt sich heraus und ist dies für den Geschädigten schon auf den ersten Blick erkennbar, dass eine Totalschaden gegeben ist, hat der Geschädigte lediglich einen Anspruch auf Abschleppung des Fahrzeuges bis zur nächstgelegenen Werkstatt oder einem Verwertungshof. Dann ist es nicht mehr notwendig, dass das Fahrzeug in seine Reparaturwerkstatt verbracht wird. Von daher ist dies dann auch nicht mehr ersatzfähig.

---

17 Vgl. z.B. OLG Hamm MDR 2000, 639; OLG Naumburg OLG-NL 1995, 220; AG Dorsten zfs 2001, 69; AG Dresden Az. 102 C 5591/04.

75 Schließlich gilt es noch die **Unkostenpauschale** zu beachten, die für unfallbedingte Wege, Porto und Telefonkosten beansprucht werden kann. Bei einem durchschnittlichen Unfall reicht deren Höhe von 15,00 € bis 30,00 €, wobei zu beachten ist, dass wegen der allgemeinen Preissteigerung mindestens eine Unkostenpauschale i.H.v. 25,00 € begehrt werden sollte. Bei Großschäden sollte eine Unkostenpauschale i.H.v. mindestens 200,00 € begehrt werden, wobei in diesen Fällen eine konkrete Abrechnung angestrengt werden sollte.

76 *cc) Schadenspositionen und Schadensbezifferung im Totalschadensfall:* Ein Totalschaden ist dann gegeben, wenn die Differenz aus Wiederbeschaffungswert und Restwert größer ist als der Betrag der Reparaturkosten. Im Interesse des Mandanten muss es liegen, den Wiederbeschaffungswert so hoch wie möglich und den Restwert so niedrig wie möglich zu beziffern.

77 *(1) Muster: Schreiben an Versicherung zum Wiederbeschaffungswert*

Schadennummer: ■■■

Sehr geehrte Damen und Herren,

in vorbezeichneter Angelegenheit kann Ihrer Abrechnung nicht gefolgt werden. Insbesondere haben Sie fehlerhaft im Wiederbeschaffungswert einen Mehrwertsteueranteil in Höhe von 16% berücksichtigt. Tatsächlich beträgt der Anteil lediglich 2%.

Nachdem Frau ■■■ einen Ersatzwagen angeschafft hat, dessen Wert den des totalbeschädigten PKW überstieg, hat sie zumindest einen Anspruch auf eine Abrechnung mit den Bruttowerten des Gutachtens, also einen Anspruch i.H.v. ■■■. Mithin sind noch ■■■ offen.

Sie führen an, dass es sich bei der Berechnung des Wiederbeschaffungswertes um eine Berechnung inklusive 16% Mehrwertsteuer handelt. Dies ist bereits deshalb vollkommen falsch, weil der Sachverständige mit einer ausdrücklichen Bestätigung die Berechnung offen gelegt hat und dabei zum Ausdruck brachte, dass dem Wiederbeschaffungswert lediglich Differenzsteuer zu Grunde liegt.

Zu dieser Thematik verweisen wir auch auf die Rechtsprechung. Wir haben uns erlaubt, die Entscheidung des LG Darmstadt vom 30.07.2003 (AZ 7 S 73/03) und des AG Kaiserslautern vom 09.05.2003 (AZ 8 C 558/03) beizulegen. Des weiteren verweisen wir auf die richtungsweisenden Aufsätze von Riedmeyer (DAR 2003, 159 ff.) und Gebhardt (zfs 2003, 157), die zum einen die Problematik eindrucksvoll widerspiegeln und zum anderen offensichtlich auch für die einschlägige Rechtsprechung überzeugend sind. Kopien der Aufsätze liegen anbei.

Unter Beachtung der tatsächlichen Verhältnisse und der Ziele des Gesetzgebers mit der Schadensersatzreform zitieren wir Riedmeyer (a.a.O.) wie folgt:

„Die im Wiederbeschaffungswert enthaltene Umsatzsteuer beträgt wegen § 25a UStG in der Regel nicht 16%, sondern 2-3%. Fällt sie bei der Ersatzbeschaffung nicht an, darf dieser relativ geringe Betrag vom Bruttowiederbeschaffungswert abgezogen werden. Wird das Ersatzfahrzeug beim Händler gekauft, und dabei der Wiederbeschaffungswert oder mehr bezahlt, sollte der Geschädigte in jedem Fall den Bruttowiederbeschaffungswert erhalten."

A. Vorprozessuale Situation

Vorliegend ist davon auszugehen, dass der Kompaktwagen unserer Mandantschaft im grundsätzlichen Falle nur als differenzbesteuertes Modell zu kaufen sein wird.

Hierfür spricht im übrigen auch die Tatsache, dass Frau ■■■ einen Wagen des selben Typs und Alters als differenzbesteuertes Ersatzfahrzeug gekauft hat.

(2) Wiederbeschaffungswert: Zunächst soll der Wiederbeschaffungswert beachtet werden. Regelmäßig ermitteln Sachverständige den Wiederbeschaffungswert durch Durchsicht von vergleichbaren Fahrzeugangeboten auf einschlägigen Internetseiten (www.mobile.de; www.autoscout24.de). Gerade bei den gängigen Fahrzeugtypen wie z.B. VW Golf oder Opel Astra sind scheinbar hunderte von vergleichbaren Fahrzeugen zu finden, bei denen einen Kaufpreis angeboten wird, der zum Teil um mehr als 20% bis 30% zwischen dem günstigsten und den teuersten Fahrzeug differiert. Gerade diese Spanne gilt es zugunsten des Mandanten dadurch auszunutzen, dass ein eigener Sachverständiger mit der Begutachtung und Ermittlung des Wiederbeschaffungswertes beauftragt wird. Es kann wohl davon ausgegangen werden, dass ein durch eine Versicherung beauftragter Sachverständiger den Wiederbeschaffungswert niedriger ansetzen wird als der eigene Parteigutachter.

78

Sollte tatsächlich einmal ein Sachverständiger, welcher durch die Versicherung beauftragt worden ist, den Wiederbeschaffungswert ermittelt haben und erscheint dieser relativ gering, so empfiehlt es sich, bei dem Sachverständigen nachzufragen, aus welchem konkreten Angebot er den Wiederbeschaffungswert ermittelt hat. Sehr oft ist dann festzustellen, dass bei Kontrolle dieser Angebote auch unfallbeschädigte Fahrzeuge auftauchen, welche natürlich nicht mit dem vorliegenden Fahrzeug vergleichbar sind. Dies gilt praktisch immer auch dann, wenn der Wiederbeschaffungswert durch die KASKO-Versicherung ermittelt wird.

79

Seit der Schadensersatzreform ist die Mehrwertsteuer beim Wiederbeschaffungswert ein erheblicher Streitpunkt. Grundsätzlich beträgt die Mehrwertsteuer 16%. Gem. § 25a UStG braucht der Autoverkäufer jedoch bei Gebrauchtwagen, welche er selbst von Privat angekauft hat, nur den Anteil des Verkaufspreises zu versteuern, welcher dem Gewinn entspricht. Somit entsprechen der enthaltenen Mehrwertsteuer tatsächlich lediglich 16% des Gewinnes des Verkäufers, nicht jedoch 16% des Verkaufspreises. Hier obliegt es auch dem Anwalt zu prüfen, welcher Mehrwertsteueranteil im Wiederbeschaffungswert enthalten ist. Regelmäßig wird man davon ausgehen können, dass ein Fahrzeug, je älter es ist, desto seltener regelbesteuert sein wird. Fahrzeuge, welche älter als 3 Jahre sind, werden nur in den seltensten Fällen regelbesteuert sein. Bei Fahrzeugen zwischen einem halben Jahr und drei Jahren ist der Einzelfall zu prüfen. Auch darum gilt es zu berücksichtigen, was der Sachverständige als Berechnungsgrundlage gewählt hat. Die konkreten Angebote sind dann dahingehend zu überprüfen, ob die Fahrzeuge mehrwertsteuerausweisbar waren oder nicht. Es existiert nunmehr eine entsprechende Tabelle von „Schwacke", in welcher angegeben wird, mit welcher Quote bestimmte Fahrzeuge differenzbesteuert bzw. regelbesteuert angeboten werden. Dies ist jedoch keine verlässliche Grundlage. Hat der Sachverständige bei der Berechnung des Wiederbeschaffungswertes lediglich Fahrzeuge berücksichtigt, welche differenzbesteuert angeboten worden sind, so kann es keine Rolle spielen, dass in der

80

Tabelle angegeben ist, dass 3/4 der Fahrzeuge regelbesteuert angeboten werden. Hier würde der Mandant rechtswidriger Weise benachteiligt werden. Nur dann, wenn nicht mehr zu ermitteln ist, welcher Mehrwertsteueranteil tatsächlich in den Angeboten zur Berechnung des Wiederbeschaffungswertes enthalten war, kann die Tabelle eine Hilfe sein.

81 Steht fest, dass im Wiederbeschaffungswert Differenzmehrwertsteuer enthalten ist, muss die Höhe des Anteils geprüft werden. Hier existieren unterschiedliche Berechnungsmethoden. Durchgesetzt hat sich nunmehr die Empfehlung des Verkehrsgerichtstages aus dem Jahr 2004. Der Arbeitskreis hat empfohlen, dass pauschal 2% des Wiederbeschaffungswertes angesetzt werden sollten. Dies zeigt im Übrigen das Streitpotential zwischen Regelbesteuerung und Differenzbesteuerung. Es geht immerhin um 14% des Wiederbeschaffungswertes! Die Anwendung der 2%-Regel gilt im Übrigen auch für den Nachweis der angefallenen Mehrwertsteuer beim Ersatzwagen, denn der Verkäufer wird hier nicht bereit sein, seinen Gewinn bekannt zu geben.

82 Für den Fall, dass der Mandant ein vergleichbares Ersatzfahrzeug gekauft hat, ist der wesentlichste Anhaltspunkt der Mehrwertsteueranteil, welcher in dem Ersatzwagen enthalten ist. Es darf nicht sein, dass der Versicherer, wenn er dem Mandanten 16% Mehrwertsteueranteil aus dem Wiederbeschaffungswert herausgerechnet hat, dann lediglich 2% Mehrwertsteuer als Anfall anerkennt, für den Fall des Ersatzwagenkaufes.

83 Bei Fahrzeugen, welche sieben bis acht Jahre und älter sind, ist zu prüfen, ob überhaupt Mehrwertsteuer anfällt. Gerade nach der Schuldrechtsreform und der damit verbundenen Unzulässigkeit eines vollständigen Gewährleistungsausschlusses ist es vielen Gebrauchtwagenhändler zu risikobehaftet, solche Fahrzeuge überhaupt anzubieten. Dann ist regelmäßig festzustellen, dass vergleichbare Fahrzeuge auf dem seriösen Gebrauchtwagenmarkt überhaupt nicht mehr angeboten werden und nur von privat zu erhalten sind. Für diesen Fall ist im Wiederbeschaffungswert gar kein Mehrwertsteueranteil enthalten. Es empfiehlt sich bereits vor Beauftragung bzw. bei Beauftragung des Sachverständigen diesen auch damit zu beauftragen, dass er den konkreten Mehrwertsteueranteil im Wiederbeschaffungswert darstellt.

84 *(3) Restwert:* Noch deutlich größer erscheint die Problematik des Restwertes. Zunächst einmal ist festzuhalten, dass der Geschädigte grds. berechtigt ist, sein Fahrzeug zu dem in einem Sachverständigengutachten ermittelten Restwert zu verkaufen. Er muss weder die Versicherung darüber informieren, noch ihr Gelegenheit geben, selbst einen höheren Restwert zu ermitteln. Weist die Versicherung dem Geschädigten einen höheren Restwert nach, um dessen Realisierung sich der Geschädigte nicht bemühen muss, hat er dieses anzunehmen. Problematisch wird es jedoch dann, wenn der Geschädigte beabsichtigt, den Totalschaden in Eigenregie zu reparieren. Aus einem Restwert i.H.v. 500,00 € im eigenen Sachverständigengutachten wird dann plötzlich durch die Versicherung ein Restwert i.H.v. 5.000,00 € angeboten. Anbieter sind dann spezielle Restwertaufkäufer, welche in ganz Deutschland verstreut ihren Sitz haben und die entsprechenden Angebote in verschiedenen **Restwertbörsen** abgeben. Zu fol-

A. VORPROZESSUALE SITUATION

gen ist dann der Rechtsprechung des BGH,[18] welcher entschieden hat, dass sich der Geschädigte durch die Versicherung nicht auf einem höheren Restwerterlös verweisen zu lassen braucht, der nur auf einem erst durch den Schädiger eröffneten Sondermarkt, etwa durch Einschaltung spezieller Restwertaufkäufer oder Nutzung einer Internetbörse, zu erzielen wäre. Der Restwert ermittelt sich daher allein durch Berücksichtigung seriöser Gebrauchtwagenhändler auf dem **örtlichen Markt**. Die meisten Obergerichte[19] haben sich dieser Rechtsprechung angeschlossen. Leider ist jedoch zu beobachten, dass gerade Untergerichte dem z.T. nicht mehr folgen. Es ist davon auszugehen, dass der BGH hier in nächster Zeit Abhilfe schafft.

(4) 130%-Regelung: Die Rechtsprechung trägt dem **Integritätsinteresse** des Geschädigten am eigenen Fahrzeug dadurch Rechnung, dass sie ihm auch im Totalschadensfall ermöglicht, eine Reparatur dann durchzuführen, wenn die Reparaturkosten nicht 130% des Wiederbeschaffungswertes übersteigen. Die Regelung ist grundsätzlich dann unproblematisch, wenn die prognostizierten Reparaturkosten innerhalb der 130%-Regelung liegen und hiernach eine Reparatur erfolgte, welche das Sachverständigengutachten bestätigt. Da nicht der Geschädigte das **Prognoserisiko** trägt, sondern allein die Versicherung, kann der Geschädigte höhere Reparaturkosten als 130% auch dann verlangen, wenn das Sachverständigengutachten niedrigere Reparaturkosten veranschlagt hat, der tatsächliche Reparaturkostenaufwand sich jedoch als höher erwiesen hat.

85

Für den Fall, dass das Sachverständigengutachten Reparaturkosten festgestellt hat, welche höher als 130% des Wiederbeschaffungswertes liegen, es dem Geschädigten jedoch möglich ist, niedrigere Reparaturkosten zu erzielen, kann er auch diese niedrigeren Reparaturkosten ersetzt verlangen. Ein entsprechendes Verhandlungsgeschick soll dem Geschädigten zugute kommen.[20]

86

Schließlich wird dem Geschädigten durch die Rechtsprechung auch in begrenztem Maße eine fiktive Abrechnung nach der 130%-Regelung ermöglicht. Der Geschädigte kann dann die Kosten des durch den Sachverständigen ermittelten Reparaturaufwandes ersetzt verlangen, wenn dieser sich innerhalb der 130%-Regelung befindet und der Geschädigte selbst die Reparatur durchführt. Bedingung ist jedoch, dass eine fachgerechte Reparatur, d.h. nach den Vorgaben des Sachverständigengutachtens nachgewiesen wird.[21] Eine Billig- oder Sparreparatur ist nicht ausreichend.

87

dd) Muster: Abrechnungsschreiben an die eigene Kaskoversicherung

88

Versicherungs-Nr.: ■■■

16

Ihr Versicherungsnehmer: ■■■

Sehr geehrte Damen und Herren,

---

18   NJW 1992, 903 ff.
19   Vgl. z.B. OLG Dresden DAR 2000, 566; OLG München DAR 1992, 344.
20   OLG Hamm DAR 2002, 215.
21   OLG Hamm DAR 2002, 215.

wir wurden von ▬▬▬ mit der Durchsetzung der Schadenersatzansprüche aus dem vorgenannten Verkehrsunfall beauftragt.

Der Fahrzeugschaden in der vorbezeichneten Unfallsache soll über die Vollkaskoversicherung unserer Mandantschaft reguliert werden.

Wir bitten danach um Hergabe des entsprechenden Abrechnungsschreibens, um die verbleibenden Schäden bei der Haftpflichtversicherung des Unfallgegners geltend machen zu können.

Des weiteren bitten wir um detaillierte Bezifferung des Rückstufungsschadens, der aus der Inanspruchnahme der Vollkaskoversicherung resultiert. Selbstverständlich kann dies nur auf der Grundlage der derzeitig geltenden Tarife erfolgen.

Für die kurzfristige Bearbeitung danken wir im Voraus.

Für etwaige Rückfragen stehen wir Ihnen gern zur Verfügung.

Mit freundlichen Grüßen

Rechtsanwalt

89 Die Unfallschadenregulierung des Mandanten ist in zwei Fällen zunächst über die Kaskoversicherung des Mandanten vorzunehmen. Zum einen ist dies der Fall, wenn eine Mithaftung des Mandanten in Betracht kommt (**Quotenvorrecht**, s.u.), und zum anderen dann, wenn die Versicherung eine Regulierung hinauszögert. Die teurere Abrechnungsweise über die Kaskoversicherung ist bei einer Alleinhaftung des Unfallgegners erst dann zu wählen, wenn die gegnerische Haftpflichtversicherung in **Verzug** gesetzt worden ist. Zunächst ist ihr Gelegenheit zu geben, den Schaden selbst zu regulieren. Erst hiernach ist anzuraten, die Kaskoversicherung in Anspruch zu nehmen, um sich nicht dem Vorwurf der Verletzung der Schadensminderungspflicht auszusetzen. Anders kann dies nur dann sein, wenn mit der Kaskoversicherung vereinbart ist oder vereinbart wird, dass die erfolgte Regulierung wieder rückgängig gemacht wird, für den Fall, dass die Haftpflichtversicherung noch vollumfänglich bezahlt. Dann wird der zusätzliche Schaden aus der Regulierung durch die Kaskoversicherung (Höherstufungsschaden) nicht anfallen, sodass auch der Schaden dadurch nicht erhöht wird. Für diesen Fall kann die Kaskoversicherung sofort in Anspruch genommen werden. Da es nach erfolgter Abrechnung über die Kaskoversicherung notwendig ist, die zusätzlich entstehenden Schäden (Selbstbeteiligung, Höherstufungsschaden) gegenüber der gegnerischen Haftpflichtversicherung geltend zu machen, ist anzuraten, um Zeitverzug zu vermeiden, die entsprechenden Berechnungen durch die Kaskoversicherung sofort mit anzufordern.

ee) Muster: Schadensabwicklung über das „Quotenvorrecht"

Schadennummer: ▬▬▬

Sehr geehrte Damen und Herren,

in vorbezeichneter Angelegenheit teilen wir mit, dass mit einer Haftungsquote von 50% Einverständnis erzielt werden kann. Herrn ▬▬▬ ist folgender Schaden entstanden:
- Reparaturkosten: 8000,00 €
- Wertminderung: 800,00 €
- Sachverständigenkosten: 450,00 €
- Abschleppkosten: 200,00 €
- Nutzungsausfallschaden: 520,00 €
- Unkostenpauschale: 30,00 €
- Gesamt: 10.0000 €

Unsere Mandantschaft hat diesen Schaden über die Kaskoversicherung reguliert. Diese hat gem. ihrer vertraglichen Verpflichtung auf die Reparaturkosten unter Berücksichtigung des Selbstbehaltes i.H.v. 500,00 € 7.500,00 € gezahlt. Nunmehr beansprucht Herr ▬▬▬ Ersatz seiner Ansprüche gegen Sie unter Berücksichtigung des Quotenvorrecht:

quotenbevorrechtigte Schadenspositionen
- Selbstbehalt: 500,00 €
- Wertminderung: 800,00 €
- Abschleppkosten: 200,00 €
- Sachverständigenkosten: 450,00 €

nichtquotenbevorrechtigte Schadenspositionen
- Nutzungsausfallschaden: 260,00 €
- Unkostenpauschale: 15,00 €

Somit fordern wir Sie namens und im Auftrag unserer Mandantschaft auf, bis zum ▬▬▬ 2.225,00 € zu zahlen.

Mit freundlichen Grüßen

Rechtsanwalt

Am Ende der überwiegenden Anzahl von Verkehrsunfällen ist festzustellen, dass beide Unfallparteien zumindest zum Teil haften. Bei Vorhandensein einer Kasko-Versicherung wird dies in der Regel dazu führen, dass das sog. Quotenvorrecht auszunutzen ist. Leider ist sehr oft zu beobachten, dass sich bei einer Quote von z.B. 50% damit zufrieden gegeben wird, wenn der Gesamtschaden i.H.v. 10.000,00 € zu 50% von der gegnerischen Haftpflichtversicherung übernommen wird. Dann muss der eigene Mandant zwar 5.000,00 € selbst tragen, aber man hat ja schon viel erreicht. Wer hier das Mandat als beendet ansieht, steckt bereits mitten in der Haftung, weil § 67 Abs. 1 S. 2 VVG nicht beachtet worden ist. Nimmt der Geschädigte seine Vollkaskoversicherung in Anspruch, gehen seine Ansprüche gegen den Schädiger auf die Kaskoversicherung über. Dieser **gesetzliche Forderungsübergang** darf sich jedoch nicht zum Nachteil des Geschädigten auswirken. Das heißt, dass der Anspruchsübergang so lange nicht erfolgt, wie nicht alle in der Kaskoversicherung abgedeckten Schadenspositionen und alle sachlich kongruenten Schadenspositionen vom Schädiger vollumfänglich reguliert worden sind. Nach dieser Regelung sind die sachlich kongruenten Schadenspositionen von der Quote ausgenommen und entsprechend quotenbevorrechtigt.

92 Es gibt die 4 klassischen und unstreitigen Positionen, welche quotenbevorrechtigte sind. Die prominenteste Position ist dabei die Selbstbeteiligung o. Selbstbehalt. Weiter zählen hierzu die Wertminderung, die Abschleppkosten und die Sachverständigenkosten. Bei diesen vier Positionen erhält der Geschädigte von der gegnerischen Haftpflichtversicherung immer dann einen vollumfänglichen Ausgleich, wenn diese zumindest zum Teil haftet. Begrenzt ist das Quotenvorrecht nur durch den Grundsatz, dass der Schädiger niemals mehr haftet, als das, was seiner Haftungsquote am Gesamtschaden entspricht. Eine weitere quotenbevorrechtigte Schadensposition ist der Abzug „neu für alt". Darunter ist jedoch nicht jeder Abzug „neu für alt" zu verstehen, sondern nur der, welcher sich aus dem Kaskorecht ergibt und nicht auch im Haftpflichtrecht zu berücksichtigen ist. An dieser Stelle muss betont werden, dass der Abzug „neu für alt" im Vollkaskorecht strenger geregelt ist als im Haftpflichtrecht. Während im Haftpflichtrecht für einen derartigen Abzug eine Wertverbesserung in Gänze am Fahrzeug notwendig ist, reicht im Vollkaskorecht eine solche Wertverbesserung bereits an einzelnen Teilen aus. Nur letzteres ist bevorrechtet.

93 Die Schadensposition **„Anwaltskosten für die Kaskoregulierung"** ist derzeit noch nicht einheitlich als quotenbevorrechtigte Schadensposition anerkannt. Mehr oder weniger geklärt ist, dass grundsätzlich die entsprechenden Gebühren für die Kaskoregulierung erforderlich i.S. des § 249 BGB sind.[22] Jedoch geht die überwiegende Rechtsprechung derzeit noch davon aus, dass die Anwaltskosten nicht als quotenbevorrechtigt angesehen werden können. Es muss jedoch beachtet werden, dass die Anwaltskosten zur Inanspruchnahme der Kaskoversicherung Kosten darstellen, die auf die Restitution des versicherten Gegenstandes selbst gerichtet sind und damit erforderlich sind, um den ursprünglichen Fahrzeugzustand wiederherzustellen.[23] Daher sollte bei Vorhandensein einer Rechtsschutzversicherung versucht werden, diese Auffassung in der Rechtsprechung durchzusetzen. Anders sieht dies freilich aus, wenn die anwaltliche Beauftragung erst erfolgt, nachdem die gegnerische Haftpflichtversicherung sich in Verzug befindet. Dann sind die Anwaltskosten zu Kaskoregulierung bereits deshalb vollumfänglich zum Ausgleich zu bringen, weil sie einen **Verzugsschaden** im Sinne der §§ 280, 286 BGB darstellen. Dieser Verzugsschaden ist vollumfänglich von der gegnerischen Haftpflichtsicherung zum Ausgleich zu bringen.

94 Übersehen wird meist noch die letzte quotenbevorrechtigte Schadensposition. Es handelt sich dabei um die Differenz zwischen der Kasko-Regulierung und der 130%-Regelung. Letztere Regelung gilt nicht im Kaskorecht. Die Kaskoversicherung hat daher niemals mehr zu leisten als das, was der Höhe des Wiederbeschaffungswertes entspricht. Jedoch ist der darüber hinausgehende Betrag im Reparaturfalle bei der 130%-

---

22 OLG Stuttgart DAR 1989, 27; KG VersR 1973, 926.
23 Lachner, zfs 1998, 161f.

A. Vorprozessuale Situation

Regelung auch eine sachlich-kongruente Schadensposition, sodass diese vollumfänglich und quotenbevorrechtigt zu regulieren ist.

Alle übrigen Schadenspositionen und insbesondere die neu hinzukommende Schadensposition „Höherstufungsschaden in der Kaskoversicherung" sind der entstehenden Quote gemäß zu regulieren.

95

Es ist zu beobachten, dass das Quotenvorrecht auch bei vielen Gerichten vollkommen unbekannt ist. Wenn sich der Anwalt auf den Termin bei einem solchen Gericht vorbereitet, sollte er dies so gründlich tun, dass er dem Gericht in der mündlichen Verhandlung das Quotenvorrecht erklären kann. Dafür reicht es nicht aus, dass er weiß, wie das Quotenvorrecht berechnet wird, sondern es ist auch erforderlich, dass er dem Gericht die Methodik des Quotenvorrechts (insbesondere § 67 VVG) erläutert.

96

Die Bedeutung des Quotenvorrechts ist am obigen Beispiel erkennbar. Unter Außerachtlassung der Kaskoversicherung hat der Mandant lediglich einen Anspruch i.H.v. 5.000,00 €. Bei der Kombination von Kaskoregulierung und Haftpflichtregulierung erhält er insgesamt immerhin 9.725,00 €, also 4.725,00 € mehr.

97

b) Personenschaden

aa) Bezifferung des Schmerzensgeldes: Bei der Bezifferung des Schmerzensgeldes und bei der Formulierung des Anspruchsschreibens ist auf folgende Gesichtspunkte für die Bemessung des Schmerzensgeldes einzugehen:

98

- Kriterien der Schmerzensgeldbemessung: **Genugtuungsfunktion** und **Ausgleichsfunktion**
- Ausgleich für die Beeinträchtigung der Lebensqualität:
- Art und Schwere der Verletzungen
- Operationsanzahl und Operationsschwere
- Dauer der Heilbehandlung sowohl stationär, als auch ambulant
- Arbeitsunfähigkeit
- verbleibender Dauerschaden
- Ausgleich für psychische Auswirkungen
- verminderte Heiratschancen
- zögerliche Schadensregulierung
- Wesensänderung
- Einschränkungen in der Berufswahl
- Einschränkung bei sportlicher Betätigung
- Genugtuungsfunktion:
- wirtschaftliche Verhältnisse des Schädigers
- Grad des Verschuldens
- Kapitalbetrag und/oder Rente
- kognitive Situation des Geschädigten

Im Rahmen der Schadensersatzreform wurde durch § 253 Abs. 2 BGB ein neuer allgemeiner Anspruch auf Schmerzensgeld bei Verletzung der dort aufgeführten Rechtsgüter eingeführt, der nicht mehr auf die bisherige deliktische Verschuldenshaftung beschränkt ist, sondern auch für die **Gefährdungshaftung** und **Vertragshaftung** gilt.

99

Aus dieser Ausweitung des Anspruchs auf Schmerzensgeld erklärt sich auch der Standort der neuen Schmerzensgeldregelung in den allgemeinen Vorschriften zum Schadensersatz gem. §§ 249 ff. BGB. Diese Ausweitung des Schmerzensgeldes auch bei Fällen eine verschuldensunabhängigen Gefährdungshaftung oder der Vertragshaftung stellt eine erhebliche Erweiterung des Haftungstatbestandes dar. Diese Gesetzänderung hat die gravierende Folge, dass unter anderem wegen Verletzung des Körpers oder der Gesundheit jetzt immer Ersatz des immateriellen Personenschadens verlangt werden kann, nicht nur im Falle der Verschuldenshaftung, sondern auch im Falle der Gefährdungshaftung und der Vertragshaftung. Geht es um Schmerzensgeldansprüche aufgrund eines Verkehrsunfalls, hat die Frage, ob der Unfallgegner den Unfall verschuldet hat oder ob er sich nur nicht entlasten kann und deshalb nur aus Betriebsgefahr haftet, in Zukunft allenfalls nur noch Bedeutung für die Schmerzensgeldhöhe. Dem Grunde nach besteht jetzt gegen den gegnerischen KFZ-Halter praktisch immer ein Schmerzensgeldanspruch, zumal auch die Entlastungsmöglichkeit weiter erschwert worden ist. Dies hat sowohl Bedeutung in den Fällen, in denen das Verschulden des Kraftfahrers nicht feststellbar ist, als auch in den Fällen, in denen nicht feststellbar ist, welcher von den beteiligten Kraftfahrern den Unfall verschuldet hat. Die Ausweitung des Schmerzensgeldes bei der Verletzung der aufgeführten absoluten Rechtsgüter auch ohne Nachweis eines Verschuldens wird im Straßenverkehr zu einer nicht unerheblichen Aufwertung des Schmerzensgeldes führen. Während die materiellen Schäden schon im Rahmen der Gefährdungshaftung ausgeglichen wurden und im Zweifel die Beiträge der beteiligten Fahrzeuge nach dem Straßenverkehrsrecht hierzu hälftig aufgeteilt wurden, war ein Schmerzensgeld bei Nichtaufklärbarkeit des Unfallgeschehens, d.h. wenn keine Feststellungen zu einem schuldhaften Verursachungsbeitrag getroffen werden konnte, nicht zu zahlen. Nunmehr erhalten beide Kraftfahrer ein Schmerzensgeld.

100 Bei einer Verletzung des Körpers und einer Haftung dem Grunde nach besteht nur dann kein Schmerzensgeldanspruch, wenn bloß eine **Bagatellverletzung** gegeben ist. Eine Bagatellverletzung ist nach der Rechtsprechung des BGH[24] nur gegeben bei lediglich vorübergehenden, im Alltagsleben typischen und häufig auch aus anderen Gründen als einem Unfall entstehenden Beeinträchtigungen, die sowohl von der Intensität als auch von der Art her ganz geringfügig sind und üblicherweise den Verletzten nicht nachhaltig beeindrucken, weil er schon auf Grund des Zusammenlebens mit anderen Menschen daran gewöhnt ist, vergleichbaren Störungen seiner Befindlichkeit ausgesetzt zu sein.

101 Nach diesseitigem Dafürhalten hat im Regelfall die Frage, ob ein Verschulden vorliegt oder nicht, grundsätzlich keinen Einfluss auf die Schmerzensgeldhöhe. Regelmäßig wird im Straßenverkehr das Schmerzensgeld allein nach der Ausgleichsfunktion bestimmt. Der Umfang des erforderlichen Geldbetrages zum Ausgleich wird jedoch nicht davon beeinflusst, ob der Schaden schuldhaft oder nicht schuldhaft verursacht worden ist. Bei einem Verkehrsunfall spielt daher die Frage des Verschuldens nur dann

---

24 Vgl. z.B. BGH NJW 1998, 810.

eine Rolle, wenn es darum geht, ob auf Grund der Genugtuungsfunktion ein höheres Schmerzensgeld angemessen ist. Hierfür ist jedoch zumindest ein **grobes Verschulden** (Unfall durch Alkohol, Leichtsinn, Rücksichtslosigkeit) erforderlich.[25]

Ein **Angehörigenschmerzensgeld** kennt das deutsche Schadensersatzrecht grundsätzlich nicht. Nur dann, wenn der Schmerz naher Angehöriger nach dem Verlust eines Familienmitgliedes so groß ist, dass sich das Trauma als eigene Verletzung darstellt, ist ein solcher Anspruch begründbar. Dabei muss die physische und psychische Beeinträchtigung medizinisch fassbar seien. Sie muss über das normale Maß seelischer Erschütterungen bei solchen schweren Erlebnissen hinausgehen und die Reaktion muss auch nachvollziehbar sein. Die Ersatzpflicht beschränkt sich dabei auf die nächsten Angehörigen. Somit ist solchen Angehörigen zu raten, dass diese einen Arzt aufsuchen, welcher hiernach auch in der Lage ist, die entsprechenden traumatischen Störungen durch ein ärztliches Attest zum Nachweis zu bringen.

102

Wenn der Anwalt ein möglichst hohes Schmerzensgeld für seinen Mandanten erreichen möchte, so darf er sich nicht nur darauf beschränken, dass er Erkundigungen über die Verletzungen einholt und hiernach einen Vergleich mit einschlägigen Schmerzensgeldtabellen anschlägt, sondern es ist notwendig, dass er gerade die Beeinträchtigungen des Mandanten eruiert. Die Ausgleichsfunktion wird nicht nur durch den Behandlungsverlauf bestimmt, sondern auch wesentlich durch die persönlichen und individuellen Einschränkungen des Geschädigten. Es ist daher erforderlich, dass so detailliert wie möglich dargestellt wird, was der Geschädigte an **Lebensfreude** verloren hat. Hierzu empfiehlt es sich, dass dem Mandanten geraten wird, dass der Kläger diese Beeinträchtigungen im täglichen Leben selbst aufschreibt. Die Erfahrung zeigt, dass der Mandant im Besprechungstermin nicht in der Lage ist, hierzu viel vorzutragen. Die entsprechenden Beeinträchtigungen fallen ihm erst auf, wenn er wieder zu Hause ist. Darum ist das Führen eines solchen Schreibens unter dem Gesichtspunkt „Beeinträchtigungen im täglichen Leben" äußerst empfehlenswert. Gerichte weisen sehr oft darauf hin, dass sie gern ein höheres Schmerzensgeld austeilen würde, ihnen hierzu aber die entsprechenden Argumente fehlen. Das Liefern dieser Argumente ist jedoch Aufgabe des Anwalts. Daher muss der Anwalt hierzu auch vortragen. Es wird auch darauf hingewiesen, dass ein Gericht beispielsweise in der Lage ist, den Mandanten gem. § 287 Abs. 3 Satz 3 ZPO zu vernehmen, was stets bei den entsprechenden Beeinträchtigungen angeregt werden sollte, um auch die geschilderten Beeinträchtigungen zum Nachweis bringen zu können.

103

---

25   BGH NJW 1982, 985.

104

bb) Muster: Bezifferung des Haushaltsführungsschadens

■■■

18   Haushaltsführungsschaden:

Gem. §§ 823 Abs. 1, 843 Abs. 1 BGB beansprucht Frau ■■■ Ersatz für den verletzungsbedingt erlittenen Haushaltsführungsschaden. Aufgrund des Unfalles konnte Frau ■■■ ihrer vor dem Unfall ausgeführten Tätigkeit gar nicht oder nur eingeschränkt nachkommen. Daher trat sowohl eine Mehrung ihrer eigenen Bedürfnisse als auch eine Einschränkung ihrer Haushalts-/Erwerbstätigkeit ein.

Arbeitsaufwandsberechnung:

Zur Berechnung der Höhe dieser Schadenposition ist zunächst die tatsächliche Arbeitszeit der Geschädigten vor Eintritt des Unfalles zu ermitteln. Hierbei wird im folgenden Rückgriff genommen auf die Tabellen aus Schulz-Borck/Hoffmann, Schadensersatz bei Ausfall von Hausfrauen und Müttern im Haushalt, 6. Auflage 2000.

Gem. Tabelle 8 (Arbeitszeitaufwand im Haushalt in Std./Woche insgesamt und seine Verteilung auf die Haushaltsperson absolut und in v.H.) ist von Haushaltstyp Nr. 11 auszugehen. Unsere Mandantin ist erwerbstätig und lebt in einem 2-Personen-Haushalt ohne Kind. Die Wohnung besteht aus 3 Zimmern, Küche, Bad und umfasst 75qm. Sie ist durchschnittlich ausgestattet mit einem Geschirrspüler, Waschmaschine, Gefriertruhe und Staubsauger. Zum Haushalt zählt ein Gartengrundstück in ■■■ mit einer Fläche von 180qm, welches mit einem Wochenendhäuschen mit einer Fläche von 22qm bebaut ist. Dieses beinhaltet einen großen Raum plus einem Bad mit Badewanne.

Damit ergibt sich nach Tabelle 8 ein durchschnittlicher Arbeitsaufwand von 43,7 Std., wovon auf die Ehefrau 27,1 Std. (62%) entfallen. Entsprechend Tabelle 2 (Zu- und Abschläge in Stunden pro Woche) sind von diesem Durchschnittwert Zu- und Abschläge zu machen.

Zuschläge:

Gem. Tabelle 2 ergibt sich ein Zuschlag für den Garten. Dieser errechnet sich wie folgt: 180qm * 0,4 = 72 Stunden pro Jahr. Dies ergibt eine Wochenarbeitszeit von 1,4 Stunden.

Frau ■■■ war es gewohnt, sich sehr gesund zu ernähren. Darum wurden mindestens 4 Mahlzeiten pro Tag zubereitet, um eine gleichmäßige Nahrungsaufnahme zu gewährleisten. Somit muss ein Zuschlag von 2,3 Std. gerechnet werden.

Das Wohnzimmer des Haushaltes weist eine Fläche von mehr als 25 qm auf, so dass 0,2 Std. hinzu zu addieren sind. Dies trifft auch für die Küche zu, welche größer als 7 qm ist.

Das zusätzliche Arbeitszimmer bedeutet einen Mehraufwand von 1 Std.

Somit ergibt sich ein Gesamtzuschlag von 5,1 Std.

Abschläge:

Der vorhandene Geschirrspüler stellt einen Minderaufwand von 1,3 Std. dar.

Gesamt:

Bei einem Aufwand gem. Tabelle 8 von 43,7 Std. sind 5,1 Std. hinzuzurechnen und 1,3 Std. abzuziehen, was einen Gesamtaufwand von 47,5 Std. bedeutet. Davon entfallen auf unsere Mandantschaft 62%, also 29,45 Std.

Da der Ehemann Frührentner ist, übernimmt er in dem Haushalt mehr Arbeit, als dies ansonsten üblich wäre, so dass ein Wert von 4,45 Std. pauschal abgezogen wird.

Somit ist der wöchentliche Arbeitsaufwand der Geschädigten mit 25 Std. tatsächlich zu beziffern.

Schadensberechnung:

Nach Tabelle 3 ist der Haushalt der Mandantin als gehobener Haushalt anzusehen. Dies deshalb, weil in dem Haushalt besonders auf eine gesunde Ernährung geachtet wird, welche mehr Zeit als eine durchschnittliche Ernährung in Anspruch nimmt. Überdies wird im Haushalt von Frau ▬▬ besonders auf Sauberkeit und Hygiene geachtet, was eine Einstufung als gehoben erlaubt.

Somit orientiert sich die Schadensberechnung bei Totalausfall nach Vergütungsgruppe VII BAT und bei Teilausfall nach Vergütungsgruppe IXb BAT.

Die Berechnung folgt der Formel Monat * 3 / durch 13, was dem Wochenlohn entspricht. Dieser wird durch 7 geteilt und mit den entsprechenden Ausfalltagen multipliziert.

Vom ▬▬ bis zum ▬▬ war Frau ▬▬ insgesamt 20 Tage in stationärer Behandlung bzw. bettlägerig zu Hause, was einen Totalausfall bedeutet. Nach VII BAT ergibt dies einen Haushaltsführungsschaden von ▬▬ €.

Vom ▬▬ bis zum ▬▬ war ihr ein teilweises Aufstehen möglich. Arbeiten konnte sie nur ganz eingeschränkt und sehr kurzfristig ausführen, so dass der Ausfall mit 80% zu bewerten ist. Somit ergibt sich für diese 3 Wochen ein Schaden i.H.v. ▬▬ €.

Vom ▬▬ bis zum ▬▬ hat sich der Zustand der Klägerin insoweit gebessert, dass sie 40% der sonstigen Arbeiten ausführen konnte, so dass der Schaden für diese Zeit ▬▬ € beträgt.

Die Heilung ging soweit voran, dass sie vom ▬▬ bis zum ▬▬ 60% der ursprünglichen Haushaltsarbeiten erledigen konnte, so dass sich ein Schaden von ▬▬ € für diese Zeit ergibt.

In der Zeit vom ▬▬ bis zum ▬▬ konnte die Klägerin fast alle Arbeiten im Haushalt erledigen. Die Schmerzen im Knie, welche am ▬▬ eine Operation notwendig werden ließen, rechtfertigen eine haushaltsspezifische Behinderung von 20%, so dass für diese Zeit ein Schaden von ▬▬ € eingetreten ist.

Nach der Operation vom ▬▬ fiel die Geschädigte bis zum ▬▬ zu 100% aus, so dass sich hieraus ein Schaden i.H.v. ▬▬ € errechnet.

Der Ausfall verbesserte sich so, dass sie vom ▬▬ bis zum ▬▬ zu 20%, vom ▬▬ bis zum ▬▬ zu 40%, vom ▬▬ bis zum ▬▬ zu 60% und vom ▬▬ bis zum ▬▬ zu 80% ihre Aufgaben im Haushalt erledigen konnte. Somit ergibt sich für die Zeit ein Gesamtschaden von ▬▬ €.

Danach konnte die Geschädigte trotz noch gegenwärtiger Behinderungen im Knie ihre Haushaltsaufgaben in fast vollem Umfang erfüllen, so dass sich ein messbarer Haushaltführungsschaden gegenwärtig nicht ergibt.

Der Haushaltsführungsschaden beträgt somit insgesamt ▬▬ €.

105 *cc) Bezifferung des Verdienstausfallschadens:* Bei der Bezifferung des Verdienstausfallschadens ist zunächst zu trennen zwischen den abhängig Beschäftigten und den Selbständigen.

106 Der abhängig Beschäftigte kann grundsätzlich vollumfänglich Lohnausgleich von dem Schädiger verlangen. Regelmäßig wird ihm bei dem Grundlohn in den ersten 6 Wochen kein Schaden entstehen, da ihm das **Entgeltfortzahlungsgesetz** insoweit eine Lohnfortzahlung zusichert. Der weitdenkende Anwalt wird seinen Mandanten darüber aufklären, dass der Arbeitgeber einen Regressanspruch gegenüber dem Schädiger hat. Gerade in Kleinbetrieben denkt der Arbeitgeber hieran nicht. Der Anwalt kann sich so ein weiteres Mandat sichern, indem er für den Arbeitgeber die Regressansprüche geltend macht.

107 Übersehen werden darf jedoch nicht, dass der Geschädigte auch Nebeneinkünfte wie Erschwerniszulagen[26] oder Trinkgelder, zum Teil auch Spesen und Trennungsgelder ersetzt verlangen kann, welche nicht unter das Entgeltfortzahlungsgesetz fallen. Insoweit entstehen dem Geschädigten auch in den ersten 6 Wochen Verdienstausfallschäden.

108 Nach Ablauf der 6 Wochen wird der Arbeitnehmer regelmäßig Krankengeld erhalten, welches er sich anrechnen lassen muss, so dass er die Differenz zwischen Nettolohn und Krankengeld ersetzt verlangen kann.

109 Meist schwieriger ist die Bezifferung des Verdienstausfallschadens bei dem Selbständigen. Hier scheidet nämlich eine Schadensberechnung aufgrund der Kosten einer fiktiven Ersatzkraft ausdrücklich aus.[27] Grundsätzlich kann der Selbständige nur den konkreten Gewinnausfall ersetzt verlangen. Gerade bei kurzfristigen Ausfällen von 1 bis 2 Wochen wird es nur schwer möglich sein, den konkreten Gewinnausfall nachzuweisen, da sich die entsprechende Kausalität aus der betriebswirtschaftlichen Auswertung nicht ergibt.

110 Der Selbständige kann jedoch die Kosten einer **konkret eingestellten Ersatzkraft** ersetzt verlangen, wobei dann auch an die Arbeitgeberanteile zu denken ist. Die kostenlose Hilfe eines Familienmitgliedes entlastet den Schädiger nicht und ist zu vergüten.

111 Der Gewinnausfall muss jedoch meist fiktiv geschätzt werden.[28] Wie bei jeder Schätzung hängt das Ergebnis im Wesentlichen von der Darlegung ab, so dass der Anwalt an dieser Stelle ganz besonders gefordert ist. Es ist darzulegen, wie sich das Unternehmen ohne den Unfall voraussichtlich entwickelt hätte, wobei bei der Prognose die Beweiserleichterungen nach § 252 BGB und § 287 ZPO zugute kommen.[29] Die entsprechenden Anknüpfungstatsachen muss freilich der Geschädigte liefern. Die Rechtsprechung[30] hat sich dabei nunmehr dafür entschieden, nicht einen Mindestbetrag zu schätzen, sondern den durchschnittlichen Verlauf der Dinge zu berücksichtigen. Als Schätzungsgrundlagen kommen Unternehmensinterna wie Bilanzen, Einkommensteuerbescheide

---

26 OLG Hamm zfs 1996, 211.
27 BGH VersR 1970, 766.
28 OLG Köln zfs 1993, 261.
29 BGH DAR 1998, 232.
30 BGH DAR 1998, 349.

oder Gewinn- und Verlustrechnungen, aber auch externe Grundlagen wie Gewinnstatistiken der gesamten Branche oder generelle Entwicklungen der Branche in Betracht.

dd) Bezifferung der vermehrten Bedürfnisse: Der Geschädigte hat Anspruch auf Ersatz aller unfallbedingten und ständig wiederkehrenden Aufwendungen, die den Zweck haben, die Nachteile auszugleichen, die dem Verletzten infolge seiner Beeinträchtigungen entstehen. Der Anspruch folgt aus § 843 Abs. 1 BGB.

Bei den vermehrten Bedürfnissen ist an folgende Punkte zu denken:
- orthopädische Hilfsmittel
- Mehrverschleiß an Kleidern
- behindertengerechtes Kraftfahrzeug
- Kuren
- Diät
- Körperpflegemittel
- Privatunterricht für Schüler
- Kosten für erforderliche Hilfskraft für Führung des eigenen Haushalts
- besondere Hilfsmittel (Rollstuhl)
- Kosten für behindertengerechten Umbau des Hauses
- erhöhte Versicherungsprämien für Krankenkasse
- erhöhte Betriebskosten aufgrund erhöhten Wärmebedarfes eines Querschnittsgelähmten
- Kosten für kosmetische Operationen etc.

Der Anwalt hat individuell entsprechende Ansprüche zu prüfen und zu berechnen. In Fällen schwerer Verletzungen werden hier monatliche Schäden im vierstelligen Bereich nicht selten sein. Was es dann bedeutet, wenn daran nicht gedacht wird, liegt auf der Hand. So hat z.B. der Querschnittsgelähmte einen erhöhten Bedarf an Wohnfläche. Zum Wohlfühlen benötigt er eine höhere Raumtemperatur. Allein der Aufwand an erhöhten Heizkosten ist darum wesentlich.

3. Muster: Mahnschreiben an die gegnerische Haftpflichtversicherung

Schadennummer: ■■■

Sehr geehrte Damen, sehr geehrte Herren,

mit Schreiben vom ■■■ haben wir Ihnen unsere Schadenaufstellung übermittelt. Bislang konnte ein Eingang der dort ausgewiesenen Forderung auf einem unserer Konten nicht festgestellt werden. Wir fordern Sie nunmehr auf, den Schadensbetrag bis spätestens zum ■■■

zu überweisen. Sollte diese Frist fruchtlos verstreichen, werden wir unserer Mandantschaft zur Inanspruchnahme gerichtlicher Hilfe raten.

Mit freundlichen Grüßen

Rechtsanwalt

III. Muster: Abrechnung der außergerichtlichen Tätigkeit

▪▪▪

1. Die Beklagten werden verurteilt, als Gesamtschuldner an den Kläger ▪▪▪ € nebst Zinsen in Höhe von 5 Prozentpunkten über dem Basiszinssatz hieraus seit Rechtshängigkeit zu zahlen.
2. Die Beklagten haben als Gesamtschuldner die Kosten des Rechtsstreits zu tragen.
3. Das Urteil ist – notfalls gegen Sicherheitsleistung – vorläufig vollstreckbar.

Bei schriftlichem Vorverfahren wird für den Fall der Nichtanzeige der Verteidigungsbereitschaft gemäß § 331 Abs. 1, 3 ZPO bereits hiermit (Teil-) Versäumnisurteil beantragt.

Für den Fall des (teilweisen) Anerkenntnisses der Klageforderung auf eine Aufforderung gemäß § 276 Abs. 1 Satz 1 ZPO ist nach § 307 Abs. 2 ZPO die beklagte Partei ohne mündliche Verhandlung dem Anerkenntnis gemäß durch (Teil-) Anerkenntnisurteil zu verurteilen.

Soweit antragsgemäß (Teil-)Versäumnisurteil bzw. (Teil-)Anerkenntnisurteil ergeht, beantragen wir die Erteilung einer vollstreckbaren Ausfertigung an unsere Kanzlei.

Begründung:

Mit dieser Klage werden offene Rechtsanwaltsgebühren wegen einer außergerichtlichen Vertretung des Klägers aufgrund eines Verkehrsunfalls vom ▪▪▪ geltend gemacht.

Der Verkehrsunfall hatte sich am ▪▪▪ in ▪▪▪ ereignet, indem der Beklagte zu 1 mit dem am Unfalltage bei der Beklagten zu 2 versicherten PKW ▪▪▪ gegen den klägerischen Pkw ▪▪▪ mit Kennzeichen ▪▪▪ fuhr.

Der Kläger befuhr mit dem in seinem Eigentum stehenden PKW, amtl. Kennzeichen ▪▪▪, die ▪▪▪ Strasse in ▪▪▪. Der Beklagte parkte rückwärts aus einer Einfahrt aus und missachtete die Vorfahrt des Klägers, sodass es zum Zusammenstoß kam.

Der Unfallhergang und die Haftung dem Grunde nach waren außergerichtlich unstreitig. Insofern sind auch alle bislang bezifferten Schäden im Zusammenhang mit dem Fahrzeug im vorprozessualen Verfahren, bis auf die Anwaltskosten, vollumfänglich beglichen worden.

Die Haftung wurde dem Grunde nach anerkannt.

Mit Gebührenrechnung vom ▪▪▪, die an den Kläger gestellt wurde,

Beweis: Gebührenrechnung vom ▪▪▪ an den Kläger

und gleichlautend am ▪▪▪ an die Beklagte zu 2 zur Geltendmachung des Erstattungsanspruches des Klägers geleitet wurde,

Beweis: Schreiben und Rechnung an die Beklagte zu 2 vom ▪▪▪

wurden die angefallenen Rechtsanwaltsgebühren geltend gemacht.

Auf die dort geltend gemachten Rechtsanwaltsgebühren-Erstattungsansprüche in Höhe von brutto ▪▪▪ EUR hat die Beklagte zu 2 mit Schreiben vom ▪▪▪ nur ▪▪▪ EUR gezahlt,

Beweis: Schreiben der Beklagten zu 2 vom ▪▪▪,

so dass ein Restbetrag in Höhe von ■■■ EUR offen steht, welcher mit dieser Klage geltend gemacht wird.

Die geltend gemachten Rechtsanwaltsgebühren-Erstattungsansprüche sind dem Grunde und der Höhe nach gegeben:

a) Geschäftsgebühr

Die festgesetzte 1,3 Geschäftsgebühr gem. Nr. 2400 RVG-VV ist vorliegend angemessen i.S.d. § 14 Abs. 1 Satz 1 RVG:

Seit der Einführung des RVG beträgt die Geschäftsgebühr 0,5-2,5 gem. Nr. 2400 RVG-VV. Grundsätzlich ist von einer Mittelgebühr auszugehen, die 1,5 beträgt:

Die Geschäftsgebühr der Nr. 2400 VV liegt innerhalb eines Gebührenrahmes von 0,5-2,5.

Die rechnerische Mitte liegt somit bei 1,5. Die weit überwiegende Literatur geht daher davon aus, dass die Mittelgebühr ab dem Inkrafttreten des RVG 1,5 beträgt.

Exemplarisch wird hingewiesen auf:

Norbert Schneider/Peter Mock, AGS Sonderheft 2004 „RVG-Spezial", dort S. 25, wo ausgeführt ist: „die Mittelgebühr liegt damit zukünftig bei 1,5"

Norbert Schneider in AnwBl. 3/2004, S. 137: „die Mittelgebühr liegt somit bei 1,5"

Völker Römermann in Anwalt 3/2004, S. 21 (NJW-Verlagsbeilage): „nach dem RVG beträgt die Mittelgebühr der Nr. 2400 VV hingegen ohne weiteres 1,5", wozu ausgeführt wird, „1,3 ist schließlich ein Schwellenwert, aber keine Höchstgrenze. Der Gebührenrahmen liegt zwischen 0,5 und 2,5, so dass ein Mittelwert klar bei 1,5 liegt. Der Schwellenwert von 1,3 darf demnach nur in solchen Fällen nicht überschritten werden, in welchen die Angelegenheit weder umfangreich noch schwierig war."

Aus der Begründung des Fraktionsentwurfes BT-Drucks. 15/1971, S. 207: „Der erweiterte Abgeltungsbereich der Geschäftsgebühr führt zwangsläufig zu einer neuen Definition des Normalfalls. In durchschnittlichen Angelegenheiten ist grundsätzlich von der Mittelgebühr (1,5) auszugehen."

Hartung in NJW 2004, S. 1409, 1414: „Außer den in der Literatur genannten Argumenten, spricht für eine Mittelgebühr von 1,5, dass das gesetzgeberische Ziel der neuen Gebührenstruktur nicht eine Verschlechterung, sondern eine Verbesserung der anwaltlichen Vergütung ist. Dieses Ziel würde in sein Gegenteil verkehrt, wenn der Rechtsanwalt für die außergerichtliche Vertretung künftig geringere Gebühren als nach § 118 BRAGO erhalten würde. Zudem hat der Gesetzgeber mit der Regelung, dass die Geschäftsgebühr auf die Verfahrensgebühr höchstens mit einem Gebührensatz von 0,75 anzurechnen ist, zu erkennen gegeben, dass er die Mittelgebühr bei 1,5 sieht."

Hansens geht in RVGreport 2004, 57, 59, ebenfalls davon aus, dass „bei der nach § 14 RVG nach billigem Ermessen vorzunehmenden Gebührenbestimmung zunächst von einer Mittelgebühr von 1,5 auszugehen ist".

Otto führt in NJW 2004, 1420 ff. aus, dass „in durchschnittlichen Angelegenheiten grundsätzlich von der Mittelgebühr von 1,5 auszugehen" ist, wobei allerdings von einer Kappungsgrenze von 1,3 auszugehen ist dahingehend, „dass der Rechtsanwalt eine Gebühr von mehr als 1,3 nur fordern kann, wenn die Tätigkeit umfangreich oder schwierig war".

Riedmeyer führt in DAR 2004, 262 aus: „In durchschnittlichen Angelegenheiten ist grundsätzlich von der Mittelgebühr (1,5) auszugehen."

Dr. Christoph von Heimendahl führt in BRAK-Mitt. 3/2004, 105 aus: „Die Mittelgebühr der Nummer 2400 VV RVG ist die in Höhe von 1,5."

Henke führt in AnwBl. 2004, 363 unter Zitat aus der Bundesrat-Drucksache 830/03 vom 07.11.2003 aus: „In durchschnittlichen Angelegenheiten ist grundsätzlich von der Mittelgebühr (1,5) auszugehen."

Nach der Rechtsprechung sind Mandate wegen der Geltendmachung aus Schadensersatzansprüchen in Verkehrsunfallsachen regelmäßig durchschnittliche Mandate, so dass grundsätzlich zunächst von der Mittelgebühr auszugehen ist:

In Verkehrsrechtssachen (Geltendmachung von Schadensersatzansprüchen aus Verkehrsunfällen) ist grundsätzlich von der Mittelgebühr auszugehen, weil die Tätigkeit des Rechtsanwalts mindestens eine durchschnittliche Tätigkeit ist, da in der Regel mehrere Besprechungen mit Mandanten und/oder Korrespondenz mit mehreren Schriftsätzen erforderlich ist und eine genaue Kenntnis der schnell wechselnden Rechtsprechung erforderlich ist (AG Freiburg, NJW 1967, 258; AG Neustadt, AnwBl. 1967, 446; AG Köln, AnwBl. 1967, 445; AG Pinneberg, AnwBl. 1967, 381; AG Jülich, AnwBl. 1968, 94; LG Mannheim, AnwBl. 1968, 129; AG Darmstadt, AnwBl. 1970, 80).

Nur dann, wenn die Angelegenheit weder schwierig noch umfangreich war, wird die grundsätzlich geschuldete Mittelgebühr von 1,5 auf die Regelgebühr von 1,3 reduziert:

Riedmeyer führt in DAR 2004, 262f. aus, dass mit der Gesetzesbegründung (BT-Drucksache 5/1971 S. 206f.) ausdrücklich klargestellt ist, dass die Regelgebühr für durchschnittliche Angelegenheiten bei 1,3 liegen soll. Riedmeyer führt unter Bezugnahme auf die Gesetzesbegründung wörtlich aus:

„Die vorgeschlagene Regelung soll an die Stelle des § 118 BRAGO treten, soweit dieser für die außergerichtliche Vertretung anwendbar ist. Systematisch und entsprechend ihrer praktischen Bedeutung gehört diese Regelung für die außergerichtliche Rechtsbesorgung vor die Vorschriften, welche die Gebühren im gerichtlichen Verfahren regeln sollten. Für alle in einer Angelegenheit anfallenden Tätigkeiten soll nur eine Gebühr anfallen. Vorgesehen ist eine Geschäftsgebühr mit einem Gebührensatzrahmen von 0,5 bis 2,5. Der insgesamt weite Rahmen ermöglicht eine flexiblere Gebührengestaltung. Die künftig allein anfallende Gebühr soll das Betreiben des Geschäfts einschließlich der Information und der Teilnahme an Besprechungen sowie das Mitwirken bei der Gestaltung eines Vertrages abgelten. Eine Besprechungsgebühr ist nicht mehr vorgesehen. Auch ohne Besprechungen oder Beweisaufnahmen kann bei großem Umfang und erheblicher Schwierigkeit einer Sache der obere Rahmen einer Gebühr erreicht werden. Die Regelgebühr liegt bei 1,3. Der erweiterte Abgeltungsbereich der Geschäftsgebühr erfordert eine andere Einordnung der unterschiedlichen außergerichtlichen Vertretungsfälle in den zur Verfügung stehenden größeren Gebührenrahmen. Dies führt zwangsläufig zu einer neuen Definition des Normalfalles. In durchschnittlichen Angelegenheiten ist grundsätzlich von einer Mittelgebühr (1,5) auszugehen. In der Anmerkung soll jedoch bestimmt werden, dass der Rechtsanwalt eine Gebühr von mehr als 1,3 nur fordern kann, wenn die Tätigkeit umfangreich oder schwierig war.

A. Vorprozessuale Situation

Damit ist gemeint, dass Umfang oder Schwierigkeit über dem Durchschnitt liegen. In anderen Fällen dürfte die Schwellengebühr von 1,3 zur Regelgebühr werden."

Henke führt in AnwBl. 2004, 363 unter Zitat aus der Bundesrat-Drucksache 830/03 vom 07.11.2003 aus:

„Die Regelgebühr liegt bei 1,3 (■■■) In durchschnittlichen Angelegenheiten ist grundsätzlich von der Mittelgebühr (1,5) auszugehen. In der Anmerkung soll jedoch bestimmt werden, dass der Rechtsanwalt eine Gebühr von mehr als 1,3 nur fordern kann, wenn die Tätigkeit umfangreich oder schwierig war. Damit ist gemeint, dass Umfang oder Schwierigkeit über dem Durchschnitt liegen. In anderen Fällen dürfte die Schwellengebühr von 1,3 zur Regelgebühr werden."

Der parlamentarische Staatssekretär im Bundesministerium der Justiz MdB Alfred Hartenbach hat zur Frage der Interpretation der „Regelgebühr" nach Nr. 2400 VV mit Schreiben vom 10.03.2004 mitgeteilt:

„Ich teile Ihre Auffassung, dass der Rechtsanwalt in einer durchschnittlichen Angelegenheit nach RVG eine Geschäftsgebühr (Nr. 2400 VV RVG) in Höhe von 1,3 erhält (■■■) Die Vorschrift ist so zu verstehen, dass die Gebühr von 1,3 eine Kappungsgrenze darstellt. Die angemessene Gebühr ist unter Berücksichtigung des gesamten Gebührenrahmens (0,5 bis 2,5) und aller Bemessungskriterien (§ 14 RVG) zu bestimmen. Sofern die Sache von Umfang und Schwierigkeit her durchschnittlich ist, beträgt die Gebühr 1,3 (zitiert bei: Henke, AnwBl. 04, 363 f.)."

Dr. Christoph von Heimendahl führt in BRAK-Mitt. 3/2004, 105 aus:

„Die Mittelgebühr der Nr. 2400 VV RVG ist die in Höhe von 1,5 (■■■) Wenn die Tätigkeit trotz des besonderen Gewichtes gemäß anderer Kriterien des § 14 RVG weder umfangreich noch schwierig war, ist das nach § 14 bestimmte Ergebnis zu kappen auf 1,3."

Vorliegend lag mindestens eine durchschnittliche Tätigkeit vor, welche die Regelgebühr von 1,3 gerechtfertigt hat, wozu zum Umfang der anwaltlichen Tätigkeit folgendes dargetan wird:

Am ■■■ erfolgte die Erstbesprechung mit dem Kläger in der Kanzlei, bei welcher die Unfallaufnahme erfolgte und vom Kläger auch mitgeteilt wurde, dass der unfallbeschädigte Pkw ein Leasing-Fahrzeug der ■■■ Leasing-GmbH ist und nach Einsichtnahme in den Leasingvertrag und die allgemeinen Leasingbedingungen geklärt wurde, dass im Falle eines Reparaturschadens der Kläger den Reparaturauftrag selbst und in eigenem Namen durchführen lassen kann, die Leasinggesellschaft durch Übersendung des Gutachtens und der Reparaturrechnung zu informieren ist und die Wertminderung an die Leasinggesellschaft weiter zu leiten ist.

Die Unterzeichner haben im Auftrag des Klägers sowohl die Anspruchsgeltendmachung gegenüber der Beklagten zu 2 als auch die entsprechende Abwicklung mit der Leasinggesellschaft übernommen.

Mit Schreiben vom ■■■ wurde unter Übersendung einer Unfallskizze der Haftungsanspruch dem Grunde nach gegenüber der Beklagten zu 2 geltend gemacht.

Beweis: Schreiben der Unterzeichner vom ■■■ mit Unfallskizze

Janeczek

§ 1 Verkehrszivilrecht

Am ■■■ wurde, nachdem der Sachverständige den klägerischen Pkw beim Autohaus ■■■ besichtigt hatte, telefonisch durch Frau Rechtsanwaltsfachangestellte ■■■ im Auftrage von Rechtsanwalt ■■■ mit Herrn ■■■ vom Autohaus ■■■ geklärt, dass die Leasinggesellschaft im Auftrage des Klägers durch die Kanzlei der Klägervertreter unter Übersendung des Gutachtens und der Reparaturrechnung informiert wird und die Wertminderung an die Leasinggesellschaft weitergeleitet werden muss. Im Auftrag des Klägers wurde darum gebeten, die Reparatur zügig durchzuführen, damit anfallende Mietwagenkosten gering gehalten werden können.

Beweis (für das durchgeführte Telefonat): Frau Rechtsanwaltsfachangestellte ■■■, zu laden über die Anwaltskanzlei ■■■ als Zeugin

Tagggleich – also auch am ■■■ – wurde zunächst die ■■■ Leasing GmbH in ■■■ telefonisch über den Schadensfall informiert, wobei dieses Telefonat mit Herrn ■■■ als Vertreter des eigentlich zuständigen Sachbearbeiters, Herrn ■■■, geführt wurde. Dabei wurde mitgeteilt, dass der Kunde den Leasing-Pkw schnellstmöglich reparieren lässt, dass das Gutachten und die Reparaturrechnung über die Kanzlei der Klägervertreter an die ■■■ Leasing GmbH gesandt werden und dass die Wertminderung an die ■■■ Leasing GmbH weitergeleitet wird. Diese Vorgehensweise wurde seitens der ■■■ Leasing GmbH entsprechend bestätigt.

Beweis: wie vor

Nach Eingang des Schadensgutachtens, der Reparaturrechnung und der Mietwagenrechnung wurde mit Schreiben vom 06.09.2004 gegenüber der Beklagten zu 2 die Bezifferung der Schadenersatzansprüche vorgenommen.

Beweis: Schreiben der Unterzeichner vom 06.09.2004 an die Beklagte zu 2, Kopie anbei

(Kopien der Anlagen, namentlich der Schadensunterlagen können auf gerichtliche Anforderung vorgelegt werden)

Nach Eingang der Zahlung der Beklagten zu 2 in Höhe von ■■■ am ■■■ wurde entsprechend des Schreibens des Autohauses ■■■ vom ■■■ – nach Rücksprache mit dem Kläger, welcher die entsprechende Abtretung dem Unterzeichner bestätigt hat – die Zahlung auf die Reparaturkosten und die Mietwagenkosten nach den entsprechenden Rechnungen des Autohauses an das Autohaus vorgenommen.

Beweis: Schreiben des Autohauses vom ■■■, Kopie anbei

Und es wurde das Autohaus mit Telefax vom ■■■ über die entsprechende Ausgleichung der an den Kläger gestellten Rechnungen informiert.

Beweis: Telefax an das Autohaus vom ■■■, Kopie anbei

Tagggleich wurde am 13.09.2004 die Audi Leasing ebenfalls unter Übersendung des dort noch fehlenden Blatt 1 des DEKRA Gutachtens und der Reparaturrechnung über die Regulierung der Beklagten zu 2 und die Weiterleitung der Wertminderung in Höhe von 250,00 € an die Leasinggesellschaft informiert.

Beweis: Schreiben an die Audi Leasing vom 13.09.2004, Kopie anbei

Dieses Schreiben vom 13.09.2004 über die vorzunehmenden Zahlungsweiterleitungen konnte deshalb schon vor Eingang der Zahlung der Beklagten zu 2 (welche bei dem Unterzeichner erst am 14.09.2004 in Wert gestellt wurde) erfolgen, da die Beklagte zu 2 diese Zahlungen bereits mit Schreiben vom 09.09.2004 angekündigt hatte.

Beweis: Schreiben der Beklagten zu 2 vom 09.09.2004, Kopie anbei

Mit Schreiben an die Beklagte zu 2 vom 13.09.2004 wurde ein Restbetrag auf die Unkostenpauschale in Höhe von 0,44 € sowie der Erstattungsanspruch des Klägers auf die Rechtsanwaltsgebühren-Erstattungsansprüche geltend gemacht.

Beweis: Schreiben an die Beklagte zu 2 vom 13.09.2004 mit Gebührenrechnung vom 13.09.2004

Vorliegend lag mindestens eine durchschnittliche Tätigkeit vor, welche die Regel-Geschäftsgebühr in Höhe von 1,3 nach RVG Nr. 2400 gerechtfertigt hat.

Beweis: Beiziehung eines Gutachtens der Rechtsanwaltskammer gemäß § 14 Abs. 2 Satz 1 RVG

Nachdem vorliegend auch die Abwicklung mit der Leasinggesellschaft vorzunehmen war und dies im Sinne des § 249 BGB nur aufgrund des Verkehrsunfalls erforderlich wurde, ist auch der Aufwand für die Korrespondenz mit der Leasinggesellschaft Folge des Schadensfalles und bei der Bemessung der Rechtsanwaltsgebühren zu berücksichtigen.

Zu berücksichtigen ist ferner, dass verschiedene Telefonate mit dem Autohaus sowie der Leasinggesellschaft wegen der Abwicklung geführt worden sind, welche grundsätzlich – hätte sie der Rechtsanwalt geführt – nach der früher geltenden BRAGO eine Besprechungsgebühr nach § 118 Abs. 1 Nr. 2 BRAGO hätten anfallen lassen.

Da schon die bisherige Rechtsprechung zur BRAGO im Durchschnittsfall eine 8/10 Geschäftsgebühr nach § 118 Abs. 1 Nr. 1 BRAGO zuerkannt hat (Amtsgericht Hof DAR 2002, 479; zfs 2002, 491; zfs 2003, 2, 101f.), wären – unter der Voraussetzung, die telefonischen Besprechungen hätte der Rechtsanwalt geführt – schon bei einer Abrechnung nach BRAGO zwei 8/10 Gebühren (Geschäftsgebühr und Besprechungsgebühr) und somit Gebühren in Höhe eines Gebührensatzes von 1,6 angefallen.

Da nach den Darlegungen des Bundesjustizministeriums zur Begründung des RVG damit eine Gebührenerhöhung um mindestens 14 % einhergehen sollte, würde dies denklogisch eine angemessene Gebühr in Höhe von 1,6 + 14 % und somit in Höhe von 1,8 (abgerundet) ergeben, sodass die vorliegend festgesetzte Gebühr in Höhe von 1,3 sogar unterhalb der angemessenen gesetzlichen Gebühr liegt.

Beweis: wie vor

Es hätte bei der geschilderten Tätigkeit – insbesondere wegen des Mehraufwandes, welcher mit der Abwicklung mit der Leasinggesellschaft verbunden war – durchaus die Mittelgebühr von 1,5 angesetzt werden können.

Beweis: wie vor

Zu berücksichtigen ist in diesem Zusammenhang auch, dass die Beklagte zu 2 bekanntlich bis zur Einführung des RVG dem DAV-Abkommen angehört hat, und im vorliegenden Schadensfalle nach der BRAGO eine 15/10 Gebühr (entspricht nach dem RVG: 1,5) bezahlt hätte.

Janeczek

Es ist wenig verständlich, dass, wenn die Beklagte zu 2 bis zum 30.06.2004 eine Gebühr von 1,5 für die vorliegende Tätigkeit für angemessen erachtet und problemlos vergütet hat, nunmehr eine angesetzte Gebühr von 1,3, die 0,2 weniger ist, nach der Auffassung der Beklagten zu 2 unangemessen hoch sein sollte.

Die Beklagte zu 2 verstößt mit dieser Argumentation aus Ihrem Schreiben vom 22.09.2004

Beweis: Schreiben der Beklagten zu 2 vom 22.09.2004, Kopie anbei

gegen das Verbot des widersprüchlichen Verhaltens (§ 242 BGB) hinsichtlich Ihrer früheren Regulierungspraxis.

Hinsichtlich der sonstigen Bewertungsfaktoren nach § 14 Abs. 1 Satz 1 RVG wird auf folgendes hingewiesen:

Der Kläger ist Gymnasiallehrer am ▬▬▬ Gymnasium und hat daher – im Vergleich zu sonstiger Bevölkerung in ▬▬▬ – eher überdurchschnittliche Einkommensverhältnisse.

Auch die Tatsache, dass vorliegend Gegenstand des Mandates ein Sachschaden von ca. 5.000 € gewesen ist, belegt, dass es sich hinsichtlich der Höhe der für den Kläger geltend gemachten Schadenersatzansprüche um eine durchschnittliche bis leicht überdurchschnittliche Angelegenheit im Vergleich zur Schadenshöhe beim Durchschnitt aller Verkehrsunfälle gehandelt hat.

b) Auslagenpauschale

Die Höhe der Auslagenpauschale ergibt sich aus Nr. 7.002 RVG.

c) Kopierkosten

Der Kläger hat vorliegend auch einen Anspruch auf Erstattung von Kopierkosten:

Gemäß Nr. 7.000 Ziff. 1d RVG Vergütungsverzeichnis sind Kopierkosten erstattungspflichtig, wenn Kopien zur Übersendung an einen erstattungspflichtigen Versicherer gefertigt werden (Enders, JurBüro 1999, 281, 283), wobei sich das hierzu gemäß Nr. 7.000 Ziff. 1d RVG Vergütungsverzeichnis erforderliche Einverständnis des Auftraggebers des Rechtsanwaltes in der Regel aus den Umständen ergibt (am angeführten Ort; so auch Göttlich/Mümmler, BRAGO Schreibauslagen, 3., Einverständnis des Auftraggebers; Gerold/Schmidt, BRAGO, § 27 Rn. 18), wobei nach Göttlich/Mümmler das Einverständnis des Auftraggebers immer dann zu unterstellen ist, wenn die Anfertigung der Kopien zur sachgemäßen Vertretung der Interessen des Mandanten für erforderlich angesehen werden kann (Göttlich/Mümmler, BRAGO Schreibauslagen 3., Einverständnis des Auftraggebers).

Wenn ein Versicherer die Regulierung von Ansprüchen von der Übersendung von Original-Unterlagen abhängig macht, entspricht es regelmäßig einer sachgerechten Interessenvertretung, wenn der Rechtsanwalt die Original-Unterlagen versendet, hiervon Kopien zu seiner Handakte fertigt, sodass eine Fertigung von Kopien der Originale, welche nur einfach vorliegen und an Dritte (z.B. erstattungspflichtige Versicherer) übersandt werden, regelmäßig in stillschweigendem Einverständnis des Auftraggebers erfolgt, sodass dann gemäß Nr. 7.000 Ziff. 1d RVG Vergütungsverzeichnis ein Kostenerstattungsanspruch des Rechtsanwalts hinsichtlich anfallender Kopierkosten entsteht.

A. Vorprozessuale Situation

Das Amtsgericht Hof hat mit Teilurteil vom 21.01.2000 unter Aktenzeichen 15 C 435/99 entschieden, dass gem. § 27 BRAGO der Geschädigte eines Verkehrsunfalls Anspruch auf Erstattung der Kopierkosten hat, die dafür anfallen, dass, wenn Schadensbelege nur einfach vorliegen und diese durch den vom Geschädigten beauftragten Rechtsanwalt an den Kfz-Haftpflichtversicherer des Schädigers übersandt werden, der Rechtsanwalt Kopien der Originalunterlagen für seine Handakte fertigt.

Im Einzelnen hat das Amtsgericht Hof ausgeführt:

„Der Kläger hat auch Anspruch auf Ersatz von Kopierkosten in Höhe von 11,60 DM. Unstreitig lagen maßgebliche Unterlagen, wie Sachverständigengutachten, Mietwagenrechnung, Reparaturkostenrechnung nur einfach vor und wurden im Original der Beklagten zu 2 übermittelt. Unbestritten hat der Kläger auch vorgetragen, dass er insoweit einen Auftrag an seine Bevollmächtigten zur Anfertigung von Abschriften erteilt hat. Gemäß § 27 Abs. 1 Ziff. 3 BRAGO (jetzt: Nr. 7.000 Ziff. 1d RVG Vergütungsverzeichnis) haben die Bevollmächtigten daher gegenüber dem Kläger Anspruch auf Ersatz der entsprechenden Auslagen. Diese Rechtsverfolgungskosten sind dem Kläger zu 2 im Wege des Schadensersatzes zu ersetzen." (Amtsgericht Hof, Teilurteil vom 21.01.2000, Aktenzeichen: 15 C 435/99)

Im Übrigen ist im Schadensersatzfalle davon auszugehen, dass grundsätzlich der Geschädigte einen materiell-rechtlichen Kostenerstattungsanspruch aus §§ 823, 249 BGB gegenüber dem Schädiger und dessen Versicherung hat (Palandt/Heinrichs, § 249 BGB, Rn. 39).

Kopien, welche der Rechtsanwalt von Schadensunterlagen zum Beleg der Ansprüche des Mandanten fertigt, zählen regelmäßig nicht zu den Allgemeinen Geschäftskosten für das Betreiben der anwaltlichen Tätigkeit, sondern das Anfertigen von Kopien der Schadensunterlagen dient der Erfüllung des grundsätzlich dem Mandanten obliegenden Erforderlichkeitsnachweises im Sinne des § 249 BGB über einen geltendzumachenden Anspruch dem Grunde und der Höhe nach.

Soweit der Mandant dem Rechtsanwalt Schadensunterlagen zur Geltendmachung seines Anspruches nur in einfacher Ausfertigung zur Verfügung stellt und der Rechtsanwalt bei Übersendung dieser Schadensunterlagen an den Schädiger oder dessen Versicherung bei pflichtgemäßer Besorgung der anwaltlichen Tätigkeit eine Kopie zu seiner Handakte fertigt, hat er aus dem Mandatsverhältnis als entgeltlichen Geschäftsbesorgungsvertrag gemäß § 675 Abs. 1 BGB i.V.m. § 670 BGB einen Aufwendungsersatzanspruch gegenüber dem Mandanten, dessen Höhe sich nach Nr. 7.000 RVG Vergütungsverzeichnis bestimmt.

Dieser Aufwendungsersatzanspruch des Rechtsanwaltes gegenüber dem Mandanten auf Fertigung von Fotokopien der Schadensunterlagen zählt wiederum zum Schadensersatzanspruch des Geschädigten, der nicht nur einen Anspruch auf Ersatz des eingetretenen materiellen Schadens, sondern auch einen Anspruch auf Ersatz der erforderlichen Kosten für den Schadensnachweis und die Kosten der Rechtsverfolgung hat (vgl. Rechtsprechung bei Palandt/Heinrichs, 64. Auflage, § 249 BGB, Rn. 39).

d) Hebegebühr

Der Kläger hat auch einen Anspruch auf Zahlung der Hebegebühr aus der Zahlung vom 09.09.2004 in Höhe von 4.692,24 €, welcher auf 35,96 € dotiert.

Hinsichtlich der Zahlung der Beklagten zu 2 in Höhe von 4.692,24 € waren entsprechend den vorstehenden Ausführungen nach handschriftlicher Anweisung des Rechtsanwalts

Janeczek

■■■ durch die Buchhaltung der Anwaltskanzlei ■■■ 4 Überweisungen auszuführen und zwar an das Autohaus ■■■ unter Angabe der Rechnungsnummern der Reparaturrechnung und der Mietwagenrechnung, an die DEKRA für die Gutachterkosten unter Angabe der Gutachtensnummer sowie an die Audi Bank unter Angabe der Leasing Vertragsnummer.

Es liegt auf der Hand, dass für die Erstellung der handschriftlichen Zahlungsweiterleitungsanweisung des Rechtsanwaltes sowie für die Ausfüllung der einzelnen Überweisungsträger durch die Buchhalterin der Anwaltskanzlei und durch das entsprechende Verbuchen in der Handakte und auf dem Anderkonto der Kanzlei ein nicht unerheblicher Titel anfällt.

Zur Erläuterung für das Gericht wird insoweit darauf hingewiesen, dass die Anwaltskanzlei ■■■ – welche bekanntlich in großem Umfang in Verkehrsunfallangelegenheiten tätig ist – eine Ganztagsstelle mit einer Buchhalterin besetzt hat, die (neben kanzleiinternen Honorarbuchungen) ausschließlich mit den entsprechenden Zahlungsbuchungen in Unfallangelegenheiten befasst ist.

Beweis: Zeugnis der Frau ■■■

Es dürfte nachvollziehbar sein, dass solche Kosten für tatsächlich ausgeführte Tätigkeiten auch umgelegt werden müssen.

Dies sieht auch der Gesetzgeber so und hat deshalb die Hebegebühr des früheren § 22 BRAGO mit der Nr. 1.009 RVG Vergütungsverzeichnis beibehalten.

Nachdem der Kläger als Geschädigter eines Verkehrsunfalls gegenüber dem Schädiger einen Anspruch auf Erstattung der Rechtsverfolgungskosten hat, ist nicht ersichtlich, aus welchem Grund einer der Gebührentatbestände – hier der Gebührentatbestand der angefallenen Hebegebühren nach Nr. 1.009 – nicht dem Erstattungsanspruch des Klägers zugehören solle.

Hierzu wird auf Folgendes hingewiesen:

Die Hebegebühr der Nr. 1.009 RVG Vergütungsverzeichnis gewährt dem Rechtsanwalt eine Entschädigung für die verantwortungsvolle und aus dem Rahmen seiner sonstigen Tätigkeit herausfallende Tätigkeit der Verwaltung und Auszahlung von Geldern, sowie die Erstattung des damit verbundenen Verwaltungsaufwandes (Gerold / Schmidt / v. Eicken / Madert / Müller-Rabe, Rechtsanwaltsvergütungsgesetz, 16. Auflage 2004, Nr. 1.009 RVG Vergütungsverzeichnis).

Mit dieser Gebühr wird der zusätzliche Aufwand (insbesondere entstehende Personalkosten) vergütet, der im Zusammenhang mit jeder Ein-, Aus- und Rückzahlung enthaltener, hinterlegter oder weiterzuleitender Gelder entsteht (P. Mock, Gebührenrecht, 1998, Rn. 573).

Sie kann in allen Fällen berechnet werden, in denen die Auszahlung erhaltener Gelder vom Rechtsanwalt vorgenommen wird, und wird durch andere Gebühren niemals abgegolten. Die Gebühr entsteht, wenn dem Rechtsanwalt ein Auftrag zur Empfangnahme und Auszahlung der Gelder erteilt worden ist und tatsächlich Zahlungen über den Rechtsanwalt ausgeführt worden sind. Ist in die Vollmachtsurkunde die Ermächtigung zur Empfangnahme von Geldern aufgenommen, liegt damit regelmäßig der Auftrag vor, der bei Erfüllung des Tatbestandes der Nr. 1.009 RVG Vergütungsverzeichnis die Hebegebühr entstehen lässt. Beauftragt der Mandant den Rechtsanwalt zur Entgegennahme und Weiterleitung von Zahlungen,

A. Vorprozessuale Situation

so ist Gebührenschuldner der Hebegebühr gem. der Nr. 1.009 RVG Vergütungsverzeichnis zunächst grundsätzlich der Mandant.

Ist der Mandant Geschädigter einer unerlaubten Handlung, so hat er gemäß §§ 823 Abs. 1, 249 Abs. 1 BGB, einen materiell-rechtlichen Kostenerstattungsanspruch gegen den Schädiger, welcher sich auch auf die Kosten der Rechtswahrung erstreckt (BGH NJW 1986, 2244) und die entstehenden Rechtsanwaltsgebühren umfasst (BGHZ 30, 154; Palandt/Heinrichs, § 249 BGB, Rn. 21). Da der Geschädigte gemäß § 249 BGB so zu stellen ist, wie er ohne das schadensstiftende Ereignis stünde, muss sich der Geschädigte nicht selbst damit befassen, Zahlungen beim Schädiger oder dessen Versicherung beizutreiben, Gelder zu verwalten und an den Forderungssteller weiterzuleiten, sondern kann sich auf Kosten des Schädigers oder dessen Versicherung zur Ausführung dieser Tätigkeit Dritter, namentlich eines Rechtsanwaltes, bedienen. Dies ist häufig schon deshalb erforderlich, weil Kfz-Haftpflichtversicherungen zunächst meistens nur Vorschüsse bezahlen und der Geschädigte selbst regelmäßig nicht überblicken kann, in welcher rechtlichen Reihenfolge eingehende Zahlungen aufgeteilt werden müssen.

Da für die Aufteilung von Zahlungen (Anweisung des Rechtsanwaltes an die Buchhaltung, wie eine eingehende Zahlung aufzuteilen ist) eine gesonderte Tätigkeit des Rechtsanwalts entfaltet werden muss und dann hinsichtlich der Buchung des Zahlungseinganges, der Erstellung der einzelnen Überweisungsaufträge (mit Ausfüllen des Empfängers, Angabe der Rechnungsnummer usw. auf dem Überweisungsträger) und der entsprechenden Buchung wiederum in der Buchhaltung und Kontoführung des Rechtsanwaltes ein erheblicher Arbeitsaufwand einhergeht, und diese Tätigkeit im Rahmen der Einnahme, Verbuchung und Weiterleitung von Zahlungen nicht durch die sonstigen Gebühren des RVG abgedeckt ist, kann der Rechtsanwalt, der mit der Vereinnahmung und Weiterleitung von Zahlungen beauftragt ist, die hierfür nach Nr. 1.009 RVG Vergütungsverzeichnis anfallenden Gebühren berechnen. Hinzukommt, dass mit der Hebegebühr anteilig auch die Kontoführungskosten des Rechtsanwaltes – da die Bank für jede Überweisungsausführung gegenüber dem Rechtsanwalt Gebühren erhebt – abgegolten werden.

Nachdem der Geschädigte vom Schädiger sämtliche Kosten der Rechtsverfolgung fordern kann, ist auch die Hebegebühr vom materiell-rechtlichen Kostenerstattungsanspruch des Geschädigten gegenüber dem Schädiger (Palandt/Heinrichs, § 249 BGB, Rn. 21) umfasst.

Zu berücksichtigen ist im vorliegenden Fall auch, dass der Kläger selbst überhaupt nicht gewusst hätte, dass er verpflichtet ist, die Wertminderung in Höhe von 250 € an den Leasinggeber weiterzuleiten und dass insoweit aus dem Leasingvertrag eine entsprechende Voraus-Abtretung an den Leasinggeber vereinbart ist.

Da ein Geschädigter häufig nicht imstande ist, die Frage gegebener Abtretungen und die Reihenfolge der Beachtung von Abtretungen nach eingegangenen Zahlungen zu beurteilen, ist es nur recht und billig, dem Geschädigten zuzugestehen, auch hinsichtlich der verantwortungsvollen Tätigkeit der Einziehung und ordnungsgemäßen Weiterleitung von Zahlungen, die aus Ansprüchen aus einem Verkehrsunfall resultieren, einen Rechtsanwalt zu beauftragen.

Die hierfür anfallenden Kosten kann der Kläger als Rechtsverfolgungskosten ebenso wie sämtliche anderen Rechtsanwaltsgebühren als Schadensersatzanspruch von dem Beklagten fordern.

Janeczek

§ 1 Verkehrszivilrecht

Der Kläger hat einen Anspruch auf Erstattung sämtlicher Rechtsanwaltsgebühren, und zwar auch der Hebegebühr nach Nr. 1.009 wie auch von Kopierkosten nach Nr. 7.000 Ziff. 1d RVG Vergütungsverzeichnis:

Nach ständiger Rechtsprechung umfasst der materiell-rechtliche Kostenerstattungsanspruch bei unerlaubter Handlung auch die Kosten der Rechtsverteidigung (BGH NJW 1986, 2244). Er erfasst vor allem die entstehenden Anwaltskosten (BGHZ 30, 154).

Insbesondere bei Ansprüchen aus unerlaubter Handlung, also aus § 823 BGB und § 7 StVG, fallen in den Schutzbereich der verletzten Normen auch die Anwaltskosten des Geschädigten für die Geltendmachung seiner Schadenersatzansprüche beim Schädiger und dessen Haftpflichtversicherer (OLG Oldenburg NJW 1961, 613; OLG Nürnberg OLGZ 69, 140; Palandt/Heinrichs, 62. Auflage, § 249 BGB Rn. 39).

Die Vorschrift des § 14 Abs. 2 RVG – nach welcher das Gericht verpflichtet ist, ein Gebührengutachten der Rechtsanwaltskammer einzuholen – gilt grundsätzlich nur im Gebührenzahlungsprozess des Rechtsanwalts gegenüber seinem Auftraggeber.

Nachdem es vorliegend jedoch um den Erstattungsanspruch des Klägers gegenüber dem Beklagten geht, ist § 14 Abs. 2 RVG zumindest nicht direkt anzuwenden.

Es wird jedoch angeregt, dass das Gericht in analoger Anwendung des § 14 Abs. 2 RVG eine Stellungnahme der Gebührenabteilung der Rechtsanwaltskammer zur Angemessenheit der vorliegend angesetzten 1,3 Geschäftsgebühr nach Nr. 2.400 RVG Vergütungsverzeichnis einholen möge, nachdem letztendlich dann, wenn die angesetzte Geschäftsgebühr und die bestehende Erstattungspflicht des Klägers gegenüber der Anwaltskanzlei ▬▬▬ der Höhe nach besteht, der Kläger auch einen Erstattungsanspruch gegenüber dem Beklagten in dieser Höhe hat. Es wird daher angeregt, dass die Akte zunächst an die Rechtsanwaltskammer ▬▬▬ zur Erstellung eines Gebührengutachtens übersandt werden möge.

Vorliegend kann das Gericht zwar nach § 495a Satz 1 ZPO nach billigem Ermessen im schriftlichen Verfahren verhandeln.

Es wird insoweit bereits zum jetzigen Zeitpunkt mitgeteilt, dass in diesem Falle durch die Unterzeichner gemäß § 495a Satz 2 ZPO die Durchführung der mündlichen Verhandlung beantragt werden wird.

Wenn die Beklagte zu 2 bei der gegebenen Rechtslage es schon auf einen Rechtsstreit ankommen lassen will, sollte eine mündliche Verhandlung in der vorliegenden Angelegenheit ggf. Beispielscharakter haben i.S. eines Präzedenzfalles, um die grundsätzliche Auffassung des Amtsgerichts ▬▬▬ wie auch der Rechtsanwaltskammer zu klären und um für künftige Streitigkeiten zu gewährleisten, dass ohne Anrufung des Gerichtes eine ordnungsgemäße Erstattung von Rechtsanwaltsgebühren erfolgt.

Aus diesem Grunde wäre es wünschenswert, wenn das Gericht das persönliche Erscheinen eines vertretungsbefugten Bevollmächtigten der Beklagten zu 2 zur mündlichen Verhandlung anordnen würde.

Nur am Rande darf in diesem Zusammenhang darauf hingewiesen werden, dass zwischen dem GDV und dem DAV Verhandlungen geführt werden über ein Nachfolgeabkommen des früheren „DAV-Abkommens", um unerfreuliche Klagen über Rechtsanwaltsgebühvener-

A. Vorprozessuale Situation

stattungsansprüche nach Verkehrsunfällen und die hiermit verbundenen Kosten zu vermeiden.

Insoweit haben bereits drei große Versicherer, nämlich sämtliche Versicherer der Allianz Gruppe, die DEVK und die Württembergische Versicherungs AG einen Nachfolgeabkommen zum DAV-Abkommen mit den DAV-Mitgliedern abgeschlossen, bei welchem die frühere Gebühr von 1,5 auf 1,8, die frühere Gebühr von 1,75 auf 2,1, die Gebühr von 2,0 auf 2,4 und die Gebühr von 2,25 auf 2,7 angehoben wurde.

Es steht zu hoffen, dass es in der Zukunft mit sämtlichen Versicherern, die dem früheren DAV-Abkommen angeschlossen waren, zu einer ähnlichen Vereinheitlichung der Abrechnung der Gebührenerstattungsansprüche kommen wird.

Bedenkt man, dass im Falle von Vergleichsabschlüssen insgesamt Gebühren von bis zu 4,0 entstehen können (Geschäftsgebühr von bis zu 2,5 GB gemäß Nr. 2.004 und Einigungsgebühr in Höhe von 1,5 gemäß Nr. 1.000) sind diese, von der Allianz, der DEVK und der Württembergischen angebotenen und mit den Mitgliedern des DAV abgeschlossenen Gebührensätze sicherlich sachgerecht.

Unverständlich ist letztendlich die Haltung der Beklagten zu 2:

Dem Gericht soll nicht vorenthalten bleiben, dass die Beklagte zu 2 der Anwaltschaft und auch den Unterzeichnern ein Angebot unterbreitet hat, dahingehend, dass die Beklagte zu 2 bereit wäre, bei Sachschäden eine Geschäftsgebühr von 1,0 und in allen übrigen Fällen eine Geschäftsgebühr von 1,3 zu bezahlen.

Der DAV hat in seinen Pressemitteilungen und der DAV-Depesche vor dem Abschluss solcher Abrechnungsvereinbarungen eindringlich gewarnt, zumal es ganz offensichtlich ist, dass hier Gebührensätze angeboten werden, die unterhalb der gesetzlichen Gebühren liegen (abgesehen davon, dass sie auch unterhalb der früheren Gebührensätze nach dem DAV-Abkommen liegen).

Es kann daher auf wenig Verständnis stoßen, wenn einzelne Versicherer, die selbstverständlich in Kenntnis der bestehenden Gesetzeslage und der einschlägigen Kommentarliteratur zum RVG sind, wider besseres Wissen die Ausgleichung ordnungsgemäß festgesetzter Rechtsanwaltsgebühren verweigern und damit wegen erforderlicher Klagen und einzuholender Gebührengutachten nach § 14 Abs. 2 RVG der Anwaltschaft, den Gerichten und den Rechtsanwaltskammern zusätzliche Kosten bereiten und letztendlich – weil bei Obsiegen des Klägers die Kosten des Rechtsstreits ebenfalls die Beklagten zu tragen haben – zulasten der eigenen Versicherungsnehmer, wie hier des Beklagten zu 1, erhebliche Mehrkosten verursachen, die sich letztendlich auf die Versicherungsprämie niederschlagen werden.

Soweit in diesem Schriftsatz zum Beweis Urkunden angeboten werden, die dem Gegner vorliegen, werden diese Anlagen gemäß § 133 Abs. 1 Satz 2 ZPO lediglich einfach für das Gericht beigefügt.

Es wird beantragt, gemäß § 278 Abs. 2 Satz 1 Halbsatz 2, 2. Alternative ZPO von der Anberaumung eines Gütetermins abzusehen und sofort Termin zur streitigen Verhandlung zu bestimmen, da die Güteverhandlung erkennbar aussichtslos erscheint. Dies begründet sich damit, dass die Klagepartei nicht einigungsbereit ist, sondern eine streitige Entscheidung wünscht.

Janeczek

Eine Güteverhandlung erscheint (§ 278 Abs. 2 ZPO) daher erkennbar (aufgrund vorstehender Erklärung der Klagepartei) als aussichtslos, zumal es auf die derzeitige Bewertung ankommt (Baumbach/Lauterbach, 60. Auflage, § 278 ZPO, Rn. 14) und die Klagepartei mit der vorstehenden Erklärung die erkennbare Aussichtslosigkeit der Güteverhandlung aktenkundig dokumentiert (Baumbach/Lauterbach, a.a.O.).

Hilfsweise wird beantragt, den Gütetermin und den Termin zur streitigen Verhandlung zeitlich unmittelbar aufeinander anschließend zu terminieren.

e) Zur Aktivlegitimation des Klägers

Der Vollständigkeit halber wird mitgeteilt, dass die Unterzeichner dem Kläger die Bezahlung der mit dieser Klage geltend gemachten offenen Rechtsanwaltsgebühren bis zum Abschluss dieses Rechtsstreites gestundet haben. Gleichwohl hat der Kläger nicht nur einen Freistellungs-, sondern einen Zahlungsanspruch gegenüber dem Beklagten, denn der Geschädigte kann vom Ersatzpflichtigen gemäß § 250 Satz 2 BGB „Ersatz in Geld" und somit Zahlung eines offenen Rechnungsbetrages fordern, weil eine zuvor mit Schreiben der Unterzeichner vom 13.09.2004 dem Ersatzpflichtigen gesetzte angemessene Frist zur Ausgleichung der Rechnung fruchtlos verstrichen ist und die Beklagte zu 2 mit Schreiben vom 22.09.2004 die Erstattung der restlichen Rechtsanwaltsgebühren ernsthaft und endgültig verweigert hat. In diesem Fall geht der Freistellungsanspruch gemäß § 250 BGB in einen Zahlungsanspruch über (vgl. Palandt/Heinrichs, vor § 249 BGB Rn. 46 und § 250 Rn. 2), weil ein Schadensersatzanspruch in Geld dann besteht, wenn der Ersatzpflichtige die Zahlung von Schadensersatz oder die Naturalrestitution ernsthaft und endgültig verweigert (BGHZ 40, 352; Palandt/Heinrichs, § 250 BGB Rn. 2).

So haben verschiedene Gerichte bei gleich gelagerten Sachverhalten (wenn Mietwagenkosten für Geschädigte eingeklagt werden und die Zahlung der Mietwagenkosten dem Geschädigten durch die Mietwagenfirma bis zum Ausgang des Prozesses gegenüber der Kfz-Haftpflichtversicherung gestundet werden) entschieden, dass bei endgültiger und ernsthafter Verweigerung der Bezahlung der Rechnung der geschädigte Kläger nicht nur einen Freistellungs-, sondern einen Zahlungsanspruch gegenüber dem Schädiger und dessen Kfz-Haftpflichtversicherung hat: Amtsgericht Wunsiedel, Urteil vom 23.09.2003, Az. 1 C 450/03; Amtsgericht Hof, Endurteil vom 18.12.2003, Az. 13 C 935/03; Amtsgericht Bayreuth, Urteil vom 29.10.2003, Az. 13 F 51/03; Amtsgericht Hof, Urteil vom 19.03.2004, Az. 14 C 1691/03.

Einfache und beglaubigte Abschrift anbei.

■■■

Rechtsanwalt

117 Die Schadensposition der Anwaltskosten stellt sich aus Sicht des Anwalts als wichtigste Schadensposition dar, vergütet sie ihm doch seine Tätigkeit. Darum sollte jeder Anwalt, der Unfälle bearbeitet, daran interessiert sein, dass ein angemessener Gebührenanspruch besteht.

118 Sowohl Rechtsschutzversicherer als auch Haftpflichtversicherer versuchen die Schaffung des RVG und die damit entstehende Rechtsunsicherheit dazu zu nutzen, die Gebührenansprüche der Anwaltschaft so gering wie möglich zu bemessen. Gängiges Argument ist, dass vorgetragen wird, dass der Gebührenrahmen von 1,4 bis 2,5 nur für schwierige und aufwendige Fälle in Anspruch zu nehmen ist und daher der

Umkehrschluss bedeuten möge, dass für durchschnittliche Angelegenheiten der Gebührenrahmen von 0,5 bis 1,3 zur Verfügung stehe, so dass die Mittelgebühr 0,9 betrage. Dass dies falsch ist, zeigt die Argumentation in obiger Klageschrift. Grds. besteht ein Anspruch in Höhe der **Mittelgebühr** und diese wiederum beträgt **1,5**. Hiervon darf sich der Anwalt nicht abbringen lassen, wenn er Unfallmandate auch noch in Zukunft kostendeckend bearbeiten will.

B. Prozess

I. Muster: Unfallsache in der 1. Instanz – Klageschrift mit Sach- und Personenschaden

Klageschrift

In Sachen

des Herrn ■■■, ■■■

Kläger

Prozessbevollmächtigte: Rechtsanwälte ■■■

gegen
1. Herrn ■■■, ■■■
2. ■■■-Haftpflicht Versicherungs AG, ■■■, vertreten durch den Vorstand,■■■ dieser vertreten durch den Vorstandsvorsitzenden ■■■

(Schadennummer: ■■■)

Beklagte

wegen Schadensersatzes, Schmerzensgeld und Feststellung

Streitwert: wir beantragen Festsetzung

Namens und in Vollmacht des Klägers erheben wir Klage und werden beantragen:
1. Die Beklagten werden gesamtschuldnerisch verurteilt, an den Kläger 31.195,77 € nebst gesetzlicher Zinsen von 5 % über dem Basiszinssatz hieraus seit dem 21.04.2003 zu zahlen.
2. Die Beklagten werden verurteilt, an den Kläger ein angemessenes Schmerzensgeld für den Zeitraum vom 25.10.2001 bis zum Schluß der letzten mündlichen Verhandlung nebst gesetzlicher Zinsen von 5 % über dem Basiszinssatz hieraus seit dem 16.04.2002 unter Berücksichtigung eines bereits gezahlten Betrages i.H.v. 30.000,00 € zu zahlen.
3. Die Beklagten werden verurteilt, an den Kläger ein angemessenes Schmerzensgeld für die unfallbedingt erlittenen Verletzungen der Frau ■■■, verstorben am 25.09.01 gegen 0.43 Uhr, nebst gesetzlicher Zinsen von 5 % über dem Basiszinssatz hieraus seit dem 16.04.02 zu zahlen.
4. Die Beklagten werden verurteilt, an den Kläger 400,00 € Haushaltsführungsschadensrente monatlich für jeweils drei Monate im Voraus beginnend ab dem 01.07.2003 jeweils zum 01.07.; 01.10; 01.01 und 01.04. eines jeden Jahres zu zahlen.
5. Die Beklagten werden verurteilt an den Kläger monatlich 384,71 € wegen entgangener Dienste der Ehefrau im Haushalt für jeweils drei Monate im Voraus beginnend ab dem 01.07.2003 jeweils zum 01.07.; 01.10; 01.01 und 01.04. eines jeden Jahres zu zahlen.

6. Die Beklagten werden verurteilt, an den Kläger monatlich 200,00 € Verdienstausfallrente für jeweils drei Monate im Voraus beginnend ab dem 01.07.2003 jeweils zum 01.07.; 01.10; 01.01 und 01.04. eines jeden Jahres zu zahlen.
7. Die Beklagten werden verurteilt, an den Kläger eine angemessene Rente für vermehrte Bedürfnisse für jeweils drei Monate im Voraus beginnend ab dem 01.07.2003 jeweils zum 01.07.; 01.10; 01.01 und 01.04. eines jeden Jahres zu zahlen.
8. Es wird festgestellt, dass die Beklagten verpflichtet sind, dem Kläger sämtliche materiellen und immateriellen Schäden, letztere soweit sie nach der letzten mündlichen Verhandlung entstehen, aus dem Unfall vom 24.09.2001 auf der Bundesstraße 333 bei ███hausen, ca. 250 Meter nach der Kreuzung ███stadt von Neustand aus kommend in Fahrtrichtung ███hausen, zu bezahlen, soweit die Ansprüche nicht auf Sozialversicherungsträger oder sonstige Dritte übergehen.

Die Beklagten tragen die Kosten des Verfahrens.

Sofern das Gericht das schriftliche Vorverfahren anordnet, beantragen wir bereits jetzt bei Säumnis der Beklagten den Erlass eines entsprechenden Versäumnisurteils, im Falle eines Anerkenntnisses den Erlass eines entsprechenden Anerkenntnisurteils ohne mündliche Verhandlung.

BEGRÜNDUNG:

Der Kläger macht Feststellungs-, Schadensersatz- und Schmerzensgeldansprüche aus einem Verkehrsunfall vom 24.09.2001 um ca. 19.05 Uhr auf der B 333 in ███hausen geltend. Fahrer und Halter des unfallgegnerischen PKW, amtliches Kennzeichen ███, war der Beklagte zu 1. Das Fahrzeug des Beklagten zu 1 war zum Unfallzeitpunkt bei der Beklagten zu 2 haftpflichtversichert, so dass sich daraus die Passivlegitimation der Beklagten zu 2 ergibt.

Der Beklagte zu 1 befuhr mit seinem PKW die B 333 aus Richtung ███hausen kommend in Richtung ███stadt. Die Fahrbahnoberfläche war nass, es regnete stark und es herrschte Dunkelheit. Nach dem Durchfahren einer Rechtskurve, ca. 250 Meter nach der Kreuzung ███stadt, kam der Erstbeklagte nach links auf die Gegenfahrbahn und stieß auf Grund überhöhter Geschwindigkeit mit dem sich im Gegenverkehr befindenden, entgegenkommenden Kläger zusammen. Durch die Kollision wurden beide Pkws auf das angrenzende Feld geschleudert. Der Kläger erlitt durch den Unfall schwerste Verletzungen, seine Ehefrau, welche als Beifahrerin mitfuhr, verstarb auf Grund der Verletzungen.

Beweis: Beiziehung der amtlichen Ermittlungsakte der Staatsanwaltschaft ███hausen, AZ ███

Gemäß § 823 Abs. 1, Abs. 2 BGB i.V.m. § 3 Abs. 1 StVO, §§ 7, 18 StVG begehrt der Kläger Feststellung, Schadensersatz und Schmerzensgeld. Der Unfall war für den Kläger ein unabwendbares Ereignis. Der Kläger fuhr am äußerst rechten Fahrbahnrand. Der Erstbeklagte fuhr mit überhöhter Geschwindigkeit in die Kurve. Die Fahrbahn war nass. Er kam auf die Gegenfahrbahn. Der Kläger konnte nicht damit rechnen, dass der Erstbeklagte auf seine Fahrbahnseite wechselt. Er konnte des weiteren seinen PKW nicht mehr abbremsen, ausweichen oder sonst die Kollision verhindern. Somit haften die Beklagten zu 100 %.

Schadenspositionen

Durch den Tod seiner Frau entstanden dem Kläger Beerdigungskosten. Im Einzelnen fielen an:

Einzelgrabstelle:	715,81 €
Sargbestattung:	275,06 €
Pauschale für kirchliche Bestattungsfeier:	25,56 €
Trauerbekleidung	1.190,59 €
Friedhofsunterhaltungsgebühren 2001	25,56 €
Benutzungsgebühr Redehalle	,56 €
Bestattungskostenrechnung	1.469,33 €
Auslagen für Danksagung	92,29 €
Sarggesteck und Blumen	88,20 €
Kosten entstanden somit in Höhe von	3.907,96 €

Beweis:
1. Vorlage der Rechnungen (K1)
2. Zeugnis des Herrn ▆▆▆

Der PKW des Klägers erlitt durch den Unfall einen Totalschaden. Der PKW musste abgeschleppt werden.

Abschleppkosten fielen in Höhe von 143,72 EUR an, welche begehrt werden.

Beweis: Rechnung des Autohauses Wagner vom 15.10.2001 (K2)

Zuzahlung

Der Kläger musste zu den vielfach verschriebenen Medikamenten sowie Physiotherapien Zuzahlungen leisten. Im Einzelnen fielen an:

Zuzahlung vom 03.01.2002	4,50 €
Zuzahlung vom 20.12.2001	11,35 €
Zuzahlung vom 20.12.2001	29,66 €
Zuzahlung vom 27.12.2001	2,35 €
Zuzahlung vom 12.08.2002	4,50 €
Zuzahlung vom 01.08.2002	10,00 €

Für die Physiotherapie fielen 339,28 € an.

Für eine Urinflasche fielen 6,54 € an.

Weitere 151,83 € fielen für Medikamente an.

Beweis: Vorlage der Rechnungen (K3)

Der Kläger verlängerte seinen Aufenthalt um eine Woche in der Reha-Klinik ■■■, da die verschriebene Zeit nicht ausreichte, um weitere Besserungserfolge zu erzielen und besser mit den nachfolgend unter „Schmerzensgeld" aufgeführten Verletzungen leben zu können. Die Folgewoche war auch medizinisch indiziert. Für eine Woche fiel hier ein Betrag in Höhe von 696,84 EUR an.

Beweis:
1. Rechnung der Reha-Klinik ■■■ vom 20.12.01 (K4)
2. Sachverständigengutachten, § 287 ZPO

Des weiteren fielen Besuchskosten der Kinder des Klägers – diese Kosten sind ersatzfähig, da die Besuche naher Angehöriger aus medizinischer Sicht notwendig waren – sowie Kosten durch Heilbehandlungsfahrten des Klägers an. Die Kinder des Klägers, Frau ■■■ und Herr ■■■, haben ein Fahrtenbuch geführt, woraus sich bis einschließlich August 2002 eine Fahrstrecke von insgesamt 17.940 Kilometern ergibt.

Es wird im folgenden dargestellt, wann sich der Kläger im Krankenhaus befand und wann er von wem in dieser Zeit besucht worden ist:

Krankenhausaufenthalt

Vom 24.09.2001 bis 08.10.2001

Besuche:

Herr ■■■: 28.09., 29.09., 30.09., 01.10., 02.10., 03.10., 04.10., 06.10., 07.10.

Frau ■■■: 25.09., 26.09., 28.09., 29.09., 30.09., 01.10., 02.10., 03.10. 04.10., 06.10., 07.10.,

Herr ■■■ musste insgesamt 9 * 40 km und Frau ■■■ 11 * 180 km fahren. Insgesamt ergibt sich eine Strecke von 2.340,00 km.

Krankenhausaufenthalt

Vom 09.10.2001 bis zum 24.10.2001

Besuche:

Herr ■■■: 09.10., 13.10., 20.10.

Frau ■■■: 10.10., 12.10.-19.10., 22.10.-24.10.

Herr ■■■ musste insgesamt 3 * 220 km und Frau ■■■ 12 * 250 km fahren. Insgesamt ergibt sich eine Strecke von 3.660 km.

Rehaklinik ■■■

Vom 25.10.2002 – 21.12.2001

Besuche:

Herr ■■■: 28.10.; 04.11., 11.11., 17.11., 20.11., 24.11., 01.12., 15.12.

Frau ■■■: 21.10. (zur Abklärung und Vorbereitung der Maßnahme); 25.10.-28.10; 30.10.; 31.10., 02.11.; 03.11.; 05.11.; 06.11.; 07.11.; 09.11.; 10.11.; 12.11.; 14.11.; 16.11.; 17.11.; 18.11.; 22.11.; 24.11.; 26.11.; 28.11.; 30.11.; 02.12.; 04.12.; 06.12.; 09.12.; 11.12.; 16.12.; 17.12.; 19.12.

Herr ■■■ musste insgesamt 8 * 230 km und Frau ■■■ insgesamt 32 * 90 km fahren. Insgesamt ergibt sich eine Strecke von 4720 km.

Somit beträgt der Umfang der Krankenhausbesuchsfahrten 10.720 km.

Krankenbesuche zu Haus ab 25.12.2001

Nach der Entlassung aus der Rehaklinik war eine umfangreiche Betreuung durch die Kinder notwendig. Der Kläger durfte aufgrund seiner psychischen Situation nicht zu lang allein gelassen werden. Insbesondere in dieser Zeit vermisste er seine Ehefrau in seiner gewohnten Umgebung sehr. Das Alleinsein war schwierig. Es musste auch durch Besuche verhindert werden, dass der Kläger depressiv wird. Psychisch war es die schwerste Zeit für den Kläger, da er nun nicht mehr einen großen Teil seiner Zeit durch Behandlungsmaßnahmen abgelenkt wurde.

Beweis:
1. Sachverständigengutachten
2. Parteivernahme des Klägers, § 287 ZPO

Dies gilt bereits deshalb, weil der Kläger bettlägerig war und daher zu viel Zeit hatte, um über den Verlust seiner Ehefrau nachzudenken.

Beweis: wie vor

Besuche:

Herr ■■■: 05.01.; 06.01.; 10.01.; 19.01.; 20.01.; 22.01.; 26.01.; 27.01.; 29.01.; 01.02.; 03.02.; 05.02.; 07.02.; 09.02.; 11.02.; 14.02.; 16.02.; 17.02.; 21.02.; 24.02.; 26.02.; 02.03.; 03.03.; 06.03.; 09.03.; 13.03.; 16.03.; 18.03.; 20.03.; 21.03.; 24.03.; 25.03.; 30.03.; 31.03.; 06.04.; 13.04.; 14.04.; 18.04.; 20.04.; 21.04.; 24.04.; 27.04.; 28.04.; 03.05.; 04.05.; 05.05.; 09.05.; 10.05.; 13.05.; 17.05.; 25.05.; 26.05.; 27.05.; 31.05.; 08.06.; 12.06.; 15.06.; 16.06.; 19.06.; 22.06.; 23.06.; 25.06.; 29.06.; 30.06.; 02.07.; 05.07.; 09.07.; 12.07.; 13.07.; 16.07.; 18.07.; 20.07.; 23.07.; 26.07.; 27.07.

Frau ■■■:22.12.; 03.01.; 04.01.; 06.01.; 07.01.; 11.01.; 12.01.; 13.01.; 17.01.; 18.01.; 23.01.; 28.01.; 29.01.; 02.02.; 03.02.; 06.02.; 07.02.; 11.02.; 12.02.; 18.02.; 19.02.; 20.02.; 23.02.; 24.02.; 27.02.;06.03.; 07.03.; 11.03.; 14.03.; 17.03.; 22.03.; 25.03.; 27.03.; 31.03.; 02.04.; 04.04.; 06.04; 07.04.; 10.04.; 12.04.; 13.04.; 17.04.; 22.04.; 26.04.; 30.04.; 01.05.; 04.05.; 05.05.; 07.05.; 08.05.; 11.05.; 12.05.; 15.05.; 19.05.; 21.05.; 24.05.; 28.05.; 03.06.; 07.06.; 09.06.; 11.06.; 17.06.; 25.06.; 26.06.; 01.07.; 02.07.; 06.07.; 07.07.; 10.07.; 11.07.; 27.07.; 29.07.

Insgesamt musste der Zeuge ■■■ 76 * mindestens 20 km und die Zeugin ■■■ insgesamt 72 * mindestens 75 km fahren. Daher errechnet sich eine Gesamtstrecke i.H.v. 6920 km.

Krankenhausbesuche vom 30.07.2002 bis 14.08.02

Ab August 2002 wurde ein Fahrtenbuch nicht mehr geführt. Herr ■■■ hat seinen Vater 4 mal in ■■■ im Krankenhaus besucht. Dabei fielen jeweils 75 km an, so dass noch 300 km hinzuzurechnen sind.

Janeczek

Aus entsprechender Übersicht ergeben sich Krankenbesuchsfahrten im Umfang von 17.940 km. Sämtliche Besuche waren medizinisch notwendig.

Beweis: Sachverständigengutachten

Ersatzfähig sind Benzinkosten, sowie Kosten für kilometerbezogene Wertminderung durch Verschleiß, Reparaturkosten und Abnutzung. Bei einem Verbrauch von 10 Litern pro 100 Kilometer fallen bereits Benzinkosten i.H.v. 12 Cent pro Kilometer an. Unter Einrechnung der Wertminderung ergibt sich ein Wert von 0,26 Cent pro Kilometer und somit ein Betrag von 5.305,30 €.

Sämtliche Besuchsfahrten waren aus medizinischer Sicht zur Begünstigung des Heilungsverlaufes notwendig.

Beweis: Sachverständigengutachten

Telefonkosten

In der Zeit des Krankenhaus- sowie des Reha-Aufenthaltes fielen durch tägliches Telefonieren Telefonkosten an. Die Kinder des Klägers telefonierten durchschnittlich täglich mit ihrem Vater 45 Minuten. Dies war notwendig und medizinisch indiziert, da der Kläger durch seine eigenen Verletzungen jedoch auch durch den Tod seiner Frau niedergeschlagen war und Lebensfreude vollständig entfiel. Hierfür kann Frau ■■■, die Tochter des Klägers, konkrete Telefonkosten in Höhe von 75,82 EUR nachweisen. Aus Kostengründen wurde zwischen den Kindern und dem Kläger vereinbart, dass die Kinder des Klägers diesen anrufen, da Telefoneinheiten von der jeweiligen Klinik aus mehr kosten, als angerufen zu werden.

Telefonkosten fallen weiterhin an, da der Kläger auf Hilfe seiner Kinder angewiesen ist, und diese koordiniert werden muss. Deshalb ist dem Antrag unter vermehrte Bedürfnisse stattzugeben.

Schmerzensgeld

Durch den Unfall erlitt der am 01.04.1934 geborene, derzeit 68-jährige Kläger schwerste Verletzungen. Nach dem Verkehrsunfall wurde er durch den eintreffenden Notarzt erstversorgt, danach wurde er in das Krankenhaus ■■■ eingeliefert.

Erstdiagnostiziert wurden eine ausgedehnte Schädelablederungswunde, Prellung und Lungenriss der rechten Lunge, Dünndarm- und Dickdarmverletzungen mit Durchblutungsstörungen, Trümmerbruch der Hüftpfanne mit Hüftgelenksverrenkung links, offene Kniegelenksverletzung mit Abscherung der Oberschenkelgelenkrolle innenseits und Kniescheibenabriss rechts, erstgradig offener Bruch des Ellenbogens rechts, Innenknöchelbruch rechts.

Insgesamt war der Kläger 14 Tage in ■■■stadt auf der Intensivstation. Es bestand Lebensgefahr.

Durch Intensivtherapie mit Beatmung bis zum 28.09.2001 konnte eine Besserung der Lungensituation erreicht werden.

Es erfolgten zahlreiche Operationen.

Eine Thoraxsaugdrainage wurde angelegt, eine Laparotomie mit Dünndarmresektion (Öffnung der Bauchhöhle) sowie eine Übernähung des Durchbruchs wurde angestrengt. Es erfolgte eine Spülung sowie Anlegen einer Drainage.

Am selben Tag erfolgte des weiteren die Osteosynthese der Abrissfraktur des Kniegelenks und Anlage eines Gipses.

Am 27.09.2001 erfolgte eine weitere Operation.

Die linke Hüfte wurde aus der Verrenkungsstellung eingerichtet. Im Verlauf der weiteren Behandlung kam es zu Stellungsverschlechterungen der Hüftpfannentrümmerbrüche.

Am rechten Ellenbogen musste die anfangs eingebrachte Zugurtung wegen Ausrisses eines Drahtes nochmals operativ korrigiert werden.

Der Kläger wurde am Unfalltag mit schwersten Verletzungen in das Krankenhaus ▆▆▆stadt eingeliefert. Die Verletzungen des Klägers waren lebensgefährlich und der Zustand des Klägers lebensbedrohlich.

Beweis:
1. Bericht des Krankenhauses ▆▆▆ vom 11.10.2001 in Kopie als Anlage K5
2. Zeugnis des Zeugen Dr. med. ▆▆▆

Nachdem der Kläger vier Tage künstlich beatmet wurde, befand sich der Kläger bis zum 08.10.2001 auf der Intensivstation des Krankenhauses ▆▆▆stadt.

Beweis:
1. wie vor
2. Zeugnis der Zeugin ▆▆▆

Am 08.10.2001 wurde der Kläger in die Uniklinik Leipzig verlegt, da nur diese Kenntnisse zur Versorgung der sehr schweren Hüftpfannenverletzung hat.

Als vorliegend wohl schwerste Verletzung ist der Trümmerbruch der Hüftpfanne mit Hüftgelenksverrenkung links anzusehen. Die Hüftpfanne war in einem solchen Ausmaß zertrümmert und die Behandlung daher so kompliziert, dass eine Fachklinik damit betraut werden musste. Daher erfolgte die Überweisung an die Universitätsklinik Leipzig.

Beweis:
1. Zeugnis des Zeugen Dr. med. ▆▆▆
2. Bericht des Klinikums ▆▆▆ vom 23.11.2001 in Kopie als Anlage K6

Dies war notwendig, weil bei der Reposition der Hüftluxation, Acettabulumfraktur und Fraktur des hinteren Beckenrings es jeweils zu einer Dislokation kam, so dass die operative Versorgung in einer Spezialklinik notwendig wurde.

Beweis: ärztlicher Bericht des Universitätsklinikums ▆▆▆ vom 06.02.2002 in Kopie als Anlage K7

Im Bericht des Klinikums Leipzig weisen die Ärzte noch einmal auf die Schwere und die besondere Häufung der Verletzungen hin.

Beweis: ärztlicher Bericht vom 08.02.2002 in Kopie als Anlage K8

Am 25.10.2001 erfolgte dann die Überweisung zur Frührehabilitation nach Altenberg, die dann bis Mitte Dezember 2001 erfolgt ist.

Somit bestand bereits hier ein stationärer Aufenthalt im Umfang von 3 Monaten.

Der weitere Behandlungsverlauf gestaltete sich wie folgt:

Bereits kurz nach Beendigung des Rehabilitationsaufenthalts, noch im Jahr 2001 kam es bei dem Kläger zu einer schweren posttraumatischen Coxarthrose und einer Femurkopfnekrose. Der Hüftkopf löste sich auf. Darum wurde die Implantation einer künstlichen Hüfte notwendig.

Beweis:
1. Sachverständigengutachten des Universitätsklinikums ■■■ (Anlage K9)
2. Zeugnis des Herrn Dr. ■■■, zu laden über das Universitätsklinikum ■■■
3. Sachverständigengutachten
4. Zeugnis der Frau Dr. med. ■■■

Da das Becken aufgrund des Trümmerbruches instabil war, konnte die Implantation der Hüfte nicht sofort erfolgen. Vielmehr war ein Zuwarten bis zur ausreichenden Stabilität des Beckens notwendig.

Beweis: wie vor

Für den Kläger bedeutete dies, dass er bis zum 30.07.2002 mit einem aufgelösten Hüftknochenkopf leben musste. Um die Stabilität des Beckens möglichst schnell herzustellen, durfte der Kläger dieses nicht belasten. Praktisch bedeutete dies, dass der Kläger von der Entlassung aus der Rehabilitation bis zum 30.07.2002 mehr als sieben Monate nur auf dem Sofa lag.

Beweis:
1. Sachverständigengutachten
2. Zeugnis des Dr. ■■■
3. Zeugnis der Zeugin ■■■
4. Parteivernahme des Klägers
5. Zeugnis der Frau ■■■

Die Zeugin ■■■ ist die behandelnde Ärztin des Klägers. Sie hat den Kläger auch während der schweren Zeit bis zum 30.07.2002 medizinisch betreut und kann angeben, dass der Kläger aufgrund seines Zustandes bis zum 30.07.2002 bettlägerig war.

In dieser Zeit wurde der Kläger zudem von einem Pflegedienst betreut, der mehrmals täglich die häusliche Krankenpflege übernahm.

Beweis:
1. Parteivernahme des Klägers, b.b.
2. Zeugnis der Zeugin ■■■

Aufgrund der Hüftkopfnekrose in Verbindung mit dem übrigen Verletzungen bestand nach Überwindung der Lebensgefahr die latente Gefahr einer Lähmung.

Beweis:
1. Sachverständigengutachten
2. Zeugnis des Dr. ■■■

B. Prozess

Am 30.07.2002 erfolgte dann die Operation im Universitätsklinikum ▪▪▪. Der stationäre Aufenthalt dauerte insgesamt 14 Tage an.

Bewies:
1. Zeugnis des Dr. ▪▪▪
2. Parteivernahme des Klägers, b.b.
3. Zeugnis der Frau ▪▪▪

Hiernach konnte der Kläger erstmalig wieder seine Hüfte teilbelasten. Es wurde ihm ein „Aufstehen mit Teilbelastung" erlaubt.

Beweis: wie vor

Hiernach schloss sich ein 3-wöchiger Rehabilitationsaufenthalt in Altenberg an.

Beweis:
1. Parteivernahme des Klägers
2. Zeugnis der Frau ▪▪▪

Anschließend wurde weiter eine intensive physiotherapeutische Behandlung durchgeführt.

Beweis:
1. Zeugnis der Zeugin ▪▪▪
2. Parteivernahme des Klägers
3. Zeugnis der Frau ▪▪▪

Der Kläger ist aufgrund seiner Verletzungen schwer gezeichnet. Seine Lebenseinstellung hat sich verändert.

Seit dem Unfall ist der Kläger nur schwerlich in der Lage, sein Leben zu gestalten. Unter dem Punkt entgangener Lebensfreude kann festgehalten werden, dass diese fast vollständig abhanden gekommen ist. Die Beeinträchtigungen und Folgen sind äußerst gravierend.

Wegen der Verletzungen kann der Kläger seinen Tagesablauf nicht beeinflussen. Er ist täglich aufs Neue auf die Hilfe von Pflegern sowie seiner Kinder angewiesen.

Auf die Einnahme von Medikamenten wird der Kläger in der Prognose ebenfalls zeitlebens nicht verzichten können, weshalb bereits hierzu dem Feststellungbegehren stattzugeben ist.

Besonders problematisch für den Kläger erscheint die ausweglose Situation. Trotz der vormals guten körperlichen Verfassung im Zusammenhang mit den sehr schweren Verletzungen wird eine vollständige Ausheilung nicht möglich sein. Die Verletzungen werden täglich aufs neue schmerzlich erlebt werden müssen.

Die vormals gute physische Situation hat sich bereits stark verschlechtert. Der Kläger wohnt in ländlichem Gebiet. Dies war der Wunsch der Eheleute, da sie sehr naturverbunden sind. Der Kläger arbeitete mit Begeisterung im Garten, baute Gemüse sowie Blumen an. Er erledigte soweit wie möglich sämtliche Besorgungen mit dem Fahrrad. Er verbrachte viel Zeit in der Natur. Am Wochenende unternommene Fahrradtouren sowie Wanderungen können jetzt nicht mehr mit ihr durchgeführt werden. Dies alles ist dem Kläger durch den Unfall nicht mehr möglich. Er empfindet auf Grund des ausgeübten Natur- und Landlebens seine jetzige

Situation besonders schmerzlich. Seine vormalige Kreativität – er reparierte Fahrräder – hat sich stark eingeschränkt. Der Bewegungsdrang ist vollständig zum Erliegen gekommen. Dadurch hat sich ebenfalls die vormals robuste Psyche des Klägers verschlechtert.

Weiterhin belastet den Kläger, dass die Pflegebedürftigkeit lebenslang zu erwarten ist. Die Verletzungsfolgen werden zeitlebens aufs neue täglich erfahren werden. Wie viele Physiotherapieeinheiten anfallen werden, kann bislang nicht abgeschätzt werden. Regelmäßig werden ambulante ärztliche Termine wahrzunehmen sein.

Im Alter ist erhöhte Pflegebedürftigkeit zu erwarten.

Bislang versucht die Familie des Klägers, diesen stark zu unterstützen. Die Kinder besorgen das tägliche Leben des Klägers. Durch die Kinder findet der Kläger familiären Halt.

Sehr schmerzlich ist es für den Kläger, dass seine Ehefrau durch den Unfall ums Leben kam. Der Schmerz wirkt stark, Zukunftsperspektiven sind mit einem Mal verlorengegangen. Durch die fehlende Möglichkeit, in die Natur zu gehen oder nützliche Arbeit zu verrichten, belastet ihn der Tod seiner Frau stark, da er keine Ablenkung findet. Hinzu kommt, dass sich der Kläger Vorwürfe am Tod seiner geliebten Ehefrau macht. Obwohl der Unfall für ihn unvermeidbar war, fragt er sich doch jeden Tag aufs neue, was er anders hätte machen können, um den Tod seiner Ehefrau zu verhindern. Schließlich ist ein besonderer Schock des Klägers zu beachten, den er erlitt, nachdem er noch im Unfallwagen befindlich seine schwerstverletzte Ehefrau, die schließlich verstorben ist, erblickte; unter dem erlittenen Trauma leidet er auch heute noch stark.

Der Kläger hat den Tod seiner geliebten Ehefrau bis heute nicht verwunden. Lange Zeit hat er versucht, die Tatsache des Todes zu verdrängen. Erst lange Zeit nach dem Unfall hat er überhaupt damit angefangen, den Tod der Ehefrau zu verwinden. In diesem äußerst schwierigen und schmerzhaften Prozess befindet er sich noch heute.

Beweis: Sachverständigengutachten

Der früher immer lebensfrohe und junggebliebene Kläger ist heute sehr oft sehr ruhig und von Traurigkeit überzogen.

Dabei gilt es auch zu berücksichtigen, dass der Kläger sein Leben lang äußerst motiviert Sport getrieben hat. Unter dem Vorsatz, dass sich mangelhafte Bewegung in der Jugend und im mittleren Alter erst später bemerkbar machen, war er stets bemüht, in der Bewegung einen Jungbrunnen zu finden. Auch viel jüngere Personen haben sich über die Fitness und die Kraft des Klägers vor dem Unfall beeindruckt gezeigt. Seine Hoffnung, auch im Alter noch aktiv sein zu können und das Leben in vollen Zügen mit seiner Ehefrau zu genießen, wurde durch den Unfall vollumfänglich zerstört. Heute leidet der Kläger unter jedem Schritt. Mehr als 5 Minuten Laufen am Stück sind illusorisch. Sofort setzen heftige Schmerzen im Knie ein, die an eine weitere Ausführung von Bewegungen nicht zu denken lassen. All die geliebten Hobbys wie Schlittschuhfahren, Skilaufen oder Wandern gehen heute überhaupt nicht mehr. Besonders schlimm für den Kläger ist dabei die Hoffnungslosigkeit, da mit einer Besserung des Zustandes nicht zu rechnen ist. Vielmehr muss sich der Kläger mit einer weiteren Verschlimmerung des Zustandes auseinander setzen, was einer frühzeitigeren und rasch fortwirkenden Arthrose geschuldet ist. Der Kläger muss sich damit abfinden, möglicherweise bald ständig auf einen Rollstuhl angewiesen zu sein.

Beweis: Sachverständigengutachten

Außenstehende bemerken, dass sich der Kläger zurückgezogen hat.

Beweis: Zeugnis der Frau ■■■

Die Zeugin hat den Kläger intensiv vor und nach dem Unfall erlebt und kann die Veränderungen beschreiben. Auf Familienfeiern z.b. ist nicht mehr der lebensbejahende Kläger anzutreffen. Der Kläger ist still geworden und redet viel weniger.

Beweis: wie vor

Der Kläger berichtet davon, dass es jedes Jahr ein Höhepunkt war, mit der Tochter und deren Familie in den Urlaub zum Ski fahren oder zum Wandern zu fahren. Dies wurde jedes Jahr mindestens einmal durchgeführt.

Beweis: wie vor

Dies geht heute nicht mehr. Damit fällt für den Kläger der alljährlich durchgeführte Aktivurlaub aus. Für den Kläger ist das sehr schmerzlich, da er früher mit großer Freude den kommenden Urlaub erwartet hat und es ein besonderer Höhepunkt in jedem Jahr war.

Mit dem Unfalltag sind auch die großen gemeinsamen Träume des Klägers mit seiner Ehefrau geplatzt. Den Unfallwagen hatten der Kläger und seine Frau erst kurz vor dem Unfall angeschafft.

Beweis:
1. Zeugnis des Frau ■■■
2. Parteivernahme des Klägers

In ihrem gesamten gemeinsamen Arbeitsleben haben der Kläger und seine Frau große Pläne für die Zeit des Ruhestandes gemacht. Die Zeit, die früher nicht da war, sollte nun intensiv zum Reisen genutzt werden.

Beweis: wie vor

So sollte mit dem PKW intensiv Deutschland und seine Attraktionen besucht werden. Hierauf hat sich der Kläger lange gefreut.

Beweis: wie vor

Mit einem Mal ist durch den Unfall alles zerplatzt. Die Person, die dem Kläger mehr als zwei Drittel des Lebens jeden Tag an der Seite stand, war mit einem Mal nicht mehr da. Zu der Trauer um den plötzlichen Verlust der Ehefrau kommt nun aber auch die Ausweglosigkeit. Die großen Pläne, die geschmiedet wurden, sind nicht mehr durchführbar. Die Kraft für neue Pläne ist kaum da.

Beweis: wie vor

Nur sehr langsam beginnt sich der Kläger wieder mit der Durchführung von Urlauben zu beschäftigen. Er denkt an die Durchführung einer Kreuzfahrt. Jedoch fehlt ihm hierzu der Mut. Er war es gewohnt, dass immer eine vertraute Person, nämlich seine Frau, dabei ist. Allein Verreisen ist für den Kläger fast unvorstellbar. Für den Außenstehenden ist dies vielleicht nur schwer nachvollziehbar, jedoch wird dies verständlich, wenn bedacht wird, dass der Kläger durch sein Leben mit der Ehefrau geprägt war und es nun im Alter schwer ist, diese Prägungen zu beseitigen.

Janeczek

§ 1 Verkehrszivilrecht

Man kann nur hoffen, dass der Kläger in der Lage ist, sich zu überwinden.

Sehr schlimm für den Kläger sind auch die vielen Stunden allein zu Haus. Während früher immer jemand da war, sitzt der Kläger nun sehr oft allein. Gerade die langen Winterabende wirken dabei sehr deprimierend. Der Kläger sinniert oft über die Situation ohne Unfall und ist dann voller Trauer über die entgangenen Freuden. Mit Worten sind diese Schmerzen kaum zu beschreiben.

Dies ist alles noch besonders schlimm, weil der Kläger auch körperlich leidet. Sein gesamter Alltag wird heute durch den Unfall bestimmt. Der Kläger ist in seiner Belastung erheblich eingeschränkt und hat Schmerzen, welche aus den arthrotischen Erscheinungen und den Bewegungseinschränkungen herrühren.

Beweis: Parteivernahme des Klägers

Längere Strecken als 100 m kann er nicht laufen. So fällt es ihm auch schwer, der häuslichen Einsamkeit zu entfliehen.

Bitter für den Kläger ist auch, dass er kein Licht am Ende des Tunnels sieht. Er weiß, dass sich sein Zustand nicht mehr bessern wird. Andererseits weiß er auch, dass über kurz oder lang weitere Operationen und Verschlechterungen eintreten werden.

Das künstliche Hüftgelenk wird allenfalls 10 Jahre halten und die Arthrose im Knie wird zukünftig ein künstliches Kniegelenk erfordern.

Beweis: Sachverständigengutachten

Weitere Operationen stehen also an. Die Verträglichkeit wird mit zunehmenden Alter nicht besser.

Einzugehen ist auch auf die ständigen Darmprobleme des Klägers. Das Sachverständigengutachten (Anlage B2) fast dies kühl wie folgt zusammen:

„Unregelmäßiger Stuhlgang mit weicherer Konsistenz nach operativ versorgten Dünndarm- und Sigmaverletzungen sowie häufiger Harndrang nach stumpfen Bauchtrauma."

Bei der Behandlung mussten der Dünndarm und der Dickdarm ein Stück verkürzt werden.

Beweis: Zeugnis des Zeugen Dr. ■■■

Die beschriebene weichere Konsistenz stellt übersetzt ständig auftretenden Durchfall dar. Darum muss sich der Kläger von Schonkost ernähren. Fettige Sachen und blähende Speisen dürfen nicht mehr aufgenommen werden. Auch kalte Getränke wie das kühle Bier nach getaner Arbeit fallen für den Kläger aus, da ansonsten sofort eine Überbelastung des Darmes mit anschließendem Durchfall erfolgen würde.

Beweis: Sachverständigengutachten

Durch den Unfall musste der Kläger also seinen Speiseplan erheblich umstellen. Trotzdem machen sich täglich die Probleme bemerkbar.

Insgesamt ist also festzustellen, dass der Kläger lebensgefährlich verletzt worden ist. Ein erheblicher Dauerschaden verbleibt. Mehrere Monate musste er stationär behandelt werden. Mehr als sieben Monate war der Kläger zusätzlich noch bettlägerig. Das Leben des Klägers hat sich erheblich zum Nachteil verändert. Er ist in der Mobilität eingeschränkt, entgangene Freuden sind im erheblichen Umfang festzustellen. Lang gehegte Pläne sind nicht mehr zu verwirklichen. Schließlich hat der Kläger durch den Unfall noch seine geliebte Ehefrau und damit den Halt in seinem Leben verloren.

Der Kläger leidet unter dem Unfall sehr. Schmerzlichst wird er jeden Tag aufs neue an den Unfall und seinen Folgen erinnert.

Der Kläger stellt die Höhe des Schmerzensgeldes in das Ermessen des Gerichts, es wird jedoch davon ausgegangen, dass ein Schmerzensgeld in Höhe von mindestens 75.000,00 € angemessen ist.

Verweisen wollen wir hierbei auf die ADAC Schmerzensgeldtabelle von Hacks/Ring/Böhm, 21. Auflage, Ziffer 2643 (Urteil des LG Gera vom 27.04.1999 – 3 O 3307/95). Zu berücksichtigen ist, dass das zitierte Urteil bereits 1999 rechtskräftig wurde. Hier müsste also eine Indexanpassung erfolgen. Schmerzensgelderhöhend zu berücksichtigen wären auch die grobe Fahrlässigkeit des Schädigers, die Anzahl der Operationen, die Schmerzen durch den Tod der Ehefrau sowie vor allem die bislang verzögerte Regulierung der Beklagten zu 2.

In Verbindung mit diesem Betrag wird das Gericht schon jetzt auf das Urteil des BGH in Versicherungsrecht 1996, Seite 990 hingewiesen, wonach dem Richter bei der Festsetzung des für angemessen gehaltenen Schmerzensgeldes gemäß § 308 ZPO durch die Angabe eines Mindestbetrages nach oben keine Grenzen gezogen sind.

Bei der Bemessung der Schmerzensgeldhöhe sind außerdem folgende Entscheidungen zu berücksichtigen:

1. LG München I (ADAC Schmerzensgeldtabelle, Ziffer 2738)

Dieses Urteil stammt noch aus der Zeit vor dem vielzitierten Urteil des LG München aus dem Jahr 2001, in dem es im Bereich schwerer Verletzungen die Schmerzensgeldbeträge praktisch um 25% erhöht hat. Trotzdem hat es bei vergleichbaren Verletzungen ein Schmerzensgeld i.H.v. 75.000,00 € ausgeurteilt. Indexiert entspricht dies einem Betrag i.H.v. 81.000,00 €. Auch dort hatte der Geschädigte als schwerste Verletzung eine komplizierte Hüftgelenksfraktur. Ebenso verbleibt ein Dauerschaden. Der stationäre Aufenthalt dauerte 3 Monate an. Im streitbefangenen Fall kommt noch hinzu, dass der Kläger mehr als 7 Monate liegen und intensiv gepflegt werden musste. Zudem sind die multiplen Verletzungen, die Lebensgefahr und natürlich der Verlust einer nahen Angehörigen zu berücksichtigen.

2. OLG Bamberg (ADAC Schmerzensgeldtabelle 21.2740)

In diesem Fall urteilte das Gericht ein Schmerzensgeld i.H.v. 75.000,00 € aus, was indexiert 82.000,00 € entspricht. Der Entscheidung liegen auch zahlreiche Brüche zugrunde. Der Dauerschaden ist vergleichbar. Während bei der Entscheidung des OLG Bamberg der Krankenhausaufenthalt länger war, bestand beim Kläger Lebensgefahr. Weiterhin ist beim Kläger der Verlust der Ehefrau schmerzensgelderhöhend zu berücksichtigen.

Obige Entscheidungen zeigen, dass vorliegend ein Schmerzensgeld i.H.v. 75.000,00 € in jedem Fall angemessen ist. Soweit das Urteil des LG Gera zitiert worden ist, ist dies geschehen, um zu verdeutlichen, dass bei besserem Heilungsverlauf bereits ein indexiertes Schmerzensgeld i.H.v. 50.000,00 € ausgeurteilt wurde. So waren die Verletzungen im Fall

Janeczek

des LG Gera bei weitem nicht so multipel. Darmprobleme bestehen nicht. Der Kläger musste sich zwei längeren stationären Aufenthalten und anschließenden Rehabilitationen unterziehen. Dazwischen war der Kläger lange bettlägerig und auf ständige Pflege angewiesen. Zudem verlor er bei dem Unfall seine Frau. Es ist vorliegend also ein viel schwerer Fall zu beurteilen, als der, der dem LG Gera zur Entscheidung vorlag.

Das als angemessen erachtete Schmerzensgeld ist nach diesseitigem Dafürhalten somit auszuurteilen.

Schmerzensgeld der Ehefrau

Der Kläger begehrt des weiteren das Schmerzensgeld der Ehefrau aus übergegangenem Recht.

Frau ■■■ war Beifahrerin in dem PKW des Klägers. Durch den Unfall erlitt sie schwerste Verletzungen, an denen sie schließlich verstarb. Durch den Unfall wurde Frau ■■■ auf dem Beifahrersitz eingeklemmt. Diagnostiziert wurde eine Polytrauma mit irreversiblem, haemmorrhagischem Schock, eine Thoraxkontusion mit Rippenserienfraktur links, Lungenprellung, Stumpfes Bauchtrauma mit erheblichen blutenden Einriss des Mescolon sigm., zweitgradig offener handgelenksnaher Speichenbruch rechts, geschlossener Oberschenkeletagenbruch links, zweitgradig offener Schienbeinkopftrümmerbruch links, Beckenringverletzung durch nicht verschobene Sitz- und Schambeinbruchbildung rechts.

Am Unfallort fand durch den Notarzt eine Bergung statt, Intubation und Beatmung.

Eine weitere Versorgung erfolgte im Krankenhaus Meißen.

Am 25.09.2001 musste um 0.43 Uhr der Tod festgestellt werden.

Frau ■■■ war in der Fahrgastzelle eingeklemmt, erkannte jedoch ihre Situation.

Der Kläger stellt ebenfalls die Höhe des Schmerzensgeldes seiner Frau in das Ermessen des Gerichts, ist jedoch der Auffassung, dass ein Schmerzensgeld von 2.500,00 € angemessen ist. Es wird verwiesen auf die Hacksche Schmerzensgeldtabelle, 19. Auflage, Ziffern 1625, 1641, 1690. Auf Grund der kurzen Überlebenszeit ist ein Schmerzensgeld in dieser Höhe ausreichend und sachgerecht. Es wird darauf hingewiesen, dass schmerzensgelderhöhend das Schmerzempfinden der Ehefrau berücksichtigt werden muss, sowie eine Indexanpassung der zitierten Urteile. Dass das Schmerzensgeld dem Kläger zugute kommt, führt im übrigen nicht zu einer geringeren Bemessung (OLG München vom 16.12.1969 in VersR 1970, 643).

Zu Einschätzung des angemessen Schmerzensgeldes wird auf folgende Entscheidungen verwiesen, wobei anzumerken ist, dass Frau ■■■ erst 6 Stunden nach dem Unfall verstorben ist:

OLG Karlsruhe AZ 10 U 121/97 = OLGR 1997, 20

1.500,00 € bei Überlebenszeit von 10 Minuten für einen bewusstlosen Mann

BGH AZ VI ZR 182/97 = VersR 1998, 1034

1.500,00 € Tod nach einer Stunde Bewußtlosigkeit

KG AZ 22 U 2282/93= NJW-RR 1995, 91

3.200,00 € bei kurzzeitigem Überleben nach einem Verkehrsunfall bei Bewusstlosigkeit

OLG Saarbrücken AZ 3 U 43/93-9

7.500,00 € bei Tod nach 9 Minuten im brennenden Auto

OLG Düsseldorf AZ 8 U 173/96 = OLGR 1998, 31

67.500,00 € bei Tod nach 5 Wochen im komatösen Zustand

Unter Indexierung der Schmerzensgeldbeträge und Beachtung der entsprechenden Entwicklung der Rechtsprechung erscheint ein Schmerzensgeld i.H.v. 2.500,00 € durchaus als angemessen.

Haushaltsführungsschaden

Gem. §§ 823 Abs. 1, 843 Abs. 1 BGB beansprucht der Kläger Ersatz für den verletzungsbedingt erlittenen Haushaltsführungsschaden, sowie den haushaltsspezifischen Unterhaltsschaden durch den Tod seiner Frau. Aufgrund des Unfalles konnte unser Mandant seiner vor dem Unfall ausgeführten Tätigkeit gar nicht oder nur eingeschränkt nachkommen. Daher trat sowohl eine Mehrung seiner eigenen Bedürfnisse als auch eine Einschränkung seiner Haushalts-/Erwerbstätigkeit ein.

Arbeitsaufwandsberechnung:

Zur Berechnung der Höhe dieser Schadenposition ist zunächst die tatsächliche Arbeitszeit des Geschädigten vor Eintritt des Unfalles zu ermitteln.

Hierbei wird im Folgenden Rückgriff genommen auf die Tabellen aus Schulz-Borck/Hoffmann, Schadensersatz bei Ausfall von Hausfrauen und Müttern im Haushalt, 6. Auflage 2000.

Gem. Tabelle 8 (Arbeitszeitaufwand im Haushalt in Std./Woche insgesamt und seine Verteilung auf die Haushaltsperson absolut und in v.H.) ist von Haushaltstyp Nr. 3 auszugehen. Der Kläger ist nicht erwerbstätig und lebte mit seiner Ehefrau in einem 2-Personen-Haushalt. Das Einfamilienhaus besteht aus 6 Zimmern, Küche, Bad und umfasst 130 qm. Die Wohnung ist durchschnittlich ausgestattet mit einem Kühlschrank, Waschmaschine, Gefrierschrank und Staubsauger, jedoch ohne Geschirrspülmaschine.

Damit ergibt sich nach Tabelle 8 ein durchschnittlicher Arbeitsaufwand von 65,0 Std., wovon auf die Ehefrau 40,5 Std. (62,3 %) entfallen und auf den Ehemann 24,5 Std. (37,7 %). Entsprechend Tabelle 2 (Zu- und Abschläge in Stunden pro Woche) sind von diesem Durchschnittswert Zu- und Abschläge zu machen.

Zuschläge:

Das Ehepaar ▪▪▪ hat einen 300 qm großen Garten, den sie bewirtschaften. Der Garten teilt sich auf in einen 200 qm großen Nutzgarten und einen 100 qm großen Ziergarten. Tabelle 2 rechtfertigt pro Quadratmeter Garten einen Zuschlag von 0,4 Stunden pro Quadratmeter und Jahr, so dass auf den 300 qm großen Garten 120 Std. im Jahr entfallen.

Des weiteren geht Tabelle 1a (Unterstellungen zur Ermittlung der Arbeitszeit) bei einem 2 Personenhaushalt von durchschnittlich 68 qm bei der Berechnung der Arbeitszeit aus. Auf Grund der Größe der Wohnung sind Zuschläge zu machen. Für die zusätzlichen 62 Mehrquadratmeter nehmen wir in Anlehnung an die Tabelle 2 pauschal eine Mehrbelastung von 2 Stunden pro Woche an.

Somit ergibt sich ein Gesamtzuschlag von 4,3 Std.

Beweis:
1. richterliche Schätzung, § 287 ZPO
2. Sachverständigengutachten, § 287 ZPO

Die Berechnung folgt der Formel Monat * 3 / durch 13, was dem Wochenlohn entspricht. Dieser wird durch 7 geteilt, was dem Tageslohn entspricht, und mit den entsprechenden Ausfalltagen multipliziert.

Unterhaltsschaden im Haushalt

Die Ehefrau wurde bei dem Unfall schwer verletzt und verstarb kurz danach. Der Haushaltsführungsschaden der Ehefrau stellt somit für den Ehemann einen Unterhaltsschaden dar, der hiermit begehrt wird.

Ein Schaden durch den Ausfall der Ehefrau (20 Stunden pro Woche) entsteht von 699,89 € monatlich netto nach der Vergütungsgruppe VII BAT-O. Vom Unfalltag bis 31.12.2001 entstand ein Schaden von 2.261,18 €.

Für das Jahr 2002 ergibt sich ein Schaden in Höhe 8.398,68 €. Aufgerechnet werden müssen dagegen die durch den Tod ersparten Baruntorhaltsansprüche der Ehefrau gegen den Kläger. Der Kläger bezieht eine monatliche Rente i.H.v. 917,91 €. Die Ehefrau des Klägers erhielt bis zum Unfalltag eine Rente i.H.v. 300,94 €.

Beweis: Kontoauszug in Kopie als Anlage (K10)

Des weiteren erhält der Kläger seit dem Unfall eine Witwenrente i.H.v. 56,69 €

Beweis: Bescheid in Kopie als Anlage (K11)

Die Berechnung erfolgt nach der Methode des BGH (VersR 1984, 81).

Auszugehen ist von der Rente zum Unfallzeitpunkt i.H.v. 917,91 €, wovon Fixkosten i.H.v. 150,00 € abzuziehen sind. Hiervon die Hälfte sind 383,96 €.

Die Ehefrau erhielt 300,94 €, wovon Fixkosten i.H.v. 50,00 € abzuziehen sind. Hiervon die Hälfte sind 125,47 €. Die Differenz aus den jeweiligen Unterhaltsansprüchen sind 258,49 €. Hinzu zu addieren ist die Witwenrente, so dass sich ein Betrag i.H.v. 315,18 € ergibt. Dieser Betrag ist von der Summe der entgangenen Dienste (699,89 €) abzuziehen, so dass sich ein monatlicher Schaden i.H.v. 384,71 € errechnet. Somit entsteht ein monatlicher Schaden i.H.v. 384,71 € nach Anrechnung des ersparten Baruntorhaltsschadens. Dieser Schaden fällt seit dem Unfalltag, dem 24.09.2001, an und beträgt daher zum 30.06.2003 insgesamt 8.167,69 €.

Der haushaltsspezifische Unterhaltsschaden abzgl. ersparten Barunterhalt i.H.v. 384,71 € fällt weiterhin monatlich an und ist für jeweils drei Monate im Voraus und damit i.H.v. 1.154,13 € zu zahlen, §§ 854 Satz 1, 2, 843 Abs. 2, 760 BGB.

Haushaltsschaden des Klägers

Vom 24.09.01 bis zum 21.12.01 war der Kläger im Krankenhaus und in der Rehaklinik ■■■, was einen Totalausfall bedeutet. Bei einer wöchentlichen Arbeitszeit von 11,6 Stunden ergibt dies gem. VII BAT-O für 88 Tage (400,00 € netto monatlich) einen Haushaltsführungsschaden von 1.160,44 € netto.

Beweis:
1. wie vor
2. Sachverständigengutachten, § 287 ZPO

Ab 22.12.01 wohnt der Kläger wieder zu Hause. Er ist weiterhin zu 100 % arbeitsunfähig. Er wird rundum von seiner Tochter, welche Krankenschwester ist, versorgt.

Der Kläger ist derzeit nur äußerst schwerlich in der Lage, sich selbständig anzuziehen, sich zu waschen, bzw. Wege zur Versorgung zurückzulegen und hauswirtschaftliche Dinge zu erledigen. Ein Totalausfall liegt bis heute vor. Die geringfügige Fähigkeit zur Haushaltstätigkeit (z. B. Organisation, leichteste Tätigkeiten) wird durch einen erhöhten Pflegeaufwand überlagert.

Beweis:
1. richterliche Schätzung
2. Sachverständigengutachten

Bis 31.12.2001 fiel ein Schaden von 131,87 € an.

Beweis: wie vor

Ab Januar 2002 bis einschließlich Juni 2003 fiel ein Schaden für 18 Monate von 7.200,00 € an (monatlich 400,00 €).

Beweis: wie vor

Der Haushaltsführungsschaden fällt auch für die Zukunft an. Eine Besserung des Zustandes ist für den Kläger nicht in Sicht.

Zur Berechnung verweisen wir auf obige Ausführungen und berechnen den Schaden mit 400,00 € monatlich. Für jeweils drei Monate im Voraus fällt ein Haushaltsschaden in Höhe von 1.200,00 € netto an (563,91 € monatlich).

Verdienstausfall Kläger

Darüber hinaus entstand dem Kläger ein Verdienstausfall, § 843 Abs. 1 BGB. Er war zwar Rentner, ging jedoch einer Nebentätigkeit als Fahrradmechaniker nach, die ihm ein Nettoeinkommen von ca. 200,00 € monatlich ermöglichte. Ein Verdienstausfall fiel seit dem Unfall in Höhe von 46,15 € pro Woche = 6,59 € pro Tag an.

Beweis:
1. Zeugnis der Frau ■■■
2. Zeugnis des Herrn ■■■
3. durch Vernehmung des Klägers als Beweisführer, § 287 Abs. 1 S. 3 ZPO

Bis einschließlich Dezember 2001 entstand ein Schaden in Höhe von 68 Tage mal 6,59 € = 448,12 €.

Beweis: wie vor

Von Januar 2002 bis einschließlich Juni 2003 entstand ein Schaden in Höhe von 3.600,00 €.

Beweis: wie vor

Der Schaden fällt ebenfalls monatlich an und wird für jeweils drei Monate im Voraus in Höhe von 600,00 € begehrt, §§ 843, 760 BGB.

Vermehrte Bedürfnisse

persönliche vermehrte Bedürfnisse

Der Klägerin begehrt im weiteren eine Rente wegen vermehrter Bedürfnisse, § 843 Abs. 1 BGB. Diese sind die in Folge verletzungsbedingter Defizite gegenüber dem bisherigen Lebenszuschnitt erhöhte Lasten, also die im Vergleich mit dem Lebensbedarf des gesunden Menschen zusätzlich anfallenden Lasten. Bei den vermehrten Bedürfnissen geht es um die Restitution des Lebenszuschnitts, der Lebensführung bei der objektiven Erforderlichkeit i.S.d. § 249 Abs. 2 BGB mit einem Ausgleich zur Minderung der Lebensqualität und bei zwischenmenschlichen Beziehungen. Eine Rente wegen vermehrter Bedürfnisse kann nur zugesprochen werden, wenn der Verletzte im Einzelnen und konkret dartut, dass und in welcher Höhe seine Bedürfnisse in Folge des Unfalls vermehrt worden sind. Für den Nachweis des unfallbedingten Mehrbedarfs kommen hier die Beweiserleichterungen des § 287 ZPO zu Hilfe.

Der Kläger stellt zwar die Höhe der (persönlichen) vermehrten Bedürfnisse in das Ermessen des Gerichts, geht jedoch davon aus, dass vermehrte Bedürfnisse in Höhe von mindestens 200,00 € seit dem Unfallereignis anfallen. Zur Schadenshöhe wird wie folgt ausgeführt:

Der Kläger kann unfallbedingt kein Fahrzeug mehr mit einem Schaltgetriebe fahren und ist daher auf ein Automatikgetriebe angewiesen.

Beweis: Sachverständigengutachten

Alleine für die gesteigerten Betriebskosten (Automatik statt Kupplung) eines umgebauten Pkws, Opel Kadett wurden 195,00 DM (99,70 €) monatlich angesetzt (OLG Stuttgart zfs 1987, 165). Bezüglich des Pkws fallen zukünftig somit mindestens zusätzliche Betriebskosten inklusive Anschaffungskosten von ca. 100,00 € monatlich an. Der Betrag rechtfertigt sich ebenfalls im Hinblick auf die bereits getätigten sowie weiter zu erwartenden Arztbesuche, welche bislang mit Hilfe der Kinder des Klägers durchgeführt wurden.

Beweis:
1. Sachverständigengutachten, § 287 ZPO
2. richterliche Schätzung, § 287 ZPO
3. Zeugnis des Herrn ■■■

Beweisführung durch den Kläger als Beweisführer gem. § 287 Abs. 1, S. 3 ZPO

Im Weiteren entstehen dem Kläger Kosten, da er nicht mehr überall Urlaub machen kann. Der Kläger muss bislang in der Prognose in Zukunft ein behindertengerechtes Hotel buchen. Es muss hier gewährleistet sein, dass für den persönlichen Bedarf des Klägers Vorrichtungen wie behinderten-/ rollstuhlgerechte Dusche, Aufzug vorliegen sowie medizinische Betreuung gewährleistet ist. Ein kurzer Wochenend-(Billig-)Urlaub ist ebenfalls nicht mehr möglich, weshalb hier billiger Ersatz in Geld zu leisten ist. Des Weiteren entstehen Mehrkosten dadurch, dass er nunmehr allein in Urlaub fahren muss und ihn Kosten für Einzelzimmerzuschläge etc. treffen. Mehrkosten entstehen vorliegend in Höhe von ca. 600,00 € im Jahr.

Beweis: wie vor

Weiterhin muss sich der Kläger aufgrund der Dauerschäden unter ärztlicher Kontrolle halten und behandelt werden. Hierfür muss er zu Ärzten fahren und Medikamente bei Apotheken abholen. 100 km pro Monat muss er dadurch zusätzlich mit dem PKW fahren.

Beweis:
1. richterliche Schätzung gem. § 287 ZPO
2. Parteivernahme des Klägers

Hierfür fallen bereits bei einer Kilometerpauschale von 0,27 € 27,00 € monatlich an, die als Teil der vermehrten Autokosten und damit Teil der Schätzungsgrundlage für obige 100,00 € Mehrkosten sind.

Für das Haus des Klägers steigt ebenfalls der Heizaufwand. Durch mangelnde Bewegung benötigt der Kläger mehr Wärme. Statt ca. 18 Grad Wärme ca. 22 Grad. Die Heizung muss auch bereits in frühen Herbstmonaten angeschaltet werden. Geheizt werden muss ca. bis Mai, jedoch auch an kühlen Sommertagen. Der Heizmehraufwand ist mit 30,00 € monatlich zu bemessen. Dem Rentenantrag hierzu ist stattzugeben.

Beweis: wie vor

Der Kläger war vor dem Unfall sehr aktiv und den ganzen Tag auf den Beinen und in Bewegung. Nunmehr hält sich der Kläger sehr oft im Haus auf. Er bewegt sich viel weniger. Weniger Bewegung führt zu mehr Wärmebedarf. Um den gleichen Wärmekomfort zu empfinden, muss der Kläger die Raumtemperatur um 2-4 Grad im Schnitt steigen lassen.

Beweis:
1. richterliche Schätzung gem. § 287 ZPO
2. Sachverständigengutachten
3. Parteivernahme

Im übrigen stellt er die Heizung auch früher an. Während er vor dem Unfall sehr lange draußen im Garten verblieb und sich dort betätigte, sitzt er nun im Haus auf dem Sofa. Dabei muss er die Heizung anstellen.

Beweis: wie vor

Der Wärmebedarf kann nur durch vermehrtes Heizen ausgeglichen werden. Dies wiederum lässt die Betriebskosten im Haus des Klägers erheblich steigen. 30,00 € monatlich entstehen hierbei in jedem Fall.

Bewies: wie vor

Hinsichtlich der erhöhten Kosten für Speisen ist darauf zu verweisen, dass der Kläger infolge der Darmprobleme Schonkost einnehmen muss, wobei er auf besonders gesunde Nahrung vertraut.

Beweis: wie vor

Bedauerlicherweise ist fettarme Nahrung im Schnitt teurer, als Durchschnittsnahrung.

Janeczek

Beweis: richterliche Schätzung gem. § 287 ZPO

Ebenfalls ist die Ernährung des Klägers teurer geworden. Vormals bewirtschaftete der Kläger mit seiner Frau den zu dem Haus dazugehörenden Garten. Die Familie weckte Obst ein, produzierte Marmelade, frostete Gemüse sowie Obst. Dies ist dem Kläger nunmehr nicht mehr möglich. Obst und Gemüse muss insbesondere im Winter preisintensiv gekauft werden. Kosten fallen hier in Höhe von 30,00 € pro Monat an. Dem Rentenantrag hierzu ist stattzugeben.

Beweis: richterliche Schätzung

Auch Familienfeste sind nunmehr deutlich teurer. Früher war es so, dass für Familienfeiern sämtliche Kuchen selbst gebacken worden sind und selbst die Salate zubereitet wurden. Dies gilt im übrigen für sämtliche Speisen.

Ausgehend von einer durchschnittlichen Familienfeier (Geburtstag des Klägers) wurde für Speisen je Person ca. 5,00 € aufgewendet.

Beweis: richterliche Schätzung

Nunmehr muss hierfür ein Partyservice in Anspruch genommen werden. Allein für das Abendbrot sind 15,00 € je Person zu zahlen. Ausgehend von 20 Personen entsteht hierbei bereits eine Differenz von 200,00 €. Kuchen müssen beim Bäcker gekauft werden. Hierbei entfallen mindestens 40,00 € an.

Beweis: wie vor

Somit entfallen nur für die eine Feier monatlich 20,00 € auf die vermehrten Bedürfnisse. Familienfeiern wie Ostern oder Weihnachten sind noch gar nicht berücksichtigt.

Weiterhin ist zu berücksichtigen, dass der Kläger nunmehr Medikamente benötigt, die er vor dem Unfall nicht brauchte. Der Kläger ist wetterfühlig geworden. Gerade bei Wetterwechseln aber auch im übrigen treten unregelmäßig besonders starke Schmerzen im Hüftgelenk und im Knie auf. Daher muss der Kläger unregelmäßig auch Schmerzmittel einnehmen, was er vor dem Unfall nie tat.

Beweis: Parteivernahme des Klägers

Weiterhin muss er Medikamente zur Verlangsamung der Arthrose einnehmen.

Beweis: wie vor

Ein monatlicher Mehrbedarf für Medikamente i.H.v. 10,00 € entsteht mindestens. Dabei gilt es auch zu berücksichtigen, dass die auf die Krankenkasse übergehenden Leistungen geringer geworden sind und der Eigenanteil der Patienten sich erhöht hat. Rezeptfreie Medikamente sind nun nicht mehr vom Leistungsumfang der Krankenversicherung umfasst und müssen vollständig selbst bezahlt werden.

Es steigen Kosten für Zeitschriften dadurch, dass die täglich im Dorf eingeholten und ausgetauschten Informationen auf Grund der Verletzungen nur noch eingeschränkt sind. Der Informationsfluss muss gewährleistet werden. Dem Rentenantrag hierzu ist in Höhe von 30,00 € monatlich stattzugeben.

Beweis: wie vor

Aufgrund der Schmerzen vermeidet der Kläger all die Bewegungen, die nicht unbedingt notwendig sind. So telefoniert er lieber, als dass er Verwandte und Bekannte besucht. Erhöhte Telefonkosten entstehen hier in Höhe von ca. 30,00 € monatlich. Dem Feststellungsantrag hierzu ist stattzugeben.

Beweis: wie vor

Die vormals selbst durchgeführten Kleinreparaturen am Haus können nunmehr ebenfalls nicht mehr durch den Kläger durchgeführt werden. Fremdfirmen müssen hierfür bestellt werden. Der Kläger säuberte die Dachrinnen, renovierte selbst das Haus. Dies ist nunmehr nicht mehr möglich. Der Kostenaufwand liegt hierfür bei ca. 600,00 € pro Jahr. Dem Rentenantrag hierzu ist stattzugeben.

Beweis: wie vor

Es wird deutlich, dass eine Addition der geschätzten Teilbeträge eine erheblich höhere Summe ergibt, als die als angemessen erachteten 200,00 €. Im übrigen wird sich hinsichtlich des unbestimmten Klageantrages auf die richterliche Schätzung verlassen. Nach diesseitigem Dafürhalten verdeutlichen die geschilderten Anknüpfungstatsachen für die richterliche Schätzung, dass ein monatlicher Mehrbedarf dieser Positionen in Höhe von mindestens 200,00 € entsteht.

Es fallen somit vermehrte Bedürfnisse von mindestens 200,00 € monatlich an. Seit dem Schadensereignis vom 24.09.2001 bis Juni 2003 wird der Schaden in Höhe von 4.200,00 € geltend gemacht.

Beweis: wie vor

Ab Juli 2003 werden monatlich 200,00 € für jeweils drei Monate, mithin 600,00 € im Voraus begehrt, §§ 843 Abs. 1, 760 BGB.

Letztlich begehrt der Kläger eine Kostenpauschale in Höhe von 200,00 € wegen Telefonkosten, Porti, etc. Der Umfang rechtfertigt sich durch die hohe und umfassende Vorkorrespondenz, die Komplexität des Falles und die Tatsache, dass vorliegend sowohl ein Fahrzeugschaden, als auch ein Personenschaden angefallen ist.

Beweis: richterliche Schätzung, § 287 ZPO

Außergerichtlich hat die Beklagte zu 2 insgesamt 34.669,38 € geleistet, die insofern i.H.v. 30.000 € auf das Schmerzensgeld und im übrigen auf den materiellen Schaden angerechnet werden.

Der Beklagten zu 2 wurde mit Schreiben vom ▬▬▬ eine Frist zur Regulierung bis zum ▬▬▬ gesetzt.

Beweis: Schreiben vom ▬▬▬ (K12)

Eine weitere Zahlung erfolgte nicht. Die Beklagten befinden sich also in Verzug. Klage war daher geboten.

Einfache und beglaubigte Abschrift anbei.

▬▬▬

Rechtsanwalt

120 **II. Muster: Berufungseinlegungsschrift**

Aktenzeichen I. Instanz: ■■■

22 Berufung

In Sachen

■■■

Prozessbevollmächtigte: ■■■

gegen

■■■

legen wir hiermit namens und im Auftrag des ■■■ gegen das am ■■■ verkündete, am ■■■ zugestellte Urteil des ■■■, Geschäftszeichen ■■■

BERUFUNG

ein.

Anträge und Begründung bleiben einem gesonderten Schriftsatz vorbehalten. Die Urteilsausfertigung sowie zwei beglaubigte Abschriften sind beigefügt.

Rechtsanwalt

Anlage:

Urteilsausfertigung

§ 2 Verkehrsordnungswidrigkeitenrecht, Verkehrsstrafrecht, Verwaltungsrecht

A. Verkehrsordnungswidrigkeitenrecht

I. Mandatsübernahme

In einschlägig tätigen Anwaltskanzleien sind Bußgeldsachen „Massenmandate". In zivilrechtlich tätigen Kanzleien sind sie oft lästige Pflichtübungen, weil der Geschäftsführer, dessen Betrieb man regelmäßig vertritt, zu schnell gefahren ist und erwartet, dass man sein diesbezügliches Problem mit der gleichen Akribie bearbeitet, wie den Entwurf des Gesellschaftervertrages. Schlechte Chancen für die Bußgeldsache, exzellent bearbeitet zu werden? 121

Eine sich am Markt orientierende Berufsauffassung verbietet es, mit Bußgeldsachen nachlässig umzugehen, obwohl die Rechtsfolge in der Regel für den Betroffenen nicht existenzbeeinträchtigend ist. Verliert allerdings ein Mandant vorübergehend die Berechtigung, ein Kfz zu führen und stellt sich heraus, dass die Rettung des Führerscheins möglich gewesen wäre, muss der zu wenig engagiert arbeitende Verteidiger mit Ansehensverlust rechnen. Viele Kanzleien verweisen deshalb von vornherein Ihren Mandanten an den Spezialisten oder Fachanwalt für Strafrecht oder für Verkehrsrecht. Der Mandant sieht, wie wir selbst wissen, ohne Probleme die Verweisung an den geeigneten Kollegen nach. Im Falle der Mandatsübernahme erwartet er jedoch, dass gründlich gearbeitet wird. 122

Vor der Unterzeichnung einer Vollmacht steht die persönliche Kontaktaufnahme mit dem Mandanten. Diese ist so wichtig, dass sie keinesfalls dem Kanzleipersonal überlassen werden sollte, auch dann nicht, wenn entsprechende Qualifikation vorhanden ist. Das erste Kontaktgespräch lässt erkennen, ob Anwalt und Mandant zusammenpassen. Das erste Kontaktgespräch sollte dem Mandanten auch das Verfahren transparent machen, da er dann eher entscheiden kann, mit welchen Maßnahmen und welchem Aufwand seine Interessen vertreten werden sollen. 123

Dem rechtsschutzversicherten Mandanten ist zu erklären, welche Gebühren die Rechtsschutzversicherung trägt. Es ist dann unbedingt darauf hinzuweisen, dass im Falle einer auswärtigen Verteidigung die Reisekosten nicht von der Rechtsschutzversicherung geleistet werden. Der Mandant muss die Möglichkeit erhalten, abzuwägen, ob er sich aus Kostengründen einem ihm bis dahin unbekannten Anwalt vor Ort anvertrauen oder bei dem zunächst aufgesuchten Anwalt bleiben will. Es sollte ihm verdeutlicht werden, ob er mit der Angabe seiner Rechtsschutzversicherungsnummer die Anwaltskanzlei mit der Gewissheit verlassen kann, keine weiteren Zahlungen leisten zu müssen, oder welche Zahlungen noch von ihm erwartet werden, weil die angegebene Rechtsschutzversicherung in der Regel die angemessenen Kostenrechnungen unzureichend bevorschusst oder ausgleicht. 124

Dem Mandanten, dem keine Rechtsschutzversicherung zur Seite steht, muss in jedem Fall vorab erklärt werden, welche Verfahrensschritte getan werden müssen, welche 125 ihm eventuell durch Rechtsmittel der Staatsanwaltschaft oder anderer Verfahrensbeteiligter aufgezwungen werden können und mit welchen Gebühren er bei jedem Verfahrensschritt rechnen muss. Es ist befriedigender, nach entsprechender Beratung auf ein Mandat verzichten zu müssen, als nach engagierter Tätigkeit, die nicht zur Kostenübernahme Dritter führte, von dem Mandanten hören zu müssen, dass ihm das Ergebnis die Kosten nicht wert gewesen sei. In der Regel vereinbaren Mandanten in dieser Situation, dass von Verfahrensschritt zu Verfahrensschritt geplant wird und jeweils erneut eine Erfolgsprüfung stattfindet.

126 Zu beachten ist, dass der Mandant „Herr des Verfahrens" ist und deshalb vorab geklärt werden muss, zu welchem Zweck er sich des Verteidigers bedient. Manchmal geben Mandanten ein Ziel vor, das so unrealistisch ist, dass die Mandatsausführung scheitern muss. Manchmal werden Verteidigungsmethoden vorgegeben, die abgelehnt werden müssen, da sich der Verteidiger strafbar machen könnte (vor allem nach § 258 StGB). Bisweilen erklärt der Mandant, der Verteidiger XYZ habe im vergleichbaren Fall einen Freispruch erzielt, wonach man sich ausmalen kann, dass der Mandant schwierig wird, falls kein Freispruch herauskommt. Dies alles sind Gründe, die es gebieten, sich den Mandanten anzusehen und anzuhören.

127 Anlässlich des Erstgesprächs hat der Verteidiger aber auch die Möglichkeit, seine eigene Arbeitsweise zu erläutern und von dem Mandanten bestätigen zu lassen. Vorsichtshalber sollte dieses Gespräch nochmals schriftlich bestätigt werden, damit von Anfang an Klarheit bezüglich der Vorgehensweise geschaffen wird.

128 Falls hier keine Übereinstimmung erzielt wird, rate ich von der Mandatsannahme ab. Zu beachten ist, dass der Anwalt frei ist Mandate anzunehmen oder abzulehnen. Hat er aber das Mandat angenommen, kann er Schwierigkeiten bekommen, das Mandat zu kündigen, das ja bekanntlich nicht zur Unzeit gekündigt werden darf. Schwierigkeiten kommen aber in der Regel zu Unzeiten auf, wenn es in entscheidender Situation um Verteidigungsstrategien geht.

129 Darüber hinaus ist bei Mandatsannahme zu prüfen, dass kein Doppelmandat vorliegt. Dies kann bei Unfallsachen häufig geschehen, da die zivilrechtliche Geltendmachung oft andere Berechtigte benennt als die strafrechtlich oder bußgeldrechtlich verfolgten Fahrer. Auch ist zu beachten, dass der Insasse eines Fahrzeuges auch einen Anspruch gegen den eigenen Fahrer hat, weshalb die Betreuung beider nicht unproblematisch ist. In jedem Fall empfiehlt sich die Anlage eines Unfallkalenders, mit welchem das Unfalldatum, der Unfallort, die Kennzeichen der Fahrzeuge, soweit bekannt, und die Beteiligten, soweit bekannt, festzuhalten sind.

130 Häufig sind im Bußgeldrecht Fälle mit Beteiligung von Firmenfahrzeugen zu bearbeiten. Dort spielt die Vollmacht eine wesentliche Rolle, da der Mandant nicht identisch sein muss mit der angeschriebenen Firma. Soll wirksam die Firma vertreten werden, bedarf es der Bevollmächtigung durch den Firmeninhaber oder den Berechtigten. Dass der Honoraranspruch davon abhängt, dass wirksam beauftragt wurde, muss nicht erörtert werden.

Bedenken sollte der engagierte, fürsorgliche Verteidiger die Mandatsannahme bei Bußgeldern, die unter 40 € liegen. Bei einer solchen Geldbuße erfolgt keine Eintragung von Punkten im Verkehrszentralregister und die Rechtsschutzversicherung wendet in vielen Fällen ein, die Verteidigung sei mutwillig, da üblicherweise niemand auf die Idee käme, zur Vermeidung einer solchen Geldbuße das Mehrfache an Anwaltshonorar einzusetzen. Oft fallen Verwarngelder in dieser Größenordnung bei Parkverstößen an, deren Deckung Rechtsschutzversicherer nur dann vornehmen, wenn das Verfahren nicht nach § 25a Abs. 3 StVG eingestellt wird, d.h. der Führer des Fahrzeuges feststeht und Erfolgsaussichten bestehen. In jedem Fall ist in diesen Fällen geboten, umfassend aufzuklären und dies schriftlich zu fixieren, um späteren Streit zu vermeiden.

Dem Anwalt, der in Unfallsachen oder verkehrsrechtlichen Bußgeldsachen häufiger verteidigt, ist jedenfalls anzuraten, sich neben den einschlägigen verkehrsrechtlichen Vorschriften mit den Allgemeinen Rechtsschutzbedingungen auseinander zu setzen. Zum einen muss er wissen, was die Rechtsschutzversicherung abdeckt, welche Leistungen er erwarten kann, zum anderen muss er die Zusatzleistungen kennen, die geleistet werden, um angemessen verteidigen zu können (Sachverständigengutachten z.B.).

1. Muster: Vollmacht im Bußgeld-/Strafverfahren

Zustellungen werden nur an die Bevollmächtigten erbeten

VOLLMACHT

Hiermit wird den Rechtsanwälten ▪▪▪

in Sachen ▪▪▪

wegen ▪▪▪

Vollmacht erteilt

zu meiner Verteidigung in allen Instanzen, auch zur Verteidigung während meiner Abwesenheit. Mein Verteidiger hat das Recht,
- Strafantrag zu stellen, Privatklage, Nebenklage oder Widerklage zu erheben
- in öffentlicher Sitzung aufzutreten
- in allen Instanzen tätig zu sein
- Untervollmacht zu erteilen
- Rechtsmittel einzulegen, zurückzunehmen oder auf Rechtsmittel zu verzichten
- Anträge auf Wiedereinsetzung, Wiederaufnahme des Verfahrens, Haftentlassung, Strafaussetzung, Kostenfestsetzung sowie andere Anträge zu stellen oder zurückzunehmen
- Zustellungen aller Art(Beschlüsse, Urteile, Ladungen) in Empfang zu nehmen
- Gelder, Wertsachen, Kosten, Bußzahlungen, Kautionen u.s.w. in Empfang zu nehmen
- den Antrag auf Entbindung von der Verpflichtung zum Erscheinen in der Hauptverhandlung zu stellen und zurückzunehmen
- Ansprüche nach dem StrEG zu verfolgen.

§ 2 Ordnungswidrigkeiten-, Straf- und Verwaltungsrecht

Wichtiger Hinweis gem. § 49b Abs. 5 BRAO:

Es wird darauf hingewiesen, dass sich die Höhe der zu erhebenden Gebühren nach dem Gegenstandswert richtet, soweit das Gesetz nichts anderes bestimmt.

■■■, den ■■■

■■■

(Unterschrift)

134 Der Anwaltsvertrag zwischen dem Anwalt und dem Mandanten kommt dadurch zustande, dass der Anwalt den Antrag des Mandanten annimmt für ihn tätig zu werden. Dies kann formlos erfolgen. Die Vollmacht, die von dem Mandanten unterzeichnet wird, dient aber gleichwohl zum Nachweis dafür, dass ein Vertrag zwischen Anwalt und Mandant zustande gekommen ist. Zum anderen dient die Vollmacht dem Verteidiger zur Legitimation bei der Behörde, bei der sich der Verteidiger des Beschuldigten (im Strafverfahren) oder Betroffenen (im Bußgeldverfahren) bestellt (§ 137 StPO).

135 Die Vollmacht sollte im Erstgespräch erläutert werden, damit der Mandant erfährt, welche Tätigkeiten entfaltet werden. Dies schafft Vertrauen. Ich rate deshalb ab, Vollmachten zu verwenden, die von der Scheidung bis zur Privatklage alle Rechtsanwaltstätigkeiten beinhalten.

136 **2. Muster: Honorarvereinbarung**

In der Sache

■■■

verpflichtet der Auftraggeber sich, an die Rechtsanwälte für die Bearbeitung der Sachen, anstelle der gesetzlichen Gebühren – falls diese nicht höher sind – ein Honorar von

100 € (in Worten: einhundert Euro) netto pro angefallener Stunde

zu zahlen, fällig wie folgt: 250 € sofort, weiteres Honorar mit jeweiliger Zwischenrechnungslegung.

Alle Auslagen, wie Mehrwertsteuer, Reisekosten, Tagegelder, Abwesenheitsgelder, Schreibauslagen und dergleichen, werden daneben gesondert erstattet. Der Auftraggeber hat dem Rechtsanwalt die Kosten für Abschriften und Ablichtungen, deren Anfertigung sachdienlich war, auch dann zu erstatten, wenn es sich nicht um zusätzliche Abschriften und Ablichtungen im Sinne des Gesetzes handelt. Neben den in Nr. 7000 des Vergütungsverzeichnisses RVG zu entschädigenden Auslagen für Ablichtungen, vereinbaren die Parteien eine zusätzliche Fotokopierkostenpauschale in Höhe von 20 € und eine weitere Auslagenpauschale, neben den nach Nr. 7002 Vergütungsverzeichnis RVG zu entschädigenden Auslagen, in Höhe von weiteren 20 €. Der Mandant wurde darauf hingewiesen, dass diese Fotokopierpauschale und Auslagenpauschale nicht vom Gegner erstattet wird. Diese Pauschale ist lediglich bei der internen Kostenrechnung mit dem Mandanten maßgeblich.

Der Ausgang des Verfahrens ist ohne Einfluss auf die Höhe des Honorars. Dem Auftraggeber ist bekannt, dass der vereinbarte Betrag von der gesetzlichen Regelung abweicht und dass im Falle des Obsiegens eine Erstattungsfähigkeit nur im Rahmen der gesetzlichen Gebühren und Anspruchsvoraussetzungen gegeben ist.

Gemäß § 29 ZPO ist der Sitz der Anwaltskanzlei als vertraglicher Erfüllungsort, gleichzeitig Gerichtsstand für alle Ansprüche aus dem dieser Vereinbarung zugrunde liegenden Rechtsverhältnis.

Von dieser Vereinbarung haben beide Vertragschließenden je ein Exemplar erhalten.

■■■, den ■■■

■■■Rechtsanwalt

■■■

Auftraggeber

In Verkehrsstrafsachen oder in Bußgeldsachen legt der Mandant in der Regel seine Rechtsschutzversicherung vor. Der Mandant wird also in der Regel keine Honorarvereinbarung unterzeichnen wollen. Wir empfehlen in allen Angelegenheiten gleichwohl zumindest die Vereinbarung von Mittelgebühren. Dies vermeidet Streit darüber, dass unterdurchschnittliche Wertigkeit unterstellt wird. Auch der Versicherer zahlt leichter zumindest die Mittelgebühr, wenn er weiß, dass der Anspruch zumindest dem Mandanten, seinem Versicherungsnehmer, gegenüber besteht. Auch der Mandant wird keine Schwierigkeit haben einen Deckungsprozess zu führen, wenn er weiß, dass sein Versicherer nicht die durchschnittliche Mittelgebühr zahlt.

Anders ist es in Verkehrsstrafverfahren, die infolge Vorsatzes nicht versicherungsrechtlich gedeckt werden können, wie zum Beispiel die Nötigung (§ 240 StGB). § 61 VVG stellt den Versicherer frei bei Vorsatz und grober Fahrlässigkeit. Andere Verfahren werden zwar von der Rechtsschutzversicherung bevorschusst; wird aber am Ende des Verfahrens wegen Vorsatzes verurteilt, erfolgt in der Regel die Rückforderung, wenn unter Vorbehalt bezahlt wurde. Da gerade in diesen Verfahren häufig erbittert gestritten wird und der Aufwand erheblich ist, ist dem Mandanten die Notwendigkeit des Abschlusses einer Honorarvereinbarung zu empfehlen.

3. Fragebogen zum Absehen von Fahrverbot

Beweglich zu sein, spielt in der heutigen Gesellschaft eine bedeutende Rolle. Das Kraftfahrzeug, das sicherlich bis zur Mitte des letzten Jahrhunderts im Privatbereich Luxusgegenstand war, ist inzwischen zum alltäglichen Gebrauchsgegenstand geworden, der Berufs- und Privatleben unterstützt, zum Teil erst möglich macht. Umso erbitterter wird um den Erhalt von Führerschein und Fahrerlaubnis gekämpft.

Von einem nach Gesetz und Bußgeldkatalog zu verhängenden Fahrverbot, kann im Rahmen des § 24a StVG nur abgesehen werden, wenn eine außergewöhnliche Härte vorliegt oder nach § 25 StVG eine erhebliche Härte oder eine Vielzahl gewöhnlicher Umstände vorliegt, die die Verhängung eines Fahrverbotes unangemessen erscheinen lassen.[1] Die Verhängung eines Fahrverbotes sollte immer letztes Mittel sein, um den Betroffenen zu verkehrsgerechtem Verhalten zu erziehen. Da es sich bei den Taten, für die die BKatV ein Fahrverbot anordnet, um grob pflichtwidrig begangene Verkehrsverstöße handelt, drängt sich die Notwendigkeit eines Fahrverbotes auf. Damit wird es schwierig, die Regelwirkung des § 4 BKatV zu widerlegen. Es sind demnach nur wenig Fälle bekannt, in denen die Erforderlichkeit des Fahrverbots verneint worden ist.[2] So ist es unerheblich, ob der Betroffene Vielfahrer[3] oder Ersttäter[4] ist. Auch die Berufung darauf, dass man als Fahrer unter Termindruck stand[5] oder dass zur Tatzeit nur ein schwaches Verkehrsaufkommen war,[6] genügt nicht, um die Erforderlichkeit eines Fahrverbotes entfallen zu lassen.

141 Die Möglichkeit, bei Absehen vom Fahrverbot die Regelbuße zu erhöhen (§ 4 Abs. 4 BKatV), könnte ebenfalls dazu führen, in bestimmten Fällen kein Fahrverbot zu verhängen. Die Anhebung der Haftungshöchstgrenzen (seit 01.03.98 auf 1.000 € bei Vorsatztaten, 500 € bei fahrlässigen Ordnungswidrigkeiten), ermöglicht eine Ausschöpfung des Bußgeldrahmens, die auf den Betroffenen eine ebenso starke Erziehungswirkung erzielen kann, wie ein Fahrverbot. Jedoch muss der Verteidiger auf diese Möglichkeit hinweisen.[7]

142 Bei der Prüfung der Angemessenheit des Fahrverbotes, kommt es auf die persönlichen Folgen an, die den Betroffenen im Vergleich zu anderen Betroffenen erheblich stärker belasten. Dementsprechend müssen die Folgen außer Betracht bleiben, die typischerweise mit einem Fahrverbot verbunden sind. Diese Härten sind zumutbar, da sie alle Kfz-Führer gleichermaßen treffen und als Folge eines Fahrverbotes kalkulierbar sind.

143 Berufliche Nachteile können im Rahmen der Angemessenheit des Fahrverbotes von Belang sein. Speziell bei abhängig Beschäftigten wird eine unzumutbare Härte dann gegeben sein, wenn wegen des Fahrverbotes der Verlust des Arbeitsplatzes droht. Jedoch genügt es hier nicht, dass nur eine bloße Vermutung dahingehend besteht. Vielmehr muss sich eine konkrete Gefährdung des Arbeitsverhältnisses ergeben. Daher empfiehlt es sich, eine Bescheinigung des Arbeitgebers vorzulegen, dass im Falle eines Fahrverbotes die Kündigung des Arbeitsverhältnisses folgen wird. Um diese konkrete Gefährdung noch zu untermauern, ist es ratsam, folgenden Fragenkatalog mit dem Mandanten abzuklären, um in den Bereichen des Familienlebens, des Berufslebens sowie des sozialen Umfeldes, die Härten zu erfragen, die vorzutragen sind, um die Verhängung des Fahrverbotes zu vermeiden:
- Der Mandant hat keinen Anspruch gegen seinen Arbeitgeber auf einen Monat ununterbrochenen Urlaub. Es darf also keine Möglichkeit bestehen, dass der Betroffene über einen ausreichenden Jahresurlaub verfügen kann oder dass er die Urlaubsplanung rechtzeitig auf das drohende Fahrverbot einstellen konnte. Dies

---

1 BGHSt 38, 125, 13.
2 OLG Hamm NZV 00, 394 = VRS 97, 261.
3 OLG Naumburg NZV 95, 161; OLG Frankfurt NJW 92, 1399; OLG Hamm NZV 00, 96.
4 BayObLG NZV 94, 487; OLG Düsseldorf DAR 96, 66; OLG Hamm NZV 95, 366.
5 OLG Frankfurt NZV 96, 40.
6 OLG Hamm NZV 95, 366; OLG Düsseldorf DAR 96, 66.
7 AG Potsdam DAR 01, 232; OLG Hamm zfs 98, 75.

muss sorgfältig geprüft werden, da § 25 Abs. 2a StVG gerade geschaffen wurde, um die wirtschaftlichen Nachteile durch ein Fahrverbot zu vermindern, indem der Betroffene innerhalb von vier Monaten den Vollstreckungsbeginn bestimmen kann.[8] Jedoch kann der Betroffene nicht darauf verwiesen werden, er hätte das Fahrverbot während der Zeit der Arbeitslosigkeit vollstrecken lassen können. Es kann ihm dahingehend nicht angelastet werden, dass er gegen eine ihn belastende Entscheidung Rechtsmittel eingelegt hat.

- Der Mandant hat zwar Anspruch auf zwei Wochen zusammenhängenden Urlaub, er hat jedoch keine Möglichkeit ausschließlich Innendienst zu verrichten. Auch muss vorgetragen werden, dass eventuelle Umsetzungsmaßnahmen hinsichtlich dieses Arbeitnehmers nicht in Betracht kommen.
- Der Mandant hat einen Arbeitsvertrag, der ihm vorschreibt, dass er für seine Tätigkeit eine gültige Fahrerlaubnis benötigt. Hier ist zu beachten, dass die Eigenschaft als Taxifahrer/Berufskraftfahrer als solches nicht genügt, um eine unzumutbare Härte anzunehmen. Speziell bei vorbelasteten Kraftfahrern kann dadurch nicht von einem Fahrverbot abgesehen werden.[9] Anders ist dies aber bei unbelasteten Taxifahrern/Berufskraftfahrern gelagert, wenn sie keinerlei Vorbelastung haben und durch das Fahrverbot eine Existenzvernichtung droht.[10]
- Der Mandant kann ebenso wenig wie der ihn beschäftigende Betrieb einen Fahrer einstellen. Die Einstellung eines Fahrers wird nur dann wirtschaftlich sinnvoll sein, wenn der Betroffene ein hohes Einkommen hat. Andernfalls ist dies eine wirtschaftlich sinnlose Maßnahme, die dem Betroffenen nicht zugemutet werden kann.[11]
- Aus der Familie des Mandanten ist kein Familienmitglied in der Lage, den Mandanten zu chauffieren.
- Der Mandant wohnt so weit abseits und von seinem Arbeitsplatz entfernt, dass es ausgeschlossen ist, dass er innerhalb vertretbarer Zeiten, mit öffentlichen Verkehrsmitteln seinen Arbeitsplatz erreicht. Hier muss beachtet werden, dass ein erheblicher Zeitverlust entstehen muss. Denn grundsätzlich sind die mit der Benutzung öffentlicher Verkehrsmittel verbundenen Unannehmlichkeiten, wie Zeitverlust[12] oder finanzieller Mehraufwand[13] zumutbar.
- Weitere Personen sind darauf angewiesen, dass der Mandant eine gültige Fahrerlaubnis besitzt. Dies könnte dann der Fall sein, wenn durch das Fahrverbot die Pflege und Versorgung pflegebedürftiger Angehöriger erheblich gefährdet wäre.[14] Aber auch dann, wenn der Betroffene selbst aufgrund einer Behinderung darauf angewiesen ist, dass er seine Fahrerlaubnis behält, kann von einem Fahrverbot abgesehen werden.[15]

---

8 OLG Hamm DAR 99, 84.
9 OLG Hamm NZV 95, 498.
10 OLG Hamm NZV 95, 366; OLG Köln NZV 94, 161.
11 BayObLG NZV 91, 436.
12 OLG Düsseldorf NZV 96, 119.
13 OLG Hamm DAR 95, 374.
14 OLG Hamm DAR 96, 387; OLG Hamm DAR 99, 325.
15 AG Hof NZV 98, 388; OLG Frankfurt NZV 95, 366 bei einem alleinstehenden querschnittsgelähmten Rollstuhlfahrer, der alle Besorgungen des täglichen Lebens mit dem Kfz macht.

144 Bei Freiberuflern und Selbstständigen ist von der Verhängung eines Fahrverbotes abzusehen, wenn dadurch eine ernsthafte Gefährdung des Fortbestandes des Betriebes bestünde (OLG Frankfurt NStZ-RR 00, 312). Dies gilt insbesondere für Kleinbetriebe, wenn der Betroffene Betriebsinhaber ist und keine Angestellten hat, die den Fahrdienst übernehmen könnten.[16]

145 Aber auch bei größeren Betrieben wurde von einem Fahrverbot abgesehen, wenn sie sich in einer wirtschaftlichen Krise befanden.[17]

146 Demzufolge muss bei Selbstständigen detailliert ein Vergleich gezogen werden, wie der Betrieb mit Fahrerlaubnis funktioniert und welche Tätigkeiten ohne Fahrerlaubnis nicht ausgeführt werden können.[18] Bei Freiberuflern wie Zahnärzten oder Rechtsanwälte, wird es regelmäßig in Betracht kommen, einen Fahrer einzustellen oder aber Mandanten in die Praxis zu bestellen.[19]

II. Behördliches Verfahren

147 **1. Muster: Bestellungsschriftsatz mit Akteneinsichtsgesuch**

Ihre Tagebuch-Nr.: ■■■

Verkehrsunfall vom ■■■, ■■■ Uhr, in ■■■

Betroffener: ■■■

Sehr geehrte Damen und Herren,

■■■ hat uns mit der Wahrnehmung seiner Interessen beauftragt. Die uns legitimierende Vollmacht liegt an.

Wir beabsichtigen, nach Einsicht in die Verfahrensakte, bezüglich des gegen ■■■ gerichteten Vorwurfes eine Einlassung abzugeben und beantragen daher zunächst,

uns die Verfahrensakte zur EINSICHTNAHME zuzuleiten.

Weiter regen wir bereits jetzt an, das Verfahren einzustellen, da selbst bei ungünstigster Betrachtung zu Lasten des Mandanten allenfalls von geringer Schuld ausgegangen werden kann.

Sollte der Vorgang bereits abgegeben worden sein, bitten wir um entsprechende Weiterleitung dieses Schreibens an die zuständige Stelle.

---

16 So OLG Oldenburg NZV 95, 405 bei einem selbstständigen Taxifahrer mit nur einem von ihm selbst gefahrenen Wagen; AG Karlsruhe zfs 97, 76 Einzelrechtsanwalt; AG Hann. Münden zfs 98, 36 selbstständiger Gerüstbauer; AG Fürstenwalde/Spree zfs 00, 228; OLG Oldenburg zfs 95, 34 Kurierdienst-Jungunternehmer.
17 OLG Stuttgart DAR 97, 31 Unternehmer mit Betrieb in wirtschaftlicher Krise, wobei häufig kurzfristige Anwesenheit in Zweigniederlassung erforderlich war; AG Stuttgart zfs 97, 314 leitender Angestellter mit umfangreicher Reiseverpflichtung in Firma, die auf unbedingten Einsatz aller Mitarbeiter angewiesen war, da sonst Konkurs drohte; AG Nauen DAR 00, 422 Geschäftsführer wirtschaftlich angeschlagener Firma.
18 OLG Dresden DAR 95, 498.
19 Kein Absehen vom Fahrverbot OLG Hamm DAR 96, 388; aber ebenso selbstständigem Unternehmer OLG Hamm DAR 96, 388.

Mit freundlichen Grüßen

▪▪▪

Rechtsanwalt

Anlage:

Vollmacht

Obwohl Mandanten häufig bei Mandatserteilung drängen, „unverzüglich vorzutragen", damit eine rasche Einstellung des Verfahrens erreicht werden kann, ist dies abzulehnen. Vor Erhalt der amtlichen Ermittlungsakte, besteht der eigene Erkenntnisstand nur aus dem Wissen des Mandanten, das erfahrungsgemäß gering ist. Erst nach Berücksichtigung des gesamten Akteninhaltes kann eine sinnvolle Einlassung abgegeben werden. Ansonsten besteht die Gefahr, dass zu viel vorgetragen wird, was den Mandanten belasten kann, oder zu wenig vorgetragen wird, was nicht taugt um ein günstiges Ergebnis herbeizuführen. 148

Eine schriftliche Einlassung sollte nur dann abgegeben werden, wenn klar ist, dass diese Einlassung auch nach der Durchführung der Hauptverhandlung „steht". 149

Wenn irgend möglich, sollte jedoch nicht darauf verzichtet werden, dem Gericht die eigene Sicht der Dinge zu vermitteln, was außerhalb der Verhandlung besser gelingt als im Termin, da die Gerichte nach der Terminsvorbereitung häufig festgelegt sind und sich ihre intensive Vorbereitung nicht mehr zerstören lassen wollen. 150

Aber auch Beweisanträge können nur verfahrensfördernd vorgebracht werden, wenn die amtliche Ermittlungsakte vollumfänglich ausgewertet werden kann. Es ist deshalb auch darauf zu achten, dass alle Informationen erlangt werden und alle Beweismittel vollständig vorgelegt werden. 151

Vor allem bei dem Massendelikt „Geschwindigkeitsüberschreitung" müssen alle Kalibrationsfotos sowie Vollfotos vorgelegt werden, da nur dann die außergerichtliche Befragung eines Sachverständigen sinnvoll betrieben werden kann. 152

2. Muster: Deckungsanfrage an Rechtsschutzversicherung mit Kostenschutzanfrage für außergerichtliches Sachverständigengutachten 153

Rechtsschutzversicherungs-Nr. ▪▪▪

Schadens-Nr.: ▪▪▪

Versicherungsnehmer: ▪▪▪

Sehr geehrte Damen und Herren,

▪▪▪ hat uns aufgrund des Vorwurfs einer Verkehrsordnungswidrigkeit vom ▪▪▪, ▪▪▪ Uhr, in ▪▪▪, als Führer des bei Ihnen versicherten Fahrzeugs mit dem amtlichen Kennzeichen ▪▪▪ mit der Wahrnehmung seiner Interessen beauftragt.

§ 2 Ordnungswidrigkeiten-, Straf- und Verwaltungsrecht

Wir haben uns mit dem in Kopie beigefügten Schreiben bei der zuständigen Verkehrsbehörde bestellt und Akteneinsicht beantragt.

Wir bitten hiermit darum, uns Deckungszusage zu erteilen sowie die beiliegende Kostenvorschussnote auszugleichen.

Vorab bitten wir ebenfalls darum, kostendeckenden Rechtsschutz zuzusagen für die Beauftragung eines außergerichtlich tätig werdenden Sachverständigen.

Mit freundlichen Grüßen

■■■

Rechtsanwalt

Anlage

154 Dass die Rechtsschutzversicherung – im eigenen Interesse des Anwalts – von der Anwaltskanzlei angeschrieben und informiert wird, führt in der Regel zu einer raschen und unkomplizierten Regulierung der Gebühren, wenn auch nicht immer in der geforderten Höhe.

155 Im Sinne des Gebührenrechts ist es eine Angelegenheit, die mit dem weiterführenden Auftrag nichts zu tun hat und deshalb gesondert abgerechnet werden kann, was in der Regel jedoch nicht geschieht, da es dem Mandanten nicht vermittelbar ist. Der Anwalt vermeidet jedoch dadurch, dass der Mandant aus seiner laienhaften Sicht Schilderungen abgibt, die seinen Anspruch gegenüber der Rechtsschutzversicherung verhindern. Vor allem § 61 VVG ist zu bedenken, wonach Vorsatzdelikte nicht gedeckt werden.

156 **3. Muster: Einholung eines Verkehrszentralregisterauszuges**

Sehr geehrte Damen und Herren,

27 wir vertreten anwaltlich ■■■ und bitten um Überlassung eines Auszuges aus dem Verkehrszentralregisters.

mit freundlichen Grüßen

■■■

Rechtsanwalt

157 Die Bedeutung des Verkehrszentralregisters ergibt sich aus §§ 28 ff StVG. Wie das Verkehrszentralregister zu führen ist und welchen Inhalt es hat, ergibt sich aus § 28 StVG. Wann welche Eintragungen zu tilgen sind, ergibt sich aus § 29 StVG, und wem Mitteilungen zu machen sind, steht in § 30 StVG.

158 Der Verkehrszentralregisterauszug ist deshalb von Bedeutung, weil das verkehrsrechtliche Vorleben des/der Betroffenen für die Verhandlung des Verteidigers, sei es mit der Behörde, sei es mit dem Gericht erforderlich ist, da Strafmaß oder eventuelle Verfahrenseinstellung vom Fehlen oder Vorhandensein von Voreintragungen abhängen.

Bisher konnte auch die Verzögerung des Verfahrens Verfahrensziel sein, da dadurch Punkte gelöscht werden konnten. Dies soll sich zukünftig ändern, infolge Eintragung zum Tatzeitpunkt.

Da auch die Überschreitung der zulässigen Höchstgeschwindigkeit um mehr als 26 km/h innerhalb eines Jahres zu einem Fahrverbot führt, ist es wichtig, alle eingetragenen Verstöße zu kennen und mit in die Verteidigung einzubeziehen.

4. Muster: Einspruch gegen den Bußgeldbescheid

Aktenzeichen: ■■■

Bußgeldbescheid vom ■■■, zugestellt am ■■■

gegen ■■■

Sehr geehrte Damen und Herren,

in oben genannter Bußgeldsache zeigen wir an, dass wir ■■■ verteidigen. Namens und in Vollmacht ■■■ legen wir gegen den vorbezeichneten Bußgeldbescheid

EINSPRUCH

ein.

Wir beabsichtigen, nach Einsichtnahme in die Ermittlungsakte gegebenenfalls den Einspruch zu überprüfen bzw. zur Vermeidung oder Vorbereitung eines Hauptverhandlungstermins zu begründen und bitten zu diesem Zweck,

AKTENEINSICHT

zu gewähren.

Einer Entscheidung ohne Hauptverhandlung wird zunächst widersprochen.

Mit freundlichen Grüßen

■■■

Rechtsanwalt

Anlage:

Vollmacht

Zunächst muss darauf hingewiesen werden, dass nach Eingang des Bußgeldbescheides dieser einer vorläufigen Prüfung zu unterziehen ist. Der Inhalt des Bußgeldbescheides ergibt sich aus § 66 OWiG.

Der Bußgeldbescheid muss enthalten
- die Beschuldigung
- den prozessualen Tatbegriff als geschichtlichen Lebenssachverhalt
- einen rechtskraftfähigen Inhalt
- der als Vollstreckungsgrundlage geeignet ist und

§ 2 Ordnungswidrigkeiten-, Straf- und Verwaltungsrecht

- gegen eine Person, die unverwechselbar ist, gerichtet ist.
- Angaben zur Person des/der Betroffenen
- gesetzliche Vorschriften zur Tat
- Beweismittel
- Geldbuße und Nebenfolgen
- Verteidiger
- Kostenentscheidung
- Bezeichnung als Bußgeldbescheid
- Belehrung über Rechtsmittel
- Datum des Erlasses des Bußgeldbescheides
- Der Bußgeldbescheid ist auf Schlüssigkeit und ausreichende Konkretisierung des Lebenssachverhalts zu überprüfen. BGHSt 23,336 ist unbedingt zu beachten, wonach sich der Tatbegriff, ohne Rückgriff auf den Akteninhalt, aus dem Bußgeldbescheid selbst ergeben muss. Weist der Bußgeldbescheid formale Mängel auf, ist an dieser Stelle bereits auf die Einstellung zu drängen.

164

5. Muster: Einlassung nach Vorliegen eines Sachverständigengutachtens

An

Amtsgericht

Bußgeldrichter

■■■

In der Bußgeldsache

gegen

■■■

wegen

■■■

geben wir für den Betroffenen folgende Einlassung ab:

Dem Betroffenen wird zur Last gelegt, die zulässige Höchstgeschwindigkeit innerorts um 45 km/h überschritten zu haben. Die Messung erfolgte mit der Laserpistole Lti20.20

Bereits vor Ort hat der Betroffene, nachdem er angehalten worden ist, darauf hingewiesen, dass er überholt wurde. Dies wurde von seiner Beifahrerin bestätigt.

Anliegend überlassen wir das Gutachten des Sachverständigen ■■■, dem entnommen werden kann, dass der Sachverständige die Messung überprüft hat.

Der Sachverständige hat dabei festgestellt, dass die Messung erfolgte, als das zu messende Fahrzeug 400 m von der Messstelle entfernt war.

Der Sachverständige stellte weiter fest, dass die Justierung des Geräts aus einer Entfernung von 23 m erfolgte.

Die Physikalisch-technische Bundesanstalt in Braunschweig hat vorgeschrieben, dass diese Justierung zumindest an einem unbeweglichen Gegenstand erfolgen soll, der 150 m weit entfernt ist.

Der Sachverständige schließt deshalb nicht aus, dass die Streuung des Laserstrahls so breit war, dass das überholende Fahrzeug gemessen wurde und nicht das Fahrzeug des Betroffenen.

Unter diesem Aspekt erscheint es angebracht, das Verfahren außergerichtlich einzustellen, da zumindest die Inbetriebnahme des Gerätes Einstellmängel aufweist, durch die Messungen verfälscht werden können.

Mit freundlichen Grüßen

■■■

Rechtsanwalt

Anlage: Sachverständigengutachten

Dem Sachverständigen sollte außergerichtlich der Auftrag erteilt werden,[20] anhand der Ermittlungsakte alle Mängel zu benennen, die sich aus dem fotokopierten Ermittlungsaktenauszug ergeben.

Der Sachverständige soll alle fehlenden Wartungsunterlagen als auch fehlende Calibrations- und Vollfotos benennen. Häufig beinhaltet die Ermittlungsakte nur Bruchstücke dessen, was benötigt wird, um eine Messung ordnungsgemäß kontrollieren zu können.

In den Fällen, in denen Beweisbeschlüsse im gerichtlichen Verfahren ergehen, besorgt sich der Sachverständige alle Unterlagen bei allen Behörden und geht allen Fragen selbstständig nach. Die Gutachtenserstellung scheitert dann in den seltensten Fällen an fehlenden Unterlagen.

Außergerichtlich ist die Akte häufig noch sehr mangelhaft, was bei vorliegendem Gutachten, das diese Mängel aufweist, häufig zu Einstellungen führt. Richter dulden in der Regel keine schlampige Ermittlungsarbeit. Das den Mangel benennende Sachverständigengutachten belegt dem Richter, dass sich die Verteidigung intensiver um Ordnung bemüht hat als die Behörde. Bei der Staatsanwaltschaft läuft in der Regel die Bußgeldakte durch, ohne dass näher geprüft wird. Der Bußgeldrichter hat weitgehend freie Hand zur Einstellung.

6. Einlassung bei fehlerhafter Radarmessung

Radarmessungen erfolgen derzeit mobil und stationär. Stationäre Messungen erfolgen sowohl seitlich vom Straßenrand aus, aus so genannten Starenkästen, als auch von Brücken herab in den ankommenden und abfließenden Verkehr. Mobile Messungen erfolgen ebenfalls vom Straßenrand aus sowie aus fahrenden Fahrzeugen heraus.

---

20 Es wurde bereits darauf hingewiesen, dass die Allgemeinen Rechtsschutzbedingungen zu Verteidigungszwecken die Einholung von Sachverständigengutachten zulassen, wenn die Sachverständigen entweder öffentlich bestellt sind oder es sich um eine rechtsfähige technische Sachverständigenorganisation handelt, § 5 Abs. 1,f ARB 94.

170 Zurzeit werden nur noch folgende Geräte verwendet:
- Multanova VR 3F G/4F
- Multanova VR 4F 200
- Multanova VR 5F
- Multanova VR 6F
- Traffipax Speedophot
- Traffipax Micro Speed 09
- Kleinradargerät Speed Control (Radarpistole)

171 Korrekte Geschwindigkeitsmessungen setzen voraus, dass das gemessene Fahrzeug den Radarstrahl in einem Winkel von 22 Grad durchfährt – bei Traffipax Speedophot und Traffipax Micro Speed von 20 Grad. Ist der Winkel kleiner, wird eine zu hohe Geschwindigkeit angezeigt. Ist er größer, wird die Geschwindigkeit zu gering angezeigt, was durchaus im Interesse des Betroffenen ist.

172 Zu bedenken ist, dass alle Messungen fehlerbehaftet sind, weshalb Toleranzen von 3 % unterhalb von 100 km/h und 3 % vom Geschwindigkeitsmesswert bei über 100 km/h eingeräumt werden. Diese Toleranzen sollen die Ungenauigkeiten ausgleichen, die das Messgerät und dessen Bedienung mit sich bringen. Weitere Messungenauigkeiten werden dadurch nicht erfasst.

173 Weitere Fehlmessungen können sich ergeben durch
- Reflexions-Fehlmessungen
- Rotations-Fehlmessungen
- Störung durch externe Sender
- Eichfehlergrenzen
- Bedienungsfehler
- Übertragungsfehler
- Kamerafehler

174 Grundsätzlich ist es denkbar, dass ein Fahrzeug in einer vermeintlich plausiblen Fotoposition festgestellt wird und gleichwohl nicht Auslöser der Messung war. Diese Konstellation tritt auf bei Knickstrahlreflexionen, bei denen ein drittes Fahrzeug die Messung auslöst und die Messstelle fotografiert wird, in die gerade das Fahrzeug des Betroffenen einfährt. Dieser Mangel kann nur durch die Auswertung des Filmes festgestellt werden. Man sollte der in diesen Fällen dringenden Bitte des Gerichts widerstehen, den Einspruch zurückzunehmen, nur weil die angelegte Schablone des Messbeamten das Fahrzeug des Betroffenen als im Radarstrahl fahrend zeigt.

175 Muster: Einlassung des Betroffenen nach fehlerhafter Radarmessung

An

Amtsgericht ■■■

Abteilung Ordnungswidrigkeiten

In der Bußgeldsache

gegen

■■■

wegen Verkehrsordnungswidrigkeit

geben wir für den Betroffenen

nach Akteneinsicht und Erörterung des Akteninhalts, folgende Einlassung ab:

Der Betroffene bleibt dabei, dass nicht er zu schnell gefahren ist und die zulässige Höchstgeschwindigkeit überschritten hat, sondern dass es sich um eine Fehlmessung handelt.

Die Messung erfolgte im vorliegenden Fall mit einem Messgerät des Typs Multanova 6F. Der Akte konnten wir keine Eichunterlagen entnehmen und bitten daher um Nachreichung.

Das Fahrzeug befuhr die BAB ■■■ und unterfuhr gerade eine Brücke. Gemessen wurde vom Fahrbahnrand.

Wir gehen davon aus, dass der Radarstrahl auf den Brückenpfeiler gerichtet war und von dort reflektiert und weitergeleitet wurde. Die Messung konnte deshalb von einem Folgefahrzeug ausgelöst und fehlerhaft dem Fahrzeug unserer Mandantschaft zugeordnet werden.

Wir stellen deshalb folgenden Beweisantrag:

Beweistatsache:

1) Das Fahrzeug unserer Mandantschaft befindet sich nicht in der logischen Fotoposition, in der es sein müsste, träfe die gemessene Geschwindigkeit zu.

2) Bei der Auswertung des Messfilms werden so genannte Nullmessungen feststellbar sein, die dadurch zustande kommen, dass infolge Knickstrahlreflexion, weit von der Messstelle entfernte Fahrzeuge die Messung und Fotografie auslösen, zu einem Zeitpunkt, zu dem sich kein Fahrzeug an der Messstelle befindet. So erfolgte die Messung im vorliegenden Fall, mit dem Unterschied, dass sich gerade das Fahrzeug unserer Mandantschaft an der Messstelle befand, die zulässige Höchstgeschwindigkeit einhaltend.

Beweismittel: Sachverständigengutachten.

Ich rege an, das Gutachten einzuholen bevor terminiert wird und mir vor Terminierung die Ermittlungsakte mit Gutachten erneut zuzuleiten, damit die Verteidigung ordnungsgemäß vorbereitet werden kann.

■■■

Rechtsanwalt

7. Einlassung bei fehlerhafter Lichtschrankenmessung

Lichtschrankenmessgeräte funktionieren auf der Rechenbasis Weg./.Zeit = Geschwindigkeit. Fahrzeuge durchfahren quer über die Straße verlaufende Infrarot-Lichtstrahlen, deren Abstände festgelegt sind. Das Gerät kennt also den zu absolvierenden Weg und misst die Zeit, die das Fahrzeug zum Durchfahren dieser Wegstrecke benötigt. Der Quotient ist identisch mit der Geschwindigkeit. Weichen die Geschwindigkeiten, die für das Durchfahren der Teilstrecken errechnet werden, um mehr als ± 3% voneinander ab, wird eine Nullmessung ausgelöst. Ansonsten wird bei entsprechend hoher Geschwindigkeit der Befehl ausgelöst, zu fotografieren. In der Regel erfolgt die Dokumentation nach 0,3 sec.

177 Zunächst wurde mit der Dreifachlichtschranke gemessen. Hiervon gab es drei Geräte
- Eso 3131 J-K/VI
- Eso µP 80VI
- Eso µP 80 VIII

178 Inzwischen wird das Gerät Eso 3131 J-K/VI nicht mehr eingesetzt und die beiden anderen Geräte wurden umgebaut. Sie sind nun geeignet für eine Vierfach-Messung.

179 Ihre Bezeichnung lautet jetzt
- Eso µP 80 VI – 4
- Eso µP 80 VIII – 4

180 Ging man ursprünglich davon aus, dass die Messung ausschließlich ausgelöst wird wenn der Lichtstrahl von der Fahrzeugfront durchbrochen wird, ergeben sich bei der Vierfach-Messung nunmehr Messwerte, auch wenn das Fahrzeugheck abgetastet wird.

181 Inzwischen werden zwei weitere Geräte eingesetzt:
- die mikroprozessorgesteuerte Lichtschrankenmessanlage, Typ LS 4.0
- der Einseitensensor ES 1.0

182 Auch hier beruht das Messprinzip auf einer Weg./.Zeit-Messung.

183 Messfehler treten auf, wenn das Abtasten nicht funktioniert, wenn die Aufstellung des Gerätes fehlerhaft erfolgt und natürlich, wenn mechanische Teile versagen. Weiterhin besteht die Möglichkeit falscher Justierung. Wenn die Kamera zu nahe an die Messlinie gestellt wird, kann nicht der gesamte befahrbare Raum zwischen den beiden Lichtschrankengeräten (Lichtgeber auf der einen Seite und Lichtempfänger auf der anderen Seite) auf dem Messfoto beobachtet werden. Aufgrund dessen ist nicht auszuschließen, dass ein schmales Fahrzeug, wie etwa ein Motorrad, die Messung ausgelöst hat, obwohl dieses Fahrzeug im Bild nicht erkennbar ist.

184 Muster: Einlassung bei fehlerhafter Lichtschrankenmessung

An das Amtsgericht ▪▪▪

Abteilung Ordnungswidrigkeiten

▪▪▪

Betr.: AZ ▪▪▪

In der Bußgeldsache

gegen

▪▪▪

wegen

■■■

geben wir für den Betroffenen folgende Einlassung ab:

Dem Betroffenen wird angelastet, am ■■■ auf der BAB ■■■ die zulässige Höchstgeschwindigkeit um 45 km/h überschritten zu haben.

Die Ermittlungsakte wurde mit dem betroffenen Mandanten erörtert.

Der Betroffene bleibt dabei, dass er nicht mit der ihm zur Last gelegten Geschwindigkeit gefahren ist.

Dem Messprotokoll entnehmen wir, dass die Messung mit dem Messgerät Eso µP 80 VI – 4 durchgeführt wurde.

Es ist auf dem Messfoto deutlich zu erkennen, dass ein Teil der Straße nicht zu sehen ist. Der Betroffene erinnert sich daran, dass er permanent überholt wurde, da er die zulässige Höchstgeschwindigkeit eingehalten hat.

Im vorliegenden Fall ist davon auszugehen, dass der Überholvorgang eines Motorrades die Messung herbeigeführt hat und die Auslösung der dokumentierenden Kamera bewirkte, obwohl dieses Fahrzeug nicht auf dem Messfoto zu sehen ist.

Ein Sachverständiger wird die Richtigkeit dieser Tatsache ohne weiteres nach Auswertung der vorhandenen Unterlagen bestätigen können.

■■■

Rechtsanwalt

8. Einlassung bei fehlerhafter Messung durch Nachfahren

Die Geschwindigkeitsmessung durch Nachfahren (oder aber durch Vorausfahren) gehört, neben der Radarmessung, zu den frühen Messmethoden, die bis heute ständig verbessert wurde. Sie funktioniert, indem ein Polizeifahrzeug einem zu kontrollierenden Fahrzeug folgt und dabei die Geschwindigkeit der Fahrzeuge verglichen wird, teils mit, teils ohne fotografische Dokumentation des Abstandes, der zum gemessenen Fahrzeug einzuhalten ist. Zu berücksichtigen ist auch, ob mit oder ohne geeichten Tacho gemessen wird.

Üblich ist heute das Nachfahren oder Vorausfahren mit geeichtem Tachometer sowie fotografischer Sicherung des Abstandes der beiden Fahrzeuge. Auf den polizeilichen Lichtbildern sind die Geschwindigkeit des Polizeifahrzeuges sowie eine Uhr mit eingeblendet. Daraus ergeben sich die Werte der Geschwindigkeit des Polizeifahrzeuges; aus der Geschwindigkeit und der Zeit lässt sich die Länge der Messstrecke errechnen. Die Auswertung der Bilder führt zu dem Abstand der Fahrzeuge zueinander.

Die Fehlertoleranzen der Eichung sind zu berücksichtigen mit ± 3 km/h bei Geschwindigkeiten unter 100 km/h und mit ± 3 % bei Geschwindigkeiten über 100 km/h. Weitere Toleranzen ergeben sich aus dem Reifenzustand sowie daraus, ob bei vollen Winterreifen oder bei nicht ganz gefüllten Sommerreifen geeicht wurde.

9. Anregung zur Einstellung gem. § 47 Abs. 2 OWiG

188 Im Bußgeldverfahren gilt – im Gegensatz zum Strafverfahren – das Opportunitätsprinzip. Der Unterschied zum Strafverfahren ergibt sich auch aus § 47 Abs. 3 OWiG, der eine Einstellung gegen Auflagen – im Gegensatz zum strafverfahrensrechtlichen § 153a StPO – untersagt. Die mit dem Verfahren betraute Bußgeldbehörde hat danach die Möglichkeit Verfahren einzustellen. § 47 Abs. 1 OWiG ermöglicht die Einstellung bei der Behörde nach „pflichtgemäßer" Verfahrensführung, ohne dass es einer Zustimmung Dritter bedarf. § 47 Abs. 2 OWiG ermöglicht die Verfahrenseinstellung bei geringer Schuld mit Zustimmung der Staatsanwaltschaft.

189 Hieraus ergibt sich die dringende Notwendigkeit des Verteidigers, im Vorverfahren tätig zu werden, solange der Vorgang bei der Bußgeldbehörde anhängig ist und bearbeitet wird. Bei gleichem Sachverhaltsvortrag stellt sich heraus, dass die Einstellung mit dem Behördenmitarbeiter einfacher zu erlangen ist als mit dem Bußgeldrichter, der die Zustimmung des Staatsanwaltes benötigt.

190 Bei einem Verkehrsunfall sollte von einer weiteren Verfolgung abgesehen werden, wenn die Aufklärung des Sachverhalts mit hohem Ermittlungsaufwand betrieben werden müsste, der in keinem Verhältnis zu der Bedeutung der Sache stünde. Auch dann sollte eine Einstellung des Verfahrens erfolgen, wenn die eigenen Verletzungen und Schäden des Betroffenen erheblich sind und die Bedeutung der Tat gering ist. Ebenso kann ein nicht ganz unbedeutendes Mitverschulden des Unfallbeteiligten als Einstellungskriterium gelten.

191 Muster: Anregung zur Verfahrenseinstellung

An

Bußgeldstelle ■■■

Postfach

■■■

Betr.: ■■■

In der Bußgeldsache

gegen

wegen Verkehrsordnungswidrigkeit

geben wir für den Betroffenen nach Akteneinsicht folgende Einlassung ab:

Dem Betroffenen wird vorgeworfen, am ■■■ die Vorfahrt des Unfallbeteiligten ■■■ verletzt zu haben und dadurch einen Unfall verursacht zu haben.

Der Betroffene befuhr am ■■■ in ■■■ die ■■■-Straße in Richtung ■■■. Da keine Beschilderung vorhanden war, hatte er gegenüber den von rechts einmündenden Straßen Vorfahrt zu beachten und zu gewähren.

A. Verkehrsordnungswidrigkeitenrecht

Die Unfallgegnerin befuhr die ▰▰▰-Straße in Richtung ▰▰▰ und beabsichtigte, die ▰▰▰-Straße zu überqueren. Sie hatte dabei den von rechts kommenden Verkehr zu beachten und Vorfahrt zu gewähren.

Auf der Kreuzung kam es zum Zusammenstoß der beiden Fahrzeuge.

Wir geben Folgendes zugunsten unseres Mandanten zu bedenken:

Zum Kollisionszeitpunkt hatte unser Mandant zwar die Vorfahrt der Unfallgegnerin zu beachten; allerdings ist zu bedenken, dass seine Sicht nach rechts in Richtung Fahrbahn durch dort parkende Fahrzeuge stark eingeschränkt war.

Er tastete sich also langsam fahrend an die Kreuzung heran, stellte die Unfallgegnerin in größerer Entfernung fest und überquerte die Kreuzung, darauf vertrauend, dass sie ebenfalls gefahrlos die Kreuzung überqueren könne.

Als er bereits die zweite Fahrspur der Fahrbahn fast vollständig überfahren hatte, verspürte er einen Anstoß im Heckbereich, der so heftig war, dass das Fahrzeug um die eigene Achse gedreht wurde.

Ein unfallanalytisch tätiger Sachverständiger, wird durch ein EES-Gutachten bestätigen können, dass die Aufprallgeschwindigkeit und die Ausgangsgeschwindigkeit der Unfallgegnerin über 50 km/h lag, obwohl am Unfallort innerorts nur 50 km/h Höchstgeschwindigkeit zugelassen sind.

Vorab regen wir jedoch an, das Verfahren einzustellen. Die im vorliegenden Fall zu verhängende Geldbuße rechtfertigt nicht die Einholung eines sehr kostenaufwändigen Gutachtens. Im Übrigen hatte auch die Unfallgegnerin Vorfahrt zu beachten, was wohl nicht geschah, bedenkt man, dass zügig, ohne dass Bremsspuren festgestellt werden konnten, in das Fahrzeug unseres Mandanten gefahren wurde. Von einem Mitverschulden der Unfallgegnerin ist daher auszugehen. Im Übrigen hatte unser Mandant schlechte Sicht und hatte die Fahrbahn fast völlig überquert, weshalb von geringem Verschulden auszugehen ist.

▰▰▰

Rechtsanwalt

10. Anregung des Absehens von Fahrverbot

Das Fahrverbot ist die am meisten gefürchtete und einschneidenste Maßnahme, die die Verkehrsbehörde oder der Bußgeldrichter bei Fehlverhalten im Straßenverkehr verhängen kann. Das Fahrverbot im Recht der Ordnungswidrigkeiten ist geregelt in § 25 StVG.

192

Voraussetzung ist, dass entweder
- ein grober Verstoß begangen wurde, oder aber
- eine beharrliche Verletzung der Pflichten eines Kraftfahrzeugführers.

193

Das Fahrverbot ist nur zulässig, wenn gegen Vorschriften gemäß § 24 StVG verstoßen wird.
- Als grobe Pflichtverletzungen werden solche angesehen, die objektiv immer wieder Ursache schwerer Unfälle sind und subjektiv auf besonders grobem Leichtsinn, gro-

194

- ber Nachlässigkeit oder Gleichgültigkeit beruhen.[21] Sowohl die objektive Komponente als auch die subjektive Negativhaltung des Fahrers müssen kumulativ zusammenkommen.
- Beharrlichkeit setzt die Begehung von Verkehrsverstößen mangels Rechtstreue voraus.[22] Es ist deshalb darauf zu achten, dass der einfache Wiederholungsfall Beharrlichkeit noch nicht indiziert.

195 Soweit nach der Bußgeld-Katalogverordnung in Fällen von § 25 Abs 1 Satz 1 StVG ein Fahrverbot „in der Regel in Betracht" kommt, ist dies grundgesetzkonform. Diese Verstöße indizieren den groben bzw. beharrlichen Pflichtenverstoß, der mit einem Fahrverbot zu ahnden ist. Gleichwohl müssen die konkreten Einzelfälle sowohl in subjektiver als auch in objektiver Hinsicht gewürdigt werden. Während nach § 25 I 2 StVG in der Regel ein Fahrverbot zu verhängen ist, ist in diesen Fällen der Bußgeld-Katalogverordnung dann von einem Fahrverbot abzusehen, wenn „erhebliche Härten oder eine Vielzahl für sich genommen gewöhnlicher oder durchschnittlicher Umstände" zusammenkommen.

196 Das OLG Hamm hat den Rahmen vorgegeben, der zu berücksichtigen ist und dabei geurteilt, dass der Betroffene Nachteile „bis zur Grenze des Vertretbaren" hinzunehmen hat.[23] Daraus ergibt sich, dass sowohl zeitliche, wie finanzielle Nachteile hinzunehmen sind. Bei Alkoholverstößen soll nur dann vom Fahrverbot Abstand genommen werden, wenn außergewöhnliche Härte oder außergewöhnliche Umstände vorliegen.[24]

197 Zunächst sollte geprüft werden, ob eine Geldbuße, eventuell deutlich angehoben, nicht ausreicht, den angestrebten Zweck zu erreichen. Der Betroffene soll dazu angehalten werden, zukünftig ein verkehrsgerechtes Verhalten zu zeigen. Vor allem bei Verhandlungen mit der Bußgeldbehörde kann immer wieder festgestellt werden, dass deutliche Geldbußenanhebungen vereinbart werden können anstelle eines Fahrverbots. Dies hängt wohl damit zusammen, dass nach Beteiligung der Staatsanwaltschaft an der Rechtsfindung, nach Abgabe der Sache von der Behörde an die Staatsanwaltschaft, nur auf Rechtsprechung zurückgegriffen wird, die in diesem Bereich jedoch sehr spärlich ist.

198 Sodann ist die berufliche Einschränkung zu prüfen. Berufliche Einschränkungen bleiben außer Betracht, solange die Existenzgrundlage nicht bedroht ist. Vorzutragen und zu belegen ist die konkrete Gefahr einer Kündigung. Der Verteidiger hat mit seinem Mandanten zu erörtern, welche Bedeutung ein Fahrverbot für den Betroffenen hat, und muss sich rechtzeitig um Zeugen bemühen, die die berufliche Härte bestätigen. Hier taugt als Zeuge nicht nur der Chef selbst, der Entlassungen angekündigt hat im Falle des Verlustes des Führerscheins, sondern, auch im Interesse des Betroffenen, damit der Chef das Fehlverhalten erst gar nicht erfährt, Dritte, die eine entsprechende

---

21 BGHSt 43,241.
22 BGHSt 38,231.
23 OLG Hamm in DAR 96, 68.
24 BGHSt 38, 129.

Haltung des Chefs bestätigen können. Weiter muss geklärt werden, ob Innendienst verrichtet werden kann.

Schließlich ist die Frage zu klären, ob zur Überbrückung der Zeit des Fahrverbots, ein Fahrer eingestellt werden kann. Ebenso ist zu klären ob die beruflich erforderlichen Fahrten nicht mit öffentlichem Personennah- oder -fernverkehr in Verbindung mit Taxifahrten bewältigt werden kann.

Diese Überlegungen sind nicht nur bei abhängig Beschäftigten vorzutragen, sondern auch bei Selbständigen. Bei diesen kommen in der Regel noch zahlreiche Aktivitäten hinzu, wie Akquisition von Aufträgen, Kontrollarbeiten, Einkaufstätigkeit, Verhandlungen und beruflich erforderliche Aktivitäten in gesellschaftlichem Rahmen.

Bei persönlichen Einschränkungen durch Behinderung, eigener Pflegebedürftigkeit oder Pflegetätigkeit kommt es für die Frage des Verzichts auf ein Fahrverbot, auf die Schwere der körperlichen Einschränkung sowie den Grad der Abhängigkeit vom Fahrzeug an. Querschnittslähmung, Gehbehinderung, eigene Pflegebedürftigkeit oder Pflegetätigkeit zugunsten Dritter wurden von der Rechtsprechung, als Grund auf ein Fahrverbot zu verzichten, akzeptiert.

Muster: Anregung des Absehens vom Fahrverbot

An

Amtsgericht

Bußgeldrichter ▪▪▪

▪▪▪

AZ.: ▪▪▪

In der Bußgeldsache

gegen

▪▪▪

wegen Überschreitung der zulässigen Höchstgeschwindigkeit außerorts um 45 km/h

geben wir für den Betroffenen folgende Einlassung ab:

Der Betroffene befuhr zum Tatzeitpunkt die BAB ▪▪▪ von ▪▪▪ nach ▪▪▪. Infolge Unachtsamkeit übersah er das die Geschwindigkeit begrenzende Schild. Der Betroffene erinnert sich, dass er kurz bevor er die Messung infolge des Lichtblitzes beim Fotografieren bemerkte, mehrere Lkws überholt hatte, die ihm dabei die Sicht nach rechts versperrten. Da er Angst davor hatte, dass ein Lkw die Spur infolge Übermüdung des Fahrers wechselt und es zu einem schweren Unfall kommt, konzentrierte er sich ausschließlich nach rechts, um das Fahrverhalten der überholten Fahrzeuge genau beobachten zu können.

Ein am linken Fahrbahnrand aufgestelltes Schild, das die Geschwindigkeitsbegrenzung anzeigte, konnte deshalb nicht gesehen werden.

Nach unserem Dafürhalten ist deshalb allenfalls von leichtester Fahrlässigkeit auszugehen.

Der Betroffene ist als selbstständiger Bauingenieur tätig. Er arbeitet zusammen mit einer technischen Zeichnerin und seiner Ehefrau als Bürokraft.

Seit die Bauaufträge stark zurückgegangen sind, musste der Betroffene alle weiteren Mitarbeiter entlassen. Er hat seitdem nur noch Kurzurlaube über verlängerte Wochenenden gemacht. Es ist also nicht möglich, dass der Betroffene das Fahrverbot in die Zeit seines Urlaubs legt.

Die Tätigkeit des Betroffenen findet zum Teil in seinem Büro statt, wenn er Pläne erdenkt und skizziert, zum Teil ist er mit seinem Pkw unterwegs. Der Betroffene plant Bauvorhaben im gesamten Bundesland ■■■, so dass er bisweilen mehr als halbtags in seinem Fahrzeug sitzt. Da die Baustellen nicht nur in Großstädten, sondern überwiegend in Kleinstädten und auf dem Land gelegen sind, ist eine Fahrtätigkeit mit öffentlichem Personennahverkehr und Taxi nicht zu bewirken. Es ist völlig ausgeschlossen, dass der Betroffene einen Monat lang Innendienst verrichtet, da er der Einzige im Betrieb ist, der neue Aufträge aushandeln kann, die erforderlichen Kontrollarbeiten bei bestehenden Projekten durchführen oder aber Kundenpflege hinsichtlich der vorhandenen Kunden betreiben kann.

Aus der Familie ist niemand in der Lage, den Betroffenen zu chauffieren. Die Ehefrau arbeitet im Betrieb und erledigt dort die schriftlich anfallenden Arbeiten und die Buchhaltung. Im Übrigen hat die Ehefrau des Betroffenen die Aufgabe, Telefondienst zu verrichten. Die so durchs Telefon erlangten Informationen gibt sie an den Betroffenen weiter, wenn dieser unterwegs ist und dirigiert ihn oft zu Kunden, die aus der Nähe des Orts anrufen, an dem der Betroffene gerade unterwegs ist. Die Kunden erwarten zeitnahe Reaktionen, so dass die Position der Ehefrau nicht einfach aufgelöst werden kann.

Die Kinder des Betroffenen besitzen noch keine Fahrerlaubnis.

Weitere Familienangehörige sind außer Betracht zu lassen.

Die Einstellung eines Fahrers für die Dauer des Fahrverbotes, scheitert an den finanziellen Verhältnissen, in denen sich der Betrieb des Betroffenen befindet. Der Steuerberater des Betroffenen hat dringend darauf hingewiesen, dass weitere Verpflichtungen nicht verkraftet werden. Im Übrigen kommt es häufig vor, dass der Betroffene frühmorgens wegfährt und, nach der Wahrnehmung gesellschaftlicher Verpflichtungen, spätabends zurückkehrt, so dass die Beschäftigung eines einzigen Fahrers gegen die Arbeitszeitverordnung verstieße, was sich der Betroffene nicht leisten möchte.

Der Betroffene hat unmittelbar vor Einsetzen der Krise in der Bauwirtschaft gebaut und sich selbstständig gemacht. Er ist darauf angewiesen, zumindest soviel monatlich zu verdienen, dass er seine Verbindlichkeiten bedienen und die Familie unterhalten kann.

Im Falle der Verhängung eines Fahrverbots könnte der Betroffene weder neue Aufträge akquirieren, noch die bereits laufenden Aufträge ordnungsgemäß überwachen.

Die Gefahr, dass Schäden eintreten und der Betroffene sich schadenersatzpflichtig macht, infolge dessen er die Überwachungstätigkeit nicht wahrnehmen kann, ist gegeben.

Wir beantragen deshalb im vorliegenden Fall, die Geldbuße des Betroffenen zu verdoppeln und auf die Verhängung eines Fahrverbots zu verzichten.

A. Verkehrsordnungswidrigkeitenrecht

Im vorliegenden Fall wird der Betroffene, den eine Geldbuße deutlich trifft, durch diese Geldbuße so stark beeindruckt, dass zukünftig Wohlverhalten im Straßenverkehr erwartet werden kann.

■■■

Rechtsanwalt

III. Gerichtliches Verfahren

1. Rechtsbeschwerdeeinlegung

Das OWiG sieht als Rechtsmittel gegen (amts-)gerichtliche Entscheidungen nur die Rechtsbeschwerde gem. § 79 OWiG vor, für die gem. § 79 Abs. 3 OWiG die strafverfahrensrechtlichen Normen der Revision (§§ 333 ff. StPO) ergänzend anwendbar sind. Damit in diesem Bereich keine irreparablen Fehler gemacht werden, soll nachfolgend das Prüfungsschema erläutert werden.

203

a) Zulässigkeit der Rechtsbeschwerde (Allgemeine Zulässigkeitsvoraussetzungen)
- **Beschwer:** Zunächst ist die Frage zu stellen, ob der Mandant beschwert ist. Dies ist dann der Fall, wenn die ergangene Entscheidung einen unmittelbaren Nachteil für ihn mit sich bringt. Dabei ist zu beachten, das sich der Nachteil unmittelbar aus der Entscheidung erbeben muss und nicht erst aus den Gründen des Urteils oder Beschlusses.[25]
- **Form:** Gem. § 341 Abs. 1 StPO i.V.m. § 79 Abs. 3 Satz 1 OWiG ist die Rechtsbeschwerde schriftlich oder zu Protokoll der Geschäftsstelle zu erheben.
- **Frist:** Die Frist der Einlegung der Rechtsbeschwerde beträgt eine Woche nach Urteilsverkündung (§ 341 Abs. 1 StPO, § 79 Abs. 3 Satz 1 OWiG). Zu beachten ist hier, dass die Frist gem. § 341 Abs. 2 StPO erst mit Urteilszustellung beginnt, wenn die Verkündung des Urteils in Abwesenheit der Betroffenen stattgefunden hat (bspw. im Fall des § 73 OWiG). Dabei muss der Betroffene selbst nicht in der Hauptverhandlung anwesend gewesen sein. Es ist ohne Einfluss darauf, wenn er durch den Verteidiger vertreten wurde. Zu beachten ist aber, dass, wenn das Urteil dem Verteidiger zugestellt wird, eine auf diesen lautende Zustellungsvollmacht zur Wirksamkeit der Zustellung vorliegen muss. Die sich aus dem Protokoll der Hauptverhandlung ergebende Teilnahme des Verteidigers an der Hauptverhandlung reicht dafür nicht.[26] Bei Fristversäumnis kann eine Wiedereinsetzung in den vorherigen Stand gem. §§ 44 ff. StPO in Betracht kommen.
- **Einlegung der Rechtsbeschwerde:** Gem. § 341 Abs. 1 StPO ist die Rechtsbeschwerde bei dem Gericht einzulegen, dessen Urteil angefochten werden soll.
- **Begründung der Rechtsbeschwerde:** Die Rechtsbeschwerde muss grundsätzlich gem. § 344 Abs. 1 StPO begründet werden. Diese Begründung kann schriftlich oder zu Protokoll der Geschäftsstelle erfolgen. Des Weiteren muss der Verteidiger die volle Verantwortung für den Inhalt der Rechtsbeschwerdebegründung überneh-

---

25 BGH NJW 86, 1820.
26 BGH DAR 96, 177.

men, so dass er nicht mit dem Zusatz i.V. unterzeichnen darf. Die Begründungsfrist beträgt einen Monat ab Zustellung des schriftlich begründeten Urteils, § 345 Abs. 1 StPO, § 79 Abs. 3 Satz 1 OWiG. Die Rechtsbeschwerde kann auch nur auf eine Gesetzesverletzung gestützt werden, da das Rechtsbeschwerdegericht nur solche prüft. Erschöpft sich die Rechtsbeschwerde darin, nur tatsächliche Feststellungen anzugreifen, kann das die Unzulässigkeit zur Folge haben. Bei der Begründung der Rechtsbeschwerde ist zwischen Sach- und Verfahrensrüge zu unterscheiden (§ 344 Abs. 2 StPO, § 79 Abs. 3 OWiG).

b) Zulässigkeit der Rechtsbeschwerde (Besondere Zulässigkeitsvoraussetzungen)

204 Besondere Zulässigkeitsvoraussetzungen nach § 79 Abs. 1 OWiG:

205 Hier ist zu beachten, dass die Rechtsbeschwerde ohne besondere Zulassung nur in den Fällen des § 79 Abs. 1 Satz 1 OWiG zulässig ist. Ansonsten kommt aber eine gesonderte Zulassung nach §§ 79 Abs. 1 Satz 2, 80 OWiG in Betracht.

- Zunächst soll auf die Fälle des § 79 Abs. 1 Satz 1 OWiG eingegangen werden. Danach ist eine Rechtsbeschwerde nur zulässig wenn:
- gegen den Betroffenen eine Geldbuße von mehr als 250 € festgesetzt worden ist.
- eine Nebenfolge nichtvermögensrechtlicher Art verhängt wurde (bspw. Fahrverbot). Jedoch ist die Eintragung des Betroffenen ins Verkehrszentralregister nach § 28 StVG keine Nebenfolge nicht vermögensrechtlicher Art, selbst dann nicht, wenn die Eintragung zu einer Nachschulung führt.[27] Bei einer Nebenfolge vermögensrechtlicher Art, ist die Rechtsbeschwerde nur zulässig, wenn das Gericht in seiner Entscheidung den Wert der vermögensrechtlichen Nebenfolge auf mehr als 250 € festgesetzt hat. Geldbußen und vermögensrechtliche Nebenfolge sind zusammenzurechnen.[28]
- der Einspruch durch Urteil als unzulässig verworfen wurde, ohne Rücksicht auf die Höhe einer etwaig festgesetzten Geldbuße und den Wert anderer Nebenfolgen vermögensrechtlicher Art. Es ist zu beachten, dass die Verwerfung des Einspruchs bei Abwesenheit des Betroffenen nicht von § 79 Abs. 1 Satz 1 Nr. 4 nicht erfasst wird. Hier ist nur eine Zulassung nach § 79 Abs. 1 Satz 1 Nr. 1, 2 oder nach § 80 OWiG möglich.
- durch Beschluss nach § 72 OWiG entschieden worden ist, obwohl der Beschwerdeführer diesem Verfahren rechtzeitig widersprochen hatte. Die Rechtsprechung wendet diese Vorschrift auch analog an, wenn zwar kein ausdrücklicher Widerspruch gegen das Beschlussverfahren erfolgt ist, jedoch kein uneingeschränktes Einverständnis mit dem schriftlichen Verkehr vorgelegen hat oder keine hinreichende Gelegenheit zum Widerspruch gegeben worden ist. Bei einer Rechtsbeschwerde mit Berufung auf die Verletzung des § 72 Abs. 1 Satz 2 OWiG, muss der Beschwerdeführer in der Begründung die den Verfahrensmangel enthaltenden Tatsachen angeben, da es sich hierbei nach h.M. um eine Verfahrensrüge handelt.[29]

---

[27] OLG Hamm DAR 97, 410.
[28] OLG Schleswig VRS 74, 55.
[29] BGHSt 23, 298.

- Des Weiteren kann die Rechtsbeschwerde gem. §§ 79 Abs. 1 Satz 2, 80 OWiG zugelassen werden, wenn sie geboten ist, d.h. eine Nachprüfung des angefochtenen Urteils muss sich aufdrängen.
  Auch muss ein Zulassungsgrund vorliegen:
- Die Rechtsfortbildung dient der rechtsschöpferischen Ausfüllung von Gesetzeslücken sowie der Verfestigung von Rechts- und Verfahrenssätzen.
  Die Sicherung einer einheitlichen Rechtsprechung ist dann gefährdet, wenn ohne eine Entscheidung des Gerichts schwer erträgliche Unterschiede in der Rechtsprechung entstehen würden oder fortbestünden. Dabei ist zu beachten, dass die Einheitlichkeit der Rechtsprechung bei einer Fehlentscheidung die sich nur im Einzelfall auswirkt, noch nicht gefährdet ist. So kann gesagt werde, dass bei einer bewussten Abweichung von einer höchstrichterlichen Entscheidung grundsätzlich ein Zulassungsgrund gegeben sein wird, während bei einer unbewussten Abweichung die Bedeutung des Rechtsfehlers und der Grad der Wiederholungsgefahr entscheidend ist.[30]
- Die Zulassung wegen Verletzung rechtlichen Gehörs muss erfolgen, wenn unzweifelhaft ist, dass andernfalls das angerufene Verfassungsgericht zur Aufhebung des angefochtenen Urteils gelangen würde.[31] Hierbei muss beachtet werden, dass der Antrag wegen Verletzung rechtlichen Gehörs in Form einer Verfahrensrüge gestellt werden muss, da sonst dieser nicht der Form des § 344 Abs. 2 Satz 2 StPO, § 79 Abs. 3 Satz 1 OWiG entspricht und zur Unzulässigkeit der Rechtsbeschwerde führt. Zur Begründung des Antrags muss ausgeführt werden, was der Betroffene, hätte er rechtliches Gehör erhalten, geltend gemacht hätte.[32]
- Bei Ordnungswidrigkeiten von nicht mehr als 100 € ist die Rechtsbeschwerde nur gem. § 80 Abs. 2 Nr. 1 OWiG zugelassen.
- Für den Zulassungsantrag nach § 80 OWiG gelten die Vorschriften über die Rechtsbeschwerde entsprechend und somit auch die Vorschriften der StPO, § 79 Abs. 3 OWiG.

c) Begründetheit der Rechtsbeschwerde

Zunächst ist es notwendig, einen Antrag zu stellen, inwieweit die Gerichtsentscheidung angefochten werden soll. Zwar ist das Fehlen eines Antrags unschädlich, wenn das Ziel der Rechtsbeschwerde sich bereits aus der Begründungsschrift und dem bisherigen Verfahrensablauf ergibt, dennoch sollte auf einen ordnungsgemäßen Rechtsbeschwerdeantrag geachtet werden. Denn wenn es unklar bleibt, was der Beschwerte mit dem Rechtsmittel erreichen will, kann das bei Fehlen eines ausdrücklichen Antrages zur Unzulässigkeit der Rechtsbeschwerde führen.[33] Die Rechtsbeschwerde kann als Verfahrens- oder Sachrüge erhoben werden (§§ 344 Abs. 2 StPO, 79 Abs. 3 OWiG).

aa) Verfahrensrüge: Mit der Verfahrensrüge wird die Verletzung von Rechtnormen angegriffen, die den Verfahrensablauf und dessen Gestaltung betreffen, wie z.B.:

---

30 BayObLG VRS 89, 212.
31 BayObLG NZV 89, 34.
32 OLG Köln NZV 92, 419; OLG Hamm NStZ-RR 99, 23.
33 So BayObLG DAR 85, 247.

- örtliche Unzuständigkeit
- (erfolglose) Ablehnung des Richters wegen Befangenheit
- Nichtgewährung des letzten Wortes
- Verletzung des Unmittelbarkeitsgrundsatzes, des Öffentlichkeitsgrundsatzes und der Aufklärungspflicht
- unberechtigte Ablehnung eines Beweisantrages
- Erlass eines Beschlusses nach § 72 OWiG, obwohl eine Hauptverhandlung hätte stattfinden müssen

207 Die Begründung der Verfahrensrüge unterliegt strengen Formvorschriften. Nach §§ 344 Abs. 2 Satz 2 StPO, 79 Abs. 3 OWiG müssen „die den Mangel enthaltenden Tatsachen" genau bezeichnet und vollständig angegeben werden, so dass das Rechtsbeschwerdegericht schon anhand der Rechtsbeschwerdeschrift prüfen kann, ob ein Verfahrensfehler vorliegt. Die Bezugnahme auf Akteninhalte, Schriftstücke oder das Protokoll ist unzulässig.[34] Dabei muss darauf geachtet werden, dass der erforderliche Tatsachenvortrag genau und vollständig ist.

208 Bei der Aufklärungsrüge darf nicht nur allgemein die nicht genügende Aufklärung der Sache gerügt werden (bspw. genügt nicht die Beanstandung, dass eine Beweiserhebung nicht stattgefunden habe). Vielmehr müssen konkrete Beweisbehauptungen und die Angabe der damit verfolgten Beweisergebnisse enthalten sein.[35] Daneben muss angegeben werden, welches Beweismittel das Gericht zur weiteren Wahrheitsermittlung hätte benutzen müssen.[36] Außerdem muss dargelegt werden, warum es sich dem Ausgangsgericht hätte aufdrängen müssen, gerade in dieser Richtung Beweis zu erheben. Weiterhin ist darauf zu achten, dass bei Anwesenheit des Verteidigers in der Hauptverhandlung, dargelegt wird, warum nicht schon dort entsprechende Beweisanträge gestellt wurden.

209 Die Rüge wegen zu Unrecht erfolgter Ablehnung eines Beweisantrages muss in der Begründung den vollen Wortlaut des Beweisantrages sowie auch den vollen Wortlaut des Beschlusses enthalten, mit dem das Gericht den Antrag abgelehnt hat. Des Weiteren muss begründet werden, warum diese Ablehnung fehlerhaft war.[37]

210 Ebenso muss begründet werden, wenn die erfolglose Ablehnung des Richters wegen Befangenheit angegriffen wird. Hier müssen zur Begründung des Ablehnungsgesuches die dienstlichen Äußerungen des Richters und die vollständige Entscheidung des Gerichts über die Ablehnung mitgeteilt werden.

211 Weiterhin ist zu beachten, dass gem. § 74 Abs. 2 OWiG der Einspruch des Betroffenen zu verwerfen ist, wenn er unentschuldigt in der Hauptverhandlung abwesend war. Diese Entscheidung muss ebenfalls mit einer Verfahrensrüge angegriffen werden. Hier ist dann genau darzulegen, weshalb das Ausbleiben nicht als unentschuldigt gewertet werden durfte.[38] Somit muss der Inhalt eines ärztlichen Attestes, mit dem das Ausblei-

---

34 OLG Koblenz VRS 68, 223.
35 BGH NStZ 84, 329.
36 BGH MDR 70, 900.
37 OLG Hamm DAR 99, 276.
38 OLG Düsseldorf NZV 90, 444; OLG Brandenburg NStZ-RR 97, 275.

ben in der Hauptverhandlung entschuldigt werden sollte, in der Rechtsbeschwerde mitgeteilt werden.[39]

bb) Sachrüge: Mit der Sachrüge wird die Verletzung sachlichen Rechts angegriffen. Damit sind die Begründunganforderungen geringer als bei einer Verfahrensrüge, jedoch können detaillierte Ausführungen, warum eine sachliche Rechtsverletzung vorliegt, nützlich sein. Entscheidend ist aber, dass der Rügewillen erkennbar ist. So sind Rechtsbeschwerden nicht ausreichend begründet, wenn das Vorbringen nur darauf abzielt, in der Rechtsbeschwerdeinstanz noch eine Einstellung nach § 47 Abs. 2 OWiG zu erreichen und das angefochtene Urteil in keinem Punkt als fehlerhaft angegriffen wird.[40] Demgegenüber ist die Sachrüge aber ausreichend begründet, wenn nur der Eintritt der Verfolgungsverjährung geltend gemacht wird, da die Verjährungsfrage nur dann beantwortet werden kann, wenn zuvor die Tat rechtlich zutreffend eingeordnet worden ist.[41]

212

Zu beachten ist ferner, dass dem Rechtsbeschwerdegericht für die Überprüfung der Sachrüge ausschließlich das angefochtene Urteil oder der angefochtene Beschluss zur Verfügung steht, denn der Blick in die Akten ist ihm verwehrt. Somit muss sich auch die Begründung ausschließlich auf die angefochtene Entscheidung und deren Ausführungen konzentrieren. So sind z.B. Ausführungen, warum das Ausgangsgericht auf Grund der Beweisaufnahme zu einer anderen Überzeugung hätte gelangen oder zumindest Zweifel haben müssen, fehl am Platze, wenn sich aus den Urteilsgründen nicht ergibt, dass der Richter bei seiner Entscheidung noch Zweifel gehabt hat; nur in diesem Falle läge eine Verletzung des Grundsatzes „in dubio pro reo" vor.[42]

213

Des Weiteren gilt das Gebot der reformatio in peius (Verschlechterungsverbot). Ein erstinstanzliches Urteil oder Beschluss nach § 72 OWiG kann mit dem Rechtsmittel der Rechtsbeschwerde nach § 79 oder § 80 OWiG angefochten werden, wenn die Rechtsbeschwerde zugelassen wird.

214

d) Rechtsbeschwerde

215

Die Rechtsbeschwerde nach § 79 OWiG erfolgt nach den gleichen Grundsätzen wie die Revision in Strafsachen, nach den Regeln der StPO (§ 79 III OWiG) und des GVG.

Voraussetzung für die Rechtsbeschwerdeeinlegung des Betroffenen nach § 79 OWiG:
- Geldbuße, die bei einer Einzeltat über 250 € hinausgeht
- Anordnung einer Nebenfolge ab 250 €
- Einspruch wurde als unzulässig verworfen
- Entscheidung im Beschlussverfahren trotz Widerspruchs des Betroffenen.

216

Voraussetzungen für die Rechtsbeschwerde nach § 80 OWiG:
- Nachprüfung des Urteils (nicht: Beschlüsse nach § 72 OWiG) ist zur Fortbildung des Rechts oder Sicherung einer einheitlichen Rechtsprechung geboten

217

---

39 BayObLG NStZ-RR 97, 182.
40 KG NZV 96, 124.
41 OLG Düsseldorf VRS 74, 45.
42 BGH NJW 73, 1209.

- Aufhebung des Urteils wegen Versagung rechtlichen Gehörs geboten
- Bei Verhängung einer Geldbuße unter 100 € kann die Rechtsbeschwerde nicht auf die Verletzung von Verfahrensvorschriften gestützt werden.

218 Das Rechtsmittel der Rechtsbeschwerde ist innerhalb einer Frist von einer Woche nach Urteilsverkündung einzulegen, wenn der Betroffene bei der Urteilsverkündung anwesend war, ansonsten innerhalb einer Woche nach Zustellung des Urteils.

219 Das Rechtsmittel ist schriftlich einzulegen oder zu Protokoll der Geschäftsstelle zu geben. Das Rechtsmittel kann eingelegt werden durch den Betroffenen selbst oder durch einen bevollmächtigten Verteidiger (§ 341 StPO).

220 Die Begründung des Rechtsmittels sowie die entsprechenden Anträge müssen spätestens einen Monat nach Ablauf der Frist zur Einlegung des Rechtsmittels erfolgen. Die Begründung ist ebenso wie die Einlegung des Rechtsmittels an das Gericht zu richten, dessen Urteil angefochten wird. Der Betroffene hat auszuführen, inwieweit das Urteil angefochten wird und inwieweit Aufhebung beantragt wird. Er muss also verdeutlichen, ob er Freisprechung, die Abänderung des Rechtsfolgenausspruches oder die Zurückverweisung zur erneuten Beweiserhebung anstrebt. Aus der Begründung muss hervorgehen, ob formelles oder materielles Recht gerügt wird.

221 Der Rechtsanwalt muss dem Betroffenen verdeutlichen, dass im Rechtsbeschwerdeverfahren der Grundsatz der reformatio in peius – das Verschlechterungsverbot – gilt, und zwar selbst dann, wenn der Betroffene, sein Verteidiger oder die Staatsanwaltschaft zugunsten des Betroffenen Rechtsbeschwerde eingelegt haben.

222 Muster: Einlegung der Rechtsbeschwerde

An das

Amtsgericht

Bußgeldrichter

■■■

Rechtsbeschwerde

In der Bußgeldsache

gegen

Herrn ■■■

legen wir namens und im Auftrag des Betroffenen, dessen Vollmacht sich bei der Akte befindet,

Rechtsbeschwerde

ein.

Wir beantragen:

Das Urteil des Amtsgerichts ■■■ vom ■■■ wird aufgehoben und zurückverwiesen an eine andere Bußgeldabteilung des Amtsgerichts ■■■.

Wir rügen die Verletzung materiellen Rechts.

■■■

Rechtsanwalt

Muster: Rechtsbeschwerdebegründung

An das

Amtsgericht

Bußgeldrichter

■■■

Aktenzeichen: ■■■

In der Bußgeldsache

gegen

Herrn ■■■

lege ich die Rechtsbeschwerdeanträge und ihre Begründung vor. Den Antrag auf Zulassung der Rechtsbeschwerde begründe ich wie folgt:
1. Auf den Antrag auf Zulassung der Rechtsbeschwerde vom ■■■ gegen das Urteil des Amtsgerichts ■■■ vom ■■■ , Az. ■■■, wird die Rechtsbeschwerde zugelassen.
2. Auf die am 07.04.2004 eingelegte Rechtsbeschwerde gegen das Urteil des Amtsgerichts ■■■ vom ■■■, Az ■■■, wird das Urteil des Amtsgerichts ■■■ aufgehoben.
3. Die Sache wird zur erneuten Verhandlung und Entscheidung, auch über die Kosten des Rechtsmittels, an eine andere Abteilung des Amtsgerichts zurückverwiesen.

Begründung:

Das Amtsgericht ■■■ verurteilte den Betroffenen wegen vorsätzlichen verbotswidrigen Benutzens eines Mobiltelefons als Führer eines Kraftfahrzeuges zu einer Geldbuße in Höhe von 60,00 €.

Gem. § 80 Abs. 2 OWiG wird die Rechtsbeschwerde in diesem Fall nur bezüglich des. Fehlers im materiellen Recht und auch dann nur zur Fortbildung des Rechts zugelassen.

Dies ist dann gegeben, wenn bei der Auslegung von Rechtssätzen und der rechtsschöpferischen Ausfüllung von Gesetzeslücken, Leitsätze aufgestellt, gefestigt oder geändert werden. Auch die Sicherung einer einheitlichen Rechtsprechung kann in diesem Sinn eine Fortbildung des Rechts bedeuten (KG VRS 82, S. 206).

Vorliegend wird gerügt, dass das Gericht die Geldbuße allein wegen der Feststellung einer vorsätzlichen Begehungsweise verdoppelt hat.

Das Gericht hat fehlerhaft festgestellt, dass die erst seit ca. zwei Jahren existierende Nummer 109.1 BKAT von einer fahrlässigen Begehungsweise ausgeht. Insoweit ist nicht ersichtlich, dass bislang obergerichtliche Rechtsprechung sich zu dieser Frage geäußert hat.

§ 2 Ordnungswidrigkeiten-, Straf- und Verwaltungsrecht

Gerade die Frage des Telefonierens am Steuer hat in der Öffentlichkeit für viel Erregung und Diskussion gesorgt. Dabei stand fest, dass der Führer eines KFZ bis zum 31.12.2003 mit einer Geldbuße von 30,00 € zu rechnen hat, wenn er am Steuer telefoniert. Offensichtlich war dies auch der Wille des Gesetzgebers, da auch von ihm immer betont wurde, dass dies die Regelgeldbuße für das Telefonieren darstellt. Da er diesen Betrag nicht als ausreichend sanktionierend empfand, hat er die Regelgeldbuße zum 01.01.2004 auf 40,00 € erhöht.

Zur Fortbildung des Rechts ist es geboten, dass die Rechtsbeschwerde zugelassen wird, damit erstmals in der obergerichtlichen Rechtsprechung die Frage entschieden wird, ob die Regelgeldbuße allein deshalb erhöht werden kann, weil festgestellt wird, dass vorsätzlich telefoniert wird.

Eine Entscheidung dieser Frage würde in dieser bedeutenden Angelegenheit Rechtsklarheit bringen. Eine Bejahung dieser Frage würde zudem dazu führen, dass regelmäßig nicht die Regelgeldbuße anzuordnen wäre, sondern eine erhöhte Geldbuße.

Für den Fall der Rechtskraft der Entscheidung des Amtsgerichts ■■■, würden sich deutschlandweit neue Diskussionen über die Höhe der Geldbuße für das Telefonieren im Kraftfahrzeug, ohne Benutzung einer Freisprechanlage, ergeben. Von der Öffentlichkeit würde eine solche Entscheidung nicht kommentarlos hingenommen, sondern von der Fachpresse bis hin zur Boulevardpresse ausgewertet werden. Aufgrund der Tatsache, dass eine solche Entscheidung lediglich durch ein Amtsgericht ausgeurteilt wurde, wäre die Akzeptanz der Entscheidung gering und ohne obergerichtliche Rechtsprechung für den Ausgang zukünftiger vergleichbarer Entscheidungen spekulativ.

Andere Amtsgerichte, die bislang auch bei Feststellung von Vorsatz bei der Regelgeldbuße verblieben sind, könnten sich durch die Entscheidung ermutigt sehen, dem Amtsgericht ■■■ zu folgen, ohne zu wissen, ob die Erhöhung rechtens ist.

Die Entscheidung des Rechtsbeschwerdegerichts ist daher unbedingt notwendig, um für Rechtsklarheit in dieser neuen Angelegenheit zu sorgen und damit zur Rechtsfortbildung beizutragen.

Die Rechtsbeschwerde ist darum zuzulassen.

Die Entscheidung des Gerichts ist auch materiell fehlerhaft. Die Feststellung des Gerichts, dass 109.1 BKAT von fahrlässiger Begehungsweise ausgeht und das Gericht die Geldbuße verdoppeln muss, ist falsch.

Das Gericht stellt zuvor wie folgt fest:

„... In subjektiver Hinsicht ist dem Betroffenen Vorsatz vorzuwerfen. Dies folgt zum einen aus der Überlegung, dass ein unbewusstes und damit fahrlässiges Telefonieren während der Fahrt schlechterdings nicht möglich ist ..."

Hier gibt das Gericht im Prinzip bereits die Antwort auf die Frage, ob 109.1 BKAT von fahrlässiger Begehungsweise ausgeht oder nicht. Wenn es schlechterdings unmöglich ist, fahrlässig ein Telefon in der Hand zu halten und mit ihm zu telefonieren, dann muss der sanktionierende 109.1 BKAT auch von Vorsatz ausgehen. Es wäre sinnlos, einen Regeltatbestand für einen schlechterdings nicht denkbaren Fall aufzustellen, dessen Rechtsfolge immer erhöht werden muss, weil im einzig denkbaren Fall, zumindest aber im Regelfall, von Vorsatz auszugehen ist. Dies würde den Regeln des Bußgeldkataloges widersprechen, der zunächst den Regelfall sanktionieren will und im Ausnahmefall Möglichkeiten der Abweichung von der entsprechenden Rechtsfolge vorsieht.

Nummer 109.1 BKat beschreibt den Tatbestand wie folgt:

„Mobil- oder Autotelefon verbotswidrig benutzt"

Wie auch das Amtsgericht richtig feststellt, ist dies nur in vorsätzlicher Begehungsweise denkbar, so dass auch Nummer 109 BKAT von vorsätzlicher Begehungsweise ausgeht.

Dies sieht auch der Gesetzgeber so. Selbst wenn es die Möglichkeit gäbe, fahrlässig ein Mobiltelefon zu benutzen, so ist in jedem Fall das vorsätzliche Telefonieren der absolute Regelfall. Trotzdem hat der Gesetzgeber betont, dass im Regelfall das Telefonieren mit einer Geldbuße von 30,00 € bis zum 31.12.2003 und von 40,00 € ab dem 01.01.2004 geahndet werden soll. Wenn Einigkeit darüber besteht, dass zumindest im Regelfall vorsätzliches Telefonieren anzunehmen sein wird, heißt dies zwingend, dass der Gesetzgeber mit der Regelgeldbuße die vorsätzliche Begehung ahnden wollte.

Nicht anders ist auch zu erklären, dass die Geldbuße ab dem 01.01.2004 auf 40,00 € angehoben worden ist und damit eine Eintragung beim KBA zur Folge hat. Der Gesetzgeber hielt die Abschreckung durch eine nicht eintragspflichtige Geldbuße für zu gering. Hätte der Gesetzgeber mit der Geldbuße von 30,00 € allein fahrlässiges Verhalten ahnden wollen, hätte er nur zu betonen brauchen, dass im Falle einer vorsätzlichen Begehung das Bußgeld regelmäßig anzuheben ist. Genau dies war ihm jedoch nicht möglich, da er selbst von einer Ahndung in Höhe von 30,00 € für vorsätzliches Begehen ausging.

Insofern ist dies allgemein auch nicht anders auszulegen. Es ist nicht erkennbar, dass sich bislang Gerichte ernsthaft mit der Frage beschäftigt haben, ob beim vorsätzlichen Telefonieren die Regelgeldbuße erhöht werden kann oder gar muss. Offensichtlich wird bislang davon ausgegangen, dass mit Nummer 109.1 BKAT die vorsätzliche Begehung sanktioniert wird und regelmäßig diese Regelgeldbuße zu verhängen ist.

Auch in der Öffentlichkeit wird diese Auslegung eindeutig favorisiert. Nicht umsonst wurde in den Medien propagiert, dass nun ab dem 01.01.2004 eine Eintragung beim KBA möglich ist. Nach der fehlerhaften Auslegung des Amtsgerichts ■■■ wäre dies ja bereits vor dem 01.01.2004 möglich gewesen. Konsequent weitergedacht, würde die Auffassung des AG ■■■ bedeuten, dass im Regelfall die Geldbuße verdoppelt werden müsste, da, mit den Worten des AG ■■■, „fahrlässiges Telefonieren während der Fahrt schlechterdings nicht möglich ist". Ausgehend von dieser richtigen Feststellung, ist es dann widersprüchlich, wenn das AG ■■■ feststellt, dass der Gesetzgeber bei Nummer 109.1 BKAT von Fahrlässigkeit ausgeht. Dies würde bedeuten, dass der Gesetzgeber „etwas schlechterdings Unmögliches" normiert hätte. Dass dies nicht die Intention des Gesetzgebers ist, liegt auf der Hand.

Da also der Gesetzgeber bei Nummer 109.1 BKAT die vorsätzliche Begehungsweise mit der Regelgeldbuße ahnden wollte, ist eine Erhöhung der Regelgeldbuße, allein mit dem Argument vorsätzlicher Begehung, nicht möglich bzw. rechtswidrig.

Dies erstmalig klarzustellen, ist vorliegend die Aufgabe der Rechtsbeschwerdeinstanz, damit die bestehende Unsicherheit beseitigt wird und entsprechend das Recht fortgebildet wird.

Der Mangel, der zur Zulassung der Rechtsbeschwerde führt, gebietet auch die Aufhebung des Urteils.

∎∎∎

Rechtsanwalt

B. Verkehrsstrafrecht im engeren Sinne

I. Mandatsübernahme

224 Zunächst gilt auch hier das, was zur Mandatsannahme bei Bußgeldsachen gesagt wurde. Es gibt eine Vielzahl von Gründen ein Mandat abzulehnen und die Gründe, die dazu führen, müssen nicht erläutert werden. Hat man aber das Mandat angenommen, ist es schwieriger es wieder los zu werden, stellt man plötzlich fest, dass Unvereinbarkeiten vorliegen. Über die Auswirkungen des zukünftigen Antidiskriminierungsgesetzes kann nur spekuliert werden. Die Mandatsannahme ist gründlich zu überdenken.

225 Wie auch in Bußgeldsachen gilt es mit dem Mandanten Ziele zu vereinbaren. Aus dem Erstgespräch müssen Mandant und Verteidiger mit der Überzeugung herausgehen, realistische Ziele vereinbart zu haben. Dabei muss der Verteidiger beachten, dass er Organ der Rechtspflege und dem Gesetz verpflichtet ist. Die Richtlinien in Straf- und Bußgeldsachen (§ 68 RiStBV) auferlegen ihm: Der Rechtsanwalt unterliegt auch als Verteidiger der Pflicht zur Wahrheit. Beweismittel, die die Wahrheit verfälschen, darf er nicht verwenden. In diesen Grenzen ist es seine Aufgabe, dafür zu sorgen, dass über den Beschuldigten nur aufgrund einer nach der Strafprozessordnung zulässigen Beweisführung geurteilt wird.

226 Natürlich darf ein Verteidiger Freispruch beantragen, obwohl er weiß, dass sein Mandant schuldig ist. Die Strafprozessordnung sieht vor, dass der Täter zu überführen ist. Gelingt dies nicht, ist er freizusprechen. Dem Rechtsstaat steht es besser an, im Einzelfall einen nicht überführten Schuldigen laufen zu lassen, als einen Unschuldigen „vorsichtshalber" in Haft zu nehmen. Der Verteidiger darf aber natürlich nicht mit bewusst irreführenden Anträgen wider besseres Wissen an dem Freispruch des Schuldigen mitwirken. Auch solches ist dem Mandanten zu erklären.

227 Der Mandant muss wissen, was Begünstigung (§ 257 StGB) und Strafvereitelung (§ 258 StGB) ist. Diese Frage ist immer dann mit dem Mandanten zu erörtern, wenn es im Rahmen einer Verkehrsstraftat um Fahrereigenschaft geht und der Mandant dem Verteidiger einen Fahrer „anbietet". Hier ist auf eventuelle Folgen wie Begünstigung, falsche uneidliche Aussage und Ähnliches als Folgeverfahren hinzuweisen.

228 Bei Mandatsübernahme ist mit dem Mandanten zum einen die Verteidigung zu erörtern, zum anderen aber auch die Beachtung weiterer Folgen der Straftat. Der Mandant hat nicht nur ein vitales Interesse daran zu erfahren, dass er bei der zweiten Trunkenheitsfahrt oder gar bei der ersten Trunkenheitsfahrt mit einem Blutalkoholwert über 1,6 ‰, nur dann nochmals einen Führerschein erhalten kann, wenn er erfolgreich eine medizinisch psychologische Untersuchung absolviert. Der Mandant braucht auch drin-

gend diese Information nach § 13 Nr. 2c FeVO, da er sich unbedingt auf diese Prüfung seiner Gesundheit und seiner Psyche vorbereiten muss.

Schließlich ist mit dem Mandanten über Honorar zu reden. Bei dem Mandanten, der keine Rechtsschutzversicherung abgeschlossen hat, ist dies selbstverständlich. Bei dem Mandanten, der rechtsschutzversichert ist, ist dieses Gespräch jedoch auch angezeigt, da eine Vielzahl von Verkehrsstraftaten nur vorsätzlich begangen werden können und der Versicherungsschutz bei Vorsatztaten zu versagen ist (z.B. bei Nötigung im Straßenverkehr § 240 StGB). Es ist aber auch zu erklären, dass Taten, die wegen fahrlässiger Begehungsweise angeklagt wurden, zu Vorsatztaten werden können, wenn eine ungeschickte Einlassung abgegeben wird. An dieser Stelle ist der Mandant über sein Recht zu Schweigen aufzuklären.

Im Rahmen der Aufgabe, dem Mandanten das Verfahren transparent zu machen, ist er natürlich auch über die Bedeutung einer Einlassung zu unterrichten. Ich kenne viele exzellente Verteidiger, die die Abgabe einer Einlassung ablehnen. Ich gebe dazu allerdings zu bedenken, dass man es damit dem prozessvorbereitenden Strafrichter überlässt, sich seine Fallrealität, mit der er in die Hauptverhandlung geht, zusammenzubasteln, ohne dass die Realität aus der Perspektive des Beschuldigten, Angeschuldigten oder Angeklagten zur Geltung gebracht wird. Ich bin deshalb ein Freund von Einlassungen, es sei denn, das Ermittlungsergebnis ist so mager, dass eine Einlassung anreichernd wirken würde.

1. Muster: Information über den Ablauf eines Gerichtstermins

An

■■■

Betrifft Hauptverhandlung am ■■■ in ■■■

Sehr geehrter Herr ■■■

Mit folgender Information erkläre ich Ihnen den Ablauf der bevorstehenden Hauptverhandlung:

An der Hauptverhandlung nehmen außer Ihnen und mir als Verteidiger noch der Staatsanwalt, die Protokollführerin und das Gericht teil. Das Gericht besteht aus einem Berufsrichter, der den Vorsitz führt, und zwei Laienrichtern.

Sie nehmen an meiner Seite Platz. Ich werde Ihnen im Gericht zeigen, wo dies sein wird. Aus Gründen besserer Kommunikationsmöglichkeiten, werden wir eine andere Sitzordnung nicht akzeptieren.

Sobald das Gericht zu Beginn der Hauptverhandlung den Verhandlungssaal betritt, erheben sich alle Anwesenden und warten, bis der Vorsitzende Richter zum Platznehmen auffordert.

Der Vorsitzende Richter eröffnet die Gerichtssitzung und ruft Ihre Strafsache auf. Alle in dieser Sache geladenen und schon erschienenen Personen betreten sodann den Sitzungssaal. Entweder belehrt der Vorsitzende Richter gleich die bei Aufruf erschienenen Zeugen, oder er bittet diese mit dem Hinweis nach draußen, dass ihre Vernehmung erst später erfolgen wird.

Sodann beginnt der Richter mit der Identitätsprüfung und vernimmt Sie zur Person.

Der Staatsanwalt verliest sodann die Anklageschrift. Dies ist erforderlich, da in der Regel weder der Staatsanwalt noch die Beisitzer die Akte kennen.

Der Vorsitzende stellt sodann die Formalien fest, die zur Zulassung der Hauptverhandlung führten.

Sie selbst werden sodann durch den Vorsitzenden Richter darüber belehrt, dass es Ihnen freisteht zur Sache Angaben zu machen oder zu schweigen. Ich habe Ihnen eingehend erklärt, welches Verhalten im vorliegenden Fall welche Vor- und Nachteile hat und empfehle Ihnen, sich an die gemeinsame Absprache zu halten.

Sie haben das Recht, im Zusammenhang zu erzählen und alle Hintergründe aufzuzeigen. Sollte das Gericht dies verhindern und ein Frage- und Antwortspiel verlangen, werde ich mich engagiert zu Wort melden und dies verhindern.

Nach Ihrer Einlassung zur Sache tritt das Gericht in die Beweisaufnahme ein. Die Zeugen werden vernommen. Die Zeugen dürfen ihr Wissen ebenfalls im Zusammenhang darstellen. Nach dieser zusammenhängenden Darstellung können diese befragt werden. Erfragt werden dürfen nur Tatsachen. Zunächst darf das Gericht Fragen stellen; dann geht das Fragerecht über auf den Staatsanwalt; danach wird mir die Möglichkeit gegeben zu fragen und letztlich werden Sie gefragt, ob auch Sie noch Fragen an den Zeugen stellen wollen. Sie sollten dieses Fragerecht jedoch nur ausüben, wenn Sie die Antwort kennen oder aber vorher die Frage mit mir erörtern. Zu diesem Zweck können wir selbstverständlich immer die Hauptverhandlung kurz unterbrechen lassen.

Nach der Vernehmung des Zeugen entscheidet das Gericht darüber, ob der Zeuge vereidigt wird. Während die Vereidigung früher die Regel war, ist sie heute eher die Ausnahme.

Nach jeder Beweiserhebung richtet das Gericht an Sie die Frage, ob Sie dazu eine Erklärung abgeben wollen.

Sollten Sie dies wünschen, bitte ich Sie, diese Erklärung mit mir abzustimmen. Auch der Staatsanwalt und ich können entsprechende Erklärungen abgeben, die allerdings den Schlussvortrag nicht vorwegnehmen dürfen.

An geeigneter Stelle kann gegebenenfalls eine Verfahrenseinstellung angesprochen werden.

Die Beweisaufnahme sieht auch die Verlesung von Urkunden vor. Zumindest das Verkehrszentralregister und das Bundeszentralregister werden, Ihre Person betreffend, auszugsweise verlesen.

Nach der Beendigung der Beweisaufnahme erhält zunächst der Staatsanwalt und danach der Verteidiger Gelegenheit zu plädieren. Dabei werden Anträge an das Gericht herangetragen.

Das Gericht gibt Ihnen dann selbst Gelegenheit, etwas zu Ihrer Verteidigung vorzubringen. Danach erhalten Sie „das letzte Wort", das heißt, dass Sie nochmals Gelegenheit haben sich darzustellen. Sie können selbstverständlich darauf verzichten und sich mir, als Ihrem Verteidiger, anschließen.

Danach zieht sich das Gericht zur Urteilsberatung zurück. Nach der Beratung erfolgt die Urteilsverkündung, zu der sich die im Saal Anwesenden von ihren Plätzen zu erheben haben.

Der Vorsitzende erläutert sodann kurz die Gründe, die zu dem Gerichtsurteil führten. Staatsanwalt, Verteidigung und der Angeklagte dürfen ihn dabei nicht unterbrechen. Einwände sind nach der Hauptverhandlung mit mir zu erörtern.

Das Gericht belehrt sodann über die Möglichkeit, Rechtsmittel einzulegen. oder das Urteil anzunehmen. Wir werden Gelegenheit haben, uns darüber zu verständigen.

Danach ist das Verfahren vor diesem Gericht beendet.

Für den Fall, dass noch Fragen zu klären sind, stehe ich zehn Minuten vor Verhandlungsbeginn vor dem Gerichtssaal zur Verfügung.

Mit freundlichen Grüßen

■■■

Rechtsanwalt

Ergänzend zu dieser Information ist festzuhalten, dass der Mandant in jeder Lage des Verfahrens darüber informiert sein muss, in welcher Position er sich befindet. Er muss natürlich auch über belastende Hinweise des Gerichts aufgeklärt werden und bei unsachlichem Vorgehen des Gerichts darüber aufgeklärt werden, dass er das Gericht wegen der Besorgnis der Befangenheit ablehnen kann. Zu beachten ist, dass nicht der Verteidiger besorgt sein muss, sondern der Angeklagte (§ 24 Abs 3 StPO).

2. Information über Strafmilderungsmaßnahmen

Die Grundsätze der Strafzumessung sind in § 46 StGB festgehalten. Zunächst werden die dort verzeichneten Tatbestandsmerkmale herangezogen werden müssen, um mit dem Mandanten zu klären, inwieweit die Erfüllung positiver Tatbestandsmerkmale angegangen werden kann.

Weiter ergibt sich aus § 46a StGB die Möglichkeit der Strafmilderung infolge Täter-Opfer-Ausgleich und Schadenswiedergutmachung.

Im Tatbestand des § 142 StGB ist in dessen nachträglich eingefügten Absatz 3 die Möglichkeit eingeräumt, das Strafmaß durch Unfallanzeige binnen 24 Stunden günstiger zu gestalten. Die nachfolgenden Ausführungen ergeben sich aus der Verteidigung typischer Verkehrsstrafsachen, wie:
- fahrlässige Körperverletzung § 229 StGB,
- Nötigung § 240 StGB,
- Unerlaubtes Entfernen vom Unfallort § 142 StGB,
- fahrlässige Tötung § 222 StGB,
- Trunkenheitsfahrt § 316 StGB und
- Straßenverkehrsgefährdung §§ 315 bis 315d StGB.

236 Zunächst sind Beweggründe oder Tatziele anzusprechen. Es ist zu verdeutlichen, was der Mandant mit seiner Tat erreichen wollte; ob er überhaupt das Tatergebnis billigt und herbeiführen wollte. Dies wird man bei Verkehrsstraftaten regelmäßig verneinen müssen.

237 Sodann ist die „kriminelle Energie" zu bedenken, die aufgewandt wurde. Auch diese ist in der Regel bei Verkehrsstraftaten gering. Selbst bei einem Delikt mit Todesfolge kann davon ausgegangen werden, dass der Täter eher deshalb schuldig geworden ist, da er eine Sekunde unachtsam war, als dass er jemals daran dachte, dass sein Verhalten einen Menschen tötet. Der Hinweis darauf verbietet in der Regel die Verhängung einer Freiheitsstrafe ohne Bewährung.

238 Das Maß der Pflichtwidrigkeit ist bei den im Verkehrsstrafrecht vorkommenden Delikten fast in jedem Fall zu bewerten, da, wie schon erwähnt, in der Regel Fahrlässigkeit als Schuldform infrage kommt.

239 Wesentlich sind regelmäßig die Auswirkungen der Tat. Hier ist regelmäßig auf den Mandanten dahingehend einzuwirken, dass er vor Beendigung des Ermittlungsverfahrens alles veranlasst hat, um eventuell angerichteten Schaden, auch mithilfe seiner Versicherung, wieder gut zu machen. Bei Trunkenheitsdelikten ist darauf hinzuwirken, dass der Mandant sich in ärztliche Behandlung begibt, damit sein Trinkverhalten analysiert und diagnostiziert wird. Positiv bewertet wird immer dann die persönliche Kontaktaufnahme, wenn durch das Verhalten des Mandanten ein Dritter zu Schaden kam (Körperverletzung, Nötigung). Das Nachtatverhalten des Mandanten muss so gestaltet werden, dass als Ergebnis festgehalten werden kann, dass sich dieses von vergleichbaren Fällen positiv abhebt. Es kann nicht als standeswidrig angesehen werden, wenn der Verteidiger in diesem Bereich „Nachhilfeunterricht in Lebenskunde" erteilt und dem Mandanten eine Lehre für sein weiteres Leben mit auf den Weg gibt.

240 Das Vorleben des Mandanten spielt bei Verkehrsstraftaten in der Regel nur insoweit eine Rolle, wie sich das Verkehrszentralregister äußert. 2004 waren 7,6 Millionen Bundesbürger im VZR eingetragen. 5,4 Millionen wiesen einen Punktestand von 1 bis 7 Punkten auf, 546.000 Personen kamen auf mehr als 7 Punkte und 81.000 hatten mehr als 14 Punkte angesammelt. Stellt man seine Mandantschaft in diese Masse, wirken die Punkteansammlungen nicht mehr ganz so grauenvoll. 2004 haben 16.900 Personen freiwillig an Aufbauseminaren zum Punkteabbau teilgenommen; 110.000 haben an Aufbauseminaren teilgenommen, da sie eine entsprechende Auflage zu erfüllen hatten.

241 Das Vorleben ist jedoch auch heranzuziehen, wenn es um Ausnahmedelikte geht, die tatsächlich den Tätern wesensfremd zu sein scheinen. Die persönlichen und wirtschaftlichen Verhältnisse bieten gute Ansatzpunkte um darzulegen, dass eine Verkehrsstraftat eher als einmaliger, wesensfremder Ausrutscher anzusehen ist und nicht als Gesinnungstat.

242 In geeigneten Fällen muss das Verhalten Dritter strafmildernd herausgestellt werden, etwa beim Mitverschulden an der Verursachung eines Verkehrsunfalls. Hier hat es sich als sinnvoll herausgestellt, wenn nach Erhalt aller Informationen, der unfallanalytisch tätige Sachverständige eingeschaltet wird, der Mitverschulden und Vermeidbarkeit für alle Beteiligten unter strafrechtlichen Aspekten prüft.

Zu bedenken ist, dass ein entsprechendes Gutachten – außergerichtlich eingeholt – von der Rechtsschutzversicherung zu bezahlen ist, wogegen im vorbereitenden Zivilverfahren, eine solche Informationserschließung auf Kosten des Rechtsschutzversicherers nicht möglich ist. Darüber hinaus beinhaltet die strafrechtliche Analyse immer eine Zugunstenbetrachtung, die bei Vorlage im Zivilverfahren Vorteile nach sich ziehen kann.

Wie bereits an anderer Stelle dargelegt, sollte dem juristischen Beurteiler der Straftat, sei es Staatsanwalt, sei es Richter, durch Einreichung einer Einlassung die „Wahrheit" des Beschuldigten, Angeschuldigten oder Angeklagten vermittelt werden, damit bei der Verfahrensbearbeitung diese Aspekte in die Entscheidung einfließen können.

3. Information zur Vorbereitung auf einen MPU-Test

1973 wurde das Gutachten „Krankheit und Kraftverkehr" in Zusammenarbeit der Ministerien für Gesundheit und Verkehr erstellt. Das Gutachten beschreibt alle Krankheiten von Alzheimer bis Zucker und deren Auswirkung auf die Teilnahme am Straßenverkehr. In diesem Gutachten werden Auflagen festgehalten, die geeignet sind, körperliche und geistige Mängel soweit auszugleichen, dass der entsprechende Führerscheinbewerber geeignet ist am Straßenverkehr teilzunehmen, ohne dass zu befürchten ist, dass die Allgemeinheit dadurch gefährdet wird. Im Rahmen dieser Beschreibung tritt auch die Krankheit „Sucht" auf und die Unvereinbarkeit von unbehandelter Abhängigkeit und Fahrerlaubnis.

Nach der neuen Fahrerlaubnisverordnung vom 01.01.1999 ist in diesen Fällen eine medizinisch-psychologische Untersuchung (MPU) durchzuführen zur Feststellung, ob der Führerscheinbewerber als geeignet zur Teilnahme am Straßenverkehr angesehen werden kann. Diese MPU ist nicht nur nach Alkohol- oder Drogendelikten anzuordnen, sondern auch dann, wenn mehr als 18 Punkte im Verkehrszentralregister in Flensburg aufgelaufen sind. Der Mandant ist nun wie folgt zu informieren:

Muster: Information zur Vorbereitung auf eine MPU

Sehr geehrter Herr ■■■

Ihr Verhalten macht nach den Vorschriften der Fahrerlaubnisverordnung eine medizinisch-psychologische Untersuchung erforderlich. Ihr Verhalten führte zur Entziehung der Fahrerlaubnis. Es ist deshalb zu erwarten, dass eine neue Fahrerlaubnis so lange nicht erteilt wird, so lange sich Ihr Verhalten nicht geändert hat.

Der bei Ihnen festgestellte Blutalkoholwert bewegte sich über dem Wert, den die Fahrerlaubnisverordnung als Voraussetzung einer entsprechenden Untersuchung festgeschrieben hat. Aufgrund dessen ist von Seiten der medizinischen und psychologischen Untersuchungsstelle zu ermitteln, ob in Ihrem Fall Sucht oder Missbrauch zu diagnostizieren ist.

Die Medizin geht davon aus, dass alkoholische Getränke in der Regel nicht wegen ihres Wohlgeschmacks konsumiert werden, sondern wegen der Wirkung, die sie hervorrufen.

Der ungeübte Alkoholkonsument verspürt deshalb die Beeinträchtigungen durch alkoholische Getränke nach zwei oder drei Einheiten. Der dann erreichte Blutalkoholwert liegt dann immer noch im Bereich des straflosen Alkoholkonsums. Subjektiv wird jedoch deutlich die die Fahrtauglichkeit mindernde alkoholische Beeinträchtigung verspürt.

Blutalkoholwerte, die im strafbaren Bereich liegen, werden von Gelegenheitskonsumenten kaum erreicht, da deren Körper vorher mit Übelkeit und Abwehr reagiert. Wenn also höhere Werte erreicht werden, so liegt dies daran, dass der Betroffene ständig Alkohol konsumierte und dadurch die Toleranzgrenze nach oben erweiterte. Als Beispiel mag dienen, dass ein Blutalkoholwert von 1,6 ‰ nur erreicht werden kann, wenn ca. acht Flaschen Bier à 0,5 l oder aber zwei Liter Wein konsumiert werden. Daran wird deutlich, dass dieser Konsum weit über das gesellschaftlich Übliche hinausgeht.

Der so erzielte Blutalkoholwert kann darauf hindeuten, dass die Kontrolle über den Alkoholkonsum verloren gegangen ist (Sucht); möglich ist aber auch, dass es sich um einen einmaligen Fall von Missbrauch handelte.

Wir empfehlen Ihnen deshalb, vorab eine Diagnose erstellen zu lassen bei ▄▄▄ (Name des zu empfehlenden Arztes).

Wir empfehlen Ihnen nicht, bei einer Suchtberatungsstelle vorzusprechen, wenn Sie nicht selbst davon ausgehen, dass Sie abhängig sind. So hilfreich Suchtberatungsstellen im Falle einer diagnostizierten Abhängigkeit sind, so schwierig gestaltet sich das weitere Prozedere bei der Verwaltungsbehörde, da man dort davon ausgeht, dass die Suchtberatung aus gebotenem Anlass aufgesucht wurde, was dazu führt, dass man Ihnen die Auflage erteilen wird – vor Erteilung einer neuen Fahrerlaubnis –, eine Suchtbehandlung und danach eine Alkoholabstinenzzeit von mindestens einem Jahr nachzuweisen.

Sodann empfehle ich Ihnen, ab sofort keinerlei alkoholische Getränke zu konsumieren. Mediziner und Psychologen gehen davon aus, dass es lange dauerte, bis Ihr Körper in der Lage war, eine Alkoholmenge zu verkraften, die zu einem Blutalkoholwert führte, wie vorliegend festgestellt. Ebenso müssen Sie durch Alkoholabstinenz Ihren Körper dazu bringen, dass er wieder „normal" reagiert. Sie haben Ihrem Körper Alkoholverträglichkeit angewöhnt; sie müssen ihm jetzt diese wieder abgewöhnen.

Ab sofort lassen Sie bitte bei Ihrem Hausarzt die Leberwerte feststellen. Es geht dabei nicht darum, dass Ihnen Ihr Hausarzt erklärt, dass die Werte in der Norm sind. Das ist sehr unwahrscheinlich. Es geht darum, dass Sie durch regelmäßige Leberwertuntersuchungen ab sofort nachweisen können, dass die Werte besser werden und dadurch nachweisen können, dass Alkoholabstinenz eingehalten wird.

Manchmal bleiben die Werte hoch, obwohl Alkoholabstinenz eingehalten wird. Dann ist dies Anlass dafür, den Internisten zu beauftragen, die Ursachen dafür zu ergründen. Jedenfalls muss bei höheren Leberwerten, vor allem bei Werten außerhalb des Toleranzbereichs, schon zur MPU ein entsprechendes Attest mitgenommen werden, das den Wert erklärt, damit der Mediziner bei der MPU-Stelle nicht auf die einfache Erklärung des Alkoholmissbrauchs zurückgreifen muss.

Mit Beginn der Alkoholabstinenz empfehle ich Ihnen, mit der Führung eines Tagebuchs zu beginnen, in dem Sie alles festhalten, was infolge der Alkoholabstinenz besser gelingt, als vorher. Kontrollieren Sie bitte, inwieweit sich Ihre Beziehungen in der Familie, am Arbeitsplatz und im sozialen Umfeld verändern, ebenso, wie Ihre körperliche Verfassung. Ich gehe davon aus, dass vieles besser wird.

Bei der psychologischen Untersuchung wird es im Wesentlichen nur auf die Beantwortung von zwei Fragen ankommen:
- schildern und bewerten Sie Ihren Alkoholkonsum zum Zeitpunkt des Delikts, aufgrund dessen die MPU angeordnet wurde
- schildern Sie welche Veränderungen Sie in Ihrem Leben vorgenommen haben, damit ein Wiederholungsfall ausgeschlossen ist

Bei der Beantwortung der ersten Frage geht es darum, zu erklären, dass Sie erkannt haben, dass Ihr Alkoholkonsum zum Deliktszeitpunkt völlig überzogen war. Der Psychologe erwartet, dass Sie sowohl die Alkoholmenge realistisch schildern als auch die Häufigkeit bereits absolvierter Trunkenheitsfahrten.

Aus dem bereits oben gesagten wissen Sie, dass es keinen Sinn macht zu erklären, dass Sie sonst nie so viel trinken und es sich um Ihre erste Alkoholfahrt mit dem fraglichen Blutalkoholwert handelt. Wir haben oben festgestellt, dass man lange „üben" muss um körperlich einen höheren Blutalkoholwert zu ertragen. Weiter ist offensichtlich, dass man auch „üben" muss, damit man ein Fahrzeug mit alkoholbedingt fahruntüchtigem Körper und Verstand lenken kann. Viele Probanden sagen, dass sie nicht bemerkt haben, fahruntüchtig gewesen zu sein. Das glaubt der Psychologe gerne, weil bei vielen der hohe Blutalkoholwert Normalität ist. Dazu müssen Sie dann jedoch auch erklären, dass Ihnen das nicht mehr passieren kann, weil Sie inzwischen in der Lage sind, anhand des genossenen Alkohols zu errechnen zu welchen Blutalkoholwerten dieser führt

Die Beantwortung der Frage muss verdeutlichen, dass Sie Sich mit dem Thema „Alkohol in meinem Leben" auseinandergesetzt haben, die richtigen Bücher dazu gelesen und die richtigen Fachleute dazu befragt haben.

Sollten Sie bei dieser Frage bemerken, dass Sie ja nur einmal über die Stränge geschlagen haben und Ihre Bekannten einen wesentlich höheren Alkoholkonsum pflegten als Sie, ist dies schon das Ende der Befragung, da der Psychologe erkennt, dass Sie den Ernst der Lage nicht erkannt haben und sich auch nicht wirklich mit dem Alkoholproblem in Ihrem Leben auseinander gesetzt haben.

Die Beantwortung der zweiten Frage setzt das Wissen voraus, dass alle, die an der MPU teilnehmen, dem Psychologen erklären, dass es nie wieder zu einer weiteren Trunkenheitsfahrt kommen wird. Dies wird beschworen und damit zu erklären versucht, dass das Strafverfahren teuer war, die Zeit ohne Führerschein schwierig und man demnach das kostbare gut „Führerschein" nie wieder zur Disposition stellt. Diese Erklärung kann dem Psychologen nicht ausreichen, da er die Rückfallquote kennt, die relativ hoch ist. Der Psychologe will wissen, ob Sie „ernst" gemacht und Ihr Leben so verändert haben, dass Alkohol im Straßenverkehr für Sie keine Gefahr mehr darstellt.

Am einfachsten ist es natürlich, wenn man die Diagnose „süchtig" bzw. „alkoholkrank" erhalten hat und bestätigen kann, dass eine Behandlung absolviert wurde und dass man mindestens ein Jahr lang alkoholabstinent gelebt hat.

Dem ist in der Regel nichts hinzuzufügen. Allerdings sollte dann noch etwas getan werden, damit die Motivation zur Alkoholabstinenz bleibt: der regelmäßige Besuch einer Selbsthilfegruppe. Falsch liegt derjenige, der glaubt, dass dies einem sozialen Abstieg gleich käme.

§ 2 Ordnungswidrigkeiten-, Straf- und Verwaltungsrecht

Richtig ist, dass in Selbsthilfegruppen Leute zu finden sind aus allen sozialen Gruppierungen, die ein gemeinsames Problem zu bewältigen haben: die Suchterfahrung. Sucht ist nicht die Folge einer moralischen Verkommenheit, sondern die Folge einer Gehirnstoffwechselstörung, der mit Alkoholabstinenz zu begegnen ist. Der Besuch der Selbsthilfegruppe lehrt mit dem Problem intelligent umzugehen und bewahrt vor Rückfällen.

Weiß man aber, dass lediglich „Missbrauch" diagnostiziert wurde, dass man also auch zukünftig nicht aus Gesundheitsgründen auf Alkoholkonsum- oder -genuss verzichten muss, ist zumindest eine Strategie darzulegen, die vermuten lässt, dass diese – ordnungsgemäß angewandt – zukünftig so funktionieren wird, dass eine weitere Alkoholfahrt nicht mehr zu erwarten ist.

Zunächst kann auf die anhaltende Alkoholabstinenz verwiesen werden, die belegt, dass Alkoholkonsum auch in Situationen vermieden wurde, in denen Sie schon ganz gerne Alkohol konsumiert hätten.

Sodann kann anhand des Tagebuchs bestätigt werden, dass in vielen Situationen Verbesserungen erreicht wurden, die man nicht mehr missen möchte. Die Darlegung, dass meistens die Kommunikation verbessert wurde, die Beziehungsfähigkeit in Ehe, Familie und sozialem Umfeld positiv gestaltet wurde, lässt erkennen, dass Gewohnheiten verändert wurden und dadurch Verbesserungen erreicht wurden, die nicht mehr einfach wegen alkoholischer Getränke dahingegeben werden. Meistens geht damit einher, dass eine Abwendung von den Bekannten erfolgt, mit denen Gemeinsamkeiten durch Alkohol bestanden. Dadurch belegt man eine Motivation, Alkohol zu meiden, die nicht allein die Wiedererlangung der Fahrerlaubnis zum Ziel hat.

Bedenken Sie: Je höher der Blutalkoholwert war, der zu dem Verfahren führte, desto länger dauert die Umstellung der Lebensgewohnheiten, die eine positive Veränderung signalisiert. Ein über Jahre betriebener Alkoholmissbrauch ist nicht mit einer kurzfristigen Alkoholabstinenz beseitigt.

Die führerscheinbedingte Krise sollte als Chance aufgefasst werden, das eigene Leben von Fehlhaltungen zu befreien.

Für Rückfragen nach geeigneten Helferadressen stehen wir gerne zur Verfügung.

Mit freundlichen Grüßen

■■■

Rechtsanwalt

248 Als Helferadressen angeboten werden die Adressen von geeigneten Ärzten zur Diagnose von Abhängigkeit oder Missbrauch, Adressen von Selbsthilfegruppen bei Abhängigkeit (Blaues Kreuz, Caritas, Diakonie, kommunale Suchtberatungsstellen, anonyme Alkoholiker) sowie Adressen zum Absolvieren einer stationären oder ambulanten Suchtbehandlung.

249 Der Mandant muss in jedem Fall davor gewarnt werden, Zeitungsangeboten nachzugehen, die versprechen, dass ohne Aufwand die MPU umgangen und der Führerschein wieder beschafft werden kann. Diese Angebote zielen lediglich darauf ab, dem Mandanten eine sinnlose Leistung zu hohen Preisen zu verkaufen, wenn nicht anerkannte

Organisationen dahinter stehen, wie z.B. Dekra oder TÜV. Bei Auslandsführerscheinen kommen Sprachbarrieren hinzu und mangelnde Kenntnisse der jeweiligen Kultur, so dass nicht erkannt wird, wenn gefälschte Führerscheine verkauft werden. Dann kommt zum Geldverlust noch die Strafe wegen Fahrens ohne Fahrerlaubnis und wegen des Gebrauchs einer gefälschten Urkunde hinzu.

II. Ermittlungsverfahren

1. Deckungsanfrage bei Rechtsschutzversicherung auch bei vorsätzlichen Verkehrsdelikten

Muster: Deckungsanfrage bei der Rechtsschutzversicherung bei vorsätzlichem Verkehrsdelikt

250

Sehr geehrte Damen und Herren,

■■■ hat uns aufgrund des Vorwurfs einer Verkehrsordnungswidrigkeit vom ■■■, ■■■ Uhr in ■■■, als Führer des bei Ihnen versicherten Fahrzeugs mit dem amtlichen Kennzeichen ■■■ mit der Wahrnehmung seiner Interessen beauftragt.

38

Wir haben uns mit dem in Kopie beigefügten Schreiben bei der zuständigen Verkehrsbehörde bestellt und Akteneinsicht beantragt.

Wir dürfen Sie bitten, für die im Rahmen unserer anwaltlichen Tätigkeit entstehenden Kosten zu unseren Händen eine Kostendeckungszusage zu übermitteln.

Weiter bitten wir um Ausgleichung der beigefügten Kostenrechnung bis spätestens ■■■.

Mit freundlichen Grüßen

■■■

Rechtsanwalt

Anlage: Kostennote

Der tätig werdende Verteidiger muss wissen bzw. in Erfahrung bringen, welche Versicherungsbedingungen dem Rechtsschutzversicherungsvertrag seines Mandanten zugrunde liegen. Liegen die ARB 75 zugrunde, kann der Verteidiger davon ausgehen, dass alle Ordnungswidrigkeiten gedeckt werden, auch die vorsätzlich begangenen. Auch bei Vorsatzverurteilung ist eine Rückforderung nicht zu erwarten.

251

Liegen die ARB 94 und jünger zugrunde, kommt es zwar zur vorläufigen Deckung für im Straßenverkehr begangene Delikte, aber für den Fall der Verurteilung wegen Vorsatzes, zur Rückforderung bereits geleisteter Beträge. Dem Verteidiger ist empfohlen, seine Gebühren als Vorschuss komplett geltend zu machen und für den Fall der Rückforderung auf die Pflicht des Mandanten zu verweisen, den in die Pflicht zu nehmen manche Versicherung sich scheut, um Kündigungen zu vermeiden.

252

2. Einholung von Verkehrszentralregisterauszug und Bundeszentralregisterauszug

253 Im Verkehrszentralregister werden alle verkehrsrechtlichen Bußgeldbescheide eingetragen, die mit einem Bußgeld enden, das mit 40 € und höher festgesetzt wird, sowie alle verkehrsstrafrechtlichen Verurteilungen. Da bei 18 Punkten innerhalb eines Zeitraumes von zwei Jahren der Führerschein entzogen werden muss, ist als Verteidigungsziel die Vermeidung von Punkten von großer Bedeutung. In Bußgeldsachen gilt es maximal vier Punkte zu verhindern, in Verkehrsstrafsachen maximal sieben. Die Auskunftseinholung ist kostenlos.

254 Durch das 1. Justizmodernisierungsgesetz zum 24.08.2004 ist § 29 StVG geändert worden, der die Eintragungen in das Verkehrszentralregister betrifft. Künftig tritt die Ablaufhemmung ein, wenn eine neue Tat vor Ablauf der Tilgungshemmung begangen wird. Um diese Verteidigungstaktik zu vermeiden, wurde die Überliegefrist von drei Monaten auf ein Jahr erweitert. Damit wird vermieden, dass es der Verteidigung gelingt, durch Verzögerung des Verfahrens die Rechtskraft des Urteils erst dann herbeizuführen, wenn Voreintragungen gelöscht worden sind. Bisher änderte die Löschung von Punkten vielfach den Bußgeldrahmen oder gar ein drohendes Fahrverbot wegen Vorliegens einer Vielzahl von Verstößen. Diese Taktik ist durch die Änderung des § 29 StVG nicht mehr möglich.

255 Muster: Einholung von Verkehrszentralregisterauszug und Bundeszentralregisterauszug

An

Verkehrszentralregister

Flensburg

Betr.: Auskunft

Sehr geehrte Damen und Herren,

Wir vertreten anwaltlich ▆▆▆, geb. am ▆▆▆ in ▆▆▆.

Wir bitten um Überlassung eines Verkehrszentralregisterauszuges. Anliegend überlassen wir die von unserer Mandantschaft diesbezüglich erteilte Vollmacht.

Mit freundlichen Grüßen

▆▆▆

Rechtsanwalt

Anlage: Vollmacht

256 Zu beachten ist, dass häufig falsche Auskünfte erteilt werden, wenn Geburtsort und Geburtsdatum nicht angezeigt werden.

257 Das Verkehrszentralregister hat jedoch nicht nur Bedeutung im bußgeld- oder strafrechtlichen Rahmen, sondern auch im Verwaltungsverfahren.

- Vor der Erreichung von 9 Punkten kann durch Teilnahme an einem Aufbauseminar ein Punkteabbau von 4 Punkten erreicht werden.
- Bei Erreichung eines Punktestandes von 9 Punkten wird der Betroffene schriftlich und kostenpflichtig verwarnt.
- Hat der Mandant mehr als 9 Punkte, kann er durch Teilnahme an einem Aufbauseminar immer noch 2 Punkte abbauen.
- Bei 14 Punkten wird ein Aufbauseminar angeordnet, ohne dass weitere Punkte damit abgebaut werden können. Der Betroffene wird dann auch darauf hingewiesen, dass er eine verkehrspsychologische Beratung in Anspruch nehmen kann.
- Beim Erreichen von 18 Punkten ist zu unterscheiden
- innerhalb von 2 Jahren: Entzug der Fahrerlaubnis
- innerhalb eines längeren Zeitraumes als zwei Jahre: medizinisch-psychologische Untersuchung (MPU)

Im Falle der Entziehung der Fahrerlaubnis darf der Führerschein frühestens nach sechs Monaten neu erteilt werden, nach Vorlage einer positiven MPU. Zu beachten ist, dass die entsprechenden Rechtsfolgen nur eintreten, wenn Verwarnungen erfolgten und Aufbauseminare angeordnet wurden. **258**

Zu statistischen und Verteidigungszwecken sind für 2004 folgende Zahlen zu bedenken: **259**
- Insgesamt waren 2004 7,6 Millionen „Verkehrssünder" registriert, das entsprach einer Zunahme um 7% gegenüber 2003. 2,34 Millionen waren getilgt worden und 2,84 Millionen waren hinzugekommen.
- 5,4 Millionen kommen auf einen Punktestand von einem bis sieben Punkten. 546.000 kommen auf mehr als sieben Punkte, davon 91.000 auf mehr als 14 Punkte.
- 1,5 Millionen Eintragungen betreffen Menschen, die keine Punkte haben, da ihr Punktekonto gelöscht wurde mit der Entziehung der Fahrerlaubnis, oder denen die Fahrerlaubnis nach Entziehung neu erteilt wurde.
- 16.900 Führerscheininhaber haben freiwillig zum Punktabbau Aufbauseminare besucht, 110.000 haben dies infolge behördlicher Auflage getan.

Eine Untersuchung der Bundesanstalt für Straßenwesen (BaSt) in Zusammenarbeit mit dem Kraftfahrtbundesamt (KBA) ergab, dass Autofahrer mit Eintragungen zwei- bis dreimal mehr Unfälle haben als solche ohne Eintragungen. Bei drei Eintragungen erhöht sich die Unfallgefahr um das Vierfache, bei vier um das Sechsfache. **260**

3. Bestellung des Verteidigers und Akteneinsichtsgesuch

Muster: Bestellungsschriftsatz mit Akteneinsichtsgesuch **261**

Aktenzeichen: ■■■

Betroffener: ■■■

40

Sehr geehrte Damen und Herren,

wir wurden von ■■■, ■■■(Adresse), mit der Wahrnehmung seiner rechtlichen Interessen beauftragt. Eine unsere Anwaltskanzlei legitimierende Vollmacht fügen wir bei.

Es wird um Überlassung der Ermittlungsakte gebeten.

Nach Akteneinsicht werden wir eine Einlassung für unsere Mandantschaft abgeben.

Mit freundlichen Grüßen

■■■

Rechtsanwalt

Anlage: Vollmacht

262 Das Recht auf Akteneinsicht ist ein zentrales Recht der Verteidigung. Es wird nicht dem Betroffenen oder Beschuldigten gewährt, sondern lediglich dem Verteidiger als Organ der Rechtspflege.

263 In geeigneten Fällen kann der Aktenauszug, nicht etwa die Ermittlungsakte, dem Mandanten überlassen werden zur Mithilfe bei der Vorbereitung des Verfahrens. In Verkehrsstrafverfahren bitten häufig die Kfz-Haftpflichtversicherungen um Überlassung von Aktenauszügen. Daraus erwachsen dem Verteidiger keine Nachteile. Der gegnerischen Haftpflichtversicherung ist eine Kostennote, ausgestellt auf den Namen des Mandanten, beizufügen. Diese Art von Verteidigungsaufwand wird im Interesse des Mandanten vorgenommen.

264 Das Akteneinsichtsrecht bezieht sich auf alle Beweismittel, die letztlich im Verfahren verwertet werden. Die Verweigerung einzelne Beweismittel zur Verfügung zu stellen, kann das Grundrecht auf rechtliches Gehör gemäß Art 103 Abs. 1 GG verletzen. Wir erleben häufig in Bayern, dass Kalibrationsfotos bei Geschwindigkeitsmessungen nicht der Akte beigefügt sind. Ohne diese Kalibrationsfotos, die den Anfang und das Ende einer Geschwindigkeitsmessung dokumentieren und Beweismittel dafür sind, dass die Messbedingungen nicht während der Messung verändert wurden, ist außergerichtlich nicht feststellbar, wie die Messung zu bewerten ist. Der Behörde und dem Gericht ist immer zu verdeutlichen, dass die Verweigerung von Überprüfungsmöglichkeiten Konsequenzen haben wird.[43]

265 Eine sinnvolle Verteidigung ist nur dann möglich, wenn alle Beweismittel bekannt sind, die für und gegen den Betroffenen oder Beschuldigten vorliegen. Unter diesem Aspekt ist es grundsätzlich abzulehnen, sich zu äußern, bevor das Akteneinsichtsrecht ausgeübt wurde. Akteneinsicht gewährt im Vorverfahren die Staatsanwaltschaft, im gerichtlich anhängigen Verfahren das Gericht. Liegt lediglich eine Tagebuchnummer der Polizei vor, sollte dort nach dem Js-Aktenzeichen und der ermittelnden Staatsanwaltschaft gefragt werden, damit von dort die Ermittlungsakte angefordert werden kann.

266 Sinnvoll ist es, zunächst auf rasche Akteneinsicht zu drängen. Verteidiger sollten so früh wie möglich eine gemeinsame Verteidigungsstrategie festlegen. Vor Durchführung

---

43 BVerfGE 18, 399.

einer Hauptverhandlung sollte jedoch nochmals festgestellt werden, ob weitere Ermittlungen Eingang in die Ermittlungsakte gefunden haben. Der Verteidiger muss die gleichen Informationen besitzen wie der Richter.

4. Besondere Probleme einzelner Straftatbestände

a) Besondere Probleme bei § 142 StGB

Der Tatbestand des § 142 StGB war immer heftig umstritten, zwingt er doch den Täter einer Sachbeschädigung zur Offenbarung. Geschütztes Rechtsgut ist jedoch hier die Beweissicherung zugunsten Dritter, die Interesse an der zivilrechtlichen Klärung des verursachten Sachschadens haben.

Schutzobjekt ist somit nicht das öffentliche Interesse an der Strafverfolgung oder der Feststellung verkehrsuntauglicher Fahrzeuge, sondern das private Interesse jedes Unfallbeteiligten (aber nicht nur des Geschädigten) an der Aufklärung der Unfallursachen zur Klarstellung der privatrechtlichen Verantwortlichkeit der Beteiligten, um einem drohenden Beweisverlust entgegenzuwirken. Dieser Schutzzweck hat auch Auswirkungen auf die Auslegung und Interpretation des § 142 StGB. Um bei dieser verunglückten Norm den Überblick zu erleichtern, empfiehlt es sich, zunächst auf die Struktur des Tatbestandes einzugehen.

Nach § 142 Abs. 1 StGB ist derjenige strafbar, der sich vom Unfallort entfernt ohne die in § 142 Abs. 1 Nr. 1 StGB genannten Daten anzugeben. Die Strafbarkeit nach Abs. 1 tritt nun entweder deswegen ein, weil der Unfallbeteiligte bei Anwesenheit feststellungsberechtigter Personen die in § 142 Abs. 1 Nr. 1 StGB genannten Daten nicht angegeben hat (Abs. 1 Nr. 1) oder bei Abwesenheit feststellungsberechtigter Personen eine angemessene Wartefrist nicht eingehalten hat (Abs. 1 Nr. 2). Unbeschadet einer angemessenen Wartefrist tritt jedoch die Strafbarkeit nach § 142 Abs. 2 Nr. 1 StGB ein, wenn die Feststellung der Personalien nicht unverzüglich nachgeholt wurde. Wie eine derartige Feststellungsverpflichtung ausgestaltet ist, normiert § 142 Abs. 3 StGB. Es ist jedoch zu beachten, dass bei Nichteinhaltung der Wartefrist eine Strafbarkeit nach Abs. 1 besteht, die auch dann nicht entfällt, wenn der Wartepflichtige die Feststellung seiner Personalien unverzüglich ermöglicht[44] In diesem Fall ist aber eine Strafmilderung nach Abs. 4 denkbar.

Die in § 142 Abs. 1 Nr. 2 normierte Wartefrist ist vom Gesetzgeber bewusst als unbestimmter Rechtsbegriff definiert worden. So bleibt es weitestgehend der Rechtsprechung überlassen, die Angemessenheit der Wartepflicht zu konkretisieren und auszufüllen. Dementsprechend gibt es eine breite Palette von Einzelentscheidungen der Gerichte.

Im Großen und Ganzen ist die Wartezeit jedoch an bestimmte Umstände und Faktoren gekoppelt, die sie je nach Vorliegen verringern oder verlängern können. Des Weiteren geben Zumutbarkeit und Erforderlichkeit den Rahmen der Wartezeit vor. Kurzum sind sämtliche Umstände des Einzelfalles zu berücksichtigen. Bedeutungsvoll sind in dieser

---

44 OLG Koblenz NZV 96, 324.

Hinsicht speziell die (Tages-)Zeit, der Unfallort, Schwere des Unfalls, Witterung, Verkehrsdichte, Höhe des Fremdschadens sowie die Chancen einer wirksamen Aufklärung.

272 Wann eine angemessene Zeit gewartet wurde ist weitestgehend einzelfallbezogen. So z.B. kann eine Wartezeit von 5 Minuten um 19.30 Uhr bei einem Schaden von 287,50 DM unangemessen sein,[45] während die gleiche Wartezeit tagsüber innerorts bei einem Schaden von 312 DM für angemessen befunden wurde.[46]

273 Dementsprechend wurde eine Wartezeit von 10 Minuten einerseits bei einem leichten Unfall mit Sachschaden von 600 DM um 19.00 Uhr auf einer verkehrarmen BAB für unangemessen gehalten,[47] und andererseits bei einem Schaden von 400 DM an einem parkenden Wagen um 4.30 Uhr für angemessen erachtet.[48] Grundsätzlich ist aus der rechtlich Kasuistik erkennbar, dass bei Verletzung von Personen sogar eine Wartezeit von 105 Minuten[49] unangemessen ist. Anders wurde bei geringen Schäden (bis zu 400 €) eine Wartezeit von 30 Minuten durchaus als angemessen beurteilt[50]

274 Auch braucht der Unfallbeteiligte nur so lange zu warten, wie mit dem alsbaldigen Eintreffen feststellungsbereiter Personen an der Unfallstelle zu rechnen ist. Dabei ist es unerheblich, oder er ggf. ein Verkehrshindernis darstellt.[51]

275 Da § 142 StGB ein abstraktes Gefährdungsdelikt ist, kann die Wartepflicht jedoch nicht gänzlich entfallen, da es insoweit nicht darauf ankommt, dass die Entfernung vom Unfallort die Beweismöglichkeiten auch tatsächlich beeinträchtigt hat. Die Wartepflicht besteht unabhängig davon, ob durch die Anwesenheit des Unfallbeteiligten am Unfallort die Aufklärung seiner Beteiligung gefördert wird oder nicht. In concreto bedeutet dies, dass die Wartepflicht nicht durch Ersatzmaßnahmen, wie z.B. durch das Hinterlassen eines Zettels oder einer Visitenkarte am Unfallort entfällt. Jedoch ist es möglich, dass der Zettel an der Windschutzscheibe die Wartepflicht verkürzt.[52]

276 In geringen Ausnahmefällen ist es jedoch möglich, dass eine Wartepflicht nicht besteht. Dies ist dann der Fall, wenn das Warten lediglich eine „leere Formalität" darstellen würde, z.B. dann, wenn sich der Unfallbeteiligte über Art und Umfang des Schadens vergewissert hat und nach den Umständen das Auftauchen feststellungsbereiter Personen nicht zu erwarten ist.[53]

277 Des Weiteren können noch andere Umstände Auswirkungen auf die Dauer der Wartepflicht haben. So z.B. muss dem Wunsch eines Unfallbeteiligten auf Hinzuziehung der Polizei selbst dann nachgekommen werden, wenn die nach § 142 I Nr. 1 StGB erfor-

---

45 OLG Düsseldorf VM 66, 60.
46 OLG Düsseldorf VRS 87, 290.
47 OLG Hamm VRS 54, 117; BayObLG VRS 64, 112; OLG Stuttgart DAR 77, 22.
48 OLG Stuttgart NJW 81, 1107.
49 BGH VRS 38, 327, weiter Fälle dazu: OLG Köln zfs 81, 323; OLG Hamm VRS 26, 430.
50 OLG Hamm VRS 59, 259; BayObLG VRS 67, 427; BayObLG DAR 85, 233, BayObLG DAR 77, 203, OLG Stuttgart VRS 73, 191.
51 BayObLG DAR 85, 240.
52 OLG Zweibrücken, NZV 91, 479 = DAR 92, 30; Hentschel NJW 92, 1082.
53 OLG Köln VRS 38, 436.

derlichen Feststellungen bereits getroffen worden sind.[54] Insoweit kommt es hier nur darauf an, dass einer der Feststellungsinteressenten auf die Hinzuziehung der Polizei besteht[55] und eine objektive Notwendigkeit dafür gegeben ist.[56]

Ebenso muss auf das Eintreffen der Polizei gewartet werden, wenn dadurch eine andere Straftat des Unfallbeteiligten aufgedeckt werden würde (bspw. Trunkenheitsfahrt). Der Unfallbeteiligte darf sich hier nicht nach der Feststellung der Personalien entfernen, um einer Blutprobe zu entgehen. Im Falle der polizeilichen Anordnung einer Blutprobenentnahme dauert die Wartepflicht solange fort, bis entschieden ist, ob die Blutprobe zwangsweise durchgesetzt werden soll.[57] Der Grad der Alkoholisierung eines Unfallbeteiligten ist nämlich für die Beurteilung der zivilrechtlichen Lage ein nötiger Umstand. Nimmt der Unfallbeteiligte jedoch irrig an, dass eine Alkoholisierung für die Ansprüche des Geschädigten keinerlei Rolle spielt, befindet er sich in einem Vorsatz ausschließenden Tatbestandsirrtum gem. § 16 StGB.[58]

Des Weiteren muss der Unfallbeteiligte die Feststellungen anderer ermöglichen und darf sie nicht verhindern indem er z.B. jemanden veranlasst, nicht die Polizei zu benachrichtigen. Hat er dennoch derartige Handlungen vorgenommen, so wird ihm die bis dahin verstrichene Wartezeit nicht angerechnet. Es beginnt dann eine neue Wartezeit.

Der Unfallbeteiligte verletzt seine Wartepflicht, wenn er sich vor Ablauf einer angemessenen Wartezeit vom Unfallort entfernt. Unfallort ist sowohl die eigentliche Stelle des Verkehrsunfalls als auch der näheren Umkreis, in dem der Täter noch als Unfallbeteiligter zu vermuten oder durch Befragung zu ermitteln ist.[59] Ein unerlaubtes Entfernen ist jedoch nicht gegeben, wenn der Unfallbeteiligte ohne seinen Willen vom Unfallort entfernt worden ist. Eine Strafbarkeit aus § 142 Abs. 1 StGB besteht dann nicht. Ob damit auch eine Strafbarkeit aus § 142 Abs. 2 Nr. 2 StGB entfällt, ist strittig.[60] Auch ist ein Sichentfernen nicht gegeben, wenn der Fahrzeugführer den Unfall gar nicht bemerkt hat und weitergefahren ist.

In der Praxis wurde ein unerlaubtes Entfernen schon bei weniger als 20 m[61] angenommen.[62]

b) Besondere Probleme bei § 316 StGB

Zu den Alltagsgeschäften eines Verteidigers gehört auch die Verteidigung eines Beschuldigten, dem eine Straftat nach § 316 StGB zur Last gelegt wird. Da in der heutigen Gesellschaft das Auto und die Fahrerlaubnis zu lebenswichtigen Hilfsmitteln für

---

54 BayObLG DAR 81, 244; OLG Koblenz NZV 96, 325; OLG Zweibrücken NZV 90, 78.
55 OLG Karlsruhe VRS 22, 442.
56 OLG Zweibrücken NZV 92, 371.
57 OLG Köln NStZ-RR 99, 252.
58 BayObLG zfs 86, 438.
59 OLG Köln NZV 89, 198; OLG Stuttgart JR 81, 209.
60 Keine Anwendung von § 142 Abs. 2 OLG Hamm NJW 79, 438; a.A. BayObLG NJW 82, 1059, OLG Düsseldorf VRS 65, 364.
61 KG DAR 79, 22.
62 Auf BAB 250 m OLG Karlsruhe DAR 88, 282.

das berufliche Fortkommen geworden sind, muss im Sinne des Mandanten sorgfältig geprüft werden, ob die Voraussetzungen des § 316 StGB erfüllt sind. Daher empfiehlt es sich nachfolgende Punkte genauer abzuarbeiten:

283 *aa) Fahrzeug i.S.d. § 316 StGB:* Als erstes ist der Sachverhalt danach zu untersuchen, ob der Mandant mit einem Fahrzeug i.S.d. § 316 StGB gefahren ist. Fahrzeuge im Sinne dieser Vorschrift sind nicht nur Kfz, sondern auch alle anderen Fortbewegungsmittel, die der Beförderung von Personen oder Sachen dienen und am Verkehr auf der Straße teilnehmen. Somit fallen ebenfalls Mopeds, Bagger, Pferdefuhrwerke sowie Krankenfahrstühle und Fahrräder unter den Begriff des Fahrzeugs gem. § 316 StGB, soweit sie entweder maschinell, elektrisch oder aber mit Muskelkraft betätigt werden. Demgegenüber ist zu beachten, dass von Fußgängern geschobene Fahrräder oder Krankenfahrstühle keine Fahrzeuge i.s.d. § 316 StGB sind (Cramer in Schönke/Schröder StGB 26. Aufl., § 315c Rn. 5). Die in § 24 StVO genannten besonderen Fortbewegungsmittel fallen ebenso wenig unter den Begriff des Fahrzeugs, wie auch Fußgänger, Reiter, Roller- bzw. Inlineskater sowie Skateboarder[63]

284 *bb) Öffentlicher Straßenverkehr:* Jetzt stellt sich die Frage, ob der Mandant auch am öffentlichen Straßenverkehr teilgenommen hat. Die gängigste Definition von öffentlichem Verkehr lautet wie folgt: „Öffentlicher Verkehr ist der Verkehr von Fahrzeugen, Radfahrern und Fußgängern auf allen Wegen, Plätzen, Durchgängen und Brücken, die jedermann oder wenigstens allgemein bestimmten Gruppen von Benutzern, wenn auch nur vorübergehend oder gegen Gebühr, zur Verfügung stehen".[64] Da es somit für die Bestimmung von öffentlichem Verkehr nicht auf die Eigentumsverhältnisse ankommt, gehören auch Privatwege, die für den öffentlichen Verkehr freigegeben sind, sowie Parkplätze von Einkaufszentren genauso zum öffentlichen Verkehr wie z.B. auch das Gelände einer Tankstelle zur Betriebszeit.

285 Zu beachten ist hier aber, dass kein öffentlicher Verkehr mehr vorliegt, wenn die Bestimmung zum öffentlichen Straßenverkehr entzogen wurde. Dies kann im Allgemeinen durch ausdrücklichen Widerruf des Eigentümers geschehen. So ist die Öffentlichkeit des Verkehrs außerhalb der normalen Betriebszeiten von Gaststätten, Parkhäusern und Einkaufszentren nicht mehr gegeben. Eine Trunkenheitsfahrt i.s.d. § 316 StGB ist dann nicht mehr möglich. Dies gilt ebenso für Flächen, die generell nicht dem allgemeinen Zugang zu dienen bestimmt sind. So ist der Versuch eines alkoholbedingt fahruntüchtigen Fahrers, seinen im Straßengraben befindlichen Pkw wieder auf die Fahrbahn zu bringen, nicht gem. § 316 StGB strafbar.

286 *cc) Fahrzeug vom Mandanten geführt:* Des Weiteren ist es notwendig, dass das Fahrzeug vom Mandanten i.s.d. § 316 StGB geführt worden ist. Führen heißt hier, dass jemand das Fahrzeug willentlich in Bewegung setzt oder es unter Handhabung seiner technischen Vorrichtungen während der Fahrbewegung lenkt, d.h. es muss die Motorkraft des Fahrzeuges zum Einsatz gekommen sein. Ist dies nicht der Fall, kann von

---

63 Zum Inlineskaten Wendrich NZV 02, 212.
64 Tröndle/Fischer StGB 51. Aufl. § 315b Rn. 3.

einem Führen i.S.d. § 316 StGB nicht gesprochen werden. Praxisrelevant wird dieser Punkt in den Fällen des Abschleppens oder Anschiebens von Fahrzeugen.

- beim Anschieben gilt, dass wenn das Kfz von einem Dritten angeschoben wird, um den Motor zum Anspringen zu bringen, ein Führen gem. § 316 StGB vorliegt. Die daraus resultierende Konsequenz liegt darin, dass auch hier die Fahruntüchtigkeit des „Lenkers" beachtet werden muss. Im Gegensatz dazu ist das Schieben des Pkw zur nächstgelegenen Tankstelle kein Führen im Sinne des § 316 StGB.
- beim Abschleppen ist dagegen grundsätzlich von einem Führen auszugehen, da der Kraftfahrer, der am Steuer eines abgeschleppten Fahrzeug sitzt, einen nicht nur unerheblichen Einfluss auf die Fortbewegung hat.[65]

287 Das willentliche In-Bewegung-Setzen ist Voraussetzung für ein Führen nach § 316 StGB, so dass eine Strafbarkeit ausgeschlossen ist, wenn versehentlich die Handbremse gelöst wurde und damit das Fahrzeug ungewollt in Bewegung geriet. Weiterhin muss das In-Bewegung-Setzen von bloßen straffreien Vorbereitungshandlungen abgegrenzt werden. Solche sind z.B. Maßnahmen zum Anlassen des Motors, Einführen des Zündschlüssels oder Lösen der Handbremse[66] oder das Freibekommen eines steckengebliebenen Fahrzeugs.[67] Ebenfalls ist das Schieben eines Wagens zu einer Gefällestrecke, um ihn dort in Gang zu setzen, kein Führen i.S.d. § 316 StGB.[68]

288 *dd) Fahruntüchtigkeit:* Die zentrale Frage der Strafbarkeit nach § 316 StGB ist die nach der Fahruntüchtigkeit des Mandanten. Diese liegt vor, wenn der Fahrzeugführer nicht mehr in der Lage ist, sein Fahrzeug im Straßenverkehr eine längere Strecke sicher zu führen. Dabei muss beachtet werden, dass die Fahruntüchtigkeit im Rahmen des § 316 StGB auf die Alkoholisierung des Fahrers oder vorangegangenen Drogenkonsum zurückzuführen ist. Zu unterscheiden sind hier die absolute und die relative Fahruntüchtigkeit.

289 (1) Erstere liegt bei Kfz-Führern (ebenso Fahrern von Krafträdern, Motorrollern, Mopeds und Mofas) bei einer BAK von 1,1 Promille vor. Bei Radfahrern ist eine absolute Fahruntüchtigkeit nach einhelliger Auffassung bei einem Grenzwert von 1,6 Promille gegeben.[69] Bei absoluter Fahruntüchtigkeit ist im Gegensatz zur relativen Fahruntüchtigkeit ein Gegenbeweis, dass kein rauschbedingter Fahrfehler vorgelegen hat, ausgeschlossen. Hier wird nach allgemeinen Erfahrungswerten davon ausgegangen, dass bei einer derart starken Alkoholisierung eine sichere Fahrweise gänzlich ausgeschlossen ist.

290 (2) Bei relativer Fahruntüchtigkeit ist hingegen ein Gegenbeweis möglich, da hier Fahrfehler hinzutreten müssen, um eine relative Fahruntüchtigkeit bejahen zu können. Unterster Grundwert für eine relative Fahruntüchtigkeit ist ein BAK von 0,3 Promille. Bei darunter liegenden Werten wird eine Fahruntüchtigkeit ausgeschlossen.[70] Genauer

---

65 BGH NJW 90, 1245; OLG Celle NZV 89, 317.
66 BGH NZV 89,32.
67 OLG Karlsruhe NZV 92, 493.
68 OLG Karlsruhe DAR 83, 365.
69 BayObLG NJW 92, 1906; OLG Karlsruhe NStZ-RR 97, 356.
70 OLG Saarbrücken NStZ-RR 00, 12; OLG Köln NZV 89, 357.

zu untersuchen ist hier jedoch, ob ein eventuell nachgewiesener Fahrfehler auch auf die Alkoholisierung zurückzuführen ist. Konkret bedeutet dies, dass wenn dem betroffenen Mandanten derartige Fahrfehler auch bei nüchternem Zustand passieren, diese nicht rauschmittelbedingt sein müssen. Ein Ursachenzusammenhang zwischen Fahrfehler und Alkohol- oder Drogeneinfluss könnte somit ausgeschlossen sein. Entscheidend sind hier die subjektiven Umstände in der Person des Mandanten und seine objektive Fahrweise. Andererseits kann es aber für die Bejahung der Fahruntüchtigkeit auch schon genügen, wenn z.b. besonders langsam gefahren wurde[71] oder aber die vorgegebene Geschwindigkeit überschritten wurde. Bei Letzterem ist jedoch anzumerken, dass Geschwindigkeitsüberschreitungen ebenso bei nüchternen Fahrern vorkommen und somit keine spezifischen Fahrfehler von berauschten Kraftfahrern sein müssen. Grundsätzlich kann aber gesagt werden, dass je näher die BAK am Grenzwert von 1,1 Promille liegt, die übrigen Umstände für die Fahruntüchtigkeit an Bedeutung verlieren.[72]

291 *ee) Ordnungsgemäßer Nachweis der alkoholbedingten Fahruntüchtigkeit:* Die BAK wird mithilfe üblicher Nachweisverfahren (ADH Widmark und gaschromatographische Methode) ermittelt. Hier muss auf eine ordnungsgemäße Durchführung des Messverfahrens geachtet werden. Von der Rechtsprechung wird verlangt, dass mindestens zwei dieser Untersuchungsmethoden durchgeführt worden sind. Bei unterschiedlichen Ergebnissen wird die Tatzeit-BAK nach dem arithmetischen Mittelwert aller Einzelanalysen bestimmt, dabei bleibt die dritte Dezimalstelle hinter dem Komma bei der Berechnung außer Betracht.[73]

292 Bei der Berechnung der Tatzeit-BAK sind drei Phasen zu beachten:
- Anflutphase: In der Zeit unmittelbar nach Trinkende wirkt der Alkohol bereits, ohne dass er sich in einer bestimmten BAK niederschlägt. Ist die BAK der entnommenen Probe jetzt bereits über 1,1 Promille, so reicht dies als Nachweis der Fahruntüchtigkeit aus.[74] Ist die BAK unter 1,1 Promille, muss der erst nach der Fahrt resorbierte Alkohol vom Entnahmewert abgezogen werden.
- Resorptionsphase: Zwei Stunden nach Trinkende entfaltet der konsumierte Alkohol seine volle Wirkung und lässt sich durch die BAK nachweisen. Eine Rückrechnung findet hier nicht statt.[75]
- Abbauphase: Bei der Rückrechnung ist ein Abbauwert von 0,1 Promille pro Stunde zu Grunde zu legen.

293 Des Weiteren sollte darauf geachtet werden, dass BAK-Nachweise durch Atemalkoholmessgeräte (bspw. Draeger Alcotest 7110 Evidential) nicht geführt werden dürfen.[76] Die damit gewonnen Messergebnisse können jedoch Anlass für die Anordnung einer Blutprobenentnahme sein. Auch sollten die Umstände der Blutprobenentnahme erfragt werden, da hier möglicherweise ein Beweisverwertungsverbot gegeben sein kann. Dies

---

71 OLG Hamm DAR 75, 249.
72 OLG Düsseldorf NZV 97, 184.
73 OLG Dresden VA 03, 28.
74 BGH NJW 74, 246.
75 BayObLG NZV 95, 117.
76 BGH VA 01, 85.

ist dann der Fall, wenn der Mandant vor der anlässlich der Blutentnahme stattgefundenen ärztlichen Untersuchung nicht ordnungsgemäß belehrt wurde. Eine ordnungsgemäße Belehrung ist aber nur dann erfolgt, wenn dem Mandanten eröffnet worden ist, dass es ihm freisteht, ob er Angaben zur Sache macht. Ein Beweisverwertungsverbot ergibt sich aber nicht daraus, dass zur Blutentnahme Zwang angewandt wurde.

Ist ein Beweisverwertungsverbot hinsichtlich der aus der Blutprobe ermittelten BAK gegeben, kann die Fahruntüchtigkeit aber noch durch Zeugenaussagen festgestellt werden. Dazu muss aber die gesamte Trinkmenge ermittelt worden sein. Daraus wird dann die Tatzeit-BAK errechnet, indem ein einmaliger Sicherheitszuschlag von 0,2 Promille zu Grunde gelegt wird und für die die ersten zwei Stunden übersteigenden Zeiträume, ein max. stündlicher Abbauwert von 0,2 Promille angenommen wird.[77]

ff) Nachtrunk: Die häufig von Mandanten, die nicht unmittelbar bei der Fahrt von Polizeibeamten angehalten und zur Blutentnahme mitgenommen wurden, aufgestellte Behauptung, sie hätten zwischen Beendigung der Fahrt und der dann durchgeführten Blutentnahme noch Alkohol getrunken (Nachtrunk), sollte sorgfältig überprüft werden.

Dahingehend sollten Fragen gestellt werden, wie z.B., ob der Nachtrunk bereits bei der Blutentnahme erwähnt worden ist, und ob Zeugen dafür zur Verfügung stehen. Des Weiteren sollte nach der Art und der Menge des nachgetrunkenen Alkohols gefragt und überprüft werden, ob dieser Nachtrunk auch zeitlich passt.

gg) Schuldform: Aus der Höhe der festgestellten BAK kann nicht automatisch auf eine vorsätzliche Begehungsweise geschlossen werden. Es ist hier immer zu hinterfragen, ob der Mandant sich noch fahrtüchtig gefühlt hat. Ist dies der Fall, wird wohl eine fahrlässige Begehungsweise in Betracht kommen. Ist er sich aber der Möglichkeit seiner Fahruntüchtigkeit bewusst und entschließt sich trotzdem noch zum Fahren, ist Vorsatz gegeben.

c) **Besondere Probleme des § 21 StVG**

aa) Strafbarkeit des Fahrers nach § 21 StVG: Auch wenn die Verteidigung eines Beschuldigten, dem Fahren ohne Fahrerlaubnis vorgeworfen wird, zur alltäglichen Tätigkeit eines verkehrsrechtlich spezialisierten Anwalts gehört, so gibt es doch viele wichtige Dinge, auf die der Verteidiger unbedingt achten muss.

(1) Der Tatbestand des § 21 StVG: Zunächst ist es erforderlich, sich vor Augen zu führen, welche Verhaltensweisen nach § 21 StVG tatbestandsmäßig sind. Erfasst werden nach § 21 Abs. 1 Nr. 1 Alt. 1 StVG das Führen eines Kfz ohne die erforderliche Fahrerlaubnis, nach § 21 Abs. 1 Alt. 2. und 3 StVG das Führen eines Kfz entgegen einem Fahrverbot nach § 44 Abs. 1 StGB oder § 25 StVG, nach § 21 Abs. 2 Nr. 2 StVG das Führen eines Kfz trotz amtlicher Verwahrung des Führerscheins nach § 94 StPO sowie das Fahren lassen eines Unberechtigten in den vorgenannten Fällen durch den Halter.

(2) Das Kfz: Zu beachten ist, dass sich § 21 StVG nur auf Kfz bezieht, für deren Führen eine Fahrerlaubnis irgendeiner Klasse nach § 2 StVG, §§ 4 ff. FeV erforderlich ist.

---

77 Tröndle/Fischer § 316 Rn. 8.

Neben den Kfz im engeren Sinne, wie z.B. Pkw und Lkw, zählen dazu auch Moped und Motorrad.

301 *(3) Führen des Kfz:* Entscheidend kommt es darauf an, ob der Mandant das Kfz i.S.d. § 21 StVG selbst geführt hat. Dies ist der Fall, wenn der Mandant es selbst unmittelbar, unter bestimmungsgemäßer Anwendung seiner Antriebskraft, in Bewegung gesetzt hat, um es während der Fahrbewegung durch einen öffentlichen Verkehrsraum zu leiten.[78] Früher wurde der Begriff des „Führens" von Rspr. und Lit. weiter gefasst. Vorbereitungshandlungen, die nur dazu dienten, das Kfz alsbald in Bewegung zu setzen, wurden schon mit erfasst. In Anbetracht des Wortlauts des § 316 StGB geht die heute h.M. davon aus, dass das „Führen eines Fahrzeugs" voraussetzt, dass das Fahrzeug wenigstens in Bewegung gesetzt wird.[79]

302 Am Beispiel des Mopeds bedeutet dies: Ein Moped führt, wer es durch Treten der Pedale fortbewegt,[80] nicht dagegen, wer es auf dem Sattel sitzend mit den Füßen abstößt, ohne das Anspringen des Motors erreichen zu wollen. Das Bewegen eines Moped mit den Füßen, ist auch dann kein Führen, wenn der Motor angelassen ist.[81] Nicht ausreichend ist auch das Schlafen im abgestellten Wagen bei laufendem Motor oder das Schieben eines Autos zu einer Gefällestrecke, um es dort in Gang zu setzen.[82] Das Kfz muss zudem willentlich in Bewegung gesetzt worden sein. Kein Führen liegt vor, wenn ein Pkw durch versehentliches Lösen der Handbremse und damit ungewollt in Bewegung gerät.[83]

303 Nur noch als strafloser Versuch des § 21 StVG werden bloß vorbereitende Handlungen, die nur dazu dienen, das Fahrzeug alsbald in Bewegung zu setzen, angesehen. Dazu gehören z.B. das Setzen auf den Steuersitz eines fahrbereiten Kfz,[84] das Freibekommen eines steckengebliebenen Fahrzeugs,[85] alle Maßnahmen zum Anlassen des Motors, wie Zündschlüssel einführen, Handbremse lösen, Motor anlassen, Abblendlicht einschalten usw.

304 *(4) Anschieben und Abschleppen:* In diesem Zusammenhang sind auch die Probleme des Anschiebens und Abschleppens von Bedeutung. Im Hinblick auf § 4 Abs. 1 Satz 1 FeV kommt es darauf an, dass der Mandant das Fahrzeug als Kraftfahrer geführt hat. Das ist nicht der Fall, wenn die Motorkraft des Fahrzeugs beim Führen nicht eingesetzt wird und auch nicht eingesetzt werden soll.

305 Beim Anschieben des Kfz durch einem Dritten, um den Motor zum Anspringen zu bringen, führt der Fahrer am Steuer es als Kfz, wozu er eine Fahrerlaubnis benötigt.[86]

---

78 BGH NZV 89, 32.
79 BGH NZV 89, 32; BayObLG NZV 92, 197; OLG Karlsruhe NZV 92, 493; OLG Düsseldorf NZV 92, 197; Hentschel, Straßenverkehrsrecht, 37. Aufl., § 21 StVG Rn. 10.
80 OLG Düsseldorf VM 74, 13.
81 BayObLG DAR 88, 244.
82 OLG Karlsruhe DAR 83, 365; OLG Düsseldorf VRS 50, 426.
83 BayObLG DAR 80, 266; OLG Frankfurt NZV 90, 277; OLG Düsseldorf NZV 92, 197.
84 BGH NZV 89, 32.
85 Vgl. OLG Karlsruhe NZV 92, 493.
86 OLG Oldenburg MDR 75, 241.

Anderseits führt der Fahrer es nicht, wenn ein Dritter das liegengebliebene Kfz z.B. bis zu einem Tankstellengelände schiebt, um es dort wieder fahrtüchtig machen zu lassen,[87] und zwar selbst dann nicht, wenn das Kfz durch das Anschieben einige Meter selbstständig weiterrollt.[88]

Keine Fahrerlaubnis benötigt, wer ein betriebsunfähiges abgeschlepptes Kfz lenkt, da er es nicht im Sinne von § 21 StVG als Kfz führt.[89] Wird ein Kfz von einem anderen abgeschleppt, so benötigt nach § 33 Abs. 2 Nr. 1 StVZO der Lenker des Kfz die Fahrerlaubnis, die zum Betrieb dieses Fahrzeugs als Kfz erforderlich ist. Lenkt er das geschleppte Fahrzeug ohne eine solche Fahrerlaubnis, so führt er es nicht als Kfz.[90] Jedoch soll nach OLG Frankfurt VRS 58, 145[91] etwas anderes gelten, wenn das Kfz angeschleppt wird, um dadurch den Motor in Gang zu setzen.

(5) Teilnahme am öffentlichen Straßenverkehr: Ferner kommt es darauf an, ob der Mandant am öffentlichen Straßenverkehr teilgenommen hat. Denn gemäß § 4 Abs. 1 Satz 1 FeV benötigt eine Fahrerlaubnis nur, wer auf „öffentlichen Straßen ein Kraftfahrzeug führt". Der BGH hat diesen Begriff jüngst noch einmal präzisiert.[92] Zum öffentlichen Verkehr zählt der Verkehr von Fahrzeugen, Radfahrern und Fußgängern auf allen Wegen, Plätzen, Durchgängen und Brücken, die entweder ausdrücklich oder mit stillschweigender Duldung des Verfügungsberechtigten für jedermann oder wenigstens allgemein bestimmten Gruppen von Benutzern, wenn auch nur vorübergehend oder gegen Gebühr, zur Verfügung stehen,[93] unabhängig von den Eigentumsverhältnissen. Umfasst werden demnach nicht nur Verkehrsflächen, die nach dem Wegerecht des Bundes und der Länder dem allgemeinen Straßenverkehr gewidmet sind, sondern auch solche, deren Benutzung durch eine nach allgemeinen Merkmalen bestimmte größere Personengruppe, ohne Rücksicht auf die Eigentumsverhältnisse am Straßengrund oder auf eine verwaltungsrechtliche Widmung durch den Berechtigten, ausdrücklich oder faktisch zugelassen wird. Dabei nimmt es der Verkehrsfläche nicht den Charakter der Öffentlichkeit, wenn für die Zufahrt mit Fahrzeugen eine Parkerlaubnis oder für die Nutzung ein Entgelt verlangt wird.[94] Kein öffentlicher Verkehr findet auf den Flächen statt, die generell nicht dem allgemeinen Zugang zu dienen bestimmt sind. Daher ist der Versuch, seinen Pkw aus dem Straßengraben wieder auf die Fahrbahn zu verbringen, nicht strafbar.[95]

Jedoch ist es ausreichend, wenn der Mandant auf einem Privatweg gefahren ist, den ein Privatmann für den (öffentlichen) Verkehr freigegeben hat[96] oder auf dem Parkplatz

---

87 OLG Koblenz VRS 49, 366.
88 OLG Celle DAR 77, 219.
89 BGH NJW 90, 1245; BayObLG NJW 84, 878; OLG Hamm DAR 99, 178.
90 Siehe Wortlaut des § 33 StVZO), sondern handelt nur ordnungswidrig gemäß §§ 33, 69a Abs. 3 Nr. 3 StVZO, 24 StVG (BayObLG DAR 83, 395.
91 zw. Hentschel, a.a.O., § 21 StVG Rn. 11.
92 BGH NJW 04, 1965.
93 Tröndle/Fischer, StGB, 51. Aufl., § 315b Rn. 2 m.w.N.
94 BGH NJW 04, 1965 m.w.N.
95 OLG Hamm VRS 39, 270; anders noch BGHSt 6, 100.
96 So schon BGH NJW 53, 754.

einer Gastwirtschaft, auch wenn er den Gästen vorbehalten ist,[97] auf dem Parkplatz eines Einkaufscenters[98] sowie auf dem Gelände einer Tankstelle und/oder einer Waschanlage während der Betriebszeiten.[99]

309 Anders verhält es sich nur, wenn das Gelände zwar von jedermann betreten werden könnte, es aber nicht zum öffentlichen Straßenverkehr bestimmt ist, so v.a. beim Einsetzen der Betriebsruhe in Rasthäusern, Gaststätten, Parkhäusern und Tankstellen.[100]

310 *(6) Fahren ohne die erforderliche Fahrerlaubnis:* Genau zu prüfen ist, ob der Mandant ohne bzw. ohne die erforderliche Fahrerlaubnis gefahren ist. Aus § 2 StVG und den auf dieser Norm beruhenden §§ 4ff. FeV kann entnommen werden, ob und welche Fahrerlaubnis erforderlich ist. Generell kann man sich als Faustregel merken: Wer das Kfz einer Klasse führt, für die er keine Fahrerlaubnis hat bzw. für die seine Fahrerlaubnis nicht gilt, führt es ohne Fahrerlaubnis.[101]

311 Die der Fahrerlaubnis entsprechenden Fahrerlaubnisklassen sind § 6 FeV zu entnehmen. Angemerkt sei, dass eine Fahrerlaubnis, die vor Geltung der FeV, d.h. vor dem 01.01.1999 erworben wurde, grundsätzlich. uneingeschränkt weitergilt. Nur die alte Fahrerlaubnis der Klasse 2 ist auf das 50. Lebensjahr, jedoch mit der Möglichkeit der Verlängerung, befristet (§§ 6 Abs. 6, 76 Nr. 9 FeV). Allgemein ist eine Umstellung in die neuen Klassen nicht zwingend erforderlich.

312 Abzugrenzen ist zudem ein Verstoß gegen Beschränkungen oder Auflagen der Fahrerlaubnis. Ein Verstoß gegen Beschränkungen stellt ein Fahren ohne Fahrerlaubnis dar. Beschränkungen liegen z.B. vor, wenn die Fahrerlaubnis nur auf bestimmte Fahrzeugarten- oder -klassen oder auf Fahrzeuge mit bestimmter technischer Ausstattung beschränkt erteilt wurde. Hingegen ist ein Verstoß gegen eine persönliche Auflage, wie das Tragen einer Brille, bloß eine Ordnungswidrigkeit, § 75 Nr. 9 FeV.[102] Es ist demnach erforderlich, dass der Verteidiger die Eintragung im Führerschein des Mandanten sorgfältig prüft.

313 Gemäß § 22 Abs. 4 S. 7 FeV gilt die Fahrerlaubnis erst mit deren Aushändigung als erteilt. Ist die Fahrprüfung schon bestanden, eine Aushändigung des Führerscheins aber noch nicht erfolgt (z.B. wenn das Mindestalter noch nicht erreicht ist), so liegt noch keine gültige Fahrerlaubnis vor. Zu beachten gilt es, dass eine bei der Bundeswehr erworbene Fahrerlaubnis umgeschrieben werden muss (§ 27 FeV).

314 Mit der Bestands- oder Rechtskraft einer entziehenden Entscheidung erlischt auch die Fahrerlaubnis. Maßgebend ist die formelle Wirksamkeit. Besondere Vorsicht ist bei Berufungsurteilen geboten. Wird vom Berufungsgericht die Fahrerlaubnis entzogen oder die Berufung des Mandanten gegen ein amtsgerichtliches Urteil, das die Entziehung der Fahrerlaubnis anordnet, verworfen, so wird das Berufungsurteil sofort

---

[97] BGH NJW 61, 1124.
[98] OLG Saarbrücken NJW 74, 1099.
[99] OLG Düsseldorf VRS 59, 282; OLG Hamm VRS 30, 452; BayObLG NJW 80, 715.
[100] U.a. OLG Stuttgart NJW 80, 68; KG VRS 60, 130.
[101] OLG Saarbrücken NZV 89, 474.
[102] BayObLG NZV 90, 322.

rechtskräftig. Damit ist dem Mandanten die Fahrerlaubnis auch sofort wirksam entzogen. Als Verteidiger sollte man in diesen Fällen auf Rechtsmittel nicht verzichten.

Entzieht die Fahrerlaubnisbehörde die Fahrerlaubnis, kommt es für die Strafbarkeit darauf an, ob ein ggf. dagegen eingelegter Widerspruch aufschiebende Wirkung entfaltet oder ob sogar die sofortige Vollziehung nach § 80 Abs. 2 Nr. 4 VwGO angeordnet wurde. Widerspruch und Anfechtungsklage haben nach § 4 Abs. 7 S. 2 StVG kraft Gesetzes keine aufschiebende Wirkung. Gemäß § 111a StPO wird die vorläufige Entziehung mit der Bekanntgabe wirksam, welche regelmäßig durch förmliche Zustellung an den Beschuldigten erfolgt. Die Zustellung an den Verteidiger ist jedoch nicht ausreichend.

Ordnet das Gericht eine Fahrerlaubnissperre an, so lebt die ursprüngliche Fahrerlaubnis nach Ablauf der Sperre nicht wieder auf. Auf Antrag kann nur eine neue Fahrerlaubnis erteilt werden (§ 21 FeV).

Ohne Fahrerlaubnis fährt auch, wer mit einer ausländischen Fahrerlaubnis, die nicht oder nicht mehr gültig ist (z.B. bei Ablauf der Sechs- oder Zwölf-Monats-Frist des § 4 Abs. 1 IntVO), im Inland fährt.[103] Nicht ohne Fahrerlaubnis fährt dagegen derjenige, der nur den gültigen ausländischen Führerschein nicht bei sich führt oder die deutsche Übersetzung nicht besitzt, selbst dann, wenn er später den Bestand einer ausländischen Fahrerlaubnis nicht nachweisen kann.[104] Hierbei handelt es sich nur um eine Ordnungswidrigkeit. Nicht strafbar im Inland ist ebenso, wer im Ausland ohne Fahrerlaubnis fährt, wenn die Tat im Ausland lediglich eine Ordnungswidrigkeit darstellt.

(7) Fahren trotz Fahrverbot oder amtlicher Verwahrung des Führerscheins: Ohne Fahrerlaubnis fährt derjenige, der gegen ein Fahrverbot, dass rechtskräftig nach § 44 StGB als Nebenstrafe oder im OWi-Verfahren nach § 25 StVG verhängt wurde, verstößt. Ist dabei dem Mandanten das Führen von Kfz jeglicher Art untersagt, dann umfasst dieses Verbot auch das Führen von sonst nicht fahrerlaubnispflichtigen Kfz (z.B. Mofas).

Gleiches gilt auch, wenn die Fahrerlaubnis in amtliche Verwahrung gegeben worden ist,[105] außer, es liegt ein Fall der §§ 111a Abs. 5 S. 2 StPO, 25 StVG vor. Den Fall der amtlichen Verwahrung, Sicherstellung und Beschlagnahme des Führerscheins gemäß § 94 StPO regelt § 21 Abs. 2 Nr. 2 StVG. Da die Beschlagnahme eine körperliche Wegnahme des Führerscheins voraussetzt, reicht die Anordnung oder Mitteilung der Beschlagnahme nicht aus.[106] Dagegen ist die fehlende Rückgabe des Führerscheins nach § 111a Abs. 5 S. 2 StPO bzw. § 25 Abs. 7 StVG ebenso genügend wie die Sicherstellung des Führerscheins mit Einverständnis des Betroffenen. Allerdings darf es sich bei der Sicherstellung nur um eine der (vorläufigen) Entziehung der Fahrerlaubnis dienenden Sicherstellung handeln, nicht um eine polizeiliche Führerscheinwegnahme aus anderen Gründen, wie der Vorbeugung einer Wiederholungsgefahr o.Ä.

---

103 BayObLG NZV 96, 502; OLG Köln NZV 96, 289; OLG Celle NZV 96, 327; OLG Stuttgart NZV 89, 402.
104 BGH NJW 01, 3347.
105 OLG Köln VRS 71, 54.
106 OLG Stuttgart VRS 79, 303.

320 (8) *Vorsatz und Fahrlässigkeit:* Maßgeblich ist, ob der Mandant vorsätzlich oder fahrlässig gehandelt hat. Für vorsätzliches Handeln ist zumindest das bedingte Wissen unerlässlich, dass er als Kfz-Führer nicht über die erforderliche Fahrerlaubnis verfügt oder dass ihm das Fahren nach § 44 StGB oder § 25 StVG verboten ist, sowie der Wille, gleichwohl das Kfz zu führen.[107] Bei einer Verurteilung wegen vorsätzlichen Fahrens nach § 21 Abs. 1 StVG ist zudem der nach § 4 Abs. 3 b ARB drohende Verlust des Versicherungsschutzes aus einer Rechtsschutzversicherung im Auge zu behalten.

321 Relevant in dieser Hinsicht sind hierbei vor allem auch immer wieder auftauchende Irrtumsfragen:

322 Ein Tatbestandsirrtum nach § 16 StGB liegt vor, wenn sich der Mandant über das Bestehen eines Fahrverbotes[108] oder über die Rechtskraft eines Fahrverbotes irrt, soweit der Irrtum auf Tatsachen beruht, die für die Rechtskraft entscheidend sind.[109]

323 Befindet sich der Mandant in einem Verbotsirrtum, ist nach § 17 StGB bei Unvermeidbarkeit Straflosigkeit gegeben, ansonsten lediglich eine Strafmilderung. Vermeidbar ist der Irrtum z.B. in folgenden Fällen: Wenn der Mandant nach Entziehung der Fahrerlaubnis entgegen § 4 Abs. 3 Nr. 3 IntVO mit einer ausländischen Fahrerlaubnis im Inland gefahren ist; ein Ausländer, der jahrelang im Inland lebt, davon ausgeht, dass seine ausländische Fahrerlaubnis fortbesteht;[110] der Mandant irrig davon ausgeht, dass ein Fahrverbot erst nach Aufforderung zur Ablieferung des Führerscheins wirksam wird.[111]

324 *bb) Strafbarkeit des Halters:* Da sich nicht nur der Fahrer eines Kfz des Fahrens ohne Fahrerlaubnis strafbar machen kann, sondern auch der Halter, werden im Folgenden die Besonderheiten bei der Verteidigung des Halters des Kfz dargestellt. Die meisten der oben besprochenen Punkte sind gleichfalls beim Halter zu beachten. Um Doppelungen zu vermeiden, werden hier nur noch die Abweichungen aufgeführt. Vorab sollte man allerdings prüfen, ob dem Mandanten eine vorsätzliche Begehungsweise zur Last gelegt wird. In diesem Fall droht nach § 4 Abs. 3 b ARB der Verlust des Versicherungsschutzes aus der Rechtsschutzversicherung.

325 *(1) Tatbestand des § 21 StVG:* Der Halter des Kfz kann sich nach § 21 StVG wegen Anordnens oder Zulassens des Führens eines Kfz ohne die dazu erforderliche Fahrerlaubnis (§ 21 Abs. 1 Nr. 2 Alt. 1 StVG); wegen Zulassens des Führens eines Kfz entgegen einem Fahrverbot nach § 44 Abs. 1 StGB oder § 25 StVG (§ 21 Abs. 1 Nr. 2 Alt. 2. und 3 StVG) sowie wegen des Anordnens oder Zulassens des Führens eines Kfz trotz amtlicher Verwahrung des Führerscheins nach § 94 StPO (§ 21 Abs. 2 Nr. 3 StVG) strafbar machen. Dabei sind die Tathandlungen auch durch schlüssiges Verhalten möglich.[112]

---

[107] Zur Abgrenzung von Vorsatz und bewusster Fahrlässigkeit unter Berücksichtigung von § 25 Abs. 2a StVG siehe OLG Hamm DAR 01, 176 = NZV 01, 224.
[108] BayObLG DAR 1981, 242.
[109] BayObLG DAR 00, 77.
[110] OLG Düsseldorf VM 1975, 81; s. aber OLG Düsseldorf VRS 73, 367.
[111] BayObLG VRS 62, 460.
[112] Hentschel, Straßenverkehrsrecht, 37. Aufl., § 21 StVG Rn. 12.

(2) Halter des Kfz: Die Haltereigenschaft ist strafbegründend und richtet sich nach § 7 StVG i.V.m. § 833 BGB. Halter eines Kfz ist demnach, wer das Kfz für eigene Rechnung gebraucht, die Kosten bestreitet und den Nutzen aus seiner Verwendung zieht.[113] Auf das Eigentum am Fahrzeug kommt es dabei nicht an.[114] Wird ein anderer vom Halter des Kfz zur Leitung mit entsprechender Personal- und Führungsverantwortung bestimmt, so kann jedoch dieser anstelle des Halters strafrechtlich verantwortlich sein.[115]

326

(3) Zeitpunkt der Strafbarkeit: Gemäß § 21 StVG ist die Tathandlung des Halters das Anordnen oder Zulassen. Das Unterlassen der Einsichtnahme der Fahrerlaubnis führt demzufolge noch nicht zu einer Strafbarkeit, anders nur, wenn konkret feststeht, dass die Fahrt sonst unterblieben wäre.[116] Allgemein wird die Strafbarkeit des Halters erst begründet, wenn seiner Anordnung folge geleistet oder vom Zulassen Gebrauch gemacht wird und das Kfz im öffentlichen Verkehr geführt wird.[117] Lediglich eine Haftung wegen verletzter Verkehrssicherungspflichten kann auf den Halter zukommen, wenn er Eigentum oder Besitz am Kfz an eine Person überträgt, die einem Fahrverbot unterliegt oder nicht im Besitz der erforderlichen Fahrerlaubnis ist.[118] Nicht begründet wird dadurch eine Strafbarkeit wegen „Zulassens" nach § 21 StVG.

327

(4) Fahren ohne die erforderliche Fahrerlaubnis: Für den Halter eines Kfz gelten hinsichtlich der erforderlichen Fahrerlaubnis die gleichen Grundsätze wie für den Fahrer. Bedeutsam für den Halter ist zudem, dass er sich ggf. auch strafbar macht, wenn zwar der Fahrzeugführer die erforderliche Fahrerlaubnis für das ihm überlassene Kfz besitzt, nicht aber für eine Fahrzeugkombination, die bspw. mit Anhänger entsteht, z.B. § 6 Abs. 1 FeV, FEKl E.[119]

328

(5) Pflichten des Halters: Es bleibt noch zu klären, welche konkreten Pflichten, den Halter des Kfz treffen. Auf jeden Fall muss sich der Halter beim Führer davon überzeugen, dass dieser auch im Besitz der erforderlichen Fahrerlaubnis ist.[120] Von der verhältnismäßig strengen Rechtsprechung wird grundsätzlich die Einsicht in die Fahrerlaubnis gefordert. Zur Erfüllung dieser Pflicht ist es daher notwendig, dass der Halter nach der Fahrerlaubnis fragt und sich diese auch zeigen lässt.

329

Nur unter besonderen Umständen ist eine Unzumutbarkeit der Einsichtnahme anzunehmen. Hierbei muss der Halter bei objektiv ausreichender Sorgfalt einen Sachverhalt unterstellen dürfen, der das Vorhandensein der erforderlichen Fahrerlaubnis stützt. Handelt es sich z.B. bei dem Fahrzeugführer um einen guten Bekannten, der die entsprechende Fahrzeugart schon länger führt, dann kann die konkrete Einsichtnahme in die Fahrerlaubnis entbehrlich sein.[121] Eine einmal erfolgte Erkundigung nach der erfor-

330

---

113 St.Rspr. u.a. BGH NJW 83, 1492.
114 OLG Karlsruhe DAR 96, 417.
115 § 14 Abs. 2 StGB; dazu OLG Frankfurt NJW 65, 2312.
116 OLG Köln NZV 89, 319.
117 Hentschel. a.a.O., § 21 StVG Rn. 13.
118 BGH NJW 79, 2309.
119 OLG Celle VM 83, 76.
120 OLG Frankfurt NJW 65, 2312.
121 OLG Düsseldorf VM 76, 54.

derlichen Fahrerlaubnis muss, wenn nicht besondere Umstände vorliegen, danach nicht immer wieder erfolgen.[122]

331 Für gewerbliche Vermieter gelten wiederum besondere Anforderungen. Hier darf nicht auf eine unverständliche fremdsprachige Bescheinigung vertraut werden.[123] Grundsätzlich muss das Vorliegen der erforderlichen Fahrerlaubnis auch bei jeder Fahrzeugübergabe kontrolliert werden.[124]

332 *(6) Vorsatz und Fahrlässigkeit:* Im Rahmen des § 21 Abs. 1 Nr. 2, Abs. 2 StVG kann Vorsatz oder Fahrlässigkeit dem Halter hinsichtlich der Tatbestände des „Anordnens" und des „Zulassens" zur Last gelegt werden. Für vorsätzliches Handeln ist zumindest das bedingte Wissen nötig, dass der Führer des Kfz nicht über die erforderliche Fahrerlaubnis verfügt oder ihm das Fahren nach § 44 StGB oder § 25 StVG verboten ist und zusätzlich der Wille, den Fahrer ohne Fahrerlaubnis fahren zu lassen.

333 Für die fahrlässige Begehungsweise reicht zum einen die fahrlässige Unkenntnis von der Nichtberechtigung zum Fahren, zum anderen auch, dass das Fahren fahrlässig geduldet oder ermöglicht wird.[125] Hinsichtlich des Tatbestandes des „Zulassens" ist für den Vorwurf der Fahrlässigkeit nicht erforderlich, dass der Halter darüber hinaus auch mit zumindest bedingtem Vorsatz das Führen des Kfz duldet.[126]

334 Allerdings gibt es auch nach der Rechtsprechung keine Pflicht für den Kfz-Halter, allgemein den Zugang von Personen ohne Fahrerlaubnis zu den Zündschlüsseln zu verhindern. Solch überspannte Anforderungen würden darauf hinauslaufen, dass jeder ohne die entsprechende Fahrerlaubnis potenzieller Täter eines Vergehens nach § 21 StVG wäre.[127] Liegen dagegen konkrete Umstände vor, sei es in der Person des Fahrers oder in der Situation, die erwarten lassen, dass dieser ohne Fahrerlaubnis oder sogar gegen den Willen des Halters dessen Kfz benutzen wird, so trifft den Halter die Verpflichtung, demjenigen den Zugang zum Zündschlüssel zu verwehren.[128] Nicht allein ausreichend dafür ist bspw. ein Sohn im jugendlichen Alter, der über keine Fahrerlaubnis (mehr) verfügt. Denn man kann nicht generell sagen, dass jeder Jugendliche ohne Fahrerlaubnis früher oder später versuchen wird, mit einem Kfz am öffentlichen Straßenverkehr teilzunehmen.

cc) Entscheidungen

335 *(1) Fahren mit ausländischer Fahrerlaubnis:*[129] Sachverhalt: Der Angeklagte hatte seinen ordentlichen Wohnsitz im Bundesgebiet. Er war Inhaber einer ausländischen Fahrerlaubnis, die nicht von einem EU-Mitgliedstaat ausgestellt war. Er befuhr sechs Monate nach Begründung des Wohnsitzes im Bundesgebiet öffentliche Straßen. Des-

---

122 BayObLG DAR 78, 168; 88, 387; OLG Koblenz VRS 60, 56.
123 KG VRS 45, 60.
124 OLG Schleswig VM 71, 55.
125 BGH NJW 72, 1677; 83, 2456; BayObLG NZV 96, 462.
126 a.A. Hentschel, a.a.O., § 21 StVG Rn. 18.
127 BayObLG NZV 1996, 462 m.w.N.
128 OLG Hamm NJW 83, 2456 f.; strenger OLG Koblenz VRS 71, 144.
129 BVerfG 16.09.04, 2 BvR 1603/04.

wegen ist er von den Strafgerichten wegen Fahrens ohne Fahrerlaubnis nach § 21 StVG verurteilt worden. Seine Verfassungsbeschwerde hatte keinen Erfolg. Ein Verstoß gegen das Bestimmtheitsgebot aus Art. 103 Abs. 2 GG liege nicht vor.

Urteilstenor: Ist seit Begründung eines ordentlichen Wohnsitzes im Inland die Frist des § 4 Abs. 1 Satz 3 IntVO von mehr als 6 Monaten verstrichen, bedarf der Inhaber einer ausländischen – nicht in einem anderen Mitgliedstaat der EU oder einem anderen Vertragsstaat des Abkommens über den Europäischen Wirtschaftsraum erteilten – Fahrerlaubnis, für die Fahrten im öffentlichen Straßenverkehr im Inland, einer deutschen Fahrerlaubnis. 336

Erläuterung: Eine Strafbarkeit aus § 21 StVG knüpft an das Führen eines Kfz ohne die erforderliche Fahrerlaubnis an. Eine Fahrerlaubnis braucht in Anlehnung an § 2 Abs. 1 S. 1 StVG jeder, der auf öffentlichen Wegen oder Plätzen ein Kfz führen will. Gemäß §§ 21, 22 FeV kann grundsätzlich nur eine zuständige deutsche Behörde die erforderliche Fahrerlaubnis für das Führen von Kfz im Inland erteilen. 337

Der Inhaber einer ausländischen Fahrerlaubnis kann nach § 4 Abs. 1 S. 3 IntVO, als Ausnahmeregelung im Sinne des § 2 Abs. 11 S. 1 StVG, im Inland ein Kfz führen, wenn seit der Begründung eines ordentlichen Wohnsitzes im Inland nicht mehr als sechs Monate vergangen sind. Bei Nichtvorliegen dieser Voraussetzung wird trotz des Vorhandenseins einer ausländischen Fahrerlaubnis, für das Führen eines Kfz im Inland eine deutsche Fahrerlaubnis benötigt. 338

Handelt es sich jedoch um eine von einem anderen EU-Mitgliedsstaat ausgestellte Fahrerlaubnis, muss diese anerkannt werden. Dies gilt selbst dann, wenn die „185-Tage-Frist" des § 7 Abs. 1 FeV nicht eingehalten worden ist bzw., wenn im Fall der Entziehung der Fahrerlaubnis, dem Erwerber die Fahrerlaubnis im Mitgliedstaat erteilt worden ist, nachdem die Sperrfrist hier abgelaufen war.[130] 339

(2) Fahren mit einem Leichtkraftrad:[131] Sachverhalt: Das AG hat den Angeklagten wegen vorsätzlichen Fahrens ohne Fahrerlaubnis verurteilt, weil dieser lediglich im Besitz der Fahrerlaubnis der (früheren) Klassen 3, 4 und 5 gewesen ist und deshalb nur ein Leichtkraftrad habe fahren dürfen, welches eine Geschwindigkeit von nicht mehr als 50 km/h erreiche. Die Revision des Angeklagten hatte Erfolg, obwohl zwei Polizeibeamte ihn mit 90 km/h „erwischten". 340

Urteilstenor: Die Benutzung eines Leichtkraftrades, das maximal 50 Kubikzentimeter hat und für maximal 50 km/h zugelassen ist, stellt trotz Besitz der Fahrerlaubnis der Klasse 4, ein Vergehen des Fahrens ohne Fahrerlaubnis (§ 21 Abs. 1 StVG) dar, wenn das Leichtkraftrad, auch ohne Vornahme technischer Veränderungen, regelmäßig eine wesentlich höhere Geschwindigkeit als die bauartmäßig zulässige erreichen kann. 341

Erläuterung: Das OLG Hamm[132] hatte bereits für ein Mofa, das für 25 km/h zugelassen war, tatsächlich aber unabhängig von technischen Veränderungen bis zu 40 km/h schnell fuhr, entschieden, dass das Führen desselben im öffentlichen Verkehrsraum 342

---

[130] EuGH NJW 04, 1725, Anmerkungen von Geiger DAR 04, 340; Otte NZV 04, 321; Ludovisy ZAP F. 25, 139.
[131] OLG Karlsruhe 25.11.02, 1 Ss 73/02, rkr.
[132] NJW 78, 332.

nach § 21 Abs. 1 StVG strafbewehrt ist. Für Kleinkrafträder, die maximal 50 Kubikzentimeter haben sowie für maximal 50 km/h zugelassen sind und die mit der (früheren) Fahrerlaubnis der Klasse 4 betrieben werden dürfen, hat sich das OLG Karlsruhe der Rechtsauffassung des OLG Hamm angeschlossen.

343 Daraus folgt, dass die Teilnahme am öffentlichen Verkehr auch dann nach § 21 Abs. 1 StVG strafbewehrt sein kann, wenn ein Kfz, ohne Vornahme technischer Veränderungen, eine Geschwindigkeit erreicht, die wesentlich über der durch seine Bauart bestimmten Höchstgeschwindigkeit liegt.

344 Zu beachten ist, dass nicht schon ein unwesentlich schnelleres Fahren des Kfz als erlaubt den objektiven Tatbestand des § 21 Abs. 1 StVG erfüllt. Folgt man dem OLG Karlsruhe, wäre in diesem Fall eine nennenswerte Beeinträchtigung der Sicherheit des Straßenverkehrs noch nicht erkennbar. Festgelegt wurde daher eine Wesentlichkeitsgrenze von 20 Prozent.

345 Kann das Leichtkraftrad erheblich höhere Geschwindigkeiten als erlaubt erreichen, so liegt für den Fahrzeugführer nahe, dass am Fahrzeug entweder geschwindigkeitsrelevante Änderungen vorgenommen wurden oder aber sonstige technische Mängel vorhanden sind, die eine Einschränkung bzw. Entziehung der Zulassung bedingen können. Allerdings reicht ein einmaliges Überschreiten des Limits nicht aus. Zu erörtern ist auch, ob die Fahrtgeschwindigkeit durch äußere Einwirkungen, z.B. Gefälle oder Rückenwind, beeinflusst wurde.

346 Im konkreten Fall befand sich der Angeklagte nach Ansicht des Gerichts in einem unvermeidbaren Verbotsirrtum, so dass eine Bestrafung wegen § 17 StGB entfiel. Der Angeklagte unterlag dem Irrglauben, dass er durch seinen Führerschein der (früheren) Klasse 4 zur Benutzung des Leichtkraftrades, unabhängig von der erreichbaren Höchstgeschwindigkeit, berechtigt sei. Da er selbst bei Einholung einer Sachauskunft bei Fachbehörden keine verlässliche Beurteilung der Rechtslage erhalten hätte und somit die Unrechtmäßigkeit seines Tuns nicht hätte erkennen können, war dieser Irrtum auch nicht vermeidbar gewesen. Der Wortlaut des Führerscheins erweckt ebenfalls eher den Eindruck, dass eine geschwindigkeitsrelevante Veränderung, etwa durch Verschleiß, lediglich dazu führt, dass die Verwaltungsbehörde dem Halter oder Eigentümer nach § 17 Abs.1 StVZO eine Frist zur Behebung des Mangels setzen kann, die Fahrerlaubnis aber hierdurch nicht betroffen wird.[133]

d) Besondere Probleme bei § 229 StGB

347 Fahrlässige Körperverletzung ist das Massendelikt unter den Verkehrsstrafsachen. Nach vielen – teilweise auch nur leichten – Unfällen empfinden Unfallbeteiligte regelmäßig ein allgemeines Unwohlsein, das vor Ort gemeldet wird. Dieses Unwohlsein ist meist nicht mehr als eine Folge der Anspannung und psychischen Belastung, die mit einem Verkehrsunfall einhergeht. Häufig erinnern sich die Unfallbeteiligten auch an Schilderungen Dritter, die von unfallbedingten Schmerzensgeldern handelten, woraufhin vorsichtshalber eine Verletzungsmeldung erfolgt.

---

133 Zu Vorsatzfragen in vergleichbaren Fällen vgl. OLG Brandenburg, VRS 101, 293 ff.; NZV 02, 146 ff.

B. Verkehrsstrafrecht im engeren Sinne

348 Hierzu muss man aber wissen, dass das Strafgesetz nicht jedwede Veränderung des allgemeinen Wohlbefindens als Verletzungserfolg wertet. Kleinere Einschränkungen sind hinzunehmen, betreffen sie doch das allgemeine Lebensrisiko. Auch wird nicht jedes Auf-die-Füße-Treten in einer stark frequentierten Fußgängerzone als Unfall verstanden und zur Geltendmachung von Schadensersatzansprüchen herangezogen.

349 Verfahren hinsichtlich solcher Unfälle, die Verletzungen zur Folge haben, die nicht objektiv mittels äußerer Merkmale oder z.B. durch Röntgenbilder festgestellt werden können, werden in der Regel von der Ermittlungsbehörde eingestellt, ohne dass es dagegen eines wesentlichen Verteidigungsaufwandes bedürfte. Aber auch in den Fällen, in denen die Verletzungen objektiv nachweisbar sind und zu Beeinträchtigungen geführt haben, ist die Strafverfolgungsbehörde mit Strafverfolgungsmaßnahmen zurückhaltend. Es kann auch in diesen Fällen davon ausgegangen werden, dass die „kriminelle Energie" des Täters sehr gering ist. In der Regel wurde der Taterfolg herbeigeführt durch einen Augenblick der Unachtsamkeit, der Mensch und Maschine verletzte bzw. beschädigte. Hier bedarf es keiner wesentlichen Ahndung.

350 Ist aber die Verletzung beträchtlich und lag nicht nur leichte Fahrlässigkeit vor, ist mit Verfolgung zu rechnen. In diesen Fällen zieht die Strafverfolgungsbehörde in der Regel Verkehrszentralregister – und Bundeszentralregisterauszüge bei und denkt über eine Anklageerhebung nach. Hier bedarf es der Verteidigung durch den beauftragten Rechtsanwalt, wobei insoweit auf die Ausführungen zu §§ 170, 153 und 153a StPO verwiesen werden kann sowie auf die grundsätzlichen Ausführungen zu § 46 StGB. Der Verteidiger hat dem Mandanten diese Vorschriften zu erläutern und ihn darüber aufzuklären, dass z.B. auch die Einstellung mit Auflagen keine Einträge ins Verkehrszentralregister, Bundeszentralregister oder in ein polizeiliches Führungszeugnis nach sich zieht, künftig also nicht belastend wirkt.

351 Muster: Schreiben an die Staatsanwaltschaft – Einlassung

41

An die

Staatsanwaltschaft

■■■

AZ.: ■■■

In der Ermittlungssache

gegen

■■■

wegen fahrlässiger Körperverletzung

geben wir für den Beschuldigten folgende Einlassung ab:

Der Beschuldigte räumt ein, den Unfall am ■■■, um ■■■ fahrlässig verursacht zu haben. Er wurde von der tiefstehenden Sonne geblendet, weshalb er das Fahrzeug des Verletzten nicht rechtzeitig genug wahrnahm, um angemessen reagieren zu können.

Hinzu kommt, dass er vor dem Unfall durch die Zeugin ▬▬▬ abgelenkt wurde, weshalb er etwas später als angebracht reagierte.

Der Beschuldigte hat unverzüglich seine Versicherung informiert, weshalb davon ausgegangen werden kann, dass die berechtigten Ansprüche des Verletzten ohne Verzögerung befriedigt werden.

Zudem hat sich der Beschuldigte bei der Familie des Verletzten über dessen Gesundheitszustand informiert, um die Gewissheit zu erlangen, dass sich der Verletzte auf dem Wege der Besserung befindet.

Schließlich hat sich der Beschuldigte selbst mit dem Verletzten in Verbindung gesetzt und diesen im Krankenhaus besucht. Er hat dem Verletzten ▬▬▬ mitgebracht, um diesem den lästigen Krankenhausaufenthalt wenigstens zu erleichtern.

Darüber hinaus ist dem Beschuldigte durch den Unfall erheblicher finanzieller Schaden entstanden, für den keine Versicherung eintritt.

Wir regen deshalb an, das Verfahren nach § 153 (§ 153 a) StPO wegen geringen Verschuldens einzustellen.

▬▬▬

Rechtsanwalt

e) Besondere Probleme bei § 240 StGB

352 *aa) Ausbremsen als Nötigung:* Der Tatbestand der Nötigung im Straßenverkehr kann auch erfüllt sein, wenn ein Fahrer einen nachfolgenden Fahrer durch eine „massive" Verminderung der Geschwindigkeit seines Fahrzeugs zu einer „unangemessen niedrigen Geschwindigkeit" veranlasst, ohne dass der Betroffene ausweichen oder überholen kann.[134]

353 Sachverhalt: Ein Pkw-Fahrer hatte den nachfahrenden Lkw-Fahrer auf einer BAB gezwungen, seine Geschwindigkeit ständig anzupassen und sie von 92 km/h bis auf 42 km/h zu reduzieren, wobei das Herabsetzen der Geschwindigkeit teilweise nur durch eine deutliche Bremsung möglich war. Einen verkehrsbedingten Grund hierfür gab es nicht. Der Pkw-Fahrer wollte den Lkw-Fahrer vielmehr maßregeln, weil dieser in einem Lkw-Überholverbot verbotswidrig einen Tanklastzug überholt hatte.

354 Entscheidungsgründe: Eine Nötigung liegt nicht nur vor, wenn der Täter den Nachfolgenden zur Vollbremsung zwingt oder bis zum Stillstand herunterbremst. Eine Nötigung liegt bereits vor, wenn der Täter seine Geschwindigkeit ohne verkehrsbedingten Grund massiv reduziert, um den nachfolgenden Fahrer zu einer unangemessen niedrigen Geschwindigkeit zu zwingen und der Nachfolgende das ihm vom Täter aufgezwungene Verhalten nicht durch Ausweichen oder Überholen vermeiden kann. So liegt der Fall hier. Den Feststellungen des AG lässt sich allerdings nicht mit hinreichender Sicherheit entnehmen, ob sich das Ausbremsen des Lkw-Fahrers auf einer Strecke mit einem Überholverbot für Lkw abspielte und es dem Lkw-Fahrer deshalb aus rechtlichen

---

134 BayObLG, VA 01, 167.

Gründen nicht möglich war, dem Ausbremsen durch ein Ausweichen auf den mittleren Fahrstreifen und ein Überholen des Pkw-Fahrers zu entgehen. Da diese entscheidungserhebliche Frage nicht geklärt war, hat das BayObLG das AG-Urteil aufgehoben.

Erläuterung: Ausbremsen wird in der Rechtsprechung als Nötigung nach § 240 StGB angesehen.[135] Der vom BGH entschiedene Fall wies allerdings die Besonderheit auf, dass der Täter das folgende Fahrzeug zum Anhalten gezwungen hatte. Die Entscheidung des BayObLG geht noch darüber hinaus.

bb) Dauerndes Linksfahren auf der Autobahn: Verhindert ein Kraftfahrzeugführer durch stetiges Fahren auf dem linken Fahrstreifen einer BAB, dass er von einem nachfolgenden Fahrzeug überholt wird, so kann dies den Tatbestand der Nötigung erfüllen. Das ist allerdings nicht bereits bei jedem planmäßigen Verhindern des Überholtwerdens, sondern nur dann der Fall, wenn erschwerende Umstände mit so besonderem Gewicht hinzutreten, dass dem Verhalten des Täters der Makel des sittlich Missbilligenswerten, Verwerflichen und sozial Unerträglichen anhaftet.[136]

Sachverhalt: Der Entscheidung lag eine Situation zu Grunde, die man täglich auf der BAB beobachten kann: Der Angeklagte benutzte mit seinem Pkw den linken Fahrstreifen und fuhr dort mit einer Geschwindigkeit von ca. 100 km/h, obwohl er – so das AG – bei dem geringen Verkehr auch den rechten Fahrstreifen hätte benutzen können. Von hinten näherte sich zunächst der Pkw einer Zeugin, die den Angeklagten überholen wollte. Der Zeugin gelang es, trotz Betätigen des linken Blinkers über eine Fahrstrecke von rund 2 km nicht, den Angeklagten dazu zu bewegen, auf den rechten Fahrstreifen zu wechseln. Als sich nun ein weiteres, noch schnelleres Fahrzeug näherte, wechselte die Zeugin selbst auf den rechten Fahrstreifen in der Hoffnung, dass der Angeklagte diesem Platz machen würde. Diese Hoffnung erfüllte sich jedoch nicht. Auch dem Fahrer dieses Pkw gelang es über eine Fahrstrecke von ebenfalls zwei km nicht, den Angeklagten zum Wechseln auf den rechten Fahrstreifen zu bewegen.

Entscheidungsgründe: Das AG hat den Angeklagten wegen Nötigung nach § 240 Abs. 2 StGB zu einer Geldstrafe verurteilt. Diese Verurteilung hatte beim OLG Düsseldorf keinen Bestand. Nach Auffassung des OLG können zwar auch vorsätzliche Behinderungen im Straßenverkehr den Anforderungen an den Gewaltbegriff des § 240 Abs. 1 StGB genügen, wenn sie sich auch physisch als körperlicher Zwang darstellen. Für eine Nötigung reiche aber nicht jede bloß vorsätzliche Behinderung eines anderen Verkehrsteilnehmers aus. Vielmehr müsse der Beweggrund der Behinderung feststellbar und er nach allgemeinem Urteil sittlich zu missbilligen und so verwerflich sein, dass er sich als ein als Vergehen strafwürdiges Unrecht darstelle und nicht nur als ein Verhalten, das schon nach den Vorschriften der StVO als Ordnungswidrigkeit angemessen geahndet werden könne.

Danach stelle nicht jedes planmäßige Verhindern des Überholtwerdens eine Nötigung dar, sondern es müssen erschwerende Umstände von so besonderem Gewicht hinzutreten, dass dem Verhalten des Täters der Makel des sittlich Missbilligenswerten, Verwerf-

---

135 Z.B. BGH 30.03.95, DAR 95, 296 = NZV 95, 325; OLG Stuttgart 27.03.95, DAR 95, 261 = NZV 95, 285.
136 OLG Düsseldorf, VA 00, 21.

lichen und sozial Unerträglichen anhafte.¹³⁷ Da dazu nach Auffassung des OLG Düsseldorf vom AG nicht genügend tatsächliche Feststellungen getroffen worden waren, hat es das angefochtene Urteil aufgehoben und die Sache an das AG zurückverwiesen.

360 Erläuterung: Ein Urteil wegen Nötigung gegen einen notorischen Linksfahrer sollte sorgfältig geprüft werden. Dabei ist vor allem auf die folgenden Prüfungsschritte zu achten:

361 Zunächst einmal sollte man sich deutlich machen, ob überhaupt ein Verstoß gegen das Rechtsfahrgebot nach § 2 StVO vorliegt. Das setzt zwingend voraus, dass das Urteil konkrete Feststellungen zur Verkehrssituation enthält. Lediglich wertende Angaben des Richters sind wenig hilfreich. Dabei genügen Feststellungen wie z.b., die Autobahn sei wenig befahren gewesen oder es habe geringer Verkehr geherrscht, nach Ansicht des OLG Düsseldorf nicht. Zudem müssen Angaben über die auf den jeweiligen Fahrstreifen fahrenden Fahrzeuge, über die zwischen ihnen bestehenden Abstände und über ihre Fahrgeschwindigkeit enthalten sein. Nur daraus lässt sich entnehmen, ob der Linksfahrer auch verpflichtet gewesen wäre, auf den rechten Fahrstreifen zu fahren.

362 Ein Verstoß gegen das Rechtsfahrgebot allein ist als Annahme für eine Nötigung nicht ausreichend. Erforderlich ist zudem, dass das Verhalten verwerflich im Sinne des § 240 Abs. 2 StGB gewesen ist. Dafür müssen besondere Umstände hinzukommen, wie bspw. die Gefährdung anderer Verkehrsteilnehmer, absichtliches Langsamfahren, plötzliches Linksausbiegen oder beharrliches Linksfahren auf freier Autobahn mit nur mäßiger Geschwindigkeit, um ein Überholen zu Verhindern (sog. Disziplinierung).

363 An die Feststellung der Verwerflichkeit ist ein strenger Maßstab anzulegen.¹³⁸ Umfassend zu würdigen sind dabei alle Umstände des Einzelfalls. Diese müssen auch konkret feststehen und dürfen nicht nur auf Vermutungen beruhen, damit aus ihnen auf die Verwerflichkeit geschlossen werden kann. So ist eine länger währende und nicht nur kurzfristige Behinderung ohne vernünftigen Grund erforderlich. Für das OLG Düsseldorf war eine Fahrstrecke von vier Kilometern auf freier Autobahn nicht ausreichend, um ein beharrliches Linksfahren anzunehmen. Von Belang ist ferner das Verhalten des behinderten Verkehrsteilnehmers. Der Verwerflichkeit kann ggf. der Kompensationsgedanke des § 199 StGB entgegenstehen, wenn der Linksfahrer durch diesen, durch zu dichtes Auffahren o.ä., zum Linksfahren provoziert wurde.

364 *cc) Längeres Verhindern des Überholens durch einen Radfahrer:* Ein Fahrradfahrer, der das Überholen eines Pkw dadurch verhindert, dass er für die Dauer von etwa einer Minute absichtlich extrem langsam vor dem Pkw herfährt, übt zwar eine dem Gewaltbegriff des § 240 Abs. 1 StGB unterfallende nötigende Gewalt (psychische und physische) aus, begeht aber gleichwohl wegen der nur kurzen Dauer und der geringen Intensität der Behinderung des Pkw-Fahrers sowie wegen fehlender Verwerflichkeit i.S.d. § 240 Abs. 2 StGB, (noch) keine tatbestandliche Nötigung.¹³⁹

---

137 BGHSt 18, 389, 391.
138 Vgl. BGHSt 18, 389; OLG Köln NZV 93, 36.
139 OLG Koblenz 11.06.01, 2 Ss 44/01, rkr.

Sachverhalt: Die Angeklagte nutzte die Gelegenheit, an einer rot geschalteten Ampel mit ihrem Fahrrad an dort haltenden Fahrzeugen vorbei zu fahren. Als die Ampel auf grün umschaltete, setzte sie sich mit ihrem Fahrrad in einem Abstand von etwa 5 m vor ein Auto und bremste sodann ohne ersichtlichen Grund abrupt ab. Um einen Zusammenstoß zu vermeiden, musste die nachfolgende Fahrzeugführerin eine Vollbremsung durchführen. Anschließend fuhr die Angeklagte eine Minute lang direkt vor dem Pkw her, wobei sie extrem langsam fuhr und ein Überholen vereitelte. Dadurch wollte sie die Fahrzeugführerin zwingen, extrem langsam hinter ihr herzufahren. Das AG hat die Angeklagte deshalb wegen Nötigung verurteilt. Die Revision führte zum Freispruch.

365

Entscheidungsgründe: Zwar kann in dem Verhalten der Angeklagten, auch unter Berücksichtigung der Entscheidung des BVerfG vom 10.01.1995,[140] eine dem Gewaltbegriff des § 240 Abs. 1 StGB unterfallende Gewaltanwendung gesehen werden. Die Angeklagte hat nämlich die Fahrzeugführerin nicht nur psychisch gezwungen, eine Vollbremsung durchzuführen und sodann langsam hinter ihr herzufahren. Sie hat ihr Fahrrad durch ihre Fahrweise auch als physisch wirkende „Barriere" eingesetzt.

366

Für eine Nötigung im Straßenverkehr reicht aber nicht jede vorsätzliche, durch physische Gewaltanwendung herbeigeführte Behinderung der Fortbewegung eines anderen Verkehrsteilnehmers aus. Vielmehr müssen erschwerende Umstände mit so besonderem Gewicht hinzutreten, dass dem Verhalten des Täters der Makel des sittlich Missbilligenswerten, Verwerflichen und sozial Unerträglichen anhaftet. Nach entsprechender Abwägung hat das OLG vorliegend eine Nötigung verneint.

367

Erläuterung: Um von einer Verwerflichkeit der Nötigung ausgehen zu können, fallen bei den vom OLG Koblenz geforderten erschwerenden Umständen vor allem die Zeitdauer der Verhinderung der Fortbewegung des anderen Verkehrsteilnehmers als auch die Intensität, mit der der Täter auf die Entschlussfreiheit eines anderen einwirkt, und die damit verbundene Gefährdung des anderen Verkehrsteilnehmers, ins Gewicht. Nicht ausreichend sind lediglich kurzfristige Behinderungen.[141] Uneins ist sich die Rechtsprechung jedoch in der Frage der Länge der erforderlichen Zeitspanne der Behinderung. Während das OLG Koblenz[142] eine, allerdings mit einer erheblichen Gefährdung eines anderen Verkehrsteilnehmers verbundene, Verhinderung des Überholens von 1,5 Minuten Dauer nicht mehr als kurzfristig ansieht, geht das OLG Düsseldorf[143] noch bei einer 2,5 Minuten andauernden Behinderung von Kurzfristigkeit aus.

368

Vorliegend hat das OLG Koblenz die Intensität der Tathandlung als gering bewertet. Dies ist darauf zurückzuführen, dass die Behinderung durch ein Fahrrad erfolgte und keine erhebliche Gefährdung der Fahrzeugführerin bewirkte. Gemäß § 1 Abs. 2 StVO stellt die Behinderung des anderen Verkehrsteilnehmers eine Ordnungswidrigkeit dar. Zu beachten ist dabei immer, ob nicht inzwischen Verfolgungsverjährung (§§ 31 OWiG, 26 Abs. 3 StVG) eingetreten ist. Liegen dafür keine wirksamen Unterbrechungshandlungen nach § 33 OWiG vor, führt das zum Freispruch.

369

---

140 NJW 95, 1141.
141 OLG Düsseldorf VA 00, 21 f.; OLG Köln NZV 00, 99 m.w.N.
142 21.08.2000, 1 Ss 155/00.
143 VA 00, 21 f.

370 **dd) Versperren der Fahrbahn mit ausgebreiteten Armen:** Der Tatbestand der Nötigung wird nicht allein durch das Versperren der Fahrbahn mit ausgebreiteten Armen erfüllt. Legt sich der Täter aber mit seinem Körper auf die Motorhaube eines Kfz, liegt der Tatbestand der Nötigung vor.[144]

371 Sachverhalt: Der Angeklagte wollte eine Zeugin an der Weiterfahrt mit ihrem Pkw hindern. Er stellte sich mit ausgebreiteten Armen so auf die Fahrbahn, dass sie anhalten musste und keine Möglichkeit mehr hatte, an ihm vorbeizufahren, ohne ihn zu gefährden. Nachdem die Zeugin wieder losfahren wollte, stellte er sich erneut vor den Pkw und legte sich dann mit seinem gesamten Körper auf die Motorhaube, um nun auf diese Weise die Weiterfahrt zu verhindern. Die Zeugin hielt erneut an, weil sie wiederum nicht in Kauf nehmen wollte, den Angeklagten durch eine Weiterfahrt zu gefährden. Der BGH hat die Verurteilung des Angeklagten wegen Nötigung nach § 240 StGB nicht beanstandet.

372 Entscheidungsgründe: Allein durch das Versperren der Fahrbahn mit ausgebreiteten Armen ist der Nötigungstatbestand nicht erfüllt. Nach der Rechtsprechung des BVerfG zur Auslegung des Merkmals der Gewalt in § 240 Abs. 1 StGB liegt eine solche nicht vor, wenn die Handlung lediglich in körperlicher Anwesenheit besteht und die Zwangswirkung auf den Betroffenen nur psychischer Natur ist. Daran ändert nichts, dass die Entscheidung des BVerfG im Zusammenhang mit Sitzdemonstrationen ergangen ist. Die Auslegung des Gewaltbegriffs in § 240 Abs. 1 StGB kann nicht davon abhängen, welche Ziele der Täter weiterverfolgt.

373 Dennoch hat der Schuldspruch im Ergebnis Bestand. Der Angeklagte hat sich anschließend, als die Zeugin wieder anfahren wollte, mit seinem Körper auf die Motorhaube des Pkw gelegt. Damit hat er unter Einsatz seines Körpers und unter Entfaltung gewisser Körperkraft auch ein physisches Hindernis geschaffen, von dem auf die Zeugin nicht nur psychische Zwangswirkung durch bloße Anwesenheit ausging.

374 Erläuterung: Die vom BGH angeführte Rechtsprechung des BVerfG zum Gewaltbegriff[145] zeigt auch auf die Anwendung des § 240 StGB im Straßenverkehr Auswirkungen. Danach ist bei Zwang im Straßenverkehr zwischen Behinderungen mit körperlicher Zwangswirkung und solchen, die das Verhalten des Betroffenen nur psychisch beeinflussen, zu unterscheiden. Der Nötigungstatbestand wird nur von ersteren erfüllt.

375 Angenommen wurde eine Nötigung z.B. für das Blockieren der Überholspur,[146] für beharrliches Linksfahren auf freier Autobahn[147] und für ein Blockieren durch Ausbremsen.[148]

376 Dagegen wurde eine Nötigung abgelehnt bei nur kurzem dichten Auffahren auf den Vordermann[149], beim Hupen, um den anderen zur Weiterfahrt zu veranlassen,[150] oder

---

144 BGH 23.04.02, 1 StR 100/02.
145 NJW 95, 1141.
146 OLG Köln NZV 97, 318.
147 OLG Düsseldorf VA 00, 21.
148 BGH NJW 95, 3131; BayObLG VA 01, 167.
149 OLG Karlsruhe NStZ-RR 98, 58.
150 OLG Düsseldorf NJW 96, 2245.

bei nur kurzfristigen Behinderungen.[151] Nach dem vom BVerfG vertretenen Gewaltbegriff ist das Stehenbleiben einer Person in einer freien Parklücke, um den Einfahrenden bloß passiv zu behindern, keine Nötigung nach § 240 StGB, sondern nur ein Verstoß gegen § 1 StVO (so auch Hentschel, Straßenverkehrsrecht, 36. Aufl., § 2 StVO Rz 62).

ee) Zufahren auf einen Fußgänger: Zur Frage der Nötigung beim Zufahren mit einem Kraftfahrzeug auf einen anderen:[152]

377

Sachverhalt: Ein Polizist wollte die Weiterfahrt des Angeklagten unterbinden. Er stellte sich deshalb ca. 2,5 m frontal vor das Auto des Angeklagten und forderte diesen durch Winken mit beiden Armen sowie verbal wiederholt auf, sein Auto an den rechten Straßenrand zu fahren. Um den Polizisten zur Seite zu zwingen, trat der Angeklagte zunächst mehrfach auf das Gaspedal und ließ den Motor laut aufheulen. Sodann fuhr er „mit langsamer Anfahrgeschwindigkeit" auf den Polizisten zu, der daraufhin zur Seite trat. Die Strafkammer hat den Angeklagten wegen Nötigung nach § 240 StGB verurteilt. Die hiergegen eingelegte Revision beim OLG hatte Erfolg.

378

Entscheidungsgründe: Das OLG hat auf den Sachverhalt die Rechtsprechung zum Zufahren auf einen eine Parklücke freihaltenden Fußgänger angewendet. Danach liegt eine Nötigung vor, wenn der Fußgänger durch das Zufahren zur Freigabe des Parkplatzes gezwungen werden soll und dabei eine erhebliche Gefährdung für dessen körperliche Unversehrtheit verursacht oder dieser gar verletzt wird. Den objektiven Tatbestand einer Nötigung hat das OLG danach als gegeben angesehen. Das Gericht hat allerdings Bedenken wegen der Annahme der Verwerflichkeit nach § 240 Abs. 2 StGB geäußert. Da keine Körperverletzung des Polizeibeamten festgestellt worden ist, könne von „Verwerflichkeit" nur die Rede sein, wenn zumindest die körperliche Unversehrtheit des Polizeibeamten erheblich gefährdet gewesen sei. Die dazu vom LG getroffenen tatsächlichen Feststellungen haben dem OLG nicht ausgereicht. Deshalb hat es das LG-Urteil aufgehoben und die Sache zur Nachholung ergänzender Feststellungen zurückverwiesen.

379

Erläuterung: Wie den Ausführungen des OLG Düsseldorf zu entnehmen ist, hat das Zufahren auf einen anderen nicht immer strafrechtliche Relevanz. Es wird daher empfohlen, auf die nachfolgenden Ausführungen zu achten. Zunächst erfüllt das Zufahren auf einen Fußgänger den objektiven Tatbestand der Nötigung nach § 240 StGB.[153] Führt das Zufahren zu einer konkreten Gefahr für den Anderen, bspw. wenn auf einen anhaltenden Polizeibeamten zugefahren wird, um diesen zur Freigabe des Weges zu zwingen, so kann ggf. sogar der Tatbestand des § 315 b Abs. 1 Nr. 3 StGB gegeben sein.[154]

380

Im Weiteren ist zu überlegen, ob die Gewaltanwendung verwerflich im Sinne des § 240 StGB und damit rechtswidrig ist. Die Verwerflichkeit ergibt sich aus einer Mittel-Zweck-Relation. Nicht nur das angewendete Mittel oder der angestrebte Zweck dürfen als verwerflich angesehen werden. Entscheidend ist, dass das Mittel der Willensbe-

381

---

151 OLG Düsseldorf NZV 00, 301.
152 OLG Düsseldorf, 30.08.2000, 2a Ss 164/00-33/00, rkr.
153 vgl. BGH VRS 40, 104; OLG Düsseldorf VerkMitt 78 Nr. 68; OLG Hamm VerkMitt 69 Nr. 123.
154 Fischer in Tröndle/Fischer, StGB, 49. Aufl., § 315 b Rn 5 c m.w.N.

einflussung im Hinblick auf den erstrebten Zweck als anstößig zu werten ist. Daher muss die Gewaltanwendung über das billigenswerte Maß hinausgehen, um die Tat als Nötigung bestrafen zu können. Nicht schon jedwede Behinderung, Belästigung oder Gefährdung eines Verkehrsteilnehmers, die in ihrem Unrechtsgehalt den Rahmen einer nach § 1 StVO zu ahndenden Ordnungswidrigkeit nicht übersteigt, kann als sittlich so missbilligenswert angesehen werden, dass sie verwerflich wäre.

382 Ob das Verhalten des Kraftfahrers beim Zufahren auf einen Fußgänger als verwerflich gewertet werden kann, lässt sich nur anhand der besonderen Umstände des Einzelfalles berücksichtigen. In der Rechtsprechung haben sich dazu bestimmte Grundsätze herauskristallisiert. Bewirkt die Erzwingung der Fahrtfreigabe eine nicht unerhebliche Verletzung der körperlichen Unversehrtheit des Dritten, indem dieser durch das anfahrende Kraftfahrzeug erfasst wird und einen körperlichen Schaden davonträgt, liegt der Straftatbestand des § 240 StGB vor.[155] Wenn im Verlaufe des Geschehens keine Körperverletzung begangen wurde, dann muss für eine Verurteilung wegen Nötigung wenigstens eine erhebliche Gefährdung der körperlichen Unversehrtheit des Dritten eingetreten sein. Uneinigkeit herrscht in Rspr. und Lit. jedoch darüber, wann die Erheblichkeitsschwelle erreicht und überschritten ist. Aufgrund der jeweiligen konkreten Umstände des Einzelfalls erscheint es auch nicht möglich, eine generelle Antwort zu geben. Zu den zu berücksichtigenden Umständen gehört bspw. das Verhalten desjenigen, auf den zugefahren wird.[156] Bei einer Parklücke ist ferner relevant, wer diese zuerst erreicht hat.[157] Teilweise kommt es auch darauf an, ob vom Dritten erwartet werden konnte, dass er dem angewendeten Zwangsmittel in besonnener Selbstbehauptung standhält.[158]

383 Nicht wegen Nötigung bestraft wurde mangels Verwerflichkeit ein Kraftfahrer, der äußerst langsam gefahren ist, jederzeit anhalten konnte, und den Umständen im Übrigen nicht die Drohung entnommen werden konnte, er werde weiter fahren, wenn der Fußgänger zu Fall oder unter die Räder des Pkws zu kommen drohte.[159] In ähnlichen Fällen kam es zudem darauf an, ob der langsam auf den Fußgänger zufahrende Pkw diesen nur mit der Stoßstange schob und der Pkw jederzeit angehalten werden konnte[160] oder ob der Fußgänger jederzeit hätte ausweichen können, so dass die Gefahr für ihn relativ gering war.[161]

384 Dagegen ist eine Nötigung bejaht worden, wenn eine hohe Verletzungsgefahr des Fußgängers durch die Art und Weise des Zufahrens bestand, nämlich dergestalt, dass der Fußgänger, sich auf die Vorderseite des Pkw abstützend, rückwärts ausweichen musste.[162] Ebenso wird es als verwerflich angesehen, wenn dem Fußgänger zusätzlich noch mit den Worten „Gehen Sie weg oder ich überfahre sie!" gedroht wurde.[163]

---

155 OLG Düsseldorf VerkMitt 78 Nr. 68.
156 OLG Düsseldorf, a.a.O. m.w.N.
157 OLG Hamm VerkMitt 69, Nr. 123; zur Geltung des neuen § 12 Abs. 5 StVO: OLG Düsseldorf NZV 92, 199.
158 BGH NStZ 92, 278.
159 BGH VRS 44, 437, 439.
160 OLG Hamburg NJW 68, 662.
161 OLG Stuttgart VRS 35, 438 und NJW 66, 745.
162 OLG Hamm NJW 70, 2074.
163 BayObLG VerkMitt 63 Nr. 40.

Überprüft man eine Verurteilung wegen Nötigung, ist sorgfältig darauf zu achten, ob die vom Tatgericht getroffenen Feststellungen ausreichen, um eine erhebliche Gefährdung des anderen annehmen zu können. Insofern muss das Urteil Angaben zur Geschwindigkeit des anfahrenden Fahrzeugs, zum Verhalten des anderen Verkehrsteilnehmers, zu dessen Abstand zum Fahrzeug während des Beiseitetretens, zur Art und Weise des Beiseitetretens des anderen und zur Frage, ob der andere ohne ein Beiseitetreten einem Angefahren- oder Überrolltwerden ausgesetzt war, enthalten.

Zum Schluss sei noch angemerkt, dass, wenn nicht der Kfz-Führer, sondern der Fußgänger vertreten wird, weil er dem parkwilligen Kraftfahrer die Einfahrt versperrt hat o.ä., eine Nötigung meist schon tatbestandlich ausscheidet. Im Hinblick auf den (neuen) Gewaltbegriff des BVerfG[164] wendet der Fußgänger schon keine Gewalt an, jedenfalls wird es regelmäßig an der Verwerflichkeit scheitern.[165]

5. Antrag auf Einstellung des Verfahrens nach § 170 StPO

a) Antrag auf Einstellung des Verfahrens gem. § 153 StPO

Der Strafverteidiger sollte möglichst im Ermittlungsverfahren schon versuchen, die Einstellung des Verfahrens zu erreichen. Leider wird diese Möglichkeit in Verkehrsstrafsachen häufig nicht wahrgenommen, was sicherlich auch daran liegt, dass die Ermittlungsbehörden die Verfahren weitestgehend formalisiert betreiben. Damit diese Alternative besser genutzt werden kann, sollen im Folgenden die in der Praxis am häufigsten gestellten Fragen zu diesem Thema erläutert werden und eventuelle Vor- oder Nachteile für den Mandanten aufgezeigt werden.

Zwischen den gesetzlichen Einstellungsvorschriften besteht ein Stufenverhältnis. Als erstes sollte versucht werden, dass bereits ein hinreichender Tatverdacht i.S.d. §§ 170 Abs. 2, 203 StPO verneint wird und deshalb das Verfahren aufgrund tatsächlicher Gründe eingestellt werden muss. Ist dies nicht möglich, kann noch eine Einstellung aus Opportunitätsgründen erfolgen. Bei Fehlen des öffentlichen Interesses sowie einer geringen Tatschuld kommt eine Einstellung nach § 153 StPO in Betracht. Ist die Schwere der Schuld im mittleren Bereich anzusiedeln, kann nur noch eine Einstellung nach § 153a StPO erfolgen. Bei mehreren Taten kommt eine Einstellung nach §§ 154, 154a StPO in Betracht, wenn die einzustellende Tat neben einer Haupttat nicht mehr ins Gewicht fällt. Somit kann hier zumindest ein Teileinstellungserfolg erzielt werden. Auch bringt eine Einstellung für den Verteidiger keine Gebührennachteile, da er bei endgültiger Einstellung des Verfahrens nach § 84 Abs. 2 BRAGO eine volle Gebühr nach § 83 Abs. 1 BRAGO abrechnen kann, wenn er an der Einstellung mitgewirkt hat.

Grundsätzlich sollte der Verteidiger von sich aus bei der StA die Verfahrenseinstellung anregen. Zwar hat er kein eigenes Antragsrecht, jedoch kann er die Einstellung des Verfahrens damit erreichen, dass er seine Einstellungsbereitschaft signalisiert. Gericht und StA werden sich aber nur dann die Mühe machen eine Einstellung mit dem Verteidiger abzustimmen, wenn auch eine Chance besteht das Verfahren dadurch zu beenden. Hierbei empfiehlt sich folgendes Vorgehen:

---

164 BVerfGE 92, 1 = NJW 95, 1141.
165 Tröndle in Tröndle/Fischer, StGB, 49. Aufl., § 240 Rz 28a m.w.N.

§ 2 Ordnungswidrigkeiten-, Straf- und Verwaltungsrecht

390   1. Zunächst muss mit dem Mandanten über eine mögliche Einstellung gesprochen werden und ihm die Vor- und Nachteile aufgezeigt werden (diese werden noch später erläutert). Danach muss der Mandant einer Einstellung auch zustimmen, denn es hängt vornehmlich auch von ihm ab, ob eine Einstellung von Erfolg gekrönt ist. Somit liegt diese Vorgehensweise auch im Interesse des Verteidigers, da sonst unnütze Absprachen dazu führen können, dass zukünftig die StA für Verfahrenseinstellungen nicht mehr offen ist.

391   2. Im Anschluss sollte der Verteidiger Kontakt zur StA aufnehmen, um die Möglichkeit einer Einstellung und evtl. deren Bedingungen zu diskutieren. Dabei sollte er nicht zu kompromissbereit sein, aber auch nicht zu fordernd auftreten.

392   3. Nach dem Gespräch mit der StA kann dann eine Verteidigungsschrift verfasst werden, die das Ergebnis des geführten Gesprächs festhält und die Einstellung vorbereitet. Hierbei sollte nochmals überprüft werden, ob der Mandant den Einstellungsbedingungen auch zustimmt. Für die Schrift gelten die allgemeinen Regeln, die bei einer Schutzschrift zu beachten sind. Ferner sollten die Voraussetzungen für den jeweils geltend gemachten Einstellungsgrund beachtet werden.

393   Von Bedeutung ist es, dass der Verteidiger mit dem Mandanten die Vor- und Nachteile einer Einstellung gewissenhaft erörtert. Für den schnelleren Überblick sollen Vor- und Nachteile tabellarisch gegenübergestellt werden:

Vorteilhaft	Nachteilig
▪ die Vermeidung der Hauptverhandlung hat zur Folge, dass weniger Kosten entstehen und eine seelische Belastung durch den Prozess vermieden wird ▪ das Verfahren verkürzt sich, so dass der Beschuldigte über die Rechtslage bald Gewissheit hat ▪ grundsätzlich wird nach einer Einstellung nicht weiter ermittelt, weshalb manches Tatgeschehen verborgen bleibt ▪ die Schuldfrage bleibt offen, da aus dem Einstellungsbeschluss noch kein Schuldbekenntnis resultiert, die Unschuldsvermutung besteht damit fort (dieser Punkt kann jedoch auch als nachteilig gewertet werden) ▪ eine Verurteilung wird vermieden, der Mandant ist nicht vorbestraft. Es erfolgt keine Eintragung ins Bundes- bzw. Verkehrszentralregister (§§ 4ff. BZRG bzw. § 28 StVG). Weiterhin besteht keine Mitteilungspflicht gem. MiStra.	▪ Die Einstellung nach § 153a StPO hat häufig noch präjudizierende Wirkung auf andere Verfahren bei Zivil-, Arbeits-, Disziplinar- und Verwaltungsgericht (trotz gegenteiliger Rspr.). ▪ Da die Schuldfrage nicht abschließend geklärt wurde, kann eine vollständige Entlastung nach außen nicht gegeben sein.

Nun sind die Voraussetzungen der verschiedenen Einstellungsmöglichkeiten nach §§ 153, 153a und 153b StPO zu erläutern.

394

Für die Einstellung nach § 153 StPO müssen folgende Voraussetzungen gegeben sein:

395

- Das Verfahren muss ein Vergehen zum Gegenstand haben.
- Die Schuld des Täters muss gering sein. Das ist dann der Fall, wenn beim Vergleich mit Vergehen gleicher Art, die Schuld nicht nur unerheblich unter dem Durchschnitt liegt bzw. geringer ist, als bei vergleichbaren Fällen. Dies ist z.B. dann gegeben, wenn die Strafe für die Tat im untersten Bereich erwartet wird. Um die Schuldschwere zu ermitteln ist auch hier wieder die Abarbeitung eines Fragebogens im Mandantengespräch ratsam. So sollte nach den Motiven und der Gesinnung des Beschuldigten zum Tatzeitpunkt gefragt werden. Weiterhin muss erfragt werden, welchen Tatbeitrag der Beschuldigte erbracht hat und ob es sich dabei um ein einmaliges Vergehen des Beschuldigten handelte. Außerdem kann es eine Rolle spielen, ob die Tat schon längere Zeit zurückliegt und welche Folgen beim Geschädigten dadurch eingetreten sind (Sach- oder Personenschäden). Jedoch sind nicht nur die Folgen beim Geschädigten zu erörtern, sondern auch evtl. Schäden beim Beschuldigten selbst (Gedanke des § 60 StGB). Wichtig ist es weiterhin, ob der Beschuldigte sich bereits um eine Wiedergutmachung des Schadens ernsthaft bemüht hat.
- Und das öffentliche Interesse an der Verfolgung der Tat muss fehlen. Dies kann aber ausgeschlossen sein, wenn der Beschuldigte z.B. vorbelastet ist oder eine Wiederholungsgefahr besteht. Ebenso wird ein öffentliches Interesse gegeben sein, wenn die Tat außergewöhnliche Folgen nach sich gezogen hat, wie z.B. eine schwere Verletzung beim Geschädigten. Auch bei häufig vorkommenden Delikten kann aus Gründen der Generalprävention ein öffentliches Interesse bestehen, oder aber, wenn die Öffentlichkeit ein besonderes Interesse an der Tat hat. Ebenfalls kann es eine Rolle spielen, ob den Geschädigten ein Mitverschulden trifft.

Verfahrenstechnisch ist zu beachten, dass die Einstellung des Verfahrens durch die StA aber mit Zustimmung des Gerichtes erfolgt, § 153 Abs. 1 StPO. Liegt diese Zustimmung vor, wird das Verfahren per Abschlussverfügung eingestellt. Eine gerichtliche Zustimmung ist jedoch nicht in jedem Falle notwendig. Sie kann fehlen, wenn es sich um ein Vergehen handelt, das nicht mit einer im Mindestmaß erhöhten Strafe bedroht ist und bei dem die durch die Tat verursachten Folgen gering sind (bspw. §§ 21 StVG, 240 StGB), § 153 Abs. 1 Satz 2 StPO. Auch ist die Einstellung unabhängig vom Einverständnis des Nebenklägers. Jedoch muss dieser vor einer Entscheidung gem. § 33a StPO gehört werden.

396

Praxisrelevant ist weiterhin, dass § 153 StPO auch bei einem Zusammentreffen von Straftat und OWiG angewandt wird, so dass der Beschuldigte bei Einstellung der Straftat nur noch die Ahndung der OWiG befürchten muss.[166]

397

Für den Mandanten ist es vorteilhaft, dass in der Regel das Verfahren mit der Einstellung erledigt ist. Es ist aber zu beachten, dass diese Einstellung nur beschränkte Rechtskraft-

398

---

166 BGH NJW 96, 1973.

wirkung hat, so dass grundsätzlich das Verfahren wiederaufgenommen werden kann, § 153 Abs. 2 StPO. Es werden allerdings nur Beweismittel und Tatsachen, die dem Einstellungsbescheid die Grundlage entziehen, zur erneuten Verfahrenseinleitung führen.

399 Nach § 153a StPO wird zunächst vorläufig von der Erhebung der öffentlichen Klage abgesehen und dann später das Verfahren endgültig eingestellt. Die Einstellung nach § 153a StPO ist dabei nicht immer nur vorteilhaft für den Mandanten. Insbesondere ist ein verbleibender Schuldvorwurf größer als bei einer Einstellung nach § 153 StPO, da ein dringender Tatverdacht bestehen muss, um dem Beschuldigten die freiwillige Übernahme von Pflichten zuzumuten. Vorteilhaft hingegen ist es, dass weder eine Entziehung der Fahrerlaubnis nach § 69 StGB noch ein Fahrverbot nach § 44 StGB zu befürchten ist. Auch ist die Sperrwirkung des § 153a Abs. 1 Satz 4 StPO größer als bei § 153 StPO, da ein endgültiges Verfahrenshindernis besteht. Dies gilt selbst dann wenn sich später herausstellt, dass die Tat einen größeren Schuldgehalt hatte als ursprünglich angenommen, oder wenn sich die Tat als Teil einer Dauerstraftat erweist.

400 Die Voraussetzungen einer Einstellung nach § 153a StPO sind:
- Verfahrensgegenstand ist ein Vergehen.
- Der Beschuldigte muss bestimmte Auflagen oder Weisungen erfüllen, die geeignet sind, das öffentliche Interesse an der Strafverfolgung zu beseitigen. Hier kann grundsätzlich auf die Voraussetzung des fehlenden öffentlichen Interesses im Rahmen der Prüfung des § 153 StPO verwiesen werden. Zusätzlich ist aber noch danach zu fragen, ob der Beschuldigte sich als unbelehrbar darstellt und bereits einschlägig oder mehrfach vorbestraft ist. Des Weiteren ist das öffentliche Interesse nicht beseitigt, wenn bereits ein Verfahren nach 153a StPO eingestellt wurde. Aus dem Aufgaben- und Weisungskatalog des § 153a Abs. 1 Satz 2 StPO kommen bei Verkehrsstrafsachen grundsätzlich nur die Erbringung von Leistungen zur Wiedergutmachung des Schadens (Nr. 1) und die Zahlung eines Geldbetrages an eine gemeinnützige Einrichtung oder die Staatskasse (Nr. 2) in Betracht. In der Praxis ist es ratsam, mit dem Mandanten abzusprechen, ob die Auflagen bzw. Weisungen in 3 Monaten erfüllt werden können. Ist dies nicht der Fall, empfiehlt es sich, von vornherein auf eine Frist von 6 Monaten zu drängen. Diese Frist kann dann allerdings nicht mehr verlängert werden
- Die Schwere der Schuld darf der Einstellung nicht entgegenstehen.

401 Auch bei einer Einstellung nach § 153a StPO kann die StA nur mit Zustimmung des Gerichts von der Verfolgung der Straftat absehen, § 153a Abs. 1 Satz 1 StPO. Auch hier wird das Verfahren durch Abschlussverfügung eingestellt, jedoch erst nach Erfüllung der Weisungen/Auflagen. Bei der Verteidigung muss darauf geachtet werden, dass Umstände vorgetragen werden, die das Maß der Schuld und des öffentlichen Interesses als gering erscheinen lassen. Auch ist es ratsam, zu Auflagen und Weisungen vorzutragen, da die StA eher geneigt sein wird das Verfahren vorläufig einzustellen, wenn bei einem Verkehrsstrafverfahren eine Geldauflage angeboten wird, die einer in diesem Fall in Betracht kommenden Geldstrafe in etwa entspricht. Problematisch könnte es hinsichtlich der Schuldfrage werden, wenn der Mandant nicht geständig ist und somit das Verfahren ggf. fortgeführt wird. Hier muss sich der Verteidiger seine Formulierun-

gen genau überlegen. Er wird sie von dem abhängig machen, was er vom Staatsanwalt über dessen Verfahrenssicht erfahren hat.
Weiterhin kommt eine Einstellung gem. § 153 b StPO in Betracht, wenn Voraussetzungen vorliegen, unter denen das Gericht von Strafe absehen kann, wie bspw. nach einem Täter-Opfer-Ausgleich gem. § 46a StGB oder unter den Voraussetzungen des § 60 StGB. § 153 b StPO ist demnach auch auf Verkehrsstraftaten anwendbar, speziell, wenn der Beschuldigte nach einem Verkehrsunfall den beim Geschädigten entstandenen Schaden wieder gut macht (§ 46a StGB). Eine Anwendung von § 60 StGB ist nur denkbar, wenn der Beschuldigte selbst oder ein naher Angehöriger eine schwere Verletzung erlitten hat. Dies ist aber dann ausgeschlossen, wenn ebenfalls ein Dritter eine schwere Verletzung erlitten hat. Rechtsmittel gegen die Entscheidungen nach §§ 153, 153a, 153b StPO sind nicht gegeben.

b) Geständige Einlassung mit Anregung des Erlasses eines Strafbefehls

Ist eine Einstellung des Verfahrens nicht möglich, muss sich der Anwalt auch mit den Vor- und Nachteilen des Strafbefehlsverfahrens auseinander setzen. Denn dieses Verfahren ist eine gute Möglichkeit, ein Strafverfahren relativ schnell zu beenden. Es ist in den §§ 407ff. StPO geregelt und ist als summarisches Strafverfahren, das eine einseitige Straffestsetzung ohne Hauptverhandlung und Urteil ermöglicht, ausgestaltet. Dabei sind die Prüfungsvoraussetzungen für die Schuld des Täters herabgesetzt, da die Schuld des Täters nicht mehr zur Überzeugung des entscheidenden Gerichts feststehen muss, sondern ein hinreichender Tatverdacht genügt, § 406 Abs. 1 Satz 1 StPO. Zu beachten ist aber, dass die Herabsetzung der Prüfungsvoraussetzungen für die Schuld des Täters nicht im Ermittlungsverfahren gilt.

402

Aber auch hier ist oberstes Gebot, dass mit dem Mandanten die Vorteile und Risiken eines Strafbefehlsverfahrens erörtert werden. So z.B. ist vorteilhaft, dass eine öffentliche Hauptverhandlung mit den dadurch entstehenden „Außenwirkungen" (seelische Belastung, Kosten für Verteidigung, Zeugen, Sachverständige etc) vermieden wird. Dadurch wird das Verfahren beschleunigt, was schnelle Gewissheit über die Rechtslage zur Folge hat. Auch werden unter Umständen aufgrund des summarischen Charakters des Verfahrens nicht alle Tatsachen ermittelt. Zudem gibt das Strafbefehlsverfahren dem Verteidiger die Möglichkeit zu Absprachen mit der StA (ggf. in Zusammenhang mit einer frühzeitigen Beiordnung als Pflichtverteidiger). Außerdem entspricht die Rechtskraft des Strafbefehls gem. § 410 Abs. 3 StPO der eines Urteils, so das eine erneute Verfolgung des Beschuldigten wegen derselben Tat nur im förmlichen Wiederaufnahmeverfahren gem. §§ 359ff. StPO möglich ist. Nachteilig ist hingegen die präjudizierende Wirkung auf andere Gerichte (Zivil-, Arbeits-, Disziplinar-, Verwaltungsgericht). Dies gilt allerdings nicht für berufsgerichtliche[167] oder alle disziplinarrechtlichen Verfahren.[168] Des Weiteren ist der Mandant nach Rechtskraft des Strafbefehls vorbestraft. Jedoch richtet sich der Inhalt eines polizeilichen Führungszeugnisses nach § 32 Abs. 2 Nr. 1, 5a, b BZRG. Das bedeutet, dass die Verwarnung mit Strafvorbehalt, eine Verurteilung zu einer Geld-

403

---

167 BGHSt 45, 46.
168 BVerwG NJW 00, 3297.

strafe von nicht mehr als 90 Tagessätzen und auch eine Verurteilung zu einer Freiheitsstrafe von nicht mehr als drei Monaten, wenn im Strafregister keine weiteren Strafen eingetragen sind, nicht ins polizeiliche Führungszeugnis aufgenommen werden. Das Vorgehen des Verteidigers sollte bei einem Strafbefehl wie folgt aussehen:

404 1. Gespräch mit Mandanten. Dieser muss mit einem Strafbefehlsverfahren einverstanden sein, nachdem ihm die Vor- und Nachteile aufgezeigt wurden. Ist dies aber nicht der Fall, empfiehlt es sich von vornherein ein „normales" Verfahren anzustreben. Hierbei ist zu beachten, dass der Mandant sein Einverständnis schriftlich abgeben muss, da das Verfahren auf einen Schuldspruch abzielt.

405 2. Gespräch mit StA. Darin muss ermittelt werden, ob die Möglichkeit der Verfahrenserledigung durch Strafbefehl besteht und welche Vorstellungen hinsichtlich der Rechtsfolgen auf Seiten der StA bestehen.

406 3. Verfassen einer Schutzschrift. Hier muss der Verteidiger die ausdrückliche Anerkennung der Schuld durch den Beschuldigten möglichst vermeiden. Es empfehlen sich Formulierungen wie „Das bisherige Beweisergebnis spricht gegen den Beschuldigten" oder „Die bisherigen Ermittlungen deuten auf die Schuld des Beschuldigten hin". Danach sollte sich anschließen, aus welchem Grund der Verteidiger das Strafbefehlsverfahren anregt. Es muss sich daraus aber ein grundsätzliches Einverständnis mit dem Strafbefehlsverfahren ergeben, da von der StA kein Strafbefehl beantragt wird, wenn ein Einspruch zu erwarten ist (s. aber Nr. 175 Abs. 3 RiStBV). Weiterhin muss der Verteidiger beachten, dass er bzw. der Beschuldigte nach Anregung des Erlasses eines Strafbefehls in der Regel vor Erlass desselbigen nicht mehr gehört werden, weshalb er alles für die Strafzumessung bedeutsame bereits vorher vorgetragen haben muss.

407 Als nächstes sollen die Voraussetzungen für den Erlass eines Strafbefehls erläutert werden:
- Die Beantragung des Strafbefehls erfolgt durch schriftlichen Antrag der StA beim Strafrichter des AG, § 407 Abs. 1 Satz 1 StPO. Durch die Anhebung der Grenzen der dem Strafrichter eingeräumten Strafgewalt, kommt der Erlass eines Strafbefehls kaum noch in Betracht.
- Die allgemeinen Voraussetzungen für den Strafbefehlsantrag, sind die gleichen, wie bei Erhebung der Anklage durch Einreichen einer Anklageschrift, da durch den Strafbefehlsantrag die öffentliche Klage erhoben wird, § 407 Abs. 1 Satz 4 StPO. Es muss also hinreichender Tatverdacht gegeben sein, so dass keine gewichtigen Zweifel an der Schuldfähigkeit des Beschuldigten bestehen dürfen.[169] Des Weiteren muss der Antrag so gestellt werden, dass feststeht, welche Tat Gegenstand des Verfahrens ist (BayObLG StV 02, 356). Z.B. müssen bei dem Vorwurf einer Trunkenheitsfahrt Tatzeit und Tatort angegeben sein.
- Rechtsfolgen des Strafbefehls sind nur solche nach § 407 Abs. 2 StPO. Sie können aber auch nebeneinander festgesetzt werden. Zu beachten ist hier § 407 Abs. 2 Satz 2 StPO. Danach kann auch eine Freiheitsstrafe von einem Jahr festgesetzt wer-

---

169 BayObLG zfs 03, 369.

den, deren Vollstreckung zur Bewährung ausgesetzt wird, wenn der Angeschuldigte einen Verteidiger hat. Hat er jedoch keinen Verteidiger und soll die Rechtsfolge des § 407 Abs. 2 Satz 2 StPO gewählt werden, ist § 408b StPO zu beachten. Danach ist dem Beschuldigten ein (Pflicht-)Verteidiger zu bestellen.

- Eine Anhörung des Beschuldigten vor Erlass des Strafbefehls findet nicht mehr statt, § 408 Abs. 3 StPO. Ihm war im Vorverfahren rechtliches Gehör gewährt worden, § 163a Abs. 1 StPO und er hat die Möglichkeit gegen den erlassenen Strafbefehl Einspruch zu erheben.[170]
- Wirksam wird der Strafbefehl erst mit Zustellung an den Beschuldigten oder an den Verteidiger, § 145a Abs. 1 StPO. Eine öffentliche Zustellung ist nach h.M. unzulässig.[171]
- Wenn das Gericht den beantragten Strafbefehl nicht erlassen will, muss es gem. § 408 Abs. 3 StPO eine Hauptverhandlung anberaumen.
- Als Rechtsmittel gegen einen Strafbefehl kommt der Einspruch nach § 410 StPO in Betracht. Dieser kann sogar dann eingelegt werden, wenn der Beschuldigte zuvor den Erlass eines Strafbefehls angeregt hat. Bei Trunkenheitssachen ist hier besonders zu berücksichtigen, dass aus der Höhe der BAK noch nicht auf die Schuldform geschlossen werden kann. Dies ist wichtig, weil die Schuldform Auswirkungen auf die Länge der Sperrfrist für die Wiedererteilung der Fahrerlaubnis hat. Der Einspruch muss innerhalb von 2 Wochen nach Zustellung des Strafbefehls eingelegt werden. Für den Fristbeginn ist die Wirksamkeit der Zustellung zu beachten.[172] Die Berechnung der Frist erfolgt nach § 43 StPO. Bei Fristversäumnis kann Wiedereinsetzung in den vorherigen Stand möglich sein. Der Einspruch ist schriftlich oder zu Protokoll der Geschäftsstelle, bei dem Gericht einzulegen, das ihn erlassen hat. Eine Begründung des Einspruches ist nicht unbedingt notwendig. Nach § 410 Abs. 2 StPO ist es zulässig, den Einspruch auf bestimmte Beschwerdepunkte zu beschränken, wie z.B. auf die Rechtsfolgen. Die Beschränkung ist aber unwirksam, wenn der Richter nicht die Voraussetzungen des § 20 StGB geprüft hat, obwohl die BAK Anlass dazu gegeben hat.[173] Eine Zurücknahme des Einspruchs ist ebenfalls möglich, allerdings benötigt der Verteidiger dafür gem. § 410 Abs. 1 Satz 2 i.V.m. § 302 Abs. 2 StPO eine ausdrückliche Ermächtigung. Aufgrund eines wirksamen Einspruches kommt es nun zu einer Hauptverhandlung nach § 411 Abs.1, 2–4 StPO.

408 Die Hauptverhandlung findet statt, wenn Einspruch eingelegt worden ist oder der Strafbefehlsantrag von der StA abgelehnt wurde. Dabei muss der Pflichtverteidiger, der im Ermittlungsverfahren beigeordnet wurde, bedenken, dass dies nicht auch für die Hauptverhandlung gilt. Hier ist eine neue Beiordnung zu beantragen. Grundsätzlich verläuft die Hauptverhandlung nach den allgemeinen Regeln. Ausnahme dazu ist aber, dass der Beschuldigte in der Hauptverhandlung nicht anwesend sein muss. Nach § 411 Abs. 2 StPO kann er sich durch seine Verteidiger vertreten lassen, sofern eine besondere schriftliche Vollmacht gegeben ist. Besteht diese nicht oder fehlt der Beschuldigte

---

170 BVerfG NJW 69, 1103.
171 OLG Düsseldorf NJW 97, 2965.
172 BVerfG NJW 01, 1563.
173 BayObLG zfs 03, 369.

§ 2 Ordnungswidrigkeiten-, Straf- und Verwaltungsrecht

unentschuldigt, wird der Einspruch nach § 412 Satz 1 StPO verworfen. Auch bestehen einige Besonderheiten für die Art der Beweisaufnahme. Nach § 411 Abs. 2 StPO finden für die Verlesbarkeit von Niederschriften über eine frühere Vernehmung von Zeugen, Sachverständigen oder Mitbeschuldigten die Vorschriften für ein beschleunigtes Verfahren Anwendung, § 420 StPO. Entsprechendes gilt für den Umfang der Beweisaufnahme. Auch kann der Einspruch mit Zustimmung der StA in der Hauptverhandlung noch zurückgenommen werden, § 411 Abs. 3 Satz 2 StPO i.V.m. § 303 Satz 1 StPO. Ebenfalls kann der Einspruch in der Hauptverhandlung noch auf bestimmte Beschwerdepunkte beschränkt werden. Insoweit gelten dieselben Grundsätze wie bei einer Berufungsbeschränkung. Des Weiteren kann gegen ein im Strafbefehlsverfahren ergangenes Urteil Berufung oder (Sprung-)Revision eingelegt werden.

c) Einspruch gegen den Strafbefehl

409 Muster: Einspruch gegen den Strafbefehl

In der Strafsache

■■■

AZ.: ■■■

legen wir namens und im Auftrag unserer Mandantschaft

EINSPRUCH

gegen den Strafbefehl vom ■■■, zugestellt am ■■■, ein.

Zur Vorbereitung der Hauptverhandlung bitten wir um Überlassung der Ermittlungsakte. Vollmacht liegt an.

■■■

Rechtsanwalt

Anlage:

Vollmacht

d) Widerspruch gegen die vorläufige Entziehung der Fahrerlaubnis

410 Die Verteidigung gegen die vorläufige Entziehung der Fahrerlaubnis gestaltet sich, je nach Verfahrensstadium in dem der Verteidiger eingeschaltet wird, unterschiedlich. Ist die Fahrerlaubnis noch nicht vorläufig entzogen, kann er das ggf. noch verhindern. Anders ist dies, wenn die Fahrerlaubnis bereits von der Polizei sichergestellt worden ist und/oder die vorläufige Entziehung schon richterlich angeordnet worden ist. Hier muss überlegt werden, welche Rechtsmittel zum Erfolg führen, und ob die angeordnete Maßnahme ggf. wegen Zeitablaufs wieder aufgehoben werden muss.

411 Grundlage der vorläufigen Entziehung der Fahrerlaubnis ist § 111a Abs. 1 Satz 1 StPO. Danach kann die Fahrerlaubnis vorläufig entzogen werden, wenn dringende

B. Verkehrsstrafrecht im engeren Sinne

Gründe für die Annahme sprechen, dass die Fahrerlaubnis gem. § 69 StGB entzogen werden wird. Solche dringenden Gründe sind regelmäßig dann gegeben, wenn das Gericht den Beschuldigten als für das Führen von Kfz ungeeignet hält.[174] Dringende Gründe ist damit gleichbedeutend mit dem in § 112 StPO genannten „dringenden Tatverdacht". Dies ist gegebenenfalls von Bedeutung, wenn der Mandant die ihm zur Last gelegte Tat bestreitet.

Wie oben bereits beschrieben, kommt es entscheidend darauf an, in welchem Stadium des Verfahrens der Verteidiger eingeschaltet wird: 412

Ist die **Fahrerlaubnis noch nicht vorläufig entzogen**, muss der Verteidiger prüfen, ob hinsichtlich einer Katalogtat des § 69 Abs. 2 StGB dringender Tatverdacht vorliegt. Dabei ist zu beachten, dass Drogenbeschaffungsfahrten nicht zu diesen Katalogtaten gehören. Danach empfiehlt es sich wieder, zur Verteidigung einen Fragenkatalog mit dem Mandanten durchzugehen: 413

- Steht die Fahrereigenschaft des Mandanten fest? Wenn dies nicht der Fall ist, muss geprüft werden, ob ihm die Fahrereigenschaft nachgewiesen werden kann und welche Einlassung dazu abgegeben werden soll.
- Bestehen evtl. Beweisverwertungsverbote: Dies kann dann der Fall sein, wenn der Mandant nicht belehrt worden ist und sich nun nicht mehr zur Sache äußern will (LG München StV 99, 143).
- Wurde dem Mandanten eine Blutprobe entnommen: Auch hier ist nach der Verwertbarkeit der Blutprobe zu fragen, und, wenn eine Verwertbarkeit besteht, in welcher Höhe eine BAK festgestellt wurde, um eventuelle Vergehen nach § 315c, § 316 StGB ausschließen zu können.
- Fahruntüchtigkeit aufgrund anderer berauschender Mittel: Zu beachten ist, dass der Nachweis von Drogenwirkstoffen im Blut noch nicht die Annahme der Fahruntüchtigkeit rechtfertigt. Auch hier müssen aussagekräftige Beweiszeichen vorliegen.[175]
- Wurde eine ggf. bestehende Wartepflicht gem. § 142 StGB verletzt.
- Sind bei Vorliegen der Voraussetzungen für den vorläufigen Entzug Ausnahmen gegeben, die die Indizwirkung des § 69 Abs. 2 StGB entfallen lassen können: Ein Ausnahmefall liegt vor, wenn besondere Umstände bestehen, die den konkreten Fall von den Tatumständen des Durchschnittsfalles deutlich abheben. Derartige Umstände können in der Persönlichkeit des Täters in Verbindung mit außergewöhnlichen Umständen des Falles, in der Wirkungsart des Alkohols und in der Motivation oder in der Fahrweise des Täters liegen.[176]

Ist eine vorläufige Entziehung der Fahrerlaubnis nicht abzuwenden, bleibt noch die Möglichkeit einen Antrag zu stellen, dass bestimmte Arten von Kfz von der vorläufigen Entziehung gem. § 111a Abs. 1 Satz 2 StPO auszunehmen sind. Die Voraussetzungen entsprechen denen des § 69a Abs. 2 StGB. Es muss aber dargelegt werden können, 414

---

174 OLG Düsseldorf StV 92, 219; BVerfG VRS 90, 1.
175 BGH NJW 99, 226; Harbort NZV 96, 219.
176 Tröndle/Fischer StGB § 69 Rn. 12a m.w.N.; LG Gera VA 00, 103.

dass der Zweck der vorläufigen Fahrerlaubnisentziehung dadurch nicht gefährdet wird und der an sie ungeeignete Betroffene keine Gefahr für die Allgemeinheit darstellt.[177] Wirtschaftliche Gründe allein genügen hier nicht.

415 Wenn der **Führerschein polizeilich sichergestellt oder vorläufig entzogen** wurde, ist zu entscheiden, ob gegen diese Maßnahmen Rechtsmittel eingelegt werden sollen. Dazu müssen die möglichen Rechtsmittel herausgesucht werden:
- Die richterliche Entscheidung gem. §§ 98 Abs. 2 Satz 2, 111a Abs. 4 StPO ist dann zu beantragen, wenn die Fahrerlaubnis von der Polizei wegen Gefahr im Verzug beschlagnahmt wurde (§§ 98 Abs. 1 Satz 1, 94 Abs. 3 StPO).
- Gegen die richterliche Entscheidung ist Beschwerde nach § 304 StPO statthaft. Diese ist auch dann zulässig, wenn die Fahrerlaubnis vom Ermittlungsrichter ohne Antrag der StA von Amts wegen beschlagnahmt wurde. Zu beachten ist hier aber, dass der Verfahrensfehler im Beschwerdeverfahren geheilt werden kann.

416 Jedoch ist es nicht risikolos, Rechtsmittel einzulegen. Zum einen besteht die Gefahr der Verfahrensverzögerung, zum anderen könnte eine erfolglose Beschwerde die spätere Entscheidung des Gerichts beeinflussen. Somit sollte überlegt werden, ob nicht nur ein Aufhebungsantrag oder eine Gegenvorstellung erhoben wird. Weiterhin ist daran zu denken, dass der Mandant darüber belehrt wird, dass er nach Bekanntgabe des Beschlusses über die vorläufige Entziehung der Fahrerlaubnis nicht mehr am Straßenverkehr teilnehmen darf. Ansonsten setzt er sich einer Strafbarkeit gem. § 21 Abs. 2 Nr. 1 StVG aus.

417 Kommt man zu der Entscheidung, dass vorläufig keine Rechtsmittel eingelegt werden sollen, ist der Zeitablauf aber im Auge zu behalten und zu überprüfen, ob die vorläufige Entziehung der Fahrerlaubnis nicht gem. § 111a Abs. 2 StPO wieder aufgehoben werden muss. Dies ist z.B. dann der Fall, wenn kein dringender Tatverdacht mehr gegeben ist, oder aufgrund besonders langer Verfahrensdauer, die Feststellung der mangelnden Eignung in der Hauptverhandlung nicht mehr wahrscheinlich ist.[178] Eine Entziehung der Fahrerlaubnis ist zwar auch nach längerer Zeit noch möglich, könnte aber unverhältnismäßig sein.[179] Es ist deshalb ratsam, die bei den Gerichten üblichen Sperrfristen für die Wiedererteilung der Fahrerlaubnis zu beachten und nach Ablauf dieser Frist die Aufhebung der Maßnahme zu beantragen. Auch müssen Verfahren in denen die Fahrerlaubnis vorläufig entzogen worden ist, beschleunigt geführt werden.[180]

III. Gerichtliches Verfahren

1. Berufungseinlegung

418 Die Berufung ist das am häufigsten gebrauchte Rechtsmittel. Jährlich werden 50.000 bis 60.000 Berufungen geführt, davon ca. 80 bis 85 % vom Angeklagten ausgehend.

---

177 LG Dessau zfs 98, 484.
178 OLG Köln StV 91, 248; LG Dresden zfs 99, 122.
179 LG Dresden zfs 99, 122 [10 Monate]; LG Tübingen zfs 98, 484 [41,5 Monate]; LG Ravensburg zfs 95, 314 [6 Monate].
180 OLG Hamm zfs 02, 199.

Grund genug sich damit zu befassen. Das Rechtsmittel der Berufung führt zu einer Neuverhandlung. In der Berufungsverhandlung können sowohl Tatsachen als auch Beweismittel neu eingeführt werden. Im Wesentlichen gelten die Verfahrensgrundsätze und -regeln der 1. Instanz. Nach § 314 StPO ist sie beim erstinstanzlichen Gericht, schriftlich oder zu Protokoll der Geschäftsstelle, einzulegen.

Die mit der Berufung verfolgten Ziele sind identisch mit denen der 1. Instanz: Feispruch oder milde Strafe. Die Verteidigung hat die Aufgabe, das Berufungsgericht davon zu überzeugen, dass die tatsächliche oder rechtliche Urteilsgrundlage der 1. Instanz falsch war. Wichtig ist zu wissen, dass ein Verschlechterungsverbot („reformatio in peius") besteht, wenn lediglich der Angeklagte, sein Verteidiger oder die Staatsanwaltschaft zu seinen Gunsten das Rechtsmittel eingelegt hat. Das erstinstanzliche Urteil kann nicht zu Lasten des berufungsführenden Mandanten abgeändert werden. Berufungsgericht ist immer das Landgericht, zu dessen Bezirk das Amtsgericht gehört, dessen Urteil der Mandant nicht akzeptiert.

Muster: Berufungseinlegung

An das

Amtsgericht

■■■

Strafabteilung

■■■

AZ.: ■■■

In der Strafsache

gegen

Herrn/Frau ■■■

lege ich gegen das Urteil des Amtsgerichts <Ortsname> vom <Datum>

B e r u f u n g

ein.

Vor Durchführung der Berufungsverhandlung bitte ich um Überlassung der Gerichtsakte zur Vorbereitung des Verfahrens.

■■■

Rechtsanwalt

Einer weiteren Begründung bedarf es zunächst nicht. Falls keine weitere Begründung erfolgt, wird die Berufung vollumfänglich durchgeführt.

Bei Verkehrsstrafsachen, die mit einer Entziehung der Fahrerlaubnis enden, ist zu bedenken, dass manche Gerichte sich bei der Terminierung der Berufungsverhandlung viel Zeit lassen. Nach § 69a Abs. 4 StGB beträgt das Mindestmaß der Sperre 3 Monate, wenn eine vorläufige Entziehung oder Beschlagnahme vorausging. In vielen Fällen erlebt man den „drohenden" Hinweis des Gerichts, dass bei Berufungsrücknahme der Führerschein „in greifbare Nähe rückt", bei Aufrechterhaltung der Berufung möglicherweise wieder 3 Monate „wegrückt". Dies kann sehr bedeutungsvoll sein, wenn der Mandant dadurch außerhalb der Zweijahresfrist gelangt, die ihm im Verwaltungsverfahren die Wiederholung von Führerscheinprüfungsteilen auferlegt (§ 20 II 2 FeV).

423 Bei ungewöhnlich langer Hinauszögerung einer Berufungsverhandlung kann die Aufhebung der vorläufigen Entziehung der Fahrerlaubnis wegen Verstoßes gegen den Grundsatz der Verhältnismäßigkeit nötig werden.[181]

424 Sachverhalt: Am 15.07.97 war die Fahrerlaubnis des Betroffenen vorläufig gemäß § 111a StPO entzogen worden. Seit Ende Mai 98 war das Berufungsverfahren anhängig; bis zum 12.10.99 ist noch nicht terminiert worden. Der Betroffene hatte ca. 27 Monate keinen Führerschein.

425 Entscheidungsgründe: Bei einem nicht straff geführten Berufungsverfahren, insbesondere durch zügige Anberaumung der Hauptverhandlung, hat die Anordnung der vorläufigen Entziehung der Fahrerlaubnis nach § 111a Abs. 1 StPO keinen Bestand mehr. Das OLG beruft sich auf den Grundsatz der Verhältnismäßigkeit (§ 62 StGB). Bei ungewöhnlich langer Verzögerung des Hauptverfahrens kann es im Einzelfall nötig werden, vorläufige Maßnahmen wie hier nach § 111a Abs. 1 StPO aufzuheben. Dieses gilt insbesondere, wenn es unwahrscheinlich ist, dass der Angeklagte in der Hauptverhandlung noch als ungeeignet zum Kfz-Führen beurteilt wird.

426 Erläuterung: Über das Gebot der Verhältnismäßigkeit nach § 62 StGB hinaus ist bei einer stark verzögert stattfindenden Hauptverhandlung zusätzlich noch Art. 6 Abs. 1 Satz 1 EMRK und das daraus abgeleitete Beschleunigungsgebot zu beachten. Wichtig dabei ist, dass das Beschleunigungsgebot nicht nur bei Haftsachen gilt, sondern auch bei allen anderen Straf- und Bußgeldsachen Anwendung findet.[182]

427 Des Weiteren kann eine Verfahrensverzögerung Einfluss auf die Höhe der Geldstrafe nehmen und in extrem gelagerten Fällen sogar zur Verfahrenseinstellung führen.

428 Das Beschleunigungsgebot greift umso stärker, je gravierender die Belastung für den Betroffenen ist. Relevant sind dabei nur die konkreten Auswirkungen der Verfahrensverzögerung auf den Betroffenen, nicht dagegen auch sonstige prozessuale Ziele. Die Verfahrensverzögerung durch die Behörden und Gerichte darf zudem nicht nur unerheblich sein, was im jeweiligen Einzelfall gesondert zu beurteilen ist.

429 Ein Verstoß gegen das Beschleunigungsgebot stellt einen eigenständigen Strafmilderungsgrund dar, dessen Höhe exakt zahlenmäßig zu bestimmen ist.[183] Von Bedeutung

---

181 OLG Düsseldorf, VRS 98, 197.
182 BVerfG NJW 92, 2472.
183 OLG Köln VRS 97, 349.

für das Fahrerlaubnisrecht ist, dass die Aufhebung vorläufiger Maßnahmen, wie die der vorläufige Entziehung der Fahrerlaubnis,[184] erfolgen kann.

Im vorliegenden Fall beschäftigte sich das OLG Düsseldorf nur mit der Frage der Aufhebung der vorläufigen Fahrerlaubnisentziehung wegen eines Eignungsmangels des Fahrers. Eine ungewöhnlich lange Verfahrensverzögerung im Berufungsverfahren kann aufgrund des Verhältnismäßigkeitsgebots jedoch auch dazu führen, dass ohne die Möglichkeit einer nochmaligen Überprüfung des Eignungsmangels in der Hauptverhandlung, die vorläufige Fahrerlaubnisentziehung aufgehoben werden muss. Einer endgültigen Entziehung der Fahrerlaubnis ist damit dann gleichfalls der Weg versperrt. Bei einer Verfahrensdauer von über zwei Jahren kann diese Voraussetzung wohl als gegeben angesehen werden.

430

2. Berufungsbegründung

Für die Verteidigung ist, im Gegensatz zur Staatsanwaltschaft, eine Begründung der Berufung nicht vorgeschrieben. Der Verteidiger sollte sich gleichwohl mit dem Urteil und den Anfechtungsgründen auseinander setzen und zumindest überdenken, welche Zeugen er dringend nochmals hören will, da Zeugen nur noch zur Berufungsverhandlung geladen werden, wenn das Gericht diese glaubt hören zu müssen oder der Verteidiger dies beantragt. Dieses ergibt sich aus der Vorschrift des § 325 StPO, wonach Zeugenaussagen und Sachverständigenfeststellungen verlesen werden können. Der Antrag muss von der Verteidigung rechtzeitig gestellt werden, das heißt so frühzeitig, dass die Ladung im normalen Geschäftsgang vor der Hauptverhandlung bewirkt werden kann (nicht jedoch durch telegrafische oder telefonische Ladung).

431

Die Berufungsbegründung kann die Beweiswürdigung oder die rechtliche Würdigung angreifen, Verfahrensfehler rügen, beantragen, neue Beweismittel zu würdigen oder beantragen, dass bereits gewürdigte Beweismittel erneut gewürdigt werden. Das Berufungsgericht sollte zumindest rechtzeitig erfahren, ob das Verfahren in rechtlicher oder tatsächlicher Hinsicht oder aber wegen des Rechtsfolgenausspruchs angegriffen wird.

432

3. Revisionseinlegung

Revisionsrecht ist ein Rechtsgebiet, das „volksfremd" ist. Allerdings ist es auch den meisten Juristen nicht vertraut, was erklärt, dass 95 % aller Revisionen als offensichtlich unbegründet verworfen werden. Der Revisionsführer muss sich strengen Regeln unterwerfen und das, was „vor Augen" liegt – also Tatsachenwürdigung – außer Betracht lassen. Revisionen gegen Urteile der Amtsgerichte werden von den Oberlandesgerichten entschieden, Urteile der Landgerichte und Oberlandesgerichte gelangen zum BGH.

433

Auch das Rechtsmittel der Revision wendet sich gegen Urteile. Die Revisionseinlegung verhindert die Rechtskraft des Urteils. Im Gegensatz zur Berufung führt die Revision nicht mehr zur Überprüfung der Tatsachengrundlagen des angefochtenen Urteils. Dies ist ausschließlich Sache des Tatrichters. Das Revisionsgericht prüft lediglich, ob dem

434

---

184 LG Zweibrücken DAR 99, 517.

Tatrichter bei der Feststellung von Tatsachen oder bei der Anwendung des Rechts auf bereits festgestellte Tatsachen, Fehler unterlaufen sind, auf denen seine Entscheidung beruhen könnte. Da das Revisionsgericht keine Tatsachen überprüft, ist die regelmäßige Folge der erfolgreichen Revision die Zurückverweisung an ein Gericht der Tatsacheninstanz.

435 Muster: Revisionseinlegung

An

Landgericht

■■■

Strafkammer

■■■

Aktenzeichen: ■■■

In der Strafsache

gegen

■■■

wegen

■■■

lege ich gegen das Urteil des Landgerichts ■■■ vom ■■■

R e v i s i o n

ein.

Ich rüge die Verletzung materiellen Rechts.

Ich bitte um Überlassung des Protokolls der Hauptverhandlung zur weiteren Revisionsbegründung.

Ich beantrage:

das angefochtene Urteil des ■■■ vom ■■■, Az.: ■■■ aufzuheben und an eine andere Strafkammer zurückzuverweisen.

■■■

Rechtsanwalt

436 Es mag verwundern, dass in diesem Schriftsatz bereits der Ansatz einer Begründung enthalten ist, indem die Verletzung materiellen Rechts gerügt wurde. Es handelt sich hierbei um die Mindestbegründung, die immer für den nicht seltenen Fall verwendet werden sollte, dass eine Frist versäumt wird. Diese Mindestbegründung führt dazu, dass sich das Revisionsgericht der Sache annimmt.

4. Revisionsbegründung

In der Regel wird die Verletzung materiellen Rechts, die Verletzung formellen Rechts oder die Verletzung der Aufklärung zu rügen sein. Wie bereits oben dargelegt, muss die Verletzung materiellen Rechts nicht weiter ausgeführt werden. Das Gericht nimmt allein diese Rüge zum Anlass, das Urteil zu überprüfen. Gleichwohl ist natürlich zu bedenken, dass dem Gericht damit gedient ist, den Gedankengang des Verteidigers zu erfahren, der ihn zu diesem Rechtsmittel führte. 437

Verletzungen formellen Rechts und die Aufklärungsrüge müssen begründet werden. Dabei ist immer auszuführen, dass das angegriffene Urteil auf der Formalie oder unterlassenen Aufklärung beruht, und wenn nötig eine diesbezügliche Begründung anzufügen. Im Verlauf eines längeren Hauptverfahrens werden häufig Fehlentscheidungen getroffen, die aber für die Entscheidung selbst vollkommen unerheblich sind. 438

C. Verkehrsverwaltungsrecht

I. Widerspruch gegen eine Fahrtenbuchauflage

Die Auflage, ein Fahrtenbuch führen zu müssen, ergibt sich aus § 31 StVZO und gibt der Behörde die Möglichkeit der Gefahrenabwehr im Interesse der Sicherheit der Allgemeinheit. Sie ist in der Regel die Folge der Ausübung des Rechts des Betroffenen, sich nicht selbst bezichtigen zu müssen..[185] Grundsätzlich ist vor der Anordnung, ein Fahrtenbuch zu führen, eine Anhörung durchzuführen, da es sich dabei um den Erlass eines belastenden Verwaltungsakts handelt (§ 28 Abs. 1 VwVfG). 439

Adressat des § 31a StVZO ist der Halter. Halter ist nicht der, auf den das Fahrzeug zugelassen ist, sondern derjenige, der das Fahrzeug für eigene Rechnung in Gebrauch hat und die Verfügungsgewalt darüber besitzt. Eine konkrete oder abstrakte Wiederholungsgefahr wird nicht vorausgesetzt. Wesentlich für den Bestand einer entsprechenden Auflage ist, dass sie verhältnismäßig ist. Der nicht aufklärbare Verstoß muss erheblich und das Verhalten des Halters bei dessen Aufklärung nicht hinnehmbar sein. 440

Muster: Widerspruch gegen eine Fahrtenbuchauflage 441

An

Verwaltungsbehörde ■■■

■■■

Aktenzeichen: ■■■

Sehr geehrte Damen und Herren,

wir vertreten anwaltlich ■■■. Anliegend überlassen wir die auf uns ausgestellte Vollmacht.

Der Anhörungsbogen liegt uns vor. Diesem ist zu entnehmen, dass unserer Mandantschaft ein Fahrtenbuch auferlegt werden soll, da nicht festgestellt werden konnte, wer das Fahr-

---

[185] BVerwG zfs 2000, 367.

zeug unserer Mandantschaft anlässlich einer Geschwindigkeitsüberschreitung am ▪▪▪ um ▪▪▪, fuhr.

Im vorliegenden Fall geht es um einen Verkehrsverstoß, der mit einem Punkt zu bewerten wäre(Geschwindigkeitsüberschreitung außerhalb geschlossener Ortschaften um 21 km/h). Da die Umstände des Einzelfalles zu berücksichtigen sind, ist besonders zu beachten, wann und wie der Verstoß begangen worden sein soll, und zwar hier an einem Wochenende um 00.00 Uhr vor einer Schule bei keinerlei Verkehr.

Zunächst weisen wir ausdrücklich darauf hin, dass unser Mandant von Anfang an, nachdem er von entsprechenden Ermittlungen erfuhr, bereit war, bei der Feststellung des Fahrers mitzuwirken. Dies wurde jedoch von der Behörde unterbunden, indem auf entsprechende Anfrage unserer Kanzlei mitgeteilt wurde, dass eine Übersendung der Ermittlungsakte nicht infrage käme, da unser Mandant nicht Betroffener, sondern nur Zeuge sei.

Wir hatten ausdrücklich darauf hingewiesen, dass der Mandant willens ist hilfreich zu sein, dafür allerdings nähere Anhaltspunkte, wie zum Beispiel eine verwertbare Bildvorlage, benötigt. Das vorgelegte Bild war nicht verwertbar, sondern von minderer Qualität.

Bereits zu diesem Zeitpunkt lag das Geschehen zwei Monate zurück, so dass es unserem Mandanten bereits damals – und heute umso mehr – schwer fiel, zu eruieren, wer zum damals fraglichen Zeitpunkt als Fahrer in Betracht käme. Die Rechtsprechung ist diesbezüglich eindeutig und besagt, dass von einem Kraftfahrer bereits nicht mehr verlangt werden kann, zu wissen, wer 11 Tage zuvor sein Fahrzeug geführt hat(BVerwG in VRS 42, 61).

Allerdings weisen wir auch darauf hin, dass im vorliegenden Fall ein Verstoß nicht rechtskräftig hätte festgestellt werden können, zumal bereits das Fahrzeug in keiner logischen Fotoposition situiert ist. Hier besteht ein konkreter Anhaltspunkt zur Erörterung etwaiger Fehlerquellen.

Da im vorliegenden Fall weder gewiss ist, dass der Verstoß überhaupt begangen wurde, noch eine entsprechende Mitwirkungsbereitschaft fehlt, darf unserer Mandantschaft kein Fahrtenbuch auferlegt werden.

▪▪▪

Rechtsanwalt

II. Widerspruch gegen die Anordnung einer MPU

442 In Alkoholfällen ist die MPU eindeutig geregelt. Ca. 70 % aller MPU-Anordnungen haben einen Alkoholhintergrund, ca. 10% erfolgen wegen Verstoßes gegen das Mehrfachtäterpunktesystem, weitere 10% betreffen Taxifahrer und Fahrlehrer und nur 10% haben eine MPU wegen weiterer anderer Auffälligkeiten zu absolvieren.

443 Ein MPU-Test wird nur dann benötigt und angeordnet, wenn sich die Eignung eines Führerscheinbewerbers oder -Inhabers zum Führen von Kraftfahrzeugen anders nicht eindeutig feststellen lässt. Der Verwaltungsbeamte ist sich also nicht sicher, in welche Richtung seine Entscheidung gehen muss und will sich deshalb sachverständiger Hilfe

bedienen. Die Aufgabe des Rechtsanwalts ist es, die Entscheidung des Verwaltungsbeamten zu Gunsten seines Mandanten zu fördern. Dabei ist zunächst ist zu prüfen, ob der Anlass für die Auflage noch Bedeutung hat.

Häufig werden der Einfachheit halber eine medizinische und eine psychologische Untersuchung angeordnet, obwohl allenfalls eine der beiden benötigt wird. Dem muss natürlich – schon aus Kostengründen – widersprochen werden.

Auch ist zu bedenken, dass es für den Mandanten angenehmer ist, lediglich einen Arzt aufzusuchen, weil die psychologische Untersuchung im gesellschaftlichen Umfeld häufig zu herabwürdigenden Reaktionen führt („Idioten-Test"). Hinzu kommt die Verunsicherung des Mandanten, da Eignung oder Nichteignung Begriffe sind, die man nicht in psychologischen Tests mithilfe von Frage- und Antwortspielen „beweisen" kann. Es können allenfalls Tatsachen festgestellt werden, aus denen letztlich die entsprechenden Schlüsse gezogen werden können. Gegen die überflüssige Anordnung von psychologischen Tests lässt sich auch erfolgreich mit dem Allgemeinen Persönlichkeitsrecht nach Art. 2 Abs. 1 i.V.m. Art. 1 Abs. 1 GG argumentieren.

III. Widerspruch gegen die verwaltungsrechtliche Fahrerlaubnisentziehung

Vor Erhebung einer Anfechtungsklage ist ein Vorverfahren durchzuführen, in dem Rechtmäßigkeit und Zweckmäßigkeit des Verwaltungsakts überprüft werden. Grundsätzlich haben Widerspruch und Anfechtungsklage aufschiebende Wirkung. Die aufschiebende Wirkung ist nur ausnahmsweise nicht gegeben, z.B. nach § 80 Abs. 2, S. 1 Nrn. 1–4 VwGO. Das Vorverfahren findet in der Regel bei einem Stadtrechtsausschuss oder Kreisrechtsausschuss statt, von dem dann letztlich auch der Widerspruchsbescheid zu erlassen ist.

Gebühren und Auslagen des Rechtsanwalts werden nur dann zugesprochen, wenn die Hinzuziehung eines Rechtsanwalts notwendig war, § 80 Abs. 2 BVwVfG.; hierbei zu bedenken, dass sich der Normalbürger nur selten in verwaltungsrechtlichen Angelegenheiten auskennt.

Die Fahrerlaubnisentziehung durch die Verwaltungsbehörde erfolgt in der Regel wegen Ungeeignetheit des Führerscheininhabers, Kraftfahrzeuge zu führen. Nach § 3 Abs. 1 Satz 1 StVG und § 46 Abs. 1 Satz 1 FeV hat die Fahrerlaubnisbehörde die Fahrerlaubnis zu entziehen, wenn sich deren Inhaber als ungeeignet zum Führen von Kraftfahrzeugen erweist. Insbesondere gilt dies gem. § 46 Abs. 1 Satz 2 FeV, wenn Erkrankungen oder Mängel, die den Anlagen 4, 5 oder 6 entnommen werden können, vorliegen. Weiterhin auch dann, wenn erheblich oder wiederholt gegen verkehrsrechtliche Vorschriften oder Strafgesetze verstoßen wurde. Bei wiederholten Zuwiderhandlungen unter Alkoholeinfluss, bei Alkoholmissbrauch- und -abhängigkeit besteht grundsätzlich keine Eignung zum Führen von Kfz. Feststellungen über eine Änderung des Trinkverhaltens können nur anhand eines psychologischen Gutachtens getroffen werden. Von Alkoholmissbrauch wird immer dann gesprochen, wenn der Inhaber einer Fahrerlaubnis das Führen von Kfz und seinen die Fahrsicherheit beeinträchtigenden Alkoholkonsum nicht hinreichend sicher trennen kann, auch wenn er nicht alkoholabhängig ist.

449 Anforderungen an Fahrerlaubnisentziehung aufgrund Alkoholabhängigkeit bzw. – missbrauch: Eine Rechtfertigung für die Entziehung der Fahrerlaubnis ist nicht schon allein deshalb gegeben, weil in einem fachärztlichen Gutachten der Verdacht einer bestehenden Alkoholabhängigkeit geäußert wird. Die Fahrerlaubnisentziehung setzt vielmehr voraus, dass der Kfz-Führer tatsächlich alkoholabhängig ist oder nach Beendigung des Alkoholmissbrauchs keine wesentliche Änderung des Trinkverhaltens festgestellt werden kann. Der Alkoholmissbrauch allein kann lediglich dann zur Ungeeignetheit zum Führen eines Kfz herangezogen werden, wenn nachgewiesen ist, dass der Führer nicht zwischen Konsum und der Fahrt mit dem Kfz trennen kann. Das Gutachten wirft Zweifel an der Fahreignung des Antragstellers auf, kann jedoch für sich allein die Entziehung der Fahrerlaubnis nicht rechtfertigen, weil es nicht schlüssig und nachvollziehbar ist und damit den in § 11 Abs. 5 FeV i.V.m. Anlage 15 zur FeV genannten Grundsätzen nicht genügt. Zu Schwierigkeiten der Praxis mit medizinisch-psychologischen Untersuchungen vgl. Blutalkohol 2003, 114.

450 Es ist zu prüfen ob die Anordnung einer Begutachtung rechtens ist oder aber, beispielsweise infolge Gutachtensvorlagen durch den Mandanten, entbehrlich. Dabei ist auch auf die Verhältnismäßigkeit der Anordnung einzugehen. Abzuwägen ist das allgemeine Persönlichkeitsrecht einerseits und der Schutz der Allgemeinheit andererseits. Dabei ist auszuführen, wie sich der Mandant in letzter Zeit nach entsprechender Nachhilfe verhalten hat, dass zwischenzeitlich keine Auffälligkeiten mehr zutage traten, die Verstöße gegen Verkehrsvorschriften allein kein negatives Bild des Mandanten entstehen lassen können, da es sich um jedermann vertraute Verstöße handelt. Es ist zu beachten, dass nicht formelhaft begründet wird, sondern individuell unter Bezugnahme aller über den Mandanten vorgetragenen Tatsachen, auch der positiven Eigenschaften. Allein die Beiziehung und Zitierung des Verkehrszentralregisters ist ungeeignet, da aus den Verstößen allein nicht die Ungeeignetheit abzuleiten ist. Das Überwiegen des Individualinteresses des Mandanten gegenüber dem Behördeninteresse ist zu verdeutlichen.

IV. Einstweiliger Rechtsschutz bei sofortiger Vollziehung von Verwaltungsentscheidungen

451 In der Regel gilt der Grundsatz, dass erst nach Rechtskraft eine Handlung oder Unterlassung gefordert werden kann. Ausnahmen werden geschaffen durch die Anordnung des Sofortvollzuges. Dies geschieht vor allem in den Fällen, in denen die Behörde davon ausgeht, dass Rechtsmittel missbräuchlich eingelegt werden, um die Rechtskraft zu verzögern.

452 In Führerscheinverfahren ist keine aufschiebende Wirkung zu erlangen, wenn gegen die Anordnung zur Teilnahme an einem Aufbauseminar nach § 4 Abs. 3 Satz 1 Nr. 2 StVG, gegen die Entziehung nach § 4 Abs. 7 Satz 1 StVG (Teilnahme am Aufbauseminar verweigert) oder §4 Abs 2 Satz 1 Nr. 3 StVG (18 Punkte erreicht) vorgegangen wird.

C. Verkehrsverwaltungsrecht

Muster: Antrag auf Wiederherstellung der aufschiebenden Wirkung   453

An das

Verwaltungsgericht   46

■■■

In dem Verwaltungsrechtsstreit

■■■/■■■ (Behörde)

wegen: Entziehung der Fahrerlaubnis mit sofortiger Vollziehung

bestellen wir uns für den Antragsteller.

Für diesen beantragen wir:
1. Die sofortige Vollziehung der Verfügung der ■■■ (Behörde) vom ■■■ wird ausgesetzt und die aufschiebende Wirkung des Widerspruchs vom ■■■ wiederhergestellt
2. Dem Antragsteller ist der Führerschein durch ■■■ herauszugeben.
3. Die Antragsgegnerin hat die Kosten des Verfahrens zu tragen.

Der Antragsteller ist selbstständig. Er betreibt ein Ingenieurbüro für die Erbringung von Bauleistungen. Seine Tätigkeit besteht darin, dass er früh morgens im Büro die Arbeit einteilt. Danach fährt er zu den verschiedenen Baustellen um Baufortschritte zu überwachen und Änderungen mit den Bauleitern zu besprechen. Daraufhin erstellt er im Büro Entwürfe. Schließlich sucht er einzelne Kunden auf, um mit diesen Änderungen zu besprechen oder aber er besucht potenzielle Kunden, um neue Aufträge zu erhalten.

Es ist völlig unmöglich, diese Tätigkeiten mit Inanspruchnahme öffentlicher Verkehrsmittel zu verrichten. Die Baustellen sind über drei Bundesländer verteilt.

Die Antragsgegnerin hält die Entziehung für geboten. [...]

Dem kann nicht gefolgt werden.

Der Antragsteller ist beruflich auf seine Fahrerlaubnis und auf seinen Führerschein angewiesen. Ohne seine permanente Kontrolltätigkeit und seine Akquisitionen – beides nicht delegierbare Tätigkeiten- könnte sein Büro nicht überleben, so dass er Insolvenz anmelden müsste.

Die Antragsgegnerin führt lediglich aus, die sofortige Vollziehung der Entziehung sei im öffentlichen Interesse.

Dies lässt erkennen, dass eine ordnungsgemäße Ermessensentscheidung nicht getroffen wurde. Eine Güterabwägung darf nicht nur formelhaft begründet werden, sondern muss erkennen lassen, dass beide Güter bedacht und gegeneinander abgewogen wurden.

Der Antragsteller hat bereits im Vorverfahren ausführlich dargelegt, dass die Entziehung der Fahrerlaubnis seinen Ruin nach sich ziehen würde. Er hat dargelegt, dass die ihm vorgeworfenen Vergehen der Vergangenheit angehören und auch dort nur einen geringen Zeitabschnitt betreffen.

Nachdem kein überwiegendes Interesse dargelegt ist und glaubhaft gemacht wurde, ist dem Antrag zu folgen.

■■■

Rechtsanwalt

V. Abwägung in Führerscheinsverfahren

454 Häufig kommt der Mandant zum Anwalt und legt ein MPU-Gutachten vor in der Erwartung, der Anwalt werde sich seiner Empörung über die negative Begutachtung anschließen. Schließt sich der Anwalt der Empörung an, wird es in der Regel unproblematisch sein, der Behörde darzulegen, dass persönliche Störungen zwischen dem Psychologen und dem Mandanten vorlagen, die tendenziell negativ zu Lasten des Mandanten verwertet wurden. In der Regel wird eine Nachfrist von einem Monat für die Beibringung eines neuen Gutachtens gesetzt.

455 Fällt auch das neue Gutachten negativ aus, entsteht nicht nur Ärger wegen der erneut aufgewandten Gebühr. Zu beklagen ist auch der Zeitverlust. Zudem scheint danach ein erfolgreiches Widerspruchsverfahren nicht erreichbar zu sein. Auch ist der Zeitaufwand für ein Widerspruchverfahren und eine Klage erheblich.

456 Sinnvoller erscheint es daher, den Antrag gegen die Entziehung der Fahrerlaubnis zurückzunehmen und Vorbereitungen für den Antrag auf Erteilung einer neuen Fahrerlaubnis zu treffen. Inzwischen werden diesbezügliche Vorbereitungskurse nicht nur von großen Sachverständigenorganisationen gut und wirkungsvoll durchgeführt. Mithilfe eines Verkehrspsychologen, der nach unserer Erfahrung allenfalls bis zu 10 Stunden aufzuwenden hat, und der Berücksichtigung des bereits oben unter B.I.3. zu diesem Thema ausgeführten, ist die Vorbereitung zu schaffen. Der Mandant erreicht dadurch kurzfristig einen Erfolg, der ihm bei der Durchführung eines Verwaltungsgerichtsverfahrens durch die langen Verfahrensdauern versagt bleibt.

FormularBibliothek Zivilprozess

Teil 1: **Verkehr** Seite 5
Christian Janeczek, Rechtsanwalt
Hartmut Roth, Rechtsanwalt

Teil 2: **Schaden** Seite 185
Dr. Tobias Windhorst, Staatsanwalt

Teil 3: **Arzthaftung** Seite 261
Matthias Teichner, Rechtsanwalt

Teil 4: **Versicherung** Seite 369
Oskar Riedmeyer, Rechtsanwalt

Inhalt

Verweise erfolgen auf Rndnummern

- § 1 Übersicht über deliktsrechtliche Anspruchsgrundlagen 1
  - A. Struktur des Deliktsrechts 1
  - B. Verhältnis zu anderen Anspruchsgrundlagen 6
  - C. Europäisierung des Deliktsrechts 9
- § 2 Allgemeine deliktische Ansprüche, §§ 823 ff. BGB 11
  - A. Vorprozessuale Situation 12
    - I. Beratungssituation 12
      - 1. Allgemeine Fragen 12
        - a) Begründung des Mandatsverhältnisses 12
        - b) Versicherungsrechtliche Aspekte 13
      - 2. Erfassen des Sachverhalts .. 15
    - II. Einigung ohne Klage 20
  - B. Wichtigste Anspruchsgrundlagen 25
    - I. § 823 Abs. 1 BGB 26
      - 1. Rechts(gut)verletzung 27
        - a) Leben, Körper, Gesundheit, Freiheit 28
        - b) Eigentum 31
        - c) Besitzschutz über § 823 Abs. 1 BGB? 35
        - d) Das Recht am eingerichteten und ausgeübten Gewerbebetrieb 40
        - e) Das allgemeine Persönlichkeitsrecht 43
      - 2. Verletzung von Verkehrssicherungspflichten 47
        - a) Bestehen einer Verkehrssicherungspflicht in der Person des Anspruchsgegners 49
          - aa) Sicherungspflichten 50
          - bb) Fürsorgepflichten 51
        - b) Reichweite der Verkehrssicherungspflicht 56
        - c) Verletzung der Verkehrssicherungspflicht und Kausalität 59
      - d) Praxisrelevanz 60
    - II. § 823 Abs. 2 BGB 62
    - III. § 826 BGB 65
    - IV. § 830 BGB 67
    - V. § 831 BGB 74
    - VI. § 832 BGB..................... 82
    - VII. § 833 BGB..................... 88
    - VIII. §§ 836-838 BGB.............. 92
    - IX. Die Produkthaftung.......... 99
      - 1. Das Produkthaftungsgesetz 101
        - a) Voraussetzungen 106
        - aa) Fehlerhaftes Produkt, §§ 2 und 3 ProdHaftG 106
        - bb) Sonstige Voraussetzungen, §§ 1, 4 ProdHaftG 109
        - b) Rechtsfolgen.............113
      - 2. Produzentenhaftung, §§ 823 ff. BGB 115
        - a) Voraussetzungen 117
        - b) Darlegungs- und Beweislast 119
          - aa) Beweislast des Geschädigten 121
          - bb) Beweislast des Herstellers 122
    - X. Tatbestandsübergreifende Probleme.....................126
      - 1. Die haftungsbegründend kausale Handlung 126
        - a) Festlegung der fehlerhaften Handlung.............126
        - b) Kausalität und Zurechnung 128
          - aa) Schadensanlagefälle 133
          - bb) seelische Reaktionen 134
          - cc) Schockschäden..........135
          - dd) Dazwischentreten des Geschädigten............137
          - ee) Dazwischentreten Dritter 138
        - c) allgemeine Beweisfragen 140
      - 2. Rechtswidrigkeit und Verschulden 142
      - 3. Verjährung.................144
    - XI. Grundsätze der Schadensermittlung 150

187

1. Grundgedanken des deutschen Schadensrechts 152
2. Die Differenzhypothese und ihre normative Korrekturen 154
   a) Entgangene Nutzungsmöglichkeit 155
   b) Frustrierte Aufwendungen 158
   c) Berücksichtigung von Reserveursachen 159
   d) Rechtmäßiges Alternativverhalten 161
   e) Vorteilsausgleichung 163
   f) Vorsorgekosten 167
C. Prozess 169
   I. *Muster:* Klage auf Schadensersatz (mit Feststellungsantrag) 169
   II. *Muster:* Klage aus § 836 BGB – Haftung für vermutetes Verschulden 170
      1. Klageschrift 171
      2. Anmerkungen 171
   III. Besonderheiten bei Klagen im deliktsrechtlichen Bereich 172
      1. Mehrere Schadenspositionen 172
      2. Örtliche Zuständigkeit 173
      3. Konstellation bei Mitverschulden 174
      Muster: Klageantrag bei Mitverursachung 175
      4. Konstellation bei Gesamtschuldnerschaft 177

§ 3 Schmerzensgeld, § 253 Abs. 2 BGB 180
A. Maßgebliche Änderungen seit 1.8.2002 180
   I. Konsequenzen für die Gefährdungshaftung 184
      1. Rechtliche Erwägungen 184
      2. Umsetzung in der Praxis 188
   II. Konsequenzen für die vertragliche Haftung 189
      1. Rechtliche Erwägungen 189
      2. Besondere Probleme in der Praxis 193
   III. Konsequenzen für Schmerzensgeldansprüche im Zusammenhang mit dem Allgemeinen Persönlichkeitsrecht 195
B. Tatbestandliche Voraussetzungen – insbesondere Schmerzensgeld bei Tötung? 197
C. *Muster:* Klageschrift 199
D. Besondere Probleme 200
   I. Angabe eines Mindestbetrags? 200
   II. Teilzahlung bereits erfolgt? 203
   III. Schmerzensgeld als Rente? 205
E. Revisibilität? 208

§ 4 Zahlung einer Geldrente, §§ 843 ff. BGB 209
A. § 845 BGB – entgangene Dienste 210
B. § 843 BGB – Erwerbsminderung 212
   I. Tatbestandliche Voraussetzungen 213
   II. Rechtsfolgen 216
      1. Faktoren für die Bemessung 216
      2. Fälligkeit der Rentenzahlung 221
      3. Kapitalabfindung, § 843 Abs. 3 BGB 222
   III. *Muster:* Abfindungsvergleich 225
   IV. *Muster:* Klageschrift 226
   V. *Muster:* Abänderungsklage 227
   VI. Prozessuale Besonderheiten – Das Verhältnis von Leistungs-, Feststellungs- und Abänderungsklage 228
C. § 844 Abs. 2 BGB – Tötung eines Unterhaltspflichtigen 232
   I. Tatbestandliche Voraussetzungen 234
   II. *Muster:* Klageschrift 238
   III. Sicherungsmaßnahmen bei fehlender Bedürftigkeit 240
D. Zwangsvollstreckung 242

§ 5 Begleitender Rechtsschutz durch § 1004 BGB 243
A. Grundlagen 243
   I. Tatbestandliche Voraussetzungen 243
   II. Rechtsfolgen 251
B. Prozessuales Vorgehen 255
   I. *Muster:* Klageschrift – Beseitigungsklage 256

II. *Muster:* Klageschrift – Unterlassungsklage **257**
III. Prozessuale Besonderheiten .. **258**
   1. Gerichtliche Zuständigkeit **258**
   2. Bestimmtheit des Klageantrags, § 253 Abs. 2 Nr. 2 ZPO **260**
   3. Parteiwechsel ***263***
     a) §§ 265, 266 ZPO ***263***
     b) §§ 76, 77 ZPO ***265***
C. Zwangsvollstreckung **267**

MUSTERVERZEICHNIS

	Rn.
§ 1 Übersicht über deliktsrechtliche Anspruchsgrundlagen	1
§ 2 Allgemeine deliktische Ansprüche, §§ 823 ff. BGB	11
1 Klage auf Schadensersatz (mit Feststellungsantrag)	169
2 Klage aus § 836 BGB – Haftung für vermutetes Verschulden	170
3 Klageantrag bei Mitverursachung	175
§ 3 Schmerzensgeld, § 253 Abs. 2 BGB	180
4 Klageschrift	199
§ 4 Zahlung einer Geldrente, §§ 843 ff. BGB	209
5 Abfindungsvergleich	225
6 Klageschrift	226
7 Abänderungsklage	227
8 Klageschrift	238
§ 5 Begleitender Rechtsschutz durch § 1004 BGB	243
9 Klageschrift – Beseitigungsklage	256
10 Klageschrift – Unterlassungsklage	257

§ 1 Übersicht über deliktsrechtliche Anspruchsgrundlagen

A. Struktur des Deliktsrechts

Gerade im Bereich des Deliktsrechts, das sowohl strukturell als auch inhaltlich eine gewisse Nähe zum Strafrecht aufweist,[1] ist (ähnlich wie bei der Prüfung der Strafbarkeit eines Verhaltens) ein Denken von den Tatbestandsmerkmalen her erforderlich. Daher ist bei **Beratungsgesprächen mit dem Mandanten** stets im Hinterkopf zu haben, welche Anspruchsgrundlage ggf. in Betracht kommen könnte und welche Voraussetzungen dafür im Einzelnen gegeben sein müssen. Um die einzelnen Anspruchsgrundlagen besser prüfen und deren Unterschiede besser herausarbeiten zu können, bietet sich eine gewisse allgemeine Strukturierung der in Betracht kommenden Normen an. Es können hierzu **drei Kategorien** gebildet werden:

- Haftung für *nachgewiesenes* Verschulden
Darunter fallen insbesondere die §§ 823 Abs. 1 und Abs. 2, 824, 825, 826 und 830 BGB. Diese haben für den Anspruchsteller den Nachteil, dass er stets ein Verschulden des Anspruchsgegners nachweisen muss. Vorteil dieser allgemeinen deliktischen Haftung ist die unbeschränkte Haftung des Schädigers.

- Haftung für *vermutetes* Verschulden
Hier wird – für den Anspruchsteller günstiger – davon ausgegangen, dass den Anspruchsgegner ein Verschulden trifft; es liegt also an diesem zu beweisen, dass dies nicht der Fall war. Hierzu zählen insbesondere die §§ 831, 832, 833 S. 2, 834, 836-838 BGB oder § 18 StVG.

- Gefährdungshaftung
Wie bereits der Name sagt, ist ein Verschulden nicht erforderlich; das Einstehenmüssen begründet sich darauf, dass der Anspruchsgegner eine potentielle **Gefahrenquelle** unterhält, hieraus Vorteile zieht und als Äquivalent dafür **verschuldensunabhängig** für mögliche Schäden aufkommen muss. Diese Normen stellen eine erhebliche Belastung für den Anspruchsgegner dar und sind daher seltener. Dazu zählen aus dem BGB lediglich §§ 833 S. 1 und 701 ff. Eine erhebliche praktische Bedeutung hat § 7 StVG im Bereich des Straßenverkehrsrechts. Daneben existieren noch Sondernormen: §§ 33 LuftverkehrsG, 1 HaftpflichtG, 25 ff. AtomG, 84 ff. ArzneimittelG, 22 Abs. 2 WasserhaushaltsG[2] sowie 1 ff. UmwelthaftungsG.

Eine **Generalklausel zur Begründung einer allgemeinen Gefährdungshaftung** existiert in Deutschland – im Gegensatz zu anderen europäischen Rechtsordnungen[3] – nicht. Das deutsche Recht geht hier traditionellerweise vom **Enumerationsprinzip** aus, wie schon die oben aufgeführten Spezialtatbestände zeigen. Eine Änderung in Richtung

---

1 Das private Deliktsrecht hat sich aus derselben Wurzel entwickelt wie das öffentliche Strafrecht, vgl. dazu MüKo-Wagner, vor § 823 Rn. 2 Fn. 5 m.w.N.
2 Vgl. dazu aus neuerer Zeit etwa Kügel, NJW 2004, 1570, 1578 f.
3 Vgl. MüKo-Wagner, vor § 823 Rn. 22 m.w.N.

Schaffung einer Gefährdungshaftungsgeneralklausel (in Anlehnung an Vorbilder aus dem europäischen Rechtsraum) ist derzeit nicht geplant.

5 Auch **Analogien** werden im Bereich der Gefährdungshaftung grundsätzlich **abgelehnt**;[4] dies ergibt sich schon aus dem genannten Enumerationsprinzip, weil in diesem Fall von einer planwidrigen Regelungslücke keine Rede sein kann.

B. Verhältnis zu anderen Anspruchsgrundlagen

6 Das deutsche Recht geht grundsätzlich vom sogenannten **Kumulationsprinzip** aus: deliktsrechtliche Anspruchsgrundlagen stehen selbständig neben Vertragsrecht,[5] sind also unabhängig davon zu prüfen.

7 Es kann aber hier zu **Wertungswidersprüchen** kommen, etwa dann, wenn innerhalb einer vertraglichen Verbindung die Anwendung von Deliktsrecht zu Ergebnissen führen würde, die die Vertragspartner gerade nicht wollten.

8 Daher sollte man in der Praxis darauf achten, dass **im Rahmen von Verträgen** besonderes Augenmerk darauf zu richten ist, ob und ggf. inwieweit Deliktsrecht noch zur Anwendung kommen kann.[6]

C. Europäisierung des Deliktsrechts

9 Die Bemühungen um eine Angleichung europäischer Regelungen spielen sich im Moment vor allem im Vertragsrecht ab. Auch das Deliktsrecht wird sich aber auf Dauer einer europarechtlichen Angleichung nicht entziehen können. So gibt es bereits Entwürfe für sog. „Principles of European tort law", die zunächst einmal die gemeinsamen Prinzipien der deliktsrechtlichen Regelungen in Europa darstellen sollen.[7]

10 Ein **konkreter Zeitplan** für eine erneute Änderung des deutschen Deliktsrechts in Hinblick auf europäische Vorgaben oder gar ein einheitliches europäisches Deliktsrecht **existiert aber nicht**. Hier muss abgewartet werden.

---

4 Vgl. MüKo-Wagner, vor § 823 Rn. 23 mit zahlreichen Nachweisen zur Rechtsprechung.
5 Vgl. nur MüKo-Wagner, vor § 823 Rn. 61.
6 Vgl. die gute Übersicht bei MüKo-Wagner, vor § 823 Rn. 62 ff.
7 Vgl. MüKo-Wagner, vor § 823 Rn. 81 m.w.N.

§ 2 Allgemeine deliktische Ansprüche, §§ 823 ff. BGB

Literatur

Bruggemeier, Die vertragsrechtliche Haftung für fehlerhafte Produkte und der deliktische Eigentumsschutz nach § 823 Abs. 1 BGB, VersR 1983, 501 ff.; Deutsch, Die Medizinhaftung nach dem neuen Schuldrecht und dem neuen Schadensrecht, JZ 2002, 588 ff.; Deutsch, Unerlaubte Handlungen, Schadensersatz und Schmerzensgeld, 4. Auflage 2004; Freise, Überlegungen zur Änderung des Schadensersatzrechts, VersR 2001, 539 ff.; Huber, Das neue Schadensersatzrecht, 2003; Jansen, Tagespolitik, Wertungswandel und Rechtsdogmatik – Zur Reform des Schadensersatzrechts, JZ 2002, 946 ff.; Katzenmeier, Die Neuregelung des Anspruchs auf Schmerzensgeld, JZ 2002, 1029 ff.; Küppersbusch, Ersatzansprüche bei Personenschäden, 8. Auflage 2004; Marburger, Grundsatzfragen des Haftungsrechts unter dem Einfluss der gesetzlichen Regelungen zur Produzenten- und zur Umwelthaftung, AcP 192 (1992), 1 ff.; Wagner, Das neue Schadensersatzrecht, 2002; Wagner, Das zweite Schadensersatzrechtsänderungsgesetz, NJW 2002, 2049 ff.

Normzweck der deliktischen Haftung ist der **Schutz des Einzelnen gegen widerrechtliche Eingriffe in seinen Rechtskreis**. Dabei wird allerdings der Einzelne nicht umfassend geschützt; die den Verletzer treffenden Einstandspflichten knüpfen vielmehr an bestimmte Tatbestände an, und nur bei deren Verwirklichung kommt es zur Haftung; auch hierin kommt eine gewisse Wesensähnlichkeit zum Strafrecht zum Ausdruck. Diese zeigt sich auch darin, dass dem Deliktsrecht die Verletzung solcher Pflichten zugrunde liegt, die **jedermann** (und nicht zunächst nur der Vertragspartner wie – zumindest grundsätzlich – im Schuldrecht) beachten muss. 11

A. Vorprozessuale Situation

I. Beratungssituation

1. Allgemeine Fragen

a) Begründung des Mandatsverhältnisses

Zunächst einmal sind die **allgemeinen Grundsätze** zur Begründung eines Mandatsverhältnisses zu beachten, etwa Erfassung der persönlichen Daten, Klärung der Frage nach Vorhandensein einer Rechtsschutzversicherung. Deliktsspezifische Besonderheiten sind hier nicht ersichtlich. 12

b) Versicherungsrechtliche Aspekte

Weiterhin sind versicherungsrechtliche Fragen am besten vorab zu klären: zuvörderst natürlich die Frage nach der Rechtsschutzversicherung des eigenen Mandanten. Wenn die Schädigerseite vertreten wird, stellt sich zusätzlich die äußerst wichtige Frage nach Haftpflichtversicherungsschutz. Hierbei ist gleich zu Beginn darauf zu achten, dass eine **frühzeitige Meldung an die Versicherung** erfolgt (ist eine Obliegenheit aus dem Versicherungsvertrag), da andernfalls die Gefahr besteht, dass der Versicherungsschutz ganz oder teilweise verloren geht (vgl. § 153 VVG). 13

14 Im Übrigen kann nur geraten werden, **im Zweifel** einen Schadensfall an die Versicherung (des eigenen Mandanten) **auch dann zu melden**, wenn zunächst davon ausgegangen wird, dass der eigene Mandant keiner Ersatzpflicht unterliegt. Damit wird dem Risiko aus dem Weg gegangen, Versicherungsschutz für den Fall zu verlieren, dass sich später herausstellt, dass möglicherweise doch Ersatzansprüche im Raum stehen. So schreibt § 153 Abs. 1 VVG auch vor, dass eine Meldung schon dann zu erfolgen hat, wenn eine Verantwortlichkeit gegenüber Dritten gegeben sein „könnte".

2. Erfassen des Sachverhalts

15 Der Mandant erzählt oft (als Rechtsunkundiger verständlich) den Sachverhalt aus eigenem Erleben, lässt aber die relevanten Fakten weg oder schildert diese zu ungenau. Hier ist nach allgemeinen Grundsätzen auf ein sauberes **Zusammentragen der relevanten Fakten** zu achten. Gerade in Deliktsfällen sollte man sein Augenmerk auf Folgendes richten:

16 Wichtig ist zunächst die **Beschaffung von verlässlichen Daten**, die der weiteren Arbeit zugrunde liegen. So ist etwa die Frage des Anspruchsgegners zu klären (dessen genaue Personalien einschließlich Adresse, …). Am einfachsten und zugleich zuverlässigsten kann dies gerade im Deliktsrecht **unter Zuhilfenahme von Polizei und der Staatsanwaltschaft** erfolgen: So stehen bei den §§ 823 ff. BGB in aller Regel auch Straftaten zumindest im Raum. Gerade bei Unfällen kommt etwa fahrlässige Körperverletzung, § 229 StGB, in Betracht, so dass die Polizei in aller Regel vor Ort war. Diese wird zwar von sich aus keine Akteneinsicht gewähren, weil dies im Zuständigkeitsbereich der Staatsanwaltschaft liegt, § 147 StPO; dennoch kann bereits **frühzeitig ein entsprechendes Akteneinsichtsgesuch** (auch schon gegenüber der Polizei) gestellt werden. Dieses kommt dann zu den Akten und wird mit dem gesamten Vorgang an die Staatsanwaltschaft übersandt. Diese gewährt gerade im deliktsrechtlichen Bereich, wo die zivilrechtliche Auseinandersetzung oftmals im Vordergrund steht, in aller Regel sehr rasch eine Akteneinsicht an die beteiligten Rechtsanwälte.

17 Im Bereich der Fahrlässigkeitsdelikte erfolgt – je nach genauer „Linie" der Staatsanwaltschaft – zu einem nicht unbeachtlichen Teil eine **Einstellung des Verfahrens** wegen Verneinung des besonderen öffentlichen Interesses, §§ 170 Abs. 2 StPO, 230 StGB, nach § 153 StPO, gegen Zahlung einer Geldbuße, § 153a StPO, oder – falls Strafantrag gestellt worden ist – eine Verweisung auf den Privatklageweg, §§ 374 Abs. 1 Nr. 4, 376 StPO. Zu beachten ist gerade bei § 153 StPO, dass diese Einstellung auch dann erfolgen kann, wenn nicht klar ist, ob überhaupt ein Straftatbestand erfüllt ist (vgl. Wortlaut „die Schuld des Täters als gering anzusehen *wäre*"). Maßgebliche Bemessungsfaktoren für das Verhalten der Staatsanwaltschaft sind etwa die Schwere der erlittenen Verletzungen oder der Grad des Verschuldens bzw. Mitverschuldens. All diese Aspekte werden auch in der zivilrechtlichen Auseinandersetzung eine erhebliche Rolle spielen.

18 Weiterhin bedeutsam ist die Frage eines **Sachverständigengutachtens** zu Unfallhergang, Fahrzeugbeschaffenheit, … . Wenn es zu erheblichen Verletzungen (oder gar dem Tod eines Beteiligten) kommt, wird wiederum die Staatsanwaltschaft von sich aus ein Gut-

achten zur Klärung der Unfallursache einholen, was dann ebenfalls nach Akteneinsicht zur Verfügung steht.

Daneben werden ärztliche **Krankenberichte, ärztliche Atteste** oder ähnliches unabdingbar sein. Sinnvoll erscheint vor allem bei schwereren Verletzungen eine möglichst lückenlose **Dokumentation des gesamten Behandlungsverlaufs**, da ein genaues Nachvollziehen im Nachhinein oft auf Schwierigkeiten stößt. Hier ist der Mandant bereits frühzeitig darauf hinzuweisen, dass er etwa alle Belege über verauslagte Kosten (etwa Taxikosten zum Arzt) oder sonstige Aufwendungen aufbewahren (und am besten gleich an die Kanzlei übersenden) soll. 19

II. Einigung ohne Klage

Zunächst wird der Anwalt prüfen, ob nicht eine **außergerichtliche Einigung** zustande kommen kann. Hier werden Verhandlungen mit der Gegenseite oftmals sinnvoll sein. Man muss schließlich beachten, dass sich damit beide Seiten nicht nur Gerichtsgebühren sparen können, sondern auch wertvolle Zeit. Gerade bei Beteiligung von Versicherungen wird daher oftmals eine zunächst außerprozessuale Verhandlung angezeigt und auch erfolgreich sein. 20

Im deliktsrechtlichen Bereich spielt gerade aus praktischer Sicht das **Versicherungsrecht** eine erhebliche Rolle. So kommt etwa bei Unfällen angesichts der großen Zahl[8] der gesetzlich Versicherten die Krankenversicherung für die Arztkosten auf, vgl. §§ 27, 44ff. SGB V. Diese wiederum wird bei Leistungsbringung Inhaberin der Ansprüche aus übergegangenem Recht (§§ 67 VVG, 116 SGB X) und sich in der Folge an den Schädiger halten, der seinerseits (haftpflicht-)versichert ist, so dass sich die Regulierung in diesem Bereich im Ergebnis zwischen den Versicherungen abspielt. Zur Vermeidung eines allzu großen Regulierungsaufwands zwischen diesen sind sog. **Teilungsabkommen** abgeschlossen, die eine unbürokratischere, schnellere (und damit kostengünstigere)[9] Schadensabwicklung zwischen Kranken- und Haftpflichtversicherern ermöglichen. 21

Zu beachten ist aber, dass sich das **Bestehen einer Versicherung** nicht auf die Haftung selbst auswirkt: logischerweise richtet sich die Versicherung nach der Haftung und nicht umgekehrt.[10] Dennoch besteht aber bei vorhandenem Versicherungsschutz eine andere Interessenlage: während ohne Versicherung der Schädiger daran interessiert sein wird, die von ihm zu zahlende Summe möglichst gering zu halten, ist dies für ihn bei vorhandener Versicherung oftmals nicht entscheidend; er ist hauptsächlich daran interessiert, dass seine Versicherung für ihn eintritt. Auch der Gläubiger wird oftmals ein Interesse am Vorhandensein einer Versicherung beim Anspruchsgegner haben, weil ihm damit ein **solventer Schuldner** zur Verfügung steht. 22

---

8 Über 90 % der Bevölkerung, vgl. MüKo-Wagner, vor § 823 Rn. 26.
9 Nach v. Hippel, ZRP 1972, 49ff. betragen die Kosten mit Teilungsabkommen 18 % und ohne ein solches 34 % der Regulierungssumme.
10 Vgl. etwa BGHZ 116, 200ff.

§ 2 Allgemeine deliktische Ansprüche, §§ 823 ff. BGB

23 Weiter kann folgende **taktische Überlegung** eine Rolle spielen: Haftpflichtversicherungen haben in der Regel ein Interesse daran, einen Schadensfall möglichst schnell und vollständig abzuschließen, damit sie insoweit „die Bücher schließen" können; insbesondere sind dann Rückstellungen für möglicherweise später zu leistende Zahlungen nicht mehr erforderlich. Daher kann man als Anwalt gerade im Deliktsrecht größere Summen im Wege der Verhandlung für seinen Mandanten erzielen, wenn man im Gegenzug auf spätere Ansprüche verzichtet.[11] Hierbei ist aber selbstverständlich Vorsicht geboten, insbesondere ist auf die Interessen des Mandanten zu achten und dieser auch über **mögliche Konsequenzen** seiner Entscheidung zu informieren.

24 Will der Mandant keinen Verzicht auf spätere Ansprüche leisten oder sind diese in der Tat (etwa wegen der Schwere der Verletzungen) noch nicht abschätzbar, kann auch ein **Verzicht der Versicherung auf die Einrede der Verjährung** angemessen sein. Damit kann eine Klage (zumindest aus Gründen der Verhinderung der Verjährung) in diesem Stadium entbehrlich werden. Die **Zulässigkeit von Verjährungsabreden** ergibt sich seit 1.1.2002 ausdrücklich aus der Neufassung des § 202 BGB, der das Verjährungsrecht als in weiten Teilen dispositives Recht ausgestaltet.[12]

B. Wichtigste Anspruchsgrundlagen

25 Im Folgenden werden die **wichtigsten deliktsrechtlichen Anspruchsgrundlagen** und deren Voraussetzungen und Rechtsfolgen erläutert, bevor im Anschluss **praktische Beispiele für Schriftsätze** vorgestellt werden.

I. § 823 Abs. 1 BGB

26 Erste und zugleich wichtigste Anspruchsgrundlage ist § 823 Abs. 1 BGB.

1. Rechts(gut)verletzung

27 Erforderlich ist zunächst ein **Eingriff in die dort aufgezählten Rechte und Rechtsgüter**. Auch hier kommt wiederum die Parallelität zum Strafrecht zum Ausdruck: die Aufzählung ist abschließend, das Deliktsrecht bietet keinen umfassenden Schutz, insbesondere ist das **Vermögen als solches nicht geschützt**.

a) Leben, Körper, Gesundheit, Freiheit

28 Das Tatbestandsmerkmal „**Leben**" ist im Zusammenhang mit §§ 844, 845 BGB zu lesen: wer stirbt, dem stehen dafür in eigener Person keine Schadensersatzansprüche zu, so dass solche auch nicht gem. § 1922 BGB im Wege der Gesamtrechtsnachfolge übergehen können. Es können aber insbesondere Unterhaltsansprüche bestehen, § 844 Abs. 2 BGB, wobei ein Mitverschulden des Getöteten gem. § 254 BGB zu berücksichtigen ist, vgl. § 846 BGB. Daher ist bei der Geltendmachung von Ansprüchen in diesem Bereich darauf zu achten, dass nicht etwa im Namen des Verstorbenen vorgegangen wird. **Anspruchsinhaber ist allein der Unterhaltsberechtigte**.

---

11 Vgl. dazu näher bei den Rentenansprüchen, § 4.
12 Vgl. etwa Jahnke, ZfS 2002, 105, 111.

Im Falle der **Körper- oder Gesundheitsverletzung** ist dagegen der Verletzte selbst der Anspruchsinhaber. Während unter „Körper" eher äußere Verletzungen zu verstehen sein sollen, soll die „Gesundheit" eher innere Lebensvorgänge umfassen. Ob diese Differenzierung tatsächlich überzeugt, soll hier offen bleiben. Jedenfalls ist der körperliche Zustand des Menschen in einem umfassenden Sinn erfasst.[13] Im Arztrecht ist zu beachten, dass auch der indizierte und rechtmäßig ausgeführte Heileingriff des Arztes tatbestandlich eine Körperverletzung darstellt, aber gerechtfertigt sein kann. Probleme können hier im Arzthaftungsrecht auftreten.

Unter „**Freiheit**" ist die körperliche Fortbewegungsmöglichkeit zu verstehen, was etwa beim Einsperren verletzt wird. Nicht erfasst ist die Freiheit, einen bestimmten Ort aufzusuchen (keine „Hinbewegungsfreiheit").[14]

b) Eigentum

Das wohl schwierigste Merkmal ist das **Eigentum**. Abzugrenzen ist nämlich zwischen dem geschützten Eigentum einerseits und dem als solchen nicht geschützten reinen Vermögensbereich[15] andererseits. In diesem Zusammenhang ist auch stets **die Unterscheidung zwischen Tatbestand und Rechtsfolge** zu beachten: Während nämlich ein reiner Vermögensschaden auf Tatbestandsseite zur Begründung einer Schadensersatzpflicht nicht ausreicht, ist ein solcher – wenn vorher ein geschütztes Rechtsgut verletzt ist – durchaus zu ersetzen, § 249 ff. BGB.

Klar erfasst vom Eigentumsschutz sind **Eingriffe in die Sachsubstanz**, etwa bei Zerstörung, Beschädigung oder Verunstaltung von Gegenständen, ebenso rechtliche Einwirkungen, etwa wirksame Verfügungen eines Nichtberechtigten.

Schwieriger wird die Beurteilung bei **bloßen Gebrauchsbeeinträchtigungen** ohne Einwirkung auf die Sache selbst. Zur Abgrenzung von nicht geschützten bloßen Vermögensverletzungen lautet die gängige Formel, dass der bestimmungsgemäße Gebrauch einer Sache aufgehoben sein muss (und nicht bloß der konkreten Verwendungsabsicht des Eigentümers Hindernisse bereitet werden).[16] Als Hilfsüberlegung bietet sich in einem solchen Fall an, danach zu fragen, ob die Sache objektiv betrachtet genauso gut auch ganz hätte weggenommen werden können; entscheidend ist also die **Intensität der Nutzungsbeeinträchtigung**. Ein Eingriff ist etwa zu bejahen, wenn ein Schiff durch eine umgestürzte Ufermauer eingesperrt wird und daher gar nicht mehr als solches benutzt werden kann, das gilt aber andererseits nicht für die Schiffe, die außerhalb des Hafens liegen und daher durchaus noch als solche verwendet werden können.[17] Dies kann im Zusammenhang mit Unfällen eine Rolle spielen: so wird bei einem Verkehrsstau infolge Unfalls keine Eigentumsverletzung für die im Stau befindlichen Fahrzeuge gegeben sein, weil bloß vorübergehende Verwendungszweckstörungen nicht ausreichen.

---

13 Hierauf kommt es im Ergebnis allein an, vgl. Erman-Schiemann, § 823 Rn. 17.
14 Vgl. nur Palandt/Sprau, § 823 Rn. 6.
15 Vgl. nur BGHZ 41, 123, 127.
16 Vgl. etwa Palandt/Sprau, § 823 Rn. 7.
17 Vgl. BGH NJW 1971, 886, 888.

34 Bekannt sich auch die Probleme, die sich im Zusammenhang mit dem Werkvertragsrecht abspielen (Stichwort: **weiterfressender Mangel**). Der Grundgedanke ist folgender: eine Beschädigung oder Zerstörung einer bereits mangelhaften Sache kann nur dann Deliktsschutz auslösen, wenn nicht nur das (bloß vertragliche) Äquivalenzinteresse, sondern auch das (deliktsrechtlich geschützte) Integritätsinteresse verletzt ist. Dazu muss der endgültig eingetretene Schaden über den der Sache von vornherein anhaftenden Mangel hinausgehen, darf also mit diesem nicht „stoffgleich" sein. Dies ist etwa dann der Fall, wenn ein funktionell abgrenzbares Teil schadhaft ist und sich der Mangel auf andere, bisher unbeschädigte Teile „weiterfrißt". Dann ist das Eigentum verletzt und auch Deliktsschutz gegeben.

c) Besitzschutz über § 823 Abs. 1 BGB?

35 Fraglich ist, ob auch der Besitz über § 823 BGB geschützt ist. Zwar handelt es sich insoweit um ein tatsächliches Verhältnis und nicht um ein „Recht", was ja an sich erforderlich ist. Andererseits ist aus § 859 ff. BGB erkennbar, dass es sich durchaus um eine gegenüber jedermann geschützte Rechtsposition handelt und insoweit von der Rechtsordnung durchaus absoluter Schutz gewährt wird. Gerade aus letzterem Gedanken wird denn auch gefolgert, dass der Besitz als solcher dann dem deliktsrechtlichen Schutz unterfällt, wenn eine gewisse „**Eigentumsähnlichkeit**" festgestellt werden kann.[18]

36 Dies kann für den Besitz als solchen nicht pauschal unterstellt werden und ist nur dann zu bejahen, wenn im konkreten Fall dem Besitz **positive Zuweisungsfunktion und negative Abwehrfunktion** zukommt. Letztere ist dann zu bejahen, wenn possessorischer Besitzschutz gegeben ist gem. §§ 861, 862 BGB. Als Hilfsgedanke bietet sich an, dass der deliktische Besitzschutz an den possessorischen insoweit gekoppelt ist.

37 Positive Zuweisungsfunktion ist jedenfalls gegeben beim berechtigten Besitzer, aber ansonsten auch immer dann, wenn dem unberechtigten Besitzer Vorteile der Sache zugewiesen sind. Auch zwischen Mitbesitzern soll Deliktsschutz möglich sein;[19] § 866 BGB steht nicht entgegen, weil insoweit lediglich im Bereich des possessorischen Besitzschutzes ein Rückgriff auf das Recht zum Besitz vermieden werden soll; dies ist aber für den deliktsrechtlichen Bereich sowieso erforderlich, so dass eine Begrenzung des Deliktsschutzes nicht notwendig ist.

38 Hinsichtlich des Haftungsumfangs ist zu beachten, dass sich die gerade genannten Kriterien (Zuweisungs- und Abwehrfunktion) auch auf der Rechtsfolgenseite niederschlagen müssen. Daher ist ein ersatzfähiger Schaden nur dann zu bejahen, wenn dieser dem Besitzer auch zustand. Daher ist der Nutzungsausfallschaden auf jeden Fall erfasst, weil gerade die (entgangene) Nutzungsmöglichkeit dem Besitzer zugewiesen ist. Beim Substanzschaden ist das anders zu beurteilen, weil dieser grundsätzlich den Eigentümer trifft. Dies kann ausnahmsweise dann einmal anders sein, wenn der Besitzer gegenüber dem Eigentümer zum Ersatz von Substanzschäden verpflichtet ist (Haftungsschaden).

---

18 Vgl. etwa Medicus, Bürgerliches Recht, 20. Auflage 2004, Rn. 607.
19 Vgl. BGHZ 62, 243 ff.

Für die **Praxis** folgt daraus, dass genau ermittelt werden muss, wie die Besitz- und Eigentumsverhältnisse sind. Wenn etwa der berechtigte Besitzer (Mieter) einen Schaden erleidet, den ihm ein Dritter zugefügt hat, kann ein Anspruch aus § 823 Abs. 1 BGB wegen Nutzungsausfall bestehen.

d) Das Recht am eingerichteten und ausgeübten Gewerbebetrieb

Das **Recht am eingerichteten und ausgeübten Gewerbebetrieb** ist als „sonstiges Recht" im Sinne von § 823 Abs. 1 BGB anerkannt. Grund dafür ist, dass sich der Unternehmensschutz über andere Tatbestände (etwa §§ 823 Abs. 2 BGB, 826 oder UWG) als unzureichend erwiesen hat. Daher ist § 823 Abs. 1 BGB auch nur dann anwendbar, wenn andere Schutznormen nicht eingreifen.[20]

Erforderlich ist aber stets, dass ein sogenannter „**betriebsbezogener Eingriff**" vorliegt, d.h. dass sich der Eingriff gerade gegen den Betrieb als solchen, also gegen den betrieblichen Organismus oder die unternehmerische Entscheidungsfreiheit, richten muss.[21] Mittelbare Beeinträchtigungen, die sich nicht gegen den Betrieb richten, reichen daher nicht aus, etwa bei Straßensperrung infolge eines Brandes auf dem Nachbargrundstück.[22] Geschützt ist, obwohl an sich kein Gewerbe, auch die freiberufliche Tätigkeit.[23]

Es handelt sich hier um einen **offenen Tatbestand**, so dass die Rechtswidrigkeit jeweils konkret festzustellen ist. Dies hat anhand einer Interessen- und Güterabwägung im Einzelfall zu erfolgen. Hierzu existiert umfangreiche Kasuistik, die hier nicht dargestellt werden kann.[24]

e) Das allgemeine Persönlichkeitsrecht

Das **allgemeine Persönlichkeitsrecht** ist als „sonstiges Recht" im Sinne von § 823 Abs. 1 BGB allgemein anerkannt. Es handelt sich (wie beim Recht am eingerichteten und ausgeübten Gewerbebetrieb) um einen **offenen Tatbestand**, so dass die Rechtswidrigkeit eines Eingriffs jeweils konkret festzustellen ist.

Zu unterscheiden sind **drei Sphären**, in die ein Eingriff in Betracht kommt:
- Intimsphäre: diese umfasst die inneren Gedanken- und Gefühlswelt (etwa Tagebuchaufzeichnungen).
- Privatsphäre: diese umfasst das Leben im häuslichen oder Familienkreis und das sonstige Privatleben.
- Individualsphäre: diese umfasst die Person in ihren Beziehungen zur Umwelt.

Ob ein rechtswidriger Eingriff in das allgemeine Persönlichkeitsrecht vorliegt, ist in jedem Einzelfall unter Würdigung aller Umstände festzustellen. Maßgeblich dafür ist das **Prinzip der Güter- und Interessenabwägung**.

---

20 BGH NJW 1971, 886, 887.
21 Vgl. Palandt/Sprau, § 823 Rn. 128 ff.
22 BGH NJW 1977, 2264 ff.
23 Vgl. nur Palandt/Sprau, § 823 Rn. 127 ff.
24 Vgl. etwa Erman-Schiemann, § 823 Rn. 68 ff.

46 Bei dieser sind auf Seiten des Verletzten etwa zu berücksichtigen, welche Sphäre betroffen ist, die Schwere des Eingriffs und das Verhalten des Verletzers. Auf Seiten des Schädigers kommt es etwa auf den Zweck des Eingriffs an, wobei hier in der Praxis Fragen der Pressefreiheit eine maßgebliche Rolle spielen. Hierzu existiert eine umfangreiche Kasuistik, die hier nicht dargestellt werden kann.[25]

2. Verletzung von Verkehrssicherungspflichten

47 Erhebliche Praxisrelevanz besitzt die Verletzung von **Verkehrssicherungspflichten**. Ausgangspunkt ist folgender: Ein Unterlassen ist deliktsrechtlich nur dann relevant, wenn eine Rechtspflicht zum Handeln besteht. Dies wird dann virulent, wenn der Schädiger Maßnahmen nicht getroffen hat, die er aus deliktsrechtlicher Sicht hätte treffen müssen, und eine Rechtsgutverletzung die Folge ist. Darauf kommt es insbesondere im Fall der sogenannten Verkehrssicherungspflichten[26] an.

48 Umstritten ist, wo die Verkehrssicherungspflichten einzuordnen sind: bereits im Tatbestand oder erst im Rahmen der Rechtswidrigkeit. Diese Frage hat aber für die Praxis keine Bedeutung, so dass sie nicht näher thematisiert werden soll;[27] entscheidend sind vielmehr folgende Aspekte:

- **Besteht überhaupt** eine Verkehrssicherungspflicht beim Anspruchsgegner?
- Besteht diese **auch gegenüber dem Schuldner** und **gerade im Hinblick** auf das verletzte Rechtsgut (innere Beziehung von Verkehrssicherungspflicht zur Verletzung)?
- Ist diese **verletzt** worden?
- Ist diese Verkehrssicherungspflichtverletzung **kausal** geworden für die Rechtsgutverletzung?

a) Bestehen einer Verkehrssicherungspflicht in der Person des Anspruchsgegners

49 Zur Katalogisierung können zwei Gruppen[28] gebildet werden:

50 *aa) Sicherungspflichten:* Damit sind diejenigen Pflichten zur Kontrolle und Steuerung von Gefahren gemeint, „die der **eigenen** Verantwortungssphäre entspringen".[29] Diese können sich ergeben aus verhaltensbezogenen (Inverkehrbringen von Gegenständen oder aus vorangegangenem gefährlichem Tun) und sachbezogenen (etwa Herrschaft über eine Gefahrenquelle) Sorgfaltsgeboten.

51 *bb) Fürsorgepflichten:* Damit sind die Pflichten zur Hilfe im sozialen Nahbereich gemeint, die nicht aufgrund einer – wie auch immer gearteten – Gefahrschaffung entstehen, sondern einer Schutzpflicht. Diese können sich ergeben etwa aus Übernahme

---

25 Vgl. etwa Palandt/Sprau, § 823 Rn. 110 ff.
26 Zum Teil wird von Verkehrssicherungspflichten, zum Teil von Verkehrspflichten gesprochen, wiederum andere betrachten die Verkehrssicherungspflichten nur als ein Ausschnitt aus den (umfassenderen) Verkehrspflichten, vgl. MüKo-Wagner, § 823 Rn. 232, der als Verkehrssicherungspflichten nur diejenigen ansieht, die mit der Eröffnung eines öffentlichen Verkehrs zusammenhängen; die Terminologie ist hier nicht einheitlich. Als Überbegriff soll hier (ebenso Palandt/Sprau, § 823 Rn. 45) der Terminus „Verkehrssicherungspflicht" verwendet werden.
27 Vgl. etwa MüKo-Wagner, § 823 Rn. 62 m.w.N. Es dürfte aber richtig sein, diese bereits auf Tatbestandsebene zu verorten, weil Anknüpfungspunkt ja eine Rechtspflicht zum (richtigen) Handeln ist, was aber nicht erst bei der Rechtswidrigkeit relevant wird.
28 Nach MüKo-Wagner, § 823 Rn. 223 ff.
29 So MüKo-Wagner, § 823 Rn. 230.

(z.B. Schutzpflichten des Arztes), aus Ehe und Familie oder aus Gefahrgemeinschaften (z.B. Berggemeinschaft).

Möglich ist auch die **Übertragung der Verkehrssicherungspflicht** auf andere Personen; diese werden mit der Übertragung selbst deliktsrechtlich verkehrssicherungspflichtig (und damit ggf. selbst Anspruchsgegner). Zu beachten ist aber, dass für den ursprünglichen Inhaber der Verkehrssicherungspflicht stets eine **Überwachungspflicht** bleibt,[30] er sich also gewissermaßen nicht vollständig „freizeichnen" kann. Eine Übertragung der Verkehrssicherungspflicht setzt aber stets voraus, dass eine **klare Absprache** getroffen wird, „die die Sicherung der Gefahrenquelle zuverlässig garantiert".[31]

Bei allen Anforderungen, die an eine Übertragung von Verkehrssicherungspflichten gestellt werden, muss aber stets im Auge behalten werden, dass gerade **keine permanente Kontrolle** durch den ursprünglichen Inhaber gefordert werden kann, weil ansonsten die Übertragung keinen Sinn machen würde und dem Gläubiger lediglich einen weiteren Schuldner verschaffen würde. Daher muss eine Kontrolle jedenfalls so lange nicht intensiv erfolgen, als der Übertragende keine Anhaltspunkte dafür haben muss, dass der Übernehmende die Verkehrssicherungspflicht nicht ordnungsgemäß erfüllt.[32]

Weiter ist zu beachten, dass eine Verkehrssicherungspflicht dann nicht besteht, wenn der an sich Verpflichtete gar keine **Möglichkeit** hat, im Sinne eine Gefahrenabwehr tätig zu werden; dem liegt der allgemeine Grundgedanke zugrunde, dass niemand verpflichtet sein kann, etwas Unmögliches zu tun (impossibilium nulla est obligatio).

Als Orientierungsmaßstab für das Bestehen einer Verkehrssicherungspflicht werden oftmals öffentlich-rechtliche Sicherheitsstandards, DIN-Normen o.ä. herangezogen. Diese können auch wertvolle Hilfestellungen für die zivilrechtlichen Verkehrssicherungspflichten liefern. Zu beachten ist aber, dass – trotz des Prinzips der Einheit der Rechtsordnung – die **zivilrechtlichen Sorgfaltspflichten autonom** zu bestimmen sind.[33]

b) Reichweite der Verkehrssicherungspflicht

Hier muss aus Sicht des Anspruchstellers dargelegt werden, dass die Verkehrssicherungspflicht auch und gerade gegenüber dem Anspruchsteller besteht. Allgemein kann dies problematisch sein bei der Frage der **Sicherungspflicht gegenüber Unbefugten**, wenn diese sich etwa unzulässigerweise auf eine Baustelle begeben und dort zu Schaden kommen.

Grundsätzlich wird man hier vom sogenannten **Vertrauensgrundsatz** ausgehen müssen. Jeder darf sich bei der Wahl seiner Sicherungsmittel darauf verlassen, dass auch die anderen Beteiligten dazu beitragen, dass es zu keiner Rechtsgutverletzung kommt. Daher besteht auch grundsätzlich keine Verkehrssicherungspflicht gegenüber demjenigen, der sich unbefugt in den Gefahrenbereich begibt;[34] dies kann aber etwa für **Kinder**

---

30 BGH NJW-RR 1989, 394 ff.
31 Vgl. OLG Schleswig, r+s 2003, 33, 34.
32 BGHZ 142, 227 ff.
33 Vgl. etwa BGH NJW 1998, 2436 ff.
34 Vgl. BGH NJW 1957, 499 für Baustellen.

nicht gelten, da diese zu eigenverantwortlichem Handeln nicht in gleicher Weise fähig sind wie Erwachsene. Je größer die Anziehungskraft für Kinder ist, umso wirksamere Schutzmaßnahmen sind zu ergreifen.³⁵

58 Auch kann eine Verkehrssicherungspflicht nur so weit reichen, wie der **Verkehr** vom Berechtigten **auch tatsächlich eröffnet** worden ist.³⁶ Daher haftet der Eigentümer eines Grundstücks nicht, wenn eine Person dieses Grundstück auf der Suche nach seinem Hund unberechtigterweise betritt.³⁷

c) Verletzung der Verkehrssicherungspflicht und Kausalität

59 Weiter ist zu prüfen, ob die (oben konkret festgelegte) Verkehrssicherungspflicht verletzt worden ist. Dies ist dann der Fall, wenn nicht alle **zumutbaren Vorkehrungen** durch den Verkehrssicherungspflichtigen getroffen sind, um die Schädigung zu verhindern. Für die Kausalität gelten die allgemeinen Grundsätze.

d) Praxisrelevanz

60 Die Rechtsprechung tendiert zu einer **Ausweitung des vertraglichen Haftungsbereichs** (man denke etwa nur an die Konstruktion des Vertrags mit Schutzwirkung für Dritte) mit allen Konsequenzen (etwa Zurechnungsnorm § 278 BGB!), ebenso in jüngerer Zeit der Gesetzgeber etwa mit der Verschiebung des Schmerzensgeldanspruchs in das allgemeine Schuldrecht. In bestimmten Bereichen, wo eine vertragliche Bindung aber von vornherein ausscheidet, steht das Deliktsrecht weiterhin im Vordergrund; dies gilt gerade im Zusammenhang mit Verkehrspflichtverletzungen. So kann etwa bei einem Geschädigten, der von einem mangelhaft befestigten und in der Folge umstürzenden Baugerüst getroffen und erheblich verletzt wird, kein vertraglicher Anspruch begründet werden.

61 In **Schriftsätzen** empfiehlt sich, nach obigem Schema vorzugehen, also zunächst darzustellen, welche Verkehrssicherungspflicht genau besteht. Hier helfen die einschlägigen Kommentare weiter,³⁸ dennoch sollte stets der Bezug zum konkret vorliegenden Einzelfall hergestellt werden und keine Pauschalverweisung etwa auf DIN-Normen erfolgen. Anschließend ist darzustellen, wieso gerade der Geschädigte von der Verkehrssicherungspflicht geschützt wird, und in einem letzten Schritt, dass die Pflicht tatsächlich verletzt wurde und diese Pflichtverletzung kausal geworden ist.

II. § 823 Abs. 2 BGB

62 Erforderlich ist zunächst ein „Gesetz" im Sinne von § 823 Abs. 2 BGB. Darunter ist jede Rechtsnorm zu verstehen, also nicht nur formelle Gesetze, sondern auch Rechtsverordnungen oder Satzungen, vgl. Art. 2 EGBGB. Weiter muss es sich um ein „**Schutzgesetz**"³⁹ handeln, das zumindest auch dem Individualschutz dient. Dass daneben auch oder sogar in erster Linie das Allgemeininteresse geschützt wird, schadet nicht.⁴⁰

---

35 Vgl. etwa BGH NJW 1997, 582, 583.
36 Vgl. etwa BGH NJW-RR 2001, 1602, 1603 ff.
37 Vgl. OLG Düsseldorf NJW-RR 2001, 1173 f.
38 Vgl. nur Palandt/Sprau, § 823 Rn. 185 ff.
39 Vgl. etwa die Übersicht bei Palandt/Sprau, § 823 Rn. 61 ff.
40 Vgl. aus neuerer Zeit etwa BGH NJW 2004, 1949 ff.

Wichtigster Prüfungspunkt, der in der Praxis oft nur ungenügende Beachtung findet, ist aber die Frage danach, ob der geltend gemachte Schaden überhaupt von dem Schutzgesetz umfasst wird. Dabei muss zunächst überlegt werden, ob der Anspruchsteller in den Schutzbereich der geprüften Norm fällt (sogenannter **persönlicher Schutzbereich**), ob sich also der sich auf die Norm Berufende dies überhaupt kann, weil die Norm zumindest auch seinem Schutz dienen muss.

Auch ist an den **sachlichen Schutzbereich** zu denken. Damit ist gemeint, dass der geltend gemachte Schaden auch von der verletzten Norm erfasst sein muss. So schützt das Jugendarbeitsschutzgesetz zwar vor Gesundheitsschäden aufgrund Nachtarbeit, aber nicht vor Verletzungen, die mit der Tätigkeit zur Nachtzeit nicht zusammenhängen (etwa: In einer Kegelbahn wird ein dort arbeitender Jugendlicher aufgrund eines unglücklichen Wurfs verletzt, der nur zufällig zur Nachtzeit erfolgte).[41]

III. § 826 BGB

§ 826 BGB gewährt einen allgemeinen Schadensersatzanspruch für Vermögensschäden ohne Begrenzung auf die Verletzung bestimmter Rechtsgüter. Dieser **umfassende Vermögensschutz** korrespondiert aber mit engen Voraussetzungen: erforderlich ist nämlich eine **vorsätzliche, gegen die guten Sitten verstoßende Schädigung**. Aufgrund der weitreichenden Haftung sind hier enge Maßstäbe anzulegen. Erforderlich ist eine besondere Verwerflichkeit des Verhaltens, die sich aus dem verfolgten Ziel, den eingesetzten Mitteln, der zutrage tretenden Gesinnung oder den eintretenden Folgen ergeben kann.[42] Für die Vorsätzlichkeit genügt, dass der Schädiger die Art und Richtung des Schadens und die Schadensfolgen vorausgesehen und diese zumindest billigend in Kauf genommen hat (dolus eventualis),[43] dolus directus bezüglich des Schadens ist nicht erforderlich. Für die Rechtsfolge Schadensersatz gelten die allgemeinen Vorschriften, § 249 ff. BGB.

Wenn diese Norm (ausnahmsweise) in der Praxis in Betracht kommt, ist zunächst einmal ein **Vergleich mit den von der Rechtsprechung anerkannten Fallgruppen**[44] zu suchen. Diese sind aber nicht abschließend, es handelt sich vielmehr lediglich um typische Erscheinungsformen des § 826 BGB. Entscheidend sind nicht abstrakte Merkmale, sondern eine Einzelfallprüfung, die sich stets an den Fallgruppenvergleich anzuschließen hat.

IV. § 830 BGB

§ 830 BGB unterscheidet **drei** verschiedene Konstellationen:
- § 830 Abs. 1 S. 1 BGB: gemeinschaftlich begangene unerlaubte Handlung.
- § 830 Abs. 1 S. 2 BGB: Haftung bei Beteiligung, aber ungewisser Verursachung.

---

41 Vgl. Larenz/Canaris, Schuldrecht BT II/2, 13. Auflage 1994, § 77 III 3c.
42 Zu einer neueren Entscheidung hierzu vgl. BGH NJW 2004, 2668 ff. (fehlerhafte ad-hoc-Meldungen am Aktienmarkt.).
43 BGH NJW 2004, 2668, 2670.
44 Vgl. etwa Palandt/Sprau, § 826 Rn. 20 ff.

§ 2 Allgemeine deliktische Ansprüche, §§ 823 ff. BGB

- § 830 Abs. 2 BGB: Teilnahme (Anstiftung oder Gehilfenschaft) an einer unerlaubten Handlung; hier gelten die strafrechtlichen Begriffe.

68 § 830 Abs. 1 S. 2 BGB ist eine **eigene Anspruchsgrundlage** mit eigenem Haftungsgrund wegen Beteiligung mehrerer an gefährlichem Tun, nicht nur eine bloße Beweiserleichterungsnorm.[45] Normzweck ist die Erleichterung der **Beweisnot** des Geschädigten[46] in Hinblick auf die haftungsbegründende Kausalität; dem Geschädigten soll kein Nachteil daraus erwachsen, dass zwar feststeht, dass einer von mehreren Beteiligten den Schaden verursacht hat, aber nicht klar ist, wer dies war (Urheberzweifel) oder in welchem Umfang (Anteilszweifel).

69 Sinnvollerweise ergibt sich für die Praxis folgende Prüfungsreihenfolge:
- Zunächst Prüfung der Anspruchsgrundlagen für **jeden** der in Betracht kommenden Schädiger.
- Feststellung, dass eine Haftung aller in Betracht kommender Personen **lediglich** am Fehlen der haftungsbegründenden Kausalität scheitert.
- Handelt es sich um „Beteiligte" im Sinne von § 830 Abs. 1 S. 2 BGB?

70 Für jede der in Betracht kommenden Personen muss also zunächst die Frage der Haftung geprüft werden. § 830 Abs. 1 S. 2 BGB hilft auch, wenn einer der Beteiligten zwar nicht aufgrund § 823 ff. BGB haftet, sondern lediglich aus Gefährdungshaftung. Der Normzweck des § 830 Abs. 1 S. 2 BGB – Erleichterung einer Beweisnot für den Geschädigten – greift auch hier,[47] ebenso wie bei vertraglichen Haftungstatbeständen.[48]

71 § 830 Abs. 1 S. 2 BGB hilft nur über Zweifel bei der **haftungsbegründenden Kausalität** hinweg, so dass die übrigen Voraussetzungen der § 823 ff. BGB für jeden einzelnen Anspruchsgegner erfüllt sein müssen. Wenn also einer der Beteiligten sicher haftet, weil er möglicherweise die Schädigung allein herbeigeführt hat, gilt § 830 Abs. 1 S. 2 BGB nicht, ebenso nicht, wenn bei einem der Beteiligten die Rechtswidrigkeit oder Schuld fehlt. Ebenfalls ist § 830 Abs. 1 S. 2 BGB nicht anwendbar für den Fall, dass möglicherweise der Anspruchsteller selbst für den Schaden verantwortlich ist. Ansonsten würden die geltenden Beweislastregeln (der Geschädigte hat grundsätzlich die seinen Anspruch begründenden Tatsachen darzulegen und zu beweisen) ausgehebelt, wenn auch bei möglicher Kausalität des Handelns des Geschädigten der Anspruchsgegner haften würde.[49]

72 Fraglich ist, ob § 830 Abs. 1 S. 2 BGB auch dann eingreifen kann, wenn zwar einer der Beteiligten (der Erstschädiger) sicher haftet, aber der Geschädigte dennoch ein Interesse an der Haftung des Zweitschädigers hat, etwa weil der Erstschädiger insolvent oder dessen Identität unbekannt ist. Dies ist aber abzulehnen: § 830 Abs. 1 S. 2 BGB

---

45 BGH NJW 1979, 544f.
46 § 830 Abs. 1 S. 2 BGB ist auf den Einzelgeschädigten zugeschnitten, nicht aber auf Personenmehrheit auf Geschädigtenseite, vgl. dazu ausführlich Müller, Wahrscheinlichkeitshaftung von Alternativtätern, 2000.
47 BGH ZIP 1999, 1560, 1563.
48 BGH NJW 2001, 2538, 2539.
49 Vgl. OLG Bamberg, r+s 2004, 299f.

will dem Geschädigten **nur das Beweisrisiko** nehmen, **nicht aber auch das Insolvenzrisiko** des Erstschädigers oder das Risiko, dass der Anspruch wegen Unauffindbarkeit nicht realisierbar ist.[50]

In der Rechtsprechung[51] ist anerkannt, dass für „Beteiligung" – allein aufgrund der systematischen Stellung hinter § 830 Abs. 1 S. 1 BGB – ein Zusammenhang zwischen den Tatbeteiligten erforderlich ist. Hierfür ist eine objektive Verbindung dergestalt erforderlich, dass die Handlungen sachlich, räumlich und zeitlich derart miteinander verbunden sind, dass sie nach der Verkehrsanschauung einen einheitlichen tatsächlichen Vorgang darstellen.[52]

V. § 831 BGB

Das Deliktsrecht weist einige Schwächen auf: dazu zählt etwa der numerus clausus der geschützten Rechte bzw. Rechtsgüter in § 823 Abs. 1 BGB; es gibt keinen umfassenden Schutz wie in vertraglichen Schuldverhältnissen. Eine weitere Schwäche ist die fragmentarische Einbeziehung des Einstehenmüssens für fremdes Verschulden. Während das Schuldrecht mit § 278 BGB eine sehr umfassende **Zurechnungsnorm** vorsieht, stellt das Deliktsrecht mit § 831 BGB lediglich eine eigene Anspruchsgrundlage zur Verfügung, deren Voraussetzungen wesentlich **enger** sind als die des § 278 BGB.

Eine Zurechnungsmöglichkeit besteht daneben über § **31 BGB**, der auch im Deliktsrecht Bedeutung hat. § 31 BGB führt dazu, dass der Verein für den Schaden einstehen muss, der durch dessen Organe verursacht wird. Mittlerweile wird der Anwendungsbereich des § 31 BGB weit ausgelegt und gilt auch für Gesellschaften aller Art (auch die GbR).[53] Fraglich ist allein die Abgrenzung des Anwendungsbereichs von § 831 BGB einerseits und §§ 823 iVm 31 BGB andererseits. Grundsätzlich ist nämlich davon auszugehen, dass § 831 BGB speziell ist, soweit die Gefahrenlage nur aus der Einschaltung von Hilfspersonen resultiert. Soweit aber eine über § 831 BGB hinausgehende Verkehrspflicht verletzt wird, bleibt § 823 BGB anwendbar.[54] So ist etwa bei Betrieben möglich, dass neben der § 831 BGB-Pflicht zur sorgfältigen Einschaltung von Hilfspersonen eine darüber hinaus gehende betriebliche Organisationspflicht zu erfüllen ist.

Verrichtungsgehilfe im Sinne von § 831 BGB ist nur derjenige, dem weisungsgebunden eine bestimmte Tätigkeit übertragen ist. Daher kommen etwa Selbständige nicht in Betracht, was als Schwäche des § 831 BGB gegenüber der allgemeinen vertraglichen Haftung angesehen werden kann. Erforderlich ist auch, dass der Verrichtungsgehilfe in Ausübung und nicht nur bei Gelegenheit der Verrichtung gehandelt haben muss. Es muss also (wie bei § 278 BGB) ein **innerer Zusammenhang** zwischen der aufgetragenen Verrichtung und der schädigenden Handlung bestehen. Dies ist etwa nicht der Fall bei

---

50 BGH NJW 1979, 544, 545; vgl. zum ganzen aus neuerer Zeit etwa Frommhold, Jura 2003, 403 ff.
51 A.A. Teile der Literatur, vgl. etwa MüKo-Wagner, § 830 Rn. 51 m.w.N., die diese Voraussetzung jedenfalls für überflüssig halten.
52 Vgl. etwa BGH NJW 1971, 506, 508.
53 Vgl. etwa BGH NJW 2003, 1445.
54 BGH MDR 1957, 214.

vorsätzlichem Diebstahl[55] durch den Verrichtungsgehilfen. Sinn und Zweck dieser Voraussetzung ist eine **Zurechnungsbegrenzung** zugunsten des Geschäftsherrn.

77 Die **Exkulpationsmöglichkeit** ist einer der „Knackpunkte" des § 831 BGB, weil hier der Anspruchsgegner – im Gegensatz zu § 278 BGB – eine Möglichkeit hat, ein Einstehenmüssen für fremdes Verschulden zu verhindern. Die Exkulpationsmöglichkeit besteht in zweierlei Hinsicht: zum einen durch Widerlegung der Verschuldensvermutung, zum anderen durch Widerlegung der Kausalitätsvermutung, vgl. Wortlaut § 831 Abs. 1 S. 2, 1. und 2. Halbsatz BGB.

78 Hinsichtlich des bei der Auswahl zugrunde zu legenden Sorgfaltsmaßstabs sind umso strengere Anforderungen zu stellen, je gefährlicher die Tätigkeit ist. Zu beachten ist, dass immer auf den Zeitpunkt der schädigenden Handlung abzustellen ist; daher genügt für den Entlastungsbeweis nicht, dass der Geschäftsherr einmal den Gehilfen sorgfältig ausgesucht hat. Es besteht vielmehr auch eine **Kontroll- und Überwachungspflicht** während der Tätigkeit des Gehilfen, deren ordnungsgemäße Erfüllung ebenfalls nachgewiesen werden muss.

79 Weiter ist ein Entlastungsbeweis dahingehend möglich, dass, sofern Vorrichtungen oder Gerätschaften zu besorgen sind oder die Ausführung der Verrichtungen zu leiten ist, diese Besorgung bzw. Leitung unter Beachtung der im Verkehr erforderlichen Sorgfalt erfolgt ist. Zu beachten ist, dass sich aus der Gesetzessystematik ergibt, dass der **Geschädigte beweisen** muss, dass eine Besorgung von Geräten bzw. Leitung der Ausführung überhaupt erforderlich war; der Anspruchsgegner muss aber im Bejahensfalle wiederum nachweisen, dass er dabei die im Verkehr erforderliche Sorgfalt beachtet hat.

80 Zu beachten ist, dass § 831 BGB auf Großbetriebe nicht zugeschnitten ist und ein Entlastungsbeweis in aller Regel nicht gelingen könnte. Daher lässt die Rechtsprechung den sogenannten **dezentralisierten Entlastungsbeweis** zu, d.h. dass der Geschäftsherr sich nicht bezüglich aller tätig gewordenen Verrichtungsgehilfen entlasten muss, sondern ausreichend ist, wenn er den Nachweis erbringt, die Zwischenperson ordnungsgemäß bestellt und überwacht zu haben.[56]

81 Weiter ist ein Entlastungsbeweis dergestalt möglich, dass es an der Kausalität zwischen dem (vermuteten) Auswahl-, Überwachungs- und Anleitungsverschulden und dem Schaden fehlen kann. Darlegungs- und ggf. beweispflichtig hierfür ist der Geschäftsherr. Dieser Beweis ist dann erfolgreich, wenn nachgewiesen werden kann, dass der Schaden auch bei ordnungsgemäßer Auswahl, Überwachung bzw. Anleitung eingetreten wäre.

---

55 Vgl. etwa BGHZ 11, 151 ff.
56 Vgl. etwa MüKo-Wagner, § 831 Rn. 38. Hiergegen wird zum Teil eingewandt, dass Großbetriebe davon bevorzugt würden. Die hier zugrunde zu legende Rechtsprechung ist diesbezüglich aber eindeutig, zumal eine Einschränkung der Möglichkeit des dezentralisierten Entlastungsbeweises auf eine Übernahme des § 278 BGB ins Deliktsrecht hinausliefe.

VI. § 832 BGB

Eine **Aufsichtspflicht** kann sich aus Vertrag (§ 832 Abs. 2 BGB) oder aus Gesetz ergeben. Eine gesetzliche Aufsichtspflicht wird etwa statuiert in
- §§ 1626 Abs. 1, 1631 Abs. 1 BGB (Eltern gegenüber ihrem minderjährigen Kind)
- §§ 1792, 1800 BGB (Vormund gegenüber dem Mündel)
- §§ 1909, 1915 BGB (Pfleger gegenüber Mündel)
- §§ 6, 9 BBiG (Ausbilder gegenüber dem minderjährigen Auszubildenden).

82

Auch hier ist ein Entlastungsbeweis möglich, § 832 Abs. 1 S. 2 BGB, ähnlich wie bei § 831 BGB in zweierlei Hinsicht: durch Nachweis, dass der Aufsichtspflicht genügt wurde, oder durch Nachweis der fehlenden Kausalität der Aufsichtspflichtverletzung (die bloße Möglichkeit der fehlenden Kausalität reicht nicht aus).[57]

83

Der **Umfang der Aufsichtspflicht** richtet sich bei dem in der Praxis relevantesten Fall der Aufsichtspflicht der Eltern gegenüber ihren Kindern nach dem **Maß der gebotenen Aufsicht** nach Alter, Eigenart und Charakter des Kindes, nach der Voraussehbarkeit des schädigenden Ereignisses sowie danach, was den Eltern in ihren jeweiligen Verhältnissen zugemutet werden kann. Entscheidend ist daher, was verständige Eltern nach vernünftigen Anforderungen in der konkreten Situation an erforderlichen und zumutbaren Maßnahmen treffen müssen, um eine Schädigung Dritter durch das Kind zu verhindern.[58] Daher ändern sich die Anforderungen an den Umfang der Aufsichtspflicht mit dem Alter des Kindes, ebenso wie diese konkret-individuell in Hinblick auf das Kind in der konkreten Situation zu beurteilen sind. Wenn also ein Kind als besonders aggressiv bekannt ist, werden hier höhere Anforderungen zu stellen sein als bei einem eher ruhigen Kind.

84

Andererseits ist stets zu berücksichtigen, dass eine **ständige Aufsicht des Kindes nicht erforderlich** ist. Es handelt sich nicht um eine Haftung, deren Grund in der Herrschaft über eine Gefahrenquelle besteht (so etwa § 833 BGB), sondern es soll auch die Erziehung des Kindes gesichert werden, für die notwendigerweise auch ein gewisser **Freiraum** gewährleistet werden muss. Daher werden als Aufsichtsmaßnahmen im Wesentlichen Belehrungen, Warnungen, Mahnungen oder Ge- und Verbote im Einzelfall in Betracht kommen, deren Überwachung zumindest stichprobenweise erfolgen muss. Je geringer der Erziehungserfolg ist, umso intensiver muss die Überwachung sein.[59] Daher ist etwa bei Gebrauch von Waffen ein besonders strenger Maßstab anzulegen. Eine **Übertragung der Aufsichtspflicht** ist – wie auch bei § 831 BGB – möglich, etwa auf ein befreundetes Elternpaar oder auf die Großeltern. Dabei ist aber zu beachten, dass auf mögliche besondere Gefahren des Kindes hinzuweisen ist, sowie im Einzelfall auch eine Überwachung erforderlich ist. Es wird sich hier stets um eine Frage des Einzelfalls handeln, beweispflichtig hierfür ist der Aufsichtspflichtige.

85

Für § 832 Abs. 2 BGB ist erforderlich, dass die Führung der **Aufsicht durch Vertrag** übernommen wird. Hier wird sich in der Praxis oftmals die Frage nach der Abgren-

86

---

57 Vgl. LG Saarbrücken, NJW-RR 1991, 543f.
58 Vgl. BGH NJW-RR 1987, 1430, 1431.
59 Vgl. etwa BGH NJW 1984, 2574ff.

Windhorst

87 Zu beachten ist aber: Auch wenn eine Haftung unmittelbar aus § 832 Abs. 1 BGB mangels Aufsichtspflicht und aus § 832 Abs. 2 BGB mangels vertraglicher Übernahme ausscheidet, kann sich eine solche auch **unmittelbar aus § 823 Abs. 1 BGB wegen Verletzung einer Verkehrssicherungspflicht** ergeben. Dies ist auch kein Wertungswiderspruch zu § 832 BGB, denn bei § 823 BGB sind die Beweisanforderungen andere, da hier der Anspruchsteller sämtliche Anspruchsvoraussetzungen beweisen muss, da ja keine Haftung für vermutetes Verschulden mehr vorliegt. Einem Rückgriff auf § 823 BGB steht daher nichts im Wege.[60]

VII. § 833 BGB

88 § 833 S. 1 BGB ist ein Fall der Gefährdungshaftung, S. 2 der Haftung für vermutetes Verschulden. Der Anspruchsgegner muss „**Halter**" sein. Dies ist jeder, der das Tier in eigenem Interesse und auf eigene Rechnung für eine gewisse Dauer in seiner Gewalt hat, also insbesondere der Eigenbesitzer, nicht aber etwa der Tierarzt.[61]

89 Entscheidend ist, dass sich in der Verletzung die **typische Tiergefahr** realisiert hat, weil ansonsten die Haftungsverschärfung des § 833 BGB nicht gerechtfertigt wäre. Die Verletzung muss also auf dem unberechenbaren Verhalten eines Tieres beruhen, was etwa dann nicht der Fall ist, wenn das Tier sich unter menschlicher Leitung befindet und dem Halter gehorcht;[62] hier besteht kein Bedürfnis für eine Gefährdungshaftung.

90 Der Geschädigte hat nicht nur die Verursachung des Schadens durch ein Tier, sondern darüber hinaus auch nachzuweisen, dass der eingetretene Schaden auf der spezifischen Tiergefahr beruht. Als Beweiserleichterung kommt der **Anscheinsbeweis** in Betracht.[63] Eine Haftung scheidet aus, wenn der später Verletzte die Herrschaft über das Tier in Kenntnis der damit verbundenen Gefahren übernommen hat, vor allem aus vorwiegend eigenem Interesse (etwa Dompteur).[64]

91 Der **Entlastungsbeweis** ist möglich, § 833 S. 2 BGB, wenn es sich um ein Haustier handelt, das dem Beruf, der Erwerbstätigkeit oder dem Unterhalt zu dienen bestimmt ist. Zu Haustieren zählen zahme Tiere (nicht dagegen gezähmte wie etwa ein Reh). Außerdem muss ein Bezug zur Erwerbstätigkeit gegeben sein, Luxustiere fallen nicht unter die Exkulpationsmöglichkeit. Der Entlastungsbeweis ist möglich durch den Nachweis hinreichender Beaufsichtigung wie durch die Widerlegung der Kausalitätsvermutung.

---

60 BGH NJW 1968, 1874, 1875.
61 Palandt/Sprau, § 833 Rn. 9 ff.
62 BGH NJW 1952, 1329.
63 Vgl. OLG Köln r+s 2004, 433 f.
64 Vgl. nur Palandt/Sprau, § 833 Rn. 3.

VIII. §§ 836-838 BGB

§ 836 BGB stellt einen **gesetzlich geregelten Fall der Verkehrssicherungspflichtverletzung** dar. Hier findet sich eine Konkretisierung der allgemeinen deliktischen Sorgfaltspflicht speziell für Gebäudegefahren. Es handelt sich um eine Haftung für vermutetes Verschulden; dem Anspruchsgegner steht der Entlastungsbeweis offen, § 836 Abs. 1 S. 2 BGB.

92

Unter „**mit einem Grundstück verbundene Werke**" fallen Gegenstände, Anlagen oder Einrichtungen, die einem bestimmten Zweck dienen und gemäß den Regeln der Baukunst oder Erfahrung hergestellt werden. Erforderlich ist also eine planvolle Errichtung. Eine Abgrenzung ähnlich wie bei § 94 BGB scheidet aus Gründen des Normzwecks von vornherein aus, weil es bei § 94 BGB um die Verhinderung der Zerschlagung wirtschaftlicher Werte geht, bei § 836 BGB dagegen um haftungsrechtliche Fragen. Daher ist auch keine feste Verbindung mit dem Grundstück erforderlich, andererseits darf das Werk auch nicht ohne weiteres fortbewegt werden können (etwa Pkw). Unter § 836 BGB fällt daher in dieser Hinsicht auch ein Baugerüst.[65]

93

Ein „**Teil eines Gebäudes**" liegt dann vor, wenn eine Sache in einem so festen baulichen Zusammenhang mit dem Gebäude steht, dass sich daraus nach der Verkehrsanschauung ihre Zugehörigkeit zum Bauganzen ergibt.[66] Dies ist etwa bei Balkonen, Schornsteinen oder auch Dachziegeln[67] anzunehmen.

94

Erforderlich ist weiter der **Einsturz** oder die **Ablösung** des Gebäudes bzw. Werkes oder Teilen davon, was etwa beim Herunterfallen einzelner Teile der Fall ist. Dies muss die Folge **fehlerhafter Errichtung** oder **mangelhafter Unterhaltung** gewesen sein. Zur Unterhaltungspflicht gehört die Überprüfung des baulichen und technischen Zustands des Werkes.

95

Anspruchsgegner ist der gegenwärtige oder frühere **Eigenbesitzer**, §§ 836 Abs. 2 und 3, 872 BGB (also nicht der Eigentümer). Der Anspruchsteller hat grundsätzlich alle oben genannten Voraussetzungen darzulegen und zu beweisen. Vor allem bei der Frage nach der mangelhaften Unterhaltung kann dies schwierig sein: wenn etwa der Anspruchsteller durch einen herabfallenden Dachziegel verletzt worden ist, wird der Nachweis der mangelnden Unterhaltung schwierig sein, da der Ziegel sich ja gerade nicht mehr auf dem Dach befindet.

96

Die Rechtsprechung hilft hier mit einem **Anscheinsbeweis**: prima facie spricht es für die Mangelhaftigkeit der Errichtung oder Unterhaltung, wenn sich bei Witterungseinflüssen, mit deren Einwirkung auf ein Bauwerk erfahrungsgemäß zu rechnen ist, ein Teil löst. Dies kann andererseits bei extremen Naturereignissen (etwa einem Jahrhundertorkan)[68] nicht mehr angenommen werden.

97

---

65 BGH NJW 1999, 2593 f; weitere zahlreiche Beispiele etwa bei MüKo-Wagner, § 836 Rn 10.
66 BGH VersR 1985, 666ff. für den Fall einer Duschkabine.
67 Vgl. OLG Düsseldorf NJW-RR 1992, 1440; weitere zahlreiche Beispiele etwa bei MüKo-Wagner, § 836 Rn. 12.
68 Vgl. OLG Zweibrücken NJW-RR 2002, 749f.

§ 2 Allgemeine deliktische Ansprüche, §§ 823 ff. BGB

98 Bei § 836 BGB handelt es sich um einen Fall der Haftung für **vermutetes Verschulden**, daher kann sich der Anspruchsgegner entlasten, wenn er nachweist, dass er die im Verkehr erforderliche Sorgfalt angewendet hat, § 836 Abs. 1 S. 2 BGB. Dies erfordert nach allgemeinen Grundsätzen den Nachweis, dass der Besitzer alle Maßnahmen getroffen hat, die aus technischer Sicht geboten und geeignet sind, die Gefahr einer Ablösung von Teilen nach Möglichkeit rechtzeitig zu erkennen und ihr zu begegnen. Die Anforderungen sind zwar hoch, dürfen aber auch nicht überspannt werden: So muss für einen ortsabwesenden Eigenbesitzer ausreichen, wenn er eine Hausverwaltung beauftragt und gegenüber dieser eine allgemeine Beaufsichtigung durchführt.[69] Ebenso kann der Schädiger den **Einwand mangelnder Kausalität** vorbringen: Wenn er darlegt und ggf. beweist, dass der Schaden auch bei Beobachtung der gebotenen Sorgfalt eingetreten wäre, haftet er nicht.

IX. Die Produkthaftung

99 Unter Produkthaftung werden zwei große Blöcke verstanden: die Haftung aus dem **Produkthaftungsgesetz** (ProdHaftG) einerseits, und die Haftung aus § 823 ff. BGB (**Produzentenhaftung**) andererseits, die daneben voll anwendbar bleibt. Diese sind am sinnvollsten getrennt darzustellen, wobei gerade auf die Vor- bzw. Nachteile beider Haftungsgrundlagen einzugehen ist, da diese für die Praxis eine Rolle spielen.[70]

100 Zu beachten ist im deutschen Recht, dass die Produkthaftung eine Domäne des **Deliktsrechts** ist. Vertragliche Ansprüche spielen hier in aller Regel keine Rolle; mögliche Konstruktionen (etwa Vertrag zugunsten Dritter, Vertrag mit Schutzwirkung für Dritte, Drittschadensliquidation) sind verworfen worden.[71] Dennoch gilt (wie allgemein) das **Kumulationsprinzip**: die Deliktshaftung schließt vertragliche Ansprüche nicht aus. Auch bleibt das allgemeine Deliktsrecht von Regelungen des Produkthaftungsgesetzes unberührt, § 15 Abs. 2 ProdHaftG.

1. Das Produkthaftungsgesetz

101 Das Produkthaftungsgesetz ist eine spezielle Gefährdungshaftung, die eine Haftung des Herstellers für Folgeschäden aus der Benutzung seiner Produkte konstituiert. Es geht nicht um den Schutz des Äquivalenzinteresses (wie oftmals im Rahmen der Gewährleistungsansprüche), sondern des Integritätsinteresses des Geschädigten.

102 Wesentliche **Vorteile** des Produkthaftungsgesetzes im Gegensatz zur Haftung aus § 823 ff. BGB sind:
- Es handelt sich um eine verschuldensunabhängige Haftung.
- Haftung auch für sog. „Ausreißer".

103 Wesentliche **Nachteile** sind:
- Begrenzung auf Höchstbeträge bei Personenschäden (§ 10 ProdHaftG).

---

69 BGH VersR 1976, 66, 67.
70 Aktuell zur Diskussion um mögliche Ansprüche im Zusammenhang mit durch Rauchen verursachte Gesundheitsschäden vgl. einerseits Molitoris, NJW 2004, 3662 ff. (verneinend), andererseits Adams/Bornhäuser/Grunewald, NJW 2004, 3657 ff. (bejahend).
71 Vgl. etwa MüKo-Wagner, § 823 Rn. 547 m.w.N.

- Selbstbeteiligung bei Sachschäden (§ 11 ProdHaftG).
- Kein Ersatz von Sachschäden für gewerbliche Verwender, § 1 Abs. 1 S. 2 ProdHaftG.
- Kürzere Verjährung, § 12 ProdHaftG (Verjährung beginnt nicht erst zum Jahresende, außerdem keine 30-jährige Verjährungsfrist für Personenschäden wie bei § 199 Abs. 2 BGB).

Das Schwergewicht der Produkthaftung liegt daher weiter im Bereich der Produzentenhaftung aus § 823 ff. BGB. Allein aufgrund der Haftungshöchstbeträge sind deliktsrechtliche Ansprüche für den Mandanten umfassender und daher stets zu prüfen. 104

Für die praktische Rechtsanwendung des ProdHaftG ist allgemein – aber hier ganz besonders – auf eine genaue Gesetzeslektüre zu achten, da dieses Gesetz (wie viele andere, die auf europarechtliche Grundlagen zurückgehen) zahlreiche Normierungen trifft, die einfach nur „gefunden" werden müssen. Im Folgenden können diese nicht alle im Einzelnen angesprochen werden, es soll auf die entscheidenden Punkte in der Praxis hingewiesen werden. Als Anwalt sollte man immer dann an das ProdHaftG denken, wenn ein Verschuldensnachweis äußerst schwierig oder gar unmöglich erscheint. Dann kann die Produkthaftung zumindest eine Erleichterung schaffen. 105

a) Voraussetzungen

aa) Fehlerhaftes Produkt, §§ 2 und 3 ProdHaftG: Es muss ein „Produkt" gegeben sein, § 2 ProdHaftG, das „fehlerhaft" sein muss, § 3 ProdHaftG. Auch hier zeigt sich wieder, dass das Integritätsinteresse im Vordergrund steht, denn entscheidend für die „Fehlerhaftigkeit" ist das, was berechtigterweise erwartet werden kann, § 3 Abs. 1 ProdHaftG, so dass ein **objektiver Maßstab** anzulegen ist. 106

Der Wortlaut „berechtigterweise" deutet schon an, dass es hierbei um eine Einzelfallentscheidung geht, die für Wertungen offen ist. Zu berücksichtigen sind daher etwa der typische Benutzer des Produkts, das Preis-Leistungs-Verhältnis, die Darbietung des Produkts (etwa Gebrauchsanweisung oder Verpackung) oder der Gebrauch des Produkts, mit dem billigerweise gerechnet werden kann. 107

Die bloße Verbesserung des Produkts zu einem späteren Zeitpunkt führt noch nicht zur Fehlerhaftigkeit, weil stets auf den Zeitpunkt des Inverkehrbringens des Produkts abzustellen ist, vgl. § 3 Abs. 2 ProdHaftG. Zu den Fehlern gehören auch die sogenannten **„Ausreißer"**, also solche Fabrikationsfehler, die trotz aller zumutbarer Vorkehrungen unvermeidbar sind, da es sich um eine Gefährdungshaftung handelt. Von §§ 823 ff. BGB/Produkthaftung sind diese dagegen nicht umfasst. 108

bb) Sonstige Voraussetzungen, §§ 1, 4 ProdHaftG: Den wichtigsten Anwendungsbereich hat die Produkthaftung bei der Verursachung von körperlichen Schäden, § 1 Abs. 1 ProdHaftG, denn die Ersatzfähigkeit von Sachschäden ist eingeschränkt, vgl. § 1 Abs. 1 S. 2 ProdHaftG. 109

Für die Ersatzfähigkeit von Sachschäden in Form sog. **„Weiterfresserschäden"**, also die Konstellation, dass ein fehlerhaftes, funktionell abgrenzbares Teil zu einem Schaden an dem ansonsten fehlerfreien Endprodukt führt, sind zwei Fallgruppen zu unterscheiden: 110

§ 2 Allgemeine deliktische Ansprüche, §§ 823 ff. BGB

- Ist der Hersteller des fehlerhaften Einzelteils mit dem Hersteller des Endprodukt identisch, scheidet ein Anspruch aus dem Produkthaftungsgesetz aus. § 1 Abs. 1 ProdHaftG schützt nicht das Produkt selbst, vgl. § 1 Abs. 1 S. 2 ProdHaftG.
- Liegt Personenverschiedenheit vor (wie in den typischen Zulieferfällen), scheidet auch hier ein Anspruch aus ProdHaftG aus; wie § 1 Abs. 1 S. 2 ProdHaftG zeigt, muss der Hersteller von Zulieferteilen mit einem Anspruch gegen sich nicht rechnen, da sein bloßes Zulieferprodukt nicht für den Endverbraucher bestimmt ist.[72]

111 Zu beachten sind auch die **umfangreichen Ausschlussgründe in § 1 Abs. 2 und 3 ProdHaftG**. Besonders zu beachten ist, dass eine Haftung für Entwicklungsrisiken ausgeschlossen ist, § 1 Abs. 2 Nr. 5 ProdHaftG.

112 Der Anspruchsgegner muss Hersteller sein, vgl. § 4 ProdHaftG. Die Voraussetzungen des Abs. 1 werden durch Abs. 2 und 3 aus Gründen des Verbraucherschutzes erheblich ausgeweitet.

b) Rechtsfolgen

113 Es ist Schadensersatz zu leisten. Für Sachschäden gilt die Selbstbeteiligung des Geschädigten, § 11 ProdHaftG, für Körperschäden § 8 ProdHaftG. Mitverschulden wird über § 6 ProdHaftG (ähnlich § 254 BGB) zugerechnet, wobei der Sachbewahrungsgehilfe einem Erfüllungsgehilfen gleichsteht, vgl. § 6 Abs. 1 a.E. ProdHaftG.

114 Zu beachten ist auch die Erlöschensfrist von 10 Jahren, § 13 ProdHaftG, sowie die Verjährungsregelung, § 12 ProdHaftG.

2. Produzentenhaftung, §§ 823 ff. BGB

115 Die Vorteile der allgemeinen deliktischen Haftung (insbesondere auf der Rechtsfolgenseite) wurden oben schon dargestellt. Dieses spielt daher in der Praxis die **weit bedeutendere Rolle** als die Regeln des ProdHaftG.

116 Die Anspruchsgrundlage § 831 BGB hat nur eine untergeordnete Bedeutung wegen der Möglichkeit des dezentralisierten Entlastungsbeweises; im wesentlichen kommt es auf die eigenen deliktischen Pflichten des Herstellers an, die kurz darzustellen sind einschließlich der besonderen Beweislastprobleme.

a) Voraussetzungen

117 Für einen Anspruch sind folgende Voraussetzungen erforderlich:
- Pflichtverletzung des Herstellers
- Fehlerhaftigkeit des Produkts im Zeitpunkt des Inverkehrbringens
- Kausalität von Pflichtverletzung und Produktfehler
- Rechtsgutverletzung
- Kausalität der Fehlerhaftigkeit für die Rechtsgutverletzung
- Verschulden

118 Der Hersteller hat die Pflicht, alles Erforderliche und ihm Zumutbare zu tun, damit in seinem Herrschaftsbereich keine Ursache für die Verletzung der in § 823 BGB

---

[72] Vgl. zum Ganzen Marburger, AcP 192 (1992), 1, 7 ff.

geschützten Rechte und Rechtsgüter gesetzt wird. Herkömmlicherweise werden unterschiedliche Pflichten, die zu verschiedenen Fehlern führen, unterschieden:
- **Konstruktionsfehler:** etwa dann, wenn die gesamte Produktion nicht mehr auf dem neuesten Stand der Technik steht. Der Hersteller ist verpflichtet, dass das von ihm in Verkehr gebrachte Produkt das geforderte Sicherheitsniveau erreicht.
- **Fabrikationsfehler:** dann, wenn nur einzelne Produkte fehlerhaft sind (gerade bei Fehlern in der Produktion), wenn also die vom Hersteller selbst angestrebte Sollbeschaffenheit des Produkts nicht erreicht wird. Nicht gehaftet wird für sogenannte Ausreißer, also solche Fehler, die auch bei Anwendung aller zumutbaren Sorgfalts- und Qualitätssicherungsmaßnahmen nicht hätten vermieden werden können.
- **Instruktionsfehler:** bei mangelnder Gebrauchsanweisung. Grund dafür ist, dass der Verbraucher zu einem sachgerechten Umgang nur in der Lage ist, wenn er über dessen sicherheitsrelevante Eigenschaften informiert ist. Dies schließt auch die Information über einen vorhersehbaren Fehlgebrauch des Produkts mit ein (**Warnpflichten**).
- Zu beachten ist aber, dass diese Warnpflichten nicht unbegrenzt weit gehen. Einer Warnung dergestalt, dass die Dämpfe von Klebstoffen nicht inhaliert werden sollen (sniffing), bedarf es etwa nicht,[73] weil es sich dabei nicht nur um einen völlig zweckfremden Gebrauch, sondern sogar um einen Missbrauch des Produkts als Rauschmittel handelt.
- **Produktbeobachtungsfehler:** deren Existenz beruht darauf, dass für obige Fehler auf den Zeitpunkt des Inverkehrbringens abgestellt wird und für Entwicklungsfehler, also solche, die erst aufgrund des weiteren Fortschritts der Technik erkennbar werden, im Zeitpunkt des Inverkehrbringens des Produkts aber noch nicht erkennbar waren, nicht gehaftet wird.
- Der Hersteller ist aber verpflichtet, die weitere Entwicklung im Auge zu behalten. Hieraus können sich Reaktionspflichten ergeben in Form einer Produktionsumstellung, von Warnpflichten[74] oder sogar einer Rückrufpflicht,[75] wenn nur so die Abwehr schwerer Schäden für den Benutzer oder Dritte möglich ist.

b) Darlegungs- und Beweislast

Eine wesentliche Bedeutung gerade bei der Produzentenhaftung spielt die Darlegungs- und Beweislast. **Erst hier erlangt der Begriff der Produzentenhaftung seine eigentliche Bedeutung.** Grundsätzlich trägt der Anspruchsteller die Beweislast für alle haftungsbegründenden Voraussetzungen sowie für den entstandenen Schaden.

119

Gerade im Bereich der Produkthaftung würde er dadurch aber weitgehend rechtlos gestellt, da er in aller Regel keinen Einblick in den Betrieb des Herstellers hat und daher etwa Fabrikationsfehler nicht wird nachweisen können. Es geht also darum, dem Geschädigten die Beweislast für solche Umstände abzunehmen, zu denen er keinen Zugang hat, weil es sich um Interna des Herstellerunternehmens handelt. Daher erfolgt hier eine Beweislastverteilung nach Gefahrenbereichen:[76]

120

---

73 Vgl. BGH VersR 1981, 957 ff.
74 Vgl. dazu aus neuerer Zeit etwa Bischoff, VersR 2003, 958 ff.
75 Vgl. MüKo-Wagner, § 823 Rn. 604 m.w.N.
76 Vgl. grundlegend BGH NJW 1969, 269 ff.

121 **aa) Beweislast des Geschädigten:** Dieser muss grundsätzlich beweisen
- die Fehlerhaftigkeit des Produkts im Zeitpunkt des Inverkehrbringens
- die Rechtsgutverletzung
- die Kausalität von Fehlerhaftigkeit des Produkts und Rechtsgutverletzung

122 **bb) Beweislast des Herstellers:** Dieser kann sich entlasten, indem er beweist, dass
- keine Pflichtverletzung vorlag
- keine Kausalität zwischen Pflichtverletzung und Produktfehler vorhanden war.

123 Hier handelt es sich lediglich um die Darstellung der **Grundsätze**, die aber auch durchbrochen sein können: So kann auch einmal der Hersteller für die Fehlerfreiheit des Produkts beweispflichtig sein, etwa dann, wenn eine über die normale Endkontrolle hinausgehende Befunderhebungs- und Sicherungspflicht des Herstellers besteht und die Aufklärung des Sachverhalts gerade durch die Verletzung dieser Pflicht erschwert wird.

124 Andererseits kann der Geschädigte auch den Nachweis der Pflichtverletzung führen müssen, etwa dann, wenn die Verletzung der Produktsbeobachtungspflicht mithilfe allgemein zugänglicher Quellen geführt werden kann, weil dann keine Beweisnot des Geschädigten vorliegt.[77] Daneben kann es auch zu weiteren Beweiserleichterungen kommen, etwa dann, wenn Betondecken ohne weiteres zusammenstürzen: Hier spricht der **Anscheinsbeweis** dafür, dass diese fehlerhaft waren.[78]

125 Insgesamt kann hier eine umfassende Darstellung nicht erfolgen. Als allgemeine Linie für die Praxis ist davon auszugehen, dass es Beweiserleichterungen bis hin zu einer Beweislastumkehr zugunsten des Geschädigten immer dann geben muss, wenn **überlegenes Herrschaftswissen** des Herstellers dazu führt, dass dem Geschädigten eine Beweisführung nicht zumutbar ist.

X. Tatbestandsübergreifende Probleme

1. Die haftungsbegründend kausale Handlung

a) Festlegung der fehlerhaften Handlung

126 Hier ist zunächst auf eines hinzuweisen, dass auf den ersten Blick selbstverständlich klingt, aber dennoch in der Praxis oft der Beginn zahlreicher Schwierigkeiten ist: die **genaue Festlegung der jeweils vorzuwerfenden Handlung** (bzw. des Unterlassens). Nur wenn dieser Bezugspunkt als erstes klar festgelegt wird, kann ordnungsgemäß weiter geprüft werden. Dies wird in den klassischen Fällen keine Schwierigkeiten bereiten, etwa der Vorwurf des Fahrens mit einem Kfz. Aber schon wenn man das Beispiel leicht modifiziert, wird klar, was gemeint ist: Man stelle sich etwa vor, der Fahrer des Fahrzeugs ist nicht zahlungsfähig, eine Versicherung besteht (entgegen den Vorschriften des Pflichtversicherungsgesetzes) auch nicht. Kann dann dem Eigentümer des Fahrzeugs eine Verletzung der Aufsichtspflicht nachgewiesen werden? Damit ändert sich aber sofort der Bezugspunkt der Handlung (nicht mehr Fahren des Kfz, sondern Verletzung der Aufsichtspflicht).

---

77 Vgl. BGH NJW 1992, 560 ff.
78 Vgl. BGH VersR 1958, 107 f.

Die genaue Bestimmung dessen, was eigentlich genau der Ansatzpunkt für das Fehlverhalten ist, kann daher gar nicht sorgfältig genug durchgeführt werden, wird in der Praxis aber dennoch oftmals stiefmütterlich behandelt. Besonders virulent wird dies etwa auch im Arzthaftungsrecht: Der Festlegung, welche Handlung dem Arzt als fehlerhaft unterstellt wird, kommt zentrale Bedeutung zu, denn hiervon hängt die weitere Prüfung entscheidend ab.

b) Kausalität und Zurechnung

Im Weiteren ist zu prüfen, ob die (gerade festgelegte) Handlung für die Rechtsgutverletzung kausal war. Zwei Theorien sind hier hinlänglich bekannt: Nach der conditio-sine-qua-non-Formel oder **Äquivalenztheorie** ist zu fragen, ob das Verhalten hinweggedacht werden kann, ohne das der Erfolg in seiner konkreten Gestalt entfiele.[79]

Die **Adäquanztheorie** stellt darauf ab, ob das Verhalten im allgemeinen und nicht nur unter besonders eigenartigen, unwahrscheinlichen und nach dem gewöhnlichen Verlauf der Dinge außer Betracht zu lassenden Umständen geeignet war, den Erfolg der eingetretenen Art herbeizuführen.[80] Entscheidend ist eine **objektiv nachträgliche Prognose**.

Diese zwei Ansätze spielen aber in der Praxis keine besondere Rolle[81] und sollen daher hier auch nicht vertieft werden, weil beide nicht geeignet sind, eine relevante Zahl von Handlungsalternativen auszuscheiden. Hingewiesen sei lediglich auf eine wertungsbedingte Ausnahme von der conditio-sine-qua-non-Formel: Haben nämlich zwei Ereignisse zum Schaden geführt, von denen auch schon jedes für sich allein ausreichend gewesen wäre, sind **beide Ursachen** als kausal anzusehen. Dies beruht darauf, dass ansonsten keiner der beiden Schädiger einer Haftung unterliegen würde, weil jeweils aus der Sicht des gerade Betrachteten die eigene Handlung hinweggedacht werden kann, ohne dass der Erfolg entfiele. Das Vorhandensein von zwei Schädigern kann aber unter Wertungsgesichtspunkten nicht zulasten des Geschädigten gehen, so dass beide für den Schaden einstehen müssen.[82]

Entscheidend kommt es in der Praxis darauf an, ob die konkret erlittene Rechts(gut)verletzung vom **Schutzzweck der Norm** erfasst wird, ob also die verletzte Verhaltenspflicht das beeinträchtigte Rechtsgut gerade auch vor der konkreten Verletzung schützen will. Anders ausgedrückt: der Schaden muss einen inneren Zusammenhang mit der Rechts(gut)verletzung aufweisen. Dies ist dann nicht der Fall, wenn sich lediglich das **allgemeine Lebensrisiko** des Geschädigten verwirklicht hat. Dies ist beispielsweise dann der Fall, wenn aus Anlass einer Untersuchung nach einem Unfall ein bereits im Zeitpunkt der Rechts(gut)verletzung vorhandener Tumor entdeckt wird.[83]

---

79 Vgl. etwa Palandt/Heinrichs, vor § 249 Rn. 57.
80 Vgl. etwa BGH NJW 2002, 2232, 2233.
81 Zum Teil wird sogar die vollständige Aufgabe gefordert, vgl. die Nachweise bei Palandt/Heinrichs, vor § 249 Rn. 61.
82 Zur Gesamtschuldnerschaft und zum entsprechenden Klageantrag siehe unten C III 4.
83 Vgl. schon BGH NJW 1968, 2287f.

132 Für die Praxis sind **Fallgruppen** zu bilden, bei denen die Zurechnung problematisch ist.[84] Die folgenden Argumente können dann auch in anderen Konstellationen in der Praxis in der einen oder anderen Richtung verwendet werden:

133 *aa) Schadensanlagefälle:* Wenn der Geschädigte unter einer Vorschädigung leidet, schließt dies die Haftung des Schädigers grundsätzlich nicht aus. Anders kann dies nur sein, wenn es sich um keinesfalls zu erwartende Schadensverläufe handelt.[85]

134 *bb) seelische Reaktionen:* Auch bei seelischen Reaktionen des Geschädigten (etwa Angstzustände) wird der Zurechnungszusammenhang grundsätzlich nicht unterbrochen. Anders kann dies nur dann sein, wenn es sich auf Seiten des Geschädigten um eine offensichtlich unangemessene Erlebnisverarbeitung handelt.[86]

135 *cc) Schockschäden:* Zu beachten ist hier auch die Problematik sogenannter „Schockschäden". Vor unmittelbaren Verletzungshandlungen (die Verletzungshandlung führt zu einer Verletzung und betrifft dieselbe Person) gewährt § 823 Abs. 1 BGB in jedem Fall Schutz. Bei Schockschäden erleidet dagegen **ein Dritter** eine Gesundheitsschädigung, weil jemand anderes verletzt worden ist. Letztlich handelt es sich hierbei um eine Frage der Zurechenbarkeit, weil geprüft werden muss, ob dem Schädiger noch zugerechnet werden kann, dass aufgrund seiner Tat ein Dritter einen Schock erleidet. Grundsätzlich gehört etwa das Betrachtenmüssen eines Unfalls zum allgemeinen Lebensrisiko, was dem Schädiger nicht mehr zugerechnet wird. Bei Schockschäden sind allerdings **Kriterien** entwickelt worden, die ausnahmsweise eine Ersatzpflicht begründen können:[87]

- Hinsichtlich der Intensität muss der „Schock" über das hinausgehen, mit dem bei schlimmen Ereignissen üblicherweise zu rechnen ist.
- Der konkrete Anlass muss den Schock als verständlich erscheinen lassen.
- Außerdem ist in persönlicher Hinsicht die Ersatzpflicht auf **nahe Angehörige** zu beschränken (vgl. den Rechtsgedanken aus § 844 Abs. 2 BGB).[88]

136 Zu beachten ist weiterhin, dass ein **Mitverschulden** des Erstgeschädigten bei „Schockschäden" ebenfalls zu berücksichtigen ist, und zwar analog § 254 BGB.[89] Wenn nämlich bei der Anspruchsbegründung das Näheverhältnis zugunsten des Schockgeschädigten wirkt, muss er dies aus Wertungsgesichtspunkten im Rahmen der Haftungsausfüllung auch zu seinen Lasten wirken lassen. Außerdem ist zu beachten, dass der Schockgeschädigte keinen Anspruch aus §§ 823 Abs. 2 BGB, 229 StGB hat, weil § 229 StGB nur den unmittelbar Verletzten schützt, nicht aber Dritte.

137 *dd) Dazwischentreten des Geschädigten:* Darunter wird verstanden, dass die Verletzung nicht unmittelbar auf der Handlung beruht, sondern als Zwischenschritt ein selb-

---

84 Vgl. allgemein Palandt/Heinrichs, vor § 249 Rn. 66 ff.
85 Vgl. etwa OLG Düsseldorf, VersR 1992, 1233, wie weit im Einzelfall eine Zurechnungsmöglichkeit besteht: ein Beinaheunfall führt später zu einem Herzinfarkt – hier wurde eine Zurechung bejaht.
86 Vgl. Palandt/Heinrichs, vor § 249 Rn. 69 ff., vor allem 70 a.
87 Vgl. Palandt/Heinrichs, vor § 249 Rn. 71 m.w.N.
88 Daher nicht mehr bei Schock über eine getötete Freundin, LG Tübingen NJW 1968, 1187.
89 Vgl. Palandt/Heinrichs, § 254 Rn. 68.

ständiger Willensentschluss des **später Verletzten** hinzutritt (etwa in den Verfolgerfällen: Ein Ladendieb wird von einer Person verfolgt, die dabei stürzt und sich verletzt). Eine Zurechnung ist hier möglich, wenn
- das Eingreifen des Verletzten herausgefordert wurde, also eine „wenigstens im Ansatz billigenswerte Motivationslage"[90] vorhanden war;
- sich der Verletzte gerade zu dem konkreten Verhalten herausgefordert fühlen durfte (Verhältnismäßigkeit zwischen der Gefahr, die mit dem Verhalten verbunden war, und dem angestrebten Erfolg);[91]
- sich in der Rechtsgutverletzung ein der Handlung innewohnendes Risiko verwirklicht hat.

ee) Dazwischentreten Dritter: **Fehlverhalten** Dritter unterbricht die Zurechnung zum Erstschädiger grundsätzlich nicht; anders kann dies sein, wenn es sich um ein außergewöhnlich grobes Fehlverhalten handelt. Gerade wenn aber der Erstschädiger eine gesteigerte Gefahrenlage schafft, wird die Zurechnung umso eher zu bejahen sein. Letztlich ist hier aber eine Einzelfallbetrachtung vorzunehmen: wenn etwa ein (Erst-) Unfall ordnungsgemäß abgesichert ist, kann der Schaden, der durch einen in die Unfallstelle fahrenden Zweitschädiger verursacht wird, nicht mehr dem Erstverursacher zugerechnet werden.[92]

138

Auch bei dazwischentretenden **Vorsatztaten** durch Dritte kann noch eine Zurechnung zu bejahen sein: Wer etwa einem Opfer Gift verabreicht, so dass dieses bewusstlos wird, haftet auch für die anschließende vorsätzliche Misshandlung durch einen Dritten.[93] Eine Zurechnung an den Erstschädiger kann dann aber nicht mehr erfolgen, wenn der Schaden auf einem Entschluss des Zwischenmanns beruht, der dadurch eine **selbständige, neue Gefahrenlage** schafft und daher zwischen beiden Eingriffen bei wertender Betrachtung nur ein äußerlicher, gleichsam zufälliger Zusammenhang besteht.[94]

139

c) allgemeine Beweisfragen

Der allgemeine Grundsatz, dass der Anspruchsteller die Voraussetzungen für das Bestehen des Anspruchs darlegen und beweisen muss, gilt auch hier. Für die **haftungsbegründenden Merkmale** gilt dabei § 286 ZPO, für die Haftungsausfüllung dagegen § 287 ZPO. So hat etwa die haftungsbegründende Kausalität grundsätzlich der Kläger dazulegen und zu beweisen. Dies muss zur Überzeugung des Gerichts erfolgen, § 286 ZPO. Eine Anwendung des § 287 ZPO für die haftungsbegründende Kausalität kommt dagegen nicht in Betracht.[95]

140

---

90 Vgl. etwa BGH NJW 2002, 2232, 2233.
91 Vgl. etwa BGH NJW 2002, 2232, 2234 zum Sprung aus 8 bis 10 Meter Höhe.
92 Vgl. BGH r+s 2004, 212f.; NJW 2004, 1375f.
93 Vgl. BGH NJW 1992, 1381f.
94 Vgl. die Konstellation bei BGH NJW 1997, 865 f: Hier war ein Geldtransporter in einen Unfall verwickelt und wurde daraufhin ausgeraubt; hier erfolgte eine Zurechnung auch des Diebstahls zulasten des Unfallverursachers. Eine solche sei erst dann nicht mehr möglich, wenn die Polizei die Unfallfahrzeuge in Gewahrsam genommen hätte und dann der Diebstahl erfolgt wäre.
95 Vgl. BGH r+s 2004, 39, 40.

141 Nach allgemeinen Grundsätzen existieren auch im Deliktsrecht **Beweiserleichterungen**:
- **Anscheinsbeweis**: Ergibt sich unter Berücksichtigung aller Umstände nach der Lebenserfahrung ein **typischer Geschehensablauf**, muss der Geschädigte nur den eingetretenen Erfolg darlegen und beweisen; dass dieser dann auf einer bestimmten Ursache beruht, kann – falls es sich um einen typischen Geschehensablauf handelt – vermutet werden. Diese Vermutung ist aber für den Schädiger wiederum widerlegbar (sogenannte **Erschütterung** des Anscheinsbeweises). Gelingt diese Erschütterung, kann der Geschädigte aber wiederum den Vollbeweis erbringen.[96]
- **Umkehr der Beweislast**: Hierzu kann es kommen, wenn einer an sich beweisbelasteten Partei dieser Beweis insbesondere deshalb nicht möglich ist, weil die andere Partei über ein überlegenes Herrschaftswissen verfügt. Dies wird etwa bei der Produkthaftung relevant.[97]

2. Rechtswidrigkeit und Verschulden

142 Bei der Frage, ob Rechtswidrigkeit handlungs- oder erfolgsbezogen zu beurteilen ist, spricht sich die Rechtsprechung für den erfolgsbezogenen Ansatz aus:[98] Von **Rechtswidrigkeit** ist daher mangels Vorliegen eines Rechtfertigungsgrundes auszugehen, eine gesonderte Prüfung der Sorgfaltswidrigkeit kann hier in der Praxis unterbleiben (mit Ausnahme der offenen Tatbestände allgemeines Persönlichkeitsrecht und Recht am eingerichteten und ausgeübten Gewerbebetrieb).

143 Beim **Verschulden** sind die §§ 827, 828 BGB als Sondernormen zu beachten:
- Nach § **828 Abs. 1** BGB ist ein Kind bis einschließlich sechs Jahren deliktsrechtlich noch nicht verantwortlich. Dies entspricht § 104 Nr. 1 BGB im Allgemeinen Teil.
- § **828 Abs. 2** BGB wurde mit Wirkung vom 1.8.2002 eingeführt und bringt eine **Verbesserung der Rechtsstellung der Kinder im motorisierten Verkehr** mit sich.[99] Danach sind Kinder zwischen sieben und zehn Jahren für einen fahrlässig herbeigeführten Unfall mit einem Kfz (oder einer Schienen- oder Schwebebahn) nicht verantwortlich. Dies gilt nur für den motorisierten Verkehr, nicht etwa dann, wenn lediglich Fußgänger oder Radfahrer mitbeteiligt sind. Auch gilt die Vorschrift nicht, wenn nur parkende Autos betroffen sind. Eine Besserstellung von Minderjährigen auch im ruhenden Verkehr war nämlich nicht beabsichtigt. Daher ist ein Neunjähriger, der mit einem Kickboard ein parkendes Auto beschädigt, für den Schaden verantwortlich.[100]
- Auch gilt das **Haftungsprivileg nicht für vorsätzliches Handeln**, § 828 Abs. 2 S. 2 BGB. Dies ist auch angemessen, weil in einem solchen Fall von einer Überforderung des Kindes aufgrund der Anforderungen des motorisierten Verkehrs nicht gesprochen werden kann.

---

96 Vgl. nur Thomas/Putzo, § 286 Rn. 12ff.
97 Siehe dazu oben IX 2 b.
98 Vgl. etwa BGH NJW 1996, 3205ff.
99 Zur Neufassung des § 828 BGB durch das Zweite Schadensrechtsänderungsgesetz vgl. etwa Heß/Buller, ZfS 2003, 219ff.; Müller, ZfS 2003, 433ff.
100 Vgl. BGH, Urteile vom 30.11.2004 (VI ZR 335/03 und 365/03), NJW 2005, 354ff.

- Nach § 828 Abs. 3 BGB sind Kinder unter 18 Jahren im übrigen nur ausnahmsweise nicht verantwortlich, wenn die zur Erkenntnis der Verantwortlichkeit erforderliche Einsicht gefehlt hat. Die Beweislast hierfür liegt beim minderjährigen Schadensverursacher selbst (vgl. die Formulierung § 828 Abs. 3 BGB: „ist ... [man kann sich als Gedankenstütze hinzudenken: ausnahmsweise] nicht verantwortlich". Durch das Hinzudenken des Wortes „ausnahmsweise" wird auch die Beweislastverteilung klar.)

3. Verjährung

Mit der **Schuldrechtsmodernisierung** zum 1.1.2002 ist auch die Verjährung neu geregelt worden.[101] Leitlinie für die neuen Vorschriften war dabei der deliktsrechtliche Sondertatbestand des **§ 852 a.F. BGB**, da sich dessen Regelung grundsätzlich bewährt habe.[102] Dieser wurde als **Vorbild für die allgemeinen Regelungen in §§ 195ff. BGB** genommen, so dass im Gegenzug eine Streichung als verjährungsrechtliche Sondervorschrift in §§ 823ff. BGB erfolgen konnte. Für den Bereich des Deliktsrechts halten sich daher die Änderungen „in überschaubarem Rahmen".[103]

144

Nunmehr gilt nach § 195 BGB (wie schon bisher nach § 852 BGB a.F.) die **dreijährige Verjährungsfrist**, die erst mit Entstehung des Anspruchs einerseits und mit Kenntnis bzw. grob fahrlässiger Unkenntnis von den anspruchsbegründenden Tatsachen andererseits zu laufen beginnt, und zwar zum Jahresende, § 199 Abs. 1 BGB. Zwar knüpfte auch § 852 a.F. BGB an die Kenntnis an, aber zu beachten ist, dass dieser die grob fahrlässige Unkenntnis nicht gleichgestellt war. Die Kenntnis bzw. grob fahrlässige Unkenntnis muss sich auf die Person des Schädigers und die den Anspruch begründenden Umstände beziehen. Zu beachten sind aber **Höchstfristen**, die unabhängig von der Kenntnis zu einer Verjährung führen:

145

- Bei **Personen**schäden: **dreißig Jahre** unabhängig von Kenntnis und Anspruchsentstehung, § 199 Abs. 2 BGB.
- Bei **Sach**schäden: **zehn Jahre** unabhängig von Kenntnis, aber abhängig von Anspruchsentstehung, § 199 Abs. 3 BGB S. 1 Nr. 1 BGB; **dreißig Jahre** unabhängig von Kenntnis und Anspruchsentstehung, § 199 Abs. 3 S. 1 Nr. 2 BGB. Maßgeblich ist die jeweils früher ablaufende Frist, § 199 Abs. 2 S. 2 BGB.[104]

Zu beachten ist gerade im Deliktsrecht der **Grundsatz der Schadenseinheit**. Dieser besagt, dass der Anspruch einheitlich auch für die erst in der Zukunft fällig werdenden Beträge entsteht, sobald ein erster Teil im Wege der Leistungsklage geltend gemacht werden kann.[105] Dies gilt aber für **nachträglich auftretende Schadensfolgen** nur, wenn sie im Zeitpunkt der Kenntnis vom Erstschaden als möglich **voraussehbar** waren.[106]

146

---

101 Vgl. zum Ganzen monographisch Mansel, Das neue Verjährungsrecht, 2002; Mansel, NJW 2002, 89ff.; Heinrichs, BB 2001, 1417ff.
102 Vgl. BT-Drucks. 14/6040, S. 104f.
103 So Jahnke, ZfS 2002, 105, 109.
104 Beispiel: Schaden entsteht vierzig Jahre nach deliktischer Handlung: die Frist von Nr. 1 beginnt erst ab Schadenseintritt zu laufen, der Anspruch ist aber wg. Nr. 2 schon verjährt, S. 2.
105 Vgl. nur BGH NJW 1998, 1488ff.
106 BGH NJW 2000, 861f.

147 Für die Praxis ist zu empfehlen, im Zweifel eine **Feststellungsklage** zu erheben, um keine Verjährungsrisiken einzugehen. Ein rechtskräftig festgestellter Anspruch verjährt nämlich erst in 30 Jahren, vgl. § 197 Abs. 1 Nr. 3 BGB, außerdem ist seine Verjährung mit Klageerhebung gehemmt, § 207 Abs. 1 Nr. 1 BGB, mit der Folge, dass die Frist insoweit nicht läuft, § 209 BGB.

148 Für das Feststellungsinteresse reicht dabei die **Möglichkeit des Schadenseintritts** aus, die nur dann verneint werden darf, wenn aus der Sicht des Klägers bei verständiger Würdigung kein Grund besteht, mit dem Eintritt eines Schadens wenigstens zu rechnen.[107] Für die Zulässigkeit ist also ausreichend, wenn die Verjährung droht und künftige Schadensfolgen (und sei es auch nur entfernt) möglich sind. Begründet ist die Klage, wenn der Kläger nachweist, dass der Schadenseintritt nicht nur möglich (dann zulässig), sondern auch wahrscheinlich (dann begründet) ist.

149 Wird im Laufe des Verfahrens (insbesondere im Zeitpunkt vor der letzten mündlichen Verhandlung) die Bezifferung des Schadens möglich, ist ein Übergang auf die Leistungsklage möglich (Klageänderung, § 264 Nr. 2 ZPO; hier handelt es sich zwar nach dem Wortlaut des Gesetzes nicht um eine Klageänderung, richtigerweise wird man aber durchaus von einer – wenn auch stets zulässigen – Klageänderung sprechen müssen, weil nach dem zweigliedrigen Streitgegenstandsbegriff[108] zwar nicht der Lebenssachverhalt, aber eben der Antrag geändert wird.)

XI. Grundsätze der Schadensermittlung

150 Das allgemeine Schadensrecht ist in §§ 249 ff. BGB geregelt. Diese enthalten **keine Anspruchsgrundlage**, sondern ergänzen lediglich die Normen, die Schadensersatzansprüche vorsehen, für die **Haftungsausfüllung**. Sie sind grundsätzlich auf alle Schadensersatzansprüche anwendbar.

151 Die gesetzlichen Normen gehen davon aus, dass sich zwei Personen gegenüberstehen – Schädiger und Geschädigter. Die heutige Praxis sieht aber oft anders aus: neben der Problematik mehrerer Personen auf jeder Seite sind nahezu immer auch **Versicherungen** beteiligt. Dennoch ist als **Grundlage stets von § 249 ff. BGB auszugehen: die Rolle der Versicherungen ist lediglich akzessorisch** zur Haftungs- und Schadensverteilung unter den unmittelbar Betroffenen (Schädiger und Geschädigter).

1. Grundgedanken des deutschen Schadensrechts

152 Der Ausgangspunkt deutschen Schadensrechts ist, dass der Zustand wiederhergestellt werden soll, der bestehen würde, wenn der zum Ersatz verpflichtende Umstand nicht eingetreten wäre, § 249 Abs. 1 BGB.

153 Die Grundgedanken des deutschen Schadensrechts sind auch für die Praxis relevant; auf diese kann als **Argumentationshilfe** zurückgegriffen werden, so dass sie hier kurz dargestellt werden sollen:

---

107 BGH NJW 2001, 1431 ff.
108 Der Streitgegenstand setzt sich demnach aus Antrag einerseits und Lebenssachverhalt andererseits zusammen.

- **Ausgleichsfunktion:** Das Schadensersatzrecht soll die entstandenen Nachteile ausgleichen, aber dem Geschädigten keine darüber hinaus gehenden Vorteile verschaffen. Auch der im angloamerikanischen Rechtsraum verbreitete Ansatz des Strafschadensersatzes („**punitive damages**") ist dem deutschen Schadensrecht fremd.
- **Rechtsfortsetzung:** Im Schadensersatzanspruch setzt sich das verletzte Recht bzw. Rechtsgut fort. Daher ist etwa der objektive Wert einer Sache als Mindestschaden anzuerkennen, wenn diese zerstört wird. Dass sich die Wertminderung in einem Verkauf noch nicht realisiert hat, ist nicht entscheidend. Dies ist auch die Grundlage dafür, dass entgangene Nutzungsmöglichkeiten unter bestimmten Voraussetzungen ersatzfähig sind.
- **Totalreparation:** Danach ist grundsätzlich der gesamte Schaden zu ersetzen, unabhängig von der Höhe.
- **Differenzierung von Vermögens- und Nichtvermögensschaden:** Im Gegensatz zu ersterem ist letzterer grundsätzlich nicht zu ersetzen, § 253 Abs. 1 BGB.

2. Die Differenzhypothese und ihre normative Korrekturen

Der zu ersetzende Vermögensschaden ist mittels der **Differenzhypothese** zu ermitteln. Zu vergleichen sind danach die hypothetische Lage ohne schädigendes Ereignis mit der tatsächlichen Lage infolge des schädigenden Ereignisses. Dies kann im Einzelfall zu nicht sachgerechten Ergebnissen führen, so dass die Differenzhypothese dann normativ zu korrigieren ist (**dualistischer Schadensbegriff:**[109] Ausgangspunkt Differenzhypothese, ggf. normative Korrektur). Anerkannt ist, dass die **normative Korrektur mittels Fallgruppen** zu erfolgen hat.[110] Wichtige Probleme im Schadensrecht sind:

154

a) Entgangene Nutzungsmöglichkeit

Die entgangene Möglichkeit, einen Gegenstand zu nutzen, ist per se kein ersatzfähiger Schaden; es käme (streng schadensrechtlich betrachtet) auf eine tatsächlich erfolgte Nutzung an, nicht aber auf die bloße Möglichkeit dazu. Würde man bloße Nutzungsmöglichkeiten aber für einen Schadensersatzanspruch ausreichen lassen (obwohl ja ein konkreter Vermögensschaden gar nicht nachgewiesen ist), würde dies letztlich zu einer Aushebelung des Grundsatzes der Nichtersetzbarkeit von Nichtvermögensschäden, § 253 Abs. 1 BGB, führen.

155

Von der Rechtsprechung (und damit für Praxis maßgeblich) ist aber in Rechtsfortbildung anerkannt, dass **entgangene Nutzungsmöglichkeiten** unter bestimmten engen Voraussetzungen ersatzfähig sind:[111]
- Geschützt sind nur solche Güter, deren ständige Verfügbarkeit für die eigenwirtschaftliche Lebenshaltung von zentraler Bedeutung sind (also etwa die Wohnung,[112] nicht aber der Hobbykeller)[113]

156

---

109 Palandt/Heinrichs, vor § 249 Rn. 14 m.w.N.
110 Palandt/Heinrichs, vor § 249 Rn. 12, 19ff.
111 Vgl. die grundlegende Entscheidung des Großen Senats BGHZ 98, 212ff.
112 So in BGH NJW 1987, 50ff.
113 OLG Düsseldorf, MDR 2000, 389f.

Windhorst

- Eingriff in den Gegenstand des Gebrauchs selbst (also etwa bei Zerstörung der Sache, nicht aber bei Entzug der Nutzungsberechtigung)
- „Fühlbare" Beeinträchtigung (also hypothetischer Nutzungswille und hypothetische Nutzungsmöglichkeit; daher nicht, wenn es zu einer Nutzung gar nicht gekommen wäre, etwa wegen Verletzung des Anspruchstellers)

157 Damit wird nur ein eng umgrenzter Bereich erfasst, der auch nicht zu einer zu starken Ausdehnung des Schadensersatzrechtes in den immateriellen Bereich hinein führt. In **Schriftsätzen** ist darauf zu achten, obige Voraussetzungen – am besten getrennt voneinander – darzustellen. Eine pauschale Darlegung wie im Straßenverkehrsrecht ist hier nicht möglich, weil Standardisierungen wie dort fehlen.

b) Frustrierte Aufwendungen

158 Darunter sich Aufwendungen (also freiwillige Vermögensopfer) zu verstehen, die der Geschädigte in der Erwartung vornimmt, diese nutzen zu können. Zu einer Nutzung kommt es aber aufgrund des Schadensfalles nicht. Diese sind im Falle des negativen Interesses zu ersetzen (vgl. etwa § 122 BGB), in anderen Fällen dagegen nicht. Dies entspricht einer strikten Anwendung der Differenzhypothese: Sowohl mit als auch ohne schädigendes Ereignis sind bzw. wären die Aufwendungen entstanden. Auch eine normative Korrektur kommt hier nicht in Betracht: Dies zeigt schon die Regelung des § 284 BGB, wonach Aufwendungsersatz nur **anstelle** von Schadensersatz verlangt werden kann.

c) Berücksichtigung von Reserveursachen

159 Der Schädiger wird sich etwa darauf berufen wollen, dass der Schaden auch ohne sein Zutun entstanden wäre,[114] etwa durch Dritte. Für diese sogenannten **Reserveursachen** sind gesetzliche Regelungen zwar vorhanden, die aber letztlich kein klares Bild zeichnen: Während etwa nach §§ 287 S. 2 und 848 BGB eine Berücksichtigung vorgesehen ist, wird in § 844 Abs. 1 BGB eine solche gerade nicht vorgesehen (die Beerdigungskosten würden ja in jedem Fall, wenn auch später, anfallen).

160 Für eine generelle Berücksichtigung von Reserveursachen spricht die konsequente Durchführung der Differenzhypothese; nach dieser sind eben alle Umstände zu berücksichtigen. Dies kann aber zu nicht hinzunehmenden Ergebnissen führen. Im Zusammenhang mit der Berücksichtigung von Reserveursachen sind verschiedene **Fallgruppen** zu unterscheiden:[115]
- **Schadensanlagefälle** (etwa Verletzung einer Person, die infolge Krankheit oder Alters ohnehin erwerbsunfähig geworden wäre):[116] Hier ist die Reserveursache stets zu berücksichtigen und daher keine normative Korrektur der Differenzhypo-

---

114 „Wäre", nicht „ist": Bei dem Problem der (tatsächlich erfolgten) Schadensverursachung durch das Dazwischentreten Dritter handelt es sich um eine Frage der Kausalität, vgl. oben. Hier geht es dagegen um die Frage der Berücksichtigung von Reserveursachen, also solchen Geschehensabläufen, zu denen es gerade nicht gekommen ist. Dies ist eine Frage des Schadensrechts.
115 Vgl. Palandt/Heinrichs, vor § 249 Rn. 99ff.
116 Vgl. OLG Frankfurt, NJW 1984, 1409ff.

these vorzunehmen, weil das verletzte Objekt sowie schon entwertet war. Zu ersetzen ist daher nur der Verfrühungsschaden.

- Fälle, in denen das (hypothetisch gebliebene, daher tatsächlich nie eingetretene) Ereignis einen **Anspruch gegen einen Dritten** ausgelöst hätte: hier kann keine Berücksichtigung erfolgen, weil auch der Dritte nicht haftet und sich eine Berücksichtigung der Reserveursache daher zulasten des Geschädigten auswirken würde.

- Im Übrigen ist zu differenzieren: Bei **unmittelbaren Schäden** (die also das Objekt direkt betreffen) ist keine Berücksichtigung der Reserveursache möglich, da ja anstelle des unversehrten Objekts der Anspruch tritt (Rechtsfortsetzungsgedanke).[117] Bei bloß **mittelbaren Schäden** (Vermögensfolgeschäden) werden Reserveursachen dagegen berücksichtigt, weil diese Schäden typischerweise vom weiteren Verlauf abhängen und daher stets eine hypothetische Betrachtung erfolgen muss.[118]

d) Rechtmäßiges Alternativverhalten

Hier stellt sich die Frage, inwieweit es zu berücksichtigen ist, dass der Schaden **auch bei rechtmäßigem Handeln** entstanden wäre. Dies ist etwa auch im Arzthaftungsrecht relevant, wenn etwa darauf abgestellt wird, ob der Patient auch bei ordnungsgemäßer Aufklärung eingewilligt hätte und daher das Fehlen der Einwilligung unschädlich ist.

Grundsätzlich ist rechtmäßiges Alternativverhalten zu berücksichtigen,[119] dieses kann daher vom Schädiger eingewendet werden. Dieser trägt dafür dann allerdings auch die Beweislast; kann er lediglich vortragen, dass es auch bei rechtmäßigem Verhalten möglicherweise zu dem Schaden gekommen wäre, reicht dies für eine Entlastung nicht aus.

e) Vorteilsausgleichung

Diese Problematik stellt sich immer dann, wenn das schädigende Ereignis **nicht nur Nachteile, sondern auch Vorteile** gebracht hat (etwa Versicherungsleistungen). Auch hier hält das BGB keine einheitliche Regelung bereit, sondern spricht sich zum Teil für (vgl. etwa § 285 Abs. 2 BGB), zum Teil auch gegen die Anrechnung aus (vgl. etwa § 843 Abs. 4 BGB) aus.

Nach der strengen Durchführung der Differenzhypothese wären erlangte Vorteile sämtlich zu berücksichtigen. Die unterschiedlichen gesetzlichen Regelungen zeigen aber, dass eine differenzierte Betrachtung (und damit ggf. eine normative Korrektur der Differenzhypothese) erforderlich ist. Eine Anrechnung der erlangten Vorteile hat so zu erfolgen, dass der Geschädigte nicht unzumutbar belastet wird, andererseits der Schädiger auch nicht unbillig begünstigt wird.[120]

---

117 Vgl. BGH NJW 1994, 999, 1000.
118 Vgl. Palandt/Heinrichs, vor § 249 Rn. 103.
119 Vgl. etwa BGH NJW 2000, 661, 663.
120 Vgl. etwa MüKo-Oetker, § 249 Rn. 228; aus neuerer Zeit etwa BGH NJW-RR 2001, 1450, 1451.

165 Auch hier sind wieder einzelne **Fallgruppen** zu unterscheiden:
- **Vorteile ohne Zutun Dritter oder des Geschädigten selbst** sind dann nicht anzurechnen, wenn sie der Geschädigte später ohnehin erhalten hätte; hier liegt dann auch keine ungerechtfertigte Bereicherung des Geschädigten vor.
- **Vorteile aus Drittleistungen:**[121] Unterhaltsleistungen Dritter mindern den Ersatzanspruch nicht, vgl. § 843 Abs. 4 BGB, der analog auch für andere Unterhaltsansprüche gilt. Auch Leistungen aus Lebensversicherungen mindern den Unterhaltsanspruch nicht, weil diese sich der Geschädigte selbst geleistet hat und diese gerade nicht dem Schädiger zugute kommen sollen. Bei Zuwendungen Dritter ist danach zu unterscheiden, ob sie dem Geschädigten zugute kommen sollen: Ist dies der Fall, besteht logischerweise ein Anrechnungsverbot, weil gerade keine Entlastung des Schädigers erreicht werden soll.[122] In den Fällen, in denen es nach Drittleistungen zu einem Anspruchsübergang kommt (vgl. etwa § 116 SGB X), kommt eine Vorteilsausgleichung schon deshalb nicht in Betracht, weil der Anspruch ja weiterhin besteht (wenn auch bei einem anderen Anspruchsinhaber) und schon von daher gar kein Vorteil vorliegt, der möglicherweise ausgeglichen werden müsste.
- **Vorteile aus Handlungen des Geschädigten selbst** sind am Maßstab des § 254 Abs. 2 BGB zu messen: gehen diese über Aufwendungen hinaus, die im Rahmen der Schadensminderungsobliegenheit erbracht werden, dann handelt es sich um überobligationsmäßige Aufwendungen des Geschädigten, die dem Schädiger nicht zugute kommen sollen.[123]
- Zu berücksichtigen sind dagegen **ersparte Aufwendungen**, etwa wenn aufgrund Krankheit infolge der Schädigung keine Fahrtkosten zur Arbeit anfallen.

166 Die Vorteilsausgleichung wirkt sich im Falle ihrer Durchführung zugunsten des Schädigers aus. Die Darlegungs- und **Beweislast** liegt daher bei ihm.[124]

f) Vorsorgekosten

167 Hierunter werden Kosten verstanden, die nicht aufgrund (und damit zeitlich nach) einer Schädigung anfallen, sondern bereits im Vorfeld erbracht werden (etwa Haltung von Reservefahrzeugen).

168 Diese sind dann zu ersetzen, wenn sie sich als antizipierte Schadensabwendung oder Schadensminderung im Sinne von § 254 Abs. 2 BGB darstellen, also im Ergebnis dem Schädiger zugute kommen.[125]

---

121 Zahlreiche Beispiele etwa bei Palandt/Heinrichs, vor § 249 Rn. 131 ff.
122 Ist eine solche Entlastung des Schädigers gewollt, wird es sich um eine Drittleistung im Sinne von § 267 BGB handeln, so dass der Anspruch erlischt und sich daher das Problem der Vorteilsanrechnung gar nicht stellt.
123 Vgl. nur Palandt/Heinrichs, vor § 249 Rn. 125 ff.
124 Vgl. etwa BGH NJW-RR 2002, 1280.
125 BGH NJW 1978, 812 f.

C. Prozess

I. Muster: Klage auf Schadensersatz (mit Feststellungsantrag)

In der Praxis wird oft Schadensersatz einerseits (der schon bezifferbar ist) mit einem Feststellungsantrag andererseits zu verbinden sein, um für den Mandanten einen **umfassenden Schutz** zu erreichen. Hier ein Beispiel:

169

■■■, den 1.7.2005

Rechtsanwalt

An das

Landgericht[126] ■■■[127]

In Sachen

Thomas K.,[128] geb. am ■■■, Schüler, wohnhaft ■■■, gesetzlich vertreten[129] durch seine Eltern Ernst und Anna K.

Kläger

Prozessbevollmächtigter: ■■■

gegen

Klaus B, wohnhaft ■■■

Beklagter

Wegen Schadensersatz.

Vorläufiger Streitwert:

aus Ziff. 1:[130] ■■■

aus Ziff. 2:[131] ■■■

erhebe ich namens und im Auftrag des Klägers

Klage.

---

126 Das sachlich zuständige Gericht (Amts- oder Landgericht) hängt nach allgemeinen Regeln im Deliktsrecht vom Streitwert ab: bis € 5000,- Amtsgericht, darüber Landgericht, §§ 23 Nr. 1, 71 Abs. 1 GVG.
127 Die örtliche Zuständigkeit ergibt sich aus den allgemeinen Regeln, §§ 12 ff. ZPO. Als besonderer Gerichtsstand ist lediglich § 32 ZPO zu beachten.
128 Auch hier ergeben sich keine deliktsrechtlichen Besonderheiten: Für die Parteifähigkeit (also die Fähigkeit, Partei eines Prozesses zu sein) gilt § 50 ZPO. Minderjährige sind also selbst Partei.
129 Für die Prozessfähigkeit (also die Fähigkeit, Prozesshandlungen selbst oder durch einen selbstbestimmten Vertreter vorzunehmen oder vornehmen zu lassen) gelten ebenfalls die allgemeinen Regeln der §§ 51 ff. ZPO. Minderjährige sind daher grundsätzlich nicht prozessfähig.
130 Der Leistungsantrag fließt in voller Höhe in den Streitwert ein.
131 Dies ist hier der Feststellungsantrag. Dessen Streitwert ist zu schätzen, § 3 ZPO, in aller Regel wird aber ein Abzug von ca. 20-50 % des erwarteten Schadens gerechtfertigt sein, vgl. BGH NJW-RR 1991, 509 f.; Thomas/Putzo, § 3 Rn. 65.

§ 2 Allgemeine deliktische Ansprüche, §§ 823 ff. BGB

Im Termin zur mündlichen Verhandlung werde ich folgende Anträge stellen:
1. Der Beklagte wird verpflichtet, an den Kläger einen Betrag in Höhe von ■■■ zuzüglich Zinsen hieraus[132] in Höhe von 5 % über dem Basiszinssatz[133] seit dem ■■■ zu zahlen.
2. Es wird festgestellt,[134] dass der Beklagte verpflichtet ist, dem Kläger sämtlichen zukünftigen materiellen Schaden aus dem Unfall vom 3.Januar 2005 zu ersetzen, soweit der Anspruch nicht auf Sozialversicherungsträger[135] oder andere Dritte[136] übergegangen ist.
3. Die Kosten des Rechtsstreits trägt der Beklagte.[137]
4. Das Urteil ist ggf. gegen Sicherheitsleistung vorläufig vollstreckbar.[138]

Begründung:

Der Kläger macht gegen den Beklagten Ansprüche aus einem Skiunfall geltend; bei diesem ist er mit einer von dem Beklagten geführten Pistenraupe kollidiert.[139]

1.
Am 3. Januar 2005 trainierte der Kläger, der ein sehr versierter Skifahrer ist, bei guten Sicht- und Witterungsverhältnissen auf der Piste Nr. 3 im Skigebiet X für die am darauf folgenden Wochenende stattfindenden Kreismeisterschaften. Gegen 14.00 Uhr fuhr er die Piste zum wiederholten Mal in sportlichem Tempo hinab. In der Mitte der Piste bildet das Gelände eine Kante; über diese „sprang" der Kläger und prallte in der Folge gegen eine von unten nach oben fahrende Pistenraupe, die vom Beklagten gelenkt wurde. Der Beklagte hat, während er sich der Kante näherte, kein akustisches Warnsignal abgegeben.

Beweis: Theo Zeug, wohnhaft ■■■, als Zeuge; Beiziehung der Strafakten in der Sache ■■■ (Az ■■■)

Es besteht daher ein Anspruch des Klägers aus § 823 Abs. 1 BGB auf Schadensersatz.

---

132 Es kommt auch ein Anspruch auf Verzugszinsen in Betracht, spätestens ab Rechtshängigkeit (§ 291 BGB), ggf. aber auch früher, wenn der Beklagte im Zeitpunkt der Klageerhebung schon in Verzug war (§ 288 Abs. 1 S. 1 BGB).
133 Die Formulierung im Klageantrag lautet sinnvollerweise wie hier oder ähnlich. Insbesondere liegt darin kein Verstoß gegen den Bestimmtheitsgrundsatz, § 253 Abs. 2 Nr. 2 ZPO, weil der im Ergebnis zugrunde zu legende Zinssatz berechnet werden kann und diese Berechenbarkeit für die Bestimmtheit im Sinne von § 253 Abs. 2 Nr. 2 ZPO ausreicht, vgl. zum ganzen Hartmann, NJW 2004, 1358 m.w.N.
134 Eine Feststellungsklage stellt ein minus gegenüber der Leistungsklage dar. Die im Falle des Obsiegens tenorierte Feststellung („Es wird festgestellt, dass der Kläger einen Anspruch auf ... hat.") ist mangels staatlichen Leistungsbefehls nicht vollstreckbar, so dass für die Feststellungsklage stets ein Feststellungsinteresse vorhanden sein muss, § 256 Abs. 1 ZPO. Ausreichend ist hierfür aber bereits die Besorgnis der Gefährdung des geltend gemachten Rechts. Für die äußerst praxisrelevante Klage auf Feststellung einer Schadensersatzpflicht reicht es aus, wenn künftige Schadensfolgen möglich, diese ihrer Art, ihrem Umfang oder sogar ihrem Eintritt nach aber noch ungewiss sind, vgl. etwa BGH NJW 1998, 160.
135 Wenn etwa die Krankenversicherung bestimmte Behandlungskosten übernimmt, geht der Anspruch insoweit auf diese über, § 116 SGB X; diese wird in der Folge die Auseinandersetzung mit der Haftpflichtversicherung des Geschädigten suchen.
136 Etwa der Arbeitgeber, § 4 EntgeltFG, oder eine Versicherung, § 67 VVG. Sollte dies nicht der Fall sein, ist die Einschränkung im Klageantrag („soweit nicht ...") zumindest unschädlich.
137 Ein Antrag zu den Kosten ist nicht erforderlich, da über diese von Amts wegen zu entscheiden ist, vgl. § 308 Abs. 2 ZPO, in der Praxis aber oftmals üblich.
138 Ein Antrag zur vorläufigen Vollstreckbarkeit ist nicht erforderlich, in der Praxis aber oftmals üblich.
139 Zu Beginn der Begründung sollte ein kurzer Einführungssatz stehen, in dem der Gesamtzusammenhang geschildert wird. Damit wird die Klageschrift übersichtlicher, und für das Gericht ist sofort erkennbar, „worum es geht".

2.
K wurde durch den Unfall schwer verletzt. Er erlitt einen Trümmerbruch des Oberschenkels sowie eine so schwere Knieverletzung, dass dieses zeitlebens nicht mehr voll einsatzfähig sein wird. Ob Folgeoperationen erforderlich sind, ist im Moment noch nicht absehbar.

Beweis: Ärztliches Attest des Dr. ▪▪▪ (Anlage K 1);[140] sachverständiges Zeugnis von Dr. ▪▪▪, der hiermit von der Schweigepflicht entbunden wird.[141]

3.
Außerdem wurde die Skiausrüstung des Klägers zerstört. Diese hatte er erst Weihnachten 2004 als Geschenk erhalten, der Neupreis betrug € ▪▪▪ die Ausrüstung war daher im Zeitpunkt des Unfalls noch € ▪▪▪ wert.

Beweis: Rechnung vom ▪▪▪ (Anlage K 2); Sachverständigengutachten

4.
Die Feststellungsklage ist ebenfalls zulässig und begründet. Das Feststellungsinteresse, § 256 Abs. 1 ZPO, ist gegeben, weil derzeit nicht feststeht, welche Folgeschäden der Kläger davontragen wird, ebenso wenig, ob und ggf. welche Operationen noch erforderlich sein werden.

Der Zinsanspruch ergibt sich aus § 288 Abs. 1 S. 1 ZPO. Mit Schreiben vom ▪▪▪ hat der Beklagte die Erfüllung der Schadensersatzansprüche endgültig abgelehnt, so dass er ab diesem Zeitpunkt in Verzug war, §§ 286 Abs. 1 S. 1, Abs. 2 Nr. 3 BGB.[142]

▪▪▪, Rechtsanwalt

II. Muster: Klage aus § 836 BGB – Haftung für vermutetes Verschulden

1. Klageschrift[143]

An das

Amtsgericht ▪▪▪

In Sachen ▪▪▪

wegen Schadensersatz.

Vorläufiger Streitwert: ▪▪▪

Klage

---

140 Die Anlagen zur Klageschrift werden nach gängiger Praxis mit K 1, 2, ... bezeichnet, die des Beklagten in der Replik mit B 1, 2, ...
141 Dies kann bereits in der Klageschrift ausdrücklich erfolgen, um spätere Anfragen in diese Richtung (und damit Zeitverzögerungen) zu vermeiden.
142 Die ernsthafte und endgültige Erfüllungsverweigerung ist durch das Gesetz zur Modernisierung des Schuldrechts mittlerweile gesetzlich geregelt, vgl. dazu nur Palandt/Heinrichs, § 286 Rn. 24.
143 Beispiel nach OLG Düsseldorf NJW-RR 1992, 1440f.

§ 2 ALLGEMEINE DELIKTISCHE ANSPRÜCHE, §§ 823 FF. BGB

Im Termin zur mündlichen Verhandlung werde ich folgende Anträge stellen:
1. Der Beklagte wird verurteilt, an den Kläger € 3.200,– zuzüglich Zinsen hieraus in Höhe von 5 % über dem Basiszinssatz seit Rechtshängigkeit zu bezahlen.
2. Der Beklagte trägt die Kosten des Rechtsstreits.
3. Das Urteil ist, ggf. gegen Sicherheitsleistung, vorläufig vollstreckbar.

Begründung:
Der Kläger begehrt vom Beklagten Schadensersatz wegen Beschädigung seines Fahrzeugs.
1. Der Kläger ist Eigentümer und Besitzer des Fahrzeugs BMW 316i, amtliches Kennzeichen ▬▬▬. Dieses war in der Nacht vom 1.2. auf den 2.2.2005 ordnungsgemäß in der Egerlandstrasse 35 c, 84513 Töging, am Straßenrand abgestellt. In dieser Nacht herrschte ein starker Sturm; dieser führte dazu, dass sich ein Dachziegel am Gebäude des Beklagten löste und auf das Auto des Klägers stürzte.
Der Sturm, der in der Nacht herrschte, war zwar heftig; nach der amtlichen Auskunft des deutschen Wetterdienstes vom 3.3.2005
Beweis: Auskunft des Wetterdienstes (Anlage K1)
erreichte er allerdings bei einer durchschnittlichen Windstärke 8 Höchstwerte bis zu Windstärke 12.
Außerdem mussten bereits einige Wochen vor dem schädigenden Ereignis infolge eines Sturmes einige Dachziegel auf dem Dach des Beklagten entfernt werden.
Beweis: Herr A., ▬▬▬, als Zeuge
2. Der Beklagte war für diese Beschädigung verantwortlich, § 836 BGB. Der Dachziegel, der sich vom Dach gelöst hat, ist ein „Teil eines Gebäudes" im Sinne von § 836 BGB. Auch war diese Ablösung eine Folge der fehlerhaften Einrichtung oder der mangelnden Unterhaltung. Windböen bis zu einer Stärke von 12 sind zwar nicht häufig, andererseits aber auch nicht so selten, dass mit diesen nicht gerechnet werden müsste. Zwar ist es anerkannt, dass bei Witterungseinflüssen, die als außergewöhnliches Naturereignis anzusehen sind, keine Haftung besteht; dies ist aber nur dann der Fall, wenn mit dem Naturereignis nicht, auch nicht selten, gerechnet werden muss. Dies war hier aber nicht der Fall, da Stürme in der genannten Größenordnung durchaus öfter vorkommen.
Außerdem zeigt die einige Wochen vor dem schädigenden Ereignis erfolgte Dachreparatur, dass das Dach des Beklagten windanfällig war.
Für solche Konstellationen ist dann im Wege des Anscheinsbeweises davon auszugehen, dass ein Fehler auf Seiten des Beklagten vorlag.
3. Dem Kläger sind folgende Schäden an seinem Pkw entstanden: ▬▬▬
Beweis: Rechnung des Autohauses Auer (Anlage K2)
Da der Beklagte eine entsprechende außergerichtlich geltend gemachte Forderung zurückgewiesen hat, war Klage geboten.

▬▬▬, Rechtsanwalt

2. Anmerkungen

171　In dem Beispiel finden sich **keine Erläuterungen zur Frage des Verschulden** des Beklagten. Dieses ist aber auch nicht erforderlich: Da es sich um eine Haftung für vermutetes Verschulden handelt, muss der Beklagte darlegen und ggf. beweisen, dass ihn kein Verschulden trifft, vgl. § 836 Abs. 1 S. 2 BGB. Der Kläger muss in der Klageschrift hierauf aber noch gar nicht eingehen, sondern kann erst „abwarten", wie sich der Beklagte einlässt. Dies gilt auch für die Frage des **Mitverschuldens, § 254 BGB.** Auch dieses muss der Beklagte vortragen, so dass sich ein Klägervortrag hierzu derzeit erübrigt; dies kann dann in einer Duplik ggf. noch erfolgen.

III. Besonderheiten bei Klagen im deliktsrechtlichen Bereich

1. Mehrere Schadenspositionen

Es wird oftmals so sein, dass der Kläger nicht nur eine Schadensposition geltend macht, sondern mehrere (etwa Zerstörung der Kleidung einerseits und des Fahrrads andererseits bei einem Zusammenstoß mit einem Fußgänger, der eine rote Fußgängerrampel missachtet hat). Hier ist es aus Gründen der Übersichtlichkeit sinnvoll, **jeden Schadensposten** einzeln aufzuführen und kurz zu begründen. Nur so ist für das Gericht ein hohes Maß an Nachvollziehbarkeit gegeben.

2. Örtliche Zuständigkeit

In Hinblick auf die örtliche Zuständigkeit ist ggf. **§ 32 ZPO** zu beachten. Danach kann eine Klage auch[144] bei dem Gericht erhoben werden, in dessen Bezirk die unerlaubte Handlung begangen ist. Dies wirft Probleme auf im Presserecht (Stichwort: fliegender Gerichtsstand), weil ein Druckwerk an zahlreichen Orten erscheint. Auch ist fraglich, ob bei gleichzeitigem Bestehen von vertraglichen Ansprüchen diese ebenfalls geprüft werden dürfen, obwohl das „§ 32-Gericht" für diese ja an sich gar nicht zuständig wäre. Mittlerweile ist entschieden, dass das angerufene Gericht (natürlich nur in Hinblick auf denselben Streitgegenstand)[145] eine **umfassende Prüfung aller Anspruchsgrundlagen** vornimmt.[146]

3. Konstellation bei Mitverschulden

Wenn man als Kläger davon ausgeht, dass eine Mitverursachung im Sinne von § 254 BGB vorliegt, sollte dies – zur Vermeidung von Kostennachteilen – im Antrag deutlich zum Ausdruck kommen. Wird dann eine entsprechende Quote angenommen, liegt volles Obsiegen des Klägers vor, der Beklagte trägt die gesamten Kosten des Rechtsstreits.

Muster: Klageantrag bei Mitverursachung

Es wird festgestellt, dass der Beklagte verpflichtet ist, dem Kläger sämtlichen zukünftigen materiellen Schaden aus dem Unfall vom 3. Januar 2005 unter Berücksichtigung einer Mithaftung von 20 % zu ersetzen.

In der Praxis taucht auch die Formulierung „unter Berücksichtigung eines Mitverschuldensanteils von ..." auf, womit in der Sache in aller Regel nichts anderes ausgesagt wird. Zu beachten ist aber, dass § 254 BGB dogmatisch gesehen nicht nur ein Mitverschulden kennt, sondern auch eine Mitverursachung, vgl. den Wortlaut des § 254 Abs. 1 BGB, der ausdrücklich von Mitverursachung spricht. Am treffendsten sollte

---

[144] Es handelt sich lediglich um einen besonderen, keinen ausschließlichen Gerichtsstand; die allgemeinen Gerichtsstände, §§ 12 ff. ZPO, bleiben daher unberührt.
[145] Vgl. StJ-Roth, § 23 Rn. 16.
[146] BGH NJW 2003, 828 ff.

daher in der Praxis von **Mithaftung** gesprochen werden, weil dieser Ausdruck **am umfassendsten** ist.

4. Konstellation bei Gesamtschuldnerschaft

177 In der Praxis wird die Konstellation oftmals so sein, dass zwei Personen gemeinsam verklagt werden, sog. **subjektive Klagenhäufung, §§ 59 ff. ZPO**. Dies ist gerade im Deliktsrecht häufig der Fall, etwa:
- Beteiligung einer Versicherung auf Beklagtenseite, die gesamtschuldnerisch haftet, vgl. etwa § 3 Nr. 2 PflVG.
- Gesamtschuldner im Bereich der Produkthaftung, § 5 ProdHaftG.
- Vorliegen kumulativer Kausalität (erst das Zusammenwirken mehrerer Beteiligter führt zu einer unerlaubten Handlung, wird auch als Gesamtkausalität bezeichnet) oder konkurrierender Kausalität (beide Verhaltensweisen hätten für sich schon ausgereicht, um den tatbestandlichen Erfolg herbeizuführen, wird auch als Doppelkausalität bezeichnet);[147] hier ist anerkannt, dass beide Schädiger haften, und zwar gesamtschuldnerisch.
- Bereich des § 830 Abs. 1 S. 2 und Abs. 2 BGB (Mittäter, Anstifter, Gehilfen) sowie des § 830 Abs. 1 S. 2 BGB (Beteiligte).

178 Diese Darstellung der Gesamtschuldnerschaft kann in der Klage einfach dadurch erfolgen, dass das Wort „Gesamtschuldner" in den **Klageantrag** mit aufgenommen wird: „Die Beklagten werden **als Gesamtschuldner** verurteilt, ..."

179 In der Begründung ist dann darzustellen, warum eine Gesamtschuldnerschaft vorliegt, vgl. dazu § 421 BGB und im Deliktsrecht besonders § **840 BGB**. Letzterer ist keine eigene Anspruchsgrundlage, sondern lediglich eine **gesetzliche Normierung der Gesamtschuldnerschaft**. Für das Innenverhältnis der Geschädigten gilt grundsätzlich § 426 BGB, jeder Schädiger haftet also anteilsmäßig. Anders kann dies etwa in bestimmten Konstellationen bei § 840 Abs. 2 und 3 BGB sein, die vorsehen, dass der Schädiger, der aus nachgewiesenem Verschulden haftet, im Innenverhältnis den ganzen Schaden zu tragen hat (zugunsten derjenigen, die lediglich aufgrund Gefährdung oder vermuteten Verschulden haften).

---

147 Vgl. dazu etwa den neueren Fall BGH NJW 2004, 2526, 2528.

§ 3 Schmerzensgeld, § 253 Abs. 2 BGB

Literatur

Hinweise zur Literatur: von Gerlach, Die prozessuale Behandlung von Schmerzensgeldansprüchen, VersR 2000, 525 ff.; Hacks/Ring/Böhm, SchmerzensgeldBeträge, 22. Auflage 2004 (mit CD-ROM); Heß/Buller, Der Kinderunfall und das Schmerzensgeld nach der Änderung des Schadensrechts, ZfS 2003, 218 ff.; Nothoff, Voraussetzungen der Schmerzensgeldbezahlung in Form einer Geldrente, VersR 2003, 966; Slizyk/Schlindwein (bearb.), IMM-DAT – Die Schmerzensgeld-Datenbank.

A. Maßgebliche Änderungen seit 1.8.2002

180 Seit der Reform des Schadensersatzrechts mit Wirkung vom 1.8.2002[148] und der Integration des § 847 a.F. in § 253 Abs. 2 BGB n.F. und damit ins allgemeine Schadensrecht wird Schmerzensgeld nicht nur für deliktische Ansprüche, sondern auch für Ansprüche anderer Art (etwa bei vertraglicher Grundlage) gewährt. Hierbei handelt es sich mit Sicherheit um eine der „prominentesten" Änderungen durch das 2. SchÄndG.[149]

181 Gesetzgeberischer Hintergrund war zunächst die angestrebte **Verbesserung des Opferschutzes**, da aus Sicht des Opfers der Rechtsgrund der Haftung keinen Unterschied macht. Außerdem und für den Gesetzgeber besonders bedeutsam[150] sollte auch eine **vereinfachte Abwicklung des Schmerzensgeldes** erreicht werden, weil die Verschuldensfrage nicht mehr als Anspruchsvoraussetzung der Deliktshaftung geprüft werden muss. Damit einher geht ein gewisser Bedeutungsverlust des Deliktsrechts: Früher musste immer ein Anspruch aus §§ 823 ff. BGB gefunden werden (der einer kürzeren Verjährungsfrist unterlag, § 852 a.F.!), um einen Schmerzensgeldanspruch begründen zu können. Nunmehr kann dieses im Rahmen des allgemeinen Schadensrechts auf der Rechtsfolgenseite geprüft werden.

182 Eine **analoge Anwendung auf sonstige Ansprüche**, die zwar keine Schadensersatzansprüche, aber doch ähnlich strukturiert sind (etwa Anspruch auf Ersatz risikotypischer Begleitschäden analog § 670 BGB oder zivilrechtlicher Aufopferungsanspruch aus § 906 Abs. 2 S. 2 BGB), ist ebenfalls möglich,[151] weil Normzweck der Änderung gerade eine Verbesserung des Opferschutzes war und § 253 Abs. 2 BGB gerade unabhängig vom Haftungsgrund gelten soll.

183 **Nicht verwirklicht** wurde (wie lange diskutiert) die **Einführung einer Bagatellgrenze**,[152] so dass § 253 Abs. 2 BGB insoweit gegenüber § 847 BGB a.F. unverändert bleibt. Die

---

148 Sog. „Zweites Gesetz zur Änderung schadensersatzrechtlicher Vorschriften" (2. SchÄndG) vom 19.7.2002, BGBl. I, S. 2674.
149 Das Erste Schadensrechtsänderungsgesetz vom 16.8.1977 betraf lediglich die Gefährdungshaftungstatbestände, BGBl. I, S. 1577.
150 Vgl. BT-Drucks. 14/7752, S. 15 (Gesetzentwurf der Bundesregierung; dieser wurde zwar nicht in allen Punkten umgesetzt, die Begründung ist hier aber dennoch einschlägig).
151 Däubler, JuS 2002, 625, 626 m.w.N.
152 So war etwa angedacht, dass Schmerzensgeld bei fahrlässiger Begehungsweise nur bei „nicht geringfügigen" Schäden in Betracht kommen sollte, vgl. dazu etwa Müller, ZRP 1998, 258 ff.; Deutsch, ZRP 1998, 291 ff.

von der Rechtsprechung gezogene Bagatellgrenze in Fällen geringfügiger Verletzungen (etwa kein Schmerzensgeld bei Hautabschürfungen)[153] soll aber nach dem Willen des Gesetzgebers durchaus weiter gelten.[154]

I. Konsequenzen für die Gefährdungshaftung

1. Rechtliche Erwägungen

184 § 253 Abs. 2 BGB gilt entsprechend seiner systematischen Stellung im allgemeinen Schuldrecht auch für **Gefährdungshaftungstatbestände**.[155] Dies ist auch in zahlreichen Sondergesetzen klargestellt, vgl. praktisch besonders bedeutsam etwa im Straßenverkehrsrecht, § 11 S. 2 StVG.[156] Hier kommt der Wille des Gesetzgebers zur Verfahrensvereinfachung besonders deutlich zum Ausdruck, weil das Verschuldenselement im Rahmen der Gefährdungshaftung auf der Tatbestandsseite keine Rolle spielt.

185 Fraglich ist aber, inwieweit sich die Bemessungsfaktoren (also auf der Rechtsfolgenseite) für das zu zahlende Schmerzensgeld geändert haben. Früher war (847 BGB a.F.) bei der konkreten Bemessung die Ausgleichs- und Genugtuungsfunktion zu berücksichtigen. Letztgenannter Gedanke war Ausdruck dafür, dass der Schädiger eine Art „Bußgeld" dafür zahlen sollte, weil er in vorwerfbarer Weise gehandelt hat. Die Höhe des konkreten Schmerzensgeldbetrags hing daher auch vom dem Schädiger zur Last liegenden Verschuldensgrad ab.[157] Dies bereitete nach alter Rechtslage keine sonderlichen Schwierigkeiten, weil das Verschulden ja auch auf Tatbestandsseite schon geprüft war und die dort gewonnenen Erkenntnisse auf der Rechtsfolgenseite ebenfalls verwendet werden konnten.

186 Zweifelhaft ist, ob und ggf. inwieweit die Art und/oder **Schwere des Verschuldens** nun noch eine Rolle spielen kann, nachdem der Gesetzgeber ja ausdrücklich auf dieses Element aus Vereinfachungsgründen verzichten wollte. Nicht zulässig dürfte es sein, die Frage des Verschuldens weiterhin so ausdifferenziert zu prüfen wie nach alter Rechtslage; der entgegenstehende Wille des Gesetzgebers ist insoweit eindeutig, und in einem solchen Fall ist eine konträre Rechtsanwendung nicht zulässig.[158]

187 Andererseits erscheint es auch nicht sachgerecht, bei leicht fahrlässigen Taten denselben Maßstab anzusetzen wie etwa bei vorsätzlichem Handeln, da es wertungsmäßig einen deutlichen Unterschied macht, ob eine Rechtsgutverletzung gewollt oder nur aufgrund Sorgfaltspflichtverletzung verursacht wird. **Jedenfalls bei vorsätzlichem Handeln im Sinne von dolus directus I oder II** (Absicht oder Wissentlichkeit) wird daher eine Erhöhung des „Grundbetrags" des zu gewährenden Schmerzensgeldes angemessen sein[159] (ohne freilich zwei Beträge auszuwerfen, die dann addiert werden; es wird

---

[153] BGH NJW 1993, 2173, 2175.
[154] BT-Drucks. 14/8780, S. 20.
[155] Vgl. Freise, VersR 2001, 539 ff.
[156] Weitere Normierungen finden sich in § 6 S. 2 HaftPflG, § 36 S. 2 LuftVG, § 8 S. 2 ProdHaftG, § 32 Abs. 5 S. 2 GenTG, § 87 S. 2 AMG, § 13 S. 2 UmweltHG oder § 29 Abs. 2 S. 2 AtomG.
[157] Vgl. nur BGHZ (GS) 18, 149 ff.
[158] Vgl. Schroth, Theorie und Praxis subjektiver Auslegung im Strafrecht, S. 104; Windhorst, NZV 2004, 281, 282.
[159] Ähnlich Däubler, JuS 2002, 625, 626, der den Begriff des „gravierendes Verschuldens" verwendet.

immer nur ein Betrag ausgeworfen).[160] Bei dolus eventualis ist aufgrund des entgegenstehenden Willens des Gesetzgebers – Schwierigkeit der Abgrenzung zur bewussten Fahrlässigkeit – dagegen wohl keine Berücksichtigung möglich.

2. Umsetzung in der Praxis

Für die tägliche Praxis bleibt zu berücksichtigen, dass sich **noch keine gefestigte Rechtsprechung** für diesen geänderten Bereich herausgebildet hat. Für den Anspruchsteller bietet sich daher an, das **Verschulden weiterhin als wesentliches Element bei der Bemessung des Schmerzensgeldes zu nennen** (natürlich nur, soweit dies ein erhebliches ist).

188

II. Konsequenzen für die vertragliche Haftung

1. Rechtliche Erwägungen

Schmerzensgeld kommt nunmehr auch bei der Verletzung vertraglicher Pflichten in Betracht. Da nach § 253 Abs. 2 BGB weiterhin eine qualifizierte Rechtsgutverletzung (des Körpers) erforderlich ist und damit in aller Regel auch eine Verletzung deliktsrechtlicher Pflichten vorliegt, spielt diese Erweiterung vor allem für zwei Konstellationen eine praktische Rolle: zunächst bei der Garantiehaftung; hier ist ebenfalls kein Verschulden erforderlich, siehe ähnlich oben zur Gefährdungshaftung.

189

Bedeutsamer dürfte aber sein, dass nunmehr auch im Rahmen des **Schmerzensgeldanspruchs die umfassende Zurechnungsmöglichkeit über § 278 BGB** (gegenüber der engeren, selbständigen Anspruchsgrundlage des § 831 BGB) zur Verfügung steht: Während bei letzterer für den Anspruchsgegner wenigstens noch der Entlastungsbeweis möglich ist, ist dieser über § 278 BGB gänzlich abgeschnitten (eine Zurechnungsgrenze findet sich im Rahmen des § 278 BGB erst dort, wo das Handeln des Erfüllungsgehilfen nicht mehr im inneren sachlichen Zusammenhang mit der Tätigkeit steht, die dem Gehilfen vom Geschäftsherrn zugewiesen worden ist, sondern nur noch „bei Gelegenheit" derselben ausgeführt wird).[161]

190

Eine zusätzliche Erweiterung gegenüber der bisherigen Rechtslage besteht darin, dass der Begriff des „Erfüllungsgehilfen" umfassender zu verstehen ist als der des „Verrichtungsgehilfen". Während letzterer nur ein solcher ist, dem weisungsgebunden eine bestimmte Tätigkeit übertragen ist,[162] ist ersterer (weiter) jeder, der mit Wissen und Wollen des Geschäftsherrn in dessen Pflichtenkreis gegenüber dem Schuldner tätig ist.[163] Damit können auch **selbständig Handelnde unter § 278 BGB, nicht aber unter § 831 BGB** fallen, was in Zeiten von Subunternehmertum und out-sourcing für die Praxis eine wesentliche Rolle spielt.

191

Daraus folgt, dass etwa in dem berühmten Linoleumrollen-Fall des Reichsgerichts[164] ein Schmerzensgeldanspruch allein schon aufgrund vertraglicher Beziehungen besteht.

192

---

160 Vgl. etwa BGH NJW 1995, 781 ff.
161 Vgl. nur Palandt/Heinrichs, § 278 Rn. 20 ff.
162 Vgl. nur Palandt/Sprau, § 831 Rn. 6.
163 Vgl. nur Palandt/Heinrichs, § 278 Rn. 7.
164 RGZ 78, 239 ff.

Dogmatisch wird dies mittelfristig wohl dazu führen, dass die Rechtsprechung bei der Entwicklung von Verkehrssicherungspflichten (speziell Organisationspflichten) weniger Aufwand wird treiben müssen; dieser war schließlich in manchen Bereichen vor allem deswegen notwendig, um eine deliktische Haftung zu konstituieren, weil eben § 278 BGB mit der einfachen Zurechnung des Fehlverhaltens von Erfüllungsgehilfen im Deliktsrecht nicht zur Verfügung stand. Daher musste ein Fehlverhalten des Geschäftsherrn selbst über die Verletzung von Verkehrssicherungspflichten konstruiert werden, wenn die Konsequenz, dass dieser zivilrechtlich nicht in gewünschtem Umfang zur Verantwortung gezogen werden konnte, als unbillig erschien.

2. Besondere Probleme in der Praxis

193 Unabhängig davon, ob man diese Ausweitung für richtig hält, muss man sich darüber klar sein, dass damit eine erhebliche Verbesserung des Verbraucherschutzes einhergeht:[165] der Anspruchsteller (typischerweise Verbraucher) hat nämlich zwei Schuldner, zum ersten den unmittelbaren Schädiger (über Deliktsrecht) und zum zweiten den Vertragspartner, die gesamtschuldnerisch haften. Für die Praxis wird dies oftmals dazu führen, dass man sich an den Vertragspartner auch wegen Schmerzensgeld aus Vertrag wendet, ohne den Umweg über Deliktsrecht gehen zu müssen.

194 Zu beachten ist auch, dass ein Haftungsausschluss oder eine Haftungsbegrenzung auf vorsätzliches oder wenigstens grob fahrlässiges Verhalten über **Allgemeine Geschäftsbedingungen unzulässig ist, § 309 Nr. 7a BGB**; der erweiterte Schutz ist also im Ergebnis zwingend. Wirtschaftlich betrachtet ist dies für einen Geschädigten sicher von Vorteil; andererseits kann der Vertragspartner auf einen Schutz diesbezüglich auch nicht verzichten, so dass er diesen über die Kosten wiederum selbst zahlen muss. Es handelt sich wirtschaftlich betrachtet also um eine Art „Zwangsversicherung" für den Verbraucher.[166]

III. Konsequenzen für Schmerzensgeldansprüche im Zusammenhang mit dem Allgemeinen Persönlichkeitsrecht[167]

195 Anerkannt war nach der alten Rechtslage, dass ein Anspruch auf Ersatz des ideellen Schadens auch bei schwerwiegenden Beeinträchtigungen des allgemeinen Persönlichkeitsrechts besteht. Dieser Anspruch wird von der Rechtsprechung mittlerweile auf **§ 823 Abs. 1 BGB iVm Art. 1 Abs. 1, 2 Abs. 1 GG** gestützt[168] und unter zwei engen, aber verfassungsmäßigen[169] Voraussetzungen gewährt:
- schwerwiegende Verletzung des Persönlichkeitsrechts;
- die Beeinträchtigung kann nach Art der Verletzung nicht in anderer Weise (etwa Unterlassen, Widerruf) befriedigend ausgeglichen werden.

---

165 Vgl. Wagner, Das neue Schadensersatzrecht, Rn. 35.
166 Vgl. Wagner, VersR 2001, 1334, 1346 m.w.N.
167 Vgl. dazu etwa Wagner, NJW 2002, 2049, 2056 f; Katzenmeier, JZ 2002, 1029, 1033.
168 Früher wurde er auf § 847 BGB a.F. gestützt, mittlerweile aber unstrittig aus dem Grundgesetz selbst hergeleitet, vgl. aus neuerer Zeit etwa BGH NJW 2000, 2195 ff.
169 Vgl. aus neuerer Zeit etwa BVerfG NJW 2004, 2371 ff.

Der Gesetzgeber wollte diese Rechtsprechung ausdrücklich unberührt lassen;[170] diese Entscheidung ist zu akzeptieren, so dass sich hier **keine Änderungen** ergeben.

B. Tatbestandliche Voraussetzungen – insbesondere Schmerzensgeld bei Tötung?

Erforderlich ist eine Verletzung des Körpers, der Gesundheit, der Freiheit oder der sexuellen Selbstbestimmung. Nicht erfasst ist im Gegensatz zu § 823 Abs. 1 BGB das Leben. Daher bleibt es dabei, dass **bei Tötung eines Menschen kein Schmerzensgeldanspruch** besteht. Etwas anderes kann sich (im Ergebnis) aufgrund allgemeiner Überlegungen dann ergeben, wenn in der Person des Getöteten bereits ein Schmerzensgeldanspruch entstanden ist. Dieser kann durchaus übergehen, § 1922 BGB. Wenn also der zunächst lediglich Geschädigte später stirbt und in der Zwischenzeit in seiner Person aufgrund der erlittenen Schmerzen ein Schmerzensgeldanspruch entstanden ist, geht dieser nach allgemeinen Regeln über.

Daneben kann unter dem Gesichtspunkt des „**Schockschadens**" ebenfalls ein naher Angehöriger anspruchsberechtigt sein.[171]

C. Muster: Klageschrift

Für den Kopf einer Klageschrift gelten hier keine Besonderheiten. Daher soll hier nur insoweit eine Darstellung erfolgen, als sich Abweichungen für die Praxis ergeben.

▬▬▬

Rechtsanwalt

Klage

1. Der Beklagte wird verurteilt, an den Kläger ein Schmerzensgeld zu zahlen, dessen Höhe in das Ermessen des Gerichts gestellt wird, zuzüglich Zinsen hieraus in Höhe von 5 % über dem Basiszinssatz seit ▬▬▬
2. Es wird festgestellt, dass der Beklagte verpflichtet ist, dem Kläger den künftigen immateriellen Schaden [unter Berücksichtigung einer Mithaftung von 20 %[172]] aus dem Unfall vom 3. Januar 2005 zu ersetzen.[173]
3. Kosten,[174] vorläufige Vollstreckbarkeit

---

170 Vgl. BT-Drucks. 14/7752, S. 25, nach dem mögliche Rechtsfolgen von Persönlichkeitsrechtsverletzungen von der Neuregelung nicht tangiert werden sollen.
171 Vgl. dazu oben Rn 135.
172 Dies sollte in den Klageantrag aufgenommen werden, wenn man von einer entsprechenden Anspruchskürzung ausgeht, um ein teilweises Unterliegen zu verhindern.
173 Hier ist – wie beim Ersatz materieller Schäden – ausreichend, dass die bloße Möglichkeit künftiger weiterer, bisher noch nicht erkennbarer Leiden besteht, vgl. etwa BGH NJW 2001, 3414. Vgl. zum ganzen auch von Gerlach, VersR 2000, 525, 531.
174 Hier bietet sich ggf. ein Hinweis auf § 92 Abs. 2 Nr. 2 ZPO an, der gerade bei § 287 ZPO und damit bei der Bemessung von Schmerzensgeld eine Rolle spielt: Der Beklagte kann mit den gesamten Prozesskosten belastet werden, auch wenn der Kläger mit seiner Forderung nicht der gesamten Höhe nach durchdringt.

§ 3 Schmerzensgeld, § 253 Abs. 2 BGB

Es wird weiter beantragt, den Streitwert bezüglich der beiden Anträge zu 1 und 2 möglich bald festzusetzen.[175]

Begründung:

Die Parteien streiten über Ansprüche aus einem Skiunfall vom 3.1.2005.

■■■
1. Dem Kläger steht ein Schmerzensgeld zu. Er hat durch den Unfall folgende Verletzungen und Beeinträchtigungen erlitten: ■■■
Beweis: ärztliches Attest vom ■■■ (Anlage K1); sachverständiges Zeugnis des behandelnden Arztes ■■■, den der Kläger hiermit von seiner ärztlichen Schweigepflicht entbindet
Die Verletzungen machen heute noch regelmäßige Arztbesuche mit schmerzhafter Behandlung erforderlich.
Beweis: Siehe oben.
Die Rechtsprechung hat in vergleichbaren Fällen ein Schmerzensgeld von ■■■ zugesprochen. Angesichts der gesamten Umstände, insbesondere[176]
der rücksichtslosen und erheblich zu schnellen Fahrweise des Beklagten,
der Tatsache, dass die Fahrt unter Tags stattfand, obwohl dies nicht erlaubt gewesen wäre,
■■■
stellt sich der Kläger für die bis heute erlittenen Beeinträchtigungen einen Betrag von insgesamt € ■■■ vor, überlässt jedoch die genaue Festlegung dem Ermessen des Gerichts.
2. Der Kläger kann derzeit nicht absehen, welche immateriellen Schäden ihm auf Grund des Unfalls noch entstehen werden. Es ist durchaus möglich, dass ein erneuter Krankenhausaufenthalt erforderlich wird. Durch diese mögliche Fortdauer der Behandlung, insbesondere durch einen späteren Krankenhausaufenthalt, würden dem Kläger Beeinträchtigungen entstehen, die ein weiteres Schmerzensgeld rechtfertigen.
Da der Beklagte die geltend gemachten Ansprüche mit Schreiben vom ■■■ endgültig abgelehnt hat, war Klage geboten.[177]

■■■, Rechtsanwalt

D. Besondere Probleme

I. Angabe eines Mindestbetrags?

200   Zunächst ist festzuhalten, dass die Angabe eines Mindestbetrags (etwa dergestalt: „Der Beklagte wird verurteilt, an den Kläger ein angemessenes Schmerzensgeld zu zahlen,

---

175 Dies wird in aller Regel auch erfolgen. Dennoch sollte – gerade bei unbezifferten Anträgen wie hier unter 2 – gesondert darauf hingewiesen werden, weil man damit bereits eine ungefähre Vorstellung davon bekommt, wo nach Meinung des Gerichts „die Reise hingeht".
176 Hier sind die genauen Umstände des Vorgangs einschließlich aller Verletzungsfolgen, die bereits bekannt sind, zu nennen, ansonsten besteht die Gefahr entgegenstehender Rechtskraft, wenn später Umstände vorgebracht werden, die bereits zur Zeit des ersten Verfahrens bekannt waren.
177 Hinweis wegen § 93 ZPO. In der Praxis werden in aller Regel sehr ausführliche außergerichtliche Verhandlungen geführt werden, so dass dies selbstverständlich ist.

das jedoch mindestens … beträgt, zuzüglich Zinsen hieraus in Höhe von 5 % über dem Basiszinssatz seit Rechtshängigkeit.") von der Rechtsprechung nicht verlangt wird.[178]

Man sollte aber auf folgendes achten: Der vom Kläger genannte Betrag ist für das Gericht zwar nicht bindend. Der Grundsatz „ne ultra petita", § 308 Abs. 1 S. 1 ZPO, steht dem nicht entgegen, weil ja nur ein Mindestbetrag verlangt wird, der das Gericht nicht bindet. Das Gericht entscheidet über die **Höhe nach** § 287 ZPO. Zu beachten ist aber, dass der in der Klageschrift genannte Mindestbetrag die **Beschwer begrenzt**, also für die Frage eines Rechtsmittels Bedeutung hat.[179] Wer daher den zunächst geforderten Betrag zugesprochen bekommt, kann nicht ein „Mehr" verlangen mit der Begründung, dass die zunächst genannte Summe nicht ausreichend gewesen sei.[180] Daher kann auch nur davor gewarnt werden, „sicherheitshalber" eine niedrigere Summe als eigentlich geplant zu fordern, um eine teilweise Klageabweisung zu vermeiden: Damit schneidet man sich mögliche Rechtsmittel ab, wenn die Summe dann der Klageforderung entspricht.

Achtung: In der Begründung ist dagegen anzugeben, welche Größenordnung sich der Kläger ungefähr vorstellt. Hier ist daher ein konkreter Betrag zu nennen, der aber nicht als Mindestgrenze formuliert werden sollte.[181]

II. Teilzahlung bereits erfolgt?

Oftmals werden einer Klage gerade auf Schmerzensgeld schon Verhandlungen vorausgegangen sein, und oftmals wird – gerade bei Beteiligung von Versicherungen – bereits ein Schmerzensgeld gezahlt worden sein, das freilich geringer ist als vom Kläger angestrebt. Dann ist in der Klage auf den bereits gezahlten Teil einzugehen, und zwar sinnvollerweise nicht erst in der Begründung, sondern aus Klarstellungsgründen bereits im Antrag.

Dieser könnte etwa wie folgt lauten: „Der Beklagte wird verurteilt, an den Kläger ein **über den bereits gezahlten Betrag von … hinausgehendes** angemessenes Schmerzensgeld zu zahlen, dessen Höhe in das Ermessen des Gerichts gestellt wird, nebst Zinsen hieraus in Höhe von 5 % über dem Basiszinssatz seit … "

III. Schmerzensgeld als Rente[182]?

Grundsätzlich sieht das Gesetz lediglich die Zahlung eines (festen und einmaligen) Betrages als Schmerzensgeld vor. Im Einzelfall kann es aber einmal dazu kommen, dass das Schmerzensgeld als **Rente** zu zahlen ist. Dies kann der Fall sein bei schweren Dau-

---

178 Vgl. etwa BGH NJW 1967, 1420, 1421.
179 Vgl. dazu anschaulich BGH zfs 2004, 70: Dort war eine Nichtzulassungsbeschwerde gegen die Nichtzulassung einer Revision unzulässig, weil in der Berufung die Grenze von € 20000,- nicht überschritten war, §§ 544 ZPO, 26 Nr. 8 EGZPO. Die Revision wird auch nicht dadurch zulässig, dass in der Revision erstmals ein höherer Betrag gefordert wird.
180 Vgl. etwa BGH NJW 1999, 1339f.
181 Siehe den Vorschlag oben: „stellt sich der Kläger … vor".
182 Vgl. dazu aus neuerer Zeit Notthoff, VersR 2003, 966ff.

erverletzungen[183] oder wenn die ungünstigen Vermögensverhältnisse des Schuldners eine gestreckte Zahlung erforderlich machen.[184]

206 Zu beachten ist hier aber § 308 ZPO, d.h. der Kläger muss dies ausdrücklich beantragen. Ein solcher **Antrag** könnte etwa folgendermaßen lauten: „Der Beklagte wird verurteilt, an den Kläger ein Schmerzensgeld in Form einer Rente in Höhe von monatlich € 200,- ab …, zahlbar jeweils vierteljährlich[185] im Voraus zum 1.1., 1.4., 1.7. und 1.10. bis zum Jahr … zu zahlen."

207 Zu beachten ist, dass ein solcher **Rentenanspruch nicht alternativ** zur Gewährung eines einmaligen Betrags steht, sondern **kumulativ**. Gegebenenfalls kann also neben der Rente auch ein zusätzlicher Fixbetrag verlangt werden.

E. Revisibilität?

208 Die Bemessung der Höhe des Schmerzensgeldes ist Sache des Tatrichters nach § 287 ZPO. Diese ist mit der Revision nur auf Rechtsfehler überprüfbar, eine eigene Bemessung durch das Revisionsgericht findet nicht statt.[186]

---

183 Vgl. etwa BGH NJW 1957, 383.
184 BGH VersR 1966, 144.
185 Die Rente kann vierteljährlich im Voraus verlangt werden, vgl. § 843 Abs. 2 S. 1 i.V.m. § 760 BGB (dazu näher unten bei § 4 B II 2).
186 Vgl. BGH NJW 1998, 2741 ff.

§ 4 Zahlung einer Geldrente, §§ 843 ff. BGB

Neben der Forderung nach beziffertem Schadensersatz, Schmerzensgeld und/oder korrespondierenden Feststellungsansprüchen ist in der Praxis der Anspruch auf **Rentenzahlung** wichtig. Dies hat für den Geschädigten den Vorteil, dass er das Geld in Raten bekommt. Es gibt zahlreiche Fälle in der Praxis, bei denen der Geschädigte dies sogar vorzieht, weil dann nicht die Verlockung besteht, alles auf einmal „zu verprassen". Darauf kann der Mandant in der Beratung durchaus hingewiesen werden. Andererseits sind gerade Versicherungen oftmals bereit, einen **höheren Einmalbetrag** zu leisten, wenn sie den Schadensfall dafür abschließen können.

A. § 845 BGB – entgangene Dienste

Die Bedeutung dieser Norm ist nur noch **gering**, weil sie nur dann eingreift, wenn jemand kraft Gesetzes zur Leistung von Diensten verpflichtet ist. § 845 BGB gilt daher nicht im Verhältnis von Ehegatten, weil die Führung des Haushalts keine Leistung ist, zu der die Ehefrau gesetzlich verpflichtet ist (§ 1356 a.F. BGB ist abgeschafft); diese wird vielmehr als Unterhaltsleistung, nicht aber Leistung kraft Gesetzes erbracht, §§ 1356, 1360 BGB.

§ 845 BGB hat daher praktische Bedeutung nur noch bei entgangener Dienstleistung durch das Kind, § 1619 BGB, wobei aber zu beachten ist, dass der eigene Anspruch des Kindes auf Schadensersatz bzw. Zahlung einer Geldrente dem Anspruch der Eltern vorgeht.[187]

B. § 843 BGB – Erwerbsminderung

§ 843 BGB gilt dagegen bei jeder Erwerbsminderung oder Bedürfnismehrung infolge Körper- oder Gesundheitsverletzung und hat daher erhebliche praktische Bedeutung. Seiner Natur nach handelt es sich um einen **Schadensersatz-, keinen Unterhaltsanspruch**. Dies führt dazu, dass der Rentenanspruch bereits im Zeitpunkt der Beeinträchtigung der Erwerbsfähigkeit als ganzes entsteht, die einzelnen Raten aber gestaffelt fällig werden. Außerdem sind **unterhaltsrechtliche Vorschriften nicht anwendbar**; auf die Frage der Leistungsfähigkeit des Anspruchsgegners kommt es daher beispielsweise nicht an.

I. Tatbestandliche Voraussetzungen

Notwendig ist die Aufhebung oder Minderung der Erwerbsfähigkeit oder eine Vermehrung der Bedürfnisse. Die „**Aufhebung der Erwerbsfähigkeit des Verletzten**" gilt auch für die Arbeitsleistung im Haushalt, sofern eine solche auch tatsächlich erbracht wurde und der Erfüllung der gesetzlichen Unterhaltspflicht dient;[188] dies ist praktisch relevant, weil damit faktisch im Schadensrecht die **Haushaltstätigkeit** der („normalen") Erwerbstätigkeit gleichgestellt wird.

---

187 Vgl. Palandt/Sprau, § 845 Rn. 8.
188 Vgl. Palandt/Sprau, § 843 Rn. 8.

§ 4 Zahlung einer Geldrente, §§ 843 ff. BGB

214 Zu beachten ist, dass die Haushaltstätigkeit auch dann zu ersetzen ist, wenn gar keine Haushälterin angestellt wird.[189] Hier entsteht zwar an sich kein Vermögensschaden, falls etwa die anderen Familienangehörigen die Leistung im Haushalt übernehmen; dennoch kann diese überobligationsmäßige Leistung von Dritten, die lediglich dem Geschädigten zugute kommen soll, nicht auch den Schädiger entlasten.[190]

215 Die Haushaltstätigkeit, die zur Deckung eigener Bedürfnisse dient, ist dagegen keine Erwerbstätigkeit im Sinne von § 843 Abs. 1 F. 1 BGB, fällt aber unter die „vermehrten Bedürfnisse" im Sinne von § 843 Abs. 1 F. 2 BGB.[191]

II. Rechtsfolgen

1. Faktoren für die Bemessung

216 Maßgeblich für die Höhe der Rente und die Dauer der zu leistenden Zahlung ist die **konkrete Lebenssituation** des Geschädigten. Zu beachten ist aber, dass es sich um den Ausgleich für zukünftige Nachteile handelt, so dass die **weitere Entwicklung** insoweit zu berücksichtigen ist, als sie nach dem gewöhnlichen Verlauf der Dinge und den Umständen des Einzelfalls voraussehbar ist. Dass solche Zukunftsprognosen schwierig und auch mit einer gewissen Unsicherheit behaftet sind, ist klar. In der Praxis hilft hier § 287 ZPO, der eine Schätzung zulässt. Die Prognose ist unter Zugrundelegung aller verfügbaren Daten im Zeitpunkt der letzten mündlichen Verhandlung anzustellen.

217 Die **Dauer** der Rente richtet sich nach der voraussichtlichen Dauer der Erwerbstätigkeit des Verletzten; sie endet aber in aller Regel spätestens mit dem Erreichen des gesetzlichen Renteneintrittsalters (65 Jahre, vgl. § 35 SGB VI);[192] dies ist der **letzte Tag des Monats, in dem der Verletzte sein 65. Lebensjahr vollendet**.[193] Auch für die Dauer gilt § 287 ZPO; wenn daher der Anspruchsgegner geltend macht, dass zu erwarten sei, dass der Geschädigte bereits vor dem 65. Lebensjahr ausgeschieden wäre, kann dies möglicherweise Aussicht auf Erfolg haben, da das durchschnittliche Rentenalter mittlerweile bei unter 58 Jahren liegt.[194] Höchstrichterliche Rechtsprechung dazu ist hier nicht bekannt. Weiter ist der Geschädigte nach allgemeinen Grundsätzen verpflichtet, die Schadenskosten möglichst gering zu halten, **§ 254 Abs. 2 S. 1 BGB**. Andererseits können überobligationsmäßige Aufwendungen des Geschädigten nicht zugunsten des Schädigers gehen, da der Geschädigte hierzu nicht verpflichtet gewesen wäre.

218 Der Geschädigte kann den Schaden sowohl nach der **Brutto- als auch nach der modifizierten Nettolohnmethode** berechnen; beide Methoden stehen gleichberechtigt nebeneinander und sollen dazu dienen, den tatsächlichen Schaden zu berechnen.[195] Bei diesen ist vom bisherigen Einkommen auszugehen, das in die Zukunft fortzuschreiben

---

189 Vgl. Palandt/Sprau, § 843 Rn. 8.
190 Vgl. allgemein zu Fragen der Vorteilsausgleichung oben Rn. 163 ff.
191 BGH NJW-RR 1990, 34 f.
192 Vgl. BGH r+s 2004, 342.
193 BGH r+s 2004, 343.
194 So Lemcke, r+s 2004, 343, der dafür plädiert, die tatsächlichen Verhältnisse innerhalb einer vergleichbaren Beschäftigtengruppe für die Prognose heranzuziehen.
195 Vgl. dazu MüKo-Wagner, §§ 842/843 Rn. 33 ff.

ist, einschließlich Zulagen wie Weihnachtsgeld usw. Soweit noch Entgeltfortzahlung geleistet wird, geht der Anspruch insoweit auf den Arbeitgeber über, vgl. § 6 EFZG.

In diese Prognose sind auch mögliche **Beförderungen** mit einzubeziehen. Auszugehen ist insgesamt von der üblichen Weiterentwicklung, die jemand in der Position des Geschädigten genommen hätte. Wenn er sich auf besondere Karrieresprünge beruft, muss er darlegen und ggf. beweisen, dass es tatsächlich dazu gekommen wäre.[196] Umgekehrt muss der Schädiger nachweisen, wieso es zu einem Abweichen „nach unten" gekommen wäre, wenn er sich auf ein solches berufen will. Bei erheblichen **Schwankungen** des Einkommens ist das Durchschnittseinkommen zugrunde zu legen. 219

Bei **Selbständigen** besteht der Erwerbsschaden im entgangenen Gewinn, den er wegen seiner Verletzung nicht erzielt hat, ohne das Schadensereignis aber erzielt hätte. 220

2. Fälligkeit der Rentenzahlung

Die Rente ist **im Voraus** zu entrichten, und zwar **drei Monate**, §§ 843 Abs. 2 S. 1, 760 BGB. Der Kläger kann daher Zahlung vierteljährlich im Voraus verlangen. 221

3. Kapitalabfindung, § 843 Abs. 3 BGB[197]

Statt Zahlung einer Rente kann vom Geschädigten auch die Erbringung einer Kapitalabfindung verlangt werden, wenn ein **wichtiger Grund** vorliegt, § 843 Abs. 3 BGB. Der Anspruchsgegner hat dagegen keinen Anspruch, den Geschädigten abzufinden, es handelt sich um ein **Wahlrecht** des Geschädigten. Es ist auch möglich, zunächst Rente für einige Jahre und danach eine Abfindung zu verlangen. Ein wichtiger Grund kann etwa darin liegen, dass der Geschädigte sich mit dem zu zahlenden Kapital selbständig machen will und daher einen größeren Einmalbetrag benötigt.[198] 222

Zu beachten ist aber, dass in der Praxis die **Kapitalabfindung die Regel und nicht die Ausnahme** ist. Insbesondere die an einem Schadensfall beteiligten Versicherungen haben ein erhebliches Interesse an einer möglichst schnellen und endgültigen Erledigung, damit ein Fall abgeschlossen werden kann und andernfalls möglicherweise erforderliche Bilanzrückstellungen vermieden werden können. Obwohl nach § 843 Abs. 3 BGB solche **Abfindungsvergleiche** die gesetzliche Ausnahme sind, sind sie in der Praxis weithin anerkannt (und auch zulässig).[199] Die **Höhe** ist so zu bemessen, dass der Geschädigte im Ergebnis wirtschaftlich betrachtet genauso steht, wie wenn er die ihm (an sich) zustehende Rente erhalten hätte. 223

Zu beachten ist, dass die Kapitalabfindung einer Klage nach **§ 323 ZPO nicht zugänglich** ist, auch dann nicht, wenn sich die der Bemessung zugrunde liegenden Umstände ändern.[200] Ansonsten wäre die mit einer Abfindung auch angestrebte Abschlussfunktion nicht erreichbar. In extremen Ausnahmefällen kann einmal § 242 BGB helfen. 224

---

196 Vgl. allgemein OLG Köln VersR 2000, 237 f.
197 Vgl. dazu Nehls, ZfS 2004, 193 ff.; äußerst kritische Erwiderung von Schneider, ZfS 2004, 541 ff.
198 Vgl. Palandt/Sprau, § 843 Rn. 21.
199 Vgl. etwa BGH NJW 2002, 292 ff.
200 Vgl. etwa BGH NZV 2002, 268, 269.

§ 4 Zahlung einer Geldrente, §§ 843 ff. BGB

Daher ist für die **Beratung in der Praxis**[201] zu beachten, dass bei einer Kapitalabfindung der Mandant ausdrücklich auf das **Risiko** hinzuweisen ist, dass auch mögliche im Zeitpunkt der Verhandlungen mit der Versicherung noch nicht absehbare Verschlechterungen seines Gesundheitszustandes nicht zu einer nachträglichen Erhöhung der Kapitalabfindung führen; eine Berücksichtigung bei der Rentenzahlung wäre dagegen durchaus noch möglich. Letztlich wird die Versicherung in der Praxis oftmals anstreben, das Risiko einer Gesundheitszustandsverschlechterung auf jeden Fall dem Geschädigten aufzubürden, im Gegenzug aber bereit sein, die Abfindung zu erhöhen – Verhandlungssache.

225 **III. Muster: Abfindungsvergleich**

Vergleich und Abfindungserklärung

Angabe der Rahmendaten (etwa: persönliche Daten, Schadensnummer ▬▬▬)

Ich erkläre mich gegen Zahlung eines Betrags von

€ ▬▬▬

aus dem Schadensfall vom ▬▬▬ ein- für allemal abgefunden wegen aller Schadensersatzansprüche einschließlich Schmerzensgeld gegen die zuständigen Haftpflichtversicherer, die versicherten Personen und sonstige Dritte, soweit diesen im Fall ihrer Inanspruchnahme ein Ausgleichsanspruch gegen die zuständigen Haftpflichtversicherer oder die Versicherten zusteht.

Die Zahlung ist kein Anerkenntnis einer Haftung. Die Ansprüche sind weder abgetreten noch gepfändet oder verpfändet. Der Unterzeichner hält sich gebunden, wenn der Betrag binnen drei Wochen nach Eingang der Erklärung bei der Gesellschaft angewiesen wird.

Für den Sachschaden sind Zahlungen erfolgt oder zu erwarten von ▬▬▬ Für den Personenschaden sind Zahlungen erfolgt oder zu erwarten von ▬▬▬

Bisher wurde ein Vorschuss in Höhe von € ▬▬▬ geleistet; daher hat eine Restzahlung zu erfolgen in Höhe von € ▬▬▬

Ort, Datum, Unterschrift

226 **IV. Muster: Klageschrift**

An das

Landgericht ▬▬▬[202]

▬▬▬

wegen Geldrente.

---

201 Vgl. zur Beratungspflicht BGH NJW 2002, 292 ff.
202 Für den Zuständigkeitsstreitwert gilt § 9 ZPO: Maßgeblich ist danach der dreieinhalbfache Wert des einjährigen Bezugs. Bei bestimmter Dauer ist der Gesamtbetrag maßgeblich, wenn dieser geringer ist.

Streitwert: ■■■²⁰³

Klage

Namens und in Vollmacht des Klägers erhebe ich Klage und werde beantragen:
1. Die Beklagte wird verurteilt, an den Kläger ab dem ■■■ eine vierteljährlich vorauszahlbare monatliche Rente, deren Höhe in das Ermessen des Gerichts gestellt wird,²⁰⁴ jeweils im Voraus zum 1. 1., 1. 4., 1. 7. und 1. 10. eines jeden Jahres bis zum ■■■ zu bezahlen.
2. Kosten, vorläufige Vollstreckbarkeit
Begründung:
Der Kläger macht Schadensersatzansprüche aus der zu seinen Lasten begangenen Körperverletzung am ■■■ in ■■■ geltend.
1. Am ■■■ hielt sich der Kläger gegen ■■■ Uhr nach einem Diskobesuch auf dem Bahnhofvorplatz in ■■■ auf, wo er auf den Bus Nr. 5 wartete, mit dem er nach Hause fahren sollte. Der Kläger hatte keinen Alkohol getrunken. Er war im Tatzeitpunkt alleine unterwegs, weil die Freunde, mit denen er die Disko besucht hatte, noch nicht nach Hause fahren wollten und daher im Lokal verblieben.
Während er in dem Bushäuschen auf den Bus wartete, kam der Beklagte auf den Kläger zu und fragte ihn provozierend, ob er eine Zigarette für ihn habe. Der Kläger – Nichtraucher – verneinte dies. Darauf hin wurde er von den sichtlich angetrunkenen Kläger angeherrscht, dass dies nicht so gehe und ob er – der Kläger – denn Ärger suche.
Auch dies verneinte der Kläger; daraufhin fing der Beklagte an, auf den Kläger einzuschlagen. Er versetzte ihm mehrere Faustschläge ins Gesicht; als der Kläger daraufhin zu Boden ging, trat der Beklagte mit den Füßen auf ihn ein.
Beweis: Akten in der Strafsache gegen den Beklagten wegen gefährlicher Körperverletzung (Az ■■■), deren Beiziehung und Verwertung hiermit beantragt wird; Herr ■■■ als Zeuge, der diesen Vorgang aus nächster Nähe beobachten konnte, da dieser ebenfalls gerade auf dem Weg zum Bus war; Parteieinvernahme des Klägers
2. Der Kläger erlitt dadurch mehrere Rippenbrüche. Außerdem wurde er am linken Auge so schwer verletzt, dass dieses zeitlebens geschädigt bleiben wird. Es wird bei einer Einschränkung der Sehfähigkeit von 20 % verbleiben.
Beweis: Ärztliches Gutachten des Dr. ■■■ (Anlage K 1); Sachverständigengutachten.
3. Der Kläger ist 25 Jahre alt und zur Zeit ■■■. Aufgrund der Einschränkung seiner Sehfähigkeit ist er nicht mehr in der Lage, seinen Beruf auszuüben.
Beweis: Ärztliches Gutachten des Dr. ■■■ (Anlage K 1); Sachverständigengutachten.
4. Zur Höhe des geltend gemachten Rentenanspruchs ist folgendes vorzutragen: ■■■

■■■

Rechtsanwalt

---

203 Dieser Gebührenstreitwert errechnet sich bei Rentenzahlungen aus dem fünffachen Betrag der einjährigen Bezugsdauer der Rente, vgl. § 42 Abs. 2 GKG, wenn nicht der Gesamtbetrag geringer ist.
204 Auch hier ist es – ähnlich wie beim Schmerzensgeld – zulässig, die genaue Höhe in das Ermessen des Gerichts zu stellen, solange nur eine ungefähre Größenordnung angegeben wird und der Kläger die für eine Schätzung nach § 287 ZPO erforderlichen Tatsachen vorträgt.

V. Muster: Abänderungsklage

An das

Amtsgericht ■■■

Abänderungsklage

wegen Urteilsabänderung

Streitwert: ■■■

Namens und in Vollmacht des Klägers erhebe ich Klage und werde beantragen:
1. Das Urteil des Amtsgerichts ■■■ vom ■■■ (Az. ■■■)[205] wird dahingehend abgeändert, dass der Beklagte ab dem ■■■ an die Klägerin eine im Voraus zu entrichtende Unterhaltsrente von monatlich € ■■■ statt bisher € ■■■ zu bezahlen hat.
2. Kosten, vorläufige Vollstreckbarkeit

Begründung:

Der Beklagte wurde durch Urteil des AG ■■■ vom ■■■ zu einer Zahlung von € ■■■ verurteilt. Grundlage des Urteils war, dass die Klägerin nur noch im Umfang von 20 % einer Haushaltstätigkeit nachgehen konnte.

Mittlerweile ist die Klägerin aber zu 100 % ans Bett gefesselt, was auf die Schädigung durch den Beklagten vom ■■■ zurückzuführen ist.

Beweis: ärztliches Attest des Dr. ■■■ (Anlage K1); Sachverständigengutachten

Dies war zur Zeit des ersten Verfahrens weder bekannt noch absehbar;[206] damals war ausweislich der Urteilsgründe vielmehr sogar davon auszugehen, dass es zu keiner Verschlechterung des Gesundheitszustandes der Klägerin kommt.

Beweis: Akten des Ausgangsverfahrens, deren Beiziehung beantragt wird; Urteil liegt bei (Anlage K2)

Aufgrund dieser Verschlechterung ist eine Erhöhung des Rentenanspruchs auf € ■■■ gerechtfertigt.

■■■

Rechtsanwalt

---

[205] Der abzuändernde Titel ist am besten bereits im Antrag genau zu bezeichnen, um Missverständnisse zu vermeiden.
[206] Eine Abänderungsklage ist unzulässig, wenn bereits zur Zeit des Ausgangsverfahrens bekannte Umstände dort nicht vorgebracht wurden. Daher sollte dies auch jedenfalls in der Begründung kurz angesprochen werden.

VI. Prozessuale Besonderheiten – Das Verhältnis von Leistungs-, Feststellungs- und Abänderungsklage

Im Normalfall wird eine **gewöhnliche Leistungsklage** zu erheben sein in Form einer Klage auf wiederkehrende Leistungen, § 258 ZPO; damit kann ein vollstreckungsfähiger Titel auch schon für die erst später fälligen Zahlungen erlangt werden. 228

Es kann aber durchaus auch sein, dass der genaue Umfang der Zahlungen im Zeitpunkt der Klageerhebung noch nicht feststeht, weil etwa die künftigen Erwerbsmöglichkeiten sich noch nicht mit hinreichender Wahrscheinlichkeit abschätzen lassen, etwa bei jüngeren Geschädigten. Hier kann der Geschädigte auch nicht einfach auf die Möglichkeit einer Abänderungsklage verwiesen werden, denn § 323 ZPO setzt voraus, dass zumindest einmal ein „sinnvoller" Titel vorlag, der dann abgeändert wird. Hier bleibt dann die Möglichkeit einer **Feststellungsklage**, § 256 ZPO. Dies hat insbesondere dann zu erfolgen, wenn eine Schätzung auch durch das Gericht im Sinne von § 287 ZPO ohne hinreichend konkrete Anhaltspunkte erfolgen müsste und daher geradezu willkürlich wäre. 229

Möglich ist aber auch eine **Kombination** von Leistungs- und Feststellungsantrag (§ 260 ZPO), etwa dann, wenn bis zu einem bestimmten Zeitpunkt der weitere Schadensverlauf klar ist, darüber hinaus aber nicht. Als weitere Möglichkeit in diesem Zusammenhang ist noch **§ 323 ZPO** anzusprechen. Eine Abänderungsklage ist nach allgemeinen Grundsätzen möglich, wenn sich die Verhältnisse im Laufe der Zeit ändern. Zwar müssen alle Umstände soweit bekannt bereits im Ersturteil berücksichtigt werden; dies ist aber bei später abweichenden Entwicklungen nicht möglich, und hierfür bleibt § 323 ZPO. 230

Für die Praxis kann als Denkhilfe vielleicht folgende Stufenfolge hilfreich sein: 231
- Sind alle Umstände bekannt und ist eine Bezifferbarkeit gut möglich (etwa: Schädigung eines 60-jährigen Beamten, bei dem die nächsten Gehaltsstufen bis zum 65. Lebensjahr klar sind): gewöhnliche **Leistungsklage**
- Umstände sind noch nicht genau bekannt (etwa: Verletzung eines 16-jährigen Schülers, der im Zeitpunkt der letzten mündlichen Verhandlung noch gar keiner Erwerbstätigkeit nachgeht und wo daher eine Schätzung der Schadenshöhe nach § 287 ZPO willkürlich wäre): **Feststellungsklage**.
- **Kombination** von beiden
- Umstände waren zwar bekannt und abschätzbar im Zeitpunkt der letzten mündlichen Verhandlung, diese haben sich aber im Laufe der Zeit geändert: **Abänderungsklage**, § 323 ZPO.

C. § 844 Abs. 2 BGB – Tötung eines Unterhaltspflichtigen

Auch im Fall des § 844 Abs. 2 BGB kommt eine Rentenzahlung in Betracht. Auch hier handelt es sich wiederum um einen **Schadensersatz-, keinen Unterhaltsanspruch**, so dass diesbezüglich obige Ausführungen gelten. Weiterhin ist § 843 Abs. 2 und 3 BGB anwendbar, vgl. § 844 Abs. 2 S. 1 a.E. BGB, so dass die obigen Erläuterungen entsprechend gelten (etwa: dreimonatige Vorauszahlungspflicht). 232

233 Da es um einen Anspruch wegen der Tötung eines Unterhaltspflichtigen geht, ist maßgeblich, wie lange dieser gelebt hätte; für diese – mutmaßliche – Dauer besteht ein Anspruch. Da es in aller Regel an konkreten Anhaltspunkten hierfür fehlt, kann auf die **Sterbetafel** des Statistischen Bundesamts zurückgegriffen werden.[207] Bringt der Schädiger vor, dass der Getötete früher gestorben wäre, muss er dies darlegen und ggf. beweisen.[208]

I. Tatbestandliche Voraussetzungen

234 Es muss eine **gesetzliche Unterhaltspflicht** bestehen, was sich nach den einschlägigen Vorschriften bestimmt (vgl. etwa die familienrechtlichen Vorschriften in §§ 1360 ff. oder 1569 ff. BGB). Eine analoge Anwendung auf die nichteheliche Lebensgemeinschaft wird von der Rechtsprechung abgelehnt.[209]

235 Maßgeblicher **Zeitpunkt** für das Bestehen des Unterhaltsanspruchs ist der tatbestandliche Verletzungserfolg (vgl. den Wortlaut des Gesetzes: „zur Zeit der Verletzung"); wenn also der Geschädigte erst nach der Verletzungshandlung stirbt, ist auf den Zeitpunkt der Verletzung, nicht des Todes abzustellen. Eine Fiktion zugunsten späterer Unterhaltsberechtigter enthält noch § 844 Abs. 2 S. 2 BGB: Auch der bereits gezeugte, aber noch nicht geborene Unterhaltsberechtigte ist anspruchsberechtigt.

236 Maßgebend für die Höhe ist der **fiktive Unterhalt**,[210] also derjenige, den der Getötete während der mutmaßlichen Dauer seines Lebens an den Berechtigten voraussichtlich hätte zahlen müssen. Hier ist also eine Prognose erforderlich, wie sich die Unterhaltsbeziehungen zwischen dem Berechtigten und dem Getöteten bei Unterstellung von dessen Fortleben nach dem Schadensereignis entwickelt hätten. Hier ist – unter Einbeziehung aller Umstände – eine Schätzung, § 287 ZPO, erforderlich.

237 Zur **konkreten Berechnung** kann folgendermaßen vorgegangen werden[211] (am Beispiel eines getöteten Alleinverdieners):
- Nettoeinkommen
- Abzug der Aufwendungen für Vermögensbildung (diese stehen ja als Unterhalt nicht zur Verfügung)
- Abzug der Fixkosten (also derjenigen, die unabhängig vom Tod des Unterhaltspflichtigen weiterlaufen: Strom, Wasser, Miete, …)
- Verteilung des verbleibenden Restes auf die Unterhaltsberechtigten (im 4-Personen-Haushalt etwa: Kinder je 15 %, Eltern je 35 %)[212]
- Zuschlag der anteiligen Fixkosten
- Ggf. Anrechnung eines möglichen Mitverschuldens des Getöteten

---

207 Vgl. BGH r+s 2004, 342.
208 BGH NJW 1972, 1515 ff.
209 Vgl. etwa OLG Frankfurt FamRZ 1984, 790; kritisch Teile der Literatur, vgl. MüKo-Wagner, § 844 Rn. 25 ff. m.w.N. De lege lata kommt eine analoge Anwendung nicht in Betracht.
210 Vgl. BGH NJW 2004, 358 ff.
211 Vgl. MüKo-Wagner, § 844 Rn. 45 ff.
212 So BGH NJW 1986, 715 ff. Je mehr Kinder in einem Haushalt leben, desto höher ist zwar deren Gesamtanteil am Unterhalt; geringer wird dagegen der auf jedes Kind entfallende Anteil. Weitere Beispiele finden sich etwa bei Eckelmann/Nehls/Schäfer, NJW 1984, 945, 948.

- Ggf. Anrechnung einer Verletzung der Schadensminderungspflicht durch den Anspruchsteller
- Ggf. Anrechnung von erlangten Vorteilen (Vorteilsausgleichung)

II. Muster: Klageschrift

Als Beispiel soll hier eine Klage dienen, der ein Einsturz eines Hauses zugrunde liegt, bei dem ein alleinverdienender Familienvater (Martin Mustermann, verheiratet mit Maria Mustermann, ein 10-jähriges Kind Max) zu Tode kommt.[213]

5.9.2005

An das

Landgericht ■■■

Klage
1. Maria Mustermann, geb. ■■■
2. Max Mustermann, geb. ■■■, gesetzlich vertreten durch seine Mutter

gegen

■■■

wegen Schadensersatz.

Vorläufiger Streitwert

Antrag zu 1:	€ 49.200,–[214]
Antrag zu 2:	€ 1.640,–
Antrag zu 3:	€ 5.000,–
Antrag zu 4:	€ 18.000,–
Antrag zu 5:	€ 600,–
Antrag zu 6:	€ 5.000,–
Gesamt:	€ 78.200,-

Namens und in Vollmacht der Kläger erhebe ich Klage und werde beantragen:
1. Der Beklagte wird verurteilt, an die Klägerin zu 1 eine monatliche Geldrente in Höhe von € 820,–, beginnend am 1.10.2005, jeweils vierteljährlich im Voraus zum 1. 1., 1. 4., 1. 7. und 1. 10. eines jeden Jahres, bis zum 1.10.2015 zu bezahlen.
2. Der Beklagte wird verurteilt, an die Klägerin zu 1 € 1640,– nebst Zinsen in Höhe von 5 % über dem Basiszinssatz aus € 820,– vom 2.8.2005 bis 1.9.2005 und aus € 1640,– seit 2.9.2005 zu bezahlen.[215]

---

[213] Zum Tod des haushaltsführenden Ehegatten etwa MüKo-Wagner, § 844 Rn. 61 ff; zur Doppelverdienerehe etwa MüKo-Wagner, § 844 Rn. 66 ff.
[214] Vgl. § 42 Abs. 2 GKG: fünffacher Betrag der einjährigen Bezugsdauer.
[215] Auch rückständige Zahlungen können ohne weiteres geltend gemacht werden, weil es sich nicht um Unterhalt (für diesen ist grundsätzlich Verzug erforderlich, vgl. § 1613 Abs. 1 BGB), sondern um Schadensersatz handelt.

§ 4 Zahlung einer Geldrente, §§ 843 ff. BGB

3. Es wird festgestellt, dass der Beklagte verpflichtet ist, der Klägerin zu 1 jeden weiteren, über die Anträge 1 und 2 hinausgehenden[216] Unterhaltsschaden aus dem Unfall vom 15.07.2005 in Musterstadt, Hauptstrasse 10, zu ersetzen.
4. Der Beklagte wird verurteilt, an den Kläger zu 2 eine monatliche Geldrente, deren Höhe in das Ermessen des Gerichts gestellt wird, beginnend am 1.10.2005, jeweils vierteljährlich im Voraus zum 1. 1., 1. 4., 1. 7. und 1. 10. eines jeden Jahres, bis zur Vollendung des 18. Lebensjahres[217] des Klägers zu 2 zu bezahlen.
5. Der Beklagte wird verurteilt, an den Kläger zu 2 die rückständige Geldrente für die Monate August und September 2005, deren Höhe in das Ermessen des Gerichts gestellt wird, nebst Zinsen hieraus in Höhe von 5 % über dem Basiszinssatz seit dem jeweiligen 2. der Monate zu bezahlen.
6. Es wird festgestellt, dass der Beklagte verpflichtet ist, dem Kläger zu 2 sämtlichen weiteren, über die Anträge zu 1 und 2 hinausgehenden Unterhaltsschaden aus dem Unfall vom 15.7.2005 in Musterstadt, Hauptstrasse 10, zu ersetzen.

Begründung:

Die Kläger machen Schadensersatzansprüche aus einem Unfall vom 15.07.2005 nach § 844 Abs. 2 BGB geltend, bei denen Martin Mustermann getötet wurde, der der Ehemann der Klägerin zu 1 und Vater des Klägers zu 2 ist.
1. Am 15.07.2005 ging Martin Mustermann entlang der Hauptstrasse in Musterstadt. Als er auf Höhe des Hauses mit der Nr. 10 war, stürzte ein Dachziegel vom Dach dieses Hauses für den Martin Mustermann nicht erkennbar herab und traf den Kläger direkt auf den Kopf. Obwohl einige Passanten dafür sorgten, dass der Mustermann schnellstmöglich ärztlich versorgt wurde, erlag dieser zwei Stunden später im Krankenhaus seinen schweren Verletzungen. Aufgrund des Treffers hatte er ein schweres Schädel-Hirn-Trauma erlitten, das zum Tod führte.
Beweis: ärztliches Attest Dr. ■■■ (Anlage K1); Obduktionsbericht von Dr. ■■■, befindlich in den Akten in der Strafsache gegen den Beklagten (Az ■■■), deren Beiziehung und Verwertung hiermit beantragt wird.
Der Beklagte ist Eigenbesitzer des Hauses in der Hauptstrasse 10 und war daher für dessen Zustand verantwortlich.
Der Beklagte haftet den Klägern gemäß §§ 836 Abs. 1, 844 Abs. 2 BGB auf Schadensersatz.
2. Der verstorbene Mann bzw. Vater der Kläger war zum Unfallzeitpunkt 60 Jahre alt. Er war bei der Firma ■■■ als Buchhalter tätig und sorgte mit seinem Einkommen für den Familienunterhalt. Er war bei bester Gesundheit und hätte nach den derzeitigen Erwartungen das 70. Lebensjahr erreicht.
Beweis: Zeugnis des Dr. ■■■; Sachverständigengutachten.
Das durchschnittliche Nettoeinkommen des verstorbenen Mannes bzw. Vaters der Kläger betrug € 1.600,–.
Beweis: Lohnbescheinigung der Firma ■■■ für Januar bis Juli 2005 (Anlage K2)
Die Kläger waren gegenüber dem Verstorbenen unterhaltsberechtigt.

---

216 Ein zusätzlicher Feststellungsantrag ist nur zulässig, soweit davon ein anderer Unterhaltsschaden als der von Klageantrag zu 2 umfasst ist. Änderungen zu Klageantrag zu 2 sind mit der Abänderungsklage geltend zu machen.
217 Schadensersatzrenten von Kindern sind in der Regel auf die Vollendung des 18. Lebensjahrs zu begrenzen; weitergehende Ansprüche sind über den Feststellungsantrag zu sichern, da in aller Regel Unterhaltsansprüche über das 18. Lebensjahr hinaus noch nicht klar sind (etwa Unterhalt für ein Studium).

3. Zur Höhe des Unterhaltsanspruchs und zur Höhe des Schadensersatzanspruchs der Kläger ist folgendes vorzutragen:
   a) Die Klägerin zu 1 ist 55 Jahre alt und Hausfrau. Berufstätig war sich bisher nicht. Ihr Schadensersatzanspruch errechnet sich wie folgt:

Monatliches Nettoeinkommen des Verstorbenen	€ 1600,–
Hiervon gehen ab die fixen Haushaltskosten in Höhe von	€ 300,–
so dass ein frei verfügbares Familieneinkommen von	€ 1300,–
verbleibt.	

   Davon entfallen auf den Verstorbenen und die Klägerin zu 1, da noch ein unterhaltspflichtiges Kind vorhanden sind, jeweils 40 %.

Der Klägerin steht damit zu ein Anteil von	€ 520,–
Hinzu kommen die fixen Unkosten in Höhe von	€ 300,–
so dass sich der Gesamtbetrag von	€ 820,–
ergibt.	

   b) Der Kläger zu 2 ist 13 Jahre alt und Schüler. Von dem der Familie zustehenden Unterhalt entfielen auf die Kläger zu 2 20 %. Damit stehen dem Kläger zu 2 monatlich jeweils € 260,– als Schadensersatz zu. Der Kläger zu 2 stellt die Höhe des Schadensersatzes in das Ermessen des Gerichts, hält aber die genannten € 260,– als monatlichen Betrag für angemessen.

...

Rechtsanwalt

III. Sicherungsmaßnahmen bei fehlender Bedürftigkeit

Möglich ist auch die Konstellation, dass ein Unterhaltsanspruch alleine am Fehlen der Bedürftigkeit scheitert. Falls diese daher einmal eintritt, besteht auch ein Anspruch aus § 844 Abs. 2 BGB. Zur Sicherung dieses Anspruchs kann eine **Feststellungsklage** erhoben werden, weil ansonsten Verjährung droht.

Der **Antrag** kann etwa lauten: „Es wird festgestellt, dass der Beklagte verpflichtet ist, dem Kläger Schadensersatz in Form einer Geldrente zu gewähren, sobald dieser von seinem am … getöteten Vater Unterhalt hätte verlangen können."[218]

D. Zwangsvollstreckung

Die Ansprüche aus § 844 Abs. 2 BGB sind unpfändbar, § 850b Abs. 1 Nr. 2 ZPO. Dies gilt aber nur, solange es nicht zu einem Anspruchsübergang auf Versicherungsträger gekommen ist, weil dann das entsprechende Vollstreckungsprivileg nicht mehr gilt.

---

218 Ähnlich Palandt/Sprau, § 844 Rn. 20.

§ 5 Begleitender Rechtsschutz durch § 1004 BGB

Literatur

Hinweise zur Literatur: Armbrüster, Eigentumsschutz durch den Beseitigungsanspruch nach § 1004 BGB und durch Deliktsrecht?, NJW 2003, 3087 ff.; Gursky, Zur neueren Diskussion um § 1004 BGB, JR 1989, 397 ff.; Medicus, „Haldenbrand" und „Wurzeln im Tennisplatz" – Zur Anwendung von § 254 BGB bei § 1004 BGB, in Festschrift Hagen, 1999, S. 157 ff.; Mertens, Zum Inhalt des Beseitigungsanspruchs aus § 1004 BGB, NJW 1972, 1783 ff.; Schneider, Problemfälle aus der Prozesspraxis – Die Fassung des Klageantrags bei der Beseitigungsklage aus § 1004 BGB, MDR 1987, 639 ff.

A. Grundlagen

I. Tatbestandliche Voraussetzungen

243 § 1004 BGB gilt unmittelbar lediglich für das Eigentum und für diejenigen Vorschriften, in denen auf § 1004 BGB Bezug genommen wird, vgl. etwa § 1027 BGB für die Grunddienstbarkeit. Anerkannt ist aber, dass § 1004 BGB entsprechend gilt für alle absoluten Rechte sowie alle durch §§ 823 Abs. 2, 824, 825 und 826 BGB geschützten Rechtsgüter; nur so kann ein umfassender Rechtsschutz gewährleistet werden.

244 Erforderlich ist zunächst eine „**Beeinträchtigung**" (des Eigentums bzw. anderer geschützter Rechtsgüter). Darunter ist jeder dem Inhalt des Eigentums widersprechende Eingriff in die rechtliche oder tatsächliche Herrschaftsmacht des Eigentümers zu verstehen. In neuerer Zeit wird dies etwa relevant bei der Zusendung von unaufgeforderten e-mail oder sms, wo eine entsprechende Beeinträchtigung bejaht wird.[219] Grundlage dieser Rechtsprechung sind die Urteile zum (unzulässigen) Einwurf von Werbematerial, wenn dies ausdrücklich etwa durch einen Aufkleber auf dem Briefkasten von Inhaber untersagt wird.[220] Besondere Bedeutung kann dem Beseitigungsanspruch auch im Nachbarrecht zukommen, wenn etwa die Beseitigung von Überwuchs von Seiten des Nachbargrundstücks verlangt wird.

245 Anspruchsgegner ist der „**Störer**". Gängigerweise[221] wird hier zwischen Handlungs- und Zustandsstörer differenziert: **Handlungsstörer** ist derjenige, der die Beeinträchtigung durch seine Handlung oder Unterlassung verursacht hat, **Zustandsstörer** der Verfügungsberechtigte einer Sache, von der eine Beeinträchtigung ausgeht. Bei letzterem ist aber zu beachten, dass die Verfügungsberechtigung als alleinige Voraussetzung ohne weitere Zurechnungserfordernisse zu einer sehr weiten Haftung führen würde. Daher wird verlangt, dass auch beim Zustandsstörer die Beeinträchtigung wenigstens mittelbar auf dessen Willen zurückgeht,[222] was wiederum voraussetzt, dass er die Beeinträchtigung zurechenbar mitverursacht hat. Dies ist etwa dann der Fall, wenn er einer Handlungspflicht (etwa aus Verkehrssicherungspflicht) nicht nachgekommen ist. Wie

---

219 Vgl. etwa LG Berlin NJW 2002, 2569 ff.
220 Vgl. etwa BGHZ 106, 229 ff.
221 Kritisch dazu MüKo-Medicus, § 1004 Rn. 38 ff.
222 Vgl. BGH NJW 2003, 2377 ff.

auch schon bei den Verkehrssicherungspflichten ist hier der Rechtsgedanke der § 836 ff. BGB entsprechend heranzuziehen. Daher sind im Ergebnis nicht alle Natureinwirkungen ohne weiteres zurechenbar.[223]

246 Der Anspruch ist **ausnahmsweise ausgeschlossen**, wenn der Eigentümer zur Duldung verpflichtet ist, § 1004 Abs. 2 BGB. Hierbei handelt es sich um eine Einwendung, die von Amts wegen zu berücksichtigen ist, keine Einrede. Darlegungs- und **beweispflichtig ist der Anspruchsgegner**, da es um diesen entlastende Umstände geht. Duldungspflichten können sich ergeben etwa aus allgemeinen Rechtfertigungsgründen, aus rechtsgeschäftlichen Vereinbarungen oder aus gesetzlichen Regelungen wie etwa denkmalschutzrechtlichen Regelungen;[224] hier spielen auch die Regelungen des Nachbarrechts eine wichtige Rolle.

247 Sonstige Ausschlussgründe ergeben sich aus den allgemeinen Grundsätzen. Bedeutsam ist vor allem der **Einwand der Unmöglichkeit** einer Beseitigung, denn Unmögliches kann nicht verlangt werden: Wenn also vom Anspruchsgegner vorgetragen wird, eine Beseitigung sei für ihn unmöglich, kann dies zum Anspruchsausschluss führen. Aus Gründen des Schutzes des Anspruchsgegners gilt hier aber ein strenger Maßstab.

248 **Keine** Tatbestandsvoraussetzung ist das **Verschulden**; bei § 1004 BGB handelt es sich gerade um keine Verschuldenshaftung. Dieser für den Anspruchsteller günstige Umstand findet sein Korrektiv auf der Rechtsfolgenseite: Es handelt sich um keinen Schadensersatz-, sondern lediglich um einen Beseitigungsanspruch.

249 Vielleicht kann für die Praxis folgende Stufenfolge eine gedankliche Stütze sein:
- nicht zurechenbare Beeinträchtigung: kein Anspruch
- zurechenbare, aber unverschuldete Beeinträchtigung: § 1004 BGB ja, Verschuldenshaftung nein
- zurechenbare und verschuldete Beeinträchtigung: sowohl Beseitigungs- als auch Schadensersatzanspruch

250 Die **Verjährung** richtet sich nach den allgemeinen Regeln, beträgt also seit 1.1.2002 drei Jahre ab Anspruchsentstehung und Kenntnis der den Anspruch begründenden Umstände, §§ 197, 199 BGB.

II. Rechtsfolgen

251 § 1004 BGB ist kein Schadensersatzanspruch, sondern ermöglicht zum einen **Beseitigung**, § 1004 Abs. 1 S. 1 BGB, zum anderen auch **Unterlassung**, § 1004 Abs. 1. S. 2 BGB. Im Rahmen der **Beseitigung** ist daher – anders als beim Schadensersatz – keine Differenzbetrachtung anzustellen. Entscheidend ist eine Beseitigung der Beeinträchtigung für die Zukunft,[225] wenngleich in der Praxis die Unterscheidung von bloßer Beseitigung einerseits und weitergehendem Schadensersatz andererseits durchaus Schwierigkeiten macht: Wenn etwa ein Baum auf ein Haus stürzt, kann mit § 1004

---

223 Vgl. zu diesen und zu dortigen Zurechnungskriterien etwa Palandt/Bassenge, § 1004 Rn. 19 ff.
224 Siehe die Aufzählung bei Palandt/Bassenge, § 1004 Rn. 36 ff.
225 Vgl. dazu aus neuerer Zeit etwa BGH NJW 2004, 1035 ff.

BGB zwar die Beseitigung des Baumes verlangt werden, für einen Schadensersatz in Richtung Beseitigung der Schäden am Haus ist aber eine schadensersatzrechtliche Grundlage erforderlich.

252 Zu beachten ist zur Frage des **Mitverschuldens**: Ein solches kann es zwar im technischen Sinn nicht geben, da es sich bei § 1004 BGB ja wie dargelegt um einen verschuldensunabhängigen Anspruch handelt und es daher im Gegenzug auch auf ein Mitverschulden auf Seiten des Geschädigten nicht ankommen kann. Dennoch ist aber der Gedanke der Mitverursachung durch den Anspruchsteller durchaus auch bei § 1004 BGB relevant: Wenn daher etwa der Eigentümer zu einer Beeinträchtigung seines Hauses beigetragen hat (etwa: dieses war schon baufällig), ist sein **Anspruch auf Erstattung der Beseitigungskosten um seinen Mitverursachungsbeitrag zu kürzen**. Bei einer Verurteilung zur Beseitigung durch den Anspruchsgegner ist dann im Urteil auszusprechen, in welcher Höhe der Eigentümer dem Störer die Beseitigungskosten zu erstatten hat.[226]

253 Für einen Unterlassungsanspruch ist materielle Anspruchsvoraussetzung die **Wiederholungsgefahr**, § 1004 Abs. 1 S. 2 BGB. Diese kann nur dann bejaht werden, wenn ernstliche weitere Störungen zu besorgen sind, was aufgrund tatsächlicher Anhaltspunkte zu erwarten sein muss. Bedeutsam für die Praxis ist, dass allein die **vorangegangene** rechtswidrige **Beeinträchtigung eine tatsächliche Vermutung für die Wiederholungsgefahr** begründet.[227] Die Anforderungen an die Darlegung durch den Kläger sind also nicht allzu hoch, wenn es bereits Beeinträchtigungen gegeben hat.

254 Neben der Wiederholungsgefahr ist (weiter als der Wortlaut des Gesetzes, der ausdrücklich von „weiteren" Beeinträchtigungen spricht) auch die sog. **Erstbegehungsgefahr** ausreichend. Hier kann es logischerweise keine Vermutung aufgrund vorangegangener Beeinträchtigungen geben, so dass auch keine Erleichterungen für die Darlegungslast des Klägers bei diesem vorbeugenden Unterlassungsanspruch vorgesehen sind.[228]

B. Prozessuales Vorgehen

255 Vor Klageerhebung ist hier – wie allgemein – eine außerprozessuale Abmahnung des Anspruchsgegners vorzunehmen. Es handelt sich dabei zwar nicht um eine materielle Anspruchsvoraussetzung, ist aber jedenfalls zur Vermeidung der Kostenfolge des § 93 ZPO sinnvoll.

---

226 Vgl. BGHZ 135, 235 ff.
227 Vgl. BGH NJW 2004, 1035 ff.
228 Vgl. OLG Hamm NJW-RR 1995, 1399.

I. Muster: Klageschrift – Beseitigungsklage

An das

Amtsgericht ■■■

wegen Beseitigung.

Vorläufiger Streitwert: ■■■

Klage

Namens und im Auftrag des Klägers erhebe ich Klage und werde beantragen:
1. Der Beklagte wird verurteilt, seine auf dem Grundstück ■■■ betriebene Hühnerfarm einzustellen.
2. Kosten, vorläufige Vollstreckbarkeit

Begründung:

Der Kläger ist Eigentümer des Grundstücks ■■■, das in einer reinen Wohnsiedlung liegt. Der Beklagte betreibt auf seinem nur 100 m vom klägerischen Grundstück entfernt gelegenen Grundstück eine Hühnerfarm. Dadurch treten auf dem klägerischen Grundstück üble Gerüche auf, die insbesondere von tierischen Exkrementen stammen.

Beweis: Einnahme eines Augenscheins; Sachverständigengutachten.

Durch diese Gerüche wird die Benutzung des Grundstücks des Klägers, das mit einem Wohngebäude bebaut ist, für das Empfinden eines Durchschnittsmenschen nach Art, Stärke, Häufigkeit und Dauer – je nach den Witterungsverhältnissen – nicht nur unwesentlich beeinträchtigt.

Beweis: Einnahme eines Augenscheins.

Die Anlage des Mastbetriebs des Beklagten ist hinsichtlich Unterbringung der Tiere, Futteraufbereitung, Ablagerung und Abbau der tierischen Ausscheidungen unzureichend, da keinerlei Behälter, Silos oder gemauerte Räume zur Verfügung stehen.

Der Anspruch des Klägers aus § 1004 Abs. 1 S. 1 BGB ist demnach nicht durch eine Duldungspflicht nach § 906 BGB eingeschränkt.

■■■, Rechtsanwalt

II. Muster: Klageschrift – Unterlassungsklage

An das

Amtsgericht ■■■

wegen Unterlassung.

Vorläufiger Streitwert: ■■■

Klage

Namens und im Auftrag des Klägers erhebe ich Klage und werde beantragen:
1. Der Beklagte wird verurteilt, es zu unterlassen, sich der Wohnung der Klägerin bis auf 250 m zu nähern.
2. Dem Beklagten wird angedroht,[229] dass für jeden Fall der Zuwiderhandlung ein Ordnungsgeld bis zur[230] Höhe von € ■■■ oder eine Ordnungshaft bis zu ■■■[231] gegen ihn festgesetzt wird.
3. Kosten, vorläufige Vollstreckbarkeit

Begründung:

Die Klägerin ist die Ex-Freundin des Beklagten. Dieser waren insgesamt drei Jahre lang ein Paar. Die Klägerin hat sich nach dieser Zeit zu Beginn diesen Jahres entschlossen, die Beziehung mit dem Beklagten zu beenden.

Dennoch hat dieser in der Folge mehrfach bei der Klägerin angerufen und nach der Meldung durch die Klägerin und einer Beschimpfung von dieser wieder aufgelegt. Nach einer Ruhepause von ca. zwei Wochen, in die Klägerin vom Beklagten nichts hörte, hat der Beklagte von ca. vier Wochen begonnen, sich permanent in der Nähe der Wohnung der Klägerin aufzuhalten. Sobald diese das Haus verließ, lauerte er ihr auf und beschimpfte sie als „Schlampe" und „Hure".

Trotz eines Schreibens, in dem der Beklagte aufgefordert wurde, mit der Klägerin nicht mehr in Kontakt zu treten,

Beweis: Schreiben an den Beklagten vom ■■■ (Anlage K1)

sucht der Beklagte diese weiterhin auf und beschimpft diese. Die Klägerin hat mittlerweile aufgrund der Begegnungen mit dem Beklagten erhebliche gesundheitliche Probleme; so leidet sie seit den Nachstellungen durch den Beklagten unter Schlafstörungen. Nach dem letzten Treffen musste die Klägerin sogar für zwei Tage krankgeschrieben werden.

Beweis: Ärztliches Attest des Dr. ■■■ (Anlage K2); Zeugnis des Herrn Dr. ■■■, der hiermit von seiner ärztlichen Schweigepflicht befreit wird

Der Unterlassungsanspruch der Klägerin ergibt sich in entsprechender Anwendung der §§ 823, 1004 BGB, da die Gesundheit der Klägerin geschädigt wird. Die Wiederholungsgefahr ergibt sich daraus, dass der Beklagte, wie sein Verhalten insbesondere nach dem Erhalt des ersten Schreibens zeigt, nicht gewillt ist, den Kontakt zu der Klägerin abzubrechen.

■■■, Rechtsanwalt

---

229 Es ist zulässig, § 890 Abs. 2 ZPO, und sinnvoll, diese Androhung – obwohl an sich ein Teil der Vollstreckung – bereits im Erkenntnisverfahren aussprechen zu lassen. Ansonsten müsste die Androhung gesondert ausgesprochen werden, was zu einer Verfahrensverzögerung führen würde.
230 Das Zwangsmittel muss zwar konkret bezeichnet werden, ausreichend ist aber die Angabe eines Höchstmaßes („bis zu"), vgl. OLG Hamm NJW-RR 1988, 960.
231 Das einzelne Ordnungsgeld beträgt mindestens € 5 (Art. 6 Abs. 1 S. 1 EGStGB), höchstens € 250.000,- (§ 890 Abs. 1 S. 2 ZPO); die Ordnungshaft beträgt für jede einzelne Zuwiderhandlung mindestens einen Tag (Art. 6 Abs. 2 S. 1 EGStGB), höchstens aber sechs Monate (§ 890 Abs. 1 S. 1 ZPO, Abweichung zu Art. 6 Abs. 2 EGStGB), darf aber insgesamt zwei Jahre nicht überschreiten, § 890 Abs. 1 S. 2 ZPO.

III. Prozessuale Besonderheiten

1. Gerichtliche Zuständigkeit

Diese richtet sich nach den allgemeinen Regeln, § 12 ff. ZPO. Zu beachten ist bei Ansprüchen in Zusammenhang mit einem Grundstück als **ausschließlicher Gerichtsstand** § 24 ZPO, wonach das Gericht örtlich ausschließlich zuständig ist, in dessen Bezirk sich das Grundstück befindet.

Zum Streitwert (und damit zur sachlichen Zuständigkeit): dieser richtet sich nach dem Interesse des Klägers am Verbot der beeinträchtigenden Handlung.[232] Als Klägervertreter wird man darauf zu achten haben, dass der Streitwert zumindest oberhalb der Berufungsgrenze (€ 600, vgl. § 511 Abs. 2 Nr. 1 ZPO) liegt.

2. Bestimmtheit des Klageantrags, § 253 Abs. 2 Nr. 2 ZPO

Bei Beseitigungsansprüchen besteht das Problem, dass dem Anspruchsgegner eine gewisse Wahlmöglichkeit eröffnet werden muss, auf welche Art und Weise er die Beseitigung vornimmt. Andererseits muss der Kläger sein Ziel in der Klage so klar angeben, dass eine Vollstreckung aus dem (erstrebten) Titel möglich bleibt. Die Rechtsprechung lässt es daher genügen, wenn der **Kläger den zu beseitigenden Zustand** angibt; die Angabe der konkreten Handlung, durch die das geschehen soll, ist nicht erforderlich. Anders kann es aber dann sein, wenn nur eine bestimmte Abwehrmaßnahme in Betracht kommt; diese ist dann zu nennen.[233]

In Normalfall reicht es aber aus, wenn etwa folgender Antrag gestellt wird: „Der Beklagte wird verurteilt, geeignete Maßnahmen zu treffen, durch welche *(Beschreibung des zu beseitigenden Zustandes)* in Zukunft verhindert wird."[234]

Bei Unterlassungsklagen wird freilich in aller Regel schon aus der Beschreibung der zu unterlassenden Handlung klar werden, was der Beklagte tun soll (bzw. eben gerade unterlassen soll). Zu beachten ist weiter, dass es bei Unterlassungsklagen zwar darum geht, zukünftige Störungen zu unterlassen, § 259 ZPO aber dennoch nicht anwendbar ist; die Voraussetzungen ergeben sich vielmehr unmittelbar aus § 1004 BGB.

3. Parteiwechsel

a) §§ 265, 266 ZPO

Der Inhaber des Anspruchs aus § 1004 BGB ist der Eigentümer. Kommt es zu einer **Veräußerung des Eigentums**, gilt grundsätzlich § 265 ZPO. Zwar ist dieser nicht unmittelbar anwendbar, weil nicht das Eigentum, sondern der Beseitigungs- bzw. Unterlassungsanspruch streitbefangen im Sinne von § 265 ZPO ist; dennoch ist § 265 ZPO zumindest entsprechend anwendbar.[235]

---

232 Vgl. etwa Thomas/Putzo, § 3 Rn. 152.
233 Vgl. zum ganzen BGH NJW 1993, 1656, 1657.
234 Vgl. MüKo-Medicus, § 1004 Rn. 101.
235 Vgl. BGH NJW 1955, 1719.

§ 5 Begleitender Rechtsschutz durch § 1004 BGB

264 Zu beachten ist aber gerade im Bereich des § 1004 BGB im Falle von Grundstücksveräußerungen die **Sonderregel des** § **266 ZPO**, die den Grundsatz des § 265 Abs. 2 S. 1 ZPO, dass eine Veräußerung der streitbefangenen Sache keinen Einfluss auf den Prozess hat, modifiziert: danach kann der Erwerber ohne weiteres den Prozess übernehmen sowie der Anspruchsgegner verlangen, dass der Erwerber den Prozess als Hauptpartei übernimmt. Dieser ist zum neuen Termin zu laden; erscheint er nicht, kann unter den allgemeinen Voraussetzungen auch Versäumnisurteil gegen ihn ergehen. Hintergrund der Regelung ist, dass es sich faktisch um einen Prozess „zwischen Grundstücken"[236] handelt, bei denen die Gefahr einer Prozessmanipulation (die durch § 265 ZPO verhindert werden soll) allein aufgrund des länger dauernden Erwerbs- und Veräußerungsverfahrens nicht bzw. nicht in dem Ausmaß besteht.

b) §§ 76, 77 ZPO

265 § 77 ZPO gilt insbesondere für § 1004 BGB, nachdem § 76 ZPO entsprechende Anwendung findet. Danach soll der Beklagte die Möglichkeit haben, den Dritten zum Eintritt in einen Prozess zu veranlassen. Etwa: der Mieter eines Grundstücks wird verklagt, bestimmte Emissionen des von ihm gemieteten Grundstücks zu unterlassen. Dann kann dieser den Eigentümer über § 76 ZPO zum Eintritt in den Prozess veranlassen und selber aus diesem ausscheiden (§ 76 Abs. 3, 4 ZPO) bzw. gefahrlos den Prozess im Verhältnis zum Eigentümer verlieren (vgl. § 76 Abs. 2 ZPO).

266 Die Erklärung hat mit der Streitverkündungsschrift zu erfolgen. Die Vorschrift hat allerdings in der Praxis kaum Bedeutung, manche fordern gar die Streichung dieser Norm.[237]

C. Zwangsvollstreckung

267 Für die Zwangsvollstreckung von Beseitigungsansprüchen gelten **§§ 887, 888 ZPO**, je nachdem, ob eine vertretbare oder unvertretbare Handlung vorzunehmen ist. Spätestens hier sind dann die konkreten Maßnahmen anzugeben, die nach dem Willen des Anspruchstellers vorzunehmen sind. Für Unterlassungen gilt § 890 ZPO, das Dulden im Sinne von § 890 ZPO ist die Verpflichtung, eine Behinderung der Vornahme durch einen anderen zu unterlassen, und ist daher lediglich eine Unterform des Unterlassens.[238]

268 Die Abgrenzung von §§ 887, 888 einerseits und 890 ZPO andererseits ist oft schwierig, denn die Verpflichtung, eine Handlung zu unterlassen, verpflichtet auch dazu, bestehende Beeinträchtigungen nicht aufrechtzuerhalten, was ein aktives Tun – nämlich Beseitigung – erfordern kann.

269 **Für die Praxis** bietet sich folgende gestufte Überlegung an:
- Die Vollstreckungsart richtet sich **zunächst nach dem Inhalt des Vollstreckungstitels**: Lautet dieser ausdrücklich auf ein Unterlassen, ist auch der in der Aufrecht-

---

236 Vgl. Musielak-Foerste, § 266 Rn. 1.
237 Vgl. Musielak-Weth, § 76 Rn. 1 m.w.N.
238 Vgl. nur Thomas/Putzo, § 890 Rn. 3.

erhaltung des Zustandes liegende Titelverstoß nach § 890 ZPO zu vollstrecken. Lautet der Titel dagegen ausdrücklich auf Beseitigung, erfolgt die Vollstreckung nach §§ 887, 888 ZPO.

- Im übrigen (wenn etwa der Titel nicht eindeutig ist, beispielsweise lautet, dass der Kläger verurteilt wird, geeignete Maßnahmen zu treffen, durch die ... verhindert wird)[239] ist danach zu unterscheiden, **was im Vordergrund steht** – das Gebot zum Handeln oder zum Unterlassen. Eine Rolle spielt dabei, was das Ziel des Klägers war: wollte er eine Handlung des Beklagten erreichen, ist er daran auch in der Vollstreckung gebunden.[240]
- Führt auch dies noch zu keiner Entscheidung, ist **im Zweifel § 890 ZPO** vorzuziehen.[241]

---

[239] So im Falle OLG Saarbrücken, NJW-RR 2001, 163 f.
[240] Vgl. OLG Saarbrücken NJW-RR 2001, 163, 164 unten.
[241] Vgl. MüKo-Medicus, § 1004 Rn. 107 m.w.N.

FormularBibliothek Zivilprozess

Teil 1: **Verkehr** Seite 5
Christian Janeczek, Rechtsanwalt
Hartmut Roth, Rechtsanwalt

Teil 2: **Schaden** Seite 185
Dr. Tobias Windhorst, Staatsanwalt

Teil 3: **Arzthaftung** Seite 261
Matthias Teichner, Rechtsanwalt

Teil 4: **Versicherung** Seite 369
Oskar Riedmeyer, Rechtsanwalt

INHALT

Verweise erfolgen auf Randnummern

§ 1 Vorbemerkungen zum Mandat im Arzthaftungsrecht 1

§ 2 Das Mandat im Arzthaftungsrecht ... 7
A. Vorprozessuale Situation........ 7
   I. Anspruchsgrundlagen........ 7
   II. Die Beratung des geschädigten Patienten 17
   III. Muster zur Erstberatung...... 25
     1. *Muster:* Mandatsbestätigung 25
     2. *Muster:* Schriftliche Beratung 26
   IV. Außergerichtliche Tätigkeit ... 27
     1. Anrufung von Schlichtungsstelle und Gutachterkommission 29
     2. Prüfung der Erfüllung von ärztlichen Aufklärungspflichten 30
     3. Einschaltung der Krankenkasse 31
       a) Unterstützung durch die Regreßabteilung......... 31
       b) Besonderheiten bei Zahnbehandlungen........... 32
     4. Privatgutachten............ 33
     5. Selbständiges Beweisverfahren 34
   V. Muster zur Mandatsübernahme 35
     1. *Muster:* Mandatsbestätigung (außergerichtlicher Bereich)................. 35
     2. Allgemeiner Mandantenfragebogen 36
       Muster: Mandantenfragebogen 37
     3. Fragebogen zur Ermittlung der Schadensersatz- und Schmerzensgeldansprüche in Arzthaftungsangelegenheiten 38

       Muster: Fragebogen zur Ermittlung der Schadensersatz- und Schmerzensgeldansprüche 39
     4. *Muster:* Entbindungserklärung von der Schweigepflicht im außergerichtlichen Bereich 40
     5. Schreiben an den Anspruchsgegner 41
       a) Anfordern der Krankenunterlagen.............. 43
         aa) Röntgenaufnahmen...... 45
         bb) Duplikate 46
         cc) Bezeichnung der Vorwürfe im Anspruchsschreiben 47
       b) Einsehen der Originalunterlagen 49
       c) Geltendmachung eines weitergehenden Auskunftsanspruchs 50
       d) *Muster:* Anspruchsschreiben an den behandelnden Arzt. 51
       e) *Muster:* Anspruchsschreiben an das Krankenhaus 52
   VI. Korrespondenz mit der Rechtsschutzversicherung........... 53
     1. *Muster:* Anforderung der Deckungszusage 59
     2. *Muster:* Abrechnungsschreiben 60
   VII. Schreiben an vor- und nachbehandelnde Ärzte 61
     1. *Muster:* Anforderung von Patientenunterlagen alio loco 67
     2. *Muster:* Anforderung von Patientenunterlagen alio loco 68
   VIII. Schreiben an die Krankenkasse des Mandanten............. 69
     1. Gesetzliche Krankenkassen 69

2. Private Krankenversicherungen 70
3. Reaktion der beteiligten Haftpflichtversicherung ... 71
4. Regelung der Kosten der Korrespondenz mit der Krankenversicherung........... 72
5. *Muster:* Schreiben an die Regressabteilung der Krankenkasse 73
IX. Korrespondenz mit der gegnerischen Haftpflichtversicherung......................... 74
1. Besonderheiten bei Zahnbehandlung und kosmetischer Chirurgie.................. 75
2. Einholung eines Sachverständigengutachtens...... 77
3. Muster zur Korrespondenz mit der gegnerischen Haftpflichtversicherung........ 80
   a) *Muster:* Schreiben an die gegnerische Haftpflichtversicherung mit der Aufforderung, die Schadensersatzpflicht dem Grunde nach anzuerkennen 80
   b) *Muster:* Schreiben an die gegnerische Haftpflichtversicherung mit der Aufforderung, einem Gutachterverfahren zuzustimmen................ 81
   c) *Muster:* Schreiben an die gegnerische Haftpflichtversicherung mit der Unterbreitung eines Vergleichsvorschlages 82
   d) *Muster:* Schreiben an die gegnerische Haftpflichtversicherung nach Abschluss des Schlichtungsverfahrens bzw. eines Verfahrens bei der Gutachterkommission mit der Aufforderung, den Schadensersatzanspruch dem Grunde nach anzuerkennen 83

X. Schlichtungsantrag bzw. Antrag auf Entscheidung der Gutachterkommission......... 84
1. Anrufung der Schlichtungsstelle oder Gutacherkommission..................... 84
2. Durchführung des Verfahrens 86
   a) Einverständnis der Gegenseite 87
   b) Einreichung von Unterlagen..................... 88
   c) Angaben zur Höhe der Ansprüche 89
   d) Belehrung des Mandanten in der Stellungnahme 90
3. Vor- und Nachteile des Verfahrens vor der Schlichtungsstelle oder Gutacherkommission 91
4. Auswirkung des vorgeschalteten Schlichtungsverfahrens auf den Arzthaftungsprozess 94
5. Muster zum Verfahren vor der Schlichtungsstelle oder Gutacherkommission 98
   a) *Muster:* Antrag bei der Schlichtungsstelle für Arzthaftpflichtfragen 98
   b) *Muster:* Widerspruch gegen das Ergebnis eines Schlichtungsverfahrens.. 99
   c) *Muster:* Antrag auf Durchführung eines Verfahrens vor der Gutachterkommission 100
   d) *Muster:* Antrag auf Kommissionsentscheid........ 101
XI. Der Vergleich.................. 102
1. Allgemeines 102
2. Besprechung des Inhalts mit dem Mandanten........... 103
   a) Generalquittung......... 104
   b) Einkommensschaden 105
   c) Vergleich bei minderjähriger Mandantschaft 106
   d) Vergleich unter Vorbehalt 107

3. Muster zum Vergleich 108
   a) *Muster:* Vorbehaltloser Vergleich im außergerichtlichen Bereich 108
   b) *Muster:* Vergleich unter Vorbehalt 109
B. Prozess 110
  I. Klage auf Einsichtnahme 110
   1. Vorbereitung 110
   2. Zuständigkeit und Streitwert 111
   3. Besonderheiten der Vollstreckung 112
   4. *Muster:* Klage auf Einsichtnahme in Krankenunterlagen 113
  II. Selbstständiges Beweisverfahren 114
   1. Anwendbarkeit in Arzthaftungsstreitigkeiten 114
   2. Kosten 117
   3. Zeitaufwand 118
   4. Vorherige Verständigung mit der Gegenseite 119
   5. Anlagen zum Antrag 122
   6. Auswertung des Gutachtens 123
   7. Muster zum selbstständigen Beweisverfahren 124
     a) *Muster:* Antrag auf Beweissicherung 124
     b) *Muster:* Antrag auf Beweissicherung 125
     c) *Muster:* Eidesstattliche Versicherung 126
     d) *Muster:* Entbindungserklärung von der Schweigepflicht im Gerichtsverfahren 127
  III. Klage auf Zahlung von Schadensersatz und Schmerzensgeld 128
   1. Die Erfolgsaussichten einer Klage 128
   2. *Muster:* Klage wegen Schmerzensgeld und Schadensersatz 144
   3. *Muster:* Klage wegen Arzthaftpflicht 145
  IV. Antrag auf Abänderung und/oder Ergänzung des Beweisbeschlusses 146
  V. Stellungnahme zum Sachverständigengutachten (Ergänzungsgutachten) und Antrag auf Anhörung des Sachverständigen 150
   1. Das Sachverständigengutachten 150
   2. *Muster:* Stellungnahme zum Sachverständigengutachten 155
   3. Muster: Stellungnahme zum Sachverständigengutachten 156
  VI. Berufung 157
   1. Das Berufungsverfahren 157
   2. *Muster:* Berufungsschrift ... 165
   3. *Muster:* Berufungsschrift ... 166
  VII. Strafanzeige und Strafantrag? 167
   1. Allgemeines 167
   2. *Muster:* Strafanzeige und Strafantrag gegen Unbekannt 175
  VIII. Muster eines Beschwerdeschreibens an die zuständige Ärztekammer 177
  IX. Muster eines Beschwerdeschreibens an die Approbationsbehörde 183

MUSTERVERZEICHNIS

	Rn.
§ 1 Vorbemerkungen zum Mandat im Arzthaftungsrecht	1
§ 2 Das Mandat im Arzthaftungsrecht	7
1 Mandatsbestätigung	25
2 Schriftliche Beratung	26
3 Mandatsbestätigung (außergerichtlicher Bereich)	35
4 Mandantenfragebogen	37
5 Fragebogen zur Ermittlung der Schadensersatz- und Schmerzensgeldansprüche	39
6 Entbindungserklärung von der Schweigepflicht im außergerichtlichen Bereich	40
7 Anspruchsschreiben an den behandelnden Arzt	51
8 Anspruchsschreiben an das Krankenhaus	52
9 Anforderung der Deckungszusage	59
10 Abrechnungsschreiben	60
11 Anforderung von Patientenunterlagen alio loco	67
12 Anforderung von Patientenunterlagen alio loco	68
13 Schreiben an die Regressabteilung der Krankenkasse	73
14 Schreiben an die gegnerische Haftpflichtversicherung mit der Aufforderung, die Schadensersatzpflicht dem Grunde nach anzuerkennen	80
15 Schreiben an die gegnerische Haftpflichtversicherung mit der Aufforderung, einem Gutachterverfahren zuzustimmen	81
16 Schreiben an die gegnerische Haftpflichtversicherung mit der Unterbreitung eines Vergleichsvorschlages	82
17 Schreiben an die gegnerische Haftpflichtversicherung nach Abschluss des Schlichtungsverfahrens bzw. eines Verfahrens bei der Gutachterkommission mit der Aufforderung, den Schadensersatzanspruch dem Grunde nach anzuerkennen	83
18 Antrag bei der Schlichtungsstelle für Arzthaftpflichtfragen	98
19 Widerspruch gegen das Ergebnis eines Schlichtungsverfahrens	99

3 Musterverzeichnis

20	Antrag auf Durchführung eines Verfahrens vor der Gutachterkommission	100
21	Antrag auf Kommissionsentscheid	101
22	Vorbehaltloser Vergleich im außergerichtlichen Bereich	108
23	Vergleich unter Vorbehalt	109
24	Klage auf Einsichtnahme in Krankenunterlagen	113
25	Antrag auf Beweissicherung	124
26	Antrag auf Beweissicherung	125
27	Eidesstattliche Versicherung	126
28	Entbindungserklärung von der Schweigepflicht im Gerichtsverfahren	127
29	Klage wegen Schmerzensgeld und Schadensersatz	144
30	Klage wegen Arzthaftpflicht	145
31	Stellungnahme zum Sachverständigengutachten	155
32	Stellungnahme zum Sachverständigengutachten	156
33	Berufungsschrift	165
34	Berufungsschrift	166
35	Strafanzeige und Strafantrag gegen Unbekannt	175
36	Muster eines Beschwerdeschreibens an die zuständige Ärztekammer	177
37	Muster eines Beschwerdeschreibens an die Approbationsbehörde	183

Literatur: Baumbach/Lauterbach/Albers/Hartmann, Zivilprozessordnung, Kommentar, 63. Auflage (2005); Bergmann, Die Arzthaftung, 2. Auflage (2004); Deutsch/Spickhoff, Medizinrecht, 5. Auflage (2003); Ehlers/Broglie, Arzthaftungsrecht, 3. Auflage (2005); Geiß/Greiner, Arzthaftpflichtrecht, 4. Auflage (2001); Hacks/Ring/Böhm, Schmerzensgeld-Beträge, 23. Auflage (2005); Jaeger/Luckey, Schmerzensgeld, 2003; Küppersbusch, Ersatzansprüche bei Personenschäden, 8. Auflage (2004); Kullmann/Bischoff/Dressler, Arzthaftpflicht-Rechtsprechung, Loseblattsammlung; Laufs/Uhlenbruck, Handbuch des Arztrechts, 3. Auflage (2002); Martis/Winkhart, Arzthaftungsrecht, Fallgruppenkommentar, 2003; Palandt, Bürgerliches Gesetzbuch, Kommentar, 64. Auflage (2005); Quaas/Zuck, Medizinrecht (2005); Slizyk, Schmerzensgeld-Tabelle, 4. Auflage (2001); Steffen/Dressler, Arzthaftungsrecht, 9. Auflage (2002); Stegers/Hansis/Alberts, Der Sachverständigenbeweis im Arzthaftungsrecht (2002); Zöller, Zivilprozessordnung, Kommentar, 25. Auflage (2005)

§ 1 Vorbemerkungen zum Mandat im Arzthaftungsrecht

Die Übernahme eines Mandates aus dem Bereich des **Arzthaftungsrechts**, ohne dass man auf die Bearbeitung derartiger Schadenfälle spezalisiert ist, muss aus verschiedenen Gründen gut überlegt sein. Dies gilt vor allem dann, wenn man auf der Seite des Anspruchstellers, also des (vermeintlich) infolge einer Fehlbehandlung geschädigten Patienten, tätig wird. Die Mandanten suchen den Rechtsanwalt in derartigen Fällen zumeist lediglich mit einem Anfangsverdacht auf. Sie hegen aufgrund eines ungewöhnlichen Behandlungsverlaufes oder eines bestimmten Zwischenfalls den Verdacht, das Opfer einer ärztlichen **Falschbehandlung** zu sein. In der Mehrzahl der Fälle sind Komplikationen und Zwischenfälle, die in einer „Grauzone" liegen, der Auslöser für die Konsultation eines Rechtsanwaltes: Die jeweilige Komplikation kann, sie muss aber nicht, die Folge einer Falschbehandlung sein (z.B. schwere Infektion, Blutung, Nervenschädigung). Nur in einer kleinen Anzahl von Fällen, die an einen Rechtsanwalt herangetragen werden, ist der Haftungsgrund offensichtlich (z.B. Seitenverwechselung oder vergessener Fremdkörper). Anlass für die Konsultation eines Rechtsanwaltes kann aber schließlich auch sein, dass im Laufe der Behandlung ein **Risiko** eingetreten ist, auf das der Mandant vor der zumeist operativen Behandlung nicht (rechtzeitig) hingewiesen worden war. Der Mandant wirft dem verantwortlichen Arzt in einem solchen Fall die Verletzung der **Aufklärungspflicht** vor.

Im Regelfall stehen die Mandanten mit relativ „leeren Händen" da, was die Fakten betrifft, auf denen der Vorwurf der ärztlichen Falschbehandlung beruht. Diese Fakten, also einerseits die **Krankenunterlagen** über die fragliche Behandlung, aus denen sich unter Umständen der Vorwurf der angeblichen Falschbehandlung oder aber der unzureichenden Aufklärung ergeben soll, und andererseits die Feststellung der **Regelwidrigkeit der Behandlung**, die sich bei einem Verdacht auf Falschbehandlung beispielsweise aus der einschlägigen medizinischen Fachliteratur oder neuerdings aus **Leitlinien** ergeben kann, trägt der Mandant regelmäßig nicht bei sich, wenn der Rechtsanwalt aufgesucht und um Rat gefragt oder sogleich um die Interessenvertretung im außergerichtlichen Bereich gebeten wird. Um das Beibringen der Tatsachen, also um die umfassende Ermittlung des maßgeblichen Sachverhaltes, muss sich der Rechtsanwalt in der Regel selbst bemühen. Hierzu sollte man deshalb bereit und in der Lage sein, wenn man ein derartiges Mandat übernimmt.

Nicht ratsam ist es, als eines der ersten Mandate im Bereich des Arzthaftungsrechts die Bearbeitung eines medizinischen **Großschadens**, etwa eines Geburtsschadens, zu übernehmen. Zwar steht bei einem solchen Schadenfall ein hoher Gegenstands- bzw. Streitwert im Raume, so dass mit einem entsprechend hohen Gebührenaufkommen gerechnet werden kann. Allerdings erfordert die Bearbeitung eines solchen Medizinschadensfalles ein umfangreiches Wissen in tatsächlicher und rechtlicher Hinsicht. Die „richtige" Berechnung des materiellen Schadens, zum Beispiel der vermehrten Bedürfnisse, ist recht kompliziert und aufwändig und für den Rechtsanwalt mit dem Risiko behaftet, Schadenposten zu übersehen und später deshalb in Regress genommen zu werden. Hinzu kommt der Zeitfaktor, weshalb nicht ohne weiteres davon ausgegangen werden darf, dass es sich bei einem solchen Schadensfall aufgrund des gesetzlichen Vergütungsaufkommens um ein wirtschaftlich besonders interessantes Mandat handelt. Die Bearbeitung eines Geburtsschadensfalles nimmt nicht selten einen Zeitraum von fünf bis zehn Jahren in Anspruch, so dass man eher Gefahr läuft, bei der Bearbeitung eines solchen Schadensfalles in die Unwirtschaftlichkeit zu geraten. Allein aus haftungsrechtlichen Gründen sollte man es sich deshalb genau überlegen, ob es sinnvoll und zu verantworten ist, ein solch von vorneherein besonders kompliziertes Mandat zu übernehmen. Auch Schadensfälle, bei deren Bearbeitung man mit Fragen des **Arzneimittelrechts** oder beispielsweise des **Medizinprodukterechts** in Berührung kommt, sollten vielleicht nicht gerade zu den ersten Mandaten aus dem Bereich des Arzthaftungs- bzw. Medizinrechts gehören, derer man sich als relativ unerfahrener Kollege auf diesem Rechtsgebiet annimmt.

4   Schließlich muss bedacht werden, dass die Bearbeitung von Arzthaftpflichtfällen häufig zwangsläufig damit einhergeht, dass man sich nicht auf die Rolle des rein anwaltlichen Beraters beschränken kann. Besteht die Schädigung z.B. darin, dass der Mandant einen erheblichen **Dauerschaden** davon getragen hat, wie etwa eine **HIV-Infektion**, oder dass eine Erkrankung an **Krebs** zu spät erkannt wurde, so dass der Mandant (deshalb) alsbald versterben wird, dann sind Gespräche mit Mandanten für den Anwalt selbst nicht nur belastend, sondern haben gelegentlich einen regelrechten therapeutischen Charakter. Nicht selten gerät der Anwalt in die Situation, dass er im Gespräch das nachholt, was die verantwortlichen Ärzte bei der Behandlung des Mandanten zusätzlich versäumt haben. Mit Mandanten muss gelegentlich über deren baldigen Tod und in diesem Zusammenhang über damit verbundene nützliche Regelungen wie beispielsweise das Aufsetzen einer **Betreuungsvollmacht** und eines **Patiententestaments** gesprochen werden. Hierzu sollte man bereit und in der Lage sein, wenn man das Mandat eines schwer medizingeschädigten Auftraggebers übernimmt.

5   Ist dem gegenüber der Auftraggeber der in Anspruch genommene Arzt oder dessen Haftpflichtversicherung, dann muss man sich – wenn überhaupt – nicht so viele Gedanken darüber machen, ob man sich die ordnungsgemäße Bearbeitung des Mandats zutraut. So muss man sich weder um die Beschaffung der erforderlichen Krankenunterlagen noch um die Beibringung der für die Fallbearbeitung erforderlichen Informationen, vor allem um die Klärung der relevanten medizinischen Fragen – bis hin zur Einholung eines Privatgutachtens – übermäßige Sorgen machen. Der Versicherer verfügt in der Regel sowohl über qualifizierte Sachbearbeiter als auch über beratende Ärzte, so dass sich der eingeschaltete Rechtsanwalt von vornherein auf die Arbeit als „reiner" Rechtsberater konzentrieren kann.

6   Deshalb sind die folgenden Ausführungen vor allem an diejenigen Kollegen gerichtet, die (erstmals) das Mandat eines Patienten übernehmen, der einem Arzt und/oder einem Krankenhaus eine Falschbehandlung oder aber eine unzureichende Aufklärung und eine hierdurch bedingte Körperschädigung vorwirft und deshalb die Prüfung oder sogleich die Geltendmachung von Schadensersatz- und Schmerzensgeldansprüchen wünscht.

§ 2 Das Mandat im Arzthaftungsrecht

A. Vorprozessuale Situation

I. Anspruchsgrundlagen

Die Arzthaftung war bis zum 01.08.2002, also bis zum Inkrafttreten des Zweiten Gesetzes zur Änderung schadensersatzrechtlicher Vorschriften, systematisch im Deliktsrecht angesiedelt. Dies einerseits deshalb, weil jeder **Heileingriff**, also auch der medizinisch notwendige und vollkommen fehlerfrei durchgeführte, vom Tatbestand her eine **Körperverletzung** im Sinne von § 823 Abs. 1 BGB darstellt.[1] Es bedarf der **wirksamen** Einwilligung des Patienten, damit die Rechtswidrigkeit des jeweiligen Eingriffs entfällt. Hieran hat sich im Übrigen durch die Gesetzesnovelle nichts geändert. Andererseits steht bei Arzthaftungsfällen grundsätzlich die Frage nach Zahlung eines **Schmerzensgeldes** für die erlittene Beeinträchtigung im Vordergrund und einzige Anspruchsgrundlage hierfür war in der Vergangenheit bekanntlich der aufgehobene § 847 BGB. Durch die Einführung eines Schmerzensgeldanspruchs auch im Falle der Verletzung vertraglicher Pflichten in § 253 Abs. 2 BGB n.F. und den neuen Haftungstatbestand in § 280 Abs. 1 BGB n.F. wird sich die Arzthaftung von der Systematik her in absehbarer Zeit wahrscheinlich weitgehend in das vertragliche Haftungsrecht verlagern.[2]

Der **Behandlungsvertrag** zwischen Arzt und Patient ist seit jeher **Dienstvertrag** gemäß § 611 Abs. 1 BGB. Der Arzt schuldet weder einen Heil- noch einen Behandlungserfolg, sondern das sorgfältige und fachgerechte Erbringen der gebotenen medizinischen Dienstleistungen.[3] Hierzu gehört im Übrigen, dass die Leistungen grundsätzlich medizinisch erforderlich („indiziert") sein müssen. Der Vertrag kann im Einzelfall **werkvertragliche Elemente** enthalten, beispielsweise bei einem Vertragsverhältnis zwischen Zahnarzt und Patienten, der zum wesentlichen Inhalt die Anfertigung und Eingliederung von Zahnersatz hat. Auch ein solcher Vertrag, der scheinbar auf einen bestimmten Erfolg abzielt, ist und bleibt indes Dienstvertrag.[4]

Die wichtigste Vertragspflicht des Arztes im Sinne von § 280 Abs. 1 BGB n.F. besteht darin, den Patienten „standardgemäß" zu behandeln. Das bedeutet, der Arzt schuldet dem Patienten die Beachtung und Einhaltung desjenigen Behandlungsstandards, den ein besonnener und gewissenhafter, dem entsprechenden Fachgebiet zugehöriger **Facharzt** in der – auch in zeitlicher Hinsicht – konkreten Situation dem Patienten zu bieten hat.[5] Der Patient hat einen Anspruch darauf, dass in jeder Phase seiner Behandlung der jeweils maßgebliche Standard eingehalten und beachtet wird. Für den Krankenhausbereich bedeutet dies, dass beispielsweise bei einer Operation entweder nur ein Facharzt tätig werden darf, oder aber, dass ein Assistenzarzt von einem Facharzt überwacht

---

1 Palandt/Sprau, 64. Aufl., § 823 Rn. 134ff.
2 Vgl. Bäune/Dahm, MedR 2004, 645ff., 652; Weidinger, VersR 2004, 35ff.; Spindler/Rieckers, JuS 2004, 272ff.
3 Geiß/Greiner, Arzthaftungsrecht, 4. Aufl., Rn. A 3 m.w.N.; Ehlers/Broglie, Rn. 60f.
4 Laufs/Uhlenbruck S. 349ff. m.w.N.
5 Martis/Winkhart, Arzthaftungsrecht, S. 194 m.w.N.

wird, der jederzeit korrigierend eingreifen können muss. Der Facharztstandard ist im Übrigen auch dann gewahrt, wenn ein Arzt tätig wird, der zwar noch kein Facharzt ist, der aber hinsichtlich des konkreten Eingriffs über die „Facharztreife" verfügt.[6]

10 Eine weitere wesentliche Vertragspflicht besteht darin, den Patienten unter Berücksichtigung der einschlägigen höchstrichterlichen Rechtsprechung rechtzeitig und „richtig" aufzuklären. Eine **fehlerhafte Aufklärung** kann demnach seit dem 01.08.2002, anders als in der Vergangenheit, die **vertragliche Haftung** des verantwortlichen Arztes nach sich ziehen.[7] Sie kann aber, wie vor der Gesetzesänderung auch, gleichzeitig die deliktische Haftung des Arztes gemäß den §§ 823 ff. BGB begründen.

11 Die möglichen Anspruchsgrundlagen im Bereich der Arzthaftung sind demnach nicht mehr wie vor dem 01.08.2002 die positive Vertragsverletzung sondern es sind vor allem die §§ 611 Abs. 1 und 280 Abs. 1 BGB und daneben – nach wie vor – die §§ 823 ff. BGB. Hinzu kommen, wie auch schon in der Vergangenheit, Ansprüche aus Spezialgesetzen, wie beispielsweise dem Arzneimittelgesetz, dem Medizinproduktegesetz usw.

12 Die Gesetzesänderungen werden an der Rechtswirklichkeit im Bereich der Arzthaftung wahrscheinlich nichts Grundlegendes ändern.[8] Dies gilt vor allem auch für die **Verteilung der Beweislast**, obwohl § 280 Abs. 1 S. 2 BGB n.F. hieran denken lässt.[9] Der Patient hat auch zukünftig den Nachweis darüber zu erbringen, dass er falsch behandelt und hierdurch geschädigt wurde. Dasselbe gilt für die Behauptung, dass ein aus medizinischer Sicht unnötiger Eingriff durchgeführt und der Patient hierdurch geschädigt wurde. Dem gegenüber trägt der Arzt die Beweislast dafür, dass der Patient rechtzeitig und richtig aufgeklärt wurde. **Beweiserleichterungen** kommen dem Patienten auch zukünftig dann zugute, wenn die ärztliche Dokumentation unvollständig ist und sich hieraus Beweisschwierigkeiten ergeben.[10] Schließlich kommt es weiterhin grundsätzlich zu einer **Umkehr der Beweislast** im Zusammenhang mit der Kausalitätsfrage, wenn dem Arzt – nach Ansicht des Gerichts – ein so genannter schwerer Behandlungsfehler unterlaufen ist, der als Schadenursache in Betracht kommt.[11] Dabei kann im Übrigen auch eine Unterlassung einen solchen schweren Behandlungsfehler mit der Folge der Beweislastumkehr darstellen.[12]

13 Als Behandlungsfehler – früher Kunstfehler[13] – kommen viele Maßnahmen und Versäumnisse des Arztes in Betracht. Anhaltspunkte dafür, dass dem verantwortlichen Arzt ein solcher Behandlungsfehler unterlaufen ist, kann in der heutigen Zeit zum Beispiel der Umstand liefern, dass so genannte Leitlinien[14] oder aber Richtlinien der Bun-

---

6 Geiß/Greiner a.a.O. B 4 m.w.N.; Martis/Winkhart a.a.O. S. 54 ff.
7 Spickhoff, NJW 2002, 1758 ff., 1762.
8 Spickhoff, NJW 2003, 1701 ff.; ders., NJW 2004, 1710 ff.
9 Deutsch/Spickhoff, Medizinrecht, 5. Aufl., Rn. 129 ff.; Katzenmeier, VersR 2002, 1066 ff.
10 Geiß/Greiner a.a.O. B 202 ff.; Martis/Winkhart a.a.O. S. 266 ff.
11 BGH NJW 2004, 2011.
12 BGH NJW 2004, 1871; BVerfG NJW 2004, 2079 L.
13 Martis/Winkhart a.a.O. S. 194 f. m.w.N.
14 Steffen/Dressler, Arzthaftungsrecht, 9. Aufl., Rn. 161 b m.w.N.

desausschüsse gemäß § 72 Abs. 2 i.V.m. §§ 91, 92 SGB V nicht beachtet wurden. Dem Arzt können im Übrigen bei der Behandlung eines Patienten selbstverständlich jederzeit Fehler unterlaufen, so bei der Planung einer Behandlung oder ihrer Durchführung und schließlich bei der Nachsorge, beispielsweise nach einer stationären Krankenhausbehandlung. Arzthaftung ist und bleibt eine Form der Expertenhaftung. Es wird ein strenger Maßstab an die Sorgfalt der ärztlichen Tätigkeit gelegt. Der Arzt haftet selbstverständlich, wie beispielsweise jeder Berufsfahrer auch, für jede geringste Fahrlässigkeit, die ihm bei der Behandlung seines Patienten unterläuft, wenn dadurch die Gesundheit des Patienten geschädigt oder beeinträchtigt wird. Maßgeblich für die Frage der Haftung ist der so genannte **objektivierte zivilrechtliche Fahrlässigkeitsbegriff** gemäß § 276 Abs. 2 BGB.[15] Eine subjektive Unfähigkeit des verantwortlichen Arztes führt selbstverständlich zu keinerlei Haftungseinschränkungen.[16]

Die Ärzteschaft scheint die Haftung wegen eines Aufklärungsfehlers mehr zu fürchten als die wegen einer fehlerhaften Behandlung. Dies hängt sicherlich zum einen damit zusammen, dass es sich bei Aufklärungsfragen um solche handelt, die nicht dem eigenen Fachgebiet entstammen. Zum anderen ist die Rechtsprechung im Zusammenhang mit Fragen zum Umfang und Inhalt der ärztlichen Aufklärungspflicht sehr umfangreich,[17] in Einzelfällen vielleicht sogar etwas überzogen.[18] Schließlich haben die Grundsatzurteile des VI. Zivilsenats des Bundesgerichtshofs zu Aufklärungsfragen bei vielen Ärzten den falschen Eindruck entstehen lassen, dass ein Aufklärungsfehler automatisch die Haftung des verantwortlichen Arztes nach sich zieht. Es ist der Ärzteschaft häufig nicht vermittelt worden, dass der Bundesgerichtshof im Gegensatz zum jeweiligen Oberlandesgericht in seiner jeweiligen Entscheidung zwar eine Aufklärungspflicht des Arztes über ein bestimmtes seltenes Behandlungsrisiko bejahte, dass aber der Rechtsstreit sodann zur endgültigen Entscheidung an das Berufungsgericht zurück verwiesen wurde. Über das weitere Schicksal des Prozesses wurde sodann in der Regel nicht berichtet, so dass den Ärzten verborgen blieb, ob die vom Bundesgerichtshof festgestellte Verletzung der Aufklärungspflicht in dem konkreten Fall für den gerichtlich in Anspruch genommen Arzt tatsächlich eine rechtliche Konsequenz hatte. Dadurch fühlte sich so mancher Arzt in der irrigen und meines Erachtens völlig überzogenen Vorstellung bestätigt, dass man als Arzt bei der Berufsausübung ohnehin „ständig mit einem Bein im Gefängnis steht".

14

Vielen Ärzten ist nicht bekannt, wobei dies weder in die eine noch in die andere Richtung von Nachteil sein muss, dass eine unzureichende Risikoaufklärung am Ende nur dann zur Haftung führt, wenn der festgestellte Aufklärungsfehler auch ursächlich für den eingetretenen Schaden ist. Der Arzt kann genau diese Kausalität bestreiten, indem er den Einwand der **hypothetischen Einwilligung** erhebt, das heißt, dass er die Behauptung aufstellt, der Patient hätte auch bei einer vollständigen und richtigen Aufklärung

15

---

15 Spickhoff, NJW 2002, 1763.
16 Geiß/Greiner a.a.O. B 2 m.w.N.; Martis/Winkhart a.a.O. S. 194 m.w.N.
17 Steffen/Dressler a.a.O. Rn. 321 ff. m.w.N.; Bergmann, Die Arzthaftung, S. 60 ff. m.w.N.
18 Vgl. z.B. BGH NJW 1998, 2734 f.

in den streitbefangenen Eingriff eingewilligt.[19] Auch wenn an diesen Beweis hohe Anforderungen gestellt werden, scheitert hieran so mancher Arzthaftungsprozess eines Patienten, weil es diesem nicht gelingt, gegenüber dem Gericht einen **Entscheidungskonflikt** plausibel darzulegen. Dabei geht es hierbei nicht darum, dass der Patient erläutern muss, wie er sich bei korrekter Aufklärung tatsächlich verhalten hätte. Verlangt wird lediglich, dass nachvollziehbare Gründe dafür genannt werden, weshalb jedenfalls der konkrete Eingriff (vorerst) unterblieben wäre. Ein Entscheidungskonflikt ist in der Regel dann, wenn der medizinische Eingriff dringend erforderlich war, nur selten darzustellen. Nur in Ausnahmefällen lassen sich Gerichte dazu bewegen, eine „offenkundig unvernünftige Entscheidung" des Patienten bzw. Klägers zu akzeptieren.

16 Nicht zuletzt wegen dieser Problematik führt die Erhebung der Aufklärungsrüge für den Patienten im Arzthaftungsprozess immer seltener zum Erfolg. Deshalb gilt: nicht der fehlerhaften Aufklärung sondern dem Behandlungsfehler kommt die entscheidende Rolle im Bereich der Arzthaftung zu. Dies ist jedenfalls meine persönliche Erfahrung und diese deckt sich mit der Einschätzung anderer.[20]

II. Die Beratung des geschädigten Patienten

17 Eine Beratung findet häufig statt, ohne dass man sich als um Rat gefragter Rechtsanwalt im Besitz der **Krankenunterlagen** befindet, die sich auf den Schadenfall beziehen. Aber auch dann, wenn der Mandant solche Dokumente vorlegt, kann man grundsätzlich nur schlecht beurteilen, ob einem damit diejenigen Unterlagen zur Verfügung stehen, die eine Beurteilung der Sach- und Rechtslage im konkreten Fall ermöglichen. Hinzu kommt, dass nur selten die Möglichkeit besteht, sich bereits im Rahmen einer Beratung mit den maßgeblichen Medizinfragen, wie beispielsweise der Frage des maßgeblichen **medizinischen Standards**, auseinander zu setzen. Deshalb sollte eine Beratung nur unter einem entsprechenden Vorbehalt erfolgen. Dies gilt im Übrigen selbst dann, wenn man über eine mehrjährige anwaltliche Erfahrung auf dem Gebiet der Arzthaftung verfügt. Jeder **Medizinschadensfall** liegt grundsätzlich anders als der auf den ersten Blick vergleichbare. Ganz selten, etwa bei Serienschäden, kann man die Sach- und Rechtslage vielleicht ausnahmsweise etwas schneller und verbindlicher beurteilen.

18 Man wird sich deshalb bei einer Beratung, erst recht bei einer **Erstberatung,** mit eher allgemeinen Ausführungen bei der Beurteilung der Sach- und Rechtslage gegenüber dem Mandanten begnügen müssen: Welche Ansprüche könnten gegebenenfalls gegen welche Anspruchsgegner dem Grunde nach bestehen? Wann droht eine **Verjährung** der Ansprüche und was kann bzw. müsste hiergegen gegebenenfalls unternommen werden? Zur Höhe des **Schmerzensgeldanspruches** können – mithilfe von Schmerzensgeldtabellen – nur dann genauere Angaben gemacht werden, wenn das Schadenereignis bereits abgeschlossen ist. Nicht selten ist aber zum Zeitpunkt der Erstberatung die fehlerbedingte Körperschädigung noch nicht abgeschlossen bzw. es ist nicht absehbar, ob

---

19 Geiß/Greiner a.a.O. C 137 ff. m.w.N.
20 Spickhoff, NJW 2003, 1701 ff., 1707.

ein Dauerschaden eingetreten ist oder eintreten wird oder ob es zu einer vollständigen Wiederherstellung des Gesundheitszustandes („restitutio ad integrum") beim Mandanten kommen wird.

Der Frage der **Passivlegitimation** muss Augenmerk geschenkt werden.[21] Die richtige Beantwortung dieser Frage hängt zum Beispiel bei einer **Krankenhausbehandlung** unter anderem davon ab, ob sich der Mandant als **Privat- oder Kassenpatient** in der Behandlung des verantwortlichen Arztes befunden hat.[22] Auch die Frage, ob die Behandlung entweder in einem **Belegkrankenhaus** oder zum Beispiel an einer **Universitätsklinik** stattgefunden hat, spielt bei der Ermittlung der Passivlegitimation eine Rolle. Unterlief die Falschbehandlung dem **Chefarzt** der Abteilung einer Universitätsklinik, der möglicherweise Beamter ist und sich deshalb auf das **Beamtenprivileg** berufen kann? Erfolgte die Behandlung in einer **Klinikambulanz**, so dass der Arzt nicht als Beamter tätig wurde, oder unter stationären Bedingungen? Oder haben womöglich die Universitätsklinik und der Chefarzt einen Vertrag geschlossen, wonach in jedem Fall der Arzt ausschließlich persönlich haftet? Nachdem nunmehr auch der Anspruch auf Zahlung von Schadensersatz der dreijährigen Verjährungsfrist unterliegt, besteht eine gesteigerte Notwendigkeit, sich so schnell wie möglich Gewissheit darüber zu verschaffen, wer als Anspruchsgegner in Betracht kommt.

19

Die Beratung sollte auch Hinweise darüber enthalten, an wen sich der Mandant für den Fall wenden kann, dass die Ansprüche – vorerst – ohne anwaltliche Begleitung und Unterstützung weiterverfolgt werden sollen. Dies macht auf den Mandanten einen durchaus positiven Eindruck, steht man doch auch als Rechtsanwalt unter dem Generalverdacht, in erster Linie womöglich nur an die eigenen finanziellen Vorteile zu denken. Deshalb sollten der Name und die Anschrift der zuständigen **Schlichtungsstelle** bzw. **Gutachterkommissionen** mitgeteilt werden. Der gesetzlich krankenversicherte Mandant sollte zusätzlich auf die Möglichkeit hingewiesen werden, sich mit der **Regressabteilung** seiner **Krankenversicherung** in Verbindung zu setzen, damit auch von dort aus gegebenenfalls dem Verdacht der Falschbehandlung nachgegangen wird und er hierdurch zusätzliche Unterstützung erhält.

20

Das wesentliche Ergebnis der Beratung sollte, wie üblich, schriftlich festgehalten werden und zwar erstens in Form eines ausführlichen Aktenvermerkes und zweitens in einem an den Mandanten gerichteten Schreiben. Dabei sollten Sie es nicht versäumen, den in der Besprechung erteilten Hinweis auf den **Verjährungseintritt** der Ansprüche noch einmal im Anschreiben ausdrücklich zu wiederholen.

21

Der Anwalt sollte sich vor Feststellungen jedweder Art hüten: Hinsichtlich der Frage der Schadensersatzpflicht und der Höhe der Ansprüche sollte nur von vorläufigen Annahmen und Einschätzungen gesprochen werden. Es muss immer mit der Möglichkeit gerechnet werden, dass, aus welchen Gründen auch immer, kein endgültiges Mandat erteilt wird. Nach einigen Jahren wird der Anwalt dann womöglich mit – natürlich unberechtigten – Vorwürfen konfrontiert und es werden ihm gegenüber wegen einer

22

---

21 Vgl. z.B. Rehborn, MDR 2004, 371 ff.
22 Martis / Winkhart a.a.O. S. 403 ff.

Teichner

angeblichen Falschberatung Regressansprüche angemeldet; ihm wird dann zum Beispiel vorgeworfen, er hätte in einer „klaren Arzthaftungssache" den Mandanten nicht auf die Verjährungsproblematik hingewiesen. Da er ansonsten in seinem an den Mandanten gerichteten Schreiben von einem eindeutigen Haftungsfall gesprochen hätte, möge er den nunmehr verjährten Schadensersatzanspruch des Mandanten, der sich ursprünglich gegen den verantwortlichen Arzt richtete, unverzüglich anerkennen. Wird indes dieser Ratschlag berücksichtigt, erspart dies vielleicht so manchen unangenehmen Schriftwechsel der oben geschilderten Art.

23   Aus demselben Grund sollte man sich auch nicht allzu sehr festlegen, wenn man im Rahmen einer Beratung zu dem Ergebnis gelangt, dass für die Geltendmachung von Ansprüchen keine bzw. nicht die erforderlichen **Erfolgsaussichten** bestehen. Der Anwalt sollte es auch in einem solchen Fall dabei belassen, dass er lediglich entsprechende Bedenken darlegt. Sonst läuft er Gefahr, eines Tagen womöglich eines Besseren belehrt zu werden: Der ehemalige Mandant hat sich nach der Beratung anfangs auf die Einschätzung der Sach- und Rechtslage verlassen, sieht sich aber vielleicht nach Jahren dazu veranlasst, den Fall doch noch einmal aufzugreifen. In seine Hände gelangt möglicherweise ein für sein Anliegen positives Sachverständigengutachten, das zum Beispiel von einem der zuständigen Sozialversicherungsträger eingeholt wurde, mit dem der Mandant allerdings nichts mehr ausrichten kann, weil die Schadensersatzansprüche zwischenzeitlich verjährt sind. In einem solchen Fall wird dem erstberatenden Anwalt dann unter Umständen angelastet, den Vorwurf der ärztlichen Falschbehandlung und damit die Schadensersatzpflicht des verantwortlichen Arztes zu Unrecht bzw. vorschnell verneint zu haben. Der Anwalt sollte deshalb in seinem Schreiben nur davon sprechen, dass seiner Meinung nach erhebliche Beweisschwierigkeiten, wie dies grundsätzlich in Arzthaftungsangelegenheiten der Fall ist, bestehen und dass deshalb Bedenken dagegen sprechen, das Mandat fortzuführen oder womöglich Klage zu erheben. Der Mandant sollte darauf hingewiesen werden, dass es ihm selbstverständlich unbenommen bleibt, dem Verdacht weiter nachzugehen, indem etwa ein anderer Kollege konsultiert wird oder der Mandant sich – ohne anwaltliche Unterstützung – an die zuständige Schlichtungsstelle oder Gutachterkommission wendet.

24   Es muss bedacht werden, dass der Mandant, der aufgrund einer (angenommenen) ärztlichen Falschbehandlung das Vertrauen in einen einzelnen Arzt und damit in eine klassische **Vertrauensperson** oder aber sogar in die Ärzteschaft insgesamt verloren hat, kein zweites Mal von einer Person seines Vertrauens enttäuscht werden möchte. Er wird deshalb nicht lange damit zögern, Vorwürfe zu erheben, wenn er zu der Ansicht gelangt, Grund zur Unzufriedenheit mit der Arbeit des Anwalts zu haben. Vor einer Inanspruchnahme der Person des Anwalts wegen **anwaltlicher Falschberatung** wird ein durch eine angebliche ärztliche Falschbehandlung geschädigter Mandant deshalb nicht allzu sehr zurückschrecken.

III. Muster zur Erstberatung

1. Muster: Mandatsbestätigung

Herrn

■■■

Betr.: Ihre Medizinschadensache

Sehr geehrter Herr ■■■,

in der obigen Schadensache nehme ich Bezug auf das Gespräch, das wir am ■■■ in meinem Büro geführt haben.

Sie haben den Verdacht, von Dr. ■■■ anlässlich Ihrer Operation im Krankenhaus ■■■ am ■■■ falsch behandelt worden zu sein. Hierauf führen Sie einen Gesundheitsschaden zurück. Dieser besteht darin, dass es bei Ihnen im Anschluss an den Eingriff zur Ausbildung einer Nervenschädigung im Bereich des rechten Armes gekommen ist.

Wegen dieser Beeinträchtigung sind Sie bis auf weiteres krank geschrieben. Es ist nicht absehbar, ob und wann Sie Ihre Arbeit wieder aufnehmen können.

Die Krankschreibung führt bei Ihnen einerseits zu einem Einkommensschaden. Andererseits bestehen bei Ihnen infolge der Beeinträchtigungen vermehrte Bedürfnisse. Ihre Ehefrau muss Sie versorgen und Sie selbst können Verrichtungen, die Sie sonst im gemeinsamen Haushalt tätigen, derzeit nicht erledigen.

Sollte sich Ihr Verdacht bestätigen, stünden Ihnen gegenüber Dr. ■■■ und dem Krankenhaus ■■■ bzw. dem Träger dieses Krankenhauses Schadensersatz- und Schmerzensgeldansprüche dem Grunde nach zu. Über die Höhe dieser Ansprüche kann derzeit noch nichts Verbindliches gesagt werden. Was den Anspruch auf Schadensersatz betrifft, so müssten Sie finanziell so gestellt werden, als wenn es nicht zu der Schädigung gekommen wäre, d.h. Ihnen müsste der so genannte Differenzschaden ersetzt werden.

In der Anlage überreiche ich diverse Unterlagen (Vollmacht, Mandantenfragebogen), die Sie mir bitte ausgefüllt und unterschrieben alsbald zurücksenden. Nach Eingang dieser Unterlagen werde ich auf die Angelegenheit zurückkommen und Sie unverzüglich wunschgemäß ausführlich beraten.

Sofern Sie sich noch im Besitz von Krankenunterlagen befinden, die sich auf Ihren Schadenfall beziehen und die Sie mir noch nicht vorgelegt haben, darf ich Sie bitten, mir auch diese in Fotokopie zukommen zu lassen.

Eventuell ist es zur Beurteilung der Sach- und Rechtslage Ihres Falles erforderlich, dass ich mit einem beratenden Arzt meines Vertrauens Rücksprache nehmen muss. Ich halte fest, dass Sie mich insoweit von meiner anwaltlichen Verschwiegenheitspflicht entbinden.

Wir waren schließlich so verblieben, dass Sie, sofern dies noch nicht geschehen ist, die Deckungszusage für die gewünschte Erstberatung bei Ihrer Rechtsschutzversicherung anfordern. Bitte lassen Sie mir diese ebenfalls zukommen bzw. sorgen Sie dafür, dass ich eine solche von Ihrer Versicherung erhalte. Die Abrechnung der Kosten würde dann zu gegebener Zeit direkt gegenüber Ihrer Versicherung erfolgen. Dies gilt mit Ausnahme einer eventuell vereinbarten Eigenbeteiligung.

Teichner

Mit freundlichen Grüßen

▪▪▪

Rechtsanwalt

2. Muster: Schriftliche Beratung

Frau ▪▪▪

Betr.: Ihren Arzthaftungsfall

Sehr geehrte Frau ▪▪▪,

in der obigen Medizinschadensache kann ich Sie nunmehr wunschgemäß beraten.

Ich habe die mir zur Verfügung gestellten Unterlagen durchgesehen und gelange nach einer Überprüfung der Sach- und Rechtlage vorläufig zu dem folgenden Ergebnis:

Bei Ihnen wurde eine Schilddrüsenoperation durchgeführt, die anscheinend medizinisch notwendig war. Eine Alternative zur Operation dürfte nicht bestanden haben. Leider kam es im Anschluss an diese Operation zur Ausbildung einer linksseitigen Stimmbandnervenschädigung.

Da die Operation zwei Jahre zurück liegt, ist von einer dauerhaften Beeinträchtigung auszugehen, denn vorübergehende Nervenirritationen bilden sich nach Auskunft meines beratenden Arztes in der Regel innerhalb eines Jahres zurück.

Sie vermuten einen Operationsfehler als Ursache der Beeinträchtigung und werfen dem Operateur darüber hinaus vor, dass dieser Sie vor der Operation nicht auf dieses Risiko hingewiesen hat.

Selbstverständlich ist es möglich, dass in Ihrem ganz konkreten Fall die Verletzung der Stimmbandnerven vermeidbar gewesen wäre. Zum Beispiel könnte es so gewesen sein, dass Sie von einem nicht ausreichend qualifizierten Arzt operiert wurden und dass dieser die Nerven infolge unzureichender Sorgfalt verletzt und beschädigt hat. Dann hätte sich der verantwortliche Arzt Ihnen gegenüber schadensersatzpflichtig gemacht.

Es ist aber auch denkbar, dass es zu der Schädigung gekommen ist, ohne dass den verantwortlichen Ärzten ein Fehler unterlaufen ist.

Meine Ermittlungen haben ergeben, dass die bei Ihnen durchgeführte Operation von Fall zu Fall mit dem unvermeidbaren Risiko verbunden ist, dass es zu einer Verletzung der Stimmbandnerven kommt, wodurch dann die Stimme in Mitleidenschaft gezogen werden kann. Möglicherweise hat sich bei Ihnen dieses bekannte Operationsrisiko verwirklicht, so dass eine Haftung wegen eines Fehlers bei Ihrer Behandlung nicht in Betracht käme.

Über dieses in Fachkreisen bekannte Risiko hätte man Sie indes vor der Operation im Aufklärungsgespräch informieren müssen. Wie Sie mir berichteten, ist dies nicht geschehen. Dies bedeutet, dass man Sie nicht richtig und ausreichend aufgeklärt hat. Ärzte schulden eine Aufklärung über die wichtigsten bekannten Operationsrisiken. Um ein solches aufklärungspflichtiges Risiko handelt es sich zweifelsohne bei der möglichen (dauerhaften) Schädigung der Stimmbandnerven. Ihre Einwilligung in die Operation ist deshalb unwirksam gewesen. Dies stellt eine Vertragsverletzung dar, weshalb Ihnen dem Grunde nach Schadensersatz- und Schmerzensgeldansprüche zustehen dürften.

Allerdings muss in diesem Zusammenhang zweierlei bedacht werden: Einerseits ist es denkbar, dass in dem von Ihnen im Krankenhaus unterzeichneten Einwilligungsformular das Risiko einer Schädigung der Stimmbandnerven aufgeführt ist, so dass die Gegenseite wahrscheinlich behaupten würde, über dieses Risiko hätte man Sie auch mündlich aufgeklärt. Dies könnte zu Beweisschwierigkeiten führen, auch wenn die Beweislast für eine korrekte Aufklärung den Operateur trifft. Andererseits muss der geschädigte Patient in einem solchen Fall, in dem eine unzureichende Aufklärung fest steht, plausibel darlegen, warum er bei einer Erwähnung des Risikos in die Operation nicht eingewilligt hätte. Die Gegenseite könnte in Ihrem Fall einwenden, dass Sie auch bei einer korrekten Aufklärung in die Operation eingewilligt hätten.

Da Ihre Operation anscheinend medizinisch notwendig war, erscheint es zumindest auf den ersten Blick fraglich, ob Sie sich bei einer richtigen und vollständigen Aufklärung tatsächlich in einem so genannten Entscheidungskonflikt befunden hätten. Allerdings müssten Sie hierzu, also zur Frage eines Entscheidungskonfliktes, nur dann Ausführungen machen, wenn sich die Gegenseite hierauf berufen würde.

Nach allem besteht auch für mich der Verdacht, dass Sie vom gegnerischen Arzt falsch behandelt, zumindest aber unzureichend aufgeklärt wurden. Die Angelegenheit sollte auch nach meinem Dafürhalten weiterverfolgt werden. Hierfür stehe ich Ihnen selbstverständlich zur Verfügung, allerdings müssten Sie mich entsprechend ausdrücklich beauftragen, da derzeit lediglich ein Beratungsmandat besteht.

Einigermaßen verbindlich kann die Frage der Falschbehandlung nur mittels eines Sachverständigengutachtens geklärt werden. Am sinnvollsten ist es, sich zu diesem Zweck mit der Gegenseite in Verbindung zu setzen und sich mit dieser auf die einvernehmliche Einholung eines Gutachtens zu verständigen.

Es besteht aber auch die Möglichkeit, sich sogleich und unmittelbar an die örtlich zuständige Schlichtungsstelle bzw. Gutachterkommission zu wenden. Der Name und die Anschrift dieser Einrichtung könnte Ihnen auf Wunsch hin selbstverständlich mitgeteilt werden.

Daneben haben Sie, sofern Sie gesetzlich krankenversichert sind, die Möglichkeit, mit der Regressabteilung Ihrer Krankenversicherung Kontakt aufzunehmen und diese über Ihren Verdacht zu informieren. Die Krankenkassen nehmen derartige Meldungen in der Regel zum Anlass, beim so genannten Medizinischen Dienst der Krankenkassen (MDK) ein Gutachten in Auftrag zu geben. Auch durch ein solches Gutachten können Sie wichtige Erkenntnisse in Ihrem Schadenfall gewinnen, ohne Kosten aufbringen zu müssen.

Selbstverständlich besteht die Möglichkeit, dass Sie Ihre Ansprüche erst einmal eigenständig verfolgen. Sie könnten mich beispielsweise auch noch einmal nach Abschluss eines Gutachterverfahrens konsultieren.

Bitte beachten Sie, dass Ihre Ansprüche innerhalb von 3 Jahren ab Kenntnis vom Schaden und Schädiger verjähren. Hierauf hatte ich Sie bereits anlässlich unserer Unterredung in meinem Büro ausdrücklich hingewiesen.

Die Beratung rechne ich mit der beigefügten Kostennote ab. Sollte ich binnen der nächsten 3 Monate nichts von Ihnen hören, würde ich davon ausgehen, dass die Angelegenheit nicht weiterverfolgt werden soll.

Mit freundlichen Grüßen

■■■

Rechtsanwalt

IV. Außergerichtliche Tätigkeit

27 Spätestens bei der endgültigen Übernahme des Mandats im außergerichtlichen Bereich muss der Anwalt sich Gedanken darüber machen, wie er das in der Regel fehlende eigene Wissen in medizinischen Belangen auszugleichen gedenkt. Die Anschaffung von medizinischer Fachliteratur zu diesem Zweck dürfte grundsätzlich nicht sinnvoll sein, weil es mit dem bloßen Lesen dieser Literatur selbstverständlich nicht getan ist. Auch die (erfolgreiche) Suche nach einschlägigen Leitlinien im Internet unter www.awmf-online.de hilft nur gelegentlich und im Grunde genommen auch nicht wirklich weiter. Es ist aber auch nicht ohne weiteres damit getan, dass man sich hierzu zu gegebener Zeit mit einem Sachverständigen in Verbindung setzt, denn bereits vor dessen Beauftragung müssen **Krankenunterlagen** angefordert und, zumindest in einem gewissen Maße, ausgewertet werden. Dies gilt im Übrigen nicht nur für die Unterlagen des Anspruchsgegners, sondern auch für die Unterlagen der nachbehandelnden, manchmal auch zusätzlich noch derjenigen Ärzte, in deren Behandlung sich der Mandant vor der Falschbehandlung befunden hat.

28 Der Anwalt muss also notgedrungen dazu in der Lage sein, zu erkennen, ob eine Krankenakte vollständig ist. Auf den entsprechenden Vermerk, sollte er sich auf den Unterlagen befinden, kann und darf er sich nicht verlassen. Es ist unumgänglich, sich das notwendige Wissen zu verschaffen, um die **Vollständigkeit** der Krankenunterlagen feststellen zu können. Ohne die Beratung durch einen Arzt dürfte es häufig schwierig sein, diese Feststellungen zu treffen. Erst recht gilt dies für die Klärung der Frage, ob sich aus der Krankenakte Anhaltspunkte für eine Falschbehandlung ergeben. Nicht selten müssen hierzu auch **Röntgenbilder** ausgewertet werden. Aber auch die Frage, ob eine unzureichende Dokumentation vorgenommen wurde, was beweisrechtlich für die Patientenseite durchaus von Vorteil sein kann, wird der Rechtsanwalt ohne die Inanspruchnahme einer qualifizierten medizinischen Beratung nicht beantworten können. Spätestens in solchen Momenten ist der Anwalt unausweichlich darauf angewiesen, sich eines Arztes als Berater zu bedienen. Man könnte in solchen Momenten natürlich daran denken, diese Fragen mithilfe eines **Privatgutachtens** klären zu lassen. Allerdings sollten Gutachtenaufträge in Medizinschadenfällen nicht ins Blaue hinein erteilt werden. Dies nicht zuletzt aus Kostengründen, denn die Gutachten sind teilweise mit erheblichen Kosten verbunden.

1. Anrufung von Schlichtungsstelle und Gutachterkommission

29 Nichts anderes gilt für die Anrufung bzw. Einschaltung einer **Schlichtungsstelle** oder **Gutachterkommission**. Zwar könnte man eine solche Einrichtung auch als Rechtsan-

walt mit einem pauschalen Vorwurf der Falschbehandlung gegenüber einem Arzt oder Krankenhaus einschalten. Die Durchführung eines solchen – freiwilligen und unverbindlichen – Verfahrens hängt aber von der **Zustimmung** der Gegenseite, vor allem der beteiligten **Haftpflichtversicherung** des Arztes bzw. des Krankenhauses ab. Diese stimmt indes dem Verfahren grundsätzlich nicht ohne weiteres zu, u.a. deshalb, weil das Verfahren für die Gegenseite nicht kostenlos ist. Auch deshalb wird von Seiten der beteiligten Haftpflichtversicherung die Zustimmung zum Schlichtungsverfahren in der Regel davon abhängig gemacht, dass ein konkreter Vorwurf erhoben und dass dieser mit einer (halbwegs) plausiblen Begründung versehen wird. Auch in einem derartigen Stadium der Fallbearbeitung ist man als Rechtsanwalt deshalb in der Regel auf die Unterstützung durch einen Mediziner angewiesen.

2. Prüfung der Erfüllung von ärztlichen Aufklärungspflichten

Auch die Frage, ob der Mandant korrekt aufgeklärt wurde, lässt sich nicht klären, ohne dass man sich die hierzu erforderlichen medizinischen Informationen besorgt. Welche Risiken sind mit welchen ärztlichen Eingriffen verbunden? Hat sich im konkreten Fall womöglich ein so genanntes **typisches Risiko** verwirklicht? Oder wurde der Patient gar über ein Risiko aufgeklärt, das sich sodann auch tatsächlich verwirklicht hat, das aber in Wahrheit kein unvermeidbares sondern ein **vermeidbares Risiko**, mit anderen Worten die Folge eines **Behandlungsfehlers** war? Eine **wirksame Risikoaufklärung** über mögliche Behandlungsfehler und ihre Folgen gibt es selbstverständlich nicht.[23]

3. Einschaltung der Krankenkasse

a) Unterstützung durch die Regreßabteilung

Sofern der Mandant **gesetzlich krankenversichert** ist, besteht eine gute Möglichkeit, die erforderliche Beratung und Unterstützung durch einen Mediziner zu erhalten, darin, sich mit der **Regressabteilung der Krankenkasse** in Verbindung zu setzen. Wird der Krankenkasse nämlich Mitteilung darüber gemacht, dass der Mandant bzw. Versicherungsnehmer den Verdacht hat, durch eine ärztliche Falschbehandlung geschädigt worden zu sein, so wird diese daraufhin, spätestens auf Bitten des Mandanten als Versicherungsnehmer hin, den **Medizinischen Dienst der Krankenkassen (MDK)** einschalten und ein Gutachten über diese Frage in Auftrag geben. Im Rahmen dieser Begutachtung können dann die relevanten medizinischen Fragen geklärt werden, wie zum Beispiel im Zusammenhang mit einer stationären Behandlung: *War der Eingriff erforderlich? Ist der Patient – laut Dokumentation (!) – ausreichend und richtig über die Behandlungsrisiken – welche waren das – aufgeklärt worden? Welche Behandlungsalternativen gab es? Mit welchen Risiken wären diese verbunden gewesen? Wurde der Eingriff standardgemäß (zeitlich) geplant und durchgeführt? War die Nachbehandlung ebenfalls korrekt? Ist die Behandlung vollständig und richtig dokumentiert worden?* Mit einem positiven **MDK-Gutachten** lässt sich der Vorwurf der **Falschbehandlung** und der dadurch bedingten Schädigung des Mandanten plausibel darlegen, ohne dass

---

23 Martis / Winkhart a.a.O. S. 60 m.w.N.

man bis dahin allzu viel eigene Zeit und Energie in die Prüfung der Haftungsfrage dem Grunde nach in tatsächlicher Hinsicht gesteckt hat.

b) Besonderheiten bei Zahnbehandlungen

32 Bei **Zahnbehandlungen** wendet sich der gesetzlich versicherte Mandant meistens von selbst an seine Krankenkasse und zwar vor der Einschaltung eines Rechtsanwaltes und lässt von dort aus eine „**Mängelbegutachtung**" durchführen. Sucht der Mandant Sie auf, ohne dass dieser Weg zuvor beschritten wurde, dann veranlassen Sie, dass der Mandant zu diesem Zweck Verbindung mit seiner Krankenkasse aufnimmt. Der privat versicherte Patient wiederum kann und sollte sich – spätestens auf Ihre Empfehlung hin – an die zuständige **Zahnärztekammer** wenden und von dort aus eine **Begutachtung** der Behandlung – zu sehr moderaten Bedingungen (!) – vornehmen lassen. Auch wenn es in den Hinweisen der Zahnärztekammern heißt, dass ein derartiges Gutachten selbstverständlich ein Gerichtsgutachten nicht ersetzt, ist es sinnvoll und angezeigt, ein solches Gutachten einzuholen. Die **Kosten** liegen bei etwa 150,00 €, sind damit gering und das Gutachten wird innerhalb eines relativ kurzen Zeitraumes (ca. 3 bis 6 Wochen) erstellt. Ein solches Gutachten dient einerseits der besseren Beurteilung der Sach- und Rechtslage. Andererseits dürfte ein für den Mandanten und dessen Anliegen positives Gutachten die Bereitschaft der Gegenseite zur außergerichtlichen Schadenregulierung erhöhen. Schließlich kann in einem späteren **Gerichtsverfahren** das Gutachten als **Urkunde** verwendet und der **Gutachter** als **sachverständiger Zeuge** benannt werden.

4. Privatgutachten

33 Eine andere Möglichkeit, sich das Wissen von Ärzten zunutze zu machen, besteht selbstverständlich darin, entweder einen bestimmten Sachverständigen oder ein entsprechendes **Institut** mit der Erstellung eines **Privatgutachtens** zur Klärung der Frage der Falschbehandlung zu beauftragen. Allerdings entstehen hierdurch häufig nicht unerhebliche Kosten, die – auch vom rechtsschutzversicherten – Mandanten persönlich aufzubringen sind. Bei der Suche nach einem geeigneten Institut muss in jedem Fall Vorsicht an den Tag gelegt werden. Es gibt leider Institute, die versprechen mehr als sie zu leisten imstande sind. Sie sollten über das Institut, das Sie oder Ihr Mandant hinsichtlich der Beauftragung mit der Erstellung eines Gutachtens ins Auge gefasst haben, Erkundigungen einholen. Dasselbe gilt natürlich bei der Suche nach einem geeigneten Privatgutachter.

5. Selbständiges Beweisverfahren

34 Schließlich kommt natürlich auch in Betracht, dass man, nicht zuletzt zur Klärung der relevanten medizinischen Fragen, ein **selbstständiges Beweisverfahren** anstrengt. Ein solches Verfahren ist grundsätzlich auch in Arzthaftungssachen zulässig. Allerdings dient dieses Verfahren nicht der Klärung der Frage, ob eine bestimmte Behandlung fehlerhaft war oder nicht. Immerhin lässt sich aber mit einem solchen Verfahren u.a. klären, ob ein **Ursachenzusammenhang** zwischen der jeweiligen Behandlung und einem bestimmten Körperschaden des Mandanten besteht. Insoweit haben Sie in einem beschränkten Maße die Möglichkeit und die Gelegenheit, eine Form der zulässigen

Ausforschung in Medizinfragen zu betreiben, auf deren Beantwortung Sie zur ordnungsgemäßen Bearbeitung des Schadenfalles angewiesen sind. Wegen des damit verbundenen **Kostenrisikos** muss die Einleitung eines selbstständigen Beweisverfahrens allerdings gut überlegt sein. Die Kosten von Gutachten in Arzthaftungsfällen liegen selten unter 1.000 €. Deshalb rate ich dazu, bei Mandanten, die über keine **Rechtsschutzversicherung** verfügen, ein selbstständiges Beweisverfahren grundsätzlichen nur in solchen Fällen einzuleiten, in denen wegen einer geplanten Nachbehandlung ein Verlust des Beweismittels droht und andere, vor allem kostengünstigere Möglichkeiten der Beweissicherung, nicht zur Verfügung stehen.

V. Muster zur Mandatsübernahme

1. Muster: Mandatsbestätigung (außergerichtlicher Bereich) 35

Herrn

■■■

Betr.: ■■■ gegen Dr. ■■■

Sehr geehrter Herr ■■■,

in der vorbezeichneten Angelegenheit nehme ich Bezug auf das Beratungsgespräch, das wir am ■■■ in meinem Büro geführt haben.

Ich bin gern dazu bereit, Ihre Interessen in dieser Medizinschadensache im außergerichtlichen Bereich zu vertreten.

Es besteht der Verdacht, dass Dr. ■■■ bei Ihrer Behandlung die gebotene Sorgfalt nicht beachtet bzw. den maßgeblichen Standard nicht eingehalten hat und dass Sie hierdurch einen Körperschaden davon getragen haben. Deshalb dürfte sich Dr. ■■■ Ihnen gegenüber schadensersatzpflichtig gemacht haben. Für Sie sollen deshalb Ansprüche angemeldet und durchgesetzt werden.

Bitte senden Sie mir die beigefügten Unterlagen (Vollmacht, Entbindungserklärung von der Schweigepflicht, Mandantenfragebogen) unterschrieben und ausgefüllt zurück.

Darüber hinaus benötige ich ein Gedächtnisprotokoll. Beachten Sie bitte insoweit die entsprechende Anlage zu diesem Schreiben. Bitte schildern Sie chronologisch, wie sich die in Ihren Augen fehlerhafte Behandlung aus Ihrer Sicht dargestellt hat.

Darüber hinaus wird eine Darstellung benötigt, inwieweit Sie durch die Falschbehandlung beeinträchtigt wurden.

- Welche unmittelbaren und welche mittelbaren Schäden führen Sie auf die fehlerhafte Behandlung zurück?
- Welche Ärzte haben Sie – wann – in der Folgezeit konsultiert?
- Wurden Nachbehandlungen durchgeführt, wenn ja, von wem, wann und mit welchem Erfolg?

Es ist sinnvoll, die Ereignisse möglichst zeitnah schriftlich festzuhalten, u.a. weil nicht absehbar ist, wie viel Zeit die Bearbeitung des Schadenfalles in Anspruch nehmen wird. Sie sollten in diesem Protokoll nicht nur Ihre Vorwürfe formulieren sondern auch Zeugen benennen, die die Richtigkeit Ihrer Angaben bestätigen könnten.

Nach Erhalt der schriftlichen Vollmacht und der Schweigepflichtentbindungserklärung werde ich an die Gegenseite herantreten und Ihre Interessenwahrnehmung anzeigen. Gleichzeitig werde ich bei der Gegenseite die Krankenunterlagen in Fotokopie anfordern. Dasselbe gilt für die vor- und nachbehandelnden Ärzte, denn der Schadensfall kann grundsätzlich nur dann beurteilt und bearbeitet werden, wenn mir auch diese Unterlagen zur Verfügung stehen.

Üblicherweise werden die angeforderten Krankenunterlagen in Fotokopie zusammen mit einer Kostennote übersandt. Damit diese Rechnungen sofort ausgeglichen werden können, darf ich um einen gesonderten Auslagenvorschuss in Höhe von € 100 bitten. Bitte überweisen Sie diesen Betrag auf mein Fremdgeldkonto. Rechtsschutzversicherungen kommen für diese Kosten grundsätzlich nicht auf. Zum Zeitpunkt der Mandatsbeendigung wird selbstverständlich auch über diese Kosten abgerechnet. Auch diese Kosten sind im Übrigen Teil Ihres Schadens und können gegebenenfalls gegenüber dem Anspruchsgegner geltend gemacht werden. Deshalb müssen Sie auch diese Rechnung(en) sorgfältig aufbewahren.

Wahrscheinlich muss ich Ihren Schadenfall – spätestens nach Erhalt der Krankenunterlagen – mit Ärzten meines Vertrauens besprechen. Auch Erörterungen mit Ihren behandelnden Ärzten kommen eventuell infrage, um die Sach- und Rechtslage möglichst umfassend beurteilen zu können. Sie entbinden mich zu diesem Zweck von meiner anwaltlichen Verschwiegenheitspflicht.

Sofern Sie gesetzlich krankenversichert sind, besteht die Möglichkeit, dass auch Ihre Krankenkasse dem Verdacht der Falschbehandlung nachgeht. Sie müssten sich zu diesem Zweck mit der Regressabteilung der Versicherung in Verbindung setzen. Diese schaltet dann üblicherweise den Medizinischen Dienst der Krankenkassen (MDK) ein und beauftragt diesen mit der Erstellung eines Gutachtens. Auf diese Art und Weise gelangen Sie möglicherweise in den Besitz eines außergerichtlichen Sachverständigengutachtens, ohne dass für Sie hierdurch Kosten entstehen.

Auch Ihre Krankenkasse bzw. der MDK benötigen die Krankenunterlagen der Gegenseite, um den Schadensfall beurteilen zu können. Diese können bei mir angefordert werden, sobald sie mir vorliegen. Allerdings muss zuvor die Kostenfrage geklärt werden, denn ein möglicherweise umfangreicher Schriftverkehr mit Ihrer Krankenkasse kann von meinem Büro und mir nicht kostenlos erledigt werden. Es würde sich hierbei um ein eigenständiges Mandat handeln. Hierfür bitte ich um Verständnis.

Über den wichtigsten Schriftverkehr halte ich Sie jeweils zeitnah durch die Zusendung von Fotokopien auf dem Laufenden. Auch Sie müssen mich über Ihre gesundheitlichen Belange informieren, soweit es beispielsweise zu negativen Veränderungen kommt und dies möglicherweise mit der vermuteten Falschbehandlung im Zusammenhang steht. Aber auch über eine positive Veränderung müssten Sie mich in Kenntnis setzen.

Zu guter Letzt sorgen Sie bitte in Ihrem eigenen Interesse dafür, dass ich eine (endgültige) Deckungszusage Ihrer Rechtsschutzversicherung erhalte. Sofern Sie wünschen, dass auch dieser Schriftverkehr von meinem Büro und mir erledigt wird, benötige ich einen gesonderten Auftrag. Bitte haben Sie Verständnis dafür, dass auch dieser Schriftverkehr nicht kostenlos von meinem Büro und mir erledigt werden kann; dies nicht zuletzt auch aus Haftungsgründen.

Mit freundlichen Grüßen

■■■

Rechtsanwalt

2. Allgemeiner Mandantenfragebogen

Auch in Arzthaftungssachen sollten Sie sich von Ihrem Mandanten einen Bogen ausfüllen lassen, auf dem alle wichtigen persönlichen Daten erfasst werden. Die Namen und Adressen der Rechtsschutzversicherung und der Krankenkasse werden benötigt, weil Sie mit diesen wahrscheinlich im Laufe der Zeit Kontakt aufnehmen werden. Die Angabe der Bankverbindung dient selbstverständlich in erster Linie dem Zweck, zu gegebener Zeit eine Zahlung des Gegners unverzüglich an den Mandanten weiterleiten zu können. In zweiter Linie erfahren Sie auf diese Art und Weise, bei welchem Bankinstitut Ihr Mandant über ein Konto verfügt. Leider lässt die Zahlungsmoral der Mandanten seit einigen Jahren sehr zu wünschen übrig. Deshalb kann es nicht schaden, auch über diese Daten des Mandanten zu verfügen.

Muster: Mandantenfragebogen

1. Zur Bearbeitung der Handakte mache ich die folgenden Angaben:

4

Name (Geburtsname): ■■■

Vorname: ■■■

Geburtsdatum: ■■■

Anschrift: ■■■
           ■■■
           ■■■

Tel. privat: ■■■

tagsüber: ■■■

Telefax: ■■■

E-Mail: ■■■

RS-VersNr.: ■■■

KK / Vers.Nr.: ■■■

Bankverb.: ■■■

Konto-Nr.: ■■■

2. Name und Anschrift des Anspruchsgegners: ■■■

3. Name und Anschrift des/r vorbehandelnden Arztes/Ärzte bzw. des Krankenhauses:
▪▪▪
4. Name und Anschrift des/r nachbehandelnden Arztes/Ärzte bzw. des Krankenhauses:
▪▪▪

3. Fragebogen zur Ermittlung der Schadensersatz- und Schmerzensgeldansprüche in Arzthaftungsangelegenheiten

38 Mithilfe eines gesonderten Fragebogens sollten Sie Ihren Mandanten auffordern, den wesentlichen Sachverhalt schriftlich niederzulegen. Der Mandant muss aufgefordert werden, sämtliche Belege im Zusammenhang mit fehlerbedingten Kosten aufzubewahren. Die Angaben darüber, in welchem Ausmaß der Mandant aus seiner eigenen Sicht heraus beeinträchtigt ist, werden benötigt, um zu gegebener Zeit das angemessene Schmerzensgeld eruieren zu können. Die Antworten des Mandanten helfen später zum Beispiel auch bei der Abfassung eines Schlichtungsantrages bzw. der Einschaltung einer Gutachterkommission sowie schließlich bei der Formulierung der Klageschrift. Zu guter letzt kann der Mandant jederzeit, selbst auch noch nach Jahren, auf dieses Dokument zurückgreifen und sich die Vorkommnisse in Erinnerung rufen. Er kann mithilfe eines Gedächtnisprotokolls, beispielsweise anlässlich seiner Parteivernehmung im Arzthaftungsprozess dem Gericht unschwer plausibel darlegen, weshalb er sich so genau und präzise an Vorkommnisse erinnern kann, die dann möglicherweise mehrere Jahre zurückliegen.

39 Muster: Fragebogen zur Ermittlung der Schadensersatz- und Schmerzensgeldansprüche

▪▪▪

5 Um der Frage nachgehen zu können, welche Ansprüche Ihnen im Zusammenhang mit Ihrer Medizinschadensache voraussichtlich zustehen, werden Sie gebeten, die nachfolgenden Fragen schriftlich zu beantworten. Bitte antworten Sie möglichst nicht handschriftlich und beschränken Sie sich auf das Wesentliche. Stichworte reichen in der Regel aus.
1. Bitte erstellen Sie ein Gedächtnisprotokoll: Schildern Sie chronologisch den Ablauf der Behandlung, in deren Verlauf es zum Zwischenfall kam. Stellen Sie, sofern möglich, diejenigen Ereignisse dar, die Ihrer Meinung nach zum eingetretenen Schaden geführt haben. Bitte geben Sie bei Ihren Schilderungen die Daten sowie die Namen und Anschriften der beteiligten Ärzte und Krankenhäuser an. Worin erblicken Sie die Fehlbehandlung? Was werfen Sie wem konkret vor?
2. Woraus schließen Sie, dass der verantwortliche Arzt etwas falsch gemacht hat? Wann und wodurch ist dieser Verdacht aufgekommen?
3. Welchen Gesundheitsschaden führen Sie auf die Fehlbehandlung zurück? Inwiefern hat sich Ihr Gesundheitszustand seit dem Vorfall verändert, vor allem verschlechtert? Wie wirkt sich dies im täglichen Leben bei Ihnen aus, sowohl im privaten als auch im beruflichen Bereich? Liegen insoweit bereits Belege vor (Atteste, Behindertenausweis, Rentenbescheid, Gutachten usw.)?
4. Sofern es um sichtbare Schäden bzw. Entstellungen geht: Gibt es eine Fotodokumentation? Bitte stellen Sie diese zur Verfügung. Sollte noch kein endgültiger Zustand erreicht

sein: Bitte fertigen Sie in gewissen Abständen Fotos an und stellen Sie sicher, dass das Datum der Fotos dokumentiert wird.
5. Sofern es um Aufklärungsfragen geht: Wann wurden Sie von wem aufgeklärt? Wie wurden Sie aufgeklärt (schriftlich und/oder mündlich)? Worüber wurden Sie aufgeklärt (Risiken, Alternativen usw.)? Was erinnern Sie insoweit? Hatten Sie die Möglichkeit Fragen zu stellen? Hatten Sie nach der Aufklärung (ausreichend) Bedenkzeit, um entweder weitere Fragen zu stellen oder aber um sich sogar gegen die geplante Behandlung zu entscheiden? Wurden von Seiten des Arztes während des Gespräches Notizen gemacht? Wurde das Einwilligungsformular in Ihrer Gegenwart ausgefüllt? Haben Sie es unterschrieben? Wurde Ihnen eine Ausfertigung hiervon ausgehändigt? Wenn nein, wurde Ihnen dies angeboten und warum haben Sie hierauf verzichtet?

Die nachfolgenden Fragen dienen der Ermittlung der Höhe der finanziellen Schäden, die Ihnen durch den Behandlungsfehler entstanden sind und zukünftig noch (eventuell) entstehen werden:
6. Waren Sie vor dem Vorfall arbeitsfähig und hat sich hieran etwas geändert? Wenn ja, welches Einkommen haben Sie in den letzten 3 Monaten vor dem Zwischenfall erzielt (bitte die letzten 3 Gehaltsbescheinigungen beifügen)? Haben Sie Ersatzleistungen erhalten? Wenn ja, welche (z.B. Krankengeld; bitte Belege beifügen)? Welcher Differenzbetrag ergibt sich für Sie hieraus? Wann kann mit der Wiederherstellung Ihrer Arbeitsfähigkeit gerechnet werden? Welcher Arzt kann hierüber Auskunft geben?
7. Können Sie seit dem Vorfall Ihren Haushalt wie zuvor (alleine) bewältigen oder sind Sie seither auf Hilfe anderer (Haushaltshilfe oder Angehörige) angewiesen? Für wie viele Stunden in der Woche benötigen Sie – welche Form der – Hilfe (bitte Angaben zur Größe der Wohnung (qm), gegebenenfalls Größe des Gartens, Anzahl der dort lebenden Personen, einschließlich Kinder (Alter) machen)? Gibt es bereits Belege über Zahlungen an Dritte? Wurde ein Antrag bei der Pflegekasse (welcher) gestellt? Liegt bereits ein Bescheid vor? Ist über diese Fragen ein Gutachten (MDK) eingeholt worden? Mit welcher voraussichtlichen Dauer der Einschränkungen rechnen Sie bzw. Ihr Hausarzt?
8. Bei Gesundheitsschäden von Kindern (z.B. Geburtsschaden): In welchem Ausmaß wird das Kind von Ihnen versorgt? Was muss an Leistungen, insbesondere an „Mehrleistungen" von Ihnen erbracht werden? Bitte führen Sie ein Protokoll über einen Zeitraum von einem Monat und stellen Sie dieses zur Verfügung.
9. Welche sonstigen Kosten sind Ihnen durch den Vorfall entstanden? Bitte beachten Sie: Kosten können entstehen durch Zuzahlungen bei Medikamenten, Nachbehandlungen, Kuren, sowie durch Fahrten und durch Telefon- und Briefkontakte. Auch der Besuch in Krankenhäusern usw. von Angehörigen löst Kosten aus. Bitte stellen Sie Belege und Berechnungen zusammen und stellen Sie diese in Fotokopie zur Verfügung. Sammeln Sie die Originalbelege und bewahren Sie diese sorgfältig auf. Hierzu gehören auch die Abrechnungen mit Ihrer Krankenkasse. Bedenken Sie, dass zu gegebener Zeit nur der so genannte Differenzschaden geltend gemacht werden kann: Als Schaden wird nur anerkannt und ausgeglichen, was allein durch den Fehler (zusätzlich) an Kosten verursacht wurde. Die „Sowiesokosten" sind demgegenüber kein Schaden. Auch muss man sich Vorteile, die man infolge des Zwischenfalls erhalten hat, grundsätzlich anrechnen lassen.

4. Muster: Entbindungserklärung von der Schweigepflicht im außergerichtlichen Bereich

Entbindungserklärung von der Schweigepflicht

Hiermit entbinde ich/wir, der/die Unterzeichner bzw. die Unterzeichnerin

alle Ärzte, die mich bzw. das Kind, dessen Sorgerecht ich/wir innehabe(n),

in der Zeit ▪▪▪

behandelt haben, gegenüber der/dem von mir/uns beauftragten

sowie gegenüber allen Verfahrensbeteiligten und deren Bevollmächtigten, den beteiligten Haftpflichtversicherungsgesellschaften, meiner Krankenkasse bzw. Krankenversicherung, dem Medizinischen Dienst der Krankenkassen (MDK), den Gutachtern bzw. Sachverständigen und allen Personen, die mit der Aufklärung meines Falles und/oder der Regulierung von Ersatzansprüchen aus diesem Fall beauftragt und/oder befasst sind, von der Pflicht zur Verschwiegenheit. Dasselbe gilt für das nicht ärztliche Personal, das an meiner Behandlung beteiligt war.

Auf Anforderung hin ist der/dem von mir eingeschalteten Rechtsanwältin/Rechtsanwalt Einsicht in sämtliche Krankenunterlagen (einschließlich Röntgenbilder usw.) zu gewähren; dies auch auf dessen Anforderung hin in Form der Zusendung von Fotokopien, wobei ich für die damit verbundenen Kosten in angemessener bzw. üblicher Höhe selbstverständlich aufkommen werde.

Als bekannt darf vorausgesetzt werden, dass mir als Patient das Recht auf Einsichtnahme in die über mich angefertigten Krankenunterlagen bzw. auf Aushändigung der vollständig fotokopierten Krankenakte zusteht. Dieser Anspruch ist notfalls gerichtlich durchsetzbar (BGH Urteil vom 23.11.1982, Az. VI ZR 222/79, dargestellt in Rieger: Dtsch. med. Wschr. 108 (1983) 432 ff.).

Name/Geburtsname: ▪▪▪

Vorname: ▪▪▪

Geburtsdatum: ▪▪▪

Anschrift: ▪▪▪

Datum: ▪▪▪

Unterschrift: ▪▪▪

5. Schreiben an den Anspruchsgegner

Sobald die Person des Anspruchsgegners feststeht, ist dieser anzuschreiben und aufzufordern, die vollständigen **Krankenunterlagen** in Fotokopie zur Verfügung zu stellen. Das **Recht auf Einsichtnahme** ergibt sich zum einen aus § 810 BGB, da auch Krankenunterlagen Urkunden sind.[24] Zum anderen hat der BGH am 23.11.1982 das entspre-

---

24 Palandt/Sprau, 64. Aufl., § 810 Rn. 5.

chende Grundsatzurteil zu dieser bis dahin streitigen Problematik gefällt.[25] Danach kann das Einsichtsrecht vom Patienten auch in der Form verlangt werden, dass ihm die **Unterlagen in Fotokopie** herausgegeben werden. Lediglich nach einer psychiatrischen Behandlung kann dieses Recht eingeschränkt sein.[26] Der Patient muss ein berechtigtes Interesse an der Einsichtnahme haben. Allerdings ist dieses Interesse offenkundig, wenn dem Verdacht der ärztlichen Falschbehandlung nachgegangen wird.

Ist der Patient verstorben, so sind grundsätzlich sowohl die Erben als auch die nahen Angehörigen dazu berechtigt, das Einsichtsrecht geltend zu machen. Allerdings muss das besondere Interesse an der begehrten Einsichtnahme dargelegt werden.[27]

a) Anfordern der Krankenunterlagen

Die Ärzteseite wird dem Gesuch auf Einsichtnahme grundsätzlich nachkommen, riskiert sie doch anderenfalls, dass der Patientenvertreter zu insoweit überholten Verhaltensweisen zurückkehrt und die Einsicht in die Unterlagen über den Umweg der Strafanzeige erwirkt.

Streit kann im Einzelfall darüber aufkommen, ob die Arztseite dazu verpflichtet ist, die fotokopierten Krankenunterlagen zuzusenden, oder ob lediglich die Pflicht dazu besteht, diese bereit zu halten. Der **Vorlegungsort** von Urkunden ist gemäß § 811 Abs. 1 S. 1 BGB die jeweilige Arztpraxis bzw. das betreffende Krankenhaus. Allerdings ist in § 811 Abs. 1 S. 2 BGB geregelt, dass der Patient die Vorlage auch an einem anderen Ort verlangen kann, wenn hierfür ein wichtiger Grund vorliegt. Eine Auseinandersetzung über die Frage einer ärztlichen Falschbehandlung stellt zweifelsohne einen solchen wichtigen Grund dar und zwar sowohl im Verhältnis zum Anspruchsgegner als auch im Verhältnis zu vor- und nachbehandelnden Ärzten. In der Praxis wird dieser Einwand nur in ganz seltenen Ausnahmefällen erhoben. In der Regel wird auf Anforderungsschreiben hin wunschgemäß reagiert und dies gilt auch für damit verbundene Fristsetzungen. Schließlich gilt dies auch für die Aufforderung, die Fotokopien mit dem Vermerk der **Vollständigkeit und Richtigkeit** zu versehen. Sofern ausschließlich ein Anspruch auf Einsichtnahme in die Krankenunterlagen und keine Auskunft geltend gemacht wird, kann dieser Vermerk indes nicht eingeklagt werden.

aa) Röntgenaufnahmen: Hinsichtlich etwaiger **Röntgenbilder** besteht ebenfalls ein Recht auf Einsichtnahme bzw. Vorlage, denn auch bei ihnen handelt es sich um Urkunden. Auch wenn die Röntgenuntersuchung vom Patienten bzw. dessen Krankenkasse bezahlt wurde, bleiben die Röntgenbilder im Eigentum des verantwortlichen Radiologen, denn diesen trifft aufgrund der Röntgenbildverordnung (RöV) eine zehnjährige **Aufbewahrungspflicht**. Allerdings besteht gemäß § 28 Abs. 6 RöV ein Anspruch des Patienten auf vorübergehende Überlassung der Röntgenbilder, wenn ein Nachbehandler diese benötigt oder aber wenn hierdurch Doppeluntersuchungen vermieden werden können. Am sinnvollsten ist es, sofern Röntgenbilder zur Beurteilung der Sach- und Rechtslage oder z.B. zur Einholung eines Privatgutachtens benötigt werden und diese

---

25 BGH NJW 1983, 328 ff.
26 BGH NJW 1983, 330 ff.
27 Martis / Winkhart a.a.O. S. 274 m.w.N.

sich im Besitz des Anspruchgegners befinden, diese deshalb ausdrücklich „zur vorübergehenden Einsichtnahme" anzufordern. Einem solchen Ersuchen wird üblicherweise von Ärzteseite aus entsprochen. Bei Schwierigkeiten könnte man sich unter Umständen des nachbehandelnden Arztes des Mandanten bedienen, sofern dieser hierzu bereit ist. Der Anforderung von Röntgenbildern „von Kollege zu Kollege" wird der betreffende Arzt nicht zuletzt aus berufsrechtlichen Gründen sehr wahrscheinlich nachkommen.

46 *bb) Duplikate:* Die Anforderung von Duplikaten sollte erst nach einer Kostenvereinbarung erfolgen, denn hierdurch entstehen bei herkömmlichen Röntgenaufnahmen zum Teil erhebliche Kosten. Deutlich kostengünstiger ist die Anfertigung so genannter Kontaktabzüge. All diese Fragen werden allerdings angesichts der heutigen Techniken, wie sie auch im Bereich der bildlichen Datenverarbeitung angewandt werden, nicht mehr allzu lang von Bedeutung sein. Zunehmend werden angeforderte Röntgenbilder als CD-Rom versandt und zur Verfügung gestellt.

47 *cc) Bezeichnung der Vorwürfe im Anspruchsschreiben:* Das Anspruchsschreiben sollte nicht sogleich mit einem allzu präzisen Vorwurf versehen werden. Dies einerseits deshalb, weil mit einem solchen Schreiben möglicherweise der Zeitpunkt des Beginns der **Verjährungsfrist** unnötig dokumentiert wird. Andererseits wird dadurch im Einzelfall das Risiko erhöht, dass die Krankenunterlagen vor ihrer Herausgabe ganz gezielt im Hinblick auf den erhobenen Vorwurf noch einmal durchgesehen und womöglich überarbeitet, mit anderen Worten manipuliert werden. Erst bei einer Weigerung, die Unterlagen zur Verfügung zu stellen, weil von Ihnen angeblich das „berechtigte Interesse" nicht dargelegt worden wäre, sollte man mit einem konkreten Vorwurf aufwarten. Grundsätzlich werden einem aber seit geraumer Zeit auch ohne detaillierten Vorwurf die Unterlagen wunschgemäß zur Verfügung gestellt.

48 Es reicht erfahrungsgemäß grundsätzlich aus, dem Anforderungsschreiben die **Entbindungserklärung von der Schweigepflicht** in Fotokopie beizufügen. Auch wird nur selten moniert, dass der entsprechende Vordruck nicht individuell genug formuliert bzw. ausgefüllt worden wäre. Im Streitfall sollte man aber, spätestens vor einer entsprechenden Klageerhebung, vorsichtshalber dafür sorgen, dass der Anspruchsgegner eine individuell ausgestellte Entbindungserklärung und zwar – im Hinblick auf die §§ 172f. BGB – im Original erhält. Sonst kann es passieren, dass das Gericht wegen eines derartigen Mangels womöglich zu dem Ergebnis gelangt, dass sich der Beklagte mit der Herausgabe der fotokopierten Krankenakte zum Zeitpunkt der Klageerhebung nicht in Verzug befunden hat. Sie würden damit riskieren, dass Ihr Mandant die Kosten des Rechtsstreits zu tragen hätte. Dies sollte man aus nahe liegenden Gründen tunlichst vermeiden.

b) Einsehen der Originalunterlagen

49 Mit dem Anfordern bzw. Einklagen der fotokopierten Krankenunterlagen ist es im Übrigen nicht immer getan. Manchmal müssen die Unterlagen darüber hinaus im Original eingesehen werden, um beispielsweise zu prüfen, ob Eintragungen möglicherweise manipuliert wurden. Darüber hinaus gibt es – auch im Zeitalter der Datenverarbeitung – immer noch so manche, schwer leserliche handschriftliche Eintragung in

einer Krankenakte, auch im niedergelassenen Bereich, die bei bestem Willen nicht zu entziffern ist. In solchen Fällen muss die Gegenseite um die Anfertigung einer **Leseabschrift** gebeten werden. Kommt es hierüber zum Streit, müssen Sie insoweit die Sach- und Rechtslage prüfen. Sofern die Aufzeichnungen aufgrund einer entsprechenden „Klaue" bei bestem Willen nicht zu entziffern sind, dürfte ein einklagbarer Anspruch auf Anfertigung einer Leseabschrift bestehen. Anders mag es sich verhalten, sofern es lediglich um Fachausdrücke und Abkürzungen handelt.[28]

c) Geltendmachung eines weitergehenden Auskunftsanspruchs

Schließlich gibt es Fälle, in denen man den Unterlagen nicht alle Informationen entnehmen kann, die man benötigt bzw. die man, aus welchen Gründen auch immer, gern hätte. Dann muss im Einzelfall geprüft werden, ob ein Anspruch auf **Auskunft** besteht und ob es angezeigt ist, diesen Anspruch gegebenenfalls gerichtlich geltend zu machen. Zum einen muss dabei bedacht werden, dass echte **Dokumentationsmängel** für die Patientenseite eher nützlich als schädlich sind. Entstehen hierdurch nämlich Beweisschwierigkeiten, gehen diese grundsätzlich zu Lasten der Ärzteseite.[29] Zum anderen muss im Einzelfall geprüft werden, ob tatsächlich ein Anspruch auf die gewünschte Auskunft besteht. Begehrt der Patient Auskunft darüber, welche Ärzte in welcher Weise an seiner Krankenhausbehandlung beteiligt waren, dann wird ihm diese Information geschuldet.[30] Andererseits besteht gegenüber einem Krankenhaus kein Anspruch darauf, dass dem (geschädigten) Patienten die Namen und Anschriften von Mitarbeitern des Hauses mitgeteilt werden, die an einer möglichen Falschbehandlung lediglich als Hilfsperson beteiligt waren.[31] Auch dürfte beispielsweise ein Krankenhaus nicht dazu verpflichtet sein, dem Patienten die Daten von ehemaligen Mitpatienten bzw. Bettnachbarn mitzuteilen. Hier sind selbstverständlich auch der Datenschutz und die Schweigepflicht gegenüber diesen Dritten von Belang.

d) Muster: Anspruchsschreiben an den behandelnden Arzt

Herrn

Dr. med. ■■■

Krankenhaus ■■■

Betr.: Ihre Patientin ■■■, geb. ■■■

Sehr geehrter Herr Dr. ■■■,

hiermit zeige ich die anwaltliche Vertretung Ihrer ehemaligen Patientin, Frau ■■■, ■■■ (Anschrift), an. Vollmachtserteilung wird ausdrücklich anwaltlich versichert.

Meine Mandantin hatte sich am 08.12.2004 bei einem Sturz eine erhebliche schmerzhafte Verletzung im Bereich der rechten Hand zugezogen. Frau ■■■ ließ sich von einem Bekann-

---

28 Vgl. hierzu: AG Essen und AG Hagen NJW-RR 1998, 262; a. A. LG Dortmund NJW-RR 1998, 261.
29 Martis/Winkhart a.a.O. S. 266 ff.
30 OLG München NJW 2001, 2806 f.; Gehrlein, NJW 2001, 2773 f.
31 OLG Koblenz NJW-RR 2004, 410 f.

Teichner

ten in das Krankenhaus ▪▪▪ verbringen, in dem Sie als Oberarzt in der Abteilung für Unfallchirurgie tätig sind.

Meine Auftraggeberin wurde nach ihrer Aufnahme in der Notaufnahme untersucht. Es wurde eine Fraktur festgestellt und Sie rieten daraufhin meiner Auftraggeberin zur Durchführung einer Operation.

Am 09.12.2004 führten Sie sodann bei meiner Mandantin in Vollnarkose eine Operation durch. Erst kurz vor der Operation haben Sie mit Frau ▪▪▪ ein etwa 10minütiges Aufklärungsgespräch geführt.

Nach der Operation wachte meine Auftraggeberin auf und bemerkte, dass sie am operierten rechten Arm mit einem Gipsverband versorgt war, der bis zu den Fingern reichte. Es traten erhebliche Schmerzen auf, worauf meine Mandantin das Pflegepersonal mehrfach hinwies.

Am Nachmittag des 10.12.2004 untersuchten Sie meine Auftraggeberin und erklärten auf deren ausdrückliche besorgte Nachfrage hin, dass der Gipsverband nicht zu eng anliegen würde. Die Schmerzen wären normal und üblich. Der Verband wurde belassen und gegen die Schmerzen erhielt Frau ▪▪▪ verschiedene Medikamente, die jedoch nur zeitweise etwas Linderung brachten.

Erst nach 3 Tagen wurde der Gipsverband von ihnen entfernt, nachdem meine Mandantin fortlaufend über starke Schmerzen unter dem Gipsverband geklagt hatte. Frau ▪▪▪ wurde danach mit einer Gipsschiene versorgt.

Die Entlassung meiner Auftraggeberin aus der stationären Behandlung erfolgte am 15.12.2004. In der Folgezeit begab sich meine Mandantin in die Behandlung ihres Hausarztes.

Verschiedene Untersuchungen ergaben, dass Frau ▪▪▪ aus der Behandlung einen Schaden davon getragen hat. Es wurde eine Dauerschädigung in Form eines Morbus Sudeck festgestellt. Der rechte Arm ist infolgedessen dauerhaft in seiner Gebrauchsfähigkeit gemindert. Darüber hinaus bestehen ständige Schmerzen und Sensibilitätsstörungen.

Meine Mandantin ist mit dem Ergebnis der Behandlung sehr unzufrieden und hat den Unterzeichner beauftragt, der Frage nachzugehen, ob die Behandlung mit der gebotenen Sorgfalt und unter Beachtung des maßgeblichen Standards erfolgte.

Die eingetretene Dauerschädigung wird von meiner Auftraggeberin darauf zurückgeführt, dass Sie einerseits einen zu engen Gipsverband angelegt und diesen andererseits nicht unverzüglich entfernten haben, als deutliche und nicht übersehbare Anzeichen hierfür vorlagen.

Wäre der Gips früher als geschehen entfernt worden, spätestens am Morgen des ersten postoperativen Tages, dann wäre es nicht zu der eingetretenen Komplikation gekommen.

Hinzu kommt, dass anscheinend keine standardgemäße operative Versorgung gewählt wurde.

Um den dargelegten Fragen nachgehen zu können, muss ich in Ihre Aufzeichnungen über die Behandlung meiner Mandantin Einsicht nehmen. Bis auf weiteres reicht es aus, wenn Sie mir hierzu die Krankenunterlagen in Fotokopie zukommen lassen.

Unter Beifügung einer Entbindungserklärung von der ärztlichen Schweigepflicht darf ich Sie bitten, dafür Sorge zu tragen, dass mir sämtliche Aufzeichnungen und Unterlagen über die Behandlung meiner Mandantin in Fotokopie – gegen Kostenerstattung – zur Verfügung gestellt werden. Ich erwarte, dass die Unterlagen mit dem Vermerk der Richtigkeit und Vollständigkeit versehen werden. Etwaige Röntgenbilder bitte ich im Original den Unterlagen beizufügen oder gegebenenfalls gesondert an mein Büro zu versenden. Diese werden selbstverständlich zurück gereicht, sobald Sie nicht mehr benötigt werden.

Ich gehe davon aus, dass mir die gewünschten Unterlagen in 2 Wochen vorliegen. Sollte dieser Zeitraum nicht ausreichen, bitte ich um rechtzeitige Benachrichtigung.

Schließlich rege bereits jetzt – selbstverständlich unverbindlich – an, dass dieser Schadenfall der zuständigen Haftpflichtversicherung gemeldet wird. Diese sollte mit dem Unterzeichner Kontakt aufnehmen, damit nach Erhalt und Auswertung der Krankenunterlagen das weitere Procedere besprochen werden kann.

Mit freundlichen Grüßen

■■■

Rechtsanwalt

e) Muster: Anspruchsschreiben an das Krankenhaus

Kreiskrankenhaus ■■■

8

Direktorium

Betr.: ■■■

Sehr geehrte Damen und Herren,

hiermit zeige ich die anwaltliche Vertretung des Herrn ■■■, ■■■ (Anschrift), an. Vollmachtserteilung wird anwaltlich versichert.

Mein Mandant befand sich als Kassenpatient in der Zeit vom 04. bis 11.02.2003 in der Behandlung der Herzchirurgischen Abteilung Ihres Hauses.

Am 05.02.2003 wurde bei meinem Auftraggeber eine Operation durchgeführt. Dabei wurden Drahtnähte entfernt, die im Oktober 2002 anlässlich einer Bypassoperation eingesetzt worden waren. Auch diese Voroperation war in Ihrem Haus durchgeführt worden.

Im Juni 2003 kam anlässlich einer Nachuntersuchung zum Vorschein, dass die Entfernung des Materials am 05.02.2003 nicht vollständig gelungen war. Deshalb musste in einem anderen Krankenhaus eine weitere Operation durchgeführt werden, um das restliche Material zu entfernen. Diese Nachoperation verlief kompliziert und machte einen dreiwöchigen Krankenhausaufenthalt erforderlich. Das zurück belassene Material war zwischenzeitlich gewandert und konnte nur mühsam entfernt werden. Insgesamt war mein Mandant über einen Zeitraum von sechs Wochen arbeitsunfähig krank.

Für meinen Mandanten werden hiermit Schadenersatz- und Schmerzensgeldansprüche dem Grunde nach wegen ärztlicher Falschbehandlung angemeldet. Ganz offensichtlich war die Behandlung im Februar 2003 fehlerhaft, denn die Drahtnähte hätten vollständig entfernt werden müssen. Die verantwortlichen Ärzte hätten bemerken müssen, dass die Drähte nicht vollständig entnommen waren. Notfalls hätte eine Röntgenkontrolle erfolgen müssen, um sich hierüber Sicherheit zu verschaffen.

Der Krankenhausträger wird hiermit aufgefordert, die Schadenersatzpflicht dem Grunde nach anzuerkennen. Hierzu wird eine Frist gesetzt bis zum

■■■.

Gleichzeitig wird darum gebeten, dem Unterzeichner die gesamte Krankenakte in Fotokopie zur Verfügung zu stellen. Eine Entbindungserklärung von der Schweigepflicht wird anliegend überreicht. Entstehende Kosten werden selbstverständlich in üblicher Höhe von meinem Mandanten ausgeglichen. Auch für die Zusendung der Krankenunterlagen wird hiermit eine Frist bis zum 05. März 2005 gesetzt.

Mit freundlichen Grüßen

■■■

Rechtsanwalt

Anlage

VI. Korrespondenz mit der Rechtsschutzversicherung

53 Bei der Einholung der **Deckungszusage** im außergerichtlichen Bereich von Seiten der **Rechtsschutzversicherung** des Mandanten treten in Arzthaftungssachen zunehmend Probleme auf. In den meisten Fällen wird der Anwalt von seinem Mandanten sicherlich darum gebeten, diesen Schriftverkehr „freundlicher Weise" und „wie üblich" zusätzlich zu dem eigentlichen Mandat „nebenher" für ihn zu erledigen. Der Anwalt muss dann entweder sofort oder aber im Laufe der Zeit entscheiden, ob er dies quasi als Serviceleistung ohne zusätzliche Kosten für seinen Mandanten erledigt, oder – wozu nicht zuletzt aus haftungsrechtlichen Gründen zu raten ist – ob er sich hierfür ein eigenes, **zweites Mandat** erteilen lässt. Am sinnvollsten dürfte es sein, eine grundsätzliche Entscheidung hinsichtlich der Vorgehensweise in diesen Belangen zu treffen. Dies auch auf die Gefahr hin, dass der Mandant, zumal dann, wenn dies nicht der erste Anwaltskontakt für ihn ist, über dieses „ungewöhnliche" Ansinnen irritiert ist.

54 Zu bedenken und dem Mandanten zu erläutern ist, dass der Schriftverkehr mit der Rechtsschutzversicherung gerade bei der Übernahme und Bearbeitung eines Arzthaftungsfalls vom Umfang und vom Inhalt her häufig nicht unbeträchtlich ist. Es reicht nur in Ausnahmefällen aus, der Versicherung eine Ablichtung des Aktenvermerks über das mit dem Mandanten geführte Gespräch oder des an den Anspruchsgegner gerichteten Schreibens zukommen zu lassen, um anschließend die gewünschte Deckungsschutzzusage zu erhalten. Die Versicherer fragen zunehmend in Arzthaftungsfällen nach,
- weshalb man von einem Haftungsfall ausgehe,
- welche Beweismittel zum Nachweis der Falschbehandlung zur Verfügung stünden und vor allem,

- welchen Gegenstandswert die Angelegenheit – möglichst unter Bezugnahme auf eine in der „Hacks-Tabelle" veröffentlichte Entscheidung – habe.

Abgesehen davon, dass es zur Ermittlung des angemessenen Schmerzensgeldes nicht nur eine Schmerzensgeldtabelle gibt, lässt sich die Frage nach dem Gegenstandswert der Angelegenheit häufig zu Beginn der Mandatsbetreuung aus den dargelegten Gründen überhaupt nicht oder nur unpräzise beantworten. Zu unklar ist meistens, welche Ansprüche dem Mandanten der Höhe nach bereits zustehen und vor allem, welche Ansprüche im Laufe der Zeit noch entstehen werden. Dies gilt sowohl für den Anspruch auf Schmerzensgeld als auch für den Schadensersatzanspruch.

Auf große Bedenken stößt es, wenn die Deckungszusage mit einem Vorbehalt versehen wird, der da lautet: „Es wird Deckungsschutz für den Fall gewährt, dass dem Arzt ein Behandlungsfehler nachgewiesen werden kann." Dasselbe gilt für den Fall, dass von der Versicherung eingewandt wird, bei dem bloßen Verdacht auf eine ärztliche Falschbehandlung handle es sich um keinen Versicherungsfall. Dem gegenüber stößt es auf keinerlei Bedenken, wenn die Rechtsschutzversicherung zusammen mit der Deckungszusage im außergerichtlichen Bereich darum bittet, möglichst vor einem Beweisverfahren oder einer Klageerhebung die zuständige Schlichtungsstelle oder Gutachterkommission einzuschalten.

Bei Schadenfällen, die einen hohen Gegenstandswert haben, muss in Zukunft mit der Möglichkeit gerechnet werden, dass die Versicherung vor der Erteilung der Deckungszusage für einen Zivilprozess ein **internes Gutachten** bei einem Institut in Auftrag gibt, um so die Erfolgsaussichten der Klage in medizinischer Hinsicht zu überprüfen. Es gibt jedenfalls Gutachterinstitute, die derartige Dienstleistungen Rechtsschutzversicherern angeboten haben.

Nach allem sollte gründlich überlegt werden, ob die nicht selten sehr aufwändige und in letzter Zeit gelegentlich unerfreuliche Korrespondenz mit der beteiligten Haftpflichtversicherung tatsächlich ohne Kosten für den Mandanten erledigt werden sollte. Man bereut dies vielleicht im Laufe der Zeit, wobei die Entscheidung darüber, ob man Kosten für die Erledigung dieses Schriftverkehrs erhebt oder nicht, auch davon abhängig gemacht werden kann, wie die jeweilige Rechtsschutzversicherung auf die erstmalige Bitte um Deckungsschutz reagiert. In vielen Fällen wird man sich ohnehin mit dem Versicherer anfangs darauf verständigen (müssen), dass vorerst nur eine Deckungszusage dem Grunde nach erteilt und dass erst im Laufe der Zeit eine Übereinkunft über den für die spätere Abrechnung maßgeblichen Gegenstandswert getroffen wird.

1. Muster: Anforderung der Deckungszusage

An die RS-Vers. ▪▪▪

Schadennummer: ▪▪▪

VN: ▪▪▪

Sehr geehrte Damen und Herren,

hiermit zeige ich an, dass mich Ihr o.g. VN mit der Wahrnehmung seiner Interessen in einer Arzthaftungsangelegenheit beauftragt hat.

Namens und in Vollmacht meines Mandanten bitte um eine Deckungszusage vorerst für den außergerichtlichen Bereich.

Es besteht der begründete Verdacht, dass sich die ehemalige Hausärztin Ihres VN diesem gegenüber schadenseratzpflichtig gemacht hat.

Diese hat bei Ihrem VN einen lebensbedrohlichen Schlaganfall nicht erkannt, obwohl hierfür die typischen Anzeichen vorlagen, als Ihr VN die Ärztin wegen entsprechender Beschwerden am 19.11.04 in ihrer Praxis aufsuchte. Die Ärztin hat es deshalb pflichtwidrig versäumt, eine sofortige Krankenhauseinweisung Ihres VN zu veranlassen.

Ihr VN wurde nur kurz und oberflächlich untersucht und es wurde kein krankhafter Befund erhoben. Die Ärztin entließ Ihren VN zu sich nach Hause und empfahl diesem lediglich, sich zu schonen.

In der Nacht verschlechterte sich dann der Gesundheitszustand Ihres VN, weshalb dieser notfallmäßig in ein nahe gelegenes Krankenhaus verbracht wurde. Dort wurde ein schwerer Hirnschlag diagnostiziert und anschließend therapiert.

Durch die verzögerte Diagnostik und Therapie ist ein erheblicher Dauerschaden in Form einer Halbseitenlähmung verblieben. Dies wäre vermeidbar gewesen, wenn Ihr VN von der Ärztin mit der gebotenen Sorgfalt untersucht und behandelt worden wäre.

Die verantwortliche Ärztin hat sich deshalb Ihrem VN gegenüber schadensersatzpflichtig gemacht. Für Ihren VN sollen Schadensersatz- und Schmerzensgeldansprüche geltend gemacht werden.

Der Gegenstandswert der Schadensache kann derzeit noch nicht beziffert werden. Zum einen ist noch nicht klar, welches Ausmaß der körperliche Dauerschaden haben wird. Dieser Umstand wirkt sich bekanntermaßen auf die Höhe eines angemessenen Schmerzensgeldes aus. Zum anderen lässt sich – aus demselben Grund – auch der materielle Schaden Ihres VN noch nicht endgültig beziffern.

Wahrscheinlich werden wir uns mit der Gegenseite zu gegebener Zeit darauf verständigen, dass im außergerichtlichen Bereich ein Sachverständigengutachten zu der Frage der Falschbehandlung eingeholt wird. Vielleicht wird hierzu die zuständige Schlichtungsstelle bzw. Gutachterkommission eingeschaltet. Zusätzliche Kosten entstehen hierdurch bekanntlich weder für Ihren VN noch für Ihr Unternehmen.

Mit freundlichen Grüßen

■■■

Rechtsanwalt

2. Muster: Abrechnungsschreiben

An die RS-Vers. ■■■

Schaden-Nr. ■■■

Sehr geehrte Damen und Herren,

im Einvernehmen mit Ihrer VN soll die Akte nunmehr abgerechnet und abgelegt werden.

Leider ist es nicht gelungen, für meine Auftraggeberin Ansprüche wegen ärztlicher Falschbehandlung durchzusetzen.

Die gegnerische Versicherung war zu Beginn der Mandatsbearbeitung nicht dazu bereit, sich mit dem Unterzeichner auf die einvernehmliche Einschaltung der Schlichtungsstelle für Arzthaftpflichtfragen zum Zwecke der einvernehmlichen Einholung eines Sachverständigengutachtens zu verständigen, obwohl der Versicherung ein konkreter Vorwurf der ärztlichen Falschbehandlung mitgeteilt und dargelegt worden war.

Da in der damaligen Situation keine ausreichenden Erfolgsaussichten für einen Arzthaftungsprozess bestanden, wurde daraufhin die Krankenkasse Ihrer VN eingeschaltet. Diese hat auf Anregung des Unterzeichners hin ein Gutachten eingeholt. Darin wurde ein Fehler als Ursache der lebensgefährlichen Blutung, die Ihre VN anlässlich der Gebärmutteroperation erlitten hat, zwar verneint. Allerdings wurde vom Sachverständigen ein möglicher Haftungsgrund in einer angeblich unzulänglichen Aufklärung erblickt.

Hintergrund hierfür ist, dass meine Mandantin seinerzeit ihren eigenen Angaben zufolge nicht darauf hingewiesen wurde, dass es anlässlich der Operation zu einer lebensgefährlichen Blutung kommen könnte, wie es dann tatsächlich der Fall war. Der Dokumentation über die durchgeführte Aufklärung ist keine derartige Aufklärung zu entnehmen, wodurch die Richtigkeit der Angaben Ihrer VN untermauert wird.

Daraufhin wurde noch einmal mit der gegnerischen Versicherung verhandelt. Diese blieb trotz entsprechender Bemühungen des Unterzeichners bis zum Ende der Verhandlungen bei ihrer Haltung. Weder wurde dem noch einmal angeregten Gutachterverfahren zugestimmt, noch konnte ein Risikovergleich geschlossen werden. Der Versicherer blieb auf seinem Standpunkt stehen, wonach die Behandlung Ihrer VN angeblich fehlerfrei erfolgte und die Blutung aus schicksalhaften Gründen aufgetreten ist. Schließlich steht man auf dem Standpunkt, dass Ihre VN auch richtig und rechtzeitig aufgeklärt wurde. Mitarbeiter des Krankenhauses könnten das entsprechende Aufklärungsgespräch notfalls bezeugen, in dem angeblich auch auf die Möglichkeit einer schweren Blutung mit allen damit verbundenen Risiken hingewiesen wurde.

Ich habe Ihrer VN nach einer abschließenden Überprüfung der Sach- und Rechtslage davon abgeraten, die Angelegenheit weiter zu verfolgen. Selbst dann, wenn es gelingen würde, eine unzureichende Aufklärung zu beweisen, blieben nicht unerhebliche Prozessrisiken. Eine unzureichende Aufklärung würde nur dann zur Haftung des Krankenhausträgers führen, wenn Ihre VN darlegen und das Gericht davon überzeugen könnte, dass sie bei einer richtigen Aufklärung nicht in den Eingriff eingewilligt hätte. Da der Eingriff jedoch medizinisch dringend notwendig war, habe ich große Bedenken dagegen, dass man den Nachweis darüber, dass sich meine Mandantin bei einer vollständigen und richtigen Risikoaufklärung in einem so genannten Entscheidungskonflikt befunden hätte, erbringen könnte.

Wegen dieser Beweisschwierigkeiten soll die Angelegenheit nicht weiterverfolgt werden. Insbesondere soll keine Klage erhoben werden. Hierauf habe ich mich mit Ihrer VN verständigt.

Ich überreiche als Anlage meine abschließende Kostennote mit der Bitte um Zahlungsvermittlung.

Der von mir der Rechnung zugrunde gelegte Gegenstandswert ist angemessen und dürfte nachvollziehbar sein. Zum einen gehe ich von einem angemessenen Schmerzensgeld in Höhe von € 5.000,00 und zum anderen von einem pauschalen materiellen Schaden in Höhe von € 1.500,00 aus. Bei Ihrer VN ist es zu einer lebensgefährlichen Blutung gekommen. Deshalb dürfte das angenommene Schmerzensgeld angemessen sein. Als Orientierung dienten darüber hinaus die in der Beck´schen Schmerzensgeld-Tabelle (4. Auflage) auf den Seiten 345f. aufgeführten Gerichtsentscheidungen. Darüber hinaus kam es auch zu einer materiellen Schädigung. Diese bestand in einem Einkommensschaden sowie in vermehrten Bedürfnissen. Eine Berechnung des Schadens Ihrer VN füge ich diesem Schreiben ebenfalls bei.

Nach allem sind die in Rechnung gestellten Kosten (VVG 2,5 nach € 6.500) angefallen und von Ihrem Unternehmen auszugleichen. Es wurden diverse Krankenunterlagen angefordert und vom Unterzeichner ausgewertet. Hierzu war es erforderlich, beratende Ärzte hinzuzuziehen. Dies geschah im Auftrage Ihrer VN und zur Förderung der Angelegenheit. Schließlich musste das im Auftrag der Krankenkasse eingeholte Gutachten ausgewertet werden. Auch mit der Krankenkasse Ihrer VN wurde ausgiebig korrespondiert und mit der zuständigen Sachbearbeiterin musste mehrfach telefoniert werden. Schließlich wurde im Laufe der ganzen Zeit der Mandatsbetreuung mehrfach mit der gegnerischen Haftpflichtversicherung korrespondiert. Mit dem zuständigen Sachbearbeiter wurden mehrere Telefongespräche geführt, in denen jeweils die aktuelle Sach- und Rechtslage erörtert wurde. In dem letzten Gespräch wurde ausgiebig über den Abschluss eines Risikovergleiches verhandelt, leider, wie bereits ausgeführt, ohne den gewünschten Erfolg.

Mit freundlichen Grüßen

■■■

Rechtsanwalt

VII. Schreiben an vor- und nachbehandelnde Ärzte

61 Zeitgleich mit der Versendung des Schreibens an den Anspruchsgegner sollten grundsätzlich auch die Krankenunterlagen der (unmittelbar) **vor- und nachbehandelnden Ärzte** angefordert werden, denn nur wenn sämtliche Krankenunterlagen vorliegen, kann die Sach- und Rechtslage umfassend und ausreichend überprüft sowie beurteilt werden.

62 Kommt es am Ende bei der Bearbeitung des Schadenfalles zu einem Rechtsstreit, wird dem Kläger ohnehin vom Gericht, spätestens bei Einschaltung eines Sachverständigen, die Auflage erteilt, die Krankenunterlagen dieser Ärzte zur Gerichtsakte zu reichen.

63 Auch der medizinische Berater oder ein Privatgutachter wird in Regel auf diese Dokumente angewiesen sein, um Fragen im Hinblick auf den Verdacht der Falschbehandlung beantworten zu können. Dabei haben die Unterlagen der nachbehandelnden Ärzte häufig eine größere Bedeutung und Aussagekraft, weil ihnen gegebenenfalls das Ausmaß der fehlerbedingten Körperschädigung des Mandanten zu entnehmen ist. Aus

den Unterlagen der Vorbehandler ergibt sich dem gegenüber der Gesundheitszustand des Mandanten vor der Falschbehandlung.

Von Fall zu Fall kann es sinnvoll und nützlich sein, den nachbehandelnden Arzt nicht nur um die Zusendung der Aufzeichnungen sondern auch um einen **Befundbericht** zu bitten. Nicht immer helfen nämlich die Aufzeichnungen als solche weiter, um die erforderlichen Informationen zu beschaffen. Ein Befundbericht, der keine gutachterliche Äußerung darstellen soll (und darf), kann zum Beispiel enthalten, welche Diagnosen bei Übernahme der Behandlung gestellt wurden, welche therapeutischen Maßnahmen bereits getroffen wurden und welche noch gegebenenfalls geplant sind. Die Kosten eines solchen Befundberichtes liegen erfahrungsgemäß etwa zwischen € 25,00 und € 75,00.

Den an diese Ärzte gerichteten Schreiben muss selbstverständlich ebenfalls eine Entbindungserklärung beigefügt werden. Eine durch den Anwalt beglaubigte Fotokopie dürfte ausreichen, um in den Besitz der gewünschten Unterlagen zu gelangen. Im Anschreiben muss ausdrücklich hervorgehoben werden, dass sich der Vorwurf der Falschbehandlung nicht gegen den betreffenden Arzt oder das angeschriebene Krankenhaus richtet. Der Brief eines Rechtsanwaltes erzeugt grundsätzlich Unruhe, vor allem dann, wenn er in einer Arztpraxis eintrifft. Er wird womöglich schnell gelesen und – von seiner Bedeutung her – vom Empfänger völlig missverstanden.

Beispielsweise kann bei der Anforderung von Unterlagen von vor- und nachbehandelnden Ärzten des Mandanten die Formulierung gewählt werden: „Wegen des Verdachts der ärztlichen Falschbehandlung alio loco … ." Die Floskel „alio loco" findet man nach wie vor in vielen Entlassungsbriefen von Krankenhäusern, wenn darin die Vorgeschichte des Patienten dargestellt wird. Mit „alio loco" sprach man folglich bisher die Sprache der Ärzteschaft. Allerdings ist dies heutzutage nicht mehr zwingend gesagt. So mancher Arzt, der über keine Kenntnisse der lateinischen Sprache verfügt, kann mit diesem Hinweis nichts anfangen und ruft oder schreibt einen deshalb an und erkundigt sich danach, ob ihm im Zusammenhang mit der Behandlung des Mandanten ein Vorwurf gemacht wird. Also sollte ausdrücklich darauf hingewiesen werden, dass dem jeweiligen Arzt keinerlei Vorwurf gemacht wird.
Der Mandant sollte von Fall zu Fall darauf vorbereitet werden, dass er möglicherweise von diesen Ärzten angesprochen wird. Nicht selten erkundigen sich nachbehandelnde Ärzte, die entsprechend angeschrieben werden, bei ihren Patienten bei nächster Gelegenheit danach, welchen Vorwurf diese welchem Arzt machen. Es fallen dann unter Umständen Kommentare, die den Mandanten verunsichern, wie „was versprechen sie sich davon, werden sie mich einigen Tages auch verklagen, sie werden nichts erreichen, ihr Rechtsanwalt will doch nur Geld verdienen" usw. Solche Gespräche können belastend und irritierend auf den Mandanten wirken. Deshalb sollte auf diese Möglichkeiten hingewiesen werden. Der Mandant wird für diesen Hinweis dankbar sein; im Übrigen zeugt er von anwaltlicher Kenntnis und Erfahrung in Arzthaftungssachen.

§ 2 Das Mandat im Arzthaftungsrecht

67 **1. Muster: Anforderung von Patientenunterlagen alio loco**

Herrn

Dr. med. ███

Krankenhaus ███

Betr.: Ihren Patienten ███, geb. ███

Sehr geehrter Herr Dr. ███,

hiermit zeige ich die anwaltliche Vertretung Ihres o.g. Patienten an. Vollmachtserteilung wird anwaltlich versichert.

Wegen des Verdachts der Falschbehandlung alio loco benötige ich Ihre Aufzeichnungen über die Behandlung meines Mandanten.

Unter Beifügung einer Entbindungserklärung von der Schweigepflicht darf ich Sie bitten, mir Ihre sämtlichen Aufzeichnungen über die Behandlung meiner Mandantin in Fotokopie – gegen Kostenerstattung – alsbald zur Verfügung zu stellen.

Sofern Sie sich im Besitz von Röntgenbildern befinden, darf ich um entsprechende Mitteilung bitten. Eine Entscheidung darüber, ob diese zur Fallbearbeitung vorübergehend benötigt werden, erfolgt zu einem späteren Zeitpunkt.

Mit freundlichen Grüßen

███

Rechtsanwalt

68 **2. Muster: Anforderung von Patientenunterlagen alio loco**

Herrn

Dr. med. ███

Betr.: Ihre Patientin ███

Sehr geehrter Herr Dr. ███,

hiermit zeige ich die anwaltliche Vertretung Ihrer Patientin, Frau ███, ███ (Anschrift), an. Vollmachtserteilung wird ausdrücklich anwaltlich versichert.

Ihre (ehemalige) o.g. Patientin hegt den Verdacht, das Opfer einer ärztlichen Falschbehandlung zu sein. Der Unterzeichner ist beauftragt worden, diesem Verdacht nachzugehen.

Der Vorwurf der möglichen Falschbehandlung richtet sich nicht gegen Sie oder einen Ihrer Mitarbeiter.

Vielmehr geht es bei diesem Verdacht um die Verantwortung eines anderen Arztes für eine wahrscheinlich vermeidbare Körperschädigung meiner Auftraggeberin.

Um dem Auftrag meiner Mandantin nachkommen zu können, bin ich darauf angewiesen, auch in Ihre Aufzeichnungen über die Behandlung meiner Mandantin Einsicht zu nehmen. Bis auf weiteres reicht es hierzu vollkommen aus, wenn Sie mir Ihre Unterlagen lediglich in Fotokopie zukommen lassen.

Unter Beifügung einer Entbindungserklärung von der ärztlichen Schweigepflicht darf ich Sie deshalb höflich bitten, mir Ihre Aufzeichnungen über die Behandlung meiner Mandantin in Fotokopie – gegen Kostenerstattung – zur Verfügung zu stellen.

Sollten Sie sich darüber hinaus im Besitz von Röntgenbildern befinden, so darf ich Sie höflich bitten, mir diese vorübergehend zur Verfügung zu stellen. Sie erhalten die Röntgenbilder spätestens dann zurück, wenn Sie von mir nicht mehr benötigt werden. Uns ist bekannt, dass sich diese Bilder, sofern sie von Ihnen angefertigt wurden, in Ihrem Eigentum befinden.

Schließlich werden Sie gebeten, dem Unterzeichner einen Befundbericht zukommen zu lassen. Bitte schildern Sie darin die von Ihnen anlässlich der Übernahme der Behandlung erhobenen Befunde bzw. Diagnosen und Ihre geplante Therapie. Für den Fall, dass eine Nach- bzw. Korrekturoperation geplant ist, wäre für mich von großem Interesse, mit welchen Kosten die Nachoperation und die damit verbundene Behandlung für meine Auftraggeberin voraussichtlich verbunden sein wird.

Selbstverständlich werden auch die mit der Anfertigung des Befundberichtes verbundenen Kosten von meiner Mandantin erstattet

Mit freundlichen Grüßen

■■■

Rechtsanwalt

VIII. Schreiben an die Krankenkasse des Mandanten

1. Gesetzliche Krankenkassen

Die gesetzlichen **Krankenversicherungen** sind zum einen gemäß § 66 SGB V gehalten und zum anderen aus wirtschaftlichen Gründen seit einigen Jahren sehr daran interessiert, den Versicherten zu unterstützen, wenn dieser den Verdacht der ärztlichen **Falschbehandlung** äußert. Im Regelfall geschieht dies dadurch, dass die **Regressabteilung** der Krankenkasse den so genannten **Medizinischen Dienst der Krankenkassen (MDK)** mit der Erstellung eines **Gutachtens** zur Frage der Falschbehandlung beauftragt. Zum Teil verfügen die Krankenkassen auch über eigene Gutachterinstitute; wieder andere sind von Fall zu Fall dazu bereit, sich an den Kosten eines privaten Sachverständigengutachtens zu beteiligen. Auf diese Art und Weise kann man sich als Rechtsanwalt, der die Bearbeitung eines Arzthaftungsfalles übernommen hat, in einem gewissen Maße den fehlenden medizinischen Sachverstand verschaffen. Dies kann selbstverständlich in jedem Stadium der Mandatsbetreuung geschehen. Die Krankenkasse bzw. der MDK kann also auch zu dem Zweck eingeschaltet werden, um ein bereits existierendes, zum Beispiel ein im Auftrag einer Schlichtungsstelle eingeholtes Sachverständigengutachten, auf seine Plausibilität und Vollständigkeit hin überprüfen zu lassen.

69

2. Private Krankenversicherungen

70 Bei den privaten Versicherern im Krankheitswesen hängt es vom einzelnen Unternehmen und wahrscheinlich auch vom jeweiligen Sachbearbeiter ab, ob man zu einer wie auch immer gearteten Zusammenarbeit bei der Klärung der Haftungsfrage bereit ist. Leider finden entsprechende Anregungen und Anfragen nicht immer die gewünschte Resonanz. Gleichwohl sollte man den Kontakt zur Krankenversicherung grundsätzlich suchen, denn vor allem aus der Sicht des Mandanten kann es nie schaden, eine zweite Meinung einzuholen.

3. Reaktion der beteiligten Haftpflichtversicherung

71 Die Gegenseite, vor allem die beteiligte Haftpflichtversicherung, rechnet bei der Geltendmachung von Ansprüchen wegen eines Arzthaftungsfalles in der heutigen Zeit stets damit, dass sich im Laufe der Zeit auch die zuständigen **Sozialversicherungsträger** bei ihr melden und ebenfalls Ansprüche geltend machen. Dies wird wahrscheinlich immer einkalkuliert und es werden entsprechende Rückstellungen gebildet. Es ist also nicht so, dass Haftpflichtversicherungen etwa bei Verhandlungen, insbesondere bei der Einigung auf eine Abfindungssumme, großzügiger sind, solange die beteiligten Sozialversicherungsträger bei ihr noch nicht wegen desselben Schadenfalles Regressansprüche angemeldet haben. Deshalb braucht man keine Bedenken dagegen zu haben, die Krankenkasse wegen einer möglichen Zusammenarbeit anzusprechen. Die Verhandlungsposition des Mandanten wird dadurch nicht geschwächt oder verschlechtert.

4. Regelung der Kosten der Korrespondenz mit der Krankenversicherung

72 Vergessen Sie aber nicht, wie im Zusammenhang mit der Erledigung des Schriftverkehrs mit der Rechtsschutzversicherung des Mandanten, die Frage der Kosten der Korrespondenz mit dem Mandanten zu regeln. Sie sollten meines Erachtens auch diesen Schriftverkehr nicht kostenlos erledigen, denn auch dieser ist nicht selten zeitaufwändig.

5. Muster: Schreiben an die Regressabteilung der Krankenkasse

73 Krankenkasse ■■■

Regressabteilung

Betr.: VN ■■■

Sehr geehrte Damen und Herren,

hiermit zeige ich die anwaltliche Vertretung Ihres o.g. Versicherungsnehmers an. Vollmachtserteilung wird ausdrücklich anwaltlich versichert.

Ihr VN hat mich wegen des Verdachts der ärztlichen Falschbehandlung aufgesucht und mit der Wahrnehmung seiner Interessen beauftragt.

Der Vorwurf richtet sich gegen den Arzt Dr. ■■■, der Ihren VN anlässlich einer stationären Behandlung im Krankenhaus ■■■ am 19.01.1991 im Bereich der rechten Hüfte operiert hat.

Seit dieser Operation leidet Ihr VN an erheblichen Nervenschmerzen im Bereich des linken Armes. Der Arm ist in seiner Beweglichkeit seit der Operation erheblich beeinträchtigt. Wahrscheinlich wurde der Arm während der Operation falsch gelagert oder aber die Lagerung wurde nicht sorgfältig genug überwacht. Die Schädigung dürfte deshalb vermeidbar gewesen sein. Hinzu kommt, dass Ihr VN auf dieses Risiko vor der Operation weder vom Operateur noch vom verantwortlichen Anästhesisten aufgeklärt wurde.

Es dürfte sinnvoll sein, dass auch Ihr Unternehmen der Frage der Falschbehandlung nachgeht. Der MDK sollte mit einer entsprechenden Begutachtung beauftragt werden.

Die Krankenunterlagen des gegnerischen Krankenhauses wurden vom Unterzeichner bereits angefordert. Dasselbe gilt für die Unterlagen der nachbehandelnden Ärzte. Diese Dokumente könnten Ihrem Unternehmen zu gegebener Zeit zum Zwecke einer Begutachtung durch den MDK zur Verfügung gestellt werden.

Bitte setzen Sie sich mit dem Unterzeichner in Verbindung, damit das weitere Vorgehen besprochen und abgestimmt werden kann.

Mit freundlichen Grüßen

■■■

Rechtsanwalt

IX. Korrespondenz mit der gegnerischen Haftpflichtversicherung

Der eigentliche „Gegner", mit dem Anwalt und Mandant es im Laufe der Zeit zu tun haben, ist grundsätzlich – wie beispielsweise in Verkehrsunfallsachen auch – nicht der verantwortliche Arzt oder der in Anspruch genommene Krankenhausträger, sondern die dahinter stehende **Haftpflichtversicherung**. Dies hat durchaus Vorteile, denn der jeweilige Sachbearbeiter wird in der Regel sachlich und konstruktiv auf die Schreiben des Anwalts reagieren. Der Arzt, dem Sie den Vorwurf der Falschbehandlung machen, ist dem gegenüber hierzu häufig nicht in der Lage, denn diesem machen die Vorhaltungen einerseits womöglich regelrechte Angst und andererseits fühlt sich so mancher Arzt – auch in der heutigen Zeit noch – in einer solchen Situation sogleich beleidigt, in der Ehre wo möglich zutiefst verletzt. Die etwaige Angst ist im Übrigen nachvollziehbar, denn allein die Meldung des Schadensfalles bei der zuständigen Haftpflichtversicherung kann wirtschaftliche Nachteile für den Arzt mit sich bringen. Darüber hinaus wird häufig befürchtet, dass sich die Versicherung – aus der Sicht des Arztes unverständlicherweise – auf den Abschluss eines Vergleiches verständigt, ohne dass dies vom Arzt, der einen Fehler bestreitet, in der Regel verhindert werden kann. In einem Krankenhausbetrieb kann sich der Vorwurf der Falschbehandlung nachteilig auf das berufliche Fortkommen auswirken. Schließlich haben Ärzte, die mit dem Vorwurf der Falschbehandlung konfrontiert werden, in der heutigen Zeit auch Angst davor, dass sich die Medien für den Fall interessieren könnten. Ein Bericht in den Printmedien oder im Fernsehen über den „Ärztepfuschfall" kann durchaus zur Existenzbedrohung werden.

74

1. Besonderheiten bei Zahnbehandlung und kosmetischer Chirurgie

75 Nur in seltenen Fällen, beispielsweise bei Arzthaftungsfällen aus dem Bereich der Zahnheilkunde und der so genannten kosmetischen Chirurgie, kann es dazu kommen, dass der Anwalt nicht nur mit einer Haftpflichtversicherung, sondern daneben auch mit dem gegnerischen Arzt direkt korrespondieren muss, weil für den Mandanten als Schaden die **Rückzahlung eines Honorars** für eine fehlerhafte Leistung geltend gemacht wird, an der er berechtigtermaßen kein Interesse hat. Dann wird offenbar, wie schwer es sein kann, einen Arzt freiwillig dazu zu bewegen, ein vereinnahmtes Honorar ganz oder teilweise wieder zurückzuzahlen.

76 Wenn die gegnerische Haftpflichtversicherung von einem Prozessrisiko ausgeht, ist es in solchen Fällen durchaus möglich, mit der Versicherung zum Beispiel über den versicherten Schadenposten Schmerzensgeld einen Vergleich zu schließen, obwohl der betreffende Arzt eine Haftung verneint und deshalb die Rückzahlung des Honorars verweigert. Zu prüfen ist in solchen Fällen, ob es nicht möglich und für den Mandanten aus wirtschaftlichen Gründen sogar sinnvoller ist, als materiellen Schaden nicht die ursprünglichen, sondern die **Kosten der Nachbehandlung** geltend zu machen. Für diese müsste wohl auch die Haftpflichtversicherung des Arztes aufkommen. Außer in Bagatellschadensfällen und in Fällen, in denen es nur um Aufklärungsfragen geht, sind Haftpflichtversicherungen grundsätzlich nicht dazu bereit, ohne Existenz eines Sachverständigengutachtens in konstruktive Verhandlungen über eine Schadensregulierung einzutreten. Dies ist verständlich, denn die Zahlung einer Abfindung muss aus nachvollziehbaren Gründen geschehen. Ein für den in Anspruch genommen Versicherten negatives Gutachten ist ein solch nachvollziehbarer Grund. Deshalb sollte der Anwalt sich so schnell wie möglich mit der Versicherung auf ein einvernehmliches Gutachterverfahren verständigen, wenn der mögliche Haftungsgrund im medizinischen Bereich liegt.

2. Einholung eines Sachverständigengutachtens

77 Die Einholung eines Sachverständigengutachtens ist in Arzthaftungsfällen häufig nicht nur deshalb erforderlich, um den **Haftungsgrund** zu klären, sondern sie ist geradezu zwingend notwendig und erforderlich, um die **Haftungshöhe** ermitteln zu können. Bei Abschluss eines womöglich endgültigen Vergleichs muss für den Rechtsanwalt geklärt sein, ob hinsichtlich der körperlichen Schädigung des Mandanten ein Endzustand erreicht ist oder ob mit fehlerbedingten Verschlechterungen und Verschlimmerungen des Gesundheitszustandes gerechnet werden muss. Die damit verbundenen Fragen lassen sich grundsätzlich nur mithilfe eines Sachverständigengutachtens klären. Deshalb sollte das an die gegnerische Haftpflichtversicherung gerichtete Schreiben, das einen konkreten Behandlungsfehlervorwurf enthält, sogleich mit dem Vorschlag der einvernehmlichen Einholung eines Sachverständigengutachtens verbunden sein.

78 Natürlich bleibt es dem Anwalt unbenommen, die Versicherung stattdessen aufzufordern, die Schadensersatzpflicht sogleich dem Grunde nach anzuerkennen. Dieses Anerkenntnis wird die Versicherung aber in der Regel nicht abgeben. Vielmehr wird der Anwalt bei einer derartigen Vorgehensweise grundsätzlich angeschrieben und aufgefordert, eine Entbindungserklärung des Mandanten beizubringen und der Versiche-

rung zur Verfügung zu stellen, damit diese dazu in der Lage ist, eigene Ermittlungen im Hinblick auf den erhobenen Vorwurf anzustellen.

Nur für den Fall, dass der Anwalt bereits über ein Sachverständigengutachten verfügt, in dem der Vorwurf der Falschbehandlung bestätigt wird, kann es angezeigt und sinnvoll sein, sogleich das Anerkenntnis der Haftung dem Grunde nach von der Versicherung abzuverlangen. Aber auch in einem solchen Fall muss davon ausgegangen werden, dass die Versicherung zumeist kein Haftungsanerkenntnis abgibt, sondern vielmehr den Einwand erhebt, dass eine Schadensregulierung aufgrund eines vom Mandanten eingeholten Parteigutachtens aus prinzipiellen Gründen nicht in Betracht kommt.

3. Muster zur Korrespondenz mit der gegnerischen Haftpflichtversicherung

a) Muster: Schreiben an die gegnerische Haftpflichtversicherung mit der Aufforderung, die Schadensersatzpflicht dem Grunde nach anzuerkennen

Versicherung für Ärzte ■■■

Betr.: ■■■ gegen Dr. ■■■

Sehr geehrte Damen und Herren,

in der o.g. Medizinschadensache nehme ich Bezug auf Ihr letztes Schreiben.

Die Krankenunterlagen wurden zwischenzeitlich durchgesehen und es wurde Rücksprache mit beratenden Ärzten gehalten.

Der Vorwurf der ärztlichen Falschbehandlung bleibt uneingeschränkt aufrechterhalten.

Ihrem VN wird einerseits vorgeworfen, bei der Operation der Schilddrüse meines Mandanten am 12.01.2002 die Stimmbandnerven infolge mangelnder Sorgfalt verletzt und hierdurch geschädigt zu haben. Andererseits ist mein Mandant vor der Operation nicht auf das Risiko einer dauerhaften Nervenschädigung hingewiesen worden. Es war lediglich von der Möglichkeit einer vorübergehenden Heiserkeit als Operationsrisiko die Rede.

Bei meinem Auftraggeber hat sich indes eine bleibende Heiserkeit infolge einer irreversiblen Schädigung der Stimmbandnerven herausgebildet. Zum Nachweis hierüber wird das Attest des behandelnden HNO-Arztes beigefügt.

Als weitere Anlage wird das von meinem Mandanten eingeholte Privatgutachten (oder: das im Auftrag der Krankenkasse meines Mandanten eingeholte MDK-Gutachten) überreicht. Der Sachverständige gelangt darin ebenfalls zu dem Ergebnis, dass mein Mandant von Ihrem VN falsch behandelt und hierdurch geschädigt wurde.

Ihr VN hat sich gegenüber meinem Mandanten nach allem schadensersatzpflichtig gemacht. Als verantwortlicher Versicherer wird Ihr Unternehmen deshalb hiermit aufgefordert, die Schadensersatzpflicht dem Grunde nach anzuerkennen. Hierzu wird eine Frist gesetzt bis zum

■■■

Sollte die Frist ergebnislos verstreichen, würde ich meinem Mandanten zur Klageerhebung raten.

Mit freundlichen Grüßen

■■■

Rechtsanwalt

81 b) Muster: Schreiben an die gegnerische Haftpflichtversicherung mit der Aufforderung, einem Gutachterverfahren zuzustimmen

Versicherung für Ärzte ■■■

Betr.: ■■■ gegen Dr. ■■■

Sehr geehrte Damen und Herren,

in der o.g. Medizinschadensache habe ich die Krankenunterlagen zwischenzeitlich durchgesehen und Rücksprache mit beratenden Ärzten gehalten.

Der Vorwurf der ärztlichen Falschbehandlung bleibt aufrechterhalten. Ihrem VN wird vorgeworfen, bei der Operation der Schilddrüse meines Mandanten am 12.01.2002 die Stimmbandnerven infolge mangelnder Sorgfalt verletzt und hierdurch geschädigt zu haben.

Den Behandlungsfehler erblicken wir darin, dass der verletzte Nerv nicht ausreichend geschont wurde. Hierzu wäre es erforderlich gewesen, diesen frei zu präparieren. Die Gegenteilige Auffassung, die Ihr VN und der beratende Arzt Ihres Unternehmens einnehmen, halten wir für falsch. Unseres Erachtens wurde bei der Operation nicht der maßgebliche Standard beachtet und eingehalten.

Bei meinem Auftraggeber hat sich infolge des Operationsfehlers eine bleibende Nervenschädigung herausgebildet. Diese führt zu einer erheblichen Heiserkeit meines Auftraggebers. Zum Nachweis hierüber wird das Attest des behandelnden HNO-Arztes beigefügt. Die vermeidbare Nervenschädigung hat danach zur Folge, dass mein Mandant auf Dauer heiser sein wird und nur noch flüstern kann.

Zur Vermeidung eines Zivilprozesses sollten wir uns auf die Einschaltung der Schlichtungsstelle für Arzthaftpflichtfragen in Hannover verständigen. Die Haftungsfrage kann im vorliegenden Fall nur mithilfe eines medizinischen Sachverständigengutachtens geklärt werden.

Als Alternative kommt in Betracht, dass wir uns auf die Einholung eines Sachverständigengutachtens verständigen. Die Person des Gutachters und der Fragenkatalog müssten abgestimmt werden. Schließlich müsste Einigkeit darüber bestehen, dass die Kosten der Begutachtung, einschließlich etwaiger Fahrtkosten meines Auftraggebers, von Ihrem Unternehmen übernommen werden.

Ihrer unverzüglichen Stellungnahme zu meinen Vorschlägen sehe ich mit Interesse entgegen.

Mit freundlichen Grüßen

▀▀▀

Rechtsanwalt

c) Muster: Schreiben an die gegnerische Haftpflichtversicherung mit der Unterbreitung eines Vergleichsvorschlages

Versicherung für Ärzte ▀▀▀

Betr.: Meine Mandantin ▀▀▀

Sehr geehrte Damen und Herren,

in der o.g. Medizinschadensache habe ich die Krankenunterlagen zwischenzeitlich durchgesehen und Rücksprache mit beratenden Ärzten gehalten.

Der Vorwurf der ärztlichen Falschbehandlung bleibt danach aufrechterhalten. Ihrem VN wird vorgeworfen, bei der Injektionsbehandlung meiner Auftraggeberin nicht die gebotene Sorgfalt beachtet zu haben.

Es steht unstreitig fest, dass meine Mandantin unmittelbar nach der Injektion in den Schulter-Hals-Bereich über akute Luftnot klagte. Ihr VN sorgte dafür, dass meine Auftraggeberin unverzüglich in ein Krankenhaus verbracht wurde. Dort wurde festgestellt, dass es infolge der Injektion zu einem Pneumothorax gekommen war.

Die stationäre Behandlung dauerte neun Tage und meine Mandantin wurde in der Folgezeit für zwei Wochen krankgeschrieben. Anscheinend ist die Komplikation in dieser Zeit folgenlos ausgeheilt.

Wir stehen auf dem Standpunkt, dass die Komplikation vermeidbar gewesen wäre. Hinzu kommt, dass es Ihr VN nachweislich versäumt hat, meine Mandantin vor der Behandlung auf das Risiko eines Pneumothorax hinzuweisen.

Wenn ein derartiger Hinweis erteilt worden wäre, hätte sich meine Auftraggeberin gegen die Injektionsbehandlung ausgesprochen. Vielmehr hätte sich meine Mandantin bei erfolgter Risikoaufklärung für eine Fortsetzung der insoweit ungefährlichen Medikamentenbehandlung entschieden.

Unter Zurückstellung erheblicher Bedenken ist meine Mandantin dazu bereit, sich kurzfristig und ohne Einholung eines Gutachtens auf den Abschluss eines außergerichtlichen Vergleiches zu verständigen. Voraussetzung hierfür wäre, dass ein Schmerzensgeld in Höhe von € 3.000,00 gezahlt wird und dass sämtliche Kosten des Unterzeichners (VVG 2,5 nach € 3.000,00) von Ihrem Unternehmen übernommen werden.

Meine Mandantin war nicht nur über einen Zeitraum von drei Wochen beeinträchtigt und musste Schmerzen und andere Unannehmlichkeiten über sich ergehen lassen, sondern Sie hatte in der ersten Phase nach Eintritt der vermeidbaren Komplikation wegen der akuten Luftnot Todesängste. Deshalb ist ein Schmerzensgeld in Höhe von € 3.000,00 ohne weiteres angemessen. Darüber hinaus haben wir uns bei der Bemessung des Schmerzensgeldes an den beiden in der Beck´schen Schmerzensgeld-Tabelle (4. Auflage) auf Seite 305 dargestellten Urteilen des Amtsgerichts Kiel und des Landgerichts Bad Kreuznach orientiert.

Es wird darüber hinaus zu bedenken gegeben, dass die Schmerzensgelder in Deutschland der Höhe nach in Bewegung geraten sind (vgl. hierzu: Jaeger/Luckey, Schmerzensgeld). Deshalb können Urteile, die in anscheinend (!) ähnlichen Fällen gefällt wurden, nach Meinung des Unterzeichners nur als eine grobe Orientierungshilfe herangezogen werden. Maßgeblich ist und muss der Einzelfall sein.

Das vorliegende Vergleichsangebot wird befristet bis zum 31.03.2005. Sollte die Frist ergebnislos verstreichen, werde ich meiner Mandantin dazu raten, mich mit der Erhebung einer Klage zu beauftragen.

Mit freundlichen Grüßen

■■■

Rechtsanwalt

83 d) Muster: Schreiben an die gegnerische Haftpflichtversicherung nach Abschluss des Schlichtungsverfahrens bzw. eines Verfahrens bei der Gutachterkommission mit der Aufforderung, den Schadensersatzanspruch dem Grunde nach anzuerkennen

Versicherung für Ärzte

Betr.: ■■■ gegen Dr. ■■■

Sehr geehrte Damen und Herren,

in der o.g. Medizinschadensache ist das Schlichtungsverfahren bzw. das Verfahren vor der zuständigen Gutachterkommission nunmehr abgeschlossen.

Die von der Schlichtungsstelle bzw. Gutachterkommission veranlasste Begutachtung hat den von uns erhobenen Vorwurf der Falschbehandlung bestätigt.

Ihr Unternehmen wurde abschließend von der Schlichtungsstelle bzw. Gutachterkommission angeschrieben und es wurde empfohlen, eine Schadenregulierung auf der Grundlage des Ergebnisses des Verfahrens durchzuführen.

Zur Vermeidung eines Zivilprozesses wird Ihr Unternehmen hiermit aufgefordert, die Schadensersatzpflicht dem Grunde nach anzuerkennen. Hierzu wird eine Frist bis zum

■■■

gesetzt.

Sollte die Frist ergebnislos verstreichen, würde dem Mandanten die Erhebung einer Zivilklage angeraten werden.

Mit freundlichen Grüßen

■■■

Rechtsanwalt

X. Schlichtungsantrag bzw. Antrag auf Entscheidung der Gutachterkommission

1. Anrufung der Schlichtungsstelle oder Gutacherkommission

Die örtlich zuständige **Schlichtungsstelle** oder **Gutacherkommission** kann grundsätzlich jederzeit – von jedermann – angerufen werden. Ausgeschlossen sind „Altfälle". gegebenenfalls muss sich nach den jeweils geltenden Ausschlussfristen erkundigt werden.[32] Auch darf weder ein Zivilverfahren noch ein Ermittlungsverfahren bei der zuständigen Staatsanwaltschaft in derselben Angelegenheit anhängig sein. Die **Statuten** sollten deshalb bekannt sein, bevor sich der Anwalt, im Einvernehmen mit dem Mandanten und der Gegenseite, mit einer solchen Einrichtung in Verbindung setzt. Dies auch wegen der Frage der Auswirkung des Verfahrens auf die Verjährungsfrist. Nicht immer gehen derartige Verfahren mit einer **Hemmung der Verjährungsfristen** im Verhältnis zu allen Beteiligten einer möglichen ärztlichen Falschbehandlung einher. So weist etwa die Gutachterkommission bei der Ärztekammer Nordrhein in ihren Statuten darauf hin, dass bei einer zu überprüfenden Krankenhausbehandlung die Beteiligten des Verfahrens lediglich der Patient und der verantwortliche Arzt, nicht aber der Krankenhausträger sind. Deshalb würde ein Verfahren vor dieser Einrichtung, bei dem es um eine Falschbehandlung im stationären Bereich geht, im Verhältnis zum Krankenhausträger nicht mit einer Hemmung der Verjährungsfrist einhergehen.

84

Der Anwalt muss also einerseits durch eine Überprüfung der Statuten der jeweiligen Einrichtung und andererseits durch entsprechende Absprachen mit den Gegnern, vor allem den beteiligten Haftpflichtversicherern, sicherstellen, dass das Verfahren mit einer umfassenden Hemmung der Verjährungsfristen im Verhältnis zu allen Beteiligten einhergeht.

85

2. Durchführung des Verfahrens

So mancher Mandant denkt bei einem Schlichtungsverfahren an ein Verfahren einschließlich mündlicher Verhandlung und abschließendem, verbindlichem Schiedsspruch. Dabei handelt es sich bei diesen Verfahren lediglich um ein schriftliches Verfahren und es endet nur mit einer für beide Seiten **unverbindlichen Empfehlung**. Dies muss dem Mandanten erläutert werden, damit keine falschen Erwartungen geweckt werden. Eben deshalb sollten die Statuten der Einrichtung nicht nur dem Anwalt, sondern auch dem Mandanten bekannt sein.

86

a) Einverständnis der Gegenseite

Ein Schlichtungsverfahren bzw. ein Verfahren vor einer Gutachtenkommission kann nur dann durchgeführt werden, wenn auch die Gegenseite hiermit einverstanden ist. Diese Frage wird zwar von der jeweiligen Einrichtung von Amts wegen geprüft bzw. geklärt. Um indes keine unnötige Zeit zu verlieren, sollte dieser Punkt vor Anrufung der jeweiligen Stelle geklärt sein. Lassen Sie sich deshalb von der Gegenseite **im Vorwege** eine schriftliche Zustimmungserklärung zusenden und fügen Sie diese dem Schlichtungsantrag bzw. dem Antrag auf Begutachtung als Anlage bei.

87

---

[32] Vgl. Ehlers/Broglie, Rn. 493ff.

b) Einreichung von Unterlagen

88 Darüber hinaus müssen neben dem Antragsschreiben bestimmte **Formulare** (Vordrucke) der jeweiligen Einrichtung eingereicht werden. Der Anwalt sollte auch diese Dokumente im Vorwege anfordern und auch diese – vom Mandanten ausgefüllt und unterzeichnet – seinem Schreiben an die Einrichtung beifügen. Wenn die Vordrucke dem Mandanten zugehen, sollte auf diesen markiert werden, welche Spalten der Mandant nicht ausfüllen muss, da der Anwalt die jeweiligen Angaben in seinem Antragsschreiben machen wird. Nicht der Mandant, sondern der Anwalt sollte darlegen, wann der Mandant Kenntnis vom Schaden hatte und welche Ansprüche – dem Grunde nach – geltend gemacht werden. Im Übrigen fühlt sich der Mandant insoweit ohnehin überfragt und überfordert. Müssten die Mandanten diese Angaben machen, würde so mancher verunsichert bei seinem Anwalt anrufen, Fragen stellen oder sich einen Besprechungstermin geben lassen, um diese mit ihm persönlich zu erörtern. Diese Zeit kann durch die vorgeschlagene Vorgehensweise gespart werden.

c) Angaben zur Höhe der Ansprüche

89 Für nicht sinnvoll ist es zu halten, Angaben zur Höhe der Ansprüche zu machen. Dies ist selbst dann, wenn danach ausdrücklich gefragt wird, auch nicht erforderlich. Das Schlichtungsverfahren bzw. das Verfahren vor einer Gutachtenkommission dient allein dem Zweck, die Frage der **Haftung dem Grunde nach** zu klären. Über die Höhe sollte erst nach Abschluss des Verfahrens – selbstverständlich in Absprache mit dem Mandanten – verhandelt werden. Die Schlichtungsstelle bzw. die Gutachterkommission äußert sich zu diesen Fragen ohnehin in der Regel nicht.

d) Belehrung des Mandanten in der Stellungnahme

90 Die abschließende ausführliche Stellungnahme beispielsweise der Schlichtungsstelle Hannover, die an diejenige Seite versandt wird, zu deren Ungunsten die Begutachtung ausgefallen ist, wird mit keinerlei Belehrung versehen. Man kann dieser Entscheidung gleichwohl binnen eines Monats widersprechen. In der Regel wird das Verfahren daraufhin nicht wieder in Gang gesetzt, es sei denn, man bringt neue Gesichtspunkte und Tatsachen vor. Dies könnte aber auch noch nach Ablauf dieser Monatsfrist geschehen. Dem gegenüber kann der Bescheid einer Gutachterkommission mit der Maßgabe angefochten werden, dass ein so genannter Kommissionsentscheid beantragt wird. Das Verfahren endet dann mit eben diesem Kommissionsentscheid.

3. Vor- und Nachteile des Verfahrens vor der Schlichtungsstelle oder Gutacherkommission

91 Der Vorteil dieser Verfahren liegt, abgesehen von der **Kostenfreiheit** für den Mandanten bzw. der gegebenenfalls dahinter stehenden Rechtsschutzversicherung, für den Rechtsanwalt darin, dass die von ihm angerufene Einrichtung sämtliche Krankenunterlagen beizieht, einen (hoffentlich) geeigneten Gutachter ausfindig macht, dessen Person vor seiner Beauftragung mit den Beteiligten abstimmt, einen Gutachtenauftrag formuliert und auch diesen mit den Beteiligten abstimmt und schließlich das Gutachten überprüft, wobei beide Seiten Gelegenheit haben, zum Gutachten Stellung zu nehmen und Anträge zu stellen, bis dann eine – für beide Seiten unverbindliche – abschließende

Stellungnahme zum Schadenfall abgegeben wird. Der Nachteil kann darin erblickt werden, dass die Verfahren ein bis eineinhalb Jahre dauern und dass es sich bei ihnen, bis zuletzt, um rein schriftliche Verfahren handelt. Bei unterschiedlichen Sachverhaltsschilderungen sind die Möglichkeiten der Klärung für diese Einrichtungen deshalb selbstverständlich eingeschränkt. Dies gilt somit vor allem für streitige Fragen im Zusammenhang mit der Aufklärung.

Der Anwalt begeht aber mit Sicherheit keinen grundlegenden Fehler, wenn er sich an eine solche Einrichtung wendet. Diese Verfahren sind nicht etwa überflüssig oder von vorneherein – aus der Sicht des Patienten – zum Scheitern verurteilt. Dies wird zwar gelegentlich behauptet und als Begründung ausgeführt, weil Träger dieser Einrichtungen die Landesärztekammern seien, könne man bei diesen Einrichtungen als Patient bzw. als deren Rechtsanwalt ohnehin nicht in deren Neutralität vertrauen. Solange aber die Verfahren vor diesen Einrichtungen aus Patientensicht mehr oder weniger dieselbe „Erfolgsquote" wie Gerichtsverfahren haben, wenn man diese an dem Ergebnis der Begutachtung festmacht, ist es nicht gerechtfertigt, diese Einrichtungen pauschal schlecht zu reden. Es ist den Versuch wert, wenn man darunter den außergerichtlichen Versuch einer Klärung der Haftungsfrage versteht, ein solches Verfahren anzustrengen.

92

Dies gilt erst recht dann, wenn der Rechtsanwalt keine ausreichenden Möglichkeiten hat, den Fall in medizinischer Hinsicht anderweitig zu prüfen, und wenn der Mandant aus Kostengründen ein Gerichtsverfahren scheut. Dass die Haftpflichtversicherungen auch bei einem für den Patienten positiven Ausgang des Verfahrens gleichwohl nicht selten damit fortfahren, die Haftung zu bestreiten, sollte einen ebenfalls nicht von einem derartigen Verfahren abhalten. Kommt es dann nämlich zum Arzthaftungsprozess, kann zum einen der Klage ein für den Mandanten und sein Anliegen positives Sachverständigengutachten beigefügt werden. Zum anderen kann von Fall zu Fall dargelegt werden, dass die Versicherung die Schadenregulierung unnötig hinauszögert. Letzteres kann sich unter Umständen für den Mandanten bei der Bemessung des Schmerzensgeldes durch das Gericht positiv auswirken.

93

4. Auswirkung des vorgeschalteten Schlichtungsverfahrens auf den Arzthaftungsprozess

Die Ausgangslage zu Beginn eines Arzthaftungsprozesses nach Abschluss eines für den Mandanten positiven Schlichtungsverfahrens ist mit Sicherheit besser und Erfolg versprechender, als wenn man den Vorwurf der Falschbehandlung lediglich einfach erheben und sich zum Beweis für die Richtigkeit der Behauptungen auf die Einholung eines gerichtlichen Sachverständigengutachtens berufen würde. Ein abgeschlossenes Schlichtungsverfahren bzw. Verfahren vor einer Gutachterkommission stellt im Übrigen **kein** vorgelagertes **Güteverfahren** im Sinne von § 278 Abs. 2 S. 1 ZPO dar, denn es handelt sich hierbei um ein rein schriftliches Verfahren und es dient grundsätzlich „nur" der Klärung des Haftungsgrundes.

94

Die **Fahrtkosten**, die dem Mandanten unter Umständen dadurch erwachsen, dass dieser vom Sachverständigen zum Zwecke der Begutachtung einbestellt wird, werden beispielsweise bei einem Verfahren vor der Schlichtungsstelle für Arzthaftpflichtfragen in

95

Teichner

Hannover von dieser Einrichtung erstattet. Allerdings müssen **Fristen** bei der Geltendmachung dieser Kosten beachtet werden. Auch aus diesem Grund müssen die Statuten der jeweiligen Einrichtung bekannt sein. Der Anwalt sollte, damit er sich nicht womöglich hinsichtlich der Fahrtkosten gegenüber seinem Mandanten schadensersatzpflichtig macht, diesen dahingehend anschreiben, dass er sich um diese Frage selbst und eigenverantwortlich kümmern soll.

96 In Schadensfällen, die im Zusammenhang mit einer Behandlung Ihres Mandanten bei einem Zahnarzt stehen, kommen ebenfalls grundsätzlich Schlichtungsverfahren in Betracht. Hierzu müssten Sie sich allerdings mit der zuständigen **Zahnärztekammer** in Verbindung setzen. Auch diese Verfahren setzen das Einverständnis der Gegenseite voraus. Die Verfahren sind zwar nicht kostenlos, aber lediglich mit relativ geringen Kosten für den Mandanten verbunden. In Hamburg fallen durchschnittlich Kosten zwischen € 105,00 und € 255,00 an, je nachdem, ob ein Gutachten eingeholt wird oder nicht. Die günstigen Kosten lassen sich damit erklären, dass sich die jeweilige Zahnärztekammer an den Kosten eines solchen Verfahrens beteiligt. Die Verfahren gehen mit einer Anhörung der Parteien einher. Den Vorsitz hat ein Rechtsanwalt inne; als Beisitzer fungieren zwei Zahnärzte.

97 Am Ende des Verfahrens kann man entscheiden, ob man sich dem Schlichtungsspruch unterwirf oder nicht. Grundsätzlich sollte man eine derartige Unterwerfungserklärung nicht abgeben. Der Rechtsweg sollte auch nach Abschluss eines solchen Verfahrens für den Mandanten offen bleiben. Bedenken Sie im Übrigen, dass Fachärzte für Kieferchirurgie keine Zahnärzte sondern Ärzte sind. Gegen sie kann deshalb ein solches Verfahren nur vor der zuständigen Schlichtungsstelle oder Gutachterkommission durchgeführt werden.

5. Muster zum Verfahren vor der Schlichtungsstelle oder Gutacherkommission

98 a) Muster: Antrag bei der Schlichtungsstelle für Arzthaftpflichtfragen

Schlichtungsstelle für Arzthaftpflichtfragen

Sehr geehrte Damen und Herren,

für meinen Mandanten ▬▬▬ (Name und Anschrift) wird hiermit

Schlichtungsantrag

gegen den Arzt ▬▬▬ (Name und Anschrift) gestellt.

Der zuständige Haftpflichtversicherer hat sich mit der Durchführung des Schlichtungsverfahrens einverstanden erklärt; das entsprechende Schreiben wird in Fotokopie beigefügt.

Dem Antrag liegt der folgende Sachverhalt zugrunde:

Der Antragsgegner (AG) führte beim Antragsteller (AST) am 10.01.2005 im Krankenhaus Z, in dem der AG über Belegbetten verfügt, eine Operation im Bereich der rechten Achsel durch. Die Operation diente dem Zweck, einen vergrößerten Lymphknoten zu entfernen.

Nach der Operation musste der AST feststellen, dass er seinen rechten Arm nicht mehr normal heben, bewegen und gebrauchen konnte. Hinzu kamen Taubheitsgefühle im Bereich der ganzen rechten Hand.

Die Beeinträchtigungen bestehen bis in die Gegenwart hinein und bereiten dem AST darüber hinaus ständige Schmerzen. Der AST kann seine Arbeit als Maschinenschlosser nicht mehr ausüben.

Gegenüber dem AG wird der Vorwurf der Falschbehandlung erhoben. Dem AG wird angelastet, dass er es bei Durchführung der Operation pflichtwidrig unterlassen hat, den im Operationsbereich verlaufenden Nerven darzustellen und ausreichend zu schonen. Dies hätte dem Standard entsprochen. Insoweit ist die gebotene Sorgfalt nicht beachtet und eingehalten worden.

Dieser Fehler bzw. dieses Versäumnis des AG hat dazu geführt, dass es beim AST zur Ausbildung einer vermeidbaren irreversiblen Nervenschädigung gekommen ist. Insoweit liegt ein Dauerschaden vor. Der Arm des AST ist erheblich gebrauchsgemindert. Es steht zu befürchten, dass hierdurch die Erwerbsfähigkeit des AST im Laufe der Zeit in Mitleidenschaft gezogen wird. Als Folgeschaden droht die vorzeitige Erwerbsunfähigkeit des AST.

Um die Begutachtung des Schadenfalles durch einen qualifizierten Sachverständigen wird höflich gebeten.

Der übliche Fragebogen und die übliche Schweigepflichtentbindungserklärung werden jeweils in zweifacher Ausfertigung beigefügt; ebenso eine vom AST auf den Unterzeichner ausgestellte Vollmacht. Es wird schließlich um eine Eingangsbestätigung sowie um die Mitteilung des Aktenzeichens gebeten.

Mit freundlichen Grüßen

■■■

Rechtsanwalt

b) Muster: Widerspruch gegen das Ergebnis eines Schlichtungsverfahrens

Schlichtungsstelle für Arzthaftpflichtfragen

Schlichtungsverfahren Aktenzeichen ■■■

hier: Widerspruch bzw. Antrag auf Fortsetzung des Verfahrens

Sehr geehrte Damen und Herren,

in der o.g. Schlichtungsangelegenheit bestätige ich den Erhalt der abschließenden Stellungnahme der Schlichtungsstelle zum Schadenfall.

Aufgrund des Ergebnisses der Begutachtung gelangt die Schlichtungsstelle zu dem Ergebnis, dass der AST seinerzeit vom AG standardgemäß behandelt wurde. Zu den Komplikationen soll es ausschließlich aus schicksalhaften Gründen gekommen sein.

Das Votum der Schlichtungsstelle wird von uns nicht akzeptiert. Namens in Vollmacht des AST wird hiermit Widerspruch gegen das Ergebnis des Schlichtungsverfahrens eingelegt.

Der Vorwurf der Falschbehandlung wird uneingeschränkt aufrechterhalten.

Das Verfahren muss fortgeführt werden, denn zwischenzeitlich liegen neue Erkenntnisse vor. Das verschwundene Röntgenbild vom 10.10.2002 hat sich wieder eingefunden. Es war vom Hausarzt des AST verlegt worden und wird als Anlage diesem Schreiben beigefügt.

Auf dem Röntgenbild ist der Krebstumor bereits zu erkennen. Demzufolge ist die gegenteilige Behauptung des AG falsch und widerlegt, wonach auf diesem vorübergehend verschwundenen Röntgenbild angeblich kein krankhafter Befund zu erkennen war. Die entsprechende Dokumentation in den Aufzeichnungen des AG ist damit nachweislich falsch.

Die Schlichtungsstelle wird darum gebeten, das Verfahren fortzusetzen bzw. wieder aufzunehmen. Es muss ein weiteres Gutachten eingeholt werden. Dabei ist nunmehr das Röntgenbild vom 10.10.2002 mit einzubeziehen.

Es ist nicht sinnvoll, den ursprünglichen Sachverständigen mit einer weiteren Ergänzung seines Gutachtens zu beauftragen. Es besteht die begründete Besorgnis der Befangenheit. Hierzu waren bereits in der Vergangenheit ausführliche Darlegungen getätigt worden, auf die zur Vermeidung von Wiederholungen Bezug genommen wird.

Mit freundlichen Grüßen

Rechtsanwalt

c) Muster: Antrag auf Durchführung eines Verfahrens vor der Gutachterkommission

Gutachterkommission für Fragen ärztlicher Haftpflicht

Sehr geehrte Damen und Herren,

hiermit zeige ich die anwaltliche Vertretung der/des Mandantin/Mandanten an.

Für meinen Mandanten stelle ich hiermit

Antrag auf Begutachtung und Bescheidung.

Der Vorwurf der ärztlichen Falschbehandlung richtet sich gegen den ehemaligen Arzt meiner Mandantin/meines Mandanten (Name und Anschrift des Arztes). Dieser ist bei der Versicherungsgesellschaft (Name) haftpflichtversichert. Arzt und Versicherung haben sich mit der Durchführung des Verfahrens einverstanden erklärt. Das betreffende Schreiben der Versicherung wird in Fotokopie beigefügt.

Dem gegnerischen Arzt wird vorgeworfen, dass eine erhebliche Unfallverletzung übersehen wurde. Der Antragsteller hatte am 20.02.2005 einen Privatunfall erlitten und sich dabei im Bereich des rechten Fußes verletzt. Der Antragsgegner wurde daraufhin aufgesucht und um Untersuchung und Behandlung gebeten. Der Antragsgegner fertigte u.a. ein Röntgenbild an und teilte dem Antragsteller mit, dass dieser lediglich eine Bänderdehnung erlitten hätte.

Später stellte sich indes heraus, dass der Antragsteller in Wahrheit einen operationspflichtigen Bänderriss davon getragen hatte. Diese Diagnose wurde von einem nachbehandelnden Arzt vier Monate nach dem Unfall und der Erstkonsultation des Antragsgegners gestellt. Eine Operation war zu diesem Zeitpunkt nicht mehr möglich bzw. sinnvoll.

Die Fehldiagnose und die deshalb unterbliebe Operation hat dazu geführt, dass eine Bandlockerung verblieben ist, die den Antragsteller erheblich beeinträchtigt. Wäre die Verletzung sofort richtig erkannt und behandelt (operiert) worden, dann wäre beim Antragsteller eine restitutio ad integrum eingetreten.

Der Antragsgegner hat bei der Behandlung des Antragstellers die gebotene Sorgfalt bzw. den maßgeblichen Standard nicht beachtet und eingehalten. Der Bänderriss hätte erkannt werden müssen. Deshalb hat sich der Antragsgegner dem Antragsteller gegenüber schadensersatzpflichtig gemacht.

Um Begutachtung wird gebeten. Die üblichen Vordrucke wurden vom Antragsteller ausgefüllt und unterzeichnet und werden diesem Antragsschreiben beigefügt. Ich bitte um eine Eingangsbestätigung sowie um die Mitteilung des Aktenzeichens.

Mit freundlichen Grüßen

■■■

Rechtsanwalt

d) Muster: Antrag auf Kommissionsentscheid

Gutachterkommission für Fragen ärztlicher Haftpflicht

■■■ gegen Dr. ■■■

hier: Antrag auf Kommissionsentscheid

Sehr geehrte Damen und Herren,

in der o.g. Angelegenheit wird um Kommissionsentscheid gebeten.

Das Gutachten enthält in wichtigen Teilen Fehler, die nicht akzeptiert werden können. Darüber hinaus lagen dem Sachverständigen anscheinend nicht sämtliche Krankenunterlagen vor. Insbesondere wird gerügt, dass sich der Gutachter in keiner Weise mit dem Röntgenbild vom 19.01.2002 auseinandergesetzt hat. Auf diesem Bild war die später diagnostizierte Krebsgeschwulst bereits zu erkennen.

Nicht akzeptiert werden kann darüber hinaus, dass sich der Sachverständige ungefragt mit der Frage der ordnungsgemäßen Aufklärung auseinandersetzt. Nach Ansicht des Gutachters wurde der Mandant über alle relevanten Risiken des Eingriffs aufgeklärt. In diesem Zusammenhang kann der Sachverständige überhaupt keine Feststellungen treffen, denn er war bei dem Aufklärungsgespräch nicht zugegen. Allenfalls kann der Gutachter eine Beurteilung bzw. Einschätzung darüber abgeben, ob die dokumentierte Aufklärung dem Standard entspricht.

Mit freundlichen Grüßen

■■■

Rechtsanwalt

XI. Der Vergleich

1. Allgemeines

102 Auch beim Abschluss eines Vergleiches in einer Arzthaftungsangelegenheit muss der Anwalt in besonderem Maße auf die Formulierung des Textes achten, denn es geht um die möglicherweise endgültige Entschädigung des Mandanten für eine Schädigung seines Körpers und seiner Gesundheit.

2. Besprechung des Inhalts mit dem Mandanten

103 Mit dem Mandanten muss ausführlich der Inhalt und die Bedeutung des geplanten Vergleiches besprochen werden. Der Inhalt der Besprechung sollte unbedingt schriftlich festgehalten werden, entweder in Form eines Aktenvermerks oder eines entsprechenden Anschreibens an den Mandanten. Dieser sollte den endgültigen Text der Vereinbarung ausdrücklich genehmigt haben, bevor der Vergleich wirksam mit der Gegenseite geschlossen wird. Dasselbe gilt, vor allem in Bezug auf die Kostenregelung, hinsichtlich einer etwa beteiligten Rechtschutzversicherung.

a) Generalquittung

104 Wird eine **Generalquittung** vereinbart, worauf die Haftpflichtversicherungen bekanntlich sehr großen Wert legen, so sollte bei der Formulierung der Vereinbarung nicht so weit gegangen werden, dass auch Ansprüche des Mandanten **für nicht vorhersehbare Spätschäden** abgegolten sind. Eine solche Klausel birgt sowohl für den Mandanten, als vor allem auch für den Anwalt ein schwer kalkulierbares Risiko.

b) Einkommensschaden

105 Bei Zahlung von Schadensersatz auf einen geltend gemachten **Einkommensschaden** muss bedacht werden, dass dieser Abfindungsbetrag der **Steuerpflicht** unterliegt. Auch dies ist mit dem Mandanten zu besprechen und mit der Gegenseite entweder eine Bruttozahlung zu vereinbaren oder eine Einigung zu erzielen, dass die zu entrichtende Steuer gegen Nachweis zusätzlich erstattet wird. Hierdurch kann sich der Anwalt manche spätere Unannehmlichkeit ersparen.

c) Vergleich bei minderjähriger Mandantschaft

106 Bei jungen Mandanten, erst recht bei Kindern, sollte grundsätzlich kein endgültiger Vergleich angestrebt werden. Wird dieser indes von der Mandantschaft ausdrücklich gewünscht, muss der Anwalt sich hierüber schriftlich ausreichend absichern, damit er gegebenenfalls nachweisen kann, dass er den Mandanten bzw. die Sorgeberechtigten ausführlich über die Bedeutung und die etwaige Tragweite der Generalquittung informiert hat.

d) Vergleich unter Vorbehalt

107 Bei einem Vergleich unter Vorbehalt sollte der infolge der Falschbehandlung eingetretene Schaden möglichst genau beschrieben werden, so dass man bei der Formulierung des Vorbehalts hierauf Bezug nehmen kann. Ein **aktuelles Attest**, in dem die zum Zeitpunkt des Vergleiches bekannten körperlichen Schäden und Gebrechen des Mandanten niedergelegt sind und auf das im Vergleich Bezug genommen wird, kann sicherlich

sehr nützlich sein. Es schafft Klarheit darüber, in welcher Situation der Vergleich geschlossen wurde und wovon die Beteiligten beim Abschluss der Vereinbarung ausgegangen sind.

3. Muster zum Vergleich

a) Muster: Vorbehaltloser Vergleich im außergerichtlichen Bereich 108

In der Medizinschadensache des ▀▀▀ gegen den Arzt Dr. ▀▀▀ wird der folgende Vergleich geschlossen:

1. Der Arzt zahlt an den Patienten – ohne Anerkennung einer Rechtspflicht – eine Gesamtentschädigung in Höhe von € 125.000,00. Dieser Betrag setzt sich zusammen aus
   - einer Schmerzensgeldzahlung in Höhe von € 75.000,00,
   - einer Zahlung von € 25.000,00 auf den Schadenposten „vermehrte Bedürfnisse" und schließlich
   - einer Zahlung in Höhe von € 25.000,00 für den erlittenen Einkommensschaden.
2. Die Steuern, die der Patient auf den Betrag in Höhe von € 25.000,00 zu entrichten hat, werden gegen Nachweis zusätzlich vom Arzt übernommen bzw. auf Anforderung hin erstattet.
3. Der Arzt übernimmt die Kosten der anwaltlichen Vertretung des Patienten sowohl hinsichtlich der nunmehr getroffenen Vereinbarung (VVG 4,0 nach € 125.000,00) sowie zusätzlich die Kosten, die im Zusammenhang mit der Erstattung der Steuern entstehen werden (ebenfalls VVG 4,0).
4. Die Parteien erteilen sich wechselseitig Generalquittung.

▀▀▀

b) Muster: Vergleich unter Vorbehalt 109

In der Medizinschadensache des ▀▀▀ gegen den Arzt Dr. ▀▀▀ wird der folgende Vergleich geschlossen:

1. Der Arzt zahlt an den Patienten – ohne Anerkennung einer Rechtspflicht – eine Gesamtentschädigung in Höhe von € 125.000,00. Dieser Betrag setzt sich zusammen aus einer Schmerzensgeldzahlung in Höhe von € 75.000,00, einer Zahlung von € 25.000,00 auf den Schadenposten „vermehrte Bedürfnisse" und schließlich einer Zahlung in Höhe von € 25.000,00 für den erlittenen Einkommensschaden.
2. Die Steuern, die der Patient auf den Betrag in Höhe von € 25.000,00 zu entrichten hat, werden gegen Nachweis zusätzlich vom Arzt übernommen bzw. auf Anforderung hin erstattet.
3. Der Arzt übernimmt die Kosten der anwaltlichen Vertretung des Patienten sowohl hinsichtlich der nunmehr getroffenen Vereinbarung (VVG 4,0 nach € 125.000,00) sowie zusätzlich die Kosten, die im Zusammenhang mit der Erstattung der Steuern entstehen werden (ebenfalls VVG 4,0).
4. Mit diesem Vergleich sind sämtliche bisherigen Ansprüche sowie solche zukünftigen Ansprüche des Patienten abgegolten, die bereits absehbar sind. Unberührt vom Vergleich bleiben dem gegenüber Verschlechterungen im Gesundheitszustand des Patienten, die auf die Falschbehandlung zurückgehen und die heute noch nicht absehbar sind. Dem beigefügten Attest des derzeitigen Hausarztes ist zu entnehmen, in welcher

Gesundheitssituation sich der Patient zum Zeitpunkt des Vergleichsabschlusses befunden hat. Der Grad der Behinderung beträgt derzeit 60 % und es wurde das Merkzeichen aG vergeben.

■■■

B. Prozess

I. Klage auf Einsichtnahme

1. Vorbereitung

110 Kommt der Anspruchsgegner oder einer der sonstigen beteiligten Ärzte der Aufforderung, die **Krankenunterlagen** in Fotokopie zuzusenden bzw. bereitzustellen, nicht nach und bietet er auch nicht die Einsichtnahme vor Ort an, kann auf Einsichtnahme geklagt werden. Der Anspruchsgegner muss sich allerdings mit der Gewährung der Einsicht in die Krankenunterlagen bzw. mit der Herausgabe der Fotokopien tatsächlich und **nachweislich in Verzug** befinden. Der Tagespresse war im September 2004 zu entnehmen, dass nach Angaben des Deutschen Verbandes für Post und Telekommunikation täglich bis zu 70.000 Briefe und 2.000 Pakete verloren gehen. Den Verzug wird der Anwalt deshalb grundsätzlich nur dadurch nachweisen können, dass der verantwortliche Anspruchsgegner von ihm per Einschreiben gegen Rückschein angeschrieben und um Einsichtnahme bzw. um Zusendung der Behandlungsunterlagen in Fotokopie gebeten wurde. Als Alternative kommt selbstverständlich in Betracht, dass der Anwalt sich den Erhalt des Briefes (telefonisch) bestätigen lässt.

2. Zuständigkeit und Streitwert

111 Zuständig für die Klage dürfte im Regelfall das Amtsgericht im Bezirk des Anspruchsgegners sein. Der Streitwert einer solchen Klage wird erfahrungsgemäß von den Gerichten auf jedenfalls unter € 5.000 festgesetzt. Der Wert einer solchen Klage sollte grundsätzlich auf € 1.500,00 veranschlagt werden. Die Gegenseite versucht dann häufig, spätestens wenn es zur antragsgemäßen Verurteilung gekommen ist oder wenn der Rechtsstreit mit einer Erledigungserklärung oder einem Anerkenntnis geendet hat, den Wert auf z.B. € 500,00 festsetzen zu lassen, zum Teil leider mit Erfolg.

3. Besonderheiten der Vollstreckung

112 Die Vollstreckung eines solchen Titels ist nicht einfach, schließlich handelt es sich hierbei auch für den Gerichtsvollzieher mit Sicherheit nicht um dessen „täglich Brot". Es reicht in der Regel aus, dem Gerichtsvollzieher einen bestimmten Betrag zu überlassen, damit er diesen bereit halten und die fotokopierte Krankenakte in der Praxis des verantwortlichen Arztes Zug um Zug gegen Zahlung der Vergütung in Empfang nehmen kann. Auf den Gerichtsvollzieher muss im Regelfall keine gesonderte Entbindungserklärung von der Schweigepflicht ausgestellt werden. Ihm können notfalls die Unterlagen in einem geschlossenen Umschlag ausgehändigt werden.

4. Muster: Klage auf Einsichtnahme in Krankenunterlagen

Amtsgericht ▪▪▪

Klage

des ▪▪▪ (Kläger)

gegen

Dr. ▪▪▪ (Beklagter)

wegen: Einsichtnahme in Krankenunterlagen bzw. Herausgabe von Fotokopien

vorläufiger Streitwert: EUR 1.500

Namens und in Vollmacht des Klägers wird hiermit Klage erhoben und beantragt:
1. Der Beklagte wird verurteilt, dem Kläger dadurch Einsicht in die von dem Beklagten gefertigten, den Kläger betreffenden Behandlungsunterlagen zu gewähren, dass der Beklagte Fotokopien der gesamten, den Kläger betreffenden Behandlungsunterlagen anfertigt und diese, Zug um Zug gegen Kostenerstattung von EUR 0,50 je Fotokopie, an den Kläger herausgibt.
2. Der Beklagte trägt die Kosten des Rechtsstreits.

Es wird vorweg beantragt, das schriftliche Vorverfahren gemäß § 276 Abs. 1 ZPO anzuordnen.

Sollte der Beklagte nicht rechtzeitig anzeigen, sich gegen die Klage verteidigen zu wollen, wird bereits jetzt der Erlass eines Versäumnisurteils gemäß § 331 Abs. 3 ZPO beantragt.

Für den Fall, dass der Beklagte demgegenüber den Anspruch anerkennt, wird hiermit der Erlass eines Anerkenntnisurteils gemäß § 307 Abs. 2 ZPO beantragt.

Begründung
1. Der Kläger befand sich im Oktober 2002 wegen Beschwerden im Bereich des rechten Fußes in der Behandlung des Beklagten. Dieser führte schließlich beim Kläger am 14.10.2002 im Krankenhaus X, in dem der Beklagte über Belegbetten verfügt, eine Operation des rechten Fußes durch.

Nach der Operation kam es zu einer erheblichen Verschlechterung der gesundheitlichen Situation des Klägers; unter anderem traten Taubheitsgefühle im operierten Fuß auf, die zuvor nicht bestanden hatten. Beim Kläger entwickelte sich eine schmerzhafte dauerhafte Bewegungsstörung im Bereich des ganzen rechten Beines. Schließlich kam es zur Ausbildung einer Thrombose, weshalb sich der Kläger in der Zeit vom 19.11. bis 01.12.2002 in das Krankenhaus Y zur stationären Behandlung begeben musste. Der Kläger leidet seither an einem postthrombotischen Syndrom.

Beweis:
1. Entlassungsbrief Krankenhaus Y
2. Attest des Hausarztes
3. Sachverständigengutachten

Der Kläger hat den Verdacht, dass er vom Beklagten falsch behandelt und hierdurch geschädigt wurde. Die Thrombose wäre wahrscheinlich vermeidbar gewesen.

Deshalb wurde der Klägervertreter eingeschaltet. Dieser schrieb daraufhin den Beklagten am 24.04.2003 an und bat diesen, unter Beifügung einer Entbindungserklärung von der Schweigepflicht im Original, um die Zusendung der Krankenunterlagen in Fotokopie, die vom Beklagten über den Kläger angefertigt worden sind. Dem Beklagten wurde eine Frist bis zum 08.05.2003 gesetzt.

Beweis:
1. Schreiben vom 24.04.2003 Anlage K 1
2. Erklärung vom 18.04.2003 Anlage K 2

Der Beklagte bzw. dessen Praxis reagierte mit einem Schreiben vom 04.05.2003. Die Zusendung der Unterlagen wurde angekündigt. Allerdings blieb es in der Folgezeit bei dieser Ankündigung.

Der Beklagte wurde sodann mit Schreiben vom 16.05.2003 unter nochmaliger Fristsetzung bis zum 28.05.2003 aufgefordert, die fotokopierte Krankenakte zur Verfügung zu stellen.

Beweis: Schreiben vom 16.05.2003 Anlage K 3

Auch diese Frist ließ der Beklagte ungenutzt verstreichen, weshalb nunmehr Klage erhoben wird.
3. Der Beklagte ist antragsgemäß zu verurteilen. Der Kläger hat einen Anspruch auf Herausgabe der fotokopierten Krankenakte.

Der BGH hat mit Grundsatzurteil vom 23.11.1982 das Einsichtsrecht des Patienten in die über ihn angefertigten Behandlungsunterlagen bestätigt. Diese Einsicht kann auch in der Form geltend gemacht werden, dass die Herausgabe von Fotokopien gegen Kostenerstattung verlangt wird. Der Patient muss allerdings ein berechtigtes Interesse an der Einsichtnahme bzw. Herausgabe haben (BGH NJW 1983, 328 ff.).

Der Kläger hat das erforderliche berechtigte Interesse an der Einsichtnahme in die Unterlagen, die der Beklagte über ihn im Zusammenhang mit der streitbefangenen Behandlung angefertigt hat, denn der Kläger hat den Verdacht einer Falschbehandlung. Dies ist dem Beklagten mit dem Schreiben Anlage K 1 auch mitgeteilt worden. Ohne die Einsichtnahme kann diesem Verdacht nicht nachgegangen werden. Bestätigt sich der Verdacht, so stehen dem Kläger unter Umständen Schadensersatz- und Schmerzensgeldansprüche gegenüber dem Beklagten zu.

Der Beklagte befindet sich mit der Herausgabe der fotokopierten Krankenakte seit dem 29.05.2003 in Verzug; deshalb sind ihm auch die Kosten des Rechtsstreits aufzuerlegen.

■■■

Rechtsanwalt

II. Selbstständiges Beweisverfahren

1. Anwendbarkeit in Arzthaftungsstreitigkeiten

114 Mit seiner Grundsatzentscheidung vom 21.01.2003 hat der BGH klargestellt, dass grundsätzlich auch in Arzthaftungsstreitigkeiten die Durchführung eines selbstständigen Beweisverfahrens möglich ist.[33] Bis zu dieser Entscheidung war diese Frage höchst

---

33 BGH NJW 2003, 1741 f.

kontrovers diskutiert und entschieden worden. Es bestanden vor allem Bedenken dagegen, dass in einem solchen Verfahren die Begutachtung auf der Basis von ungesicherten Erkenntnissen erfolgt.[34]

Typische Fälle aus dem Bereich der Arzthaftung, bei denen bereits in der Vergangenheit über die Durchführung eines solchen Verfahrens nachzudenken war, sind entweder solche, in denen sich ein Patient darüber beklagt, dass eine Zahnbehandlung fehlerhaft war und der nachbehandelnde Zahnarzt, nicht zuletzt wegen der erheblichen Schmerzen und Beeinträchtigungen des Mandanten, dessen Neuversorgung mit Zahnersatz plant, oder solche, in denen nach einer misslungenen Schönheitsoperation ein Korrektureingriff geplant ist.[35]

Es gibt für den Anwalt zwei Möglichkeiten, in einer derartigen Situation zu reagieren:
- Zum einen besteht die Möglichkeit, die Nachbehandlungen in der Hoffnung bzw. Erwartung vornehmen zu lassen, dass der Beweis der Falschbehandlung auch allein aufgrund der Dokumentation der nachbehandelnden Ärzte gelingen kann. Für eine solche Verfahrensweise kann sich der Anwalt aber nur dann entscheiden, wenn er zuvor mit den betreffenden Ärzten gesprochen hat und diese ihm zugesichert haben, für eine optimale Dokumentation der Nachbehandlung zu sorgen.
- Zum anderen besteht die Möglichkeit, sich für die Durchführung eines selbstständigen Beweisverfahrens zu entscheiden. Im Zweifel muss der Anwalt den sichersten Weg einschlagen. Niemand, vor allem nicht der eigene Mandant oder ein „schlauer" Kollege, soll ihm irgendwann vorwerfen können, er hätte die Durchführung dieses Verfahrens pflichtwidrig versäumt und hierdurch den Beweis der ärztlichen Falschbehandlung vereitelt.

2. Kosten

Die Entscheidung für oder gegen ein Beweisverfahren wird sicherlich auch von der Kostenfrage abhängen, also vor allem von der Frage, ob der Mandant rechtsschutzversichert ist und ob eine Deckungszusage für das Verfahren vorliegt. Kommt indes keine Versicherung für die Kosten des Verfahrens auf, dann weisen Sie Ihren Mandanten schriftlich auf die Bedeutung der Regelungen in § 494a ZPO hin. Der Mandant sollte sich **nachweislich** über das Kostenrisiko des Verfahrens im Klaren sein. Fällt die Beweissicherung nicht wie gewünscht aus, kann wahrscheinlich keine Klage mit Aussicht auf Erfolg erhoben werden und der Mandant hat dann die grundsätzlich **erheblichen** Kosten der Begutachtung neben den anderen Kosten endgültig zu tragen.

3. Zeitaufwand

Mit dem Mandanten ist auch zu besprechen, dass ein Beweisverfahren im Arzthaftungsfall mit sehr viel Zeit verbunden sein kann. So mancher Mandant beabsichtigt, mit der Nachbehandlung bis zur Vorlage des Gutachtens zu warten, um sich „sicher" darüber sein zu können, dass die Begutachtung zum gewünschten Ergebnis geführt hat. Der Mandant wartet dann auf das Gutachten, obwohl er wahrheitsgemäß an Eides

---

34 Vgl. hierzu: Bockey, NJW 2003, 3453 ff.; Gehrlein, ZMGR 2004, 187 ff.
35 Vgl. hierzu: Stegers/Hansis/Alberts, Der Sachverständigenbeweis im Arzthaftungsrecht, Rn. 813 ff.

§ 2 Das Mandat im Arzthaftungsrecht

statt versichert hat, unter Schmerzen zu leiden und sich alsbald nachbehandeln zu lassen. Benötigt in einem solchen Fall der Sachverständige womöglich mehrere Monate für die Fertigstellung des Gutachtens, belastet dies den Mandanten erheblich und dies wird auch der Anwalt zu spüren bekommen. Auch diese Überlegungen müssen angestellt werden, bevor man sich für ein solches Verfahren entscheidet.

4. Vorherige Verständigung mit der Gegenseite

119 Es sollte versucht werden, sich mit der Gegenseite auf den **Fragenkatalog** und auf die **Person des Sachverständigen** vorab zu verständigen. Dies fördert die spätere **Akzeptanz** des Ergebnisses der Begutachtung. Wenn dies nicht möglich ist, wird das Verfahren notfalls sogar ohne Zustimmung des Gegners durchgeführt.

120 Der gegnerische Arzt hat trotz des Anspruches auf rechtliches Gehör keinen Anspruch darauf, der Untersuchung des Mandanten durch den Sachverständigen beizuwohnen, da diese zwangsläufig seine Intimsphäre berührt.[36] Dies ist in der Vergangenheit so nicht immer gesehen und gehandhabt worden. Achten Sie hierauf, denn Ihr Mandant würde durch die Anwesenheit des Gegners anlässlich der Untersuchung durch den Sachverständigen wahrscheinlich irritiert werden.

121 Die durch den Anwalt formulierten Fragen dürfen gemäß § 485 Abs. 2 ZPO bekanntlich lediglich darauf abzielen, vom Sachverständigen klären zu lassen, ob ein Ursachenzusammenhang zwischen einer bestimmten Behandlung und einem anschließendem Gesundheitszustand des Mandanten besteht. Nicht zulässig ist die Frage nach der Fehlerhaftigkeit der Behandlung. Dies muss einen aber nicht davon abhalten, eine oder zwei Fragen in diese Richtung zu formulieren. Das Gericht und der Gegner werden sich mit der Frage der Zulässigkeit der Fragen ohnehin kritisch auseinander setzen.

5. Anlagen zum Antrag

122 Dem Schriftsatz ist aus Gründen der Zeitersparnis nicht nur die obligatorische Eidesstattliche Versicherung, sondern auch eine umfassende, speziell auf das Verfahren ausgestellte **Entbindungserklärung** des Mandanten von der Schweigepflicht beizufügen, denn diese wird sonst ohnehin vom Gericht angefordert.

6. Auswertung des Gutachtens

123 Sobald das Gutachten vorliegt, muss dies von Ihnen mit den Mitteln, die Ihnen zur Verfügung stehen, ausgewertet werden. Ist die Begutachtung für Ihren Mandanten negativ ausgefallen, wird die Gegenseite wahrscheinlich Antrag gemäß § 494a ZPO stellen. Würden Sie hierdurch unter Druck geraten, etwa, weil Sie das Gutachten von einem Dritten auswerten lassen oder weil ein umfangreiches Privatgutachten in Auftrag gegeben wurde, dann können Sie vielleicht etwas Zeit dadurch gewinnen, dass Sie dem Antrag dadurch zuvor kommen, dass Sie eine Ergänzung des Gutachtens beantragen. Allerdings müssen Sie bedenken, dass eine Ergänzung des Gutachtens weitere Kosten verursacht. Mit Anträgen, Fragen und Einwendungen zum Gutachten sollten Sie nicht länger als vielleicht höchstens sechs Wochen nach Erhalt des Gutachtens warten.[37]

---

36 Spickhoff, NJW 2004, 1710ff., 1714.
37 Vgl. hierzu: OLG München MDR 2001, 531.

7. Muster zum selbstständigen Beweisverfahren

a) Muster: Antrag auf Beweissicherung

Landgericht ■■■

Antrag auf Beweissicherung

In Sachen

■■■,

Antragstellerin

Verfahrensbevollmächtigter: Rechtsanwalt ■■■

gegen
1. die Zahnärztin Dr. ■■■,

Antragsgegnerin zu 1.
2. den Zahnarzt Dr. ■■■,

Antragsgegner zu 2.

wegen Beweissicherung.

Vorläufiger Streitwert: EUR 10.000

wird namens und in Vollmacht der Antragstellerin beantragt,

im Wege der Beweissicherung – wegen der Dringlichkeit ohne vorherige mündliche Verhandlung – das schriftliche Gutachten eines Sachverständigen über die folgenden Fragen einzuholen:

Es soll durch Einholung eines schriftlichen Sachverständigengutachtens darüber Beweis erhoben werden, ob die Antragstellerin durch die durchgeführte Zahnbehandlung, die die Antragsgegner bei ihr vorgenommen haben, zu Schaden gekommen ist und ob eine Mängelbeseitigung erforderlich und möglich ist. Schließlich soll geklärt werden, welche Kosten gegebenenfalls mit der Nachbehandlung für die Antragstellerin verbunden sein werden.

Der Antrag ist zulässig und begründet (vgl. BGH NJW 2003, 1741f.).

Im Einzelnen soll Beweis über die folgenden Fragen erhoben werden:
1. Ist es bei der Antragstellerin infolge der Zahnbehandlung durch die Antragsgegner zu einer Schädigung der Lippennerven rechts gekommen?
2. Ist dies ursächlich auf die Implantatversorgung bei den Antragsgegnern zurückzuführen oder kommt eine andere Ursache hierfür in Betracht, wenn ja, welche?
3. Ist insoweit mit einer Besserung zu rechnen oder liegt ein Dauerschaden vor?
4. Bestehen bei der Antragstellerin Bissprobleme und wie stellen sich diese im Einzelnen dar?
5. Worauf sind diese Bissprobleme zurückzuführen? Kommt die durchgeführte Behandlung hierfür in Betracht?
6. Welche Maßnahmen sind erforderlich, um die Bissprobleme gegebenenfalls zu beseitigen?

Teichner

7. Muss die Antragstellerin hierzu mit einem neuen Zahnersatz versorgt werden? Müssen darüber hinaus zu diesem Zweck Implantate erneuert werden, wenn ja, welche?
8. Welche Kosten werden durch die Beseitigung der Mängel voraussichtlich entstehen?

Begründung:
1. Die Antragstellerin befand sich in der Zeit vom 23.08.1999 bis zum 20.08.2000 in der Behandlung der Antragsgegner. Im Laufe der Behandlung wurde die Antragstellerin vom Antragsgegner zu 2. zunächst im Seitenzahnbereich des Oberkiefers rechts und links sowie im rechten Unterkiefer mit insgesamt sieben Implantaten (regio 15, 16, 25, 26, 45, 46 und 47) versorgt. Die Behandlungen erfolgten an den Tagen 11., 19., 24. und 29.09.1999.

Beweis:
1. Behandlungsunterlagen der Antragsgegner
2. Parteivernehmung der Klägerin
3. Sachverständigengutachten

Nach der Behandlung vom 19.09.1999 bemerkte die Antragstellerin eine Sensibilitätsstörung im rechten Lippenbereich. Die Antragstellerin sprach den Antragsgegner zu 2. anlässlich der beiden anschließenden Behandlungen hierauf an und wurde von diesem vertröstet. Der Antragstellerin wurde mitgeteilt, dass die Beeinträchtigung spätestens in zwei Wochen verschwunden wäre.

Beweis: wie vorstehend

Nachdem die Implantate inseriert waren, wurde die Antragstellerin von der Antragsgegnerin zu 1. mit Zahnersatz versorgt. Es wurde ein umfangreicher Zahnersatz angefertigt und dieser wurde sogleich am 15.06.2000 endgültig einzementiert.

Beweis: wie vorstehend

Unmittelbar nach der Eingliederung des Zahnersatzes traten erhebliche Bissprobleme bei der Antragstellerin auf. Diese bestanden darin, dass die Antragstellerin nicht mehr normal – wie vor der Behandlung – zusammenbeißen konnte. Bei geschlossenem Mund bestanden zwischen den Zähnen im gesamten Gebiss der Antragstellerin spürbare erhebliche Früh- und Nichtkontakte. Diese bereiteten der Antragstellerin Schwierigkeiten in der Ruhigstellung sowie beim Essen und Sprechen. Sie führten bereits nach drei Tagen bei der Antragstellerin zu Kiefergelenks- und schließlich auch zu heftigen Kopfschmerzen.

Beweis: wie vorstehend

Die Antragsgegnerin zu 1. nahm die Beschwerden der Antragstellerin zum Anlass, die Prothetik mithilfe von Kunststoff mehrfach zu erhöhen. Diese Maßnahmen, die an den Behandlungstagen 19., 24. und 28.07.2000 getroffen wurden, brachten jedoch keine Verbesserung. Die Beschwerden und Schmerzen bestanden fort.

Beweis: wie vorstehend

Am 20.08.2000 besprach die Antragstellerin die Situation auch mit dem Antragsgegner zu 2. Dieser erklärte, die Probleme könnten durch Einschleifen der Vorderzähne beseitigt werden. Diese Maßnahmen wurden noch am selben Tag durchgeführt, brachten aber auch keine Verbesserung der Situation.

Beweis: wie vorstehend

Die Antragstellerin verlor schließlich das Vertrauen zu den Antragsgegnern und stellte sich deshalb einem anderen Zahnarzt vor. Dieser untersuchte die Antragstellerin und stellte fest, dass diese vollständig mit Zahnersatz neu versorgt werden muss. Wahrscheinlich müssen auch einige Implantate erneuert werden. Nur so können die schmerzhaften Bissprobleme der Antragstellerin beseitigt werden.

Beweis:
1. Behandlungsunterlagen des nachbehandelnden Zahnarztes
2. Sachverständigengutachten
3. Die beantragte Begutachtung wird ergeben, dass die Implantate und der Zahnersatz, die die Antragsgegner angefertigt und bei der Antragstellerin eingegliedert haben, mangelhaft und erneuerungsbedürftig sind.

Beweis:
1. Behandlungsunterlagen der Antragsgegner
2. Sachverständigengutachten

Darüber hinaus wird die Begutachtung ergeben, dass die Antragstellerin aus der Behandlung eine dauerhafte Nervenschädigung im Lippenbereich rechts davongetragen hat und dass die dargelegten erheblichen Schmerzen und Beeinträchtigungen der Antragstellerin ebenfalls auf die streitbefangene Behandlung zurückzuführen sind.

Beweis: wie vorstehend

3. Die Antragstellerin beabsichtigt, sich so schnell wie möglich mit neuem Zahnersatz versorgen zu lassen. Dies in erster Linie deshalb, weil ihr der streitbefangene Zahnersatz erhebliche Schmerzen bereitet. Die Antragstellerin muss gegen die Schmerzen seit geraumer Zeit täglich Medikamente einnehmen. Das Essen bereitet der Antragstellerin wegen der Schmerzen große Schwierigkeiten; seit Monaten kann die Anragstellerin nur weiche Kost zu sich nehmen. Die Antragstellerin leidet schließlich wegen der ständigen Zahn- und Kopfschmerzen zusätzlich seit einigen Wochen an Schlafstörungen.

Beweis:
1. Attest des Hausarztes
2. Beigefügte eidesstattliche Versicherung der Antragstellerin
3. Vernehmung der Antragstellerin
4. Zeugnis des Ehemannes der Antragstellerin
5. Sachverständigengutachten

Die Nachbehandlung bzw. geplante Nervversorgung mit Zahnersatz wird zwangsläufig damit einhergehen, dass die derzeitige Gebisssituation der Antragstellerin verändert wird. Dies stellt einen Grund dafür dar, dass Antrag auf gerichtliche Beweissicherung gestellt wird.

Auch wenn die Antragsgegner nicht mit der Durchführung des Beweisverfahrens einverstanden sein sollten, ist es darüber hinaus möglich und denkbar, dass eine für die Antragstellerin positive Begutachtung zu einer Bereitschaft auf Seiten der Antragsgegner bzw. der dahinter stehenden Haftpflichtversicherung führt, eine außergerichtliche Schadenregulierung durchzuführen. Hierdurch ließe sich unter Umständen ein Rechtsstreit vermeiden. Auch deshalb ist der Antrag auf Beweissicherung zulässig und begründet.

4. Zur Glaubhaftmachung des Antrages auf Beweissicherung wird die beigefügte Erklärung der Antragstellerin überreicht. Darüber hinaus wird eine vorbereitete Entbindungserklärung von der Schweigepflicht beigefügt, die ebenfalls von der Antragstellerin unterzeichnet wurde.

Mit der Begutachtung sollte ein externer Sachverständiger beauftragt werden, da die allgemeine Gefahr bedacht werden muss, dass Ärzte als Sachverständige zum Kollegenschutz tendieren können. Diese Gefahr dürfte größer sein, wenn die Antragsgegner und der Sachverständige im selben Bezirk tätig sind.

■■■

Rechtsanwalt

125

26

b) Muster: Antrag auf Beweissicherung

Antrag auf Beweissicherung

In Sachen

der Frau ■■■

Antragstellerin

Verfahrensbevollmächtigter: Rechtsanwalt

gegen

den Arzt Dr. ■■■

Antragsgegner

Vorläufiger Streitwert: € 15.000,00

wird namens und in Vollmacht der Antragstellerin beantragt,

im Wege der Beweissicherung – wegen der Dringlichkeit ohne vorherige mündliche Verhandlung – das schriftliche Gutachten eines Sachverständigen über die folgenden Fragen einzuholen:

Es soll durch Einholung eines schriftlichen Sachverständigengutachtens darüber Beweis erhoben werden, ob die Antragstellerin durch die durchgeführte Fettabsaugung im Bereich der Beine, die der Antragsgegner bei dieser am 06.11.2004 vorgenommen hat, zu Schaden gekommen ist und ob eine Mängelbeseitigung erforderlich und möglich ist. Schließlich soll geklärt werden, welche Kosten gegebenenfalls mit der Schadenbeseitigung für die Antragstellerin verbunden sein werden.

Der Antrag ist zulässig und begründet (vgl. BGH NJW 2003, 1741 f.).

Im Einzelnen soll Beweis über die folgenden Fragen erhoben werden:
1. Ist es bei der Antragstellerin infolge der Operation, die der Antragsgegner bei dieser am 06.11.2004 durchgeführt hat, zu einer Gewebeschädigung im Operationsbereich gekommen? Wie stellt sich diese Schädigung aus sachverständiger Sicht dar? Kam es insbesondere in den Operationsbereichen zur Ausbildung von Dellen und Unregelmäßigkeiten, die vorher nicht bestanden haben?

2. Worauf ist diese Schädigung gegebenenfalls zurückzuführen? Hängt diese zum Beispiel damit zusammen, dass eine bestimmte Größe von Absaugkanülen benutzt oder dass eine bestimmte Operationsmethode zur Anwendung kam?
3. Wurde mit 3.000 ccm bei der Antragstellerin zu viel Fett abgesaugt?
4. Ist mit einer Besserung des Zustandes zu rechnen oder liegt bei der Antragstellerin eine irreversible Schädigung vor?
5. Welche Maßnahmen kommen alternativ infrage, um die Schäden zu beseitigen?
6. Wie wahrscheinlich ist es, dass sich durch Korrekturmaßnahmen – welche – die Schäden beseitigen lassen?
7. Welche Kosten werden voraussichtlich mit der Beseitigung der Schäden für die Antragstellerin, einschließlich etwaiger Begleitmaßnahmen, verbunden sein?

Begründung:

Der Antragsgegner führte bei der Antragstellerin am 06.11.2004 eine operative Fettabsaugung durch. Der Eingriff wurde im Bereich der Oberschenkel beidseits und der Hüften und dem Taillenbereich der Antragstellerin vorgenommen. Insgesamt wurden bei diesen Eingriffen 3000 ccm Fett abgesaugt.

Beweis:
1. Behandlungsunterlagen des Antragsgegners
2. Sachverständigengutachten

Postoperativ bemerkte die Antragstellerin, dass es zur Ausbildung erheblicher Dellen und Unregelmäßigkeiten in den Operationsgebieten gekommen war. Der Antragsgegner wurde von der Antragstellerin auf das aus ihrer Sicht katastrophale Operationsergebnis hin angesprochen. Er teilte der Antragstellerin nach einer Untersuchung mit, dass man das Ergebnis durch einen Korrektureingriff vielleicht etwas verbessern könnte. Allerdings müsste die Antragstellerin mit weiteren Kosten in Höhe von € 3.000,00 rechnen.

Aufgrund des außergewöhnlich schlechten Operationsergebnisses und weil der Antragsgegner die Antragstellerin darüber hinaus vor der Fettabsaugung nicht ansatzweise darüber aufgeklärt hat, dass diese mit einem derartigen Ergebnis rechnen müsste, hat die Antragstellerin das Vertrauen zum Antragsgegner vollständig verloren. Der Antragsgegner hatte lediglich von einem etwaigen kleineren Korrektureingriff und davon gesprochen, dass er diesen gegebenenfalls im Wege der Kulanz kostenlos vornehmen würde.

Die Antragstellerin hat deshalb die Behandlung beim Antragsgegner abgebrochen und sich in die Behandlung eines anderen Arztes begeben. Dieser ist im Gegensatz zum Antragsgegner Facharzt für Plastische Chirurgie und dazu bereit, bei der Antragstellerin eine Korrekturoperation durchzuführen. Allerdings wird dieser Eingriff aufwändig sein, denn es muss eigenes Fettgewebe der Antragstellerin transplantiert werden, um so die erheblichen Dellen und Unregelmäßigkeiten zu reduzieren. Das jetzige Ergebnis kann dadurch etwas, vielleicht sogar deutlich verbessert werden. Es werden jedoch in jedem Fall kleine Dellen und Unebenheiten verbleiben, denn der Antragsgegner hat bei der Antragstellerin wesentlich zu viel Fett abgesaugt.

Beweis:
1. Befundbericht des Nachbehandlers
2. Sachverständigengutachten

Das postoperative Ergebnis lässt sich nur damit erklären, dass bei der Fettabsaugung an einigen Stellen deutlich zu viel Fett abgesaugt wurde, weshalb es zu überdurchschnittlich vielen uns darüber hinaus außergewöhnlich großen Dellenbildungen und Unregelmäßigkeiten im Operationsbereich gekommen ist. Möglicherweise wurde bei dem Eingriff auch das falsche Instrumentarium eingesetzt.

Beweis: Sachverständigengutachten

Die Antragstellerin beabsichtigt, sich demnächst nachoperieren zu lassen. Auch deshalb ist die beantragte gerichtliche Beweissicherung erforderlich.

Darüber hinaus verspricht sich die Antragstellerin von der Beweissicherung, dass aufgrund einer für sie positiven Begutachtung eine außergerichtliche Schadenregulierung möglich sein wird.

Die obligatorische Eidesstattliche Versicherung der Antragstellerin ist beigefügt. Dasselbe gilt für eine umfassende Entbindungserklärung von der Schweigepflicht.

■■■

Rechtsanwalt

c) Muster: Eidesstattliche Versicherung

EIDESSTATTLICHE VERSICHERUNG

Nachdem ich von meinem Rechtsanwalt ■■■ (Name und Anschrift) auf die Bedeutung einer Eidesstattlichen Versicherung und insbesondere auf die Strafbarkeit der Abgabe einer falschen Eidesstattlichen Versicherung hingewiesen worden bin, gebe ich hiermit die folgende Erklärung ab:

Die Darlegungen meines Rechtsanwaltes im Antrag auf Beweissicherung (Datum) sind richtig.

Insbesondere trifft es zu, wenn darin davon die Rede ist, dass ich Schmerzen habe und dass ich beabsichtige, mich alsbald nachbehandeln zu lassen.

Die Richtigkeit und Vollständigkeit meiner Angaben versichere ich hiermit und durch meine Unterschrift an Eides statt.

Ort und Datum ■■■   Unterschrift ■■■

d) Muster: Entbindungserklärung von der Schweigepflicht im Gerichtsverfahren

SCHWEIGEPFLICHTSENTBINDUNGSERKLÄRUNG

Hiermit entbinde ich, der Unterzeichner bzw. die Unterzeichnerin

in dem Verfahren vor dem   ■■■

zum dortigen Aktenzeichen   ■■■

alle Ärzte, die mich im Zusammenhang mit der streitbefangenen Behandlung

in der Zeit ▬▬▬

behandelt haben, gegenüber dem Gericht und den vom Gericht bestellten Sachverständigen, den Parteien sowie den Parteivertretern, Nebenintervenienten und deren Prozessbevollmächtigten, von der Pflicht zur Verschwiegenheit. Die Ärzte sind insbesondere dazu befugt, Auskünfte zu erteilen, Krankenunterlagen im Original oder in Fotokopie, Röntgenbilder, Modelle usw. auf Anforderung hin herauszugeben.

Name/Geburtsname: ▬▬▬

Vorname: ▬▬▬

Geburtsdatum: ▬▬▬

Anschrift: ▬▬▬

Ort/Datum: ▬▬▬

Unterschrift: ▬▬▬

III. Klage auf Zahlung von Schadensersatz und Schmerzensgeld

1. Die Erfolgsaussichten einer Klage

Sind die Möglichkeiten einer außergerichtlichen Schadenregulierung ausgeschöpft, ohne dass ein für den Auftraggeber akzeptables Ergebnis erzielt werden konnte, muss gegebenenfalls Klage erhoben werden. Voraussetzung hierfür ist selbstverständlich, dass die erforderlichen Erfolgsaussichten bestehen. 128

Da seit dem 01.01.2005 für alle infrage kommenden Ansprüche die dreijährige Verjährungsfrist gilt, müssen grundsätzlich sogleich sämtliche Ansprüche des Mandanten für Vergangenheit, Gegenwart und Zukunft geltend gemacht werden. Der Anwalt muss damit rechnen, dass der Arzthaftungsprozess unter Umständen Jahre in Anspruch nimmt. Es wäre fatal, wenn im Laufe des Verfahrens Ansprüche des Mandanten, die nicht mit der Klage geltend gemacht wurden, womöglich verjähren. 129

Früher war es möglich und üblich, dass man beispielsweise den materiellen Schaden für die Vergangenheit erst einmal „ausklammerte" und lediglich eine Klage erhob, die auf Zahlung eines angemessenen Schmerzensgeldes und darauf gerichtet war, dass vom Gericht die Schadensersatzpflicht für den gesamten Zukunftsschaden festgestellt werden sollte. Sofern der Mandant nicht über eine Rechtsschutzversicherung verfügt, besteht natürlich nach wie vor die Möglichkeit, aus Kostengründen mit der Gegenseite eine Verzichtserklärung etwa im Hinblick auf einen Teil der streitigen Ansprüche zu vereinbaren. Beispielsweise könnte eine solche Vereinbarung vorsehen, dass die Gegenseite auf die Einrede der Verjährung hinsichtlich der materiellen Schadensersatzansprüche Ihres Mandanten für die Vergangenheit für einen Zeitraum von bis drei Monaten nach rechtskräftigem Abschluss des Gerichtsverfahrens verzichtet. 130

Teichner

§ 2 Das Mandat im Arzthaftungsrecht

131 Es will gut überlegt sein, wie viele Parteien zum Beispiel bei Erhebung einer Klage, die sich gegen ein Krankenhaus richtet, verklagt werden (müssen). Es ist zu empfehlen, es möglichst bei **einem Beklagten** zu belassen. Je mehr Parteien verklagt werden, desto mehr Rechtsanwälte treten womöglich im Gerichtsverfahren auf. Es reicht aber völlig aus, wenn es der Anwalt mit einem versierten Kollegen auf der Gegenseite zu tun hat. Hinzu kommt in diesem Zusammenhang selbstverständlich das Kostenproblem.

132 Ein Grund, möglichst alle in Betracht kommenden Anspruchsgegner zu verklagen, liegt natürlich in der Überlegung, dass diese sonst als Zeuge des Gegners in Betracht kommen. Ein versiertes Gericht wird aber die Augen nicht davor verschließen, wenn ein Zeuge aus dem Lager des Anspruchsgegners stammt. Es wird deshalb bei der Beweiserhebung seine Angaben besonders kritisch zu bewerten wissen.

133 Selbstverständlich dürfen Sie es nicht riskieren, dass Sie den „Falschen zur rechten" und den „Richtigen zur falschen Zeit" verklagen, nämlich dann, wenn der Anspruch gegen den tatsächlichen Anspruchsgegner verjährt ist. Prüfen Sie deshalb gründlich die Frage der **Passivlegitimation** und lassen Sie sich nicht dadurch täuschen, dass mit Ihnen über lange Zeit korrespondiert wurde, ohne dass diese Frage von der Gegenseite problematisiert oder in Zweifel gezogen wurde. Machen Sie beispielsweise außergerichtlich Ansprüche gegenüber einem Chefarzt einer Universitätsklinik geltend und meldet sich daraufhin die Rechtsabteilung der Universität mit dem Hinweis darauf, Sie mögen die weitere Korrespondenz mit dieser erledigen, ist damit nicht das Geringste über die Passivlegitimation der Beteiligten gesagt. Ist der Chefarzt Beamter, wovon in der Regel auszugehen sein wird, dann übernimmt die Universität möglicherweise die Korrespondenz mit Ihnen stillschweigend als Dienstherr des Chefarztes. Erheben Sie dann später Klage gegen den Chefarzt persönlich, beruft sich dieser erstmals auf das **Beamtenprivileg**. Wenn Sie daraufhin die Klage gegen die Universität erheben, dann erhebt diese wiederum die Einrede der Verjährung und führt aus, Sie hätten zu keinem Zeitpunkt den Vorwurf der Falschbehandlung gegenüber der Universität geltend gemacht. Diese habe mit Ihnen nicht in eigener Sache korrespondiert. Lassen Sie sich also in einem solchen Fall notfalls die Beamtenurkunde vorlegen, damit Sie Gewissheit darüber haben, wer in welcher Funktion mit Ihnen korrespondiert und wie es sich mit der Passivlegitimation der Beteiligten tatsächlich verhält. Bedenken Sie aber auch, dass die persönliche Haftung des beamteten und selbst liquidierenden Arztes im Bereich der ambulanten Behandlung durchaus in Betracht kommt, es sei denn, Träger der Ambulanz ist dessen Dienstherr.[38]

134 Eine ähnliche Problematik liegt vor, wenn eine stationäre Behandlung, bei der ein Fehler unterlaufen ist, in einem **Belegkrankenhaus** erfolgte. Für Fehler, die unmittelbar mit der Behandlung im Zusammenhang stehen, haftet der Arzt persönlich, die Belegklinik bzw. deren Träger dem gegenüber nicht. Liegt die Fehlerursache indes im Klinikbereich, kommt als Anspruchsgegner ausnahmsweise auch das Belegkrankenhaus bzw. dessen Träger in Betracht.[39]

---

38 Vgl. hierzu: Martis/Winkhart a.a.O. S. 407ff. m.w.N.
39 Geiß/Greiner a.a.O. Rn. 31ff. m.w.N.

Nach allem kann nur dazu geraten werden, der Frage der Passivlegitimation bei der Bearbeitung von Arzthaftungsfällen stets große Aufmerksamkeit zu widmen.

Was die Frage der **Schlüssigkeit** der von Ihnen verfassten Klage betrifft, so kommt Ihnen zu Gute, dass auch nach der Reform der Zivilprozessordnung an den Klage begründenden Sachvortrag in einer Arzthaftungssache nur **maßvolle Anforderungen** gestellt werden.[40] Zwar erfordert ein substantiierter Vortrag beispielsweise zumindest solche Angaben, die die Möglichkeit einer haftungsrelevanten Behandlungsbeteiligung des in Anspruch genommenen Arztes stützen.[41] Der Anwalt ist aber nicht dazu verpflichtet, sich zur ordnungsgemäßen Prozessführung beispielsweise medizinisches Fachwissen anzueignen.[42]

Stellen Sie in der Sachverhaltsschilderung nicht nur die Vorkommnisse im Zusammenhang mit der Falschbehandlung dar, sondern fügen Sie der Klage auch die wichtigsten Krankenunterlagen (Entlassungsbriefe, Operationsberichte usw.) und etwaige Gutachten bei, die in dieser Angelegenheit außergerichtlich eingeholt wurden. Hierzu gehören auch die Gutachten, die eventuell im Auftrage der Krankenkasse eingeholt wurden. Das Gericht würde es Ihnen wahrscheinlich verübeln, wenn Sie derartige Dokumente erst auf Antrag der Gegenseite hin vorlegen würden.

Stellen Sie hinsichtlich der Krankenunterlagen der vor- und/oder nachbehandelnden Ärzte und/oder Krankenhäuser einen Antrag gemäß § 428 ZPO, damit diese vom Gericht gemäß § 142 Abs. 1 ZPO beigezogen werden. Die Beweisaufnahme sollte hinsichtlich sämtlicher Krankenunterlagen, Röntgenbilder usw. grundsätzlich auf der Basis der Original-Urkunden erfolgen. Kopien sind nicht selten von schlechter Qualität und dies kann das Ergebnis der Begutachtung beeinträchtigen.[43]

In der Regel wird die Klage unter anderem auf die Zahlung eines angemessenen Schmerzensgeldes gerichtet sein. Es bleibt Ihnen überlassen, ob Sie bereits im Klageantrag einen Mindestbetrag angeben oder diesen in der Begründung der Klage erwähnen. Vielleicht ist es von Vorteil, hierüber im Klageantrag keine Angaben zu machen und auch in der Klagebegründung nicht von einem Mindestbetrag sondern von **Vorstellungen** Ihres Mandanten über eine angemessene Entschädigung zu sprechen. Die Praxis zeigt, dass der Mindestbetrag grundsätzlich vom Gericht Richtschnur ist, wenn beispielsweise über eine vergleichsweise Bereinigung der Angelegenheit verhandelt wird. Aber auch im Urteil wird nur in Ausnahmefällen ein Schmerzensgeld zugesprochen, das (deutlich) über dem Mindestbetrag liegt. Selbst in PKH-Verfahren müssen Sie das Gericht ausdrücklich darauf hinweisen, dass der niedrig veranschlagte Schmerzensgeldbetrag natürlich maßgeblich etwas mit dem Kostenrisiko des Verfahrens für den bedürftigen Mandanten zu tun hat. Weisen Sie deshalb regelmäßig auf das Urteil des BGH vom 30.04.1996 hin, wonach dem Gericht bei der Festsetzung des für angemes-

---

40 BGH NJW 2004, 2825ff.; AHRS 6060/100ff.
41 OLG Oldenburg, NJW-RR-2000, 241.
42 BGH a.a.O.
43 Vgl. Stegers/Hansis/Alberts, Der Sachverständigenbeweis im Arzthaftungsrecht, Rn. 323.

sen gehaltenen Schmerzensgeldes im Rahmen des § 308 ZPO durch die Angabe eines Mindestbetrages oder einer Größenordnung nach oben hin keine Grenzen gezogen sind.[44]

140 Der Ansicht Jaeger und Luckey, dass in der Vergangenheit von den Gerichten häufig deutlich zu niedrige und damit keineswegs angemessene Schmerzensgelder auch in Arzthaftungsangelegenheiten zugesprochen wurden.[45] Dabei muss allerdings eingeräumt werden, dass hierzu möglicherweise auch die eine oder andere Klageschrift beigetragen hat. In der Vergangenheit wurde in Klagen, die auf Zahlung eines Schmerzensgeldes gerichtet waren, nicht immer ausführlich und deutlich genug dargelegt, für welche konkreten Einbußen an Lebensqualität und Lebensfreude eine „billige Entschädigung" geltend gemacht wurde. Dies sollte uns Rechtsanwälten in Zukunft nicht mehr geschehen. Stellen Sie also ausführlich dar, wann, wobei und wie oft Ihr Mandant wegen der Falschbehandlung und ihrer Folgen Schmerzen und Beeinträchtigungen hinnehmen und erdulden musste und wie es sich hiermit zum Zeitpunkt der Klageerhebung verhält (Jaeger/Luckey a.a.O. S. 121 ff.). Im Zusammenhang mit diesen Darlegungen darf man keine falsche Zurückhaltung üben. Dem Mandanten sollte nichts peinlich sein, beispielsweise dann, wenn sich die Falschbehandlung negativ auf sein Sexualleben auswirkt. Pauschale Darlegungen, wie etwa die, dass die Folgen der Falschbehandlung für den Kläger katastrophal sind, reichen nicht dazu aus, um dem Gericht die erforderlichen Anknüpfungstatsachen dafür zu liefern, um auf ihrer Grundlage das angemessene Schmerzensgeld bestimmen zu können. Ein Richter kann sich im Regelfall nicht vorstellen, was es bedeutet, beispielsweise an einem Morbus Sudeck im Bereich einer verletzten und falsch behandelten Hand zu leiden. Auch der Hinweis darauf, dass ein bestimmtes Gericht im Falle einer ähnlichen Körperschädigung ein vergleichbares wie das begehrte Schmerzensgeld zugesprochen hat, trägt für sich genommen nicht dazu bei, das Gericht dazu in die Lage zu versetzen, das „wirklich" angemessene Schmerzensgeld zu bestimmen. Für den sportlich aktiven 45jährigen Mandanten, der im Beruf ständig am PC arbeiten muss und der begeisterter Klavierspieler ist, stellt eine Dauerschädigung zum Beispiel im Bereich einer Hand zwangsläufig eine größere Beeinträchtigung dar, als für den 65jährigen, der am liebsten den ganzen Tag über zuhause vor dem Fernseher sitzt.

141 Auch wenn Schmerzen schwer zu objektivieren und damit zu beweisen sind, sollten die entsprechenden Behauptungen unter Beweis gestellt werden. Bieten Sie insoweit nicht nur Zeugenbeweis sondern zusätzlich auch die Einholung eines gerichtlichen Sachverständigengutachtens an.

142 Neben den individuellen Schmerzen und Beeinträchtigungen und dem Alter des Mandanten sind bei der Bemessung des Schmerzensgeldes u.a. auch die Dauer seines Leidens und der Grad des Verschuldens des Arztes zu berücksichtigen. Wird am Ende der

---

44 BGH, VersR 1996, 990 ff.
45 Jaeger/Luckey, Schmerzensgeld, 1. Aufl., 2003, S. 46 ff.

Beweisaufnahme ein grober Behandlungsfehler vom Gericht festgestellt, dann muss sich auch dieser Umstand bei der Höhe des Schmerzensgeldes bemerkbar machen.[46] Weisen Sie das Gericht auch hierauf gegebenenfalls hin.

Die Funktion des Schmerzensgeldes besteht in erster Linie in einem umfassenden Ausgleichszweck. Der Genugtuungsfunktion des Schmerzensgeldes kommt seit geraumer Zeit eine zunehmend geringere Bedeutung zu. Gleichwohl sollten Sie darauf hinweisen, dass Ihr Mandant nur mittels der erhobenen Klage versucht, sich Genugtuung zu verschaffen. Heben Sie ausdrücklich hervor, dass bewusst beispielsweise auf die Erstattung einer Strafanzeige und auf die Stellung eines Strafantrages verzichtet wurde.

2. Muster: Klage wegen Schmerzensgeld und Schadensersatz

Landgericht ■■■

Klage

der Frau ■■■

Klägerin

Prozessbevollmächtigter: ■■■

gegen

den Zahnarzt ■■■

Beklagten

wegen Schmerzensgeld und Schadensersatz (Arzthaftpflicht)

Vorläufiger Streitwert: € 20.000,00

Namens und in Vollmacht der Klägerin erhebe ich Klage und bitte um Anberaumung eines Termins zur mündlichen Verhandlung, in der für die Klägerin beantragt werden soll:
1. Der Beklagte wird verurteilt, an die Klägerin aus Anlass der Zahnbehandlung im September 2000 ein angemessenes Schmerzensgeld nebst Zinsen in Höhe von 5 Prozentpunkten über dem Basiszinssatz seit Rechtshängigkeit zu zahlen, mindestens jedoch € 15.000,00.
2. Es wird festgestellt, dass der Beklagte dazu verpflichtet ist, der Klägerin sämtlichen materiellen Schaden aus Anlass der Zahnbehandlung im September 2000 sowie solche zukünftigen immateriellen Schäden, die aus einer heute nicht absehbaren Verschlechterung des Gesundheitszustandes der Klägerin folgen und die auf der streitgegenständlichen Behandlung des Beklagten beruhen zu ersetzen, soweit Ansprüche nicht auf Sozialversicherungsträger und/oder andere Dritte übergegangen sind.
3. Der Beklagte trägt die Kosten des Rechtsstreits.

Es wird vorweg beantragt, das schriftliche Vorverfahren gemäß § 276 Abs. 1 ZPO anzuordnen.

---

46 OLG Karlsruhe VersR 1988, 1134f.

Sollte der Beklagte nicht rechtzeitig anzeigen, sich gegen die Klage verteidigen zu wollen, wird bereits jetzt der Erlass eines Versäumnisurteils gemäß § 331 Abs. 3 ZPO beantragt.

Für den Fall, dass der Beklagte demgegenüber den Anspruch anerkennt, wird hiermit der Erlass eines Anerkenntnisurteils gemäß § 307 Abs. 2 ZPO beantragt.

Von einer Güteverhandlung kann abgesehen werden, da sie erkennbar aussichtslos wäre. Die außergerichtlichen Verhandlungen mit der Beklagtenseite haben ergeben, dass auf Seiten des Beklagten bzw. der dahinter stehenden Haftpflichtversicherung weder eine Regulierungs- noch eine Vergleichsbereitschaft besteht. Die Anberaumung einer Güteverhandlung würde den Rechtsstreit deshalb ganz offensichtlich nur verzögern.

Soweit sich die Klägerin im Folgenden zum Beweis der Richtigkeit ihrer Behauptungen auf Krankenunterlagen von Dritten beruft, wird hiermit Antrag gemäß § 428 ZPO gestellt.

Schließlich wird eine umfassende Entbindungserklärung von der Schweigepflicht beigefügt.

Begründung

Der Beklagte führte als Zahnarzt bei der Klägerin im September 2000 eine Zahnbehandlung durch. Hierbei unterlief dem Beklagten ein schwerer Behandlungsfehler, wodurch die Klägerin erheblich geschädigt wurde. Mit der vorliegenden Klage wird der Beklagte für die leichtfertige Schädigung der Klägerin in Regress genommen.

1.
Die Klägerin begab sich erstmals am 17.08.2000 in Begleitung ihres Ehemannes in die Behandlung des Beklagten. Der Ehemann der Klägerin war zu diesem Zeitpunkt bereits seit zwei Jahren in der ständigen Behandlung des Beklagten.

Die Klägerin wies sowohl den Beklagten selbst als auch dessen Mitarbeiterinnen von sich aus darauf hin, dass sie das Medikament Marcumar einnehmen muss, weil sie im Jahre 1999 mit einer Herzklappe versorgt worden war.

Das Medikament Marcumar dient der Blutverdünnung. Die Klägerin ist deshalb so genannte künstliche Bluterin; sie muss ihre Blutgerinnung ständig von ihrem Hausarzt überprüfen lassen. Wie alle Patienten, die Marcumar einnehmen müssen, besitzt die Klägerin einen „Marcumar-Ausweis", in dem die Ergebnisse von Untersuchungen der Blutgerinnung (Quick-Werte) dokumentiert werden. Weder der Beklagte noch dessen Mitarbeiterinnen ließen sich diesen Ausweis der Klägerin vorlegen. Dasselbe gilt im Übrigen für den „Herzklappen-Ausweis", den die Klägerin ebenfalls ständig bei sich trägt.

Beweis:
1. Parteivernehmung der Klägerin
2. Zeugnis des Ehemannes der Klägerin

Die Untersuchung der Klägerin durch den Beklagten ergab nach dessen Angaben u.a., dass die Notwendigkeit bestand, bei der Klägerin mehrere Zähne im Frontbereich des Unterkiefers zu extrahieren, da diese angeblich entzündet und deshalb nicht mehr erhaltungswürdig waren. Der Beklagte stellte deshalb die Indikation zur Zahnextraktion. Als Behandlungstermin für diesen Eingriff wurde der 15. September 2000 vereinbart.

Beweis:
1. Behandlungsunterlagen des Beklagten
2. Sachverständigengutachten

Im selben Zeitraum befand sich auch der Ehemann der Klägerin in der Zahnbehandlung des Beklagten. Anlässlich einer Behandlung am 03.09.2000 sprach dieser den Beklagten gezielt und besorgt darauf an, ob es nicht im Hinblick darauf, dass die Klägerin Marcumar wegen einer künstlichen Herzklappe einnehmen müsse, sinnvoll und besser wäre, die geplanten Eingriffe in einer Zahnklinik vornehmen zu lassen. Der Ehemann dachte dabei an das möglicherweise erhöhte Blutungsrisiko. Der Beklagte teilte dem Ehemann der Klägerin hierauf kurz und unmissverständlich mit, dass dies nicht erforderlich wäre. Die Durchführung des geplanten Eingriffes wäre überhaupt kein Problem.

Beweis: Zeugnis des Ehemannes der Klägerin, bereits benannt

Sodann erschien die Klägerin zum vereinbarten Termin am 15.09.2000 in der Praxis des Beklagten und dieser führte daraufhin die Zahnextraktionen im Bereich der Frontzähne des Unterkiefers der Klägerin durch. Insgesamt wurden drei Zähne entfernt. Die Eingriffe dienten dem Zweck, bei der Klägerin anschließend eine Gebisssanierung durchzuführen, was anschließend auch tatsächlich geschah. Weder vor noch nach Zahnextraktion verordnete der Beklagte ein Antibiotikum. Über die Notwendigkeit einer derartigen Medikamentenbehandlung wurde mit der Klägerin auch zu keinem Zeitpunkt von Seiten des Beklagten oder dessen Mitarbeiterinnen gesprochen.

Beweis:
1. Parteivernehmung der Klägerin
2. Behandlungsunterlagen des Beklagten
3. Sachverständigengutachten

2.
Ab Ende Oktober 2000 traten bei der Klägerin Fieberschübe auf. Es kam zu einer erheblichen Verschlechterung des allgemeinen Gesundheitszustandes der Klägerin.

Die Klägerin wurde schließlich von ihrem Hausarzt in ein nahe gelegenes Krankenhaus eingewiesen. Die Aufnahme zur stationären Behandlung in der Inneren Abteilung dieses Krankenhauses erfolgte am 03.11.2000. Untersuchungen ergaben, dass die Klägerin an einer lebensbedrohlichen Sepsis litt. Im Bereich der künstlichen Herzklappe war es zu einer lebensgefährlichen Entzündung und Infektion gekommen.

Am 22.11.2000 wurde im Rahmen einer großen Operation die künstliche Herzklappe der Klägerin ausgetauscht. Anschließend musste die Klägerin für neun Tage auf der Intensivstation behandelt werden. Danach wurde die Klägerin auf eine Normalstation verlegt. Die stationäre Behandlung in der Herzklinik dauerte insgesamt vom 12.11. bis zum 21.12.2000.

Beweis: wie vorstehend

Nach ihrer Entlassung aus der Krankenhausbehandlung musste die Klägerin wegen ihres angegriffenen Gesundheitszustandes unter stationären Bedingungen rehabilitiert werden. Diese Behandlung dauerte insgesamt 9 Monate. Auch im Laufe dieser Zeit war die Klägerin erheblich beeinträchtigt und in ihrer allgemeinen Leistungsfähigkeit gemindert. Während der Zeit nach der Entlassung aus der Kurklinik konsultierte die Klägerin regelmäßig einmal in der Woche ihren Hausarzt. Dieser verordnete Medikamente und krankengymnastische Übungen. Erst Anfang 2002 fand die Klägerin zu ihrer gewohnten Leistungsfähigkeit zurück.

Beweis:
1. Arztbrief Anlage K 3
2. Behandlungsunterlagen der Reha-Klinik
3. Behandlungsunterlagen des Hausarztes
4. Sachverständigengutachten

3.
Der Beklagte hat die Klägerin falsch behandelt. Verschiedene Fehler und Versäumnisse des Beklagten führten dazu, dass es bei der Klägerin im Anschluss an die streitbefangene Zahnbehandlung im September 2000 zu einem lebensbedrohlichen Zustand kam, der einen mehrwöchigen Krankenhausaufenthalt sowie den Austausch der künstlichen Herzklappe im Rahmen einer großen Operation erforderlich machte.

Im Einzelnen gilt das Folgende:

Die Klägerin wies am 17.08.2000 in Gegenwart ihres Ehemannes den Beklagten – unstreitig – darauf hin, dass sie das Medikament Marcumar zum Verdünnen des Blutes einnehmen muss.

Der Beklagte war aufgrund dieses Hinweises dazu verpflichtet, sich den „Marcumar-Ausweis" der Klägerin vorlegen zu lassen. Dies spätestens unmittelbar vor den Zahnextraktionen am 15.09.2000. Es gehört zur Sorgfalt eines Zahnarztes, sich vor einer Zahnextraktion, also vor einem „blutigen Eingriff" Gewissheit über den Status der Blutgerinnung des Patienten zu verschaffen. Dies geschieht dadurch, dass man sich entweder den Ausweis vorlegen lässt oder mit dem Hausarzt des Patienten Verbindung aufnimmt.

Beweis: Sachverständigengutachten

Beides ist nicht geschehen und ist dem Beklagten als Verstoß gegen die zahnärztliche Sorgfaltspflicht anzulasten.

Beweis: wie vorstehend

Hätte der Beklagte seine Pflicht beachtet und eingehalten, dann hätte er nicht nur den Gerinnungsstatus der Klägerin am 15.09.2000, sondern darüber hinaus erfahren, dass die Klägerin Trägerin einer künstlichen Herzklappe war. Auf dem Deckblatt des Marcumar-Ausweises der Klägerin findet sich der handschriftliche Eintrag: „Z. n. ME". Für den Experten sind diese Kürzel unschwer zu verstehen, denn sie bedeuten nichts anderes als: „Zustand nach Mitralklappenersatz".

Beweis:
1. Augenscheinnahme des Marcumar-Ausweises
2. Sachverständigengutachten

Es könnte also dahingestellt bleiben, ob die Klägerin den Beklagten tatsächlich nur auf die Medikamenteneinnahme oder zusätzlich darüber informiert hat, dass sie mit einer Herzklappe versorgt worden war. Dem Beklagten unterlief bereits in dem Moment ein Behandlungsfehler, als er den Hinweis der Klägerin auf die Einnahme von Marcumar lediglich zur Kenntnis nahm und sich in keiner Weise um die Frage des Gerinnungsstatus kümmerte. Dieses Versäumnis ist auch kausal für die spätere Schädigung der Klägerin.

Im vorliegenden Fall war es aber tatsächlich so, dass der Beklagte in Kenntnis dessen, dass bei der Klägerin eine Herzklappe implantiert war, auf die prophylaktische Gabe eines Antibiotikums verzichtete. Der Beklagte hielt es nicht einmal für nötig, mit der Klägerin hierüber zu sprechen.

Jeder Zahnarzt weiß bzw. muss wissen, dass es durch eine Zahnextraktion zur Verschleppung von Keimen in die Blutbahn des Patienten kommt. Diese Keime streuen bis ins Herz des Patienten hinein und können bei solchen mit einer künstlichen Herzklappe zu lebensgefährlichen Erkrankungen des Herzens führen. Diese wiederum können – wie im streitbefangenen Fall – zur Folge haben, dass die Prothese ausgetauscht werden muss. Deshalb besteht in einer derartigen Behandlungssituation die zwingende Indikation zur prophylaktischen Antibiotikagabe. Diese Vorgehensweise liegt nicht etwa im Ermessen des Arztes. Hierbei handelt es sich das Grundwissen eines jeden Arztes und Zahnarztes.

Beweis: Sachverständigengutachten

Ein solch leichtfertiges Verhalten, wie es der Beklagte bei der Behandlung der Klägerin an den Tag gelegt hat, stellt einen eklatanten Verstoß gegen die (zahn-)ärztlichen Pflichten dar. Der Verzicht auf eine Antibiotikatherapie in einer solchen Behandlungssituation, wie sie im streitbefangenen Fall am 15.09.2000 vorgelegen hat, ist für einen verantwortungsbewussten Zahnarzt schlechterdings nicht nachvollziehbar.

Beweis: wie vorstehend

Die unterbliebene prophylaktische Gabe eines geeigneten Antibiotikums muss deshalb dem Beklagten als schwerer Behandlungsfehler im Sinne der höchstrichterlichen Rechtsprechung angelastet werden.

Hätte der Beklagte demgegenüber die Klägerin richtig behandelt, wäre also ein geeignetes Antibiotikum verordnet und verabreicht worden, dann wäre es im Anschluss an die Zahnbehandlung im September 2000 zu keinen Komplikationen gekommen, jedenfalls nicht zu denen, die tatsächlich eingetreten sind. Es wäre bei der Klägerin weder zur Ausbildung einer lebensbedrohlichen Sepsis gekommen, noch hätte sich die Klägerin in eine stationäre Behandlung begeben müssen. Die Klägerin hätte schließlich auch nicht mit einer neuen Herzklappe versorgt werden müssen

Beweis (unter Protest gegen die Beweislast): wie vorstehend.

Sollten irgendwelche Beweisschwierigkeiten im Zusammenhang mit dem Ursachenzusammenhang zwischen dem Fehler des Beklagten und der Schädigung der Klägerin auftreten, so wird bereits jetzt darauf hingewiesen, dass diese nicht zulasten der Klägerin gehen, denn diese ist das Opfer einer schweren bzw. groben Falschbehandlung des Beklagten (BGH NJW 2004, 2011ff.).

Hilfsweise wird für die Klägerin die Aufklärungsrüge erhoben.

Der Beklagte hat die Klägerin nicht auf das Risiko hingewiesen, dass es bei ihr infolge der Zahnextraktion zu einer lebensbedrohlichen Infektion kommen konnte.

Wäre ein entsprechender Hinweis erteilt worden, dann hätte die Klägerin keine Einwilligung in die Behandlung erteilt. Vielmehr hätte sich die Klägerin in eine Zahnklinik begeben, um dort die Behandlung gegebenenfalls unter stationären Bedingungen durchführen zu lassen.

Beweis (unter Protest gegen die Beweislast):
1. Zeugnis des Ehemannes der Klägerin
2. Parteivernehmung der Klägerin

Bei einer vollständigen und richtigen Aufklärung wäre also die streitbefangene Behandlung und damit die Schädigung der Klägerin unterblieben.

4.
Aus den dargelegten Gründen hat sich der Beklagte der Klägerin gegenüber schadensersatzpflichtig gemacht.

Der Beklagte schuldet der Klägerin einerseits die Zahlung eines angemessenen Schmerzensgeldes.

Die Höhe des Schmerzensgeldes wird in das pflichtgemäße Ermessen des Gerichts gestellt. Ein angegebener Mindestbetrag führt bekanntlich nicht dazu, dass dem Gericht hinsichtlich der Höhe des Schmerzensgeldes nach oben hin Grenzen gesetzt sind (BGH VersR 1996, 990 ff.).

Für die Bemessung des Schmerzensgeldes sind nach ständiger Rechtsprechung die Schwere der Verletzung, das durch diese bedingte Leiden, dessen Dauer, das Ausmaß der Wahrnehmung der Beeinträchtigung durch den Verletzten und der Grad des Verschuldens des Schädigers maßgeblich (BGH NJW 1998, 2741). Diese Umstände sind in eine Gesamtbetrachtung einzubeziehen und in eine angemessene Beziehung zur Entschädigung zu setzen (BGH VersR 1988, 943 f.; BGH NJW 1998, 2741 ff.). Das Schmerzensgeld soll in erster Linie einen Ausgleich für die erlittenen Beeinträchtigungen darstellen, daneben aber auch der Genugtuung des Geschädigten für das erlittene Unrecht dienen (OLG Köln NJW-RR 2003, 308 ff.).

Die Klägerin selber ist der Auffassung, dass ein einmaliges Schmerzensgeld einen Betrag von mindestens € 15.000,-- (vgl. hierzu auch: BGH VersR 1996, 990 ff.) ausmachen muss, um als angemessen angesehen werden zu können.

Das Verschulden des Klägers muss als sehr hoch eingestuft werden. Bei der Behandlung hat sich der Beklagte in leichtfertiger Art und Weise über die Gesundheitsinteressen der Klägerin hinweggesetzt. Dem Beklagten unterlief ein grober Behandlungsfehler. Dieser Umstand muss sich auf die Höhe des Schmerzensgeldes auswirken (OLG Karlsruhe VersR 1988, 1134 f.).

Darüber hinaus versucht der Beklagte, durch das Aufstellen einer Schutzbehauptung die Schadenregulierung zu verzögern. Auch dies ist bei der Bemessung des angemessenen Schmerzensgeldes zu berücksichtigen.

Die Klägerin befand sich infolge der groben Falschbehandlung des Beklagten über mehrere Wochen in einem lebensbedrohlichen Zustand und hat dies auch so empfunden und wahrgenommen. Sie musste sich einer großen Operation im Bereich des Herzens unterziehen. Es bestand zeitweise akute Lebensgefahr und die Klägerin musste über Wochen mit ihrem vorzeitigen Ableben rechnen. Hierdurch wurde die Klägerin erheblich belastet und die Klägerin war deshalb auch über Monate nach Abschluss der stationären Krankenhausbehandlung depressiv verstimmt. Noch heute steht die Klägerin unter dem Eindruck der Ereignisse; sie hat Angst vor jedem Arztbesuch und leidet unter Albträumen, in denen sich die Ereignisse häufig wiederholen. Sie wacht dann schweißgebadet im Bett neben ihrem Ehemann auf und kann über Stunden nicht wieder einschlafen. Der Hausarzt wird wegen dieser Beschwerden regelmäßig von der Klägerin aufgesucht. Dieser verschreibt der Klägerin Beruhigungs- und Schlafmittel.

Beweis:
1. Parteivernehmung der Klägerin
2. Zeugnis des Ehemannes, bereits benannt
3. Behandlungsunterlagen des Hausarztes
4. Zeugnis des Hausarztes
5. Sachverständigengutachten

Deshalb ist ein Schmerzensgeld in Höhe von € 15.000,00 ohne weiteres angemessen.

Die Klägerin hat andererseits auch ein berechtigtes Interesse daran, dass die Schadensersatzpflicht des Beklagten gemäß dem Klageantrag zu 2. festgestellt wird.

Es besteht bei der Klägerin jederzeit die Möglichkeit der fehlerbedingten Verschlechterung ihres Gesundheitszustandes. Der vorzeitige fehlerbedingte Austausch der Herzklappe hat zur Folge, dass es im Operationsbereich zu unnötigen Narben gekommen ist. Dies kann sich nachteilig auf die Funktion des Herzens der Klägerin auswirken. Die Klägerin kann hierdurch zum Beispiel einen Herzanfall und infolge dessen einen erheblichen Dauerschaden erleiden, der sie womöglich zum Pflegefall macht.

Beweis: Sachverständigengutachten

Die Falschbehandlung des Beklagten kann bei der Klägerin deshalb zur Ausbildung von Folgeschäden, auch in Form von finanziellen Einbußen, führen. Deshalb ist auch dem Antrag auf Feststellung in der begehrten Art und Wese stattzugeben.

■■■

Rechtsanwalt

3. Muster: Klage wegen Arzthaftpflicht

Landgericht ■■■

K l a g e

der ■■■, minderjährig, vertreten durch die Eltern ■■■

Klägerin

g e g e n

den Kinderarzt ■■■

Beklagten

wegen Arzthaftpflicht.

Vorläufiger Streitwert: EUR 318.800,00

Namens und in Vollmacht der minderjährigen Klägerin wird Klage erhoben und um möglichst baldige Anberaumung eines Verhandlungstermins gebeten. Im Termin zur mündlichen Verhandlung soll für die Klägerin beantragt werden:

1.
Der Beklagte wird verurteilt, an die Klägerin ein angemessenes Schmerzensgeld nebst Zinsen in Höhe von 5 Prozentpunkten über dem Basiszinssatz seit Rechtshängigkeit zu zahlen, mindestens jedoch EUR 250.000,00.

2.
Der Beklagte wird verurteilt, an die Klägerin € 43.800,00 nebst Zinsen in Höhe von 5 Prozentpunkten über dem Basiszinssatz seit Rechtshängigkeit zu zahlen.

3.
Es wird festgestellt, dass der Beklagte verpflichtet ist, der Klägerin jedweden zukünftigen materiellen Schaden aus der streitgegenständlichen Behandlung, sowie solche zukünftigen immateriellen Schäden, die aus einer heute nicht absehbaren Verschlechterung des Gesundheitszustandes der Klägerin folgen und die auf der streitgegenständlichen Behandlung des Beklagten beruhen, zu ersetzen, soweit solche Ansprüche nicht auf Sozialversicherungsträger und/oder sonstige berechtigte Dritte übergegangen sind bzw. übergehen werden.

4.
Der Beklagte trägt die Kosten des Rechtsstreits.

Es wird vorweg beantragt, das schriftliche Vorverfahren gemäß § 276 Abs. 1 ZPO anzuordnen.

Sollte der Beklagte nicht rechtzeitig anzeigen, sich gegen die Klage verteidigen zu wollen, wird bereits jetzt der Erlass eines Versäumnisurteils gemäß § 331 Abs. 3 ZPO beantragt.

Für den Fall, dass der Beklagte demgegenüber den Anspruch anerkennt, wird hiermit der Erlass eines Anerkenntnisurteils gemäß § 307 Abs. 2 ZPO beantragt.

Von einer Güteverhandlung kann abgesehen werden, da sie erkennbar aussichtslos wäre. Die außergerichtlichen Verhandlungen mit der Beklagtenseite haben ergeben, dass auf Seiten des Beklagten weder eine Regulierungs- noch eine Vergleichsbereitschaft besteht. Die Anberaumung einer Güteverhandlung würde den Rechtsstreit deshalb offensichtlich nur verzögern.

Soweit sich die Klägerin im Folgenden zum Beweis der Richtigkeit ihrer Behauptungen auf Krankenunterlagen von Dritten beruft, wird hiermit Antrag gemäß § 428 ZPO gestellt.

Schließlich wird eine umfassende Entbindungserklärung von der Schweigepflicht beigefügt.

Begründung:

Der Beklagte führte bei der Klägerin am 10.02.2003 eine Mehrfachimpfung durch. Bei der Klägerin kam es im Anschluss daran zur Ausbildung einer Epilepsie. Die Klägerin hat einen erheblichen impfbedingten Dauerschaden davongetragen und der Beklagte wird hierfür mit der vorliegenden Klage in Regress genommen.

1.
Die Mutter der minderjährigen Klägerin suchte gemeinsam mit dieser am 10.02.2003 den Beklagten in dessen Arztpraxis auf. Die Klägerin erhielt eine Impfung gegen Diphtherie, Tetanus und Poliomyelitis. Dabei erfolgte die Impfung gegen Diphtherie und Tetanus durch die Injektion eines Kombinationsimpfstoffs. Die Schluckimpfung wurde nicht in der Praxis des Beklagten, sondern im häuslichen Umfeld der Klägerin durchgeführt. Der Impfstoff war der Mutter der Klägerin vom Beklagten mitgegeben worden.

Beweis:
1. Parteivernehmung der Mutter
2. Behandlungsunterlagen des Beklagten
3. Sachverständigengutachten

In der Nacht vom 13. zum 14.02.2003 bemerkten die Eltern der Klägerin, dass diese krampfend im Bett lag. Messungen ergaben, dass die Klägerin Fieber hatte. Die Eltern der Klägerin wickelten diese, die nach wie vor krampfte, ein und fuhren in das Krankenhaus Z. Die Fahrt dauerte etwa 10 Minuten. Im Krankenhaus erschien schließlich eine Ärztin, die die Klägerin untersuchte.

Der Anfall dauerte insgesamt eine Stunde an, bis er schließlich abklang. Neben dem Krampfanfall und dem Fieber wurde von der verantwortlichen Ärztin festgestellt, dass die Klägerin einen stark geröteten Rachen hatte.

Beweis:
1. Parteivernehmung der Eltern
2. Behandlungsunterlagen Kinderkrankenhaus Z
3. Sachverständigengutachten

Die stationäre Behandlung der Klägerin im Kinderkrankenhaus Z dauerte vom 13.02. bis zum 01.04.2003. In dieser Zeit wurden sehr viele aufwändige Untersuchungen durchgeführt. Von den verantwortlichen Ärzten wurde abschließend festgestellt, dass die Klägerin an einer schweren und dauerhaften Epilepsieerkrankung leidet. Deshalb musste sich die Klägerin auch in der Folgezeit weiteren stationären Behandlungen im Krankenhaus Z unterziehen.

Beweis: wie vorstehend

Für die Eltern der Klägerin besteht kein Zweifel daran, dass ihr Epilepsieleiden auf die Impfung zurückzuführen ist, die der Beklagte bei ihr am 10.02.2003 durchgeführt hat. Die Impfung war nicht nur Auslöser sondern vielmehr Ursache des Fieberkrampfes und der anschließenden Ausbildung des schweren Epilepsieleidens.

Beweis: Sachverständigengutachten

2.
Der Beklagte hat sich gegenüber der Klägerin aus zwei Gründen schadensersatzpflichtig gemacht.

Teichner

2.1.

Einerseits beging der Beklagte einen Behandlungsfehler, indem dieser die Impfung durchgeführte, ohne die Klägern zuvor untersucht zu haben.

Beweis:
1. Parteivernehmung der Mutter der Klägerin
2. Sachverständigengutachten

Die Rötung im Rachenbereich, die von den verantwortlichen Ärzten des Kinderkrankenhauses Z am 13.02.2003 festgestellt wurde, bestand bereits zum Zeitpunkt der Impfung am 10.02.2003. Sie rührte von einem Infekt her, der bei einer ordnungsgemäßen Untersuchung der Klägerin zu erkennen gewesen wäre und an dem die Klägerin am 10.02.2003 litt.

Beweis: wie vorstehend

Indem es der Beklagte pflichtwidrig unterließ, den Rachenraum der Klägerin vor der Impfung zu inspizieren, blieb die akute Erkrankung der Klägerin unentdeckt. Die Rötung im Rachenbereich und damit die Anzeichen für einen akuten Infekt der Klägerin stellte eine Kontraindikation für die Impfung dar.

Beweis: wie vorstehend

Der Beklagte handelte leichtfertig und verstieß gegen elementare Grundsätze der ärztlichen Sorgfalt im Bereich der Pädiatrie, als er die Impfung bei der Klägerin durchführte, ohne die Klägerin zuvor gründlich zu untersuchen. Hierzu hätte es auch gehört, den Rachenraum der Klägerin zu inspizieren. Die Anzeichen für einen Infekt der Klägerin wären durch wenige Untersuchungen zu erkennen gewesen, die zum unbedingten Standard vor der Impfung eines Kindes gehören.

Beweis: wie vorstehend

Sollten im Zusammenhang mit der Frage, ob die Impfung das Anfallsleiden der Klägerin verursacht hat, Beweisschwierigkeiten auftreten, so gehen diese deshalb nicht zu Lasten der Klägerin.

2.2.

Andererseits hat der Beklagte seine Aufklärungspflicht verletzt. Er hat es pflichtwidrig versäumt, die Eltern der Klägerin vor Durchführung der Impfung auf das Risiko hinzuweisen, das sich bei der Klägerin im Anschluss und infolge der Impfung verwirklicht hat. Vielmehr erfolgte überhaupt keine Risikoaufklärung.

Beweis (unter Protest gegen die Beweislast):

Parteivernehmung der Mutter der Klägerin

Wären die Eltern auf ein derartiges Risiko hingewiesen worden, wie es sich im Falle der Klägerin verwirklicht hat, dann hätten diese keine Einwilligung in die streitbefangene Impfung erteilt. Zumindest aber wäre die Impfung am 10.02.2003 unterblieben. Die Mutter der Klägerin hätte die Impfung verschoben und die Hinweise des Beklagten mit dem Vater der Klägerin besprochen. Danach hätten die Eltern der Klägerin weitere Erkundigungen eingeholt, beispielsweise bei befreundeten Eltern und über das Internet. Erst danach hätten die Eltern eine Nutzen-Risiko-Abwägung getroffen und sich dann für oder gegen die Impfung entschieden.

Beweis (unter Protest gegen die Beweislast):
Parteivernehmung der Eltern der Klägerin

Hinzu kommt, dass die Aufklärung über Impfrisiken zu spät erfolgt wäre, wenn sie denn überhaupt stattgefunden hätte (Martis/Winkhart, Arzthaftungsrecht, S. 122f. m.w.N.). Die Spritze lag nämlich bereits aufgezogen bereit, als die Mutter der Klägerin mit dieser das Behandlungszimmer betrat und vom Beklagten begrüßt wurde. Die Mutter der Klägerin hätte keine ausreichende Bedenkzeit gehabt, wenn der Beklagte mit ihr am 10.02.2003 irgendwelche Impfrisiken besprochen und erörtert hätte.

Nach allem hat sich der Beklagte gegenüber der Klägerin schadensersatzpflichtig gemacht.

3.
Der Beklagte schuldet der Klägerin zum einen die Zahlung eines angemessenen Schmerzensgeldes.

Die Höhe des Schmerzensgeldes wird in das pflichtgemäße Ermessen des Gerichts gestellt.

Für die Bemessung des Schmerzensgeldes sind nach ständiger Rechtsprechung die Schwere der Verletzung, das durch diese bedingte Leiden, dessen Dauer, das Ausmaß der Wahrnehmung der Beeinträchtigung durch den Verletzten und der Grad des Verschuldens des Schädigers maßgeblich (BGH NJW 1998, 2741ff.). Diese Umstände sind in eine Gesamtbetrachtung einzubeziehen und in eine angemessene Beziehung zur Entschädigung zu setzen (BGH VersR 1988, 943f.; BGH NJW 1998, 2741ff.). Das Schmerzensgeld soll in erster Linie einen Ausgleich für die erlittenen Beeinträchtigungen darstellen, daneben aber auch, nach wie vor, der Genugtuung des Geschädigten für das erlittene Unrecht dienen (OLG Köln NJW-RR 2003, 308ff.).

Unter Berücksichtigung dieser Gesichtspunkte ist der Klägerin ein hohes Schmerzensgeld zuzusprechen. Die Impfung hat bei der Klägerin zur Ausbildung einer schweren und dauerhaften Behinderung geführt. Der Grad der Behinderung wurde vom zuständigen Amt auf 80 % festgesetzt. Darüber hinaus wurde das Merkzeichen G vergeben.

Beweis: Behindertenausweis

Die Klägerin erleidet im Durchschnitt täglich einen bis zwei epileptische Anfälle, die jedes Mal 3 bis 6 Minuten anhalten und für die Klägerin mit erheblichen Schmerzen und körperlichen Beeinträchtigungen eingehen.

Beweis: Sachverständigengutachten

Die Klägerin gerät bei diesen Anfällen in Luftnot, leidet unter vermehrtem Speichelfluss und fügt sich in ihrem Verlauf, trotz ordnungsgemäßer Überwachung und Betreuung, immer wieder Verletzungen zu, vor allem Bissverletzungen im Bereich von Mund und Zunge und Stossverletzungen im gesamten Kopfbereich. Diese Verletzungen sind dann nicht selten behandlungsbedürftig und bereiten der Klägerin zusätzliche Schmerzen.

Beweis:
1. Fotodokumentation
2. Parteivernehmung der Eltern

3. Attest Dr. Pädiater
4. Sachverständigengutachten

Die Klägerin war zum Zeitpunkt der Schädigung noch sehr jung. Ihre fehlerbedingte dauerhafte Schwerstschädigung führt dazu, dass ihr ein gesundes und normales Leben vorenthalten bleibt. Die Klägerin kann sich nicht normal entwickeln, wird immer auf die Hilfe Dritte angewiesen sein und wird deshalb auch keine normale Intimsphäre für sich haben. Die Schädigung führt zu einer erheblichen Einbuße an Lebensqualität und Lebensfreude.

Die Klägerseite ist deshalb der Ansicht, dass das Schmerzensgeld mindestens € 250.000 betragen muss, um als angemessene Entschädigung für die immaterielle Schädigung der jungen Klägerin angesehen werden zu können.

Oder: Die Klägerseite denkt deshalb bei der Frage nach einer angemessen Entschädigung im immateriellen Bereich an eine Summe in der Größenordnung von etwa € 250.000,00.

Andererseits schuldet der Beklagte der Klägerin Schadensersatz. Als Schaden werden mit dem Antrag zu 2. vermehrte Bedürfnisse geltend gemacht.

Aufgrund des Anfallleidens bedarf die Klägerin der ständigen Überwachung und Betreuung.

Beweis: Sachverständigengutachten

Die Pflege und Versorgung der Klägerin wird in erster Linie durch einen Pflegedienst und in zweiter Linie durch die Mutter der Klägerin, in den Nachtstunden zusätzlich von ihrem Vater erledigt.

Beweis:
1. Parteivernehmung der Eltern
2. Sachverständigengutachten

Es besteht seit dem 13.02.2003 ein schadenbedingter vermehrter Pflegebedarf der Klägerin, der von ihren Eltern allein erledigt wird, in Höhe von 6 Stunden täglich. Dies gilt mit Ausnahme für die Zeiträume, in denen sich die Klägerin in stationärer Krankenhausbehandlung befunden hat. Leistungen Dritter werden zusätzlich erbracht und wurden berücksichtigt.

Beweis: Sachverständigengutachten

Bei einem Stundensatz in Höhe von € 10,00 pro Stunde (vgl. hierzu: Küppersbusch, Ersatzansprüche bei Personenschäden, S. 62 ff. m.w.N.) ergibt dies für den Zeitraum bis zu Klageerhebung einen Schaden in Höhe von mindestens € 43.800,00, der mit dem Antrag zu 2. geltend gemacht wird.

Beweis: Sachverständigengutachten

Schließlich hat die Klägerin ein berechtigtes Interesse, dass die Schadensersatzpflicht des Beklagten für sämtliche zukünftige Schäden der Klägerin, die diese infolge der Impfung erleiden wird, in der beantragten Art und Weise festgestellt wird.

Die fehlerbedingte Behinderung der Klägerin führt zwangsläufig dazu, dass die Klägerin auch in Zukunft zu Schaden kommen wird. Dies auch deshalb, weil jederzeit mit einer weiteren Verschlimmerung des Gesundheitszustandes der Klägerin gerechnet werden muss.

Beweis: Sachverständigengutachten

Der Wert des Feststellungsinteresses der Klägerin wird auf € 25.000,00 veranschlagt.

Sollte das Gericht weiteren Sachvortrag und/oder weitere Beweisangebote für erforderlich erachten, so wird um einen entsprechenden Hinweis gebeten.

■■■

Rechtsanwalt

IV. Antrag auf Abänderung und/oder Ergänzung des Beweisbeschlusses

Sobald Sie den Beweisbeschluss erhalten haben, sollten Sie ihn im Hinblick darauf überprüfen, ob das Gericht die in § 404a ZPO enthaltenen Vorschriften beachtet und ausreichend berücksichtigt hat.[47] Achten Sie darauf und prüfen Sie, ob dem Sachverständigen sämtliche Krankenunterlagen und anderen relevanten Dokumente und Urkunden im Original vorgelegt werden. Kopien können unter Umständen von schlechter Qualität sein und das Ergebnis der Begutachtung negativ beeinflussen.[48]

146

Was die Fragen des Gerichts betrifft, so überprüfen Sie auch diese. Denken Sie stets daran, nur die „richtigen Fragen" können zu den „richtigen Antworten" führen.

147

Bei der Formulierung der Fragen unterläuft so manchem Gericht ein geradezu typischer Fehler. Speziell bei einem Amtsgericht oder bei einer Zivilkammer, die nicht auf die Bearbeitung von Arzthaftungsfällen spezialisiert sind, kann es geschehen, dass der Sachverständige vom Gericht danach gefragt wird, ob dem in Anspruch genommenen Arzt ein schwerer bzw. grober Behandlungsfehler unterlaufen ist. Dann kommen Sie nicht umhin, auf eine Abänderung des Beweisbeschlusses hinzuwirken, denn über die Annahme eines schweren bzw. groben Behandlungsfehlers hat ausschließlich das Gericht zu entscheiden, weil es sich hierbei um eine Rechtsfrage handelt.[49] Regen Sie also in einem solchen Fall an oder beantragen Sie ausdrücklich, dass das Gericht die entsprechende Frage anders formuliert. Erfahrene Gerichte stellen zulässige Fragen in diese Richtung, indem zum Beispiel danach gefragt wird, ob dem verantwortlichen Arzt ein Fehler unterlaufen ist, der diesem „schlechterdings" nicht unterlaufen durfte, so dass dem Sachverständigen hierfür das „Verständnis fehlt".

148

Der Sachverständige sollte vom Gericht im Beweisbeschluss auch nach der Existenz einschlägiger Leitlinien gefragt werden.[50] Auch wenn Leitlinien keine Definition des Standards einer Behandlung beinhalten,[51] so liefern sie gleichwohl hierfür eine gewisse Orientierung und sie beinhalten vielleicht die eine oder andere wichtige Informationen über etablierte Behandlungsweisen, die sich auf den Streitfall beziehen. Ist das Gericht nicht gewillt, den Sachverständigen im Hinblick auf Leitlinien zu befragen, dann richten Sie eine entsprechende Frage an den Sachverständigen entweder anlässlich ihrer Stellungnahme zum Sachverständigengutachten oder im Laufe der Anhörung des Sachverständigen.

149

---

47 Vgl. Stegers/Hansis/Alberts, Der Sachverständigenbeweis im Arzthaftungsrecht, Rn. 266 ff.
48 Stegers/Hansis/Alberts, Der Sachverständigenbeweis im Arzthaftungsrecht, Rn. 323.
49 Vgl. hierzu z.B. Steffen/Dressler, Arzthaftungsrecht, 9. Aufl., Rn. 517 ff. m.w.N.; Stegers/Hansis/Alberts, Der Sachverständigenbeweis im Arzthaftungsrecht, Rn. 470 m.w.N.
50 Vgl. hierzu: Ziegler, VersR 2003 545 ff.
51 Hart, MedR 1998, 8 ff.; Steffen/Dressler, Arzthaftungsrecht, 9. Aufl., Rn. 543 a m.w.N.

Teichner

V. Stellungnahme zum Sachverständigengutachten (Ergänzungsgutachten) und Antrag auf Anhörung des Sachverständigen

1. Das Sachverständigengutachten

150 Sobald das Sachverständigengutachten vorliegt, muss hierzu Stellung genommen werden. In der Regel werden hierfür zu kurze Fristen gesetzt. Das Gutachten muss sowohl von ihrem Mandanten als auch von ihnen ausgewertet werden. In den meisten Fällen wird man hierzu nur dann in der Lage sein, wenn einem Ärzte als Berater zur Verfügung stehen. Diese sind meistens – genauso wie Sie – zeitlich sehr eingespannt, weshalb es häufig nicht gelingt, zu einem Sachverständigengutachten binnen beispielsweise 3 oder 4 Wochen Stellung zu nehmen. Da sich aber auch der Sachverständige wahrscheinlich viel Zeit für das Gutachten genommen hat und sie auf der Aktivseite über kein medizinisches Fachwissen verfügen, wird das Gericht einem begründeten Fristverlängerungsgesuch sicherlich stattgeben. Dieses Gesuch sollten Sie sogleich mit einem Antrag auf Anhörung des Sachverständigen kombinieren. Damit verhindern Sie, dass dieser wichtige Antrag, der selbstverständlich jederzeit zurückgenommen werden könnte (aber nicht sollte), von Ihnen womöglich nach Ansicht des Gerichts zu spät gestellt wird, oder, dass Sie ihn gar vergessen.

151 Selbstverständlich hat das Gericht die Pflicht, das Gutachten des Sachverständigen sorgfältig und kritisch zu würdigen.[52] Was Sie betrifft, so sollten Sie versuchen, das Gutachten möglichst von einem versierten Arzt überprüfen zu lassen. Knüpfen Sie dort an, wo Sie Ihre Beratungshilfe vor der Klageerhebung eingeholt haben. Was Einwendungen gegen ein Sachverständigengutachten betrifft, so dürfen hieran von Seiten des Gerichts keine überhöhten Anforderungen gestellt werden.[53] Um ein Sachverständigengutachten angreifen zu können, ist niemand dazu verpflichtet, etwa ein Privatgutachten einzuholen.[54] Überprüfen Sie nicht nur, ob das Gutachten in sich schlüssig und plausibel ist, sondern auch, ob es ordnungsgemäß erstellt wurde. Auch ein medizinisches Sachverständigengutachten muss einen gewissen Standard erfüllen.[55] So manchem Gutachten ist beispielsweise nicht zu entnehmen, welche Unterlagen, Röntgenbilder usw. dem Sachverständigen vorlagen bzw. auf welchen Akteninhalt sich bestimmte Feststellungen und Bewertungen des Sachverständigen beziehen. Dies stellt selbstverständlich einen Mangel dar, wobei dieser gelegentlich durch den Beweisbeschluss des Gerichts mit verursacht wird. Achten Sie insbesondere darauf, ob die Vorschrift des § 407a Abs. 2 ZPO beachtet und eingehalten wurde. Auch ein fehlendes Literaturverzeichnis stellt einen Mangel des Gutachtens dar.[56]

152 Sofern von Ihnen der Antrag gestellt wird, den Sachverständigen zur mündlichen Erläuterung seines Gutachtens zu laden, ist diesem Antrag von Seiten des Gerichts grundsätzlich stattzugeben.[57] Dies gilt auch für den Fall, dass für das Gericht keinerlei

---

52 Z.B. BGH AHRS 6180/109; zuletzt: BGH Urteil vom 27.01.2004, VI ZR 150/02.
53 BGH VersR 2004, 1177 ff.
54 BGH NJW 2003, 1400 ff.
55 Stegers/Hansis/Alberts, Der Sachverständigenbeweis im Arzthaftungsrecht, Rn. 376.
56 Vgl. Stegers/Hansis/Alberts, Der Sachverständigenbeweis im Arzthaftungsrecht, Rn. 377 ff.
57 BGH NJW 2003, 1400 ff.

Klärungsbedarf mehr bestehen sollte. Der Antrag muss natürlich gut überlegt sein, denn die Anhörung des Sachverständigen verursacht weitere, nicht unerhebliche Kosten. Allerdings kommen Sie meiner Meinung nach nicht umhin, diesen Antrag grundsätzlich zu stellen, denn sonst riskieren Sie, dass Sie bzw. Ihr Mandant das Recht verwirkt, im anschließenden Berufungsverfahren das erstinstanzliche Gutachten anzugreifen und beispielsweise einen Rechtsfehler zu behaupten und diesen durch die erstmalige Vorlage eines Privatgutachtens zu begründen.

Die Gerichte machen die Anhörung des Sachverständigen häufig gemäß § 411 Abs. 4 S. 2 i.V.m. § 296 Abs. 1, 4 ZPO davon abhängig, dass Sie die geplanten Fragen schriftlich mitteilen. Die Erstellung eines exakten Fragenkataloges darf von Ihnen nicht verlangt werden.[58] Das Gericht darf sich selbstverständlich nicht damit begnügen, die Fragen anschließend an den Sachverständigen zu versenden und diesen um eine – gegebenenfalls weitere – Ergänzung seines Gutachtens zu bitten. Jedenfalls führt eine solche Vorgehensweise nicht dazu, dass Ihr Mandant das Recht auf Anhörung des Sachverständigen verliert. Der Anspruch auf rechtliches Gehör gebietet es, dass Ihrem Antrag auf Anhörung des Sachverständigen zur Erläuterung des schriftlichen Gutachtens Folge geleistet wird.

153

Die Praxis hat mich im Übrigen gelehrt, dass so manche Anhörung eines Sachverständigen dazu führt, dass das Gericht in ihrem Verlauf bemerkt, dass es das schriftliche Gutachten des Sachverständigen in dem einem oder anderen, womöglich wichtigen Punkt falsch verstanden oder fehl interpretiert hat. Deshalb: lassen Sie sich nicht beirren, wenn Sie die Anhörung des Sachverständigen für erforderlich halten und dies deshalb beantragt haben. Auch wenn Sie in einer derartigen Situation vom Gericht darauf angesprochen werden, dass die beantragte Anhörung durch den Sachverständigen doch nur Zeit- und Geldverschwendung wäre, sollten Sie den Antrag aufrechterhalten. Es ist sehr wichtig, sich einen persönlichen Eindruck von der Person des Sachverständigen zu machen; das Gericht und die anderen Prozessbeteiligten sollten dies genauso sehen. Dass der Sachverständige selbst dies nicht immer so sieht und sehen kann und dass selbstverständlich die Gefahr besteht, dass eine – aus der Sicht des Sachverständigen völlig überflüssige – Anhörung aufgrund des damit verbundenen Zeitaufwandes dazu führen oder beitragen kann, dass sich dieser die „Annahme" des nächsten Gutachtenauftrages – zum Leidwesen des Gerichts – sehr genau überlegen wird,[59] ändert ebenfalls nichts daran, dass Sie im Zweifel den Antrag auf Anhörung des Sachverständigen stellen und aufrechterhalten müssen.

154

2. Muster: Stellungnahme zum Sachverständigengutachten

155

Landgericht ■■■

In dem Rechtsstreit ■■■

---

58 Rumler-Detzel, VersR 1999, 1209 ff.
59 Stegers/Hansis/Alberts, Der Sachverständigenbeweis im Arzthaftungsrecht, Rn. 308 ff.

Teichner

wird hiermit zum Sachverständigengutachten / zum Ergänzungsgutachten für die Klägerin nunmehr wie folgt Stellung genommen:

1.
Unter der Überschrift „Zusammenfassung des Behandlungsablaufs nach Aktenlage" führt der Sachverständige aus: Die Klägerin wurde über den bevorstehenden Eingriff aufgeklärt (GA 5).

Der Sachverständige trifft damit – ohne hiernach vom Gericht gefragt worden zu sein oder einen entsprechenden Hinweis gemäß § 404a Abs. 3 ZPO erhalten zu haben – eine Feststellung über einen Umstand, der sich so weder aus der Akte ergibt, noch ist diese Frage etwa unstreitig. Der Sachverständige könnte allenfalls, wenn er hierzu befragt werden würde, etwas dazu sagen, ob die Dokumentation über die angeblich durchgeführte Risikoaufklärung dem Standard bzw. den üblichen Gepflogenheiten entspricht.

Der Sachverständige muss sich den Vorwurf gefallen lassen, dass er in seinem Gutachten zur Frage der Aufklärung einerseits ohne Auftrag des Gerichts und andererseits tendenziös zu Gunsten des Beklagten und damit zu Lasten der Klägerin Feststellungen getroffen hat.

Unter Zurückstellung von Bedenken und ohne Präjudiz wird derzeit davon abgesehen, den Sachverständigen wegen der Besorgnis der Befangenheit abzulehnen.

2.
Die Auswertung der Röntgenbilder durch den Sachverständigen ergibt, dass zum Zeitpunkt der streitbefangenen Operation „eine unzureichende Stellung der operierten Knochen" bei der Klägerin vorlag (GA 7). Gleichwohl bezeichnet der Sachverständige die durchgeführte Operation als „lege artis" (GA 8).

Dies ist ein Widerspruch, den der Sachverständige erläutern muss. Dem Gutachten ist hierüber nichts zu entnehmen.

Wäre die streitbefangene Operation tatsächlich „lege artis" vom Beklagten durchgeführt worden, dann wäre es eben nicht zu der postoperativen Fehlstellung gekommen. Diese wäre vielmehr vermeidbar gewesen.

Beweis:
1. Anhörung des Sachverständigen
2. Neues Sachverständigengutachten

3.
Als alternative operative Behandlungsmaßnahmen für eine Fraktur, wie sie die Klägerin erlitten hatte, kommen nach Ansicht des Sachverständigen vier verschiedene Methoden in Betracht (GA 9). Der Sachverständige moniert, dass sich der Beklagte angesichts des breiten Spektrums an möglichen operativen Techniken dadurch selbst einschränkte, dass er die Klägerin lediglich über die Möglichkeit der operativen Versorgung mit Spickdrähten aufklärte und diesen Eingriff sodann durchführte. Diese Beschränkung des Handlungsspielraums durch den Beklagten ist für den Sachverständigen „nicht nachvollziehbar" (GA 10). Gleichwohl gelangt der Sachverständige zu der Einschätzung, dass dem Beklagten im Zusammenhang mit der Auswahl der Operationsmethode „kein Fehler unterlaufen wäre" (GA 11).

Auch dieser Widerspruch bedarf der Erläuterung. Wenn einerseits die Auswahl der Methode für den Sachverständigen nicht nachvollziehbar ist, dann leuchtet nicht ein, dass gleichwohl die Auswahl dieser Methode kein Fehler gewesen sein soll.

Die Klägerin bleibt jedenfalls bei ihrer Behauptung darüber, dass eine falsche Operationsmethode angewandt wurde. Eine offene Operation wäre mit einem geringeren Komplikationsrisiko für die Klägerin, vor allem aber mit der Chance verbunden gewesen, ein deutlich besseres Ergebnis zu erzielen. Es hätte keine Nachoperation durchgeführt werden müssen. Der bei der Klägerin eingetretene Dauerschaden wäre vermeidbar gewesen.

Beweis: wie vorstehend

Insoweit wird im Übrigen nunmehr für die Klägerin – hilfsweise – auch die Aufklärungsrüge erhoben.

Es standen nach den Angaben des Sachverständigen vier alternative Behandlungsalternativen zur Verfügung, die dem Standard entsprochen hätten und die mit unterschiedlichen Risiken für die Klägerin verbunden gewesen wären.

Deshalb war der Beklagte dazu verpflichtet, diese Alternativen mit der Klägerin zu erörtern. Dies ist nicht geschehen. Der Beklagte hat damit seine Aufklärungspflicht verletzt.

Wäre die Klägerin vom Beklagten pflichtgemäß über die vier Behandlungsmöglichkeiten pflichtgemäß aufgeklärt worden, dann hätte die Klägerin keine Einwilligung in die streitbefangene Operation erteilt. Die Klägerin hätte sich vielmehr für die offene Operation entschieden.

Beweis (unter Protest gegen die Beweislast): Parteivernehmung der Klägerin

4.
Schließlich gelangt der Sachverständige zu dem Ergebnis, dass nach der streitbefangenen Operation die Notwendigkeit eines unverzüglichen Korrektureingriffs bestand (GA 12). Allerdings könne es dem Beklagten nicht als Fehler angelastet werden, dass sich die Revision um 10 Tage verzögerte. Dies sei darauf zurückzuführen, dass sich die Klägerin geweigert hätte, ein weiteres Mal operieren zu lassen.

Auch in diesem Punkt geht der Sachverständige von falschen, zumindest streitigen Voraussetzungen aus. Die Klägerin hat stets vorgetragen, dass sie einer Nachoperation sofort zugestimmt hätte, wenn ihr seinerzeit gesagt worden wäre, dass diese medizinisch dringend erforderlich war. Die Behauptung des Beklagten, er habe einen solchen Hinweis bereits am zweiten postoperativen Tag erteilt, ist von der Klägerin ausdrücklich und bis zuletzt bestritten worden. Dies gilt selbstverständlich auch in Bezug auf die Aufzeichnungen des Beklagten, die der Sachverständige in diesem Punkt einfach als wahr und zutreffend unterstellt.

Die Klägerin bleibt bei ihrer Behauptung darüber, dass der Beklagte in den ersten Tagen nach der streitbefangenen Operation lediglich davon sprach, dass man eine Korrektur „irgendwann einmal" durchführen könne. Die Klägerin sollte dies von ihren Beschwerden nach der Entlassung aus dem Krankenhaus abhängig machen. Erst am 10. Tag nach der Operation sprach der Beklagte von der dringenden Notwendigkeit einer Korrekturoperation.

Teichner

Beweis
1. Zeugnis des Ehemannes b. b.
2. Parteivernehmung der Klägerin

Der Beklagte handelte fehlerhaft, als dieser nicht am zweiten Tag nach der fehlerhaften Operation gegenüber der Klägerin eindeutig erklärte, dass die Notwendigkeit eines sofortigen weiteren Eingriffs bestand, um die Fehlstellung der Knochen zu korrigieren.

Beweis:
1. Anhörung des Sachverständigen
2. Neues Sachverständigengutachten

Nach allem wird für die Klägerin abschließend beantragt,

den Sachverständigen zur mündlichen Erläuterung seines schriftlichen Gutachtens zu laden.

■■■

Rechtsanwalt

3. Muster: Stellungnahme zum Sachverständigengutachten

Landgericht ■■■

In dem Rechtsstreit ■■■

wird hiermit zum Sachverständigengutachten/zum Ergänzungsgutachten für die Klägerin nunmehr wie folgt Stellung genommen:

Der Sachverständige gelangt zu dem Ergebnis, dass die Behandlung unter Beachtung und Einhaltung des Standards geplant und durchgeführt wurde. Zu den Komplikationen, also zum vorzeitigen Verlust der Zahnimplantate, soll es beim Kläger aus schicksalhaften Gründen gekommen sein (GA 5).

Dem wird von Klägerseite aus energisch widersprochen.

Der Kläger hat einerseits eine gutachterliche Stellungnahme zum Sachverständigengutachten eingeholt. Andererseits hat der Kläger Recherchen im Internet angestellt und Fachliteratur ausgewertet.

Sowohl aus der gutachterlichen Stellungnahme des eingeschalteten Facharztes für Kieferchirurgie als auch aus zwei Literaturstellen ergibt sich, dass im Behandlungsfall des Klägers die medizinische Notwendigkeit bestand, nach der Implantation mit der weiteren Behandlung mindestens 4 bis 6 Monate zu warten. Es war falsch und entsprach gerade nicht dem Standard, mit der Weiterbehandlung bereits zwei Wochen nach dem Einsetzen der Implantate zu beginnen.

Beweis:
1. Gutachterliche Stellungnahme des beratenden Arztes (Anlage)
2. Fachliteratur
3. Anhörung des Sachverständigen
4. Neues Sachverständigengutachten

Dem Beklagten stand im streitbefangenen Fall kein Ermessen darüber zu, von diesem Standard abzuweichen. Vielmehr war es behandlungsfehlerhaft, die Behandlung bereits nach zwei Wochen fortzusetzen.

Beweis: wie vorstehend

Der Verlust der Zahnimplantate sechs Wochen nach ihrer Einsetzung ist Folge dieser fehlerhaften Vorgehensweise des Beklagten.

Beweis: wie vorstehend

Das vorliegende Gutachten ist in seiner Kernaussage falsch. Der Sachverständige hat sich im Übrigen nicht mit der gesamten einschlägigen Fachliteratur auseinander gesetzt.

Für den Kläger wird deshalb beantragt,

ein neues Sachverständigengutachten einzuholen.

Hilfsweise wird beantragt,

den Sachverständigen zur mündlichen Erläuterung seines Gutachtens zu laden.

∎∎∎

Rechtsanwalt

VI. Berufung

1. Das Berufungsverfahren

Aufgrund des Zivilprozessreformgesetzes findet seit dem 01.01.2002 im Berufungsverfahren gemäß § 513 Abs. 1 ZPO bekanntlich nur noch eine Prüfung darüber statt, ob das angefochtene Urteil aufgrund einer Rechtsverletzung gemäß § 546 ZPO zustande gekommen ist oder ob die nach § 529 ZPO vom Berufungsgericht zugrunde zu legenden Tatsachen eine andere Entscheidung rechtfertigen. Das Berufungsverfahren ist damit keine zweite Tatsacheninstanz mehr sondern „nur" noch Kontrollinstanz. Das Verfahren wird nicht gänzlich neu aufgerollt, sondern es wird lediglich im Hinblick auf etwaige Fehler überprüft.[60]

157

In § 546 ZPO ist geregelt, dass eine Rechtsverletzung vorliegt, wenn eine Rechtsnorm nicht oder nicht richtig angewandt worden ist. Für die Praxis im Arzthaftungsprozess bedeutet dies, dass als Berufungsgrund im Sinne von § 546 ZPO vor allem der Verstoß gegen Grundsätze in Betracht kommt, die der IV. Zivilsenat des Bundesgerichtshofs im Laufe der Zeit mit entsprechenden Urteilen aufgestellt hat. Hierbei geht es um Besonderheiten des Arzthaftungsrechts wie beispielsweise der Frage, ob einem Antrag auf Anhörung des Sachverständigen oder einem solchen auf Einholung eines weiteren Sachverständigengutachtens vom erstinstanzlichen Gericht hätte Folge geleistet werden müssen. Typischer Weise werden aber auch Fragen der richtigen Beweislastvertei-

158

---

60 Zöller-Gummer, Vor § 511 ZPO Rn. 1f.

lung eine Rolle spielen, zum Beispiel im Zusammenhang mit Dokumentationsmängeln oder mit der Frage der Annahme eines groben Behandlungsfehlers.[61]

159 Das Berufungsgericht hat bei seiner Überprüfung des angefochtenen Urteils, anders als vor der Reform, von einem bestimmten Sachverhalt auszugehen. Maßgeblich sind nach § 529 Abs. 1 ZPO grundsätzlich nur die Tatsachen, die vom erstinstanzlichen Gericht festgestellt wurden. Zu diesen Tatsachen gehören diejenigen, die im Tatbestand der angegriffenen Entscheidung wiedergegeben sind. Hinzu kommen selbstverständlich auch solche, die den Schriftsätzen zu entnehmen sind, denn in § 313 Abs. 2 S. 1 ZPO heißt es ausdrücklich, dass der Streitstoff der Parteien im Tatbestand nur in seinem wesentlichen Inhalt knapp dargestellt werden soll. Gleichwohl hat die in § 529 Abs. 1 ZPO getroffene Regelung zur Folge, dass Sie unverzüglich nach Erhalt des erstinstanzlichen Urteils und damit losgelöst vom Einlegen einer Berufung sorgfältig prüfen müssen, ob der Tatbestand des angefochtenen Urteils das Vorbringen Ihres Mandanten richtig wiedergibt. Ist dies nicht der Fall, so sollten Sie – auch im Zweifelsfall – eine entsprechende Tatbestandberichtigung beantragen. Sorgen Sie deshalb dafür, dass nicht nur die Berufungsfrist sondern auch die in § 320 Abs. 1 ZPO geregelte zweiwöchige Berichtigungsfrist notiert und überwacht wird.

160 Das Berufungsgericht ist gemäß § 529 Abs. 1 Ziffer 1 ZPO dann an den Tatbestand nicht gebunden, wenn konkrete Anhaltspunkte Zweifel an der Richtigkeit und Vollständigkeit der Feststellungen begründen und deshalb eine neue Feststellung gebieten. An die Zweifel dürfen von Seiten des Berufungsgerichts keine überhöhten Anforderungen gestellt werden. Vielmehr reicht die Möglichkeit einer unterschiedlichen Wertung nach Ansicht des Bundesverfassungsgerichts aus.[62] Ein solcher Zweifel kann in einem Arzthaftungsprozess, bei dem es um die Frage einer Falschbehandlung geht, wohl am ehesten dadurch geweckt werden, dass ein Privatgutachten vorgelegt wird, das zu einem anderen Ergebnis gelangt als das in erster Instanz eingeholte Sachverständigengutachten. Aber auch bereits der Hinweis auf eine vom Sachverständigen im erstinstanzlichen Verfahren unberücksichtigte, einschlägige Fachliteratur oder gar Leitlinie, die dafür spricht, dass die Angaben des Sachverständigen unvollständig und unrichtig waren, müsste zu einer erneuten Beweisaufnahme im Berufungsverfahren führen.[63]

161 Im Übrigen kommt das Berufungsgericht selbst dann, wenn es sich seiner Ansicht nach bei diesem Gutachten um eine neue Tatsache im Sinne von § 529 Abs. 1 S. 2 ZPO handelt, grundsätzlich nicht umhin, das Berufungsverfahren anschließend durchzuführen. Da keine Partei dazu verpflichtet ist, ein Privatgutachten einzuholen, um mit dessen Hilfe ein im Auftrag des Gerichts erstelltes Sachverständigengutachten anzugreifen,[64] kann keinem Berufungskläger verwehrt werden, ein solches Gutachten erst nach Abschluss des erstinstanzlichen Verfahrens einzuholen und dieses dann als wesentliche Berufungsbegründung heranzuziehen. Nur ausnahmsweise, nämlich dann, wenn im erstinstanzlichen Verfahren gänzlich darauf verzichtet wurde, das Gutachten anzugrei-

---

61 Vgl. Baumbach/Lauterbach/Albers/Hartmann, § 546 ZPO, Rn. 7.
62 Vgl. hierzu: BVerfG NJW 2003, 2534.
63 Vgl. BGH VersR 87, 1238f.
64 BGH NJW 2003, 1400ff.; BGH NJW 2004, 83f.

fen und eine Ergänzung und/oder Anhörung des Sachverständigen zu beantragen, kann es zu Problemen kommen.

Als neuer Vortrag sind vom Berufungsgericht zum Beispiel auch solche Darlegungen zuzulassen, mit denen erstmals eine Aufklärungsrüge erhoben und begründet wird, wenn in der ersten Instanz nur über einen Behandlungsfehler, nicht aber über die Aufklärungsfrage gestritten wurde. Verneint etwa das Berufungsgericht im Gegensatz zur ersten Instanz den Behandlungsfehler, dann muss von Ihnen zur Frage der Aufklärung gegebenenfalls neu vorgetragen werden dürfen. Um mögliche streitigen Auseinandersetzungen über diese Rechtsfrage vorzubeugen, rate ich dazu, dieses Risiko erst gar nicht heraufzubeschwören. Von Anbeginn des Arzthaftungsprozesses an sollten grundsätzlich sämtliche infrage kommenden Rügen erhoben werden. Wird die Klage beispielsweise mit einem Behandlungsfehler begründet, sollte grundsätzlich darüber hinaus vorsorglich die Aufklärungsrüge erhoben werden.

Schließlich kommen in Arzthaftungsangelegenheiten typischerweise neue Erkenntnisse über den Gesundheitszustand des Klägers als neue zulässige Tatsachen in Betracht, die vom Berufungsgericht zu berücksichtigen sind. Dasselbe gilt selbstverständlich für vorübergehend verschwundene Krankenunterlagen, wenn insoweit keine Obliegenheit verletzt wurde.

Sämtliche in diesem Abschnitt gemachten Ausführungen müssen notgedrungen vor der in § 522 Abs. 1 ZPO getroffenen Regelung gesehen werden. Die derzeitige Verfahrenspraxis der Berufungsgerichte, vor allem der Oberlandesgerichte, gibt in diesem Zusammenhang Anlass zur Sorge und Kritik. Diese machen anscheinend in einem sehr unterschiedlichen Maße von dem Recht Gebrauch, die Berufung per Beschluss zurückzuweisen. Die Quoten sollen angeblich zwischen 15 % und 55 % liegen. Diese erheblichen Unterschiede lassen sich meines Erachtens nicht mit der Qualität der angefochtenen erstinstanzlichen Entscheidungen in den jeweiligen Gerichtsbezirken erklären, jedenfalls nicht allein. Mit einer derart unterschiedlichen Praxis bei der Anwendung dieses Rechtes der Berufungsgerichte wird selbstverständlich keine Rechtssicherheit geschaffen, die aber mit dieser Regelung herbeigeführt werden soll.[65] Gerade weil es im Berufungsverfahren nicht mehr um Einzelfallgerechtigkeit geht,[66] muss sichergestellt sein, dass die Chance auf Durchführung eines Berufungsverfahrens möglichst dieselbe ist, losgelöst von der Frage, welches Berufungsgericht für den Arzthaftungsprozess örtlich zuständig ist. Eines machen diese Zahlen in jedem Fall sehr deutlich: es wird in Zukunft immer schwerer werden, ein Berufungsverfahren überhaupt und dann auch noch erfolgreich durchzuführen. Umso mehr Energie, Können und Wissen muss in das Klageverfahren investiert werden.

---

[65] Zöller, § 522 ZPO, Rn. 2a.
[66] Zöller a.a.O.

2. Muster: Berufungsschrift

Oberlandesgericht ■■■

Geschäftszeichen: ■■■

In dem Rechtsstreit ■■■

soll im Termin zur mündlichen Verhandlung für die Berufungsklägerin beantragt werden:
1. Der Beklagte wird unter Abänderung des Urteils des Landgerichts verurteilt, an die Klägerin wegen der Fehlbehandlung vom September 1997 ein angemessenes Schmerzensgeld, dessen Höhe in das pflichtgemäße Ermessen des Gerichts gestellt wird, nebst Zinsen in Höhe von 5 Prozentpunkten über dem Basiszinssatz seit dem 21.07.2000 zu zahlen, mindestens jedoch EUR 35.000,00.
2. Es wird festgestellt, dass der Beklagte dazu verpflichtet ist, der Klägerin sämtlichen materiellen Schaden aus Anlass der im September 1997 durchgeführten Behandlung sowie solche zukünftigen immateriellen Schäden, die aus einer heute nicht absehbaren Verschlechterung des Gesundheitszustandes der Klägerin folgen und die auf der streitgegenständlichen Behandlung des Beklagten beruhen zu ersetzen, soweit Ansprüche nicht auf Sozialversicherungsträger und/oder andere Dritte übergegangen sind.
3. Der Beklagte trägt die Kosten des Rechtsstreits.

Begründung:

Das Landgericht hat die Klage zu Unrecht abgewiesen. Die Klageanträge werden mit der Berufung weiter verfolgt. Das angefochtene Urteil wird in vollem Umfang in die Überprüfung durch das Berufungsgericht gestellt.

Aufgrund einer fehlerhaften Beweiswürdigung, insbesondere aber aufgrund mehrerer Verstöße gegen elementare Grundsätze des Arzthaftungsprozesses, ist das Landgericht in der angefochtenen Entscheidung zu dem fehlerhaften Ergebnis gelangt, dass es der Klägerin nicht gelungen wäre, einen Behandlungsfehler nachzuweisen, der einen Gesundheitsschaden der Klägerin verursacht hat.

Zu diesem falschen Ergebnis ist das Landgericht vornehmlich dadurch gekommen, dass in unkritischer Weise der Auffassung des gerichtlich bestellten Sachverständigen gefolgt wurde. Weder mit dem schriftlichen Gutachten noch mit dem Ergebnis der Anhörung des Sachverständigen hat sich das Gericht kritisch genug auseinandergesetzt. Das Landgericht begnügt sich damit, dass an mehreren Stellen lediglich floskelhaft festgestellt wird, dass der Sachverständige „nachvollziehbare" und „plausible Angaben" gemacht hätte.

Die Klägerin hat zwischenzeitlich vorsorglich ein Privatgutachten eingeholt. Bei der Suche nach einem geeigneten Sachverständigen hat die Klägerseite genau darauf geachtet, einen kompetenten und neutralen Gutachter ausfindig zu machen. Diesen Gutachter hat die Klägerin in Dr. Fix ausfindig gemacht. Im Gegensatz zu dem vom Landgericht bestellten Sachverständigen gelangt der sachverständige Zeuge Dr. Fix zu dem Ergebnis, dass die Klägerin in der – bereits im erstinstanzlichen Verfahren – dargelegten Art und Weise vom Beklagten falsch behandelt und hierdurch geschädigt wurde.

Oder: Die Krankenkasse der Klägerin hat zwischenzeitlich ein MDK-Gutachten eingeholt. Der von der Krankenkasse der Klägerin eingeschaltete Sachverständige setzt sich in seinem Gutachten auch mit dem Gerichtsgutachten kritisch auseinander. Nach Ansicht des MDK-

Gutachters ist die Klägerin das Opfer einer Falschbehandlung des Beklagten. Die gegenteilige Auffassung des Sachverständigen ist unzutreffend. Die postoperative Komplikation und die hierdurch bedingte Schädigung der Klägerin wären vermeidbar gewesen.

Im Einzelnen gilt das Folgende:

Das angefochtene Urteil ist rechtsfehlerhaft zustande gekommen.

Der vom erstinstanzlichen Gericht eingeschaltete Sachverständige hat einerseits ein umfangreiches Sachverständigengutachten erstattet und andererseits dieses anlässlich seiner Anhörung ausgiebig erläutert.

Der Sachverständige blieb bis zuletzt bei seiner Einschätzung darüber, dass die Klägerin seinerzeit vom Beklagten unter Beachtung des maßgeblichen Standards behandelt und versorgt wurde. Die durchgeführte Operation wäre richtig geplant und durchgeführt worden. Eine Alternative zu der durchgeführten Operation habe nicht bestanden. Zu der Komplikation wäre es aus schicksalhaften Gründen gekommen.

Beweis:
1. Sachverständigengutachten
2. Protokoll über die Anhörung des Sachverständigen

Im Gegensatz dazu gelangt der sachverständige Zeuge Dr. Fix/der MDK-Gutachter in seinem Gutachten zu dem Ergebnis, dass die Behandlung der Klägerin fehlerhaft war. Der Standard wurde nicht eingehalten, weil eine veraltete Operationsmethode angewandt wurde. Diese war im Gegensatz zur heute anerkannten und standardgemäßen Technik mit einem erhöhten Komplikationsrisiko verbunden. Dieses Risiko hat sich im vorliegenden Fall auch verwirklicht. Es ist demnach nicht schicksalhaft eingetreten sondern wäre vermeidbar vielmehr gewesen.

Beweis:
1. Gutachten Dr. Fix/MDK-Gutachten
2. sachverständiges Zeugnis Dr. Fix/MDK-Gutachter
3. Anhörung des Sachverständigen
4. Neues Sachverständigengutachten

Am Ende der zweistündigen Anhörung des Sachverständigen war für die Klägerin beantragt worden, dieser nachzulassen, zum Ergebnis der Beweisaufnahme Stellung zu nehmen. Dieser Antrag wurde unter anderem damit begründet, dass der Sachverständige anlässlich seiner Anhörung weitere Literaturstellen zum Nachweis darüber benannt hatte, dass die streitbefangene Behandlung angeblich nicht fehlerhaft war. Dem Schriftsatzgesuch wurde von Seiten des erstinstanzlichen Gerichts indes nicht stattgegeben.

Dies war fehlerhaft, denn in einer Arzthaftungsangelegenheit muss der Klägerseite die Möglichkeit gegeben werden, zu den mündlichen Ausführungen eines Sachverständigen anlässlich einer Anhörung Stellung zu nehmen (BGH VersR 1982, S. 371; BGH VersR 1988, S. 914ff.).

Die Klägerseite war im Übrigen losgelöst von irgendeiner nachgelassenen Schriftsatzfrist des Gerichts dazu berechtigt, zum Ergebnis der Anhörung des Sachverständigen Stellung zu nehmen, weil dieser zusätzliche Angaben machte, die über den Inhalt des Gutachtens hinaus gingen (BGH NJW 1988, S. 2302f.).

Die Überprüfung der Angaben des Sachverständigen, die dieser anlässlich seiner Anhörung getätigt hat, durch die Klägerseite hat ergeben, dass der Sachverständige wichtige Gesichtspunkte bei der Frage, ob die Behandlung der Klägerin im Laufe der streitbefangenen Behandlung in allen Belangen richtig und korrekt war, nicht erwähnt hat. Auf diese Gesichtspunkte ist die Klägerseite erst dadurch aufmerksam geworden, dass das Ergebnis der Anhörung des Sachverständigen seinerzeit mit einem beratenden Arzt erörtert wurde. Hierzu gehörten insbesondere die Literaturstellen, die der Sachverständige erstmals anlässlich der Anhörung benannt hat.

Die so gewonnenen Erkenntnisse wurden nach der Anhörung des Sachverständigen in dem anschließenden, nicht nachgelassenen Schriftsatz der Klägerin ausführlich dargelegt. Für die Klägerin wurde mit diesem Schriftsatz schließlich beantragt, die mündliche Verhandlung wiederzueröffnen und sodann ein neues Sachverständigengutachten einzuholen, hilfsweise, die erneute Anhörung des Sachverständigen anzuordnen.

Das Landgericht setzt sich in der angefochtenen Entscheidung mit diesem Vorbringen der Klägerin in keiner Weise auseinander. Dasselbe gilt für die gestellten Anträge der Klägerin. Das Gericht war hierzu aber verpflichtet. Der Schriftsatz durfte nicht als verspätet zurückgewiesen werden und unberücksichtigt bleiben.

Dem Antrag der Klägerin auf erneute Anhörung des Sachverständigen hätte vom Landgericht stattgegeben werden müssen (BGH, NJW 1986, S. 2886).

Die erneute mündliche Anhörung des Sachverständigen hätte zur Folge gehabt, dass das erstinstanzliche Gericht den Rechtsstreit am Ende zugunsten der Klägerin entschieden hätte. Der Klägerin wäre – spätestens mithilfe eines vom Landgericht eingeholten Neuen Sachverständigengutachtens – der Nachweis darüber gelungen, dass sie vom Beklagten in der dargelegten Art und Weise falsch behandelt und geschädigt wurde.

Die Anträge werden hiermit im Berufungsverfahren ausdrücklich wiederholt. Das Berufungsgericht kommt nicht umhin, die Versäumnisse des Landgerichts nachzuholen.

■■■

Rechtsanwalt

3. Muster: Berufungsschrift

Oberlandesgericht ■■■

Geschäftszeichen: ■■■

In dem Rechtsstreit ■■■

soll im Termin zur mündlichen Verhandlung für die Berufungsklägerin beantragt werden:
1. Der Beklagte wird unter Abänderung des Urteils des Landgerichts verurteilt, an den Kläger wegen der Fehlbehandlung vom September 2002 ein angemessenes Schmerzensgeld, dessen Höhe in das pflichtgemäße Ermessen des Gerichts gestellt wird, nebst Zinsen in Höhe von 5 Prozentpunkten über dem Basiszinssatz seit Rechtshängigkeit zu zahlen, mindestens jedoch EUR 20.000,00.
2. Es wird festgestellt, dass der Beklagte dazu verpflichtet ist, dem Kläger sämtlichen materiellen Schaden aus Anlass der im September 2002 durchgeführten Behandlung

sowie solche zukünftigen immateriellen Schäden, die aus einer heute nicht absehbaren Verschlechterung des Gesundheitszustandes des Klägers folgen und die auf der streitgegenständlichen Behandlung des Beklagten beruhen zu ersetzen, soweit Ansprüche nicht auf Sozialversicherungsträger und/oder andere Dritte übergegangen sind.
3. Der Beklagte trägt die Kosten des Rechtsstreits.

Begründung:

Das Landgericht hat die Klage zu Unrecht abgewiesen. Die Klageanträge werden mit der Berufung weiter verfolgt. Das angefochtene Urteil wird in vollem Umfang in die Überprüfung durch das Berufungsgericht gestellt.

Aufgrund einer fehlerhaften Beweiswürdigung, insbesondere aber aufgrund eines Verstoßes gegen elementare Grundsätze des Arzthaftungsprozesses, ist das Landgericht in der angefochtenen Entscheidung zu dem fehlerhaften Ergebnis gelangt, dass es der Klägerin nicht gelungen wäre, einen Behandlungsfehler nachzuweisen, der einen Gesundheitsschaden des Klägers verursacht hat.

Das angefochtene Urteil ist deshalb fehlerhaft zustande gekommen, weil vom erstinstanzlichen Gericht die Annahme eines groben Behandlungsfehlers fälschlicher Weise verneint wurde. Das erstinstanzliche Gericht hat sich in der angefochtenen Entscheidung nicht mit der Frage auseinandergesetzt, ob die vom Gericht aufgrund der durchgeführten Beweisaufnahme festgestellten einzelnen Fehler bei der Behandlung des Beklagten nicht spätestens in der Gesamtschau als groben Behandlungsfehler einzustufen waren.

Die Einschätzung des Gerichts in der angefochtenen Entscheidung darüber, dass die einzelnen festgestellten Fehler des Sachverständigen für sich genommen nicht die Annahme eines groben Fehlers rechtfertigen, mag zutreffen. Ein grober Behandlungsfehler kann sich aber auch aus einer Kumulation von einzelnen Behandlungsfehlern ergeben (BGH VersR 2001, 1030 f.; OLG Stuttgart VersR 2001, 150 ff.; OLG Celle VersR 2002, 1558). Dies ist vom Landgericht nicht berücksichtigt worden.

Der Sachverständige hat dem Beklagten im Zusammenhang mit der Behandlung des Klägers die folgenden Fehler bescheinigt: Erstens wurde mit der Operation zu lange gewartet. Zweitens wurde der Kläger nach der Operation unzureichend überwacht. Schließlich moniert der Sachverständige, dass auch mit der Folgeoperation (Revision) zu lange gewartet wurde.

Alle drei Fehler kommen nach Ansicht des Sachverständigen für sich genommen als Schadenursache in Betracht. Allerdings konnte sich der Sachverständige nicht dazu durchringen, festzustellen, dass die Fehler – auch in ihrer Gesamtschau – mit hoher Wahrscheinlichkeit die Ursache der Schädigung des Klägers sind.

Die Frage des Gerichts danach, ob die einzelnen Fehler „unverzeihlich" waren, verneinte der Sachverständige. Sinngemäß führte der Sachverständige in diesem Zusammenhang aus, solche Fehler würden leider immer wieder gemacht werden.

Das Landgericht begnügt sich in der angefochtenen Entscheidung damit, diese Ausführungen des Sachverständigen teilweise wörtlich zu übernehmen. Ohne weitere Darlegungen werden die Angaben und Einschätzungen des Sachverständigen als „schlüssig" und „plausibel" bewertet. Weiter heißt es, man habe keinen Grund dafür, den Angaben des Sachverständigen „keinen Glauben zu schenken".

Teichner

Was die von Klägerseite aufgeworfene Frage eines groben Behandlungsfehlers betrifft, so führt das Landgericht in den Gründen der angefochtenen Entscheidung hierzu kurz aus:

Der Sachverständige habe plausibel dargelegt, dass die festgestellten Fehler Ärzten in Krankenhäusern leider immer wieder unterlaufen würden. Deshalb könne dem Beklagten kein grober Behandlungsfehler angelastet werden. Auch aus anderen Gründen kämen dem Beklagten keine Beweiserleichterungen zugute. Der Kläger habe nach allem nicht beweisen können, dass seine Schädigung auf die Fehler bei seiner Behandlung zurückzuführen sei. Deshalb wäre die Klage abweisungsreif gewesen.

Das Landgericht hat damit eine rechtsfehlerhafte Entscheidung getroffen. Es hat nicht geprüft, ob die festgestellten Fehler nicht spätestens in der Gesamtschau die Annahme einer groben Falschbehandlung begründen (Martis/Winkhart, Arzthaftungsrecht, S. 305f.).

Spätestens in der Gesamtschau ist aber im vorliegenden Fall davon auszugehen, dass dem Beklagten ein grober Fehler im Sinne der höchstrichterlichen Rechtsprechung bei der Behandlung des Klägers unterlaufen ist.

Die drei festgestellten Fehler stellen – jeder für sich – Verstöße gegen elementare ärztliche Sorgfaltspflichten dar. Sie durften dem Beklagten als Facharzt für Urologie – spätestens in der Gesamtschau – schlechterdings nicht unterlaufen.

Beweis: Anhörung des Sachverständigen

Die Tatsache, dass der Kläger das Opfer einer groben Behandlungsfehlers des Beklagten ist, führt dazu, dass von einem entsprechenden Ursachenzusammenhang zwischen den festgestellten Fehlern und der Schädigung des Klägers auszugehen ist.

Der Beklagte wird den Nachweis, dass der Kläger den Schaden auch bei einer korrekten Behandlungsweise davongetragen hätte, nicht erbringen. Deshalb ist der Beklagte antragsgemäß zu verurteilen.

■■■

Rechtsanwalt

VII. Strafanzeige und Strafantrag?

1. Allgemeines

167   Seit langem gilt es als „Kunstfehler" des Rechtsanwaltes, in einer Arzthaftungssache für den geschädigten Patienten Strafanzeige und/oder Strafantrag gegen den verantwortlichen Arzt zu stellen. Dies gilt vor allem für diejenigen Fälle, in denen der Mandant das Interesse hat, auch zivilrechtliche Ansprüche gegenüber dem verantwortlichen Arzt oder Krankenhaus geltend zu machen. Eine Strafanzeige führt dazu, dass es sofort zu einer extremen Konfrontation mit der Gegenseite kommt. Im Strafverfahren gilt noch mehr als im Zivilverfahren das Alles-oder-Nichts-Prinzip. Deshalb muss ein derartiges Vorgehen gut überlegt sein und man muss sich darüber im Klaren sein, dass ein Ermittlungsverfahren in derselben Angelegenheit die erfolgreiche parallele Geltendmachung von Schadensersatz- und/oder Schmerzensgeldansprüchen zumindest nicht erleichtert, vor allem aber hinauszögert.

Früher, das heißt vor dem Grundsatzurteil des BGH aus dem Jahre 1982 zur Frage des Rechts des Patienten auf Einsichtnahme in die über ihn geführten Krankenunterlagen, war die Strafanzeige nicht selten das einzige Mittel, um in den Besitz der Behandlungsunterlagen zu gelangen. Jedenfalls zu diesem Zweck muss seitdem keine Strafanzeige mehr erstattet werden. Heutzutage könnte man indes vielleicht in so manchem Fall überlegen, ob mithilfe einer Strafanzeige mit anschießender Beschlagnahme der ärztlichen Dokumentation die Gefahr ihrer Manipulation reduziert oder gar verhindert werden könnte. Aus Erfahrung kann ich vor dieser Annahme nur warnen. Erstens besteht die Gefahr der Manipulation, sofern diese überhaupt möglich ist, vom ersten Moment einer Falschbehandlung an. Die Dokumentation erfolgt ja grundsätzlich zeitlich nach der Behandlung, so dass in der Regel immer die Möglichkeit besteht, sich als verantwortlicher Arzt Gedanken über die „richtige" Dokumentation zu machen. Voraussetzung dafür ist natürlich unter anderem, dass sich der Arzt über die Fehlbehandlung im Klaren ist. Zweitens erfolgen die Beschlagnahmen nicht stets „überfallartig". In einem Fall, den ich bearbeitet habe, wurde jedenfalls von Seiten des verantwortlichen Staatsanwaltes die freiwillige Herausgabe der Krankenakte telefonisch mit dem Krankenhausträger zur Vermeidung ihrer Beschlagnahme vereinbart.

168

Die Gefahr der Manipulation von Krankenakten schätze ich bis auf diejenigen Fälle, in denen es um Aufklärungsfragen geht, nicht als sehr hoch ein. Vieles lässt sich nun einmal nicht manipulieren und ein solches Verhalten geht für den Verantwortlichen immer mit der Gefahr einer, dass einem nicht nur die Manipulation nachgewiesen wird, sondern dass man auch in seinem Umfeld Mitwissern gegenüber erpressbar wird.

169

Der entscheidende Grund, warum man von der Erstattung einer Strafanzeige grundsätzlich absehen sollte, liegt darin, dass im Laufe des Ermittlungsverfahrens im Auftrag der zuständigen Staatsanwaltschaft ein Sachverständigengutachten eingeholt wird. Nicht immer können diese Gutachten von Fachärzten für Rechtsmedizin erstellt werden, denn in vielen Fällen kann nur ein Kliniker als Sachverständiger die relevanten Fragen der Staatsanwaltschaft beantworten. Bei einem solchen Kliniker besteht aber von Fall zu Fall gegenüber einem Rechtsmediziner eine erhöhte Gefahr, dass dieser bei der Begutachtung eine zu große Zurückhaltung übt, wenn es um die Frage geht, ob eine bestimmte Handlung oder Unterlassung des beschuldigten Arztes fehlerhaft war und zur Körperverletzung oder gar zum Tod des Patienten geführt hat.

170

Der eingeschaltete Sachverständige ist sich im Moment der Beauftragung darüber im Klaren, dass sein Gutachten von einem Staatsanwalt gelesen und als wesentliche Grundlage für dessen Entscheidung darüber herangezogen wird, ob anschließend Anklage gegen den beschuldigten Arzt erhoben wird oder nicht. Allein deshalb wird sich so mancher Sachverständige bei seiner gutachterlichen Einschätzung darüber, ob dem verantwortlichen Arzt ein Fehler unterlaufen und ob hierauf eine bestimmte Schädigung des Patienten zurückzuführen ist, bedeckt halten. Hinzu kommt, dass sich der Sachverständige selber tagtäglich in ähnlichen Behandlungssituationen wie derjenigen, die er zu beurteilen hat, befindet. Dies kann zu einem bestimmten und nachvollziehbaren Verständnis für den Fehler des Kollegen führen.[67]

171

---

67 Stegers/Hansis/Alberts, Der Sachverständigenbeweis im Arzthaftungsrecht, Rn 121.

172 Dies kann in Einzelfällen so weit gehen, dass ein regelrechtes Kollegenschutzgutachten erstellt wird. Dabei muss sich das dahinter steckende Denken des Sachverständigen überhaupt nicht auf der bewussten Ebene abspielen. Vielmehr wird dieser Kollegenschutz in den meisten Fällen unbewusst ausgeübt. So mancher Sachverständiger kann sich, übrigens auch im Zivilverfahren, nur schwer, manchmal gar nicht vorstellen, dass sich ein Kollege bei einer bestimmten monierten Behandlung eines Patienten leichtfertig über dessen Gesundheitsinteressen hinweggesetzt hat, indem eklatant gegen bestimmte Standards und Sorgfaltspflichten verstoßen wurde.

173 Schließlich muss bedacht werden, dass im Strafrecht ein sehr strenger Maßstab gilt, was dem Sachverständigen selbstverständlich entweder bekannt ist oder was sich für diesen spätestens aus der Formulierung der Fragen der Staatsanwaltschaft im Auftragsschreiben ergibt. Bei Fahrlässigkeitsdelikten ist anerkannt, dass nicht nur die Handlung oder Unterlassung für den Verletzungserfolg ursächlich sein muss, sondern es muss darüber hinaus ein spezifischer Zusammenhang zwischen der Pflichtwidrigkeit und dem eingetretenen Erfolg bestehen (Pflichtwidrigkeitszusammenhang). Dieser Ursachenzusammenhang fehlt, wenn auch bei pflichtgemäßem Handeln der Erfolg nicht vermieden worden wäre oder sich dieses zumindest nicht mit an Sicherheit grenzender Wahrscheinlichkeit feststellen lässt.[68] Dies hat in den meisten Fällen zur Folge, dass dem verantwortlichen Arzt im Gutachten zwar vielleicht ein sorgfaltswidriges Verhalten bescheinigt wird, dass aber der Ursachenzusammenhang zwischen der festgestellten fehlerhaften Behandlung und dem eingetretenen Erfolg vom Sachverständigen nicht bejaht wird, besser: nicht bejaht werden kann.

174 Nach allem sollten deshalb die Strafanzeige und/oder der Strafantrag die Ausnahme sein und – wenn überhaupt – nur in solchen Fällen ernstlich erwogen werden, in denen der Tod eines Patienten auf eine ärztliche Falschbehandlung zurückgeführt wird. Aber auch hier gilt, dass der Tod des Patienten dem Arzt nur dann angelastet werden kann, wenn der Patient bei pflichtgemäßem Handeln mit an Sicherheit grenzender Wahrscheinlichkeit überlebt hätte.[69] Selbst dann, wenn pflichtwidrig unterlassene Maßnahmen mit einer sehr hohen Wahrscheinlichkeit das Leben des Patienten erhalten hätten, genügt dies für eine Verurteilung wegen fahrlässiger Tötung nicht.[70] Weisen Sie Ihren Mandanten hierauf ausdrücklich hin, damit keine falschen oder zu hohen Erwartungen geweckt werden. Die Enttäuschung über ein Verfahren, das gemäß § 170 Abs. 2 StPO eingestellt wurde, lässt der Mandant möglicherweise auch an Ihnen aus.

175 **2. Muster: Strafanzeige und Strafantrag gegen Unbekannt**

Staatsanwaltschaft

bei dem Landgericht ■■■

Strafanzeige und Strafantrag

---

68 BGH MedR 2000, 529 ff.
69 BGH, Beschluss vom 08.07.1987; BGHR StGB § 222 Kausalität 2.
70 BGH, Beschluss vom 12.10.1987; BGHR § 222 StGB Kausalität 3.

gegen Unbekannt

wegen des Verdachts der Körperverletzung und der fahrlässigen Tötung usw.

Namens und in Vollmacht meiner Mandantin, der Witwe des Verstorbenen, wird hiermit gegen die verantwortlichen Ärzte des Krankenhauses Strafantrag wegen Körperverletzung gestellt und Strafanzeige wegen des Verdachts der fahrlässigen Tötung erstattet.

Begründung:

1.
Am 16.10.2004 traten bei dem verstorbenen Ehemann der Anzeigenden plötzlich akute Bauchschmerzen auf. Die Schmerzen waren so heftig, dass sich der Verstorbene von der Anzeigenden in die Notaufnahme des gegnerischen Krankenhauses verbringen ließ.

Bei der Aufnahme teilte der Verstorbene dem nicht-ärztlichen Personal mit, dass er plötzlich unter sehr starken Bauchschmerzen leiden würde. Nachdem die Personalien des Verstorbenen aufgenommen worden waren, wurde dieser darum gebeten, in einem Warteraum Platz zu nehmen. Im Warteraum saßen vier andere unbekannte Personen, die anscheinend auch auf Behandlung und Untersuchung warteten.

Die Schmerzen des Verstorbenen nahmen von Minute zu Minute weiter zu. Die Anzeigende, die sich ständig in der Nähe ihres Ehemannes aufhielt, ging daraufhin zu einer Krankenschwester im Aufnahmebereich und teilte dieser die kontinuierliche Zuspitzung der Situation mit. Die Anzeigende wurde gebeten, sich zurück in den Warteraum zu begeben und ihren Ehemann zu beruhigen. Sinngemäß sagte man zur Anzeigenden, man möge Geduld haben.

Nach ca. weiteren 20 Minuten verspürte der Verstorbene einen Brechreiz. Wieder stand die Anzeigende auf und ging zum Aufnahmeraum. Nunmehr bat die Anzeigende energisch darum, man möge endlich dafür Sorge tragen, dass ihr Ehemann unverzüglich von einem Arzt untersucht und behandelt werden würde. Wieder wurde die Anzeigende aufgefordert, sich ruhig zu verhalten und sich zu gedulden. Weiter hieß es, eine Ärztin würde sogleich mit der Untersuchung beginnen.

Die Anzeigende ging zu ihrem Ehemann zurück und versuchte, diesen zu beruhigen. Dieses war nicht mehr möglich, denn mittlerweile hatten dessen Schmerzen weiter zugenommen. Der Ehemann der Klägerin saß gekrümmt auf seinem Stuhl und sagte sinngemäß: „Wollen die mich hier sterben lassen?".

Sodann erschien endlich eine Ärztin, deren Name der Anzeigenden unbekannt ist. Statt endlich mit der Untersuchung des Ehemannes der Anzeigenden zu beginnen, sagte diese zum Verstorbenen: „Wenn Sie sich nicht gleich ruhig verhalten, dann wird sich die Untersuchung noch weiter verzögern". Sie, die Ärztin, müsse sich jetzt erst einmal um einen anderen Patienten kümmern. Bevor die Anzeigende oder ihr Ehemann etwas entgegnen konnten, drehte sich diese Ärztin um und verschwand genauso schnell wie sie erschienen war.

In ihrer Verzweiflung rief die Anzeigende daraufhin ein Taxi und brachte ihren Ehemann in ein anderes Krankenhaus.

Dort wurde der Verstorbene sofort von einem Arzt untersucht und dieser stellte die Indikation zur Notoperation. Bei dieser Operation wurde festgestellt, dass der Verstorbene an einer fortgeschrittenen Blinddarmentzündung gelitten hatte. Der Blinddarm war perforiert und es war zur Ausbildung einer schweren Bauchfellentzündung gekommen. Es musste eine große zweistündige Operation durchgeführt werden. Ein größerer Darmabschnitt musste entfernt und die Bauchhöhle musste intensiv gespült werden.

Nach der Operation musste der Ehemann der Anzeigenden auf einer Intensivstation behandelt werden. Der Gesundheitszustand verschlechterte sich kontinuierlich. Es mussten zwei operative Revisionen durchgeführt werden, die nicht verhindern konnten, dass es schließlich zu einem Multiorganversagen beim Ehemann der Anzeigenden kam.

Sämtliche Bemühungen der verantwortlichen Ärzte im nachbehandelnden Krankenhaus konnten nicht verhindern, dass der Ehemann der Anzeigenden am 21.10.2004 an den Folgen der Bauchfellentzündung verstarb.

Aufgrund der Kritik der Anzeigenden an der Behandlungsweise im gegnerischen Krankenhaus wurde eine Obduktion des Leichnams durchgeführt. Das Ergebnis der Leichenöffnung liegt derzeit noch nicht vor.

2.
Den verantwortlichen Ärzten des gegnerischen Krankenhauses, insbesondere der erwähnten Ärztin, die am 16.10.2004 ihren Dienst in der Notaufnahme verrichtete, wird vorgeworfen, den verstorbenen Ehemann falsch behandelt und hierdurch dessen Tod fahrlässig verursacht zu haben.

Es war grob fahrlässig, die Notsituation des Verstorbenen nicht zu erkennen. Dieser litt an einer lebensbedrohlichen Blinddarmentzündung und dies wurde trotz entsprechender Anzeichen nicht erkannt.

Die Fahrlässigkeit ist auch darin zu erblicken, dass der Verstorbene nicht sofort gründlich von der verantwortlichen Ärztin oder einem anderen Arzt untersucht wurde. Deshalb hat sich auch der ärztliche Leiter der Notaufnahme fahrlässig verhalten, denn anscheinend war der Betrieb der Notaufnahme nicht sorgfältig genug organisiert.

Die Tatsache, dass noch andere Patienten im Warteraum der Notaufnahme saßen, entschuldigt das Verhalten der verantwortlichen Ärztin nicht. Ganz offensichtlich waren die anderen Patienten nicht derart akut, jedenfalls nicht lebensbedrohlich erkrankt, wie es der Ehemann der Anzeigenden war.

Der Tod des Verstorbenen wäre vermeidbar gewesen. Die Notoperation, die einem anderen Krankenhaus stattfand, wurde durch Fahrlässigkeit der verantwortlichen Ärztin insgesamt um drei Stunden verzögert. Wäre der Verstorbene dem gegenüber unverzüglich im gegnerischen Krankenhaus operiert worden, so hätte er die Blinddarmentzündung überlebt.

Beweis für alles Vorstehende: Sachverständigengutachten

Es wird um eine Eingangsbestätigung sowie um die Mitteilung des Aktenzeichens gebeten.

Schließlich wird bereits jetzt darum gebeten, dem Unterzeichner nach Abschluss der Ermittlungen Akteneinsicht zu gewähren.

■■■

Rechtsanwalt

VIII. Muster eines Beschwerdeschreibens an die zuständige Ärztekammer

Die Ärztekammern (Zahnärztekammern) haben unter anderem die Aufgabe und Funktion, die Einhaltung der **Berufsordnung** durch ihre Mitglieder im jeweiligen Bezirk zu überwachen. Zu den wesentlichen Berufspflichten des Arztes gehört es, den Beruf „gewissenhaft" auszuüben. Der Arzt darf nichts über das „Wohl des Patienten" stellen. Der Arzt ist dazu verpflichtet, den Patienten gewissenhaft mit geeigneten Untersuchungs- und Behandlungsmethoden zu versorgen und dessen Selbstbestimmungsrecht zu respektieren. Schließlich sind auch die Schweigepflicht und die Pflicht zur Dokumentation Berufspflichten des Arztes.[71]

Eine Falschbehandlung, aber auch eine fehlerhafte Aufklärung, begründet demzufolge grundsätzlich den Verdacht eines Berufsvergehens. Sie kann selbstverständlich jederzeit gegenüber der zuständigen Ärztekammer angezeigt werden. Diese nimmt im Regelfall daraufhin Ermittlungen gegen den betreffenden Arzt auf.

Gelegentlich wünschen Mandanten, dass die zuständige Ärztekammer beispielsweise über das Ergebnis eines Schlichtungsverfahrens oder eines Arzthaftungsprozesses informiert wird. In solchen Fällen prüft die Kammer sodann, ob ein so genannter **berufsrechtlicher Überhang** besteht, mit anderen Worten, ob über das bereits durchgeführte Verfahren hinaus auf Seiten der Kammer zusätzlicher Handlungsbedarf besteht.[72]

Die Einschaltung der Ärztekammer wird von Mandanten auch in solchen Fällen erwogen, in denen zwar eine Falschbehandlung festgestellt wurde, hierdurch aber kein beweisbarer Schaden entstanden ist. Als Beispiel soll ein Fall aus meiner Praxis dienen: Mein Mandant wurde trotz deutlicher Anzeichen einer Thrombose am Ende einer Krankenhausbehandlung vom verantwortlichen Belegarzt nach Hause entlassen. Am nächsten Tag kam der Hausarzt zu Besuch, um routinemäßig die chronisch kranke Ehefrau des Mandanten zu untersuchen. Als mein Mandant bei dieser Gelegenheit den Hausarzt der Ehefrau auf die geschwollenen Beine hin ansprach, erkannte dieser sofort die Thrombose und veranlasste die unverzügliche Einweisung meines Mandanten in ein Krankenhaus. Die Verzögerung der Diagnose und Therapie der Thrombose führte indes zu keinem nachweisbaren Schaden bei meinem Mandanten. Der Mandant bestand aber darauf, dass der seines Erachtens leichtfertige Fehler des Arztes geahndet werden sollte. Immerhin hätte mein Mandant beispielsweise an einer Lungenembolie als Folge der nicht erkannten Thrombose versterben können. Deshalb wurde eine Beschwerde an die zuständige Ärztekammer aufgesetzt und diese leitete daraufhin ein Verfahren gegen den verantwortlichen Arzt ein. Dem Mandanten verschaffte diese Vorgehensweise ein gewisses Ausmaß an Genugtuung.

Die Ärztekammer sollte meines Erachtens grundsätzlich von Ihnen eingeschaltet bzw. informiert werden, wenn sich Schadenfälle häufen, die sich gegen einen bestimmten Arzt richten. Wenn die Fehler „System haben", wird die Kammer für entsprechende

---

71 Quaas/Zuck, Medizinrecht, S. 218 ff.
72 Lauf/Uhlenbruck, Handbuch des Arztrechts, S. 145 ff.

Hinweise dankbar sein. Ihre Mandanten werden mit der Meldung in einem solchen Fall sicherlich einverstanden sein. Dasselbe gilt für Fälle, in denen Grund zu der Annahme besteht, dass der Arzt über keine Haftpflichtversicherung verfügt. Auch hierbei handelt es sich um einen Verstoß gegen die Berufsordnung.

182 Bei besonders schweren Verstößen gegen die ärztlichen Berufspflichten kommt auch eine Information der zuständigen Behörde in Betracht, die für die Erteilung der Approbation zuständig ist. Die Entziehung der Approbation kommt dann infrage, wenn sich der Arzt zur Ausübung seines Berufs als unzuverlässig oder unwürdig erwiesen hat.[73] Die Verhaltensweisen, die zu einer Entziehung der Approbation führen können, müssen nicht zwangsläufig einen beruflichen Bezug haben. Ist ein Ermittlungsverfahren bei der zuständigen Staatsanwaltschaft abhängig, dann muss der Ausgang dieses Verfahrens abgewartet werden, bevor von der Behörde eine Entscheidung über das Schicksal der Approbation getroffen wird.[74] Da Ermittlungsverfahren sehr viel Zeit in Anspruch nehmen, führt dies gelegentlich zu sehr fragwürdigen Ergebnissen.

36

Ärztekammer

Abteilung Berufsordnung

Sehr geehrte Damen und Herren,

für meine Mandantin ist ein Schlichtungsverfahren und sodann ein Zivilprozess vor dem Landgericht und schließlich dem Oberlandesgericht durchgeführt worden. Das Gerichtsverfahren endete mit einem Vergleich, der eine einmalige Zahlung von € 5.000,00 vorsieht, die zwischenzeitlich von Seiten der zuständigen Haftpflichtversicherung an meine Auftraggeberin vorgenommen wurde.

Meine Mandantin führt den Tod ihres Ehemannes auf eine Falschbehandlung des verantwortlichen Arztes zurück. Dieser führte beim Verstorbenen eine Röntgenuntersuchung der Lungen durch und setzte hierbei ein Kontrastmittel ein. Der Einsatz des Kontrastmittels war kontraindiziert, weil beim Ehemann meiner Auftraggeberin eine kompensierte Nierenfunktionsstörung vorlag. Dem Arzt war dieser Umstand bekannt. Gleichwohl wurde das Kontrastmittel eingesetzt, ohne dass im Übrigen über damit verbundene Risiken mit dem Patienten gesprochen wurde. Dies alles kann von meiner Mandantin bezeugt werden, denn diese hatte ihren Ehemann zu der Behandlung und Untersuchung begleitet und war bei den Besprechungen vor der fraglichen Untersuchung zugegen.

Sowohl das Schlichtungsverfahren als auch der Gerichtsprozess endeten mit dem Ergebnis, dass die Falschbehandlung zwar zu einer Gesundheitsverschlechterung des Verstorbenen, nicht aber zu dessen Tod geführt hätte. Im Gegensatz dazu ist meine Auftraggeberin nach wie vor der Ansicht und Überzeugung, dass die Falschbehandlung zum vorzeitigen Ableben ihres Ehemannes geführt hat.

Dem verantwortlichen Arzt wird nach allem vorgeworfen, dass dieser bei der Behandlung des verstorbenen Ehemannes meiner Mandantin die Berufspflichten in leichtfertiger Art und Weise verletzt hat.

---

73 Quaas/Zuck a.a.O. S. 208 ff. m.w.N.
74 Laufs/Uhlenbruck a.a.O. S. 88 m.w.N.

Die Abfindungssumme in Höhe von € 5.000,00, die von Seiten der Haftpflichtversicherung des verantwortlichen Arztes an meine Klientin gezahlt wurde, stellt keine angemessene Sanktion für das begangene Unrecht dar. Gegen den verantwortlichen Arzt sollte deshalb wegen eines berufsrechtlichen Überhangs vorgegangen werden.

Ich bitte höflich um eine Eingangsbestätigung.

Mit freundlichen Grüßen

■■■

Rechtsanwalt

IX. Muster eines Beschwerdeschreibens an die Approbationsbehörde

Sehr geehrte Damen und Herren,

seit geraumer Zeit vertrete ich insgesamt sechs Mandanten, bei denen der oben genannte Arzt in den letzten beiden Jahren kosmetische Operationen durchgeführt hat. Die Operationsergebnisse lassen den Schluss darauf zu, dass bei Durchführung der Eingriffe der Standard nicht eingehalten wurde. Hierüber liegen Gutachten vor. Meinen Mandanten stehen deshalb Schadenersatz- und Schmerzensgeldansprüche zu.

Eine Schadenregulierung ist leider nicht möglich. Der Arzt verfügt über keine Haftpflichtversicherung. Der Arzt scheint darüber hinaus seine Dokumentationspflicht verletzt zu haben. Die Krankenunterlagen der Patienten wurden in Fotokopie angefordert, jedoch nicht zur Verfügung gestellt. Hierüber wurde die Ärztekammer informiert, die daraufhin Ermittlungen in die Wege geleitet hat. Möglicherweise wird es zu einem Berufsverfahren kommen.

Der Arzt scheint auch in Geldschwierigkeiten zu stecken. Der Vermieter der Praxisräume betreibt jedenfalls derzeit die Zwangsräumung.

Schließlich besteht für meine Mandanten und mich der Verdacht, dass der oben genannte Arzt gesundheitlich nicht mehr zur Ausübung seiner Berufstätigkeit in der Lage ist. Auf meine Mandanten hat der Arzt des Öfteren einen etwas verwirrten und beeinträchtigten Eindruck gemacht. Meine Mandanten berichten übereinstimmend davon, dass sie den Eindruck hatten, dass der oben genannte Arzt ein Alkoholproblem hat.

Aus den dargelegten Gründen sollten Ermittlungen darüber angestellt werden, ob die Notwendigkeit besteht, die Approbation zu entziehen.

Mit freundlichen Grüßen

■■■

Rechtsanwalt

FormularBibliothek Zivilprozess

Teil 1: **Verkehr** Seite 5
Christian Janeczek, Rechtsanwalt
Hartmut Roth, Rechtsanwalt

Teil 2: **Schaden** Seite 185
Dr. Tobias Windhorst, Staatsanwalt

Teil 3: **Arzthaftung** Seite 261
Matthias Teichner, Rechtsanwalt

Teil 4: **Versicherung** Seite 369
Oskar Riedmeyer, Rechtsanwalt

Inhalt

Verweise erfolgen auf Randnummern

§ 1 Das versicherungsrechtliche Mandat 1
   A. Einführung 1
   B. Mandatsannahme.............. 5
     I. Notwendige Informationen... 5
      Muster: Fragebogen für Allgemeine Fragen bei allen drei Fallgestaltungen 6
     II. Rechtsgrundlagen der Bearbeitung des Mandats............ 7
      1. Entwicklung der Rechtsprechung zum VVG............ 8
      2. Bedeutung der Versicherungsbedingungen......... 9
      Muster: Anforderung der für den Vertrag gültigen Allgemeinen Versicherungsbedingungen................ 13
     III. Versicherungsbedingungen... 14
      1. Einbeziehung in den Vertrag 16
      2. Auslegung von AVB 19
      3. Wirksampunkt der AVB unter AGB-Gesichtspunkten 22
      Muster: Geltendmachung der Unwirksamkeit einer Versicherungsbedingung... 31
     IV. Haftungsfalle Ausschlussfrist gemäß § 12 Abs. 3............. 32
      1. Dauer, Rechtsnatur......... 32
      2. Beginn, Rechtsfolgenbelehrung.................... 35
      3. Gerichtliche Geltendmachung zur Wahrung der Frist 37
      4. Verzicht des Versicherers auf die Rechtsposition 43
      Muster: Anforderung des Verzichts des Versicherers auf Ausschlussfrist......... 45

§ 2 Widerruf und Beendigung von Versicherungsverträgen 46
     I. Übersicht 46
     II. Widerspruchsrecht bei nachträglicher Übergabe der Versicherungsbedingungen § 5a VVG......................... 51
      1. Voraussetzungen des Widerspruchsrechts 51
      2. Frist und Form des Widerspruch 60
      Muster: Widerspruch gemäß § 5a VVG 63
      3. Folgen des Widerspruchs ... 64
      4. Vorläufige Deckungszusage 67
     III. Widerrufsrecht gemäß § 8 Abs. 4 VVG.................. 69
      1. Voraussetzungen........... 69
      2. Frist und Form des Widerrufs 72
     IV. Laufzeitbegrenzungen 74
     V. Kündigung nach dem Eintritt des Versicherungsfalls 79
      1. Geltungsbereich............ 79
      2. Voraussetzungen des Kündigungsrechts................ 80
      3. Form und Frist der Kündigung..................... 81
      Muster: Kündigung nach dem Eintritt des Versicherungsfalls 84
     VI. Wegfall des versicherten Interesses 85

§ 3 Geltendmachung von Ansprüchen aus Versicherungsverträgen 89
   A. Vorprozessuale Situation 89
     I. Taktische Erwägungen........ 89
     II. Umfang der Versicherung..... 94
      1. Prüfungsschema 94
      2. Begünstigter der Versicherung 95
      3. Versichertes Risiko.......... 97
       a) Versicherte Gegenstände. 97
       b) Versichertes Ereignis 98
       c) Risikoausschlüsse 99
      4. Zeitliche Geltung des Versicherungsschutzes 102
       a) Beginn und Ende des Versicherungsschutzes 102

b) Vorläufiger Deckungsschutz 105
c) Beratungspflicht über vorläufigen Deckungsschutz 107
Muster: Geltendmachung von Schadensersatz wegen der fehlenden Beratung über den vorläufigen Deckungsschutz... 112
5. Fälligkeit des Anspruchs ... 113
III. Einwände der Versicherung .. 114
1. Überblick über typische Einwände 114
2. Verstoß gegen Anzeigeobliegenheiten bei Abschluss des Versicherungsvertrages.... 116
  a) Gesetzliche Grundlagen . 116
  b) Prüfungsschema 120
  c) Die Anzeigepflicht des Versicherungsnehmers.. 121
  d) Auge-und-Ohr-Rechtsprechung 125
  Muster: Geltendmachung der Auge- und Ohr-Rechtsprechung 131
  e) Vorwerfbarkeit der Falschbeantwortung 132
  f) Nachfrageobliegenheit des Versicherers......... 135
  g) Rechtsfolgen der Verletzung der Anzeigeobliegenheit bei Abschluss des Vertrages 139
3. Nichtzahlung der Prämien . 145
  a) Prämienzahlung 145
  b) Erstprämie ohne vorläufiger Deckungszusage 147
  aa) Rechtsfolgen der Nichtzahlung................ 147
  bb) Gegenargumentation ... 150
  c) Folgeprämie 154
  d) Erstprämie bei vorläufiger Deckungszusage 158
IV. Gefahrerhöhung............. 162
1. Überblick................. 162
2. Definition der Gefahrerhöhung..................... 166
3. Subjektive Gefahrerhöhung 167
  a) Allgemeines 167

4. Objektive Gefahrerhöhung 173
V. Verstoß gegen Obliegenheiten vor dem Eintritt des Versicherungsfalls.................... 176
1. Grundsätzliches zu Obliegenheiten 176
  a) Begriff der Obliegenheiten...................... 176
  b) Verhüllte Obliegenheit – Risikoausschlüsse........ 179
  c) Repräsentant............ 182
2. Prüfungsschema bei Obliegenheitsverstoß vor dem Eintritt des Versicherungsfalles 184
  a) Einbeziehung in den Versicherungsvertrag......... 185
  b) Zulässigkeit der Klausel.. 187
  aa) Kfz-Haftpflichtversicherung 187
  bb) Prüfung unter AGB-Gesichtspunkten 188
  c) Objektiver Verstoß gegen Obliegenheit 189
  d) Verschulden des Versicherungsnehmers oder seines Repräsentanten 191
  e) Kausalitätsgegenbeweis . 194
  f) Kündigungserfordernis (§ 6 Abs.1 S.3 VVG) 197
  Muster: Zurückweisung mangels Vollmacht 203
  g) Entbehrlichkeit der Kündigung.................... 204
  h) Begrenzung der Leistungsfreiheit in der Kfz-Haftpflichtversicherung 207
VI. Obliegenheiten nach dem Eintritt des Versicherungsfalles .. 210
1. Prüfungsschritte........... 210
2. Zulässigkeit der Klausel 212
3. Objektive Verletzung der Obliegenheit 213
4. Aufklärungsobliegenheit... 215
  a) Verbale Aufklärungsobliegenheit 217
  b) Belehrungspflicht über Folgen der Verletzung der

verbalen Aufklärungsobliegenheit 223
c) Ausnahmsweise keine Leistungsfreiheit bei nachträglicher Berichtigung der Falschangaben 224
d) Verletzung der Aufklärungsobliegenheit durch Unfallflucht 226
5. Verschulden 230
6. Kausalitätserfordernis bei grob fahrlässiger Obliegenheitsverletzung 234
7. Relevanzrechtsprechung bei Vorsatz 235
8. Beschränkung der Leistungsfreiheit in der Kraftfahrthaftpflichtversicherung 236
VII. Vorsätzliche und grobfahrlässige Herbeiführung des Versicherungsfalls 237
1. Bedeutung in den einzelnen Versicherungssparten 237
a) Personenversicherung ... 238
b) Haftpflichtversicherung.. 243
c) Übrige Schadensversicherungen 244
2. Begriff der groben Fahrlässigkeit 245
3. Augenblicksversagen....... 247
4. Beweislastverteilung....... 248
5. Zurechung des grob fahrlässigen Verhaltens eines Dritten 249
B. Prozess 252
I. Besonderer Gerichtsstand der Agentur (§ 48 VVG)........... 252
II. Sonderfragen bei ausländischen Versicherungen 253
1. Internationale Zuständigkeit 254
2. Ausschließliche Zuständigkeit des OLG für Berufung .. 255
III. Sachverständigenverfahren... 257
Muster: Antrag auf Einleitung eines Sachverständigenverfahrens....................... 259
C. Einzelne Versicherungszweige... 260
I. Kraftfahrversicherung 261

1. Versichertes Interesse, Vertragsgrundlagen 261
2. Obliegenheiten vor dem Versicherungsfall 263
3. Zu den Obliegenheiten im Einzelnen 265
a) Verwendungsklausel..... 265
b) Schwarzfahrtklausel..... 266
c) Führerscheinklausel...... 267
d) Rennveranstaltung....... 268
e) Trunkenheitsklausel...... 269
4. Obliegenheiten nach dem Versicherungsfall........... 270
a) Die Obliegenheiten der AKB 95................. 270
b) Anzeigeobliegenheiten... 272
c) Wiederinstandsetzungs- und Verwertungsverbot.. 272
5. Grobe Fahrlässigkeit in der Kaskoversicherung 273
a) Leichtfertiges Fahren..... 274
b) Telefonieren mit dem Handy 276
c) Rotlichtverstöße, Nichtbeachten des Stoppschildes. 277
d) Alkoholisierung, Medikamenteneinnahme........ 279
e) Einschlafen während der Fahrt 283
6. Diebstahlsfälle 284
a) Versicherungsschutz 284
b) Gefahrerhöhung 286
c) Beweisgrundsätze bei der Kfz-Entwendung......... 287
d) Musterbausteine für Klageschrift bezüglich Beweiserleichterungen... 292
Muster: Baustein Beweiserleichterung allgemein. 292
Muster: Baustein Persönliche Anhörung des Versicherungsnehmers........ 293
e) Grobe Fahrlässigkeit...... 294
f) Verletzung der Aufklärungsobliegenheit 298
g) Alternative Tatbestände.. 303
7. *Muster:* Klage wegen Forderung aus Versicherungsvertrag....................304

373

II. Hausratsversicherung........ **305**
  1. Allgemeiner Überblick über die Versicherungssparte ... **305**
  2. Versichertes Interesse **306**
  3. Wesentliche Risikoausschlüsse................... **309**
  4. Checkliste Hausratsversicherung...................... **310**
  5. *Muster:* Klage wegen Forderung aus Hausratsversicherung...................... **311**

MUSTERVERZEICHNIS

		Rn.
§ 1	**Das versicherungsrechtliche Mandat**	1
1	Fragebogen für Allgemeine Fragen bei allen drei Fallgestaltungen	6
2	Anforderung der für den Vertrag gültigen Allgemeinen Versicherungsbedingungen:	13
3	Geltendmachung der Unwirksamkeit einer Versicherungsbedingung	31
4	Anforderung des Verzichts des Versicherers auf Ausschlussfrist	45
§ 2	**Widerruf und Beendigung von Versicherungsverträgen**	46
5	Widerspruch gemäß § 5a VVG	63
6	Kündigung nach dem Eintritt des Versicherungsfalls	84
§ 3	**Geltendmachung von Ansprüchen aus Versicherungsverträgen**	89
7	Geltendmachung von Schadensersatz wegen der fehlenden Beratung über den vorläufigen Deckungsschutz	112
8	Geltendmachung der Auge- und Ohr-Rechtsprechung	131
9	Zurückweisung mangels Vollmacht	203
10	Antrag auf Einleitung eines Sachverständigenverfahrens	259
11	Baustein Beweiserleichterung allgemein	292
12	Baustein Persönliche Anhörung des Versicherungsnehmers	293
13	Klage wegen Forderung aus Versicherungsvertrag	304
14	Klage wegen Forderung aus Hausratsversicherung	311

§ 1 Das versicherungsrechtliche Mandat

A. Einführung

Die Bedeutung des Privatversicherungsrechts nimmt in der täglichen Praxis der anwaltlichen Tätigkeit ständig zu. Die Deregulierung des Versicherungsmarktes einerseits und die konsequente Berücksichtigung des Verbraucherschutzgedankens in der Rechtsprechung sind die beiden Hauptgründe, weshalb der Versicherungsnehmer zunehmend kompetente Hilfe benötigt. Dabei gibt es bei über 500 Millionen Versicherungspolicen in den deutschen Haushalten kaum jemand, der nicht mindestens einen Versicherungsvertrag abgeschlossen hat.

Während die Bereiche der Industrie- und Transportversicherung sowie die zur Absicherung der beruflichen Risiken geschlossenen Versicherungen regelmäßig in das Feld des Fachanwaltes für Versicherungsrecht fallen, sind die Privatversicherungen der Verbraucher weiterhin ein Hauptbetätigungsfeld des allgemein tätigen Rechtsanwaltes.

Das **versicherungsrechtliche Mandat** kommt dabei im Wesentlichen in **drei Fallgestaltungen** vor:
- Es wurde ein Versicherungsvertrag geschlossen, der für den Versicherungsnehmer nachteilig ist oder jedenfalls nachteilig erscheint, der Mandant möchte sich vom Vertrag lösen;
- ein Versicherungsfall ist eingetreten und die Versicherungsleistung soll außergerichtlich oder gerichtlich geltend gemacht werden;
- die Versicherung hat den Deckungsschutz nach einem Versicherungsfall abgelehnt und es muss die Eintrittspflicht gerichtlich festgestellt oder ein Regressanspruch des Versicherers abgewehrt werden.

Die vierte Option, die Beratung eines Mandanten vor dem Abschluss eines Versicherungsvertrages spielt in der Praxis nur bei hierauf spezialisierten Rechtsanwälten eine Rolle. Diese Mandatsgestaltung wird daher in diesem Rahmen nicht dargestellt.

B. Mandatsannahme

I. Notwendige Informationen

Um eine möglichst rationelle Mandatsbearbeitung zu gewährleisten, sollten bei der Mandatsannahme einige Fragen abgeklärt werden, wobei hierzu folgender **Fragebogen** verwendet werden kann.

Muster: Fragebogen für Allgemeine Fragen bei allen drei Fallgestaltungen

Mandant:	▪▪▪
Vor- und Zuname:	▪▪▪
Anschrift:	▪▪▪
Telefon:	▪▪▪

Telefax: ...
E-Mail: ...
Bankverbindung: ...
Konto-Nummer, BLZ: ...
Rechtsschutzversicherung: ...

Versicherungsnehmer (falls abweichend): ...
Vor- und Zuname: ...
Anschrift: ...

Versicherungsunternehmen: ...
Komplette Firma (nicht: Konzernname): ...
Sachbearbeiter: ...
Anschrift: ...
Telefon: ...
Telefax: ...
E-Mail: ...

Angaben zum Versicherungsvertrag: ...
Art der Versicherung: ...
Versicherungspolice (gegebenenfalls Nachträge): ...
Versicherungsnummer: ...
Für den Vertrag geltende Versicherungsbedingungen: ...
Vereinbarte Tarifbedingungen: ...
Name und Anschrift des Abschlussagenten ...

Besondere Angaben bei der Geltendmachung von Ansprüchen: ...
Ansprüche bereits geltend gemacht? ...
Bisheriger Schriftverkehr? ...
Versicherung in Verzug gesetzt? ...

Einzelheiten zum Versicherungsfall: ▬▬▬

Ablehnungsgründe seitens der Versicherung: ▬▬▬

Belehrung über Ausschlussfrist gemäß § 12 VVG erfolgt? ▬▬▬

II. Rechtsgrundlagen der Bearbeitung des Mandats

Die rechtlichen Grundlagen der Bearbeitung eines versicherungsrechtlichen Mandates sind stets das **VVG** und die dem Vertrag zugrunde liegenden **Allgemeinen und Besonderen Versicherungsbedingungen** und **Tarifwerke**.

7

1. Entwicklung der Rechtsprechung zum VVG

Das VVG ist ursprünglich als Handelsgesetz konzipiert und erlassen worden. Nach dem Gesetzessinn war es daher ein Gesetz das den Ausgleich der Interessen von zwei Parteien regelte, die vom Wissen her auf gleicher Höhe standen. Dem Schutz des Versicherers vor unseriösen Kaufleuten wurde dabei eindeutig die Priorität gegeben. Zwischenzeitlich hat sich die Realität vollständig gewandelt. Der Versicherungsnehmer ist heutzutage in der Regel Verbraucher. Schutzbedürftig ist daher der Versicherungsnehmer und weniger der Versicherer. Die Rechtsprechung hat diesen Wandel in den letzten zwanzig Jahren nachvollzogen. Wobei der Anstoß vom BGH ausging und sich die geänderte Sichtweise nur langsam – teilweise gegen erheblichen Widerstand – in den Instanzgerichten durchsetzte. Daraus folgt, dass bei der Bearbeitung eines Falles die Recherche keinesfalls beim Gesetzestext oder den Versicherungsbedingungen enden darf, sondern durch einen Blick in einen (Kurz-)Kommentar die Rechtsprechung geprüft werden muss. Dabei ist jeweils auf die jüngere Rechtsprechung abzustellen. Die Relevanz älterer Urteile ist an den Grundsätzen der modernen Rechtsprechung zu prüfen.

8

2. Bedeutung der Versicherungsbedingungen

Das **VVG** gibt für die einzelnen Versicherungszweige nur **Grundlinien** vor. Die Einzelheiten des Versicherungsverhältnisses werden durch die Allgemeinen und Besonderen Versicherungsbedingungen (AVB) sowie die Tarifbedingungen festgelegt. AVB sind für eine Vielzahl von Versicherungsverträgen vom **Versicherer vorformulierte Vertragsbedingungen**. Sie machen das Produkt Versicherung aus.

9

Während ihnen die Rechtsprechung bis zum Beginn der 80er Jahre noch gesetzesähnlichen Charakter zubilligte, steht heute außer Frage, dass AVB als **Allgemeine Geschäftsbedingungen** im Sinne der §§ 305 ff. BGB zu bewerten sind.[1]

10

Grundvoraussetzung der sachgerechten Bearbeitung eines versicherungsrechtlichen Mandats ist die Vorlage und Beachtung der für den Vertrag gültigen AVB. Ohne dieses Regelwerk können die rechtlichen Grundlagen kaum geklärt werden. Seit der Deregulierung des Versicherungsmarktes im Jahre 1994 verwenden die Versicherungen zuneh-

11

---

1 Römer/Langheid Vor § 1 Rn. 16.

mend nicht mehr die Musterbedingungen, die das damalige Bundesaufsichtsamt für das Versicherungswesen noch geprüft hatte oder die in der Folgezeit vom GdV (Gesamtverband der Versicherungswirtschaft) vorgeschlagen wurden, sondern **eigene Bedingungswerke** oder zumindest eigene abändernde oder ergänzende Klauseln. Man darf sich also keinesfalls ungeprüft darauf verlassen, dass bestimmte Regelungen, die einem möglicherweise aus anderen Fällen bekannt sind, auch den streitgegenständlichen Versicherungsvertrag gelten.

12 Hat der Versicherungsnehmer die AVB nicht mehr vorliegen oder findet er sie nicht mehr, kann er sie von der Versicherung anfordern. Gemäß § 3 VVG muss der Versicherer gegen Kostenerstattung jederzeit Abschriften der Police und der für den Vertrag geltenden AVB erteilen.

13 Muster: Anforderung der für den Vertrag gültigen Allgemeinen Versicherungsbedingungen

Rechtsanwalt ■■■

■■■

■■■

■■■-Versicherung

Postfach ■■■

■■■

Kraftfahrtversicherung Nr. ■■■

Ihre VN: ■■■

Sehr geehrte Damen und Herren,

ich zeige unter Vollmachtsvorlage an, dass ich Ihre Versicherungsnehmerin ■■■ vertrete. Namens meiner Mandantin bitte ich gemäß § 3 VVG um Übersendung der für den oben genannten Versicherungsvertrag gültigen Allgemeinen Versicherungsbedingungen.

Sollten dies nicht mehr diejenigen sein, die beim Abschluss der Versicherung am 12.05.1998 galten, bitte ich auch um Erteilung von Abschriften der zustimmenden Erklärungen meiner Mandantin zur Änderung der Allgemeinen Versicherungsbedingungen (§ 3 Abs.3 VVG). Für anfallende Kosten übernehme ich die Kostenhaftung.

Mit freundlichen Grüßen

■■■

Rechtsanwalt

III. Versicherungsbedingungen

Die soeben dargelegte Bedeutung der Allgemeinen und Besonderen Versicherungsbedingungen (AVB) sowie der Tarifbedingungen macht es notwendig, ihnen schon zu Beginn des Mandats ein besonderes Augenvermerk zu schenken.

Da die AVB Allgemeine Geschäftsbedingungen sind, muss sowohl ihre **Einbeziehung**, als auch ihre **Wirksamkeit** geprüft werden. Dabei ist zu berücksichtigen, dass sie unter Verbrauchergesichtspunkten auszulegen sind.

1. Einbeziehung in den Vertrag

Die AVB gelten nicht kraft Gesetzes. Sie müssen vielmehr gemäß § 305 Abs. 2 BGB in den Vertrag einbezogen werden. Seit die AVB nicht mehr der Genehmigung durch das BAV unterliegen[2] kann dies nur durch das **Antragsmodell** (AVB sind dem Antragsformular beigefügt) oder durch das **Policenmodell** (AVB werden der Police beigefügt) erfolgen. Werden die AVB dem VN überhaupt nicht vorgelegt oder kann ihm eine entsprechende Behauptung nicht widerlegt werden, so gelten diejenigen AVB die der Versicherer in dem Zeitpunkt verwandte, als der VN seinen Antrag stellte.[3]

Dem ersten Versicherungsschein ist daher zu entnehmen, welche Bedingungen für das Versicherungsverhältnis galten, als es geschlossen wurde (z.B. AKB 94). Sofern in der Folgezeit keine Änderungen vorgenommen wurden, gelten diese Bedingungswerke während der gesamten Laufzeit fort, auch wenn das Versicherungsunternehmen zwischenzeitlich für Neuverträge modernere Bedingungen verwendet (z.B. AKB 2000).

Eine Änderung der dem Vertrag zu Grunde liegenden AVB ist nur mit (konkludenter) **Zustimmung des Versicherungsnehmer** zulässig; sonst gelten die alten AVB weiter.[4] Die Fortgeltung alter AVB kann sich für den Versicherungsnehmer günstig auswirken, wenn der Versicherer seine Bedingungen „verschärft" hat. Auch von den für die Änderung notwendigen Erklärungen kann der VN gemäß § 3 Abs. 3 VVG Abschriften verlangen.

2. Auslegung von AVB

AVB werden von der Rechtsprechung nicht mehr als gesetzesähnliche Regelwerke, sondern als Allgemeine Geschäftsbedingungen bewertet. Für sie gelten daher die Auslegungsgrundsätze, die für Allgemeine Geschäftsbedingungen entwickelt wurden. Sie sind also grundsätzlich nicht wie Gesetze auszulegen. Der BGH[5] stellt vielmehr darauf ab, wie sie ein **durchschnittlicher Versicherungsnehmer** bei verständiger Würdigung, aufmerksamer Durchsicht und Berücksichtigung des erkennbaren Sinnzusammenhangs verstehen muss. Dabei kommt es auf die Verständnismöglichkeiten eines Versicherungsnehmers ohne versicherungsrechtliche Spezialkenntnisse an.

---

2 Genehmigungspflicht mit Wirkung zum 31.12.1994 weggefallen durch das 3. DurchfG/EWG vom 21.01.1994, BGBl I S. 1630.
3 OLG Hamm zfs 1998, 266; OLG Hamm zfs 1999, 64; Römer/Langheid § 5a Rn. 46.
4 OLG Hamm zfs 2000, 155.
5 BGHZ 123, 83, 85 = NJW 1993, 2369; zfs 2002, 34.

20 Nicht maßgebend ist, was sich der Verfasser der Bedingungen bei der Abfassung vorstellte.[6] Auf die Entstehungsgeschichte der Klausel kommt es selbst dann nicht an, wenn deren Berücksichtigung für den VN günstig wäre.[7]

21 Diese Grundsätze erfahren nur dann eine Ausnahme, wenn die Rechtsprache mit dem verwendeten Ausdruck in den AVB einen fest umrissenen Begriff versteht. In diesen Fällen ist im Zweifel anzunehmen, dass auch die AVB darunter nichts anderes verstehen wollten.[8]

3. Wirksampunkt der AVB unter AGB-Gesichtspunkten

22 Das VVG enthält keine Bestimmungen über die Wirksamkeit von AVB. Diese unterliegen als Allgemeine Geschäftsbedingungen daher der Wirksamkeitskontrolle der §§ 305 ff. BGB. Das Selbe gilt auch für Tarifbestimmungen, die die AVB ergänzen.[9] Auch die Regelungen in einem Antrag auf Abschluss des Versicherungsvertrages hat der BGH als AGB angesehen und dementsprechend eine Laufzeitklausel von 10 Jahren als unvereinbar mit § 9 AGBG angesehen.[10] Dies gilt auch dann, wenn dem Versicherungsnehmer neben der auf dem Formular gedruckten Vertragslaufzeit eine Wahlmöglichkeit eingeräumt wird.[11] Lediglich dann, wenn der Versicherer zur Vertragslaufzeit überhaupt keine Vorgabe mehr macht, unterliegen die Vereinbarungen nicht mehr der AGB-Kontrolle.

23 Die **Wirksamkeitskontrolle** der AVB anhand der § 305 ff. BGB hat für die tägliche Praxis der anwaltlichen Arbeit erhebliche Bedeutung. Seit dem Wegfall der Genehmigungspflicht[12] kann jedes Versicherungsunternehmen für jede Versicherungssparte eigene Bedingungen verwenden. Zwar gibt der Gesamtverband der Versicherungswirtschaft (GdV) regelmäßig Musterbedingen zu den einzelnen Versicherungszweigen heraus. Diese sind aber für die Mitgliedsunternehmen nicht verbindlich. In der Praxis werden diese Musterbedingungen oft nur als Grundlage der AVB verwendet, jedoch in einigen zumeist wesentlichen Punkten modifiziert. Manche Versicherer haben inzwischen auch vollkommen eigenständige Vertragswerke entworfen. Auch die Musterbedingungen des GdV können den Regelungen der §§ 305 ff. BGB widersprechen. Jede den Versicherungsschutz einschränkende Klausel sollte daher zunächst auf ihre Vereinbarkeit mit den §§ 305 ff. BGB untersucht werden. Weicht die Klausel zum Nachteil des Versicherungsnehmers von den Musterbedingungen des GdV ab, ist sie besonders kritisch zu prüfen.

24 Die Kontrolle von Allgemeinen Geschäftsbedingungen wird durch § 307 Abs. 3 Satz 1 BGB beschränkt. Nur solche Geschäftsbedingungen können unwirksam sein, die eine von Rechtsvorschriften abweichende oder diese ergänzende Regelung vorsehen. Da die

---

6 Römer/Langheid Vor § 1 Rn. 17.
7 BGH VersR 2000, 1090.
8 BGH zfs 2000, 355.
9 BGH VersR 2001, 493.
10 BGH VersR 1994, 1049.
11 BGH VersR 1996, 485.
12 Genehmigungspflicht mit Wirkung zum 31.12.1994 weggefallen durch das 3. DurchfG/EWG vom 21.01.1994, BGBl I S. 1630.

Regelungsdichte durch das VVG sehr gering ist, und dementsprechend eine Abweichung von Rechtsvorschriften nur selten festgestellt werden kann, hat der BGH die Bedeutung des § 307 Abs. 3 Satz 1 BGB für den Bereich des Versicherungsrechts erweiternd definiert.

Grundsätzlich kontrollfrei bleiben demnach rein **deklaratorische Klauseln**, die nur den Gesetzeswortlaut wiedergeben und in jeder Hinsicht damit übereinstimmen.[13]

Ebenfalls der Inhaltskontrolle entzogen bleiben der unmittelbare Gegenstand der Hauptleistung (die so genannte Leistungsbeschreibung) und das vom anderen Teil zu erbringende Entgelt. Allerdings hat der BGH den Bereich der **kontrollfreien Leistungsbeschreibung** sehr eng definiert.[14] Die nicht kontrollierbaren „bloßen" Leistungsbeschreibungen legen Art, Umfang und Güte der geschuldeten Leistung fest, lassen aber die für die Leistung geltenden gesetzlichen Vorschriften unberührt. Klauseln, die das Hauptleistungsversprechen einschränken, verändern, ausgestalten oder modifizieren, sind dagegen inhaltlich zu kontrollieren. Damit verbleibt für die der Überprüfung entzogene Leistungsbeschreibung nur der enge Bereich der Leistungsbezeichnungen, ohne deren Vorliegen mangels Bestimmtheit oder Bestimmbarkeit des wesentlichen Vertragsinhalts ein wirksamer Vertrag nicht mehr angenommen werden kann.[15]

Wichtigster Maßstab bei der Kontrolle der AVB ist § 307 Abs. 1,2 BGB. Die weiteren Vorschriften; namentlich die Klauselverbote in den §§ 308, 309 BGB haben eine wesentliche Bedeutung in der Rechtsprechung des BGH nicht erlangt.[16]

Gemäß § 307 BGB ist eine Klausel unwirksam, wenn sie mit den wesentlichen Grundgedanken der gesetzlichen Regelung, von der sie abweicht, nicht zu vereinbaren ist. Wegen der geringen gesetzlichen Regelungsdichte im Versicherungsvertragsrecht wird zwar ein gesetzliches Leitbild, an dem die Klausel zu messen sein könnte, häufig nicht aufzuzeigen sein. Der BGH zieht daher als „gesetzliche Regelung" auch die Grundgedanken des Versicherungsrechts und die Regelungssätze heran, die von **Rechtsprechung und Lehre** durch Auslegung, Analogie oder Rechtsfortbildung aus den einzelnen gesetzlichen Bestimmungen hergeleitet werden.[17] So hat der BGH eine Klausel aus der Hausratsversicherung für unzulässig erklärt, nach der dem VN nicht nur das grob fahrlässige Verhalten eines Repräsentanten, sondern des einfachen Hausgenossen zugerechnet wurde.[18]

Eine Bestimmung ist ebenfalls unwirksam, wenn sie durch die Einschränkung von Rechten oder Pflichten die Erreichung des **Vertragszwecks gefährdet**. Dies hat der BGH in einem Fall angenommen, in dem in der Krankenversicherung die Erstattung von

---

13 BGH VersR 2001, 842.
14 BGH VersR 2001, 184.
15 Terno in Schriftenreihe der ARGE Verkehrsrecht Bd. 33 S. 50f.
16 Terno a.a.O. S.57.
17 BGH VersR 1992, 223; VersR 1993, 830.
18 BGH VersR 1993, 830.

psychotherapeutischen Behandlungen auf eine Gesamtzahl von 30 Sitzungen während der Laufzeit des Vertrages begrenzt wurde.[19]

30 Schließlich ist auch das Transparenzgebot gemäß § 307 Abs. 1 S.2 BGB zu beachten. Der Versicherer ist entsprechend den Grundsätzen von Treu und Glauben gehalten, Rechte und Pflichten seines Vertragspartners möglichst klar und durchschaubar darzustellen. Dabei kommt es nicht nur darauf an, dass die Klausel in ihrer Formulierung für den durchschnittlichen VN verständlich ist. Vielmehr gebieten Treu und Glauben auch, dass die Klausel die wirtschaftlichen Nachteile und Belastungen so weit erkennen lässt, wie das den Umständen nach gefordert werden kann.[20]

31 Muster: Geltendmachung der Unwirksamkeit einer Versicherungsbedingung

Rechtsanwalt

■■■

■■■-Versicherung

Postfach ■■■

■■■

Hausratsversicherung Nr. ■■■

Ihre VN: ■■■

Sehr geehrte Damen und Herren,

ich zeige unter Vollmachtsvorlage an, dass ich Ihre Versicherungsnehmerin ■■■ vertrete.

Meine Mandantin legte mir Ihr ablehnendes Schreiben vom ■■■ vor.

Sie berufen sich auf ein grobfahrlässiges Verhalten des sechzehnjährigen Sohnes meiner Mandantin. Dieser ist jedoch kein Repräsentant meiner Mandantin, so dass sein Verhalten – unabhängig von der Bewertung des Grades der Fahrlässigkeit – meiner Mandantin nicht zugerechnet werden kann.

Die Zurechnung kann auch nicht mit der von Ihnen verwendeten Klausel § 5 Abs. 3 VHB begründet werden, wonach das Verhalten des Hausgenossen dem Versicherungsnehmer zugerechnet werden soll. Diese Klausel verstößt gegen § 307 BGB.

Nach der Rechtsprechung des BGH verstößt eine Klausel dann gegen die „gesetzliche Regelung" i.S.v. § 307 BGB, wenn sie sich nicht mit den Grundgedanken des Versicherungsrechts und den Regelungssätzen vereinbaren lässt, die von Rechtsprechung und Lehre durch Auslegung, Analogie oder Rechtsfortbildung aus den einzelnen gesetzlichen Bestimmungen hergeleitet werden. (BGH VersR 1992, 223; VersR 1993, 830). Die Beschränkung der Zurechnung des Verhaltens eines Dritten auf den Kreis der Repräsentanten zählt zu diesen Grundsätzen des Versicherungsrechts (BGH VersR 1993, 830). Deshalb ist die Klausel unwirksam.

Dementsprechend fordere ich Sie auf, bis zum 19.02.2004 zu bestätigen, dass Sie den Schadenfall im Rahmen der vereinbarten Leistungen regulieren werden.

---

19 BGH VersR 1999, 745.
20 BGH VersR 2001, 842.

Mit freundlichen Grüßen

■■■

Rechtsanwalt

IV. Haftungsfalle Ausschlussfrist gemäß § 12 Abs. 3

1. Dauer, Rechtsnatur

Das VVG sieht eine Ausschlussfrist vor, die für den anwaltlichen Vertreter des Versicherungsnehmers eine Haftungsfalle ersten Ranges darstellt. Sie muss daher ab dem Beginn der Bearbeitung von versicherungsrechtlichen Mandaten stets sorgfältig im Auge behalten werden.

Gemäß § 12 Abs. 3 VVG wird der Versicherer alleine durch Zeitablauf leistungsfrei, wenn der Versicherungsnehmer seinen Anspruch nicht innerhalb einer **Frist von sechs Monaten** ab der schriftlichen und mit einer Rechtsbelehrung versehenen Ablehnung gerichtlich geltend macht.

Dabei handelt es sich um eine **Ausschlussfrist, nicht um eine Verjährungsregelung.** Daraus folgt, dass die verjährungsrechtlichen Regelungen der Hemmung und der Unterbrechung weder direkt, noch analog anwendbar sind.[21] Verhandlungen mit dem Versicherer führen nicht automatisch zu einer Verlängerung der Frist. Sie beeinflussen ihren Lauf grundsätzlich nicht. Der Ausschluss infolge des Fristablaufes kann somit während der Verhandlungen eintreten.

2. Beginn, Rechtsfolgenbelehrung

Die Frist beginnt mit dem Zugang der schriftlichen Ablehnung zu laufen, wenn diese eine **ausreichende Belehrung** über die Rechtsfolgen der Fristversäumnis enthält. Eine Ablehnung per Fax genügt dabei nicht der Schriftform,[22] ebenso reicht die Übersendung einer Kopie des Ablehnungsschreibens nicht aus.[23]

An die Rechtsfolgenbelehrung sind strenge Anforderungen zu stellen. Die Belehrung muss den Versicherungsnehmer klar und deutlich darüber aufklären, dass er durch bloßen Zeitablauf seinen materiellen Versicherungsanspruch verliert, wenn er ihn nicht vor Fristende gerichtlich geltend macht. Formulierungen, die diese Rechtsfolgen verdunkeln oder in einem minder gefährlichen Licht erscheinen lassen, machen die Belehrung unwirksam.[24] Trifft die Rechtsfolgenbelehrung in einem wesentlichen Punkt nicht zu, ist sie insgesamt unwirksam. Dies gilt z.B. dann, wenn die Frist als „Verjährungsfrist" bezeichnet wird.[25] Unwirksam ist sie auch, wenn sie den Anschein erweckt, die gerichtliche Geltendmachung von Ansprüchen könne alleine durch Klageerhebung erfolgen.[26]

---

21 BGH zfs 2002, 28, 29; Römer/Langheid § 12 Rn. 33.
22 OLG Koblenz zfs 2002, 136.
23 OLG Koblenz zfs 1996, 457; Römer/Langheid § 12 Rn. 49.
24 BGH zfs 2002, 28, 29.
25 BGH zfs 2002, 28, 29.
26 BGH zfs 2003, 349.

3. Gerichtliche Geltendmachung zur Wahrung der Frist

37 Die Frist wird durch das rechtzeitige Einreichen einer **Klage** oder eines **Mahnbescheides** gewahrt. Dabei gilt § 270 Abs. 3 ZPO auch für diese Frist.[27] Es reicht also aus, wenn die Klage oder der Mahnbescheid am letzten Tag der Frist bei Gericht eingereicht wird.

38 Auch eine **Teilklage** kann die Frist wahren. Dabei muss allerdings zumindest aus den Gesamtumständen für den Versicherer erkennbar sein, dass der Versicherungsnehmer auf seinen Gesamtanspruch beharrt.[28] In der Klagebegründung sollte daher ausdrücklich klar gestellt werden, dass aus Kostengründen zunächst eine Teilklage erhoben wird, sich der Versicherungsnehmer bei entsprechendem Ausgang der Teilklage die gerichtliche Geltendmachung der weitergehenden Ansprüche vorbehält.

39 Zu beachten ist bei der Teilklage, dass diese die Verjährung nur hinsichtlich der eingeklagten Beträge hemmt. Für den übersteigenden Betrag der Forderung läuft die Verjährungsfrist somit weiter. Insoweit sollte mit dem Versicherer ein **Verjährungsverzicht** vereinbart werden. Sofern die Forderungshöhe unstreitig ist, kann eine Vereinbarung getroffen werden, dass der Versicherer das Ergebnis der Teilklage auch für den die Klage übersteigenden Teil der Forderung anerkennt und dabei auf die Einrede der Verjährung verzichtet. Ist die Gesamthöhe streitig, sollte vereinbart werden, dass die Verjährungsfrist mindestens bis zu einem Zeitpunkt von drei Monaten nach der Rechtskraft der Teilklage gehemmt wird.

40 Die Ausschlussfrist wird auch durch den vor Fristablauf eingegangenen vollständigen **Antrag auf Prozesskostenhilfe** gewahrt.[29] Es gelten die allgemeinen Formvorschriften. So muss die Klage z.B. unterschrieben sein.[30]

41 Durch die Einleitung des Selbständigen Beweisverfahrens oder durch eine Streitverkündung wird die Ausschlussfrist dagegen nicht gewahrt. Durch sie wird der Ablauf der Ausschlussfrist nicht verhindert.[31] Auch eine rechtskräftig als unzulässig abgewiesene Klage wahrt die Ausschlussfrist nicht. Anders ist es zu bewerten, wenn die Klage – auch nach Fristablauf – noch zulässig wird.[32]

42 Wenn der Versicherer die Klagefrist in Lauf gesetzt hat, ist in der Regel auch das Rechtsschutzbedürfnis für eine **Feststellungsklage** gegeben.[33]

4. Verzicht des Versicherers auf die Rechtsposition

43 Der Versicherer kann auf die Rechtsposition verzichten, und zwar sowohl vor, als nach dem Fristablauf.[34] In diesem Fall ist der Fristablauf endgültig gestoppt. Wenn der Ver-

---

27 Römer/Langheid § 12 Rn. 34.
28 BGH zfs 2002, 28, 29.
29 Römer/Langheid § 12 Rn. 68.
30 BGH zfs 2004, 267.
31 Römer/Langheid § 12 Rn. 73.
32 Römer/Langheid § 12 Rn. 65.
33 BGH VersR 1999, 706; Römer/Langheid § 12 Rn. 66.
34 Römer/Langheid § 12 Rn. 85.

sicherer bei seiner Ablehnung bleibt, muss er die Frist durch eine ausreichende Belehrung erneut in Gang setzen.

Zu beachten ist allerdings, dass der Versicherer statt auf die Rechtsposition vollständig zu verzichten, die **Frist verlängern** kann, etwa bis zum Abschluss der erneuten Überprüfung.[35] Die Frist beginnt dann nicht neu zu laufen. Der Versicherungsnehmer hat nach dem Zugang der erneuten Entscheidung nur noch eine kurze Frist, um eine Klage einzureichen. Deshalb sollte immer klargestellt werden, dass auf die Rechte aus der erfolgten Belehrung **vollständig verzichtet** wird und dass bei einer erneuten Ablehnung eine neue Belehrung erfolgen wird.

Muster: Anforderung des Verzichts des Versicherers auf Ausschlussfrist

Rechtsanwalt

■■■

■■■-Versicherung

Postfach ■■■

■■■

Hausratsversicherung Nr. ■■■

Ihre VN: ■■■

Sehr geehrte Damen und Herren,

ich zeige unter Vollmachtsvorlage an, dass ich Ihre Versicherungsnehmerin ■■■ vertrete.

Meine Mandantin legte mir den bisherigen Schriftverkehr vor. Mit dem von Ihnen eingenommenen Rechtsstandpunkt besteht kein Einverständnis.

Im Hinblick auf die unterschiedlichen Rechtsansichten wäre meine Mandantin bereit, die Sache im Wege eines Vergleiches gütlich zu erledigen. Zunächst müsste hierzu noch die Schadenshöhe geklärt werden.

Weitere außergerichtliche Verhandlungen setzen allerdings voraus, dass Sie auf die mit Schreiben vom 10.09.2003 in Lauf gesetzte Ausschlussfrist endgültig und vorbehaltlos verzichten.

Unberührt davon bleibt die Möglichkeit bei einem Scheitern der Vergleichsverhandlungen die Sechsmonatsfrist erneut auszulösen.

Ich bitte um Bestätigung bis ■■■

Mit freundlichen Grüßen

■■■

Rechtsanwalt

---

35 Römer / Langheid § 12 Rn. 64.

§ 2 Widerruf und Beendigung von Versicherungsverträgen

I. Übersicht

46 In vielen Fällen sucht der der Versicherungsnehmer anwaltlichen Rat, um einen **Versicherungsvertrag zu beenden,** weil er ihn für überflüssig oder überteuert hält, oder weil er mit der Leistung der Versicherung nicht einverstanden ist. Bei dieser Sachlage müssen die einzelnen Beendigungstatbestände geprüft werden, um sachgerecht zu beraten und gegebenenfalls die richtigen Schritte einleiten zu können.

47 Zu unterscheiden ist dabei in Beendigungsgründe, die den Versicherungsvertrag rückwirkend (*ex tunc*) beseitigen und solchen, die das Vertragsverhältnis zu einem Zeitpunkt ab dem Zugang der Kündigungserklärung (*ex nunc*) beenden. Dies hat Auswirkung auf den Versicherungsschutz.

48 Eine anfängliche Beseitigung des Vertrages lässt auch den Deckungsschutz rückwirkend entfallen. Hat der Versicherungsnehmer in diesem Zeitraum Leistungen erhalten oder ist ein Versicherungsfall eingetreten, der noch nicht reguliert ist, erhält der Versicherungsnehmer keine Leistungen und muss erhaltene Zahlungen zurückzahlen.

49 Andererseits bleibt die Verpflichtung der Versicherung zur vertragskonformen Leistung erhalten, wenn nach dem Eintritt des Versicherungsfalls, aber vor der Regulierung des Schadens der Vertrag endet. Entscheidend ist hier immer nur **der Zeitpunkt des Versicherungsfalles.**

50 Folgende Beendigungsgründe kommen in Betracht:
- Widerspruch gemäß § 5a VVG
- Widerruf gemäß § 8 VVG Abs. 4 VVG
- Sonderkündigung bei längerfristigen Verträgen gemäß § 8 Abs. 3 VVG
- Kündigung nach dem Eintritt des Versicherungsfalls gemäß §§ 96, 113, 158 VVG
- Wegfall des versicherten Interesses gemäß § 68 VVG

II. Widerspruchsrecht bei nachträglicher Übergabe der Versicherungsbedingungen § 5a VVG

1. Voraussetzungen des Widerspruchsrechts

51 § 5a Abs. 1 VVG gewährt dem Versicherungsnehmer ein Widerspruchsrecht, wenn ihm die Versicherungsbedingungen und eine ausreichende Verbraucherinformation über die abzuschließende Versicherung bei der Antragstellung noch nicht vorlagen.

52 Dieses Widerspruchsrecht trägt dem Umstand Rechnung, dass der Versicherungsvertrag im Wesentlichen durch die Allgemeinen und Besonderen Versicherungsbedingungen und Tarifbestimmungen gestaltet wird. Erst wenn diese Regelwerke dem Versicherungsnehmer vorliegen und ihre Bedeutung im Rahmen der Verbraucherinformation nachvollziehbar erläutert werden, soll der Versicherungsnehmer darüber entscheiden, ob der Vertrag Bestand haben soll oder nicht.

53 Gemäß § 10a VAG sollen die Verbraucherinformationen einschließlich der Versicherungsbedingungen dem Versicherungsinteressenten bereits vor dem Abschluss des Ver-

trages vorgelegt werden, um ihn über die zur Entscheidung erforderlichen Fragen vollständig zu informieren. Sie müssen in deutscher Sprache oder der Muttersprache des Versicherungsnehmers schriftlich abgefasst, eindeutig formuliert, übersichtlich gegliedert und für den durchschnittlichen Versicherungsnehmer verständlich sein.[36]

Dieses vom VAG als Normalfall vorgesehene **Antragsmodell** ist in der Praxis jedoch die Ausnahme geblieben.[37] Aus Akquisitionsgründen dominiert weiterhin das so genannte **Policenmodell**, bei dem die Verbraucherinformationen und die Bedingungen erst mit der Police vorgelegt werden.

54

Gemäß § 10a Abs. 1 VAG müssen sie für **alle Versicherungssparten** enthalten:[38]
- Name, Anschrift, Rechtsform und Sitz des Versicherers und der etwaigen Niederlassung, über die der Vertrag geschlossen werden soll;
- Die Versicherungsbedingungen und die Tarifbestimmungen;
- Angaben zur Laufzeit des Versicherungsvertrages;
- Detaillierte Angaben über die Prämienhöhe im jeweiligen Versicherungszweig;
- Angabe der Frist, während der der Antragsteller an den Antrag gebunden sein soll;
- Belehrung über Recht zum Widerruf oder Rücktritt
- Anschrift der Aufsichtsbehörde Bundesanstalt für Finanzdienstleistungen.

55

Zusätzlich müssen die Verbraucherinformationen bei **Lebensversicherungen** und **Unfallversicherungen** mit Prämienrückgewähr enthalten:
- Angaben über die für die Überschussermittlung und Überschussbeteiligung geltenden Berechnungsgrundsätze und Maßstäbe;
- Angabe der Rückkaufwerte;
- Angaben über den Mindestversicherungsbetrag für eine Umwandlung in eine prämienfreie Versicherung und über die Leistungen aus prämienfreier Versicherung;
- Angaben über das Ausmaß, in dem die beiden vorstehenden Leistungen garantiert sind;
- Angaben über den der Versicherung zugrunde liegenden Fonds (soweit einschlägig) und die darin enthaltenen Vermögenswerte;
- Allgemeine Angaben über die für diese Versicherungsart geltende Steuerregelung

56

Bei der **Krankenversicherung** sind folgende weitere Verbraucherinformationen notwendig:
- Angaben über die Auswirkung steigender Krankheitskosten auf die zukünftige Beitragsentwicklung;
- Hinweise auf Möglichkeiten der Beitragsbegrenzung im Alter;
- Hinweise darauf, dass eine Versicherung in der gesetzlichen Krankenversicherung in fortgeschrittenem Alter in der Regel ausgeschlossen ist.

57

Der **Versicherer trägt die Beweislast** für die Übergabe der Verbraucherinformation und der Bedingungen.[39] Dies gilt sowohl für die Übergabe an sich, als auch für deren Zeit-

58

---

36 Römer/Langheid § 5a Rn. 13.
37 Van Bühren/van Bühren § 1 Rn. 122.
38 Abgedruckt in Prölls/Martin § 5a Rn. 24.
39 Römer/Langheid § 5a Rn. 15.

punkt. Vorformulierte Klauseln, mit denen sich der Versicherer in den Antragsformularen bestätigen lässt, dass der Versicherungsnehmer die maßgeblichen Unterlagen erhalten hat, sind dabei unwirksam.[40]

59 § 5a VVG gilt für alle Neuabschlüsse und Verträge, die andere ersetzen. Strittig ist, ob § 5a VVG auch gilt, wenn der Vertrag nur auf neue Bedingungen umgestellt wird. Römer[41] verneint eine solche Geltung. Prölss[42] hält § 5a VVG in diesem Fall für entsprechend anwendbar.

2. Frist und Form des Widerspruch

60 Die **Widerspruchsfrist von 14 Tagen** beginnt gemäß § 5a Abs. 2 VVG erst zu laufen, wenn dem Versicherungsnehmer die Police und die Unterlagen gemäß § 5a Abs. 1 VVG vorliegen und er schriftlich, in drucktechnisch deutlicher Form über das Widerspruchsrecht, den Fristbeginn und die Dauer belehrt worden ist. Der Versicherer trägt die Beweislast für den Zeitpunkt des Zugangs der Belehrung. Diese kann zwar auch im Versicherungsschein enthalten sein, sie muss jedoch in nicht zu übersehender Weise drucktechnisch hervorgehoben sein. Sie muss so gestaltet sein, dass sie geeignet ist, den Versicherungsnehmer auf seine Rechte aufmerksam zu machen und darf nicht in den übrigen Klauseln des Versicherungsvertrages untergehen.[43]

61 Wird der VN nicht ausreichend belehrt, erlischt das Widerspruchsrecht gemäß § 5a Abs. 2 Satz 4 VVG erst **ein Jahr nach Zahlung der ersten Prämie**. Diese Ausschlussfrist ist unabhängig von der Frage, ob und wann der Versicherungsnehmer die Unterlagen des Abs. 1 und die Belehrung erhalten hat.[44] Für die Rechtzeitigkeit des Widerspruchs ist die Absendung entscheidend.

62 An die Erklärung des Widerspruchs sind keine hohen Anforderungen zu stellen. Die Erklärung des Versicherungsnehmers muss nur hinreichend deutlich zum Ausdruck bringen, dass er den Vertrag nicht (mehr) gegen sich gelten lassen will.[45] Sie muss schriftlich erfolgen, bedarf jedoch nicht der strengen Schriftform des § 126 BGB. Erforderlich und ausreichend ist eine verkörperte Erklärung in Schriftform. Sie muss nicht mit einer Unterschrift versehen sein und kann durch die Mittel der modernen Telekommunikation übermittelt werden.[46] Der Versicherungsnehmer kann sich durch einen Rechtsanwalt vertreten lassen. Bei der Abgabe der Erklärung muss die Vollmacht im Original vorgelegt werden.

---

40 OLG Köln VersR 2000, 169.
41 Römer/Langheid § 5a Rn. 11.
42 Prölss/Martin § 5a Rn. 27.
43 OLG Düsseldorf zfs 2004, 120.
44 OLG Düsseldorf zfs 2001, 313 = VersR 2001, 837.
45 OLG Düsseldorf zfs 2004, 120.
46 Römer/Langheid § 5a Rn. 36.

Muster: Widerspruch gemäß § 5a VVG

Rechtsanwalt

■■■

■■■-Versicherung

Postfach ■■■

■■■

Hausratsversicherung Nr. ■■■

Ihre VN: ■■■

Sehr geehrte Damen und Herren,

ich zeige unter Vollmachtsvorlage an, dass ich Ihre Versicherungsnehmerin ■■■ vertrete.

Namens meiner Mandantin erkläre ich hiermit den Widerspruch gegen den oben genannten Kraftfahrtversicherungsvertrag.

Die Versicherungsbedingungen sind meiner Mandantin erst mit der Police am 02.02.2004 zugegangen.

Ich bitte um Bestätigung.

Mit freundlichen Grüßen

■■■

Rechtsanwalt

3. Folgen des Widerspruchs

Widerspricht der Versicherungsnehmer binnen offener Frist in schriftlicher, auch elektronischer Form kommt der Vertrag nicht zustande.

Der VN ist zur Zahlung der vereinbarten Prämie nicht verpflichtet. Er kann eine bereits bezahlte Prämie zurück fordern.[47] Der Versicherer ist rechtsgrundlos bereichert.

Die weiteren Rechtswirkungen dieser Vorschrift auf viele andere Regelungsbereiche des Versicherungsvertragsrechts sind noch weitestgehend ungeklärt. Die Regelung, die zur Umsetzung einer EU-Richtlinie in das VVG aufgenommen wurde, wirkt wie ein Fremdkörper im VVG und erscheint in seinen Auswirkungen nicht durchdacht.

4. Vorläufige Deckungszusage

Wenn der Versicherer vorläufigen Deckungsschutz zusagt, kann gemäß § 5a Abs. 3 VVG hinsichtlich dieser vorläufigen Deckung ein **Verzicht auf das Widerspruchsrecht** vereinbart werden. Teilweise[48] wird angenommen, dass in der Vereinbarung der vorläufigen Deckung auch ein konkludenter Verzicht auf das Widerspruchsrecht gemäß

---

47 OLG Düsseldorf zfs 2004, 120.
48 Prölls/Martin § 5a Rn. 63.

§ 5a VVG liegt. Dem Versicherungsnehmer komme es dann gerade darauf an, schnellstmöglich Deckungsschutz zu erlangen, also auch noch vor der Vorlage der Bedingungen und der übrigen Verbraucherinformation.

68 In jedem Fall bezieht sich ein solcher ausdrücklicher oder konkludenter Verzicht immer nur auf die vorläufige Deckungszusage und nicht auf den Hauptvertrag.[49] Letzterem kann daher auch bei einer vorläufigen Deckungszusage widersprochen werden, wenn die Voraussetzungen des § 5a VVG vorliegen.

III. Widerrufsrecht gemäß § 8 Abs. 4 VVG

1. Voraussetzungen

69 Gemäß § 8 Abs. 4 VVG besteht bei Versicherungsverträgen mit Verbrauchern grundsätzlich ein Widerrufsrecht wenn der Versicherungsvertrag mit einer **längeren Laufzeit als einem Jahr** abgeschlossen wurde. Das Widerrufsrecht besteht jedoch nicht, wenn eine vorläufige Deckungszusage erteilt wurde.

70 Bei Lebensversicherungen besteht statt eines Widerrufsrechts ein Rücktrittsrecht (§ 8 Abs. 5 VVG). Besteht ein Widerspruchsrecht gemäß § 5a VVG hat der Versicherungsnehmer daneben kein zusätzliches Widerrufsrecht (§ 8 Abs. 6 VVG).

71 Das Widerrufsrecht kann nicht zum Nachteil des Versicherungsnehmers abbedungen werden (§ 15a VVG).

2. Frist und Form des Widerrufs

72 Die Frist für den Widerruf beträgt gemäß § 8 Abs. 4 VVG **vierzehn Tage** ab der Unterzeichnung des Versicherungsvertrages. Die Frist beginnt jedoch erst zu laufen, wenn der Versicherungsnehmer über sein Recht belehrt wurde und dies durch seine Unterschrift bestätigt hat. Unterbleibt die Belehrung, so erlischt das Widerrufsrecht erst **einen Monat nach Zahlung der ersten Prämie**. Zur Fristwahrung reicht die rechtzeitige Absendung des Widerrufs (§ 8 Abs. 4 Satz 2 VVG).

73 Der Widerruf muss schriftlich erfolgen. Auch hier gilt nicht die strenge Schriftform des § 126 BGB. Es gelten die gleichen Kriterien wie beim Widerspruch gemäß § 5a VVG.

IV. Laufzeitbegrenzungen

74 Mit Wirkung zum 24.06.1994 hat der Gesetzgeber die Laufzeit bei Neuabschlüssen von Versicherungsverträgen begrenzt. Es handelte sich dabei um die Umsetzung einer Richtlinie der Europäischen Union.[50]

75 § 8 Abs. 3 VVG gewährt dem Versicherungsnehmer bei Versicherungsverträgen (außer Lebens- und Krankenversicherungen), die nach dem 24.06.1994 abgeschlossen wurden, und die eine fest vereinbarte Laufzeit von mehr als fünf Jahren haben, ein **Sonderkündigungsrecht**, das erstmals **zum Ende des fünften Jahres** und anschließend jeweils zum Ende jedes weiteren Jahres ausgeübt werden kann.

---

49 Römer/Langheid § 5a Rn. 49.
50 Art 16 § 5 Abs. 3 DurchfG/EWG.

V. Kündigung nach dem Eintritt des Versicherungsfalls   4

Für Verträge, die zwischen dem 01.01.1991 und dem 24.06.1994 einschließlich geschlossen wurden besteht ab dem dritten Jahr ein Recht zur Kündigung mit einer Frist von drei Monaten zum Jahresende, es sei denn, dem Versicherungsnehmer wurden schriftlich vor Vertragsschluss auch Verträge mit einer Laufzeit von einem, drei oder fünf Jahren angeboten und dabei auf Verträge mit einer längeren Laufzeit ein Prämiennachlass eingeräumt.[51]

Für ältere Verträge gilt die BGH-Rechtsprechung weiter, wonach sich der Versicherer bei verschiedenen Versicherungszweigen (Unfallversicherung, Hausratversicherung, Privathaftpflichtversicherung u.a.) auf eine längere Laufzeit als zehn Jahre nicht berufen kann[52]

Eine **stillschweigende Verlängerung** eines Versicherungsvertrages ist insoweit unwirksam, als die Verlängerung sich jeweils auf einen längeren Zeitraum als ein Jahr erstrecken soll (§ 8 Abs. 1 VVG).

V. Kündigung nach dem Eintritt des Versicherungsfalls

1. Geltungsbereich

Das VVG sieht für die Feuerversicherung (§ 96 VVG), die Haftpflichtversicherung (§ 158 VVG) und die Hagelversicherung (§ 113 VVG) ein außerordentliches Kündigungsrecht nach dem Eintritt des Versicherungsfalles vor. Soweit dieses Sonderkündigungsrecht nicht bereits durch die jeweiligen AVB auf andere Versicherungssparten ausgedehnt wird, soll es jedenfalls in der **gesamten Sachversicherung** allgemein Geltung haben.[53]

2. Voraussetzungen des Kündigungsrechts

Das Sonderkündigungsrecht entsteht, wenn die tatsächlichen Umstände des Versicherungsfalles eingetreten sind. Umstritten ist, ob das Kündigungsrecht entfällt, wenn die Versicherung aus subjektiven Gründen die Leistung verweigern kann. Allgemeine Ansicht ist, dass die Leistungsfreiheit wegen vorvertraglicher Anzeigepflichtverletzung, Obliegenheitsverletzung, Gefahrerhöhung oder Prämienverzug für den Fortbestand des Kündigungsrechts keine Rolle spielt.[54] Streitig ist, ob dies auch bei der vorsätzlichen oder grob fahrlässigen Herbeiführung des Versicherungsfalls gilt.[55] Ebenfalls streitig ist, ob ein Kündigungsrecht besteht, wenn die Schadenshöhe unterhalb des vereinbarten Selbstbehalts bleibt.[56]

---

51 Einzelheiten bei Römer/Langheid § 8 Rn. 32.
52 Einzelheiten hierzu Römer/Langheid § 8 Rn. 31.
53 OLG Düsseldorf NVersZ 2001, 422, 423; Römer/Langheid § 96 Rn. 5; a.A. Prölls/Martin § 96 Rn. 2.
54 Prölls/Martin § 96 Rn. 4, Römer/Langheid § 96 Rn. 12.
55 Vergleiche zum Meinungsstand: Römer/Langheid § 96 Rn. 12.
56 Römer/Langheid § 96 Rn. 14: kein Kündigungsrecht; a.A. Prölls/Martin § 96 Rn. 4.

3. Form und Frist der Kündigung

81 Die Kündigungserklärung muss spätestens **einen Monat nach dem Abschluss der Verhandlungen** erfolgen. Als Abschluss der Verhandlungen gilt die endgültige Entscheidung des Versicherers durch Anerkenntnis, Ablehnung oder Teilanerkenntnis mit Teilablehnung.

82 Die Kündigung bedarf keiner Form.[57] Sie sollte jedoch schriftlich erfolgen. Ein Grund braucht nicht angegeben werden. Allerdings ist der Zeitpunkt anzugeben, zu dem die Kündigung wirksam werden soll. Der Versicherungsnehmer hat insoweit ein Wahlrecht. Er kann die Kündigung mit sofortiger Wirkung aussprechen oder einen Zeitpunkt bestimmen, der zwischen der Kündigungserklärung und dem Ablauf der laufenden Versicherungsperiode liegt. Die Versicherungsperiode ist dabei in der Regel ein Jahr, wenn die Prämie nicht nach kürzeren Abschnitten bemessen ist (§ 9 VVG).

83 Kündigt der Versicherungsnehmer behält der Versicherer die Prämie bis zum Ablauf der Versicherungsperiode, gleichgültig zu welchem Zeitpunkt die Kündigung wirksam wird (§ 96 Abs. 3, § 113 Satz 2, § 158 Abs. 3 VVG). Regelmäßig wird die Kündigung daher zum Ablauf der laufenden Versicherungsperiode erklärt.

84 Muster: Kündigung nach dem Eintritt des Versicherungsfalls

Rechtsanwalt

■■■

■■■-Versicherung

Postfach ■■■

■■■

Hausratsversicherung Nr. ■■■

Ihre VN: ■■■

Sehr geehrte Damen und Herren,

ich zeige unter Vollmachtsvorlage an, dass ich Ihre Versicherungsnehmerin ■■■ vertrete.

Meine Mandantin nimmt ihr Sonderkündigungsrecht nach dem Eintritt des Versicherungsfalls in Anspruch. Ich kündige daher namens meiner Mandantin den oben genannten Versicherungsvertrag mit Wirkung zum ■■■

Ich bitte um Bestätigung.

Mit freundlichen Grüßen

■■■

Rechtsanwalt

---

57 Prölls/Martin § 96 Rn. 6.

VI. Wegfall des versicherten Interesses

Gemäß § 68 VVG hat der Wegfall des versicherten Interesses Einfluss auf den Versicherungsvertrag. Wenn das versicherte Interesse schon bei Beginn des Vertrages nicht besteht, wird der Versicherungsnehmer von der Verpflichtung zur Zahlung der Prämie frei. Der Versicherer kann lediglich eine angemessene Geschäftsgebühr verlangen. Fällt das versicherte Interesse später endgültig weg, so ist zu unterscheiden:

Wenn der Wegfall des Interesses nicht gleichzeitig einen Versicherungsfall darstellt (z.B. endgültige Auflösung des Hausstandes in der Hausratsversicherung), dann steht dem Versicherer diejenige Prämie zu, die angefallen wäre, wenn die Versicherung nur bis zur Kenntnis vom Wegfall des Interesses beantragt worden wäre (§ 68 Abs. 2 VVG).

Stellt der Wegfall des Interesses gleichzeitig den Versicherungsfall dar (z.B. Diebstahl eines Fahrzeuges in der Kaskoversicherung), kann der Versicherer die Prämie bis zum Ablauf der laufenden Versicherungsperiode beanspruchen (§ 68 Abs. 4 VVG).

Wenn die versicherte Sache veräußert wird, liegt kein Wegfall des versicherten Interesses vor, vielmehr geht die Versicherung nach § 69 VVG auf den Erwerber über, der allerdings binnen Monatsfrist kündigen kann (§ 70 VVG).

§ 3 Geltendmachung von Ansprüchen aus Versicherungsverträgen

A. Vorprozessuale Situation

I. Taktische Erwägungen

89 Die Geltendmachung von Ansprüchen aus Versicherungsverträgen nach dem Eintritt des Versicherungsfalls stellt die Haupttätigkeit in der anwaltlichen Vertretung von Versicherungsnehmern dar.

90 Zumeist wird der Versicherungsnehmer vor der Inanspruchnahme anwaltlicher Hilfe die Ansprüche gegenüber dem Versicherer geltend gemacht haben. Dabei hat er entweder alleine gehandelt oder sein Versicherungsagent war ihm dabei behilflich. Damit kein widersprüchliches Verhalten entsteht, ist es wichtig, vor der Kontaktaufnahme mit der Versicherung **diesen Schriftverkehr zu kennen**. Wegen der später zu erläuternden Möglichkeit der Korrektur von unwahren Erklärungen sollte auch die Richtigkeit der bisherigen Angaben hinterfragt werden.

91 In aller Regel empfiehlt es sich, auch bei einem ablehnenden Bescheid vor der Klageeinreichung nochmals außergerichtlichen Kontakt mit der Versicherung aufzunehmen. Dabei sollte die eigene Rechtsansicht fundiert dargelegt werden. Es ist bei den meisten Versicherungsgesellschaften üblich, dass spätestens bei ernsthafter Androhung der Klage die Angelegenheit von juristischen Sachbearbeitern übernommen oder überprüft wird. Eine entsprechende rechtliche Argumentation kann daher eine Änderung der Entscheidung durchaus herbeiführen. Aus diesen Gründen sind allerdings Allgemeinplätze über ein unzureichendes Regulierungsverhalten von Versicherungen (die sich leider auch immer wieder in Anwaltsschriftsätzen finden) in diesem Stadium wenig hilfreich. Sie erwecken beim juristischen Sachbearbeiter eher den Eindruck, dass die Gegenseite trotz juristischer Beratung nur schwache Argumente hat.

92 In einer solchen Situation sollte jedoch vor der Klage auch die **Möglichkeit einer Kulanzregelung** mit dem Sachbearbeiter der Versicherung erörtert werden. Wenn der Versicherungsvertrag trotz eines längeren Bestandes bisher unbelastet ist oder nur geringe Schadenszahlungen zu leisten waren, kann der Versicherer auch dann Zahlungen leisten, wenn er Zweifel an der rechtlichen Durchsetzbarkeit der Forderung des Versicherungsnehmers hat.

93 Zu beachten ist jedoch, dass Verhandlungen über die Sach- und Rechtslage oder über eine Kulanzregelung den Lauf der **Ausschlussfrist gemäß § 12 VVG nicht hemmen**. Hier muss rechtzeitig eine Verzichtserklärung des Versicherers herbeigeführt werden.[58]

---

58 Muster hierzu siehe oben Rn. 45.

II. Umfang der Versicherung

1. Prüfungsschema

Zunächst ist zu prüfen, ob der vom Mandanten geschilderte Sachverhalt unter das versicherte Risiko fällt. Dazu kann folgendes Schema verwendet werden:
- Kann der Mandant eigene Rechte aus der Versicherung herleiten?
- In der Schadensversicherung: sind die beschädigten Gegenstände vom Versicherungsschutz umfasst?
- Ist das eingetretene Ereignis versichert?
- Ist das Ereignis während der Dauer des Versicherungsschutzes eingetreten?

94

2. Begünstigter der Versicherung

Der Versicherer kann stets nur dann eintrittspflichtig sein, wenn die Person, die einen Nachteil erleidet, vom Versicherungsschutz umfasst ist.

95

Regelmäßig wird der Versicherungsnehmer auch die versicherte Person sein. Sein Name ergibt sich dann aus der Versicherungspolice oder den Nachträgen hierzu. Ist der Versicherungsnehmer nicht gleichzeitig die versicherte Person, so wird in den meisten Fällen der Name der versicherten Person in der Versicherungspolice oder in den Nachträgen aufgeführt sein. Dies ist beispielsweise der Fall, wenn der Versicherungsnehmer eine private Krankenversicherung für sein minderjähriges Kind abgeschlossen hat. Bei **mitversicherten Personen** ist es oft schwieriger herauszufinden, wer zu diesem Personenkreis zählt. Hier kann sich die Mitversicherung aus der namentlichen Erwähnung in der Police oder in einem Nachtrag ergeben. Die Mitversicherung kann sich aber auch aus der Zugehörigkeit zu einem in den Bedingungen genannten Personenkreis ergeben. So sind bei der privaten Haftpflichtversicherung regelmäßig die in gemeinsamem Hausstand mit dem Versicherungsnehmer lebenden eigenen minderjährigen Kinder mitversichert. Schließlich kann sich die Mitversicherung auch aus einer bestimmten Stellung oder Tätigkeit ergeben (z.B. der mitversicherte berechtigte Fahrer in der Kfz-Haftpflichtversicherung). Diese Art der Mitversicherung lässt sich regelmäßig nur den Bedingungen entnehmen.

96

3. Versichertes Risiko

a) Versicherte Gegenstände

Soweit der Versicherungsschutz sich auf bestimmte Sachen bezieht, muss geprüft werden, ob die beschädigten Gegenstände dazu zählen. Eine Aufzählung der versicherten Gegenstände ihrer Art nach befindet sich regelmäßig in den Allgemeinen Versicherungsbedingungen. Besonders wertvolle Gegenstände werden oft auch in der Police beschrieben.

97

b) Versichertes Ereignis

Das Ereignis, das den Versicherungsfall auslöst, ist in der Regel in den Allgemeinen Versicherungsbedingungen beschrieben. Die **Beweislast** für den Eintritt des versicherten Ereignisses trägt der **Versicherungsnehmer**.

98

c) Risikoausschlüsse

99 Risikoausschlüsse begrenzen das durch den konkreten Versicherungsvertrag gedeckte Risiko.[59] Ein Schaden, der nicht in den Deckungsbereich fällt, ist nicht versichert. Auf die nachfolgend dargelegten Voraussetzungen der Leistungsfreiheit bei Obliegenheitsverletzungen (z.B. Verschulden oder Kausalität) kommt es nicht an. Die Abgrenzung der Risikoausschlüsse von den Obliegenheiten ist teilweise sehr problematisch. Fast jede Voraussetzung einer Leistungsfreiheit lässt sich als Risikoausschluss oder als Obliegenheit beschreiben.[60] Ein für alle Zweifelsfälle leicht zu handhabendes Abgrenzungskriterium hat die Rechtsprechung bisher nicht entwickelt.[61] Es kommt nicht auf den Wortlaut oder der Stellung der Bestimmung an. Nicht die äußere Erscheinungsform, sondern der materielle Inhalt einer Versicherungsbedingung ist entscheidend.[62] Es gelten auch hier die allgemeinen Grundsätze für die Auslegung von allgemeinen Versicherungsbedingungen. Diese sind so auszulegen, wie sie ein durchschnittlicher VN bei verständiger Würdigung, aufmerksamer Durchsicht und Berücksichtigung des erkennbaren Sinnzusammenhangs verstehen muss.[63]

100 Wird eine als Risikoausschluss formulierte Versicherungsbedingung als Obliegenheit gewertet, spricht man von einer **„verhüllten" Obliegenheit**. Dies ist dann der Fall, wenn die Klausel in erster Linie ein bestimmtes vorbeugendes Verhalten des Versicherungsnehmers fordert, von dem es abhängt, dass er den zugesagten Versicherungsschutz behält oder verliert.[64] Liegt eine verhüllte Obliegenheit vor, kann sich der Versicherer nur auf Leistungsfreiheit berufen, wenn alle Voraussetzungen der Leistungsfreiheit bei Obliegenheitsverletzungen vorliegen.

101 **Risikoausschlussklauseln** sind grundsätzlich **eng auszulegen**, weil der Versicherungsschutz nicht weiter verkürzt werden soll, als der erkennbare Zweck der Klausel dies gebietet.[65]

4. Zeitliche Geltung des Versicherungsschutzes

a) Beginn und Ende des Versicherungsschutzes

102 Auch wenn die übrigen Voraussetzungen eines Versicherungsfalls vorliegen, können Leistungen nur geltend gemacht werden, wenn der Versicherungsfall während des zeitlichen Laufes der Deckung eingetreten ist.

103 Grundsätzlich **beginnt der Versicherungsschutz** erst mit der Einlösung der Versicherungspolice durch Zahlung der Erstprämie. Bis zu diesem Zeitpunkt ist der Versicherer gemäß § 38 Abs. 2 VVG leistungsfrei. Dabei kommt es alleine auf die Tatsache der Nichtzahlung an, nicht auf die dafür maßgeblichen Gründe, insbesondere nicht auf ein

---

59 Instruktiv zu Risikoausschlüssen mit Beispielen: Römer/Langheid § 6 Rn. 5 ff.
60 Römer/Langheid § 6 Rn. 4.
61 Römer/Langheid § 6 Rn. 7.
62 BGH zfs 1995, 189 = NJW 1995, 784.
63 BGH VersR 2000, 969 = MDR 2000, 1130.
64 BGH VersR 2000, 969 = MDR 2000, 1130.
65 BGH VersR 1999, 748.

Verschulden des Versicherungsnehmers.⁶⁶ **Der Versicherungsschutz endet** mit dem Ablauf der Versicherung, sei es weil ein fester Zeitpunkt für den Ablauf vereinbart war oder weil der Ablauf durch eine Kündigung bestimmt wurde.

Entscheidend ist für die zeitliche Deckung ist dabei der Zeitpunkt des Eintritt des Versicherungsfalls. Der Zeitpunkt, wann dieser gemeldet wird oder sein Eintritt erkannt wird, spielt in der Regel keine Rolle. Daraus folgt, dass auch nach dem Ablauf einer Versicherung noch Rechte geltend gemacht werden können, wenn der Versicherungsfall vor dem Ablauf bereits eingetreten war. Dies trifft insbesondere für die Rechtsschutzversicherung zu, wo der Rechtsverstoß, der den Versicherungsfall auslöst, oft schon mehrere Monate vor der Inanspruchnahme von juristischer Hilfe liegt. 104

b) Vorläufiger Deckungsschutz

Von dem Grundsatz des Beginns der Deckung mit Zahlung der Erstprämie wird bei Erteilung einer vorläufigen Deckungszusage⁶⁷ abgewichen. Der Versicherungsschutz tritt dann bereits vor der Ausstellung der Police und der Zahlung der Erstprämie ein. 105

Die vorläufige Deckungszusage ist ein **selbständiger Vertrag**, sie muss vom Versicherer ausdrücklich erklärt werden. Lediglich in der Kfz-Haftpflichtversicherung wird sie durch die Ausgabe der Doppelkarte nahezu ausnahmslos konkludent erklärt. Sie geht als selbständiger Vertrag dem Hauptvertrag voraus und ist vom Schicksal des Hauptvertrages unabhängig. Kommt der Hauptvertrag nicht zustande, so haftet der Versicherer alleine aus der vorläufigen Deckungszusage.⁶⁸ 106

c) Beratungspflicht über vorläufigen Deckungsschutz

Grundsätzlich beginnt die Deckung aus einem Versicherungsvertrag erst mit der Zahlung der ersten Prämie. Abweichend davon kann ein fester Zeitpunkt als Beginn vereinbart werden, aber auch dann ist die Ausstellung der Police erforderlich. In aller Regel (z.B. auch in der Kaskoversicherung) besteht jedoch kein vorläufiger Deckungsschutz, der dazu führen würde, dass bereits mit der Abgabe des Antrags das versicherte Risiko gedeckt wäre. Eine vorläufige Deckungszusage muss grundsätzlich beantragt und vom Versicherer zugesagt werden. 107

In der Kfz-Versicherung besteht die Besonderheit, dass die Ausgabe der Doppelkarte für die Zulassungsstelle gleichzeitig auch das Angebot einer vorläufigen Deckungszusage enthält, das konkludent durch die Abgabe der Doppelkarte bei der Zulassungsstelle angenommen wird. Weil sich diese vorläufige Deckungszusage jedoch nur auf die Kfz-Haftpflichtversicherung und nicht auf die gleichzeitig beantragte Kaskoversicherung bezieht, verlangt die Rechtsprechung, dass der Agent den Versicherungsinteressenten darauf hinweist, dass in der Kaskoversicherung keine vorläufige Deckung besteht, wenn Kfz-Haftpflichtversicherung und Kaskoversicherung einheitlich abgeschlossen werden und beim Abschluss eine Doppelkarte übergeben wird. Unterlässt es der Agent, den Versicherungsnehmer unmissverständlich darauf hinzuweisen, dass 108

---

66 Römer/Langheid § 38 Rn. 24.
67 Siehe umfassend: Himstedt, zfs 2002, 112.
68 BGH VersR 1995, 409.

vorläufiger Deckungsschutz nur in der Kfz-Haftpflichtversicherung bestehen soll, so gilt der vorläufige Deckungsschutz auch in der Kaskoversicherung.[69] Dies gilt auch dann, wenn später kein Hauptvertrag zustande kommt, aber in den Vorverhandlungen auch über die Absicht gesprochen wurde, eine Kaskoversicherung abzuschließen.[70]

109 Dieser Beratungspflicht genügt der Versicherer regelmäßig nicht schon dadurch, dass er auf der Doppelkarte einen formularmäßigen Hinweis anbringt, wonach mit der Ausgabe der Doppelkarte kein Versicherungsschutz in der Kaskoversicherung begründet werde. Der Versicherungsnehmer kann nämlich davon ausgehen, dass mit der Doppelkarte nur Erklärungen gegenüber der Straßenverkehrsbehörde abgegeben werden. Er braucht nicht damit zu rechnen, dass die Doppelkarte auch Erklärungen ihm gegenüber enthält, mit denen der Versicherungsschutz eingeschränkt werden soll.[71]

110 Diese **Beratungspflicht** kann auch dann bestehen, wenn die Kaskoversicherung nicht gleichzeitig mit der Haftpflichtversicherung abgeschlossen wird (etwa weil diese bereits besteht und der Versicherungsschutz erweitert werden soll), oder beim Abschluss eines Vertrages in einem anderen Versicherungszweig (z.B. Hausratversicherung). Dies ist immer dann der Fall, wenn der Versicherungsagent erkennen kann, dass es dem Versicherungsinteressenten gerade darauf ankommt, schon vor der Erteilung der Police Deckungsschutz zu erhalten.[72] Die Verletzung der Beratungspflicht führt zu einem Schadensersatzanspruch, der auf den Ersatz des Erfüllungsinteresses gerichtet ist. Der Versicherungsnehmer ist so zu stellen, wie er bei Zusage der vorläufigen Deckung stehen würde.

111 Allerdings unterliegt dieser Schadensersatzanspruch, der sich auf ein Verschulden bei Vertragsverhandlungen stützt, auch der **kurzen zweijährigen Verjährungsfrist** des § 12 Abs. 1 VVG.[73] Der Anspruch ist zudem davon abhängig, dass der Versicherungsnehmer nachweist, dass er bei richtiger Information bei dem in Anspruch genommenen Versicherer oder bei einem anderen Versicherungsunternehmen rechtzeitig vorläufige Deckung erhalten hätte.[74]

112 Muster: Geltendmachung von Schadensersatz wegen der fehlenden Beratung über den vorläufigen Deckungsschutz

Rechtsanwalt

■■■

■■■-Versicherung

Postfach ■■■

■■■

---

69 BGH zfs 1999, 522; OLG Hamm zfs 1999, 425; OLG Köln zfs 2001, 121.
70 BGH zfs 1999, 522 = DAR 1999, 499.
71 BGH zfs 1999, 522 = DAR 1999, 499.
72 OLG Hamm zfs 2004, 25.
73 BGH zfs 2004, 217; OLG Hamm zfs 2004, 25.
74 OLG Karlsruhe zfs 2004, 121.

Hausratsversicherung Nr. ■■■

Ihre VN: ■■■

Sehr geehrte Damen und Herren,

ich zeige unter Vollmachtsvorlage an, dass ich Ihre Versicherungsnehmerin ■■■ vertrete.

Meine Mandantin beantragte bei Ihrem Generalagenten Hubert Müller am 18.12.2003 den Abschluss der Hausratsversicherung. Sie erklärte, dass sie die Versicherung noch vor Weihnachten abschließen wolle, weil sie ab dem 25.12.2003 für zwei Wochen in Urlaub fahren werde und abgesichert sein wolle. Gleichwohl informierte Ihr Generalagent meine Mandantin nicht darüber, dass die Police nicht mehr vor Weihnachten zugehen würde und sie deshalb während ihres Urlaubs noch nicht versichert war. Auf die Möglichkeit einer vorläufigen Deckungszusage wies ihr Generalagent nicht hin.

Dementsprechend war meine Mandantin nicht versichert, als am 30.12.2003 in ihrer Wohnung eingebrochen und mehrere Gegenstände entwendet wurden. Namens meiner Mandantin mache ich Schadensersatzansprüche geltend wegen dieser unzureichenden Beratung. Ich verweise auf die Entscheidung des OLG Hamm zfs 2004, 25. Meine Mandantin hätte jedenfalls bei der Merkur-Versicherung eine Hausratversicherung mit vorläufiger Deckungszusage erhalten. Eine entsprechende Bestätigung der Merkur-Versicherung füge ich bei.

Die Bezifferung des Schadens bleibt einem gesonderten Schreiben vorbehalten. Vorab fordere ich Sie auf, die Haftung dem Grunde nach anzuerkennen.

Mit freundlichen Grüßen

■■■

Rechtsanwalt

5. Fälligkeit des Anspruchs

In vielen Fällen ist die Fälligkeit des Anspruches aus der Versicherung noch von weiteren Feststellungen oder der Vorlage von Belegen, Gutachten, polizeilichen Mitteilungen etc. abhängig. Diese weiteren Fälligkeitsvoraussetzungen sind regelmäßig den Allgemeinen Versicherungsbedingungen zu den einzelnen Versicherungszweigen zu entnehmen.

III. Einwände der Versicherung

1. Überblick über typische Einwände

Ist die Eintrittspflicht des Versicherers grundsätzlich zu bejahen, weil ein versichertes Interesse betroffen ist und die Tatbestandsvoraussetzungen des Versicherungsfalles gegeben sind, so kann der Versicherer den Anspruch zu Fall bringen, indem er sich auf Anspruchsverhindernde oder Anspruchsvernichtende Einwände beruft. Die meisten Einwände lassen sich in folgende Fallgruppen einordnen, die nachfolgend in den Einzelheiten erläutert werden:

- Verstoß gegen Anzeigeobliegenheiten bei Abschluss des Versicherungsvertrages
- Nichtzahlung der Prämien

- Gefahrerhöhung
- Verstoß gegen Obliegenheiten, die vor dem Versicherungsfall zu erfüllen sind
- Verstoß gegen Obliegenheiten, die nach dem Versicherungsfall zu erfüllen sind
- Vorsätzliche oder grobfahrlässige Herbeiführung des Versicherungsfalls

115 Allen Fallgruppen ist gemeinsam, dass der reine Gesetzeswortlaut dem Versicherer scheinbar eine starke Rechtsposition einräumt, die Rechtsprechung diese Rechtspositionen unter dem Gesichtspunkt **des Verbraucherschutzes** jedoch weitgehend **zugunsten des Versicherungsnehmers** korrigiert hat. In der nachfolgenden Darstellung wird daher besonderes Augenmerk gelegt auf die von der Rechtsprechung entwickelten, für den Versicherungsnehmer vorteilhaften Grundsätze.

2. Verstoß gegen Anzeigeobliegenheiten bei Abschluss des Versicherungsvertrages

a) Gesetzliche Grundlagen

116 Gemäß § 16 Abs. 1 VVG hat der Versicherungsnehmer bei der Schließung des Vertrages alle ihm bekannten gefahrerheblichen Umstände dem Versicherer anzuzeigen. Umstände, nach denen der Versicherer schriftlich fragt, gelten im Zweifel als erheblich.

117 Verstößt der Versicherungsnehmer schuldhaft gegen diese Obliegenheit kann der Versicherer gemäß §§ 17, 20 VVG innerhalb eines Monats ab Kenntniserlangung **vom Vertrag zurücktreten**, wenn die Unrichtigkeit dem Versicherer nicht bekannt war. Der Versicherer wird grundsätzlich leistungsfrei. Er bleibt gemäß § 21 VVG jedoch insoweit zur Leistung verpflichtet, als die Anzeigepflichtverletzung keinen Einfluss auf die Entstehung des Versicherungsfalls oder den Umfang der Leistung hat.

118 Wenn der Versicherungsnehmer den Versicherer arglistig getäuscht hat, kann der Versicherer gemäß § 22 VVG i.V.m. § 123 BGB **den Vertrag anfechten**. Er wird dann leistungsfrei, ohne dass es auf den Einfluss auf den Versicherungsfall ankommt.[75]

119 Gemäß § 40 Abs. 1 VVG gebührt dem Versicherer bei Anfechtung oder Rücktritt die Prämie bis zum Schluss der Versicherungsperiode (definiert in § 9 VVG), in der er den Rücktritt erklärt. Obwohl der Vertrag durch die Anfechtungserklärung rückwirkend (*ex tunc*) beseitigt wird, braucht der Versicherer die eingenommene Prämie nicht zurückzuzahlen.

b) Prüfungsschema

120 Behauptet der Versicherer einen Verstoß gegen die Anzeigepflicht, ist folgendes Prüfungsschema angezeigt:
- Ist die Frage/Tatsache für die Risikoprüfung relevant?
- Ist die Frage objektiv falsch beantwortet?
- Wurde die angeblich verschwiegene Tatsache dem Agenten mündlich mitgeteilt?
- Ist die falsche Angabe/das Verschweigen dem Versicherungsnehmer vorwerfbar?
- Hat der Versicherer seinerseits eine Nachfrageobliegenheit verletzt?

---

75 Römer/Langheid § 21 Rn. 4.

c) Die Anzeigepflicht des Versicherungsnehmers

Die vertragliche Anzeigepflicht des zukünftigen Versicherungsnehmers dient der richtigen Risikoeinschätzung durch den Versicherer. Er soll das zu versichernde Risiko umfassend kennen lernen und die Prämie zutreffend berechnen.[76] Die vorvertragliche Aufklärungspflicht stellt eine gesetzliche Obliegenheit dar.[77]

121

Dementsprechend muss der zukünftige Versicherungsnehmer alle gefahrerheblichen Umstände zutreffend angeben, die geeignet sind, auf den Entschluss des Versicherers, den Vertrag überhaupt oder zu den vereinbarten Bedingungen abzuschließen, Einfluss auszuüben. Weil der Versicherungsnehmer den Versicherer umfassend informieren muss, steht das Verschweigen gefahrerheblicher Umstände der Falschbeantwortung gleich. Umstände, nach denen der Versicherer fragt, gelten gemäß § 16 Abs. 1 Satz 3 VVG im Zweifel als erheblich.

122

Eine **Falschbeantwortung** liegt dementsprechend immer dann vor, wenn die unrichtige Auskunft des Versicherungsnehmers oder auch das Verschweigen wichtiger Umstände dazu führen, dass der Versicherer entgegen Sinn und Zweck der vorvertraglichen Anzeigepflicht das Risiko nicht richtig einstufen kann.[78]

123

Die Beweislast für die Falschbeantwortung obliegt dem Versicherer. Dies bedeutet, er muss sowohl beweisen, dass die Antwort auf eine Frage falsch ist, als auch dass eine wesentliche Tatsache verschwiegen wurde.[79]

124

d) Auge-und-Ohr-Rechtsprechung

Im Zusammenhang mit der Anzeigepflicht des Versicherungsnehmers hat die so genannte Auge-und-Ohr-Rechtsprechung des BGH[80] große praktische Bedeutung erlangt.

125

Ausgangspunkt dieser Rechtsprechung ist § 43 VVG, der die Vollmacht des Agenten beschreibt. Darin heißt es, dass ein Versicherungsagent, auch wenn er nur mit der Vermittlung von Versicherungsgeschäften betraut ist, als bevollmächtigt gilt, die Anzeigen, welche während der Versicherung zu machen sind, sowie Kündigungs- und Rücktrittserklärungen oder sonstige das Versicherungsverhältnis betreffende Erklärungen von dem Versicherungsnehmer entgegen zu nehmen. Hieraus folgt der BGH, dass der Versicherungsnehmer seine vorvertragliche Anzeigeobliegenheit erfüllt hat, wenn er **den Agenten bei Abschluss des Vertrages mündlich über alle wesentlichen Umstände informiert** hat.[81] Der BGH wertet dabei das schriftliche Ausfüllen des Antragsformulars und die mündlichen Erklärungen gegenüber dem Agenten als einheitlichen Lebensvorgang, der keine juristische Aufspaltung erlaubt. Bei der Entgegennahme des Antrags stehe dem Antragsteller der Empfangsbevollmächtigte Agent bildlich gesprochen als das Auge und Ohr des Versicherers gegenüber. Was ihm in Bezug auf die

126

---

76 Von Koppenfels-Spies, zfs 2004, 489.
77 BGH VersR 1958, 533.
78 Römer/Langheid §§ 16,17 Rn. 58 mit Rechtsprechungshinweisen.
79 Römer/Langheid §§ 16,17 Rn. 26.
80 BGHZ 102, 194 = zfs 1989, 140 = VersR 1988, 234 = NJW 1988, 973.
81 BGH VersR 1988, 234.

Antragstellung gesagt und an Unterlagen vorgelegt wird, muss sich der Versicherer als bekannt zurechnen lassen.

127 Die Beweislast für die Verletzung der Anzeigeobliegenheit liegt beim Versicherer. Er muss daher auch den Gegenbeweis erbringen, wenn der Versicherungsnehmer substantiiert darlegt, dass er den Versicherungsagenten über eine bestimmte Frage mündlich informiert habe.[82]

128 Der BGH ist den Versuchen der Assekuranz, die Auge-und-Ohr-Rechtsprechung durch entsprechende Klauseln im Antragsformular auszuhebeln, für die Fälle der vorvertraglichen Anzeigeobliegenheiten entgegen getreten. Er hat die entsprechenden Klauseln für unwirksam erklärt.[83]

129 Für Mitteilungen, die der Versicherungsnehmer nach dem Abschluss des Versicherungsvertrages, also während der Laufzeit der Versicherung, abzugeben hat, kann der Versicherer allerdings die Schriftform ausbedingen und die Empfangsvollmacht seines Agenten für solche Mitteilungen wirksam beschränken.[84] Allerdings fordert hier Römer[85] dass der Versicherungsagent den Versicherungsnehmer auf die Schriftformklausel hinweisen muss, wenn dieser ihm gegenüber mündliche Erklärungen abgibt.

130 Die Grundsätze der Auge-und-Ohr-Rechtsprechung gelten auch dann, wenn der Mitarbeiter eines Finanzdienstleisters in Untervollmacht eines Agenten den Antrag aufnimmt.[86]

131 Muster: Geltendmachung der Auge- und Ohr-Rechtsprechung

Rechtsanwalt

■■■

■■■-Versicherung

Postfach ■■■

■■■

Hausratsversicherung Nr. ■■■

Ihre VN: ■■■

Sehr geehrte Damen und Herren,

ich zeige unter Vollmachtsvorlage an, dass ich Ihre Versicherungsnehmerin ■■■ vertrete.

Meine Mandantin legte mir Ihr ablehnendes Schreiben vom 31.01.2004 vor.

Sie berufen sich auf eine Verletzung der Aufklärungspflicht beim Abschluss des Versicherungsvertrages. Dies ist unzutreffend. Meine Mandantin hat Ihren Agenten Rolf Meier bei der Antragstellung ausführlich darüber informiert, dass Sie im Jahre ■■■ wegen einer fieb-

---

82 BGH VersR 1989, 833.
83 BGH VersR 1992, 217; VersR 1993, 871.
84 BGH VersR 1999, 565 = zfs 1999, 298.
85 Römer, VersR 1998, 1313 und DAR 2000, 254, 257.
86 OLG Hamm zfs 2003, 189.

rigen Grippe behandelt werden musste. Herr Meier erklärte jedoch, dies sei eine Alltagserkrankung und nur schwere Erkrankungen oder Krankenhausaufenthalte müssten im Antragsformular erwähnt werden. Nach der so genannten Auge-und-Ohr-Rechtsprechung des BGH (VersR 1988, 234) hat der Versicherungsnehmer seine vorvertragliche Anzeigeobliegenheit erfüllt, wenn er den Agenten bei Abschluss des Vertrages mündlich über alle wesentlichen Umstände informiert hat.

Dementsprechend fordere ich Sie auf, bis zum ▬▬▬ zu bestätigen, dass der erklärte Rücktritt vom Vertrag gegenstandslos ist und dass Sie den Schadenfall im Rahmen der vereinbarten Leistungen regulieren werden.

Mit freundlichen Grüßen

▬▬▬

Rechtsanwalt

e) Vorwerfbarkeit der Falschbeantwortung

Der Versicherer kann nur dann aufgrund einer Falschbeantwortung vom Vertrag zurücktreten, wenn die falsche Angabe oder das Verschweigen dem Versicherungsnehmer vorwerfbar ist, er also vorsätzlich oder fahrlässig gehandelt hat. Das **Verschulden des Versicherungsnehmers wird vermutet**, so dass ihn die Darlegungs- und Beweislast für mangelndes Verschulden trifft (§ 16 Abs. 3, § 17 Abs. 2 VVG).

132

Anders sieht es bei der Anfechtung wegen arglistiger Täuschung aus. Diese ist im VVG nicht geregelt. Sie richtet sich vielmehr nach den allgemeinen Regeln des § 123 ff. BGB. Bei der Arglist reicht die falsche Angabe alleine grundsätzlich nicht aus. Es gehört auch die Erkenntnis des Versicherungsnehmers dazu, dass der Versicherer den Antrag bei Kenntnis des wahren Sachverhalts gar nicht oder nur zu anderen Bedingungen angenommen hätte.[87] Es gibt keinen allgemeinen Satz der Lebenserfahrung des Inhalts, dass eine bewusst unrichtige Beantwortung von Fragen nach dem Gesundheitszustand oder früheren Behandlungen immer nur in der Absicht gemacht zu werden pflegt, auf den Willen des Versicherers Einfluss zu nehmen. Bei der Berücksichtigung von Indiztatsachen für die Annahme eines arglistigen Verhaltens ist von besonderer und letztlich ausschlaggebender Bedeutung der nachweisbare Informationsstand des Versicherungsnehmers zusammen mit dem nach der Lebenserfahrung anzunehmenden Informationsbedürfnis des Versicherers.[88]

133

Die **Beweislast für die arglistige Täuschung** (einschließlich des Verschuldens des Versicherungsnehmers) liegt auch hinsichtlich der Arglist beim **Versicherer**.[89]

134

f) Nachfrageobliegenheit des Versicherers

Hat der Versicherungsnehmer eine Frage vorsätzlich oder fahrlässig falsch beantwortet oder einen entscheidungserheblichen Umstand vorwerfbar verschwiegen, ist zu prüfen,

135

---

87 Römer/Langheid § 22 Rn. 6.
88 OLG Koblenz zfs 2003, 550.
89 Palandt, BGB, § 123 Rn. 30.

ob der Versicherungsnehmer dem Versicherer seinerseits einen Verstoß gegen die Nachfrageobliegenheit entgegen halten kann.[90]

136 Zwar findet sich im VVG – anders als die in den §§ 16, 17 VVG vorgesehene Anzeigepflicht des Versicherungsnehmers – keine Regelung einer Nachfrageobliegenheit auf Seiten des Versicherers. Nach den von der Rechtsprechung entwickelten Grundsätzen[91] trifft jedoch den Versicherer eine Nachfrageobliegenheit, wenn er ernsthafte Anhaltspunkte dafür hat, dass die bislang erteilten Auskünfte noch nicht abschließend oder nicht vollständig richtig sein können. Der Versicherer muss dann durch geeignete Nachfragen für eine umfassende Beantwortung seines Fragenkatalogs vor seiner Annahmeentscheidung sorgen, wenn er den Antrag zunächst annehmen und später gegebenenfalls vom Versicherungsvertrag zurücktreten will. Es besteht jedoch keine Pflicht zur Nachfrage, wenn klare Fragen ebenso klar beantwortet werden.[92]

137 Streitig ist, ob diese Nachfrageobliegenheit auch bei arglistiger Täuschung über gefahrerhebliche Umstände gilt.[93] Verschweigt der Versicherungsnehmer beispielsweise bei Abschluss der Risikolebensversicherung das Fortbestehen einer chronischen Gastritis so handelt er arglistig. Eine Nachfrageobliegenheit wegen angeblicher dem Agenten offenbarter Oberbauchbeschwerden kann dem Versicherer dann nicht entgegengehalten werden.[94]

138 Als Folge des Verstoßes gegen die Nachfrageobliegenheit verliert der Versicherer sein Recht auf Rücktritt und auf Anfechtung (wenn man die Nachfrageobliegenheit auch bei arglistiger Täuschung bejaht).

g) Rechtsfolgen der Verletzung der Anzeigeobliegenheit bei Abschluss des Vertrages

139 Gemäß §§ 16 Abs. 2, 17 Abs. 1 VVG kann der Versicherer vom Vertrag zurücktreten, wenn er den Umstand nicht kannte, über den ihn der Versicherungsnehmer nicht oder falsch informiert hat. Gemäß § 22 VVG i.V.m. § 123 BGB kann der Versicherer den Vertrag auch anfechten, wenn der Versicherungsnehmer ihn arglistig getäuscht hat.

140 Die beiden wesentlichen Unterschiede zwischen Rücktritt und Anfechtung bestehen in der jeweiligen Befristung des Rechts (Monatsfrist – Jahresfrist) und in der **Leistungspflicht des Versicheres**, wenn die Obliegenheitsverletzung keinen Einfluss auf die Entstehung des Versicherungsfalls oder den Umfang des Schadens hatte (bleibt bestehen – fällt weg).

141 Der **Rücktritt** kann gemäß § 20 Abs.1 VVG nur **innerhalb eines Monats** ab Kenntniserlangung beim Versicherer erfolgen. Es muss sichere und zuverlässige Kenntnis vorliegen; auf bloßen Verdacht hin muss der Rücktritt nicht ausgeübt werden.[95] Es kommt auf die Kenntnis des Mitarbeiters an, zu dessen Aufgaben die Überprüfung der

---

90 Zusammenfassende Darstellung bei Römer/Langheid § 16,17 Rn. 49 ff.; von-Koppenfels-Spies zfs 2004, 489ff.
91 BGH VersR 1999, 217; OLG München zfs 2003, 452; OLG Düsseldorf zfs 2003, 77.
92 BGH VersR 1995, 901; OLG München VersR 1998, 1361.
93 Römer/Langheid § 22 Rn. 8.
94 OLG Düsseldorf zfs 2003, 77.
95 BGH zfs 1998, 64 = NJW-RR 1997, 1112.

Antragsangaben gehört.[96] Der Versicherer muss sich die Kenntnis seines Agenten zurechnen lassen.[97] Verstößt der Versicherer gegen seine Nachfrageobliegenheit, läuft die Frist auch ohne positive Kenntnis.[98]

Für die **Anfechtung** wegen arglistiger Täuschung gilt die **Jahresfrist** gemäß § 124 BGB. Der Versicherer muss innerhalb eines Jahres ab Kenntniserlangung von der falschen Tatsache die Anfechtung erklären. Verstreicht diese Frist, erlischt das Anfechtungsrecht. Dabei sind die in den eigenen Datenbanken und Akten der Versicherung gesammelten Daten dann der Versicherung als zu berücksichtigende Kenntnis zuzurechnen, sobald Anlass bestand, diese Daten abzurufen und gegebenenfalls zusammen zu führen. Dies ist beispielsweise dann hinsichtlich der weiteren Versicherungsverträge der Fall, wenn ein einzelner Vertrag aus einem Grund angefochten wird, der auch die anderen Verträge berührt.[99] — 142

Der Versicherer bleibt im Falle des Rücktritts zur Leistung verpflichtet, wenn die falsche oder fehlende Angabe keinen Einfluss auf die Entstehung des Versicherungsfalles oder den Umfang des Schadens hatte. Nicht entscheidend ist die Frage, ob der Versicherer den Vertrag andernfalls nicht abgeschlossen hätte.[100] Nach h.M. haben falsche Angaben in Bezug auf Vorversicherungen, abgelehnte Anträge und frühere Schadensfälle keinen Einfluss auf den Eintritt des Versicherungsfalls.[101] — 143

Bei der Anfechtung wegen arglistiger Täuschung wird der Versicherer in jedem Fall leistungsfrei. — 144

3. Nichtzahlung der Prämien

a) Prämienzahlung

Die Zahlung der Prämien ist die wichtigste Verpflichtung des Versicherungsnehmers. Die Nichtzahlung von Prämien löst gemäß § 38, 39 VVG unter bestimmten weiteren Anforderungen Leistungsfreiheit aus. — 145

Hinsichtlich der Voraussetzungen und der Rechtsfolgen ist zu **unterscheiden,** ob es sich um — 146
- eine Erstprämie ohne vorläufige Deckungszusage,
- eine Erstprämie mit vorläufiger Deckungszusage,
- eine Folgeprämie

handelt. Es muss daher genau geprüft werden, welche Art von Prämie zu zahlen war.

b) Erstprämie ohne vorläufiger Deckungszusage

aa) Rechtsfolgen der Nichtzahlung: Grundsätzlich ist der Versicherer gemäß § 38 Abs. 2 VVG bis zur Zahlung der Erstprämie **leistungsfrei**. Der Versicherungsschutz — 147

---

96 BGH zfs 1998, 64 = NJW-RR 1997, 1112.
97 Römer/Langheid § 20 Rn. 3.
98 BGHZ 108, 326 = NJW 1990, 47.
99 BGH zfs 2004, 73.
100 BGH VersR 1985, 154.
101 Römer/Langheid § 21 Rn. 7 mit zahlreichen Rechtsprechungshinweisen, z.B. OLG Hamm, VersR 1993, 1135.

beginnt nach der gesetzlichen Konstruktion erst, wenn der Versicherungsnehmer seine Erstprämie bezahlt hat.

148 Es kommt dabei nur auf die objektive Nichtzahlung an. Ein Verschulden des Versicherungsnehmers ist nicht erforderlich.[102]

149 Zudem kann der Versicherer gemäß § 38 Abs. 1 VVG vom Vertrag zurücktreten, solange die Prämie nicht bezahlt ist. Macht er die Prämie nicht binnen drei Monate ab dem Fälligkeitstage gerichtlich geltend, gilt dies als **Rücktritt**.

150 *bb) Gegenargumentation:* Auch hier hat die Rechtsprechung eine Vielzahl von Hürden aufgestellt, die der Versicherer überwinden muss. Folgende Punkte sind zu prüfen:
- Handelt es sich tatsächlich um eine Erstprämie?
- Bestand zum Zeitpunkt des Versicherungsfalls ein Widerspruchsrecht gemäß § 5a VVG?
- Liegt eine deckende Stundung vor?

151 Zunächst muss festgestellt werden, ob es sich tatsächlich um eine **Erstprämie** handelt. Schwierig ist die Abgrenzung, wenn ein alter Versicherungsvertrag durch einen neuen ersetzt wird. Wesentlich ist, ob nach dem Willen der Parteien ein neuer Vertrag begründet oder der bereits bestehende unter Wahrung seiner Identität lediglich abgeändert werden soll.[103] Ein wichtiges Indiz dafür, dass kein neuer Vertrag abgeschlossen wird, ist die Übersendung eines „Nachtrags zur Police" statt einer neuen Police.[104] Andererseits bleibt eine Erstprämie auch dann eine solche, wenn der Versicherungsbeginn nachträglich einvernehmlich verschoben wird, etwa weil die Erstprämie zum vereinbarten Vertragsbeginn mangels Deckung nicht abgebucht werden konnte.[105]

152 Werden die Verbraucherinformation und/oder die Versicherungsbedingungen erst mit der Police vorgelegt, so wird die Erstprämie erst mit dem Ablauf der **Widerspruchsfrist gemäß § 5a VVG** fällig.[106] Bis zu diesem Zeitpunkt ist der Versicherer zur Leistung verpflichtet, weil der Versicherungsnehmer vor dem Ablauf der Überlegungsfrist die Erstprämie nicht bezahlen muss.[107]

153 Bei einer **deckenden Stundung** (etwa weil der Versicherer die Prämien abbuchen darf) ist § 38 Abs. 2 VVG als abbedungen anzusehen.[108]

c) Folgeprämie

154 Bei Folgeprämien tritt die Leistungsfreiheit gemäß § 39 VVG erst ein, wenn der Versicherungsnehmer seine Prämie trotz Mahnung mit einer Zahlungsfrist von mindestens 2 Wochen und einer qualifizierten Belehrung über die Folgen der Nichtzahlung nicht bezahlt.

---

102 BGHZ 55, 281 = NJW 1971, 936.
103 Eingehend zu den Abgrenzungskriterien: Römer/Langheid § 38 Rn. 6.
104 OLG Hamm zfs 2000, 155.
105 OLG Oldenburg zfs 2004, 20.
106 Römer/Langheid § 35 Rn. 4.
107 Römer/Langheid § 5a Rn. 28; Prölls/Martin § 38 Rn. 21.
108 Römer/Langheid § 35 Rn. 5; Prölls/Martin § 35 Rn. 7.

Die Anforderungen an die **qualifizierte Mahnung** hat der BGH hoch angesetzt.[109] Die Belehrung muss vollständig und rechtlich zutreffend sein. Sie soll dem Versicherungsnehmer ermöglichen, ohne Zeitverlust, der bei Zweifeln über die Rechtslage entstehen kann, tätig zu werden, um sich den Versicherungsschutz zu erhalten. Demgemäß muss dem Versicherungsnehmer eine umfassende Belehrung über die drohenden Säumnisfolgen sowie die ihm nach § 39 VVG offen stehenden Möglichkeiten, ihnen zu begegnen, erteilt werden. Der Versicherungsnehmer ist dabei nicht nur über einzelne, sondern über **sämtliche Rechtsfolgen** einer Versäumung der Zahlungsfrist **zu belehren**; er darf durch die erteilte Belehrung nicht in den Glauben versetzt werden, eine Zahlung nach Fristablauf könne ihm nichts mehr nützen.

155

Die Beweislast für den Zugang der Mahnung trägt der Versicherer.[110] Er kann sich hierbei auf keinen Anscheinsbeweis berufen.[111]

156

Nach Ablauf der Zweiwochenfrist besteht sowohl Leistungsfreiheit, als auch das Recht zur fristlosen Kündigung für den Versicherer. Der Versicherungsnehmer kann den Folgen der Kündigung entgehen, wenn er innerhalb eines Monats nach Zugang der Kündigung die Prämie bezahlt und ein Versicherungsfall zwischenzeitlich nicht eingetreten ist.

157

d) Erstprämie bei vorläufiger Deckungszusage

Besteht beim Beginn des eigentlichen Versicherungsvertrages bereits eine vorläufige Deckungszusage[112] so gelten Besonderheiten bei der Nichtzahlung der Erstprämie, weil sich die besondere Gefahr des rückwirkenden Wegfalls der Deckung ergibt. Die Versicherungsbedingungen (z.B. § 1 Abs. 4 AKB) sehen regelmäßig vor, dass die **vorläufige Deckungszusage rückwirkend außer Kraft tritt**, wenn der Antrag unverändert angenommen wurde und der Versicherungsnehmer die Erstprämie schuldhaft nicht binnen zwei Wochen bezahlt.

158

Hat der Versicherungsnehmer dem Versicherer eine Einzugsermächtigung erteilt, besteht für den Versicherer die versicherungsvertragliche Nebenpflicht, die Abbuchung rechtzeitig anzukündigen. Kann der Versicherer die Erfüllung dieser Pflicht nicht beweisen, ist eine fehlgeschlagene Abbuchung dem Versicherungsnehmer nicht vorwerfbar.[113]

159

Die Versicherung kann sich jedoch nur dann auf die rückwirkende Leistungsfreiheit berufen, wenn der Versicherungsnehmer über die Rechtsfolgen belehrt wurde.[114] Die Belehrung muss neben dem Hinweis auf den rückwirkenden Wegfall der Deckung bei schuldhaft nicht fristgerechter Zahlung auch den Hinweis darauf enthalten, dass bei unverschuldeter Nichtzahlung der Versicherungsschutz bei nachträglicher Zahlung

160

---

109 BGH zfs 2000, 109.
110 OLG Koblenz zfs 2000, 493; OLG Köln zfs 2002, 135.
111 Römer/Langheid § 39 Rn. 21 m.w.N.
112 Siehe hierzu Rn. 105 ff.
113 OLG Saarbrücken zfs 2004, 270.
114 BGHZ 47, 352, VersR 1985, 981.

erhalten werden kann.[115] Wird die Erstprämie zusammen mit der Folgeprämie geltend gemacht, muss deutlich werden, welchen Betrag der Versicherungsnehmer als Erstprämie zum Erhalt des Versicherungsschutzes zahlen muss.[116] Die Belehrung muss auch den Hinweis enthalten, dass der Versicherungsnehmer den Versicherungsschutz in der Haftpflicht- oder der Kaskoversicherung erhalten kann, wenn er nur die eine oder andere Prämie bezahlt.[117]

161 Die Rücktrittsfiktion gemäß § 38 Abs. 1 Satz 2 VVG ist bei vorläufiger Deckungszusage unanwendbar.[118] Tritt während der Zweiwochenfrist ein Versicherungsfall in der Kaskoversicherung ein, der rechtzeitig gemeldet wird, kann der Versicherungsnehmer die Aufrechnung erklären und damit den rückwirkenden Wegfall der vorläufigen Deckungszusage vermeiden.[119]

IV. Gefahrerhöhung

1. Überblick

162 Die Vorschriften über die Gefahrerhöhung nach Vertragsschluss (§§ 23 – 29a VVG) regeln die Rechte und Pflichten der Vertragspartner bei einer während der Vertragslaufzeit eintretenden Störung der wechselseitig übernommenen Rechte und Pflichten in Form einer nicht vorgesehenen Erhöhung des Risikos.[120] Die Folgen der Gefahrerhöhung sind unterschiedlich, je nachdem, ob sie vom Versicherungsnehmer willentlich vorgenommen wurde (subjektive Gefahrerhöhung) oder ob sie ungewollt eingetreten ist (objektive Gefahrerhöhung).

163 Die §§ 23 bis 26 VVG befassen sich mit der **subjektiven Gefahrerhöhung**. Sie löst eine Anzeigepflicht für den Versicherungsnehmer aus und berechtigt den Versicherer zur Kündigung des Versicherungsvertrages. Ist inzwischen ein Versicherungsfall eingetreten führt die subjektive Gefahrerhöhung auch zur Leistungsfreiheit.

164 Die **objektive Gefahrerhöhung** ist in §§ 27 und 28 VVG geregelt. Sie führt regelmäßig nur zu einem Kündigungsrecht des Versicherers mit einer Frist von einem Monat und nur ausnahmsweise zur Leistungsfreiheit.

165 Im Bereich der Kfz-Haftpflichtversicherung ist die Leistungsfreiheit durch § 2b Abs. 2 AKB wegen § 5 Abs. 3 KfzPflVVO auf € 5.000 beschränkt.

2. Definition der Gefahrerhöhung

166 Eine Gefahrerhöhung ist eine vom *status quo* bei Antragstellung abweichende, auf eine gewisse Dauer angelegte Änderung der gefahrerheblichen Umstände, die das Risiko des Schadenseintritts erhöht, zu einer Vergrößerung des Schadens führen kann, und/oder eine ungerechtfertigte Inanspruchnahme des Versicherers darstellt und vom Ver-

---

[115] OLG Hamm r+s 1995, 403; Römer/Langheid § 38 Rn. 19 m.w.N.
[116] LG Oldenburg VersR 1992, 866; OLG Köln r+s 1994, 128.
[117] OLG Hamm VersR 1991, 220; OLG Köln r+s 1996, 388.
[118] OLG Düsseldorf zfs 2000, 443 = NJW-RR 2000, 1629.
[119] BGH NJW 1985, 2478.
[120] Hierzu instruktiv die Erläuterungen in Römer/Langheid VVG, §§ 23-25 Rn. 1 ff.

3. Subjektive Gefahrerhöhung

a) Allgemeines

Eine subjektive Gefahrerhöhung liegt vor, wenn der Versicherungsnehmer durch positives Tun die Gefahrerhöhung herbeiführt. Grundsätzlich führt das Unterlassen der Beseitigung einer ohne den Willen des Versicherungsnehmers eingetretenen Gefahrerhöhung nicht zur subjektiven Gefahrerhöhung.[122] Etwas anderes gilt jedoch im Bereich der Kfz-Versicherung, wo das Unterlassen der Reparatur eines nicht verkehrssicheren Fahrzeuges eine subjektive Gefahrerhöhung darstellt. 167

Gemäß § 23 Abs. 2 VVG muss der Versicherungsnehmer dem Versicherer unverzüglich Anzeige machen, wenn er eine Gefahrerhöhung vorgenommen oder gestattet hat. 168

Der Versicherer kann gemäß § 24 Abs. 1 VVG den Vertrag fristlos kündigen, wenn er von der Gefahrerhöhung erfährt. Beruht die Gefahrerhöhung nicht auf einem Verschulden des Versicherungsnehmers, wird die Kündigung erst mit einer Auslauffrist von einem Monat wirksam. Der Versicherer muss die Kündigung gemäß § 24 Abs. 2 VVG binnen eines Monats ab Kenntniserlangung aussprechen. Das Kündigungsrecht erlischt ebenfalls, wenn die Gefahrerhöhung wieder beseitigt wird. 169

Ein **Verschulden des Versicherungsnehmers** ist anzunehmen, wenn er erkennt (dann Vorsatz) oder erkennen kann (dann Fahrlässigkeit), dass seine Handlung (oder ausnahmsweise sein Unterlassen) negativen Einfluss auf das versicherte Risiko hat. Alleine die willentliche Veränderung des Gegenstandes oder der Umstände reicht noch nicht aus, um das Verschulden zu begründen. Das Verschulden kann entfallen, wenn der Versicherungsnehmer das Risiko nicht erkennen kann (Beispiel aus der Kaskoversicherung: das versicherte Fahrzeug erhält die Plakette der Hauptuntersuchung trotz dem Versicherungsnehmer unbekannter, jedoch sicherheitsrelevanter Mängel).[123] 170

Für die Leistungsfreiheit bei subjektiver Gefahrerhöhung gilt folgendes Schema:[124]
Die Leistungspflicht des Versicherers **bleibt** unabhängig vom Verschulden **erhalten**, wenn 171
- die Gefahrerhöhung weder Einfluss auf den Eintritt des Versicherungsfalls noch auf den Umfang der Leistung hatte (§ 25 Abs. 3 2. Alt VVG);
- die einmonatige Kündigungsfrist ab Kenntnis gemäß § 24 Abs. 2 VVG für den Versicherer abgelaufen ist (§ 25 Abs. 3 1. Alt, § 24 Abs. 2 VVG)

Ist beides nicht der Fall, **erlischt die Leistungspflicht** des Versicherers bei 172
- verschuldeter Gefahrerhöhung (§ 25 Abs1, § 23 Abs.1 VVG);

---

121 BGH VersR 1999, 484; umfassende Erläuterungen: Römer/Langheid §§ 23–25 Rn. 5 ff.
122 BGH VersR 1987, 653.
123 Prölls/Martin § 25 Rn. 2.
124 Nach Römer/Langheid §§ 23–25 Rn. 48.

- unverschuldeter Gefahrerhöhung, wenn der Versicherungsnehmer die Gefahrerhöhung kennt, sie nicht unverzüglich anzeigt, der Versicherungsfall später als einen Monat ab der Anzeigepflicht eintritt und der Versicherer noch keine Kenntnis von der Gefahrerhöhung hatte (§ 25 Abs. 2 Satz 2, § 23 Abs. 2 VVG)

4. Objektive Gefahrerhöhung

173 Bei einer objektiven Gefahrerhöhung tritt das die Vertragsgefahr erhöhende Ereignis ohne oder sogar gegen den Willen des Versicherungsnehmers ein. Die Folgen richten sich nach §§ 27, 28 VVG. Der Versicherungsnehmer muss auch hier dem Versicherer unverzüglich Anzeige machen. Der Versicherer kann dann binnen einer Monatsfrist mit einer Kündigungsfrist von einem Monat kündigen (§ 27 Abs. 1 VVG).

174 Der Versicherer wird leistungsfrei, wenn der Versicherungsnehmer die Gefahrerhöhung nicht meldet und der Versicherungsfall später als einen Monat ab dem Zeitpunkt eintritt, an dem der Versicherungsnehmer die Anzeige hätte machen müssen.

175 In der Kfz-Versicherung stellt der Verlust eines Schlüssels eine objektive Gefahrerhöhung dar, wenn ein Dritter den Schlüssel mit einem Fahrzeug leicht verbinden kann, der Versicherungsnehmer nach dem Verlust also mit der Möglichkeit der Entwendung rechnen muss.[125] Zu prüfen ist hier, ob der Schlüssel vom Dieb/Finder zugeordnet werden konnte, der Versicherungsnehmer den Verlust bemerkt hatte (§ 27 Abs. 2 VVG), den Versicherer nicht unverzüglich unterrichtet hatte (§ 27 Abs. 2 VVG) und der Versicherungsfall später als einen Monat nach dem (fiktiven) gebotenen Zeitpunkt dieser Anzeige eingetreten ist (§ 28 Abs. 1 VVG).[126]

V. Verstoß gegen Obliegenheiten vor dem Eintritt des Versicherungsfalls

1. Grundsätzliches zu Obliegenheiten

a) Begriff der Obliegenheiten

176 Eine Besonderheit des Versicherungsvertragsrechts sind die Obliegenheiten.[127] Eine gesetzliche Definition der Obliegenheiten enthält das VVG nicht. Nach h.M. sind Obliegenheiten keine echten, d.h. unmittelbar erzwingbaren Verbindlichkeiten, sondern bloße Verhaltensnormen, die jeder Versicherungsnehmer beachten muss, wenn er seinen Versicherungsanspruch erhalten will.[128]

177 Zu unterscheiden sind die vertraglichen und die gesetzlichen Obliegenheiten. Die gesetzlichen Obliegenheiten ergeben sich aus dem VVG. Eine wichtige gesetzliche Obliegenheit ist beispielsweise die oben beschriebene Verpflichtung, eine Gefahrerhöhung dem Versicherer mitzuteilen. Dieser Abschnitt befasst sich nur mit den vertraglichen Obliegenheiten. Hierbei ist zu beachten, dass der Versicherer gesetzliche Obliegenheiten, die nach dem VVG sanktionslos wären (z.B. die Anzeige- und Aus-

---

125 OLG Nürnberg zfs 2003, 457 mit Anmerkung Rixecker m.w.N; OLG Celle, zfs 2004, 564.
126 OLG Celle zfs 2004, 564.
127 Umfassend zu den Obliegenheiten Römer/Langheid VVG, § 6.
128 BGHZ 24, 378, 382 = NJW 1967, 202; Römer/Langheid, § 6 Rn. 2; a.A. Prölls/Martin, VVG, 26. Auflage 1998, § 6, Rn. 30: Obliegenheiten sind echte Rechtspflichten.

kunftsobliegenheit gemäß §§ 33, 34 VVG) durch die – auch wörtliche – Übernahme in die AVB zu einer vertraglichen Obliegenheit machen kann, wenn der Versicherer vertraglich eine Sanktion (z.B. Leistungsfreiheit) vorsieht.[129]

Die Voraussetzungen und Folgen der Verletzung einer vertraglichen Obliegenheit sind in § 6 VVG geregelt. Dabei unterscheidet die Bestimmung in Obliegenheiten, **die vor dem Eintritt des Versicherungsfalls** zu erfüllen sind (Abs. 1, 2), und solchen, **die nach dem Versicherungsfall** beachtet werden müssen (Abs. 3). Von den in § 6 VVG genannten Voraussetzungen für die Leistungsfreiheit bei einer Obliegenheitsverletzung darf gemäß § 15a VVG zum Nachteil des Versicherungsnehmers nicht abgewichen werden.

b) Verhüllte Obliegenheit – Risikoausschlüsse

Die Obliegenheiten sind von den Risikoausschlüssen abzugrenzen. Risikoausschlüsse begrenzen das durch den konkreten Versicherungsvertrag gedeckte Risiko.[130] Ein Schaden, der nicht in den Deckungsbereich fällt, ist nicht versichert. Auf die nachfolgend dargelegten Voraussetzungen der Leistungsfreiheit bei Obliegenheitsverletzungen (z.B. Verschulden oder Kausalität) kommt es nicht an. Die Abgrenzung ist teilweise sehr problematisch. Fast jede Voraussetzung einer Leistungsfreiheit lässt sich als Risikoausschluss oder als Obliegenheit beschreiben.[131] Ein für alle Zweifelsfälle leicht zu handhabendes Abgrenzungskriterium hat die Rechtsprechung bisher nicht entwickelt.[132] Es kommt nicht auf den Wortlaut oder der Stellung der Bestimmung an. Nicht die äußere Erscheinungsform, sondern der materielle Inhalt einer Versicherungsbedingung ist entscheidend.[133] Es gelten auch hier die allgemeinen Grundsätze für die Auslegung von allgemeinen Versicherungsbedingungen. Diese sind so auszulegen, wie sie ein durchschnittlicher Versicherungsnehmer bei verständiger Würdigung, aufmerksamer Durchsicht und Berücksichtigung des erkennbaren Sinnzusammenhangs verstehen muss.[134]

Wird eine als Risikoausschluss formulierte Versicherungsbedingung als Obliegenheit gewertet, spricht man von einer „verhüllten" Obliegenheit. Dies ist dann der Fall, wenn die Klausel in erster Linie ein bestimmtes vorbeugendes Verhalten des Versicherungsnehmers fordert, von dem es abhängt, dass er den zugesagten Versicherungsschutz behält oder verliert.[135] Liegt eine verhüllte Obliegenheit vor, kann sich der Versicherer nur auf Leistungsfreiheit berufen, wenn alle Voraussetzungen der Leistungsfreiheit bei Obliegenheitsverletzungen vorliegen.

Risikoausschlussklauseln sind grundsätzlich eng auszulegen, weil der Versicherungsschutz nicht weiter verkürzt werden soll, als der erkennbare Zweck der Klausel dies gebietet.[136]

---

129 Römer/Langheid § 6 Rn. 3.
130 Instruktiv zu Risikoausschlüssen mit Beispielen: Römer/Langheid § 6 Rn. 5ff.
131 Römer/Langheid § 6 Rn. 4.
132 Römer/Langheid § 6 Rn. 7.
133 BGH zfs 1995, 189 = NJW 1995, 784.
134 BGH VersR 2000, 969 = MDR 2000, 1130.
135 BGH VersR 2000, 969 = MDR 2000, 1130.
136 BGH VersR 1999, 748.

c) Repräsentant

182 Nach h.M. sind Obliegenheiten keine Verbindlichkeiten im schuldrechtlichen Sinn. Verletzt ein Dritter die zwischen dem Versicherer und dem Versicherungsnehmer vereinbarten Obliegenheiten, so kann dies dem Versicherungsnehmer **nicht gemäß § 278 BGB zugerechnet werden**.[137] Auch wenn der Dritte als Fahrer in der Kraftfahrthaftpflichtversicherung mitversichert ist, berühren Obliegenheitsverletzungen dieses Dritten grundsätzlich nicht den Versicherungsschutz des Versicherungsnehmers, vielmehr ist dies für jeden Versicherten gesondert zu beurteilen.[138]

183 Ausnahmsweise findet eine Zurechnung des Fehlverhaltens eines Dritten dann statt, wenn dieser ein Repräsentant[139] des Versicherungsnehmers ist. Repräsentant ist nach der ständigen BGH-Rechtsprechung,[140] wer in dem Geschäftsbereich, zu dem das versicherte Risiko gehört, aufgrund eines Vertretungs- oder ähnlichen Verhältnisses an die Stelle des Versicherungsnehmers getreten ist. Die bloße Überlassung der Obhut über die versicherte Sache reicht nicht aus, um eine solches Repräsentantenverhältnis anzunehmen. Repräsentant kann nur sein, wer bei Würdigung der Gesamtumstände befugt ist, selbständig in einem gewissen, nicht ganz unbedeutenden Umfang für den Versicherungsnehmer zu handeln (Risikoverwaltung). Nicht notwendig ist, dass der Dritte auch Rechte und Pflichten aus dem Versicherungsvertrag wahrzunehmen hat. Übt der Dritte jedoch auf Grund eines Vertretungs- oder ähnlichen Verhältnisses die Verwaltung des Versicherungsvertrages aus (Vertragsverwaltung), kann dies unabhängig von der Übergabe der versicherten Sache für eine Repräsentantenstellung sprechen.[141] Zur Risikoverwaltung gehört essentiell die Überlassung der alleinigen Obhut über das versicherte Fahrzeug.[142] Der Annahme der Repräsentantenstellung steht jedoch nicht entgegen, dass die versicherte Sache von dem Repräsentanten nicht ausschließlich allein genutzt wird.[143] Die kurzfristige vorübergehende Besitzüberlassung im Rahmen eines Leih- oder Mietverhältnisses reicht zur Begründung der Repräsentantenstellung auch dann nicht aus, wenn sie wiederholt geschieht.[144] Zudem muss der Repräsentant auch berechtigt und verpflichtet sein, die zur Unterhaltung und Verkehrssicherheit notwendigen Arbeiten für den Versicherungsnehmer in Auftrag zu geben.[145] So ist der Prokurist, dem ein Dienstwagen zur privaten Nutzung überlassen wird, regelmäßig kein Repräsentant,[146] sondern nur dann wenn er auch die zur Betriebs- und Verkehrssicherheit notwendigen Wartungsarbeiten durchführen lassen muss.[147] Anders sieht es regelmäßig beim Handelsvertreter aus, der auch die Wartungsarbeiten durchführen lassen

---

137 Römer/Langheid, § 6 Rn. 114 unter Hinweis auf die st. Rspr des BGH, z.B. NJW 1981, 1952.
138 Römer/Langheid § 6 Rn. 119 a.E., LG Karlsruhe zfs 1999, 475.
139 Instruktiv dargestellt ist die Rechtsfigur des Repräsentanten bei Römer/Langheid § 6 Rn. 115 ff.
140 BGH zfs 2003, 411, 412 m.w.N.
141 BGH zfs 2003, 411, 412 m.w.N.
142 BGHZ 107, 229, 237.
143 BGH zfs 2003, 411, 412.
144 BGH zfs 2003, 411, 412, Römer/Langheid § 6 Rn. 116.
145 BGH zfs 1996, 418 = VersR 1996, 1229.
146 OLG Hamm VersR 1995, 1086.
147 OLG Hamm zfs 2000, 496; OLG Köln, zfs 2001, 21, weitere Beispiele aus der Rechtsprechung: Prölls/Martin § 6 Rn. 72.

muss.[148] Der Ehegatte als solcher ist niemals Repräsentant, sondern nur, wenn die besonderen Voraussetzungen des Repräsentantenbegriffs erfüllt sind.[149] Alleine die familiäre Bindung zum Versicherungsnehmer reicht nicht aus. Auch der Sohn ist nur dann Repräsentant, wenn der Versicherungsnehmer sich der Verantwortlichkeit und der Verfügungsbefugnis über den versicherten Gegenstand vollständig begeben hat.[150] Der faktische Geschäftsführer einer GmbH kann ihr Repräsentant sein.[151]

2. Prüfungsschema bei Obliegenheitsverstoß vor dem Eintritt des Versicherungsfalles

Macht der Versicherer nach § 6 Abs. 1 VVG Leistungsfreiheit wegen der Verletzung einer vor dem Versicherungsfall zu erfüllenden Obliegenheit geltend, sollten systematisch die folgenden Fragen geprüft werden:

- Ist die angeblich verletzte Obliegenheit versicherungsvertraglich vereinbart?
- Verstößt die Klausel in der Kraftfahrthaftpflichtversicherung gegen § 5 KfzPflVV oder im Bereich der sonstigen Versicherungen gegen §§ 305 ff. BGB?
- Liegt der behauptete Verstoß gegen die Obliegenheit objektiv vor
- Wurde der Verstoß vom Versicherungsnehmer oder einem Repräsentanten verschuldet?
- Ist das Kausalitätserfordernis erfüllt?
- Ist die Kündigung fristgerecht erfolgt oder ausnahmsweise entbehrlich?
- Ist die Leistungsfreiheit betragsmäßig begrenzt?

184

a) Einbeziehung in den Versicherungsvertrag

Vertragliche Obliegenheiten muss der Versicherungsnehmer nur beachten, wenn sie durch die Allgemeinen Versicherungsbedingungen in den Vertrag einbezogen sind.[152]

185

War die angeblich verletzte Obliegenheit im zunächst geltenden Bedingungswerk nicht enthalten, so bedurfte die spätere Änderung der – mindestens konkludenten – Zustimmung durch den Versicherungsnehmer.[153] Auch von derartigen Erklärungen kann der Versicherungsnehmer gemäß § 3 Abs. 3 VVG gegen Kostenerstattung Abschriften verlangen.

186

b) Zulässigkeit der Klausel

aa) Kfz-Haftpflichtversicherung: Im Bereich der Kraftfahrthaftpflichtversicherung ist die Vereinbarung von vertraglichen Obliegenheiten vor dem Eintritt des Versicherungsfalls nur beschränkt zulässig. § 5 KfzPflVV legt den Katalog **abschließend** fest.[154] Die aufgeführten Obliegenheiten gelten allerdings nicht kraft Gesetzes für die Kraftfahrthaftpflichtversicherung,[155] die vertragliche Einbeziehung ist notwendig.

187

---

148 OLG Köln VersR 1998, 838; OLG Koblenz zfs 2001, 365; weitere Beispiele aus der Rechtsprechung: Prölls/Martin § 6 Rn. 72.
149 BGH zfs 2003, 411, 412, Prölls/Martin, § 6 Rn. 76.
150 OLG Frankfurt zfs 2003, 128.
151 OLG Köln zfs 2004, 226.
152 Siehe oben Rn. 16 ff.
153 Prölls/Martin Vorbem. I Rn. 25.
154 Römer/Langheid KfzPflVV § 5 Rn. 1.
155 Römer/Langheid a.a.O.

188   bb) *Prüfung unter AGB-Gesichtspunkten:* Als allgemeine Geschäftsbedingungen dürfen Versicherungsbedingungen gemäß §§ 305 ff. BGB weder überraschend sein, noch die Interessen des Versicherungsnehmers entgegen Treu und Glauben unangemessen benachteiligen.[156] Ist dies bei einer Klausel der Fall, so fällt sie ersatzlos weg mit der Folge, dass sich der Versicherer auf diese Obliegenheit nicht berufen kann.

c) Objektiver Verstoß gegen Obliegenheit

189   Der Verstoß gegen die wirksam vereinbarte und zulässige Obliegenheit muss objektiv vorliegen. Die Beweislast für die objektive Verletzung der Obliegenheit durch den Versicherungsnehmer oder seines Repräsentanten trägt der Versicherer.[157]

190   Welche Obliegenheiten vor dem Eintritt des Versicherungsfalls zu erfüllen sind, ergibt sich jeweils aus den Allgemeinen Versicherungsbedingungen. Dabei gibt es neben Obliegenheiten, die für nahezu alle Versicherungszweige gelten (z.B. Auskunftspflicht nach dem Versicherungsfall) in jeder Versicherungssparte spezielle Obliegenheiten.

d) Verschulden des Versicherungsnehmers oder seines Repräsentanten

191   Gemäß § 6 Abs.1 Satz 1 VVG führt die Verletzung einer Obliegenheit, die vor dem Versicherungsfall zu erfüllen war, nur dann zur Leistungsfreiheit, wenn die Verletzung schuldhaft erfolgte. Der Verschuldensbegriff des VVG entspricht dem des BGB. Er umfasst Vorsatz und Fahrlässigkeit, wobei leichte Fahrlässigkeit ausreicht.[158]

192   Der Versicherungsnehmer haftet dabei nur für eigenes Verschulden sowie für das seines Repräsentanten. Das Verschulden sonstiger Personen führt nicht zur Leistungsfreiheit.[159] Zum Eigenverschulden des Versicherungsnehmers zählt allerdings auch ein Organisationsverschulden.[160]

193   Ist die vor dem Versicherungsfall zu erfüllende Obliegenheit objektiv verletzt, so wird das Verschulden vermutet. Der **Versicherungsnehmer trägt die Beweislast**, dass ihn bzw. seinen Repräsentanten kein Verschulden trifft.[161]

e) Kausalitätsgegenbeweis

194   Nach § 6 Abs. 2 VVG tritt die Leistungsfreiheit nicht ein, wenn die Verletzung einer vor dem Versicherungsfall zu erfüllenden Obliegenheit keinen Einfluss auf den Eintritt des Versicherungsfalls oder den Umfang der Leistungspflicht hatte und die Obliegenheit dem Zweck der Verminderung der Gefahr oder der Verhütung einer Gefahrerhöhung dient.

195   Bei der Prüfung der Kausalität ist zu fragen, ob die Verletzung der Obliegenheit konkreten Einfluss auf den Eintritt des Versicherungsfalls oder den Umfang des Schadens

---

156 Zu den Einzelheiten siehe oben Rn. 22 ff.
157 BGH zfs 1996, 305 = NJW-RR 1996, 981, Römer/Langheid § 6 Rn. 84, a.A. Prölls/Martin § 6 Rn. 124.
158 Bauer, a.a.O. Rn. 392.
159 Römer/Langheid § 6 Rn. 50.
160 OLG Karlsruhe zfs 1997, 27; Römer/Langheid § 6 Rn. 51.
161 Römer/Langheid § 6 Rn. 94.

hatte.¹⁶² So reicht z.b. alleine die Tatsache, dass durch das Fahren ohne Fahrerlaubnis gegen die Führerscheinklausel verstoßen wurde und der Unfall ohne die Fahrt nicht stattgefunden hätte, nicht aus. Generalisierend kann gesagt werden:¹⁶³ Liegt die Obliegenheitsverletzung in einem positiven Tun (z.b. Fahren ohne Fahrerlaubnis) ist dem positiven Tun als hypothetischer Kausalverlauf nicht das Unterlassen gegenüber zu stellen. Vielmehr muss bei einem Vergleich des tatsächlichen mit dem hypothetischen Verlauf das gebotene Handeln bei der Frage herangezogen werden, ob auch bei gebotenem Handeln (Beschaffen der Fahrerlaubnis) der Schaden eingetreten wäre. Erleidet ein Versicherter ohne Fahrerlaubnis beim Führen eines Motorrades einen Unfall, so ist der Versicherer nur dann nicht leistungsfrei, wenn der Unfall für den Versicherten ein unabwendbares Ereignis war.¹⁶⁴ Allgemein gilt: Kann der Versicherungsnehmer den Unabwendbarkeitsnachweis im Sinne des § 7 Abs. 2 StVG führen, entfällt regelmäßig die Kausalität.¹⁶⁵

Die Beweislast für die mangelnde Kausalität trägt der Versicherungsnehmer.¹⁶⁶

f) Kündigungserfordernis (§ 6 Abs.1 S.3 VVG)

Die schuldhafte Verletzung einer vor dem Versicherungsfall zu erfüllenden Obliegenheit gibt dem Versicherer das Recht, binnen einer Frist von einem Monat fristlos zu kündigen (§ 6 Abs.1 Satz 2 VVG). Dieses Kündigungsrecht wird zur Kündigungspflicht, wenn sich der Versicherer auf die Leistungsfreiheit berufen will. § 6 Abs. 1 Satz 3 VVG setzt für die Leistungsfreiheit voraus, dass der Versicherer den Versicherungsvertrag binnen der Monatsfrist kündigt.¹⁶⁷ Die Kündigungspflicht hat in der Praxis erhebliche Bedeutung.¹⁶⁸ Es kommt immer wieder vor, dass der Versicherer die fristgerechte Kündigung versäumt und deshalb zur Leistung verpflichtet bleibt.

Die Monatsfrist beginnt zu laufen, sobald der Versicherer den vollen objektiven Sachverhalt der Obliegenheitsverletzung kennt, wobei die Kenntnis des Mitarbeiters des Versicherers genügt, zu dessen Aufgaben es gehört, den Tatbestand der Obliegenheitsverletzung festzustellen.¹⁶⁹ Kennenmüssen genügt nicht.¹⁷⁰ Kommt aber auf Grund der dem Versicherer bekannten Tatsachen ein Obliegenheitsverstoß ernstlich in Betracht, kann der Versicherer die Frist nicht dadurch hinauszögern, dass er die zur Vollständigkeit seiner Kenntnis gebotene Rückfrage unterlässt¹⁷¹ oder den Abschluss des Ermittlungsverfahrens abwartet.¹⁷²

---

162 BGH NJW 1969, 371; VersR 1972, 530, VersR 1978, 1129.
163 Römer/Langheid § 6 Rn. 26.
164 LG Neubrandenburg, zfs 2003, 79.
165 BGH NJW 1972, 822; VersR 1976, 531, Bauer, a.a.O. Rn. 425, 443, 455, 480.
166 BGHZ 41, 327, 326 = NJW 1964, 1899; Römer/Langheid § 6 Rn. 88;
167 OLG Köln zfs 2000, 344.
168 Bauer, a.a.O., Rn. 403.
169 BGH zfs 1996, 259 = VersR 1996, 742; Bauer a.a.O. Rn. 399.
170 Prölls/Martin § 6 Rn. 107, OLG Frankfurt VersR 71, 71; OLG Köln VersR 60, 602, 649.
171 Römer/Langheid, § 6 Rn. 73, BGH zfs 1990, 56 = NJW 1990, 47.
172 Berliner Kommentar zum VVG-Schwintowski § 6 Rn. 85.

199 Eine wirksame Kündigungserklärung liegt nur vor, wenn der Versicherer mit seiner Erklärung unmissverständlich deutlich macht, er sehe in einer bestimmten Obliegenheitsverletzung einen so schwerwiegenden Verstoß, dass er deshalb das Versicherungsverhältnis mit alsbaldiger Wirkung zu beenden wünsche. Für den Erklärungsempfänger darf die Kündigung nicht als auflösend oder aufschiebend bedingt erscheinen.[173] Wird die Kündigung zunächst wirksam ausgesprochen, später ihre Wirkung aber einvernehmlich rückwirkend aufgehoben und der Versicherungsvertrag fortgesetzt, kann sich der Versicherer nicht mehr auf Leistungsfreiheit berufen.[174]

200 Die Kündigungserklärung muss schriftlich erfolgen und muss innerhalb der Frist zugehen. **Die Fristwahrung muss dabei der Versicherer beweisen.**[175]

201 Die Kündigungserklärung ist eine einseitige Willenserklärung. Wird sie von einem Sachbearbeiter ausgesprochen, dessen Vertretungsmacht sich nicht aus der Satzung der Gesellschaft ergibt, so kann sie **unverzüglich zurückgewiesen** werden, wenn eine **schriftliche Vollmacht fehlt** (§ 174 BGB).[176] Zumeist sind auch die mit Prokura ausgestatteten Abteilungsleiter satzungsgemäß nur zur gemeinschaftlichen Vertretung mit einem weiteren Prokuristen oder einem Vorstandsmitglied berechtigt. Wird die Kündigung nur zusammen mit einem nicht satzungsgemäß vertretungsberechtigten Sachbearbeiter erklärt, hält sie das OLG Saarbrücken für wirksam.[177] Diese Ansicht erscheint jedoch fraglich, weil keineswegs offensichtlich ist, dass ein Prokurist der Schadensabteilung berechtigt sein soll, in den Bestand der Versicherungsverträge einzugreifen. Eine Kündigung des Versicherungsvertrages berührt nämlich vielfältige Belange innerhalb des Versicherungsunternehmens (z.B. Provisionsansprüche des Versicherungsvertreters, übergeordnete Marketinginteressen beim Großkunden etc.).

202 Zu beachten ist allerdings, dass die Zurückweisung unverzüglich erfolgen und der anwaltliche Vertreter seine schriftliche Vollmacht beifügen muss.

203 Muster: Zurückweisung mangels Vollmacht

Rechtsanwalt

■■■

■■■-Versicherung

Postfach ■■■

■■■

Hausratsversicherung Nr. ■■■

Ihre VN: ■■■

---

173 Römer/Langheid, § 6 Rn. 68.
174 BGH zfs 1988, 389 = NJW-RR 1988, 1372 = VersR 1988, 1013; a.A. Prölls/Martin § 6 Rn. 112.
175 Prölls/Martin § 4c AKB.
176 OLG Saarbrücken zfs 2003, 351; LG Zweibrücken zfs 2003, 252; LG München I zfs 1982, 143.
177 A.A. insoweit OLG Saarbrücken zfs 2003, 351: Prokurist sei grundsätzlich als berechtigt anzusehen, eine Kündigung auszusprechen.

Sehr geehrte Damen und Herren,

ich zeige unter Vollmachtsvorlage an, dass ich Ihre Versicherungsnehmerin ■■■ vertrete.

Meine Mandantin legte mir Ihre heute eingegangene Kündigungserklärung vom 03.02.2004 vor.

Namens meiner Mandantin weise ich hiermit die Kündigungserklärung mangels Vollmachtsvorlage zurück.

Mit freundlichen Grüßen

■■■

Rechtsanwalt

g) Entbehrlichkeit der Kündigung

Unter besonderen Voraussetzungen entfällt das Kündigungserfordernis.[178] Keine Kündigung ist notwendig, wenn die Obliegenheitsverletzung durch eine **dritte Person begangen wird**, die nicht selbst Beteiligte des Versicherungsvertrages ist.[179] Ist die dritte Person allerdings Repräsentant des Versicherungsnehmers (so dass die Obliegenheitsverletzung diesem zugerechnet werden kann) ist die Kündigung notwendig.[180]

204

Die Notwendigkeit zur Kündigung entfällt, wenn der Versicherungsvertrag durch den dauernden und vollständigen **Wegfalls des versicherten Interesses** vor Ablauf der Kündigungsfrist gegenstandslos geworden[181] oder ohnehin wegen Zeitablaufs beendet wurde.[182] Die Nachweispflicht obliegt jedoch insoweit dem Versicherungsunternehmen[183]

205

Bei einem Diebstahl des Fahrzeuges fällt das versicherte Interesse nicht ohne weiteres weg.[184] Erst wenn die Wiederbeschaffung aussichtslos erscheint und das Ermittlungsverfahren eingestellt ist, ist das Interesse endgültig weggefallen.[185] Ausnahmsweise kann das Interesse auch schon vor der Einstellung des Ermittlungsverfahrens wegfallen, wenn die Wiederbeschaffung des Fahrzeuges äußerst unwahrscheinlich ist, z.B. nach einem Diebstahl eines Luxusfahrzeugs in Italien.[186] Bei einem wirtschaftlichen Totalschaden, der nicht zugleich technischer Totalschaden ist, liegt in der Regel kein Wegfall des Interesses vor.[187] Auch der Verkauf des Fahrzeugs führt nicht ohne weiteres zum Wegfall des versicherten Interesses. Der Vertrag geht nämlich gemäß § 69 VVG auf den Erwerber über.[188] Wird der Versicherungsvertrag innerhalb eines Monats auf

206

---

178 Überblick bei Stiefel/Hoffmann, aaO § 2 Rn. 66ff.
179 BGHZ 35, 153, 163; BGH VersR 1982,84; AG Tecklenburg, zfs 2001, 168.
180 BGH VersR 1960, 1107, LG Karlsruhe zfs 1999, 475, Bauer a.a.O. Rn. 406; Stiefel/Hoffmann a.a.O. § 2 Rn. 67.
181 BGH zfs 1985, 309 = VersR 1985, 775,.
182 BGH NJW 1992, 2631 = VersR 1992, 1089.
183 LG Zweibrücken zfs 2003, 352.
184 Römer/Langheid, § 6 Rn. 81, Stiefel/Hoffmann aaO § 2 Rn. 72.
185 OLG Hamm r+s 1992, 152.
186 OLG Düsseldorf r+s 1994, 205, 208.
187 OLG Hamm NJW-RR 1994, 417 = zfs 1994, 90, Römer/Langheid § 6 Rn. 81, Prölls/Martin § 2b AKB Rn. 39.
188 BGH zfs 1984, 210 = VersR 1984, 550; LG Zweibrücken zfs 2003, 352.

ein Nachfolgefahrzeug desselben Versicherungsnehmers „umgeschrieben", bedarf es keiner Kündigung.[189]

h) Begrenzung der Leistungsfreiheit in der Kfz-Haftpflichtversicherung

207 § 2b Abs.1 AKB sieht vor, dass der Versicherer bei einer Verletzung einer Obliegenheit, die vor dem Eintritt des Versicherungsfalles zu erfüllen ist, leistungsfrei wird. Diese Leistungsfreiheit ist aber für die Kraftfahrthaftpflichtversicherung durch § 5 KfzPflVV beschränkt auf den **Höchstbetrag von € 5.000,– je Versicherungsfall**. Dabei handelt es sich nicht mehr um eine Regressbeschränkung, wie nach der alten Rechtslage. Die Leistungsfreiheit des Versicherers an sich ist beschränkt.[190] Dies bedeutet, dass berechtigte eigene Zahlungen des Versicherungsnehmers an den Geschädigten bei der Berechnung der Höchstsumme zu berücksichtigen sind. Der Versicherer bleibt nämlich insoweit zur Leistung verpflichtet, als der Höchstbetrag überschritten wird. Er hat den Versicherungsnehmer insoweit freizustellen und von diesem berechtigt geleistete Zahlungen zu erstatten.

208 Die Begrenzung der Leistungsfreiheit entfällt, wenn der Fahrer das Kfz durch eine strafbare Handlung erlangt hat (§ 5 Abs. 3 Satz 2 KfzPflVV).

209 Streitig ist, ob der Regress bei Obliegenheitsverletzungen die vor und nach dem Versicherungsfall begangen wurden (z.b. Trunkenheitsfahrt und Unfallflucht) auf insgesamt € 5.000[191] oder auf € 10.000[192] beschränkt ist. Die herrschende Meinung in der Rechtsprechung hat sich auf letztere Variante festgelegt. Nach dieser Ansicht verfolgen die vor und nach dem Versicherungsfall zu erfüllenden Obliegenheiten unterschiedliche Zwecke. Deshalb erscheint es ihr sachgerecht, **jeweils den Höchstbetrag von € 5.000** zuzugestehen. Demgegenüber stellt die Gegenmeinung[193] darauf ab, dass der durchschnittliche verständige Versicherungsnehmer die Begrenzung der Leistungsfreiheit nur so verstehen könne, dass der Höchstbetrag nach § 7 Abs. 5 AKB in jene nach § 2b Nr. 2 AKB aufgehe. Die Schutzfunktionen der Obliegenheiten seien zumindest teilweise identisch.

VI. Obliegenheiten nach dem Eintritt des Versicherungsfalles

1. Prüfungsschritte

210 Macht der Versicherer nach § 6 Abs. 3 VVG Leistungsfreiheit wegen der Verletzung einer nach dem Eintritt des Versicherungsfalls zu erfüllenden Obliegenheit geltend, sollten systematisch die folgenden Fragen geprüft werden:
- Ist die angeblich verletzte Obliegenheit versicherungsvertraglich vereinbart?
- Verstößt die Klausel gegen §§ 305 ff. BGB?
- Liegt der behauptete Verstoß gegen die Obliegenheit objektiv vor

---

189 OLG Hamm zfs 96, 300 = NJW-RR 97, 412; Römer/Langheid § 6 Rn. 81.
190 Römer/Langheid KfzPflVV § 5 Rn. 7.
191 OLG Nürnberg zfs 2001, 316.
192 So OLG Hamm zfs 2001, 79; OLG Köln zfs 2003, 23; OLG Schleswig VersR 2003, 637; OLG Bamberg r+s 2002,2; OLG Saarbrücken zfs 2003, 501.
193 OLG Nürnberg zfs 2001, 316.

- Bei vorsätzlichem Verstoß gegen die verbale Aufklärungsobliegenheit: Wurde der Versicherungsnehmer über die Folgen der vorsätzlichen Obliegenheitsverletzung belehrt?
- Wurde der Verstoß vom Versicherungsnehmer oder einem Repräsentanten vorsätzlich oder grob fahrlässig verschuldet?
- Bei grob fahrlässigem Verschulden: Ist das Kausalitätserfordernis erfüllt?
- Bei Vorsatz: Ist der Verstoß relevant?
- Ist die Leistungsfreiheit betragsmäßig begrenzt?

Bei Obliegenheiten, die nach dem Versicherungsfall zu erfüllen sind, muss der Versicherer **keine Kündigung** aussprechen, um leistungsfrei zu werden. 211

2. Zulässigkeit der Klausel

Im Gegensatz zu den Obliegenheiten vor dem Eintritt des Versicherungsfalls, können Obliegenheiten, die nach dem Versicherungsfall dem Versicherer gegenüber zu erfüllen sind, auch in der Kraftfahrthaftpflichtversicherung frei vereinbart werden. Einen Klauselkatalog gibt es hier nicht.[194] Wie bei den Obliegenheiten vor dem Versicherungsfall sind die Klauseln aber anhand von §§ 305 ff. BGB zu überprüfen. 212

3. Objektive Verletzung der Obliegenheit

Der **Versicherer trägt** auch bei den Obliegenheiten nach dem Eintritt des Versicherungsfalls die **Beweislast** für den objektiven Verstoß. Dies gilt auch für die Aufklärungsobliegenheit, bei der der Versicherer den Negativbeweis (fehlende Aufklärung) führen muss.[195] Der Versicherungsnehmer ist allerdings insoweit verpflichtet, den behaupteten Verstoß substantiiert zu bestreiten.[196] Der Versicherer trägt auch die Beweislast dafür, dass der Versicherungsnehmer die Tatsachen kennt, die von der Aufklärungspflicht erfasst werden.[197] 213

Die jeweiligen Obliegenheiten nach dem Eintritt des Versicherungsfalls sind in den einzelnen Versicherungssparten geregelt. In praktisch allen Versicherungszweigen wird allerdings die Auskunftspflicht nach dem Eintritt des Versicherungsfalls angeordnet, die von § 34 VVG ausdrücklich zugelassen wird. 214

4. Aufklärungsobliegenheit

Die in der Praxis bedeutsamste Obliegenheit nach dem Versicherungsfall ist die Aufklärungsobliegenheit. Der Versicherer kann verlangen, dass der Versicherungsnehmer nach dem Eintritt des Versicherungsfalls jede Auskunft erteilt, die zur Feststellung des Versicherungsfalls oder des Umfangs der Leistungspflicht des Versicherers erforderlich ist und im zumutbaren Umfang Belege vorlegt. Diese Verpflichtung muss allerdings in den **Allgemeinen Versicherungsbedingungen** übernommen werden, aus § 34 VVG lässt 215

---

194 Römer/Langheid §§ 6,7 KfzPflVV Rn. 1.
195 Römer/Langheid § 6 Rn. 86.
196 BGH NJW 1987, 1322; NJW 1985, 1774; VersR 1985, 54.
197 BGH VersR 1969, 694; OLG Hamm zfs 1991, 106 = VersR 1991, 49; r+s 1995, 52; OLG Hamburg zfs 1994, 303 = VersR 1994, 668; OLG Köln VersR 1993, 310; 1995, 567; Römer/Langheid § 6 Rn. 87; Bauer a.a.O. Rn. 599; a.A. Prölls/Martin § 6 Rn. 124.

sie sich nicht direkt ableiten. Dementsprechend bestimmt § 7 Nr. I. 2. AKB 95 für den Bereich der Kfz-Versicherung: „Der Versicherungsnehmer ist verpflichtet, alles zu tun, was zur Aufklärung des Tatbestandes und zur Minderung des Schadens dienlich sein kann."

216 Es sind dabei zwei große Fallgruppen zu unterscheiden: Die Beantwortung von Fragen des Versicherers (verbale Aufklärungspflicht) und das Verhalten des Versicherungsnehmers am Schadensort (z.B. Unfallflucht)

a) Verbale Aufklärungsobliegenheit

217 Der Versicherungsnehmer hat nach einem Versicherungsfall in Erfüllung seiner Aufklärungsobliegenheit die sich auf den Versicherungsfall beziehenden Anfragen des Versicherers zu beantworten. Der Versicherungsnehmer muss die **Fragen unverzüglich, vollständig und richtig beantworten**,[198] und zwar auch dann, wenn die Fragen für ihn peinlich oder mit der Gefahr strafrechtlicher Verfolgung verbunden sind.[199] Der Umfang der Aufklärungspflicht ist Gegenstand zahlreicher Entscheidungen des BGH und der Instanzgerichte[200]

218 Kein Verstoß gegen die Aufklärungsobliegenheit liegt vor, wenn der VN seine falschen Angaben so schnell berichtigt, dass die korrigierten Informationen dem Versicherer bereits zu dem Zeitpunkt vorliegen, in dem er sich erstmals mit dem Vorgang befasst.[201]

219 Der Versicherungsnehmer, der vorsätzlich falsche Angaben gemacht hat, kann sich später grundsätzlich nicht darauf berufen, dass der Versicherer auf andere Weise Kenntnis vom tatsächlichen Sachverhalt erlangt hat.[202] Dies gilt allerdings nicht, wenn der Versicherungsnehmer ausdrücklich auf die Datenbestände des Versicherers verweist[203] oder wenn der Versicherer seine Sachbearbeiter angewiesen hat, im Rahmen der Erstbearbeitung des Schadensfalls immer anhand der Datenbestände zu überprüfen, ob über den Versicherungsnehmer Vorschäden verzeichnet sind.[204]

220 Der **Versicherer** muss beim Versicherungsnehmer klärend **nachfragen**, wenn dessen Angaben im Schadenformular widersprüchlich, sonst wie unklar oder erkennbar unrichtig sind; andernfalls kann er sich nach Treu und Glauben nicht auf Leistungsfreiheit wegen Aufklärungsobliegenheitsverletzung berufen.[205]

221 Hat der Vermittlungsagent die Schadensanzeige ausgefüllt, kommt dem Versicherungsnehmer die „**Auge-und-Ohr-Rechtsprechung**" des BGH zugute.[206] Der BGH geht davon aus, dass der Versicherer sich die Kenntnis seines Vermittlungsagenten zurechnen lassen muss. Diese Rechtsprechung gilt auch für den Bereich der Aufklärungsob-

---

198 Bauer, a.a.O. Rn. 508.
199 OLG Köln VersR 1965, 1045.
200 Umfangreiche Nachweise bei Bauer, a.a.O. Rn. 510, 510a und bei Prölls/Martin AKB § 7 Rn. 17ff.
201 BGH zfs 2002, 138, 139.
202 BGH, VersR 1982, 182, OLG Köln VersR 1990, 1225.
203 BGH NJW 1993, 2807.
204 KG zfs 2001, 503.
205 OLG Karlsruhe zfs 2003, 297.
206 BGHZ 102, 194 = zfs 1989, 140 = VersR 1988, 234 = NJW 1988, 973, siehe oben Rn. 125ff.

liegenheiten.²⁰⁷ Behauptet der Versicherungsnehmer, er habe den Vermittlungsagenten zutreffend informiert und dieser habe das Formular falsch ausgefüllt, trägt der Versicherer die Beweislast für die gegenteilige Behauptung.²⁰⁸ Die Bevollmächtigung der Vermittlungsagenten kann allerdings in den Allgemeinen Versicherungsbedingungen wirksam beschränkt werden.²⁰⁹ Anders als bei der Vertragsanbahnung besteht nunmehr bereits ein Vertrag zwischen dem Versicherer und dem Versicherungsnehmer, bei dem eine Beschränkung der Empfangsvollmacht vereinbart wurde.

Gibt ein Dritter für den Versicherungsnehmer die Erklärungen gegenüber dem Versicherer ab, so sind diese Erklärungen dann dem Versicherungsnehmer zuzurechnen, wenn der Dritte ein „**Wissenserklärungsvertreter**" war. Unter diesen Begriff versteht der BGH einen Dritten, der vom Versicherungsnehmer mit der Abgabe von Erklärungen betraut worden ist.²¹⁰ Der Wissenserklärungsvertreter ist vom Repräsentanten zu unterscheiden. Er muss vom Versicherungsnehmer mit der Abgabe der Erklärungen betraut worden sein, was eine willentliche Übertragung dieser Aufgabe voraussetzt.²¹¹ Dies ist z.B. dann der Fall, wenn der VN den Mitarbeiter des Versicherers an den Sohn verweist, damit dieser die weiteren Fragen beantwortet.²¹² Der Ehegatte als solcher ist kein Wissenserklärungsvertreter, sondern nur, wenn er ausdrücklich oder stillschweigend mit der Abgabe der Erklärungen betraut wurde.²¹³

222

b) Belehrungspflicht über Folgen der Verletzung der verbalen Aufklärungsobliegenheit

Wegen der gravierenden Folgen der vorsätzlichen Falschbeantwortung einer Frage des Versicherers (sog. Alles-oder-Nichts-Prinzip)²¹⁴ hat der BGH die Verpflichtung des Versicherers entwickelt, den Versicherungsnehmer **ausdrücklich und äußerlich auffallend** über die drohende Leistungsfreiheit auch bei folgenloser Falschbeantwortung **zu belehren**.²¹⁵ Fehlt diese Belehrung oder ist sie ungenügend, kann sich der Versicherer nicht auf Leistungsfreiheit berufen. Die zutreffende Belehrung eines um Angabe von Vorschäden gebetenen Versicherungsnehmer verlangt nicht, dass er bei jeder von ihm auf verschiedenen Formularen erbetenen Auskunft zutreffend über die Rechtsfolgen einer vorsätzlichen Obliegenheitsverletzung unterrichtet wird, solange eine zutreffende und anderen Ermahnungen zur Vollständigkeit und Wahrheit nicht widersprechende oder den VN irreführende Belehrung vorliegt.²¹⁶ Der Zusatz „Die Rechtsprechung des BGH verpflichtet und, Sie darauf hinzuweisen, ..." nimmt einer im Übrigen zutreffen-

223

---

207 OLG Hamm, VersR 1992, 729; VersR 1992, 179; Bauer a.a.O. Rn. 513.
208 BGHZ 107, 322 = zfs 1989, 344 = VersR 1989, 833.
209 Vgl. hierzu und zur Frage der fehlenden Kenntnis der Beschränkung: Bauer a.a.O. Rn. 515 ff.
210 BGHZ 122, 388 = zfs 1993, 305 = NJW 1993, 2112 = VersR 1993, 960; Römer/Langheid § 6 Rn. 121.
211 OLG Düsseldorf zfs 2000, 22.
212 OLG Hamm zfs 2002, 79.
213 BGHZ 122, 388 = zfs 1993, 305 = NJW 1993, 2112 = VersR 1993, 960; OLG Düsseldorf zfs 2000, 22.
214 Die aus diesem Prinzip resultierenden Probleme waren Thema eines Arbeitskreises des Deutschen Verkehrsgerichtstages 2000.
215 BGHZ 47, 101 = NJW 1967, 1226 = VersR 1967, 441; BGHZ 48, 7 = NJW 1967, 1756 = VersR 1967, 593; siehe hierzu im einzelnen Bauer, aaO Rn. 518 ff., Römer/Langheid § 6 Rn. 44 ff.
216 OLG Saarbrücken zfs 2003, 27.

den Belehrung nicht ihre Wirksamkeit.[217] Eine Formularbelehrung, die direkt vor der Unterschrift steht und die drucktechnisch durch farbliche Unterlegung, Buchstabengröße und Fettdruck hervorgehoben ist, genügt auch dann, wenn sie vom Agenten nicht vorgelesen worden ist.[218]

c) Ausnahmsweise keine Leistungsfreiheit bei nachträglicher Berichtigung der Falschangaben

224 Nach der Rechtsprechung des BGH[219] kann sich der Versicherer nach Treu und Glauben ausnahmsweise nicht auf Leistungsfreiheit wegen vorsätzlicher falscher Angaben berufen,
- wenn der VN seine falschen Angaben vollständig und unmissverständlich richtig stellt,
- wenn dem Versicherer objektiv noch kein Nachteil entstanden ist und ihm die Unrichtigkeit noch nicht aufgefallen ist
- und wenn subjektiv die Korrektur freiwillig, aus eigenem Antrieb erfolgt.

225 Der BGH führte hierzu aus:[220] Die Bestimmungen über die Aufklärungsobliegenheit tragen dem Gedanken Rechnung, dass der Versicherer, um sachgemäße Entschlüsse fassen zu können, sich darauf verlassen muss, dass der VN von sich aus richtige und lückenlose Angaben über den Versicherungsfall macht und dass der drohende Verlust seines Anspruchs geeignet ist, ihn zu wahrheitsgemäßen und vollständigen Angaben anzuhalten. Diesem Zweck der Aufklärungsobliegenheit entspricht es nicht, wenn es dem Versicherungsnehmer von vorneherein abgeschnitten wäre, die Sanktion der Leistungsfreiheit durch eine Korrektur seiner Angaben zu vermeiden. Das wirtschaftliche Interesse des Versicherers an richtigen Angaben besteht fort, solange ihm durch die falschen Angaben noch kein Nachteil, etwa der Verlust von Aufklärungsmöglichkeiten, entstanden und ihm die Unrichtigkeit noch nicht aufgefallen ist. Der Versicherungsnehmer kann dem drohenden Anspruchsverlust aber nur dann entgehen, wenn er dem Versicherer **den wahren Sachverhalt aus eigenem Antrieb vollständig und unmissverständlich offenbart und nichts verschleiert oder zurückhält**. Dass dies geschehen ist, hat der Versicherungsnehmer darzulegen und gegebenenfalls zu beweisen. Kann nicht ausgeschlossen werden, dass die falschen Angaben bereits zu einem Nachteil für den Versicherer geführt haben oder nicht freiwillig berichtigt worden sind, bleibt es bei der Leistungsfreiheit.

d) Verletzung der Aufklärungsobliegenheit durch Unfallflucht

226 Ein bedeutender Fall der Verletzung der Aufklärungspflicht am Schadensort ist die Unfallflucht. Entzieht sich der Versicherungsnehmer oder der mitversicherte Fahrer nach dem Unfall den Feststellungen am Unfallort, indem er diesen verlässt, so werden dadurch regelmäßig auch die Interessen des Versicherers an der vollständigen Aufklä-

---

217 OLG Hamm zfs 2003, 552.
218 OLG Hamm zfs 2003, 244.
219 BGH zfs 2002, 138.
220 BGH zfs 2002, 138, 139.

rung des Unfallherganges beeinträchtigt. Der BGH hat klar gestellt,[221] dass eine Unfallflucht im Sinne des § 142 StGB auch bei eindeutiger Haftungslage eine Verletzung der Aufklärungsobliegenheit in der Kfz-Haftpflicht-Versicherung und in der Kaskoversicherung darstellt. Das Erfüllen des objektiven und subjektiven Tatbestandes des § 142 StGB reicht aus. Der Versicherungsnehmer muss über diese strafrechtlich sanktionierte Aufklärungspflicht nicht belehrt werden. Es handelt sich um eine elementare, allgemeine und jedem Versicherungsnehmer und Kraftfahrer bekannte Pflicht.

Andererseits hat der BGH die Aufklärungspflicht insoweit begrenzt, dass diese nicht weiter geht, als die strafrechtlich sanktionierte Rechtspflicht.[222] Kann sich der Versicherungsnehmer demnach unter Beachtung von § 142 StGB berechtigt von der Unfallstelle entfernen (z.B. zur ärztlichen Versorgung eines Unfallopfers), erfüllt seine Aufklärungsobliegenheit dadurch, dass er dem Versicherer gegenüber wahre Angaben macht.[223] 227

Nach der Rechtsprechung des BGH[224] ist im Übrigen der strafrechtliche Schutzzweck für die versicherungsvertragliche Aufklärungsobliegenheit ohne Bedeutung. Deren Zweck besteht darin, dem Versicherer die sachgerechte Prüfung der Voraussetzungen seiner Leistungspflicht zu ermöglichen, wozu auch die Feststellung solcher mit dem Schadensereignis zusammengehörender Tatsachen gehört, aus denen sich seine Leistungsfreiheit ergeben kann. Dabei kommt es nach § 7 I (2) Satz 3 AKB auf alles an, was zur Aufklärung des Tatbestandes oder zur Minderung des Schadens dienlich sein kann und nicht darauf, was nach dem Ergebnis der Prüfung für die Leitungspflicht erheblich ist. Die Aufklärungspflicht kann daher **auch bei klarer Haftungslage verletzt sein**. Sie ist auch dann verletzt, wenn der VN den Versicherer zeitnah von einem Parkplatz aus informiert, wenn er sich zuvor von der Unfallstelle ohne eine ausreichende Wartezeit entfernt hat.[225] Hat der Täter den subjektiven und objektiven Tatbestand des § 142 StGB verwirklicht, so kann eine anschließend geübte **tätige Reue nach § 142 Abs. 4 StGB** die Verletzung der Aufklärungspflicht **nicht mehr beheben**.[226] Behauptet der VN, ein Unfallschock habe ihn daran gehindert, zum Unfallort zurück zu kehren, so muss er dies beweisen.[227] 228

Der VN verletzt die Aufklärungsobliegenheit auch dann, wenn er nur Beifahrer ist und den Fahrer nicht zum Verbleib an der Unfallstelle veranlasst.[228] 229

5. Verschulden

Gemäß § 6 Abs. 3 Satz 1 setzt Leistungsfreiheit bei Verletzung einer Obliegenheit, die nach dem Versicherungsfall zu erfüllen ist, Vorsatz oder grobe Fahrlässigkeit voraus. 230

---

221 BGH zfs 2000,68 = VersR 2000, 222.
222 BGH DAR 2000, 113; zfs 1987, 281 = VersR 1987, 657.
223 BGH zfs 1983, 148 = VersR 1983, 258, OLG Karlsruhe VersR 2002, 1021 = MDR 2002, 818.
224 BGH DAR 2000, 113.
225 OLG Hamm zfs 2003, 353.
226 OLG Oldenburg zfs 2003, 409.
227 OLG Frankfurt zfs 2001, 551.
228 OLG Hamm VersR 1987, 1083.

231 Vorsatz erfordert das Wollen der Obliegenheitsverletzung im Bewusstsein des Vorhandenseins der Verhaltensnorm,[229] wobei bedingter Vorsatz genügt.[230]

232 Grob fahrlässig handelt, wer die im Verkehr erforderliche Sorgfalt nach den gesamten Umständen in ungewöhnlich hohem Maße verletzt und unbeachtet gelassen hat, was im gegebenen Fall jedem hätte einleuchten müssen.[231] Grobe Fahrlässigkeit kann jedoch nicht nur an einem objektiven Maßstab gemessen werden. Stets sind die **subjektiven, personalen Umstände** zu berücksichtigen.[232]

233 Ist die Obliegenheit objektiv verletzt, wird Vorsatz widerleglich vermutet.[233] Den Versicherungsnehmer trifft die Beweislast für fehlenden Vorsatz oder einen geringeren Verschuldensgrad als grobe Fahrlässigkeit.[234] Dabei kann die Berichtigung falscher Angaben ein Indiz für mangelnden Vorsatz sein, wenn das Gesamtverhalten des Versicherungsnehmers nach Überzeugung des Tatrichters darauf schließen lässt, dass die Falschangabe auf einem Irrtum beruht.[235]

6. Kausalitätserfordernis bei grob fahrlässiger Obliegenheitsverletzung

234 Bei einer grob fahrlässigen Obliegenheitsverletzung sieht § 6 Abs. 3 Satz 2 VVG vor, dass Leistungsfreiheit nicht eintritt, wenn der Versicherungsnehmer nachweist,[236] dass die Verletzung Einfluss weder auf die Feststellung des Versicherungsfalls, noch auf die Feststellung oder den Umfang der dem Versicherer obliegenden Leistung hatte. Erforderlich ist, dass die Verletzung irgendwelche Nachteile für den Versicherer zur Folge hatte.[237] Deshalb hat die Obliegenheitsverletzung nicht schon dann Einfluss auf die Feststellung des Versicherungsfalls, wenn ohne sie das Feststellungsverfahren anders verlaufen wäre, sondern nur, wenn durch sie die Feststellung selbst im Ergebnis zum Nachteil des Versicherers beeinflusst worden ist.[238] So ist das Unterlassen einer Schadensanzeige nicht kausal, wenn der Haftpflichtversicherer erst nach Einsicht in die Ermittlungsakte zahlt.[239]

7. Relevanzrechtsprechung bei Vorsatz

235 Bei vorsätzlicher Obliegenheitsverletzung ergibt sich aus dem Gesetzeswortlaut (§ 6 Abs. 3 VVG), dass es für die Leistungsfreiheit keiner Kausalität bedarf. Dieser völlige Verlust des Versicherungsschutzes bei vorsätzlicher Verletzung ist eine harte Sanktion, die nicht immer mit Treu und Glauben vereinbar ist. Der BGH hat daher die so genannte **Relevanzrechtsprechung** entwickelt. Der Versicherer kann sich demnach in Fällen folgenlos gebliebener vorsätzlicher Obliegenheitsverletzung nur dann auf die

---

229 BGH VersR 1993, 830 = NJW-RR 1993, 1049.
230 BGH VersR 1970, 732, Römer/Langheid § 6 Rn. 59.
231 BGH NJW 1989, 1354; Römer/Langheid § 6 Rn. 63.
232 BGHZ 119, 147 = NJW 1992, 2418 = VersR 1992, 1085.
233 Römer/Langheid § 6 Rn. 60.
234 BGH NJW 1993, 2112; OLG Hamm VersR 1995, 1183.
235 BGH zfs 2002, 138, 139 unter Hinweis auf OLG Hamm VersR 1985, 535.
236 Zur Beweislast des Versicherungsnehmers: BGHZ 41, 327, 336 = VersR 1964, 709 = NJW 1964, 1899.
237 BGH VersR 1960, 1033 = NJW 1961, 268.
238 BGHZ 41, 327 = VersR 1964, 709 = NJW 1964, 1899.
239 LG Frankfurt VersR 1982, 233.

Leistungsfreiheit berufen, wenn der Obliegenheitsverstoß objektiv, d.h. generell geeignet war, die Interessen des Versicherers ernsthaft zu gefährden und subjektiv von einigem Gewicht war, d.h. den Versicherungsnehmer ein erhebliches Verschulden trifft.[240] Zu beachten ist jedoch, dass eine konkrete Beeinträchtigung durch die vorsätzliche Obliegenheitsverletzung nicht vorzuliegen braucht. Es genügt, dass der **Verstoß generell geeignet war**, die berechtigten Interessen des Versicherers zu gefährden.[241] Dies bejahte der BGH beispielsweise bei der Frage nach Vorschäden oder der bisherigen Laufleistung des Kfz bei einem Diebstahlsschaden.[242] Weitere Voraussetzung der Relevanzrechtsprechung ist, dass die Obliegenheitsverletzung des Versicherungsnehmers folgenlos geblieben ist, dem Versicherer also bei der Feststellung des Versicherungsfalls oder des Schadenumfangs keine Nachteile entstanden sind, was vom Versicherungsnehmer darzulegen und zu beweisen ist.[243]

8. Beschränkung der Leistungsfreiheit in der Kraftfahrthaftpflichtversicherung

Für die Kraftfahrthaftpflichtversicherung sieht § 6 KfzPflVV eine betragsmäßige Beschränkung vor, die in § 7 Nr. V. 2 AKB 95 übernommen wurde. Danach ist die Leistungsfreiheit grundsätzlich auf € 2.500 beschränkt (§ 6 Abs. 1 KfzPflVV), nur bei besonders schwerwiegender vorsätzlich begangener Verletzung der Aufklärungs- oder Schadensminderungspflicht beträgt die Leistungsfreiheit bis zu € 5.000 (§ 6 Abs. 3 KfzPflVV). Gemäß § 7 KfzPflVV erstreckt sich die Leistungsfreiheit ohne betragsmäßige Beschränkung auf einen durch die Obliegenheitsverletzung erlangten rechtswidrigen Vermögensvorteil sowie die Mehrkosten, die durch ein unberechtigtes Anerkenntnis oder infolge einer Verletzung der Anzeigeobliegenheit oder der Prozessführungsbefugnis des Versicherers entstehen. Zur Frage des Zusammentreffens von Obliegenheitsverletzungen vor und nach dem Versicherungsfall siehe oben.

236

VII. Vorsätzliche und grob fahrlässige Herbeiführung des Versicherungsfalls

1. Bedeutung in den einzelnen Versicherungssparten

Die vorsätzliche oder grob fahrlässige Herbeiführung des Versicherungsfalls hat in den verschiedenen Versicherungssparten unterschiedliche Folgen.

237

a) Personenversicherung

In der Personenversicherung ist die vorsätzliche und grob fahrlässige Herbeiführung des Versicherungsfalls wie folgt geregelt:

238

In der Krankenversicherung führt nur die **vorsätzliche Herbeiführung der Krankheit** oder des Unfalls zur Leistungsfreiheit. Bei grober Fahrlässigkeit bleibt die Leistungsverpflichtung der Versicherung bestehen (§ 178 Abs. 1 VVG).

239

---

240 BGH zfs 1993, 276 = VersR 1993, 830 = NJW-RR 93, 1049; BGH zfs 2004, 462; Römer/Langheid § 6 Rn. 39.
241 BGH VersR 1984, 228.
242 BGH zfs 2002, 138.
243 BGH zfs 2004, 462.

240 In der Unfallversicherung tritt nur bei **freiwilliger Gesundheitsbeschädigung** Leistungsfreiheit ein. Eine freiwillige Gesundheitsbeschädigung liegt dann vor, wenn der Versicherungsnehmer gerade die Beeinträchtigung der Gesundheit wollte, z.b. bei einer Selbstverstümmelung zur Erlangung der Invaliditätsentschädigung. Ob der Versicherungsnehmer das Ereignis, das letztlich die Gesundheitsbeschädigung zur Folge hatte, vorsätzlich oder grob fahrlässig herbeiführte, ist belanglos.[244] Hat der Versicherte das Ereignis vorsätzlich oder fahrlässig herbeigeführt, rechnete er aber damit, ein Gesundheitsschaden werde nicht eintreten (z.b. bei einer gefährlichen Sportart) behält der Versicherte seinen Versicherungsschutz.[245] § 180a VVG stellt eine widerlegliche Vermutung auf, dass eine Gesundheitsbeschädigung unfreiwillig erfolgt.

241 In der Lebensversicherung sehen §§ 169, 170 VVG vor, dass bei Selbstmord und vorsätzlicher widerrechtlicher Tötung der versicherten Person durch den Versicherungsnehmer die Leistungsverpflichtung entfällt. Gemäß § 169 Satz 2 VVG bleibt der Versicherer zur Leistung verpflichtet, wenn der Selbstmord in einem die freie Willensbestimmung ausschließenden Zustand krankhafter Störung der Geistestätigkeit begangen worden ist.

242 Der Beweis für die Freiwilligkeit der Selbsttötung und damit auch für den Vorsatz, ist von dem, die Leistung verweigernden Versicherer zu führen.[246] Dabei ist es heute einhellige Meinung in der Rechtsprechung, dass der Versicherer den **Beweis für die Freiwilligkeit der Selbsttötung nicht durch einen Anscheinsbeweis erbringen kann**. Es fehlt an einem typischen Geschehensablauf, weil der Freitod eines Menschen von seinen besonderen Lebensumständen, seiner Persönlichkeitsstruktur, seiner augenblicklichen Gemütslage, insbesondere auch von seiner subjektiven Sicht der Situation abhängig ist.[247]

b) Haftpflichtversicherung

243 In der Haftpflichtversicherung sieht § 152 VVG vor, dass **nur bei vorsätzlicher** widerrechtlicher Herbeiführung des Versicherungsfalls der Versicherer leistungsfrei wird. Ein grob fahrlässiges Verhalten ist für den Versicherungsschutz unschädlich. Der Vorsatz muss auch die Schadensfolgen umfassen, was nur der Fall ist, wenn der Handelnde sich in etwa die konkrete Körperverletzung vorgestellt und wenn er diese gewollt (also in Kauf genommen) hat.[248] Allerdings braucht er die Folgen der Tat nicht in allen Einzelheiten vorausgesehen zu haben, es genügt vielmehr, wenn der Versicherungsnehmer die Handlungsfolgen in groben Umrissen voraussehen kann, ihren Eintritt akzeptiert, ohne sie zwingend herbeiführen zu wollen und das Geschehen nicht wesentlich vom erwarteten oder vorhersehbaren Ablauf abweicht.[249]

---

244 Römer/Langheid § 179 Rn. 13.
245 BGH NJW 1985, 1398.
246 BGH NJW-RR 1992, 982 = zfs 1992, 349.
247 BGH NJW 1987, 1944.
248 BGH VersR 1998, 1011.
249 Römer/Langheid § 152 Rn. 6.

c) Übrige Schadensversicherungen

Für die übrigen Schadensversicherungen (insbesondere Kfz-Kasko-, Hausrat-, Reisegepäckversicherung) sieht § 61 VVG vor, dass der Versicherer leistungsfrei wird, wenn der Versicherungsfall durch ein vorsätzliches oder grob fahrlässiges Verhalten des Versicherungsnehmers ausgelöst wurde.

2. Begriff der groben Fahrlässigkeit

Gemäß § 61 VVG wird der Versicherer von der Leistung frei, wenn der Versicherungsfall grob fahrlässig herbeigeführt wurde. § 61 VVG gilt dabei nur für den Bereich der Schadensversicherung, er gilt nicht für die Personenversicherung und die Haftpflichtversicherung. **Grob fahrlässig handelt**, wer die im Verkehr erforderliche Sorgfalt nach den gesamten Umständen in ungewöhnlich hohem Maße verletzt und unbeachtet lässt, was im gegebenen Fall jedem hätte einleuchten müssen. Im Gegensatz zur einfachen Fahrlässigkeit muss es sich bei einem grob fahrlässigen Verhalten um ein auch in subjektiver Hinsicht unentschuldbares Fehlverhalten handeln, das ein gewöhnliches Maß erheblich übersteigt.[250] Grobe Fahrlässigkeit ist regelmäßig dann gegeben, wenn schon einfachste und nahe liegende Überlegungen nicht angestellt und Maßnahmen nicht ergriffen werden, die jedem einleuchten müssen.[251] Dabei sind jedoch strenge Anforderungen zu stellen.[252] Das gewöhnliche Maß an Fahrlässigkeit muss in objektiver Hinsicht erheblich überschritten sein. Auch subjektiv muss ein unentschuldbares Fehlverhalten vorliegen, das erheblich über das gewöhnliche Maß hinausgeht.[253] § 61 VVG ist ein subjektiver Risikoausschluss.[254]

Nicht erforderlich ist ein objektiver Normen- oder Regelverstoß des Versicherungsnehmers gegen gesetzliche oder versicherungsvertragliche Bestimmungen. Es genügt jedes kausale Verhalten des Versicherungsnehmers oder eines ihm zuzurechnenden Dritten, wobei das Erfordernis der groben Fahrlässigkeit als Korrektiv gegenüber einer extensiven Ausweitung der Vorschrift zu behandeln ist.[255] Hieraus folgt, dass z.B. auch ein nach der StVO nicht verbotenes Verkehrsverhalten grob fahrlässig sein kann.[256]

3. Augenblicksversagen

Wegen des notwendigen gesteigerten personalen Verschuldens kann sich der Versicherungsnehmer im Einzelfall mit subjektiven Besonderheiten vom schweren Vorwurf der groben Fahrlässigkeit entlasten.[257] In diesem Zusammenhang spielt das so genannte Augenblicksversagen eine wichtige Rolle. Der BGH hat seine Bedeutung in den beiden Entscheidungen vom 8.2.1989[258] und 8.7.1992[259] abgesteckt. **Ein Augenblicksversa-**

---

250 BGH zfs 2003, 242.
251 BGH zfs 1986, 376 = NJW 1986, 2838; VersR 1989, 141.
252 Stiefel/Hofmann, Kommentar zu den AKB, 17. Auflage, § 61 VVG, Rn. 13.
253 BGH VersR 1977, 465 = MDR 1977, 651.
254 BGHZ 42, 295.
255 Römer/Langheid, Kommentar zum VVG, § 61 Rn. 1.
256 Wie z.B. das bis zum 01.02.2001 nicht verbotene Telefonieren mit einem Handy während der Fahrt.
257 BGH zfs 1992, 378 = NJW 1992, 2418.
258 BGH zfs 1989, 278 = NJW 1989, 1354.
259 BGH zfs 1992, 378 = NJW 1992, 2418.

gen liegt dann vor, wenn in einem zur Routine gewordenen Handlungsablauf einer von verschiedenen Handgriffen vergessen wird, der auch einem üblicherweise mit seinem versicherten Eigentum sorgfältig umgehenden Versicherungsnehmer passieren kann. Allerdings rechtfertigt die Tatsache eines Augenblicksversagens **alleine** nicht die Herabstufung der groben Fahrlässigkeit zur einfachen. Vielmehr müssen weitere, in der Person des Handelnden liegende besondere Umstände hinzukommen, die den Grund des momentanen Versagens erkennen und in einem milderen Licht erscheinen lassen. Der BGH hat diese Grundsätze im Urteil vom 29.1.2003 nochmals zusammengefasst.[260] Trägt der Versicherungsnehmer zur Ursache des kurzzeitigen Fehlverhaltens und den sonstigen Umständen nichts vor, kann der Tatrichter den Schluss ziehen, dass ein objektiv grob fahrlässiges Missachten des Rotlichts auch subjektiv als Fehlverhalten zu werten ist.[261] Das Augenblicksversagen hat also auch nach der Entscheidung des BGH vom 8.7.1992 seine Bedeutung in der Praxis behalten. Das Verhalten des Versicherungsnehmer wird aber nur dann mit Hilfe des Augenblicksversagens zu entschuldigen sein, wenn das vorangehende Verhalten des Versicherungsnehmer, das schließlich zu dem entscheidenden Moment der Unaufmerksamkeit führte, von diesem nicht in subjektiv unentschuldbarer Weise herbeigeführt wurde, sondern – sei es durch psychische, sei es durch physische Umstände – entschuldigt werden kann.[262]

4. Beweislastverteilung

248

Der **Versicherer** trägt in vollem Umfang die **Beweislast** für die Pflichtwidrigkeit, das qualifizierte Verschulden und die Kausalität.[263] Der Versicherer kann sich hinsichtlich des Verschuldens nicht auf einen Anscheinsbeweis berufen, weil dieser wegen der personalen Komponente der groben Fahrlässigkeit nicht zugelassen wird.[264] Im Rahmen einer Einzelfallwürdigung kann der Tatrichter aber vom Ausmaß des objektiven Pflichtenverstoßes Rückschlüsse auf die innere Tatseite ziehen.[265] Auch hinsichtlich der **Entschuldigungsgründe**, die der Versicherungsnehmer zur Untermauerung seines geringeren Verschuldens vorträgt, liegt die Beweislast grundsätzlich **beim Versicherer**, der diese ausräumen muss.[266] Allerdings ist es Sache des Versicherungsnehmers, ihn entlastende Umstände vorzutragen. Das entspricht dem allgemeinen prozessualen Grundsatz, wonach die nicht Beweisbelastete Partei ausnahmsweise eine Substantiierungslast treffen kann.[267] Der Versicherungsnehmer muss daher in schlüssiger Form ausreichende Tatsachen vortragen, die ihn subjektiv entlasten. Alleine die Behauptung eines Augenblicksversagens reicht nicht aus. Die Gründe dürfen auch nicht zu weit hergeholt sein.[268] Anders liegt jedoch der Fall, wenn der Versicherungsnehmer eine Unzurechnungsfähigkeit i.S.v. § 827 S.1 BGB behauptet. Hier bleibt es bei der allgemeinen

---

260 BGH zfs 2003, 242.
261 BGH zfs 2003, 242, 243.
262 Römer/Langheid § 61 Rn. 31 ff., mit vielen Beispielen aus der Rechtsprechung; siehe hierzu auch weiter unten die Beispielsfälle zu den Rotlichtverstößen.
263 BGH NJW 1985, 919; zfs 2003, 242, 243; 597, 598.
264 BGH zfs 2003, 242, 243.
265 BGH zfs 1989, 278 = NJW 1989, 1354; NJW 1997, 1012; zfs 2003, 597, 598; OLG Rostock zfs 2003, 356.
266 OLG Hamm, zfs 2000, 346; zfs 2001, 215; OLG Rostock, MDR 2004, 91.
267 BGH zfs 2003, 242, 243.
268 Stiefel/Hofmann § 61 Rn. 16; Knappmann, NVersZ 1998, 13, 17.

Beweislastregel, wonach der Täter die behauptete Unzurechnungsfähigkeit beweisen muss.[269]

5. Zurechnung des grob fahrlässigen Verhaltens eines Dritten

Führt nicht der Versicherungsnehmer selbst, sondern ein Dritter den Versicherungsfall grob fahrlässig herbei, stellt sich die Frage, ob dies den Anspruch des Versicherungsnehmers beeinträchtigen kann. Dabei gilt im Versicherungsvertrag, dass ein Verhalten dritter Personen dem Versicherungsnehmer nicht gemäß § 278 BGB zugerechnet werden kann.[270] Nur wenn der Dritte ausnahmsweise ein Repräsentant des Versicherungsnehmers ist, kann dessen grob fahrlässiges Verhalten dem Versicherungsnehmer zugerechnet werden.[271]

249

Auch dann, wenn der Dritte (z.B. als Fahrer in der Kraftfahrthaftpflichtversicherung) mitversichert ist, berühren Obliegenheitsverletzungen dieses Dritten grundsätzlich nicht den Versicherungsschutz des Versicherungsnehmers. Allerdings kann der mitversicherte Dritte seine eigenen Ansprüche infolge der groben Fahrlässigkeit verlieren. Die Frage des Verschuldens ist für jeden Versicherten gesondert zu beurteilen.[272]

250

Ausnahmsweise findet gemäß § 79 VVG eine Zurechnung des Fehlverhaltens eines Dritten dann statt, wenn dieser Dritte Eigentümer des vom Versicherungsnehmer versicherten Gegenstandes ist[273] (Beispiel: Fahrzeug wird wegen der günstigeren Prämieneinstufung auf den Namen des Vaters des Eigentümers versichert).

251

B. Prozess

I. Besonderer Gerichtsstand der Agentur (§ 48 VVG)

§ 48 VVG sieht einen besonderen Gerichtsstand für die Klage gegen das Versicherungsunternehmen vor. Hat ein Versicherungsagent den Vertrag vermittelt oder geschlossen, so ist der **Geschäftssitz des Agenten** zum **Zeitpunkt des Vertragsschlusses** oder der Vermittlung auch Gerichtsstand für Klagen aus diesem Vertrag. Hat der Agent keinen Geschäftssitz ist sein Wohnsitz entscheidend. Die Vorschrift ist nicht nur bei selbständigen Agenten anwendbar, sondern gilt auch dann, wenn ein fest angestellter Außendienstvermittler die Versicherung vermittelt.[274] Der Gerichtsstand gilt jedoch nicht, wenn ein Versicherungsmakler oder ein Innendienstmitarbeiter der Versicherung den Vertrag vermittelt oder geschlossen hat.

252

II. Sonderfragen bei ausländischen Versicherungen

Seit der Öffnung des Versicherungsmarktes treten auch im Bereich der Privatversicherungen zunehmend ausländische Versicherer als Anbieter auf. Kommt es dabei zu gerichtlichen Auseinandersetzungen ist die Frage des internationalen Gerichtsstandes

253

---

269 BGH zfs 2003, 597.
270 St. Rspr. zuletzt BGH zfs 2003, 411.
271 Instruktiv dargestellt ist die Rechtsfigur des Repräsentanten bei Römer/Langheid § 6 Rn. 115ff.
272 Römer/Langheid § 6 Rn. 119 a.E., LG Karlsruhe zfs 1999, 475.
273 OLG Koblenz, zfs 2000, 112; OLG Köln, zfs 2003, 553.
274 Römer/Langheid § 48 Rn. 2.

zu klären. Zudem ist zu beachten, dass alleine durch den ausländischen Sitz der Versicherung die **Berufung immer beim OLG** einzulegen ist.

1. Internationale Zuständigkeit

254 Gemäß Art 8, 9 EuGVVO vom 22.12.2000 können versicherungsvertragliche Ansprüche immer im **Wohnsitzstaat des Versicherungsnehmers** geltend gemacht werden. Auch der ausländische Versicherer kann daher am Gerichtsstand der Agentur verklagt werden. Wurde die Versicherung direkt abgeschlossen, ist der Wohnsitz des Versicherungsnehmers Gerichtsstand.

2. Ausschließliche Zuständigkeit des OLG für Berufung

255 Muss gegen einen ausländischen Versicherer ein Berufungsverfahren durchgeführt werden, ist dringend zu beachten, dass § 119 Abs. 1 Nr. 1b und c GVG vorsehen, dass eine ausschließliche Zuständigkeit des Oberlandesgerichtes besteht, wenn eine der Parteien ihren **allgemeinen Gerichtsstand außerhalb Deutschlands** hat oder wenn ausländisches Recht zur Anwendung gelangte und das Erstgericht dies in den Gründen ausdrücklich festgestellt hat. In diesen Fällen ist das OLG auch für **Berufungen gegen Urteile des Amtsgerichtes** zuständig. Eine beim Landgericht eingelegte Berufung hindert damit den Ablauf der Berufungsfrist nicht, wenn der Berufungsschriftsatz nicht vor dem Ablauf der Frist beim Oberlandesgericht eingegangen ist.[275] Der BGH lehnte auch eine Wiedereinsetzung in den vorigen Stand ab. Das Landgericht sei nicht verpflichtet gewesen, die Berufung noch am Tag des Eingangs an das zuständige OLG weiter zu leiten.

256 Diese besondere ausschließliche Zuständigkeit des Oberlandesgerichts ist auch dann zu beachten, wenn der Versicherungsfall ansonsten keine internationalen Bezüge hat, jedoch das beklagte Versicherungsunternehmen seinen Hauptsitz (und damit allgemeinen Gerichtsstand) im Ausland hat.

III. Sachverständigenverfahren

257 In vielen Sachversicherungssparten wie der Kaskoversicherung oder der Hausratsversicherung ist bei Meinungsverschiedenheiten über die Höhe des Schadens einschließlich der Feststellung des Wiederbeschaffungswerts oder über den Umfang der erforderlichen Wiederherstellungsarbeiten ein Sachverständigenausschuss zur Entscheidung berufen.

258 Die Durchführung eines solchen Sachverständigenverfahrens ist eine Fälligkeitsvoraussetzung. Eine vorher erhobene Leistungsklage ist mangels Rechtsschutzbedürfnis abzuweisen, wenn der Versicherer die Einrede erhebt. Von Amts wegen ist die Vereinbarung eines Sachverständigenverfahrens nicht zu berücksichtigen.[276] Andererseits kann sich der Versicherer nicht mehr darauf berufen, wenn er die Leistungspflicht dem Grunde nach abgelehnt hat.[277]

---

275 BGH NJW 2003, 1672.
276 Prölls-Martin § 14 AKB Rn. 1.
277 OLG Hamm, VersR 1990, 83; OLG Köln NVersZ 2002, 222.

Muster: Antrag auf Einleitung eines Sachverständigenverfahrens

Rechtsanwalt

■■■

Einschreiben/Rückschein

■■■-Versicherung

Postfach ■■■

Kraftfahrtversicherung Nr. ■■■

Ihre VN: ■■■

Sehr geehrte Damen und Herren,

ich nehme Bezug auf Ihr Schreiben vom 12.01.2004, in dem Sie eine weitere Zahlung auf den Fahrzeugschaden ablehnen. Mit dem von Ihrem Haussachverständigen errechneten Wiederbeschaffungswert besteht kein Einverständnis.

Namens meiner Mandantin beantrage ich die Durchführung des Sachverständigenverfahrens gemäß § 14 AKB.

Ich benenne den öffentlich bestellten und vereidigten Sachverständigen Dipl. Ing. Rolf Moser und fordere Sie auf, binnen zwei Wochen ab Zugang des Schreibens mir gegenüber Ihren Sachverständigen zu benennen.

Mit vorzüglicher Hochachtung

■■■

Rechtsanwalt

C. Einzelne Versicherungszweige

Im Rahmen dieser Darstellung sollen zwei wichtige Versicherungszweige, die in der Praxis des nicht auf Versicherungsrecht spezialisierten Anwalts eine Rolle spielen, kurz dargestellt werden.

I. Kraftfahrtversicherung

1. Versichertes Interesse, Vertragsgrundlagen

In der Kraftfahrtversicherung sind vier einzelne Versicherungen zusammengefasst, die vom Versicherungsnehmer jeweils ausgewählt werden können. Es handelt sich dabei um
- die Kfz-Haftpflichtversicherung,
- die Kfz-Kaskoversicherung,
- die Kraftfahrtunfallversicherung und
- die Autoschutzbriefversicherung

§ 3 Ansprüche aus Versicherungsverträgen

262 Die Allgemeinen Versicherungsbedingungen für die Kraftfahrtversicherung sind die AKB. Der Gesamtverband der Deutschen Versicherungswirtschaft GdV hält Musterbedingungen bereit, von denen jedoch viele Versicherer insbesondere bei der Berechnung der Versicherungsleistung abweichen.

2. Obliegenheiten vor dem Versicherungsfall

263 In den meisten Versicherungsbedingungen der Kraftfahrtversicherer sind die Obliegenheiten, die der Versicherungsnehmer vor dem Versicherungsfall zu erfüllen hat, wortgleich mit den AKB 95. Diese sollen daher kurz beleuchtet werden. Nach § 2b Nr. 1 AKB wird der Versicherer von der Leistung frei,

- wenn das Fahrzeug zu einem anderen als dem im Antrag angegebenen Zweck verwendet wird (**Verwendungsklausel**);
- wenn ein unberechtigter Fahrer das Fahrzeug gebraucht (**Schwarzfahrtklausel**);
- wenn der Fahrer des Fahrzeugs bei Eintritt des Versicherungsfalles auf öffentlichen Wegen oder Plätzen nicht die vorgeschriebene Fahrerlaubnis hat (**Führerscheinklausel**);
- in der Kraftfahrzeug-Haftpflichtversicherung wenn das Fahrzeug zu behördlich nicht genehmigten Fahrveranstaltungen, bei denen es auf Erzielung einer Höchstgeschwindigkeit ankommt, oder bei den dazugehörenden Übungsfahrten verwendet wird;
- in der Kraftfahrzeug-Haftpflichtversicherung wenn der Fahrer infolge Genusses alkoholischer Getränke oder anderer berauschender Mittel nicht in der Lage ist, das Fahrzeug sicher zu führen (**Trunkenheitsklausel**).

264 Zusätzlich sieht § 5 Nr.2 AKB im Falle der Ruheversicherung (vorübergehende Stilllegung des Fahrzeugs) vor, dass der Versicherer von der Leistung frei wird, wenn das Fahrzeug außerhalb des Einstellraumes oder des umfriedeten Abstellplatzes gebraucht oder nicht nur vorübergehend abgestellt wird. Diese Obliegenheit ist in der abschließenden Aufzählung des § 5 Abs. 1 KfzPflVV nicht enthalten. Dies soll aber unschädlich sein, da der Versicherungsschutz beitragsfrei gewährt werde und der Versicherer zusätzliche freiwillige Leistungen beschränken könne.[278]

3. Zu den Obliegenheiten im Einzelnen

a) Verwendungsklausel

265 Die Verwendungsklausel soll das unterschiedliche Risiko aus den einzelnen Verwendungsarten (z.B. gewerbliche – private Nutzung oder Eigennutzung – Vermietung etc.) begrenzen und damit dem Versicherer die Berechnung des entsprechenden Tarifs ermöglichen.[279] Ein Verstoß kann daher nur vorliegen, wenn bei anderer Verwendung eine höhere Prämien angefallen wäre.[280]

---

[278] Stiefel/Hoffmann, Kraftfahrtversicherung, AKB-Kommentar, 16. Auflage 1995, § 5 Rn. 14; Bauer, Die Kraftfahrtversicherung, 4. Auflage 1997, Rn. 482; zweifelnd Prölls/Martin AKB § 5 Rn. 18.
[279] Siehe hierzu: Prölls/Martin AKB § 2b Rn. 3 ff; Bauer, a.a.O. Rn. 416 ff.
[280] BGH VersR 1972, 530.

b) Schwarzfahrtklausel

Die Schwarzfahrtklausel wurde in den AKB 95 gegenüber den vorher geltenden AKB erheblich zum Nachteil des Versicherungsnehmers verändert.[281] Der Versicherer wird nunmehr auch gegenüber dem Versicherungsnehmer leistungsfrei, wenn dieser die Schwarzfahrt schuldhaft ermöglicht hat. Unberechtigter Fahrer ist, wer ohne (ausdrückliche oder stillschweigende) Erlaubnis des Verfügungsberechtigten das Fahrzeug lenkt[282] oder eine zeitlich, örtlich oder inhaltlich erkennbar beschränkte Benutzungsgenehmigung überschreitet, falls es sich nicht nur um geringfügige Abweichungen vom Fahrauftrag handelt.[283]

266

c) Führerscheinklausel

Die Führerscheinklausel hat in der Praxis große Bedeutung.[284] Sie wendet sich an den – mitversicherten – Fahrer, aber auch an den Versicherungsnehmer, der nicht selbst fährt, aber die Fahrt schuldhaft ermöglicht. Die Klausel[285] stellt auf Fahrten auf öffentlichen Wegen und Plätzen ab.[286] Die Fahrerlaubnis muss fehlen, ein befristetes **Fahrverbot führt nicht** zur Obliegenheitsverletzung.[287]

267

d) Rennveranstaltung

Das in der Kraftfahrthaftpflichtversicherung als Obliegenheit ausgesprochene Verbot der Teilnahme an ungenehmigten Rennveranstaltungen ist in der Kaskoversicherung ein Risikoausschluss (§ 2b Nr. 3.b) AKB).

268

e) Trunkenheitsklausel

Die Trunkenheitsklausel[288] wurde durch die AKB 95 neu aufgenommen. In den früheren AKB war sie nicht enthalten. Sie gilt nur für die Kraftfahrthaftpflichtversicherung. Im Bereich der Kaskoversicherung gilt die Fahrt unter Alkoholeinfluss regelmäßig als grob fahrlässig, was nach § 61 VVG zur Leistungsfreiheit führt. Die zu den §§ 315c, 316 StGB entwickelten Kriterien der Fahruntüchtigkeit gelten grundsätzlich auch für das Versicherungsrecht. Absolute Fahruntüchtigkeit wird daher bei einer BAK von 1,1 ‰ angenommen.[289] Bei einer darunter liegenden BAK ist die Feststellung eines alkoholbedingten Fahrfehlers notwendig, um zur relativen Fahruntüchtigkeit zu gelangen. So kann relative Trunkenheit angenommen werden, wenn beispielsweise der Versicherungsnehmer bei einer Alkoholisierung von 0,65‰ ohne nachvollziehbaren Grund von der Straße abkommt.[290] Die Rechtsprechung stellt zur Feststellung der BAK **geringere Anforderungen an die Messverfahren**, als dies bei der strafrechtlichen Beurteilung

269

---

281 Bauer a.a.O. Rn. 432.
282 Prölls/Martin AKB § 2b Rn. 16.
283 BGH VersR 1984, 834; Prölls/Martin AKB § 2b Rn. 20.
284 Bauer, a.a.O. Rn. 444.
285 Siehe hierzu Prölls/Martin AKB § 2b Rn. 22ff.; Bauer, a.a.O. Rn. 444ff.
286 Zum Begriff des öffentlichen Verkehrsraums OLG Düsseldorf NZV 1988, 231.
287 BGH NJW 1987, 1827 = VersR 1987, 897 = zfs.
288 Siehe hierzu Bauer, a.a.O. Rn. 472ff.
289 BGH zfs 1992, 15 = VersR 1991, 1367.
290 OLG Hamm zfs 2003, 408.

der Fall ist.[291] Allerdings rechtfertigt eine Messung unterhalb des strafrechtlichen Standards nicht die Annahme einer absoluten Fahruntauglichkeit. Auch bei dieser Klausel kann nicht nur die eigene Trunkenheitsfahrt des Versicherungsnehmers zur Leistungsfreiheit führen, sondern auch das schuldhafte Ermöglichen der Trunkenheitsfahrt eines Dritten.

4. Obliegenheiten nach dem Versicherungsfall

a) Die Obliegenheiten der AKB 95

270 Die in der Kraftfahrtversicherung nach dem Versicherungsfall zu erfüllenden Obliegenheiten sind in § 7 AKB zusammengefasst. Es handelt sich im Einzelnen um folgende Obliegenheiten:
- Anzeigeobliegenheiten
- Aufklärungsobliegenheit
- Anerkennungs- und Befriedigungsverbot[292]
- Beachtung der Prozessführungsbefugnis des Versicherers[293]
- Wiederinstandsetzungs- und Verwertungsverbot

271 Die Aufklärungsobliegenheit wurde im allgemeinen Teil bereits erläutert.[294] Die Anzeigeobliegenheiten und das Wiederinstandsetzungs- und Verwertungsverbot werden nachfolgend dargestellt.

b) Anzeigeobliegenheiten
- Der Versicherungsnehmer hat nach § 7 Nr. I. 2. AKB den Versicherungsfall innerhalb einer Woche schriftlich anzuzeigen, außer es handelt sich um einen Bagatellschaden, den der Versicherungsnehmer zum Erhalt seines Schadensfreiheitsrabatts selbst regeln will.
- Der Versicherungsnehmer muss dem Versicherer mitteilen, wenn gegen ihn ein Ermittlungsverfahren eingeleitet oder ein Strafbefehl oder Bußgeldbescheid erlassen wird.
- Der Versicherungsnehmer muss innerhalb einer Woche anzeigen, wenn der Geschädigte Ansprüche gegen ihn erhebt (§ 7 Nr. II. 2, AKB).
- Leitet der Geschädigte gerichtliche Schritte gegen den Versicherungsnehmer ein, muss dieser den Versicherer unverzüglich informieren (§ 7 Nr. II. 3. AKB)
- In der Fahrzeugversicherung hat der Versicherungsnehmer einen Entwendungs-, Brand- oder Wildschaden unverzüglich der Polizeibehörde anzuzeigen (§ 7 Nr. III. AKB).

c) Wiederinstandsetzungs- und Verwertungsverbot

272 In der Kaskoversicherung muss der Versicherungsnehmer gemäß § 7 Nr. III. Satz 1 AKB vor Beginn der Wiederinstandsetzung oder der Verwertung die Weisung der Versicherung einzuholen. Durch diese Klausel soll dem Versicherer die Möglichkeit gegeben wer-

---

291 Siehe hierzu die Ausführungen zur groben Fahrlässigkeit unten B.I.
292 Siehe hierzu Bauer, a.a.O. Rn. 569 ff.
293 Siehe hierzu Bauer, a.a.O. Rn. 578 ff.
294 Siehe oben Rn. 215 ff.

den, den Schaden durch **eigene Sachverständige festzustellen**. Der Versicherer ist **nicht berechtigt**, Anweisungen zu erteilen, ob, wo und auf welche Weise die Reparatur durchgeführt werden soll.[295] Auch hinsichtlich der Verwertung des Fahrzeugs kann die Versicherung keine bindende Weisung erteilen. Insoweit würde in unangemessener Weise in das Eigentumsrecht des Versicherungsnehmers eingegriffen werden. Der Versicherungsschutz kann nicht dadurch verloren gehen, dass der Versicherungsnehmer selbst bestimmt, wem er das Wrack verkaufen will. Deshalb muss der Versicherungsnehmer keine erneute Weisung einholen, wenn er das reparaturwürdige Fahrzeug verkauft.[296] Im Interesse des Versicherungsnehmers steht dem Versicherer nur eine relativ **kurze Zeit** zur Verfügung, Weisungen zu erteilen.[297]

5. Grobe Fahrlässigkeit in der Kaskoversicherung

Führt der Versicherungsnehmer den Versicherungsfall grob fahrlässig herbei, so ist der Versicherer in der Kaskoversicherung von der Leistung frei. In der Kfz-Haftpflichtversicherung bleibt der Versicherer jedoch zur Leistung verpflichtet. Die allgemeinen Grundsätze wurden bereits oben behandelt.[298] Nachfolgend sollen wichtige Einzelfälle aus dem Bereich der Kaskoversicherung dargestellt werden.

273

a) Leichtfertiges Fahren

Es entspricht im allgemeinen nicht dem Sinn der Kaskoversicherung, die Versicherungsleistung nur deswegen abzulehnen, weil der Versicherungsnehmer, ohne durch Trunkenheit oder andere Ursachen in seiner Fahrtüchtigkeit behindert zu sein, im Augenblick falsch reagiert und durch eine falsche Fahrweise einen Unfall herbeiführt.[299] Bestimmte Fahrfehler wurden jedoch von der Rechtsprechung als grob fahrlässig eingestuft, wobei eine nicht zu billigende Tendenz der Instanzgerichte dahin geht, im falsch verstandenen „Interesse der Versichertengemeinschaft" den mit der Prämienzahlung erkauften **Versicherungsschutz zu entwerten**. So gibt es Verhaltensweisen, deren Bewertung als grob fahrlässig einleuchtet, wie beispielsweise das Einlassen auf ein „Wettrennen" mit überhöhter Geschwindigkeit[300] oder das Suchen nach einer herab gefallenen brennenden Zigarette während der Fahrt.[301] Ebenfalls extrem risikoreich und damit grob fahrlässig handelt, wer einen Lkw dessen Fahrer den linken Blinker gesetzt hat, links überholt, obwohl eine unklare Verkehrslage vorliegt,[302] oder wer im Bereich einer Sperrfläche bei Gegenverkehr überholt.[303] Daneben werden aber auch Verstöße als grob fahrlässig erachtet, die keineswegs die gesteigerten Anforderungen an die personale Komponente erfüllen. So soll beispielsweise das Rauchen am Steuer generell,[304] das Überholen auf der Autobahn bei angeordnetem Überholver-

274

---

295 Prölls/Martin AKB § 7 Rn. 60 a.E.
296 Bauer, a.a.O. Rn. 594 a.E.
297 Bauer, a.a.O. Rn. 595; Prölls/Martin AKB § 7 Rn. 60.
298 Siehe oben Rn. 237 ff.
299 Stiefel/Hofmann § 61 VVG Rn. 26.
300 OLG Köln, zfs 2000, 450.
301 OLG Hamm zfs 2000, 347.
302 OLG Rostock zfs 2003, 498.
303 OLG Köln zfs 2003, 132.
304 OLG Karlsruhe zfs 1994, 95.

bot,³⁰⁵ ein längerer Blick in den Rückspiegel,³⁰⁶ das Fahren mit 50 km/h oder mehr auf vereister Straße,³⁰⁷ das Fahren auf kurvenreicher Strecke mit 90 km/h statt der erlaubten 50 km/h³⁰⁸ oder das Übersehen eines bereiften Vorfahrtsschild durch einen Ortsunkundigen³⁰⁹ jeweils grob fahrlässig gewesen sein. Der 38. Deutsche Verkehrsgerichtstag 2000 empfahl daher der Versicherungswirtschaft, in ihren Kasko-Bedingungen auf den Einwand der groben Fahrlässigkeit außer für die Fälle des Diebstahls und der Alkoholbedingten Fahruntauglichkeit zu verzichten und statt dessen eine Kürzung der Versicherungsleistung entsprechend dem Grad des Verschuldens vorzunehmen.³¹⁰

275 Einschränkend mit der Annahme von grober Fahrlässigkeit haben sich dementsprechend das OLG Hamm³¹¹ zum Aquaplaning und das LG Passau³¹² zum Überholen geäußert. Das OLG Düsseldorf hat es abgelehnt, das Parken eines Fahrzeuges auf einer Straße mit 2 – 3 % Gefälle mit unzureichend angezogener Handbremse als grob fahrlässig zu bewerten.³¹³ Das OLG Hamm verneinte grobe Fahrlässigkeit auch dann, wenn ein Lkw-Fahrer das Senken der Kippermulde vergisst.³¹⁴ Ebenfalls nicht grob fahrlässig ist das Bedienen des Autoradios oder eines CD-Wechslers.³¹⁵ Das OLG Brandenburg bewertet eine Vollbremsung aus (zulässigen) 80 km/h, um einen Hasen nicht zu überfahren, als nicht grob fahrlässig.³¹⁶ Anders insoweit allerdings das OLG Koblenz,³¹⁷ das das Ausweichen vor einem Fuchs als grob fahrlässig erachtet und auch eine Erstattung unter dem Gesichtspunkt der Rettungskosten verneint. Auch der Versuch, mit einem gemieteten Kleinlaster ein um ein Meter zu niedriges Steintor zu durchfahren muss bei Hinzutreten weiterer Umstände (unbekannte Strecke, Stresssituation, Ausweichreaktion), nicht grob fahrlässig sein.³¹⁸

b) Telefonieren mit dem Handy

276 Zwar bestand bis zum 01.02.2001 kein Verbot nach der StVO, die Rechtsprechung ging aber schon damals davon aus, dass das Telefonieren mit dem Handy ohne Freisprecheinrichtung grob fahrlässig ist. Jedenfalls dann, wenn das **Telefonieren mit einem weiteren Fahrfehler** (Überfahren einer Rotlichtampel,³¹⁹ überhöhte Geschwindigkeit,³²⁰ Abkommen von der Fahrbahn bei Nebel)³²¹ einherging, wurde der Versiche-

---

305 LG Darmstadt VersR 1976, 335.
306 OLG Nürnberg zfs 1988, 146.
307 LG Hannover zfs 2004, 171.
308 OLG Köln, zfs 2003, 553.
309 AG Groß-Gerau zfs 2000, 497.
310 Entschließung des Arbeitskreises VII in Veröffentlichung der Referate und Entschließungen zum 38. VGT 2000, Seite 13.
311 OLG Hamm zfs 2000, 496.
312 LG Passau zfs 2000, 160.
313 OLG Düsseldorf zfs 2001, 173.
314 OLG Hamm zfs 2000,218; anders OLG Düsseldorf, zfs 2001, 217.
315 OLG Hamm DAR 2001, 128.
316 OLG Brandenburg zfs 2003, 191.
317 OLG Koblenz zfs 2004, 221.
318 OLG Rostock, MDR 2004, 91.
319 BAG 12.11.1998 = DAR 1999, 182.
320 OLG Koblenz DB 199, 522.
321 OLG Köln zfs 2000, 545.

rungsschutz wegen grober Fahrlässigkeit abgelehnt. Ob die Rechtsprechung bei Benutzung einer Freisprecheinrichtung grobe Fahrlässigkeit annehmen wird, bleibt abzuwarten. Da das Betätigen der Freisprecheinrichtung vom Grad der Ablenkung eher mit dem Bedienen des Autoradios vergleichbar ist, spricht vieles dafür, hier die grobe Fahrlässigkeit zu verneinen.

c) Rotlichtverstöße, Nichtbeachten des Stoppschildes

Wegen ihrer besonderen Gefährlichkeit führen Rotlichtverstöße regelmäßig zur Annahme grober Fahrlässigkeit. Der BGH hat hierzu ausgeführt:[322] „Das Überfahren einer Kreuzung birgt hohe Gefahren, insbesondere wenn sie für den Verkehrsteilnehmer durch rotes Ampellicht gesperrt ist. Deshalb sind auch besonders hohe Anforderungen an den Verkehrsteilnehmer zu stellen. Von einem durchschnittlich sorgfältigen Kraftfahrer kann und muss verlangt werden, dass er an die Kreuzung jedenfalls mit einem Mindestmaß an Konzentration heranfährt, das es ihm ermöglicht, die Verkehrssignalanlage wahrzunehmen und zu beachten. Er darf sich nicht von weniger wichtigen Vorgängen und Eindrücken ablenken lassen." Entgegen einer weit verbreiteten Meinung hat der BGH mit dieser Entscheidung keineswegs **in jedem Fall ein Augenblicksversagen** im Zusammenhang mit dem Überfahren einer roten Ampel **ausschließen wollen**. Einen Grundsatz, wonach das Nichtbeachten des Rotlichts einer Ampel stets als grob fahrlässiges Herbeiführen eines Versicherungsfalles anzusehen ist, gibt es nicht. Der BGH hat dies nunmehr ausdrücklich klargestellt.[323] So kann der Vorwurf der groben Fahrlässigkeit entfallen, wenn der Verkehrsteilnehmer zunächst an der roten Ampel anhält und dann trotz des Rotlichts wieder an- und weiterfährt,[324] wenn der Fahrer in einer nicht einfachen Verkehrssituation durch das für ihn gefahrenträchtige Fahrverhalten eines Gelenkbusses abgelenkt wird[325] oder wenn der durch quengelnde Kinder abgelenkte Fahrer aufgrund eines Hupsignals des Fahrzeugs hinter ihm bei Rotlicht anfährt.[326] Andererseits sind die Anforderungen durchaus hoch angesetzt. So reicht es in der Regel nicht aus, mit einem ungewohnten Mietwagen gefahren zu sein,[327] oder fehlende Fahrpraxis im Großstadtverkehr zu haben.[328] Hier kommt es darauf an, was den insoweit darlegungspflichtigen[329] Fahrer zur Weiterfahrt veranlasst hat (z.B. unterschiedliche Grünphasen für parallele Fahrspuren). Rechtfertigt es der Sachverhalt, das grob verkehrswidrige Verhalten in einem milderen Licht erscheinen zu lassen, ist es Sache des **Versicherers**, diesen Sachverhalt **zu widerlegen**.[330] Kein grob verkehrswidriges Verhalten stellt es dar, wenn ein behinderter Mensch einen geistig behinderten Menschen am rechten Vordersitz befördert, dieser ihm unvermittelt in das

277

---

322 BGH zfs 1992, 378 = NJW 1992, 2418.
323 BGH zfs 2003, 242.
324 OLG Hamm, NZV 1993, 438; zfs 2000, 346.
325 OLG Hamm, zfs 2001, 215.
326 OLG Koblenz zfs 2004, 124.
327 BayObLG DAR 2001, 173, OLG Koblenz DAR 2001, 168.
328 OLG Rostock zfs 2003, 356.
329 OLG Rostock zfs 2003, 356.
330 OLG Hamm, zfs 2000, 346; zfs 2001, 215.

Lenkrad langt und der Fahrer deshalb trotz roter Lichtzeichenanlage in die Kreuzung einfährt.[331]

278 Strittig ist in der Rechtsprechung, ob das **Überfahren eines Stoppschildes** dem Überfahren einer roten Ampel gleichzusetzen ist. Das KG[332] verneint diese Gleichsetzung zutreffend, weil die Warnfunktion einer roten Ampel (bei der unabhängig vom Verkehr die Weiterfahrt unzulässig ist) eindeutiger ist als die Warnfunktion eines Stoppschilds (bei dem nach einer Überprüfung der Verkehrssituation vom Fahrer eine Entscheidung über das Weiterfahren zu treffen ist).

d) Alkoholisierung, Medikamenteneinnahme

279 Bei **absoluter Fahruntüchtigkeit** infolge Alkohols im Straßenverkehr ist fast ausnahmslos **grobe Fahrlässigkeit** angenommen worden. Dabei gilt der strafrechtliche Wert von 1,1 Promille auch im Versicherungsrecht.[333] Eine Blutalkoholuntersuchung, die unterhalb des Standards liegt, der in Deutschland angewendet wird, kann zur Feststellung der Fahruntauglichkeit ausreichend sein.[334] Allerdings darf in diesen Fällen aus dem BAK-Wert nicht auf eine absolute Fahruntauglichkeit geschlossen werden. Der Tatrichter muss daher auch bei rechnerischen Werten über 1,1 ‰ noch Indizien für eine relative Fahruntauglichkeit feststellen.[335] Die Methode der Bestimmung der BAK muss jedoch generell geeignet sein, verlässliche Werte zu erbringen. Dies ist grundsätzlich nicht der Fall, wenn das Blut bei einem tödlich verunglückten Fahrer aus dem Herzen und nicht aus der Oberschenkelvene entnommen wird.[336] Hinsichtlich der **Kausalität** der absoluten Fahruntüchtigkeit für den eingetretenen Unfall lässt die Rechtsprechung auch den **Beweis des ersten Anscheins** zu, wenn der Unfall dem Fahrer unter Umständen zustößt, die ein nicht durch Alkohol beeinträchtigter Fahrer in der Regel gemeistert hätte.[337]

280 Nach Ansicht des OLG Hamm[338] soll selbst bei einer Alkoholbedingten Aufhebung der Schuldfähigkeit grobe Fahrlässigkeit anzunehmen sein, weil die Regeln der von den Strafsenaten des BGH zwischenzeitlich aufgegebenen actio libera in causa im Versicherungsrecht weiter gelten sollen. Der BGH[339] nimmt – ohne die Grundsätze der actio libera in causa heranzuziehen – grobe Fahrlässigkeit trotz eingeschränkter oder aufgehobener Schuldfähigkeit an, weil das Wissen um die Gefährlichkeit von Alkoholfahrten derart Allgemeingut sei, dass dies auch von hochgradig alkoholisierten Personen noch berücksichtigt werde.

281 Auch bei **relativer Fahruntüchtigkeit** wird regelmäßig grobe Fahrlässigkeit angenommen. Über den genossenen Alkohol hinaus müssen hier weitere äußere Anzeichen für

---

331 LG Oldenburg zfs 2003, 504.
332 KG, DAR 2001, 211 = zfs 2001,216 mit umfangreicher Darstellung der Rechtsprechung.
333 BGH VersR 1991, 1367 = zfs 1992, 15.
334 OLG Köln zfs 2000, 111: Untersuchung in den Niederlanden nur nach der ADH-Methode.
335 BGH zfs 2003, 25 = DAR 2003, 31.
336 BGH zfs 2002, 488 = DAR 2002, 504.
337 BGH DAR 1985, 350; 1986, 85; OLG Köln zfs 2000, 111.
338 OLG Hamm zfs 2001, 119.
339 BGH zfs 1989, 244 = NJW 1989, 1612.

eine alkoholbedingte Fahruntüchtigkeit vorliegen. Es müssen Ausfallserscheinungen oder Fahrfehler festgestellt werden, die typischerweise auf den Alkoholgenuss zurückzuführen sind.[340] Einen alkoholtypischen Fahrfehler hat beispielsweise das LG Meiningen[341] angenommen, wenn der alkoholisierte Fahrer (0,83 Promille) auf nasser Fahrbahn mit 65 km/h in eine enge Kurve fährt.

Anders sieht es aus, wenn die Fahruntauglichkeit aufgrund der Einnahme von ärztlich verordneten Medikamenten vorlag. Hier kann nicht ohne weiteres auf grobe Fahrlässigkeit geschlossen werden.[342]

e) Einschlafen während der Fahrt

Zunehmend wird von der Rechtsprechung das Einschlafen während der Fahrt als grob fahrlässig bewertet.[343] Grob fahrlässig handelt, wer bei Anzeichen der Übermüdung weiterfährt. Nach einem angeblichen Erfahrungssatz sollen dem Sekundenschlaf wahrnehmbare deutliche Zeichen von Übermüdung vorausgehen.[344]

6. Diebstahlsfälle

a) Versicherungsschutz

Die Entwendung eines versicherten KFZ durch Diebstahl, unbefugten Gebrauch durch betriebsfremde Personen, Raub oder Unterschlagung stellt gemäß § 12 Abs. 1 Nr. Ia AKB in der Teilkaskoversicherung einen Versicherungsfall dar. Nicht versichert ist die Unterschlagung, wenn sie durch denjenigen erfolgt, an den der Versicherungsnehmer das Fahrzeug unter Eigentumsvorbehalt veräußert hat oder durch denjenigen, dem es zum Gebrauch oder zur Veräußerung überlassen wurde.

Die Versicherung des Diebstahlsrisikos hat für den redlichen Versicherungsnehmer eine oft existenzielle Bedeutung (z.B. bei geleasten Oberklassefahrzeugen). Andererseits sind Diebstahlsfälle auch eine Möglichkeit durch einen Versicherungsbetrug einen substantiellen finanziellen Gewinn zu erzielen. In diesem Spannungsfeld steht die Rechtsprechung. Auf der einen Seite wird dem Versicherungsnehmer durch prozessuale Hilfestellungen die Beweissituation erleichtert. Andererseits werden an vielen Stellen des Versicherungsrechts Hürden aufgestellt, die der Versicherungsnehmer überwinden muss. Die Bearbeitung solcher Fälle im Rahmen eines Mandatsverhältnisses erfordert hohe Sorgfalt. Zu beachten ist dabei, dass auch die Gerichte der I. Instanz und manche Berufungsgerichte die differenzierte Rechtsprechung des BGH nicht genau genug beachten, sondern sich von persönlichen Eindrücken leiten lassen.

b) Gefahrerhöhung

Bereits vor dem Eintritt des Versicherungsfalls kann der Versicherungsschutz durch eine objektive Gefahrerhöhung in Gefahr geraten. Die Entwendung von Kfz-Schlüsseln

---

340 OLG Frankfurt/M VersR 1996, 52; OLG Köln VersR 1989, 139.
341 LG Meiningen zfs 2000, 348.
342 OLG Düsseldorf zfs 2004, 567.
343 OLG Rostock DAR 2001, 410; OLG Schleswig DAR 2001, 463.
344 LG Stendal zfs 2003, 133; OLG Frankfurt NJW-RR 1993, 102 f; OLG Naumburg OLG Report 2001, 28f.

stellt grundsätzlich eine Gefahrerhöhung dar, wenn damit gerechnet werden muss, dass der Finder den Schlüssel mit dem Kfz in Verbindung bringen kann.[345]

c) Beweisgrundsätze bei der Kfz-Entwendung

287 Die Entwendung eines Kfz erfolgt in der Regel unbeobachtet von unbeteiligten Zeugen. Dadurch ist der Versicherungsnehmer regelmäßig nicht in der Lage den Vollbeweis des Diebstahls zu erbringen. Deshalb billigt ihm die Rechtsprechung Beweiserleichterungen zu,[346] die auf der **Glaubwürdigkeits- und Redlichkeitsvermutung** beruhen.

288 Von diesen Beweiserleichterungen muss der Versicherungsnehmer jedoch nur dann Gebrauch machen, wenn er nicht den Vollbeweis des Diebstahls erbringen kann. Hat ein Zeuge den Diebstahl beobachtet oder gesteht der später festgenommene Dieb ist der Eintritt des Versicherungsfalls bewiesen, ohne dass es auf eine Glaubwürdigkeits- oder Redlichkeitsvermutung noch ankommt.[347]

289 Kann der Versicherungsnehmer den Vollbeweis nicht führen, gewährt ihm die Rechtsprechung Beweiserleichterungen, wenn es darum geht, den Eintritt des Versicherungsfalls Diebstahl nachzuweisen. Insoweit genügt es zunächst, das äußere Bild einer Entwendung i.S.d. § 12 Abs. 1 Ib AKB zu beweisen. Der Versicherungsnehmer muss einen Sachverhalt darlegen und beweisen, aus dem sich mit hinreichender Wahrscheinlichkeit auf eine bedingungsgemäße Entwendung schließen lässt.[348] Dabei genügt es im Regelfall, dass der Versicherungsnehmer beweist (z.B. durch Zeugen), dass er das Fahrzeug zu einer bestimmten Zeit an einer bestimmten Stelle abgestellt und dort nicht wieder aufgefunden hat.[349] Das Gericht hat dabei die angebotenen Zeugen für den äußeren Sachverhalt zu vernehmen, auch wenn Zweifel an der allgemeinen Glaubwürdigkeit der vom Versicherungsnehmer benannten Zeugen bestehen,[350] oder wenn Zweifel an der Redlichkeit des Versicherungsnehmers bestehen.[351] Gelingt dem Versicherungsnehmer der Beweis der äußeren Umstände eines Diebstahls, so muss der Versicherer Umstände beweisen, die mit erheblicher Wahrscheinlichkeit auf eine Vortäuschung des Diebstahls schließen lassen.[352] Alleine die hinreichende Wahrscheinlichkeit einer Vortäuschung des Diebstahls reicht hier nicht aus.[353]

290 Der Versicherungsnehmer muss das äußere Bild der Entwendung beweisen.[354] Gibt es keine Zeugen, schließt dies die dem Versicherungsnehmer obliegende Mindestbeweisführung nicht aus. Im Rahmen der freien Beweiswürdigung des Verhandlungsergebnisses kann nämlich auch den Behauptungen und Angaben des persönlich angehörten Versicherungsnehmers geglaubt werden, wenn dieser ihre Richtigkeit auf andere Weise

---

345 OLG Hamm VersR 1994, 1416; OLG Köln zfs 1985, 214.
346 Umfassend hierzu: Diehl zfs 2000, 187; Römer NJW 1996, 2329.
347 BGH zfs 2000, 18.
348 BGHZ 130, 1 = zfs 1995, 340.
349 OLG Saarbrücken zfs 2004, 463.
350 OLG Hamm zfs 2000, 208; OLG Saarbrücken zfs 2004, 463.
351 BGH VersR 1999, 181; OLG Saarbrücken zfs 2004, 463.
352 OLG Saarbrücken zfs 2003, 599, Römer/Langheid VVG, § 49 Rn. 17.
353 BGH zfs 2000, 18 = VersR 1999, 1535.
354 BGH zfs 2000, 18.

nicht beweisen kann.³⁵⁵ Dies setzt allerdings voraus, dass die **Glaubwürdigkeit des Versicherungsnehmers** nicht durch unstreitige oder vom Versicherer bewiesene Indizien erschüttert ist. Insoweit (aber auch nur in diesem Fall !) genügt es, dass ernsthafte Zweifel an seiner Glaubwürdigkeit bestehen. Dies kann beispielsweise dann der Fall sein, wenn der Versicherungsnehmer wenige Jahre zuvor einen anderen Versicherer durch Vorlage eines unrichtigen Beleges zu täuschen versucht hatte,³⁵⁶ oder wenn er unzutreffende Angaben zum Geschehensablauf vor der angeblichen Entwendung des Kfz oder zu Vorschäden machte.³⁵⁷ Kann ein Versicherungsnehmer keinen plausiblen Grund dafür angeben, warum er 5 Jahre nach Erwerb des Kfz kurz vor dessen Entwendung ein Wertgutachten hat anfertigen lassen, so spricht dies ebenfalls mit erheblicher Wahrscheinlichkeit für eine Vortäuschung der Entwendung.³⁵⁸ Strittig ist, ob die Vermutung der Redlichkeit widerlegt ist, wenn ein Nachschlüssel gefertigt worden sein muss und der Versicherungsnehmer dies nicht plausibel erklären kann.³⁵⁹ Der BGH geht davon aus, dass der Nachweis der Fertigung von Nachschlüsseln allein, ohne dass bekannt ist, von wem, mit wessen Billigung und wann sie hergestellt wurden, nicht ausreicht, um eine erhebliche Wahrscheinlichkeit der Vortäuschung anzunehmen.³⁶⁰ Auch wenn ein Ersatzschlüssel vorgelegt wird, sind fehlende Kopierspuren auf den vorhandenen Originalschlüssel kein Indiz für die Vortäuschung der Entwendung.³⁶¹ Entscheidend dürften hier die Umstände des Einzelfalles sein.³⁶²

Hat der Versicherungsnehmer den Vollbeweis eines Diebstahls erbracht oder konnte er das äußere Bild des Eintritts des Versicherungsfalls beweisen, muss der Versicherer den Vollbeweis der Vortäuschung des Versicherungsfalls erbringen. Dabei kann sich der Versicherer auf eine Gesamtschau von eindeutigen Indizien berufen.

291

d) Musterbausteine für Klageschrift bezüglich Beweiserleichterungen

Muster: Baustein Beweiserleichterung allgemein

292

■■■

Nach der ständigen Rechtsprechung des BGH (VersR 1995, 909; 1996, 319; 1997, 733) kommen dem Versicherungsnehmer in der Diebstahlversicherung Beweiserleichterungen zugute. Der Versicherungsnehmer muss lediglich einen Sachverhalt darlegen und beweisen, der mit hinreichender Wahrscheinlichkeit den Schluss auf die Fahrzeugentwendung zulässt. Dazu reicht in der Regel der Nachweis, dass der Versicherungsnehmer sein Fahrzeug an einem bestimmten Ort abgestellt und dort später nicht wieder aufgefunden hat.

11

■■■

---

355 BGH zfs 1996, 220; OLG Hamm, zfs 2003, 456.
356 OLG Hamm zfs 2003, 456.
357 LG Hannover zfs 2003, 357.
358 OLG Frankfurt zfs 2003, 297.
359 So OLG Hamburg OLGR 1996, 97; OLG Köln OLGR 1998, 360; LG Bochum, zfs 2003, 553; a.A. OLG Stuttgart OLGR 1998, 82; OLG Hamm zfs 1996, 22.
360 BGH, NJW-RR 1999, 246; 1997, 154; OLG Saarbrücken zfs 2002, 587.
361 BGH VersR 1997, 102, OLG Frankfurt zfs 2003, 599.
362 OLG Saarbrücken zfs 2003, 599, 560.

§ 3 Ansprüche aus Versicherungsverträgen

Muster: Baustein Persönliche Anhörung des Versicherungsnehmers

293

12 Nach der ständigen Rechtsprechung des BGH (VersR 1995, 909; 1996, 319; 1997, 733) kommen dem Versicherungsnehmer in der Diebstahlsversicherung Beweiserleichterungen zugute. Der Versicherungsnehmer muss lediglich einen Sachverhalt darlegen und beweisen, der mit hinreichender Wahrscheinlichkeit den Schluss auf die Fahrzeugentwendung zulässt. Dazu reicht in der Regel der Nachweis, dass der Versicherungsnehmer sein Fahrzeug an einem bestimmten Ort abgestellt und dort später nicht wieder aufgefunden hat. Gibt es keine Zeugen für das äußere Bild der Entwendung, schließt dies die dem VN obliegende Mindestbeweisführung nicht aus. Im Rahmen der freien Beweiswürdigung des Verhandlungsergebnisses kann nämlich auch den Behauptungen und Angaben des persönlich angehörten VN geglaubt werden, wenn dieser ihre Richtigkeit auf andere Weise nicht beweisen kann. Ich beantrage daher die persönliche Einvernahme des Klägers als Partei. Die Zustimmung der Beklagten zu dieser Einvernahme ist auf der Grundlage der zitierten Rechtsprechung nicht notwendig.

e) Grobe Fahrlässigkeit

294 Beim Diebstahl des Fahrzeugs wird oft grobe Fahrlässigkeit eingewendet. Dabei sind folgende **typische Gestaltungen** zu unterscheiden: Abstellen des Fahrzeugs in gefährdeter Lage, mangelnde Sicherung des Fahrzeugs gegen unbefugte Wegnahme, Ermöglichen des Schlüsseldiebstahls, Zurücklassen der Fahrzeugpapiere im Fahrzeug. Bei allen Gestaltungen wird von den Instanzgerichten zu oft und nahezu schematisch grobe Fahrlässigkeit bejaht, obwohl in jedem Einzelfall zu prüfen ist, ob tatsächlich ein **besonders verantwortungsloses Verhalten** vorliegt und dieses tatsächlich **kausal** für den Versicherungsfall wurde.

295 In den Fällen des Abstellens des Fahrzeugs in gefährdeter Lage ist der BGH sehr zurückhaltend mit der Annahme grober Fahrlässigkeit. So hielt der BGH weder das Parken eines ordnungsgemäß verschlossenen Porsche für 1 ½ Tage auf einer belebten Hauptstraße in Mailand,[363] noch das Abstellen eines BMW Z1 auf einem gemieteten Stellplatz in einer frei zugänglichen Tiefgarage[364] für grob fahrlässig. Der BGH nimmt in diesen Fällen nur dann grobe Fahrlässigkeit an, wenn im Hinblick auf die Art des Abstellens und des gewählten Platzes dringende Diebstahlsgefahr bestand.[365]

296 Grobe Fahrlässigkeit wird oft angenommen, wenn der Versicherungsnehmer das Fahrzeug unverschlossen abstellt, das Lenkradschloss nicht betätigt oder den (Ersatz-)Schlüssel im Fahrzeug belässt.[366] Ebenfalls grob fahrlässig kann es im Einzelfall sein, wenn der Schlüssel unzureichend verwahrt wird.[367] Hierbei dürfen aber an den Versi-

---

[363] BGH zfs 1996, 262 = NJW 1996, 1411 = VersR 1996, 621.
[364] BGH zfs 1996, 262.
[365] BGH zfs 1996, 262.
[366] BGH zfs 1986, 376 = NJW 1986, 2838; vgl. die Rechtsprechungsübersicht bei Stiefel/Hofmann § 61 VVG Rn. 31.
[367] OLG Oldenburg zfs 1997, 141.

cherungsnehmer keine zu hohen Anforderungen gestellt (z.b. am Badestrand).[368] Nicht ausreichend ist es, wenn der Versicherungsnehmer den Schlüssel verliert und die Codierung nicht ändern lässt, weil er keinen Anhaltspunkt dafür hat, dass der Finder des Schlüssels diesen dem Fahrzeug zuordnen kann.[369] Allerdings kann insoweit eine Gefahrerhöhung vorliegen.[370] Auch hier können besondere Umstände, die zu einem **Augenblicksversagen** führten, das Verdikt der groben Fahrlässigkeit entfallen lassen.[371]

Auch dann, wenn das Verhalten an sich als grob fahrlässig bewertet werden kann, muss feststehen, dass dieses Verhalten **kausal** für den Diebstahl wurde. Entgegen einer früher weit verbreiteten Ansicht der Instanzgerichte wertet der BGH[372] daher das Belassen von Fahrzeugpapieren im geschlossenen Handschuhfach des abgesperrten Fahrzeugs regelmäßig nicht als grob fahrlässig, weil dies keinen Einfluss auf den Tatentschluss des Diebes hat. Auch das mehrtätige Abstellen eines wertvollen Motorrades auf einem ungesicherten öffentlichen Parkplatz für nur dann zur Leistungsfreiheit wegen grober Fahrlässigkeit, wenn nicht ausgeschlossen werden kann, dass das Motorrad bereits in den ersten Stunden nach dem Abstellen entwendet wurde.[373]

f) Verletzung der Aufklärungsobliegenheit

Die vorsätzliche Verletzung der in § 7 Nr. I Abs. 2 AKB normierten Aufklärungsobliegenheit kann – bei Vorliegen der übrigen Umstände – zur Leistungsfreiheit führen. Das bewusst wahrheitswidrige Verschweigen von erheblichen Vorschäden, nach denen ausdrücklich gefragt wird, ist ein Beispiel für diese Obliegenheitsverletzung.[374]

Der Versicherer wird leistungsfrei bei unrichtigen Angaben zu Vorschäden,[375] wenn der Versicherungsnehmer auf die Frage nach Vorschäden einen massiven Karosserieschaden bagatellisiert.[376] Dies gilt auch, wenn er zwar formal eine zutreffende Antwort gibt, er dadurch aber wahrheitswidrig vorspiegelt, keine weiteren Erkenntnisse über Vorschäden zu besitzen.[377]

Falsche Angaben zu Schlüsseln können eine Verletzung der Aufklärungsobliegenheit bedeuten,[378] jedoch dann nicht, wenn vorhandene Schlüssel aus nachvollziehbaren Gründen vergessen werden.[379]

Auch durch falsche oder unvollständige Angaben zum Diebstahl des Fahrzeugs kann die Aufklärungspflicht verletzt werden. Wenn der Versicherungsnehmer verschweigt, dass er selbst beim Abstellen und Nichtwiederfinden seines Kfz am Tatort war, ist die

---

368 OLG Stuttgart zfs 1997, 140.
369 OLG Frankfurt zfs 2003, 456.
370 OLG Nürnberg zfs 2003, 457.
371 OLG Düsseldorf zfs 1999, 156.
372 BGH zfs 1996, 262 = VersR 1996, 621; nunmehr auch OLG Köln zfs 2004, 221.
373 OLG Karlsruhe zfs 2003, 192.
374 BGH, IV ZR 161/00, dargestellt bei Römer, zfs 2001, 289, 291.
375 OLG Düsseldorf zfs 2001, 505.
376 LG Osnabrück zfs 2003, 82.
377 OLG Düsseldorf zfs 2003, 245.
378 OLG Köln zfs 2004, 125.
379 OLG Koblenz zfs 2002, 82.

Verletzung der Aufklärungsobliegenheit relevant.[380] Falsche Angaben über den Kaufpreis bleiben selbst dann relevant, wenn der Versicherungsnehmer zum Kaufpreis den Wert der später erworbenen Zusatzausstattung addiert.[381]

302 Nach der ständigen Rechtsprechung des BGH[382] führen auch arglistig falsche Angaben des Versicherungsnehmers dann **nicht zur Leistungsfreiheit** des Versicherers, wenn dieser den Anspruch zuvor bereits abgelehnt hat und an der Ablehnung – wie regelmäßig im Prozess – festhält. Die Sanktion der Leistungsfreiheit hat ihre Berechtigung im Schutzbedürfnis des prüfungs- und verhandlungsbereiten Versicherers. Dieses Schutzbedürfnis fehlt, solange der Versicherer nicht oder nicht mehr prüfungs- und leistungsbereit ist.

g) Alternative Tatbestände

303 Scheitert der Anspruch daran, dass das äußere Bild des Diebstahls nicht bewiesen werden kann, ist immer zu prüfen, ob der **Leistungsanspruch auf eine der anderen Alternativen des § 12 AKB gestützt** werden kann. Wird beispielsweise das entwendete Fahrzeug später ausgebrannt aufgefunden, kann jedoch der Versicherungsnehmer infolge widerlegter Redlichkeitsvermutung den Diebstahl nicht nachweisen, kann er seinen Anspruch auf § 12 Nr. 1.I.a AKB (Brandschaden) stützen.

304 **7. Muster: Klage wegen Forderung aus Versicherungsvertrag**

13

Rechtsanwalt

■■■

Landgericht ■■■

Zivilkammer

K l a g e

In Sachen

■■■

Kläger

Prozessbevollmächtigter: ■■■

gegen

■■■-Versicherung AG, ges. vertr. d. d. Vorstand ■■■

Beklagte

wegen

Forderung aus Versicherungsvertrag

---

380 OLG Hamm zfs 2003, 552.
381 OLG Koblenz zfs 2003, 410.
382 BGH VersR 1999, 1535.

Streitwert: € 22.500,–

Vorgelegte Gerichtskosten: € 1290,–

Namens und im Auftrag des Klägers erhebe ich Klage zum Landgericht Musterstadt mit dem A n t r a g :
1. Die Beklagte wird verurteilt, an den Kläger € 22.500,00 nebst Zinsen in Höhe von 5 % über dem Basiszinssatz hieraus seit 10.11.2003 zu bezahlen.
2. Die Beklagte trägt die Kosten des Rechtsstreits.

B e g r ü n d u n g :

Der Kläger schloss mit der Beklagten einen Kaskoversicherungsvertrag. Nach dem Eintritt des Versicherungsfalles verweigert die Beklagte die Versicherungsleistung, die daher mit der Klage geltend gemacht wird.

1. Örtliche Zuständigkeit

Die örtliche Zuständigkeit des Landgerichtes Musterstadt ergibt sich aus § 48 VVG. Der Kläger schloss den Vertrag bei dem Agenten der Beklagten Gerd Müller in Musterstadt ab. Dies dürfte unstreitig bleiben.

2. Versicherungsvertrag:

Für den Pkw des Klägers, BMW 520i, amtliches Kennzeichen MS-KM 1111, besteht bei der Beklagten eine Kaskoversicherung unter der Versicherungs-Nr. 102 KH 23456789. Die Selbstbeteiligung in der Teilkasko beträgt € 500

Beweis: Versicherungsschein vom 12.12.1999 in Kopie beiliegend

Dem Vertrag zugrunde liegen die AKB 95 zugrunde.

Beweis: Versicherungsschein vom 12.12.1999 in Kopie beiliegend

§ 12 AKB 95 lautet auszugsweise:

1. Die Fahrzeugversicherung umfaßt die Beschädigung, die Zerstörung und den Verlust des Fahrzeugs ...

I. in der Teilversicherung
a) ...
b) durch Entwendung, insbesondere Diebstahl, unbefugten Gebrauch durch betriebsfremde Personen, Raub, und Unterschlagung. ...

Beweis: AKB 95 in Kopie beiliegend
3. Eintritt des Versicherungsfalls:

In der Nacht vom 14.08. auf den 15.08.2003 trat der Versicherungsfall ein, weil das versicherte Fahrzeug gestohlen wurde. Der Kläger hatte sein Fahrzeug am 14.08.2003 gegen 22.30 Uhr am Straßenrand der Piata Victoriei in Bukarest vor dem Hotel Orbis abgestellt und ordnungsgemäß verschlossen.

Beweis: Max Müller, Rundstraße 3, 90017 Musterstadt als Zeuge

Der Zeuge Max Müller ist ein Arbeitskollege des Klägers, der dabei war, als der Kläger sein Fahrzeug abstellte, jedoch am nächsten Morgen bereits um 05.30 Uhr mit dem Taxi zum Flughafen fuhr, um nach Moskau weiter zu fliegen.

Der Kläger ging am 15.08.2003 gegen 09.00 Uhr zu dem Parkplatz, an dem er am Abend zuvor das Fahrzeug abgestellt hatte, um mit seinem Fahrzeug weg zu fahren. Dabei stellte er fest, dass das Fahrzeug nicht mehr dort stand.

Beweis: Einvernahme des Klägers als Partei

Der Kläger ging in das Hotel zurück und ließ von der Rezeption aus sofort die Polizei anrufen. Die Polizeibeamten erklärten, dass das Fahrzeug nicht von der Polizei abgeschleppt worden war (wozu auch kein Anlass bestanden hätte).

Beweis: Einvernahme des Klägers als Partei

Der Kläger fuhr mit den Polizisten zur zuständigen Polizeidienststelle und zeigte den Diebstahl an.

Beweis:
1. Einvernahme des Klägers als Partei
2. Bestätigung der Polizeiverwaltung Bukarest vom 15.08.2003 in beglaubigter Übersetzung beiliegend

Nach der ständigen Rechtsprechung des BGH (VersR 1997, 733) kommen dem Versicherungsnehmer in der Diebstahlsversicherung Beweiserleichterungen zugute. Der Versicherungsnehmer muss lediglich einen Sachverhalt darlegen und beweisen, der mit hinreichender Wahrscheinlichkeit den Schluss auf die Fahrzeugentwendung zulässt. Dazu reicht in der Regel der Nachweis, dass der Versicherungsnehmer sein Fahrzeug zu einer bestimmten Zeit an einem bestimmten Ort abgestellt und dort später nicht wieder aufgefunden hat. Steht dem Versicherungsnehmer für diesen Sachverhalt kein Zeuge zur Verfügung, so ist grundsätzlich seine Einvernahme als Partei angezeigt.

4. Höhe der Versicherungsleistung

Die Höhe der vertraglichen Versicherungsleistung ist in § 13 AKB wie folgt festgelegt, der auszugsweise wie folgt lautet:
1. Der Versicherer ersetzt einen Schaden bis zur Höhe des Wiederbeschaffungswertes des Fahrzeugs oder seiner Teile am Tage des Schadens, soweit in den folgenden Absätzen nichts anderes bestimmt ist. Wiederbeschaffungswert ist der Kaufpreis, den der Versicherungsnehmer aufwenden muss, um ein gleichwertiges gebrauchtes Fahrzeug oder gleichwertige Teile zu erwerben

2. – 8. ...
9. In der Teil- und Vollversicherung wird der Schaden abzüglich einer vereinbarten Selbstbeteiligung ersetzt.

Beweis: AKB 95 in Kopie beiliegend

Das Fahrzeug hatte am 15.08.2003 einen Wiederbeschaffungswert in Höhe von € 23.000,00. Dieser Wert wurde vom Sachverständigen der Beklagten festgestellt und ist somit unstreitig.

5. Fälligkeit der Versicherungsleistung

Die Fälligkeit der Versicherungsleistung ist in § 15 AKB 95 wie folgt geregelt:

Die Entschädigung wird innerhalb zweier Wochen nach ihrer Feststellung gezahlt, im Falle der Entwendung jedoch nicht vor Ablauf der Frist von einem Monat (§ 13 Abs. 7).

Beweis: AKB 95 in Kopie beiliegend

Die Festsstellungen der Beklagten zum Schadensfall waren spätestens am 09.11.2003 abgeschlossen. Mit Schreiben vom 09.11.2003 lehnte die Beklagte die Versicherungsleistung endgültig ab.

6. Verzug, Klagefrist

Seit dem Zugang der endgültigen Ablehnung beim Kläger befindet sich die Beklagte in Verzug.

Die Beklagte hat mit Schreiben vom 09.11.2003 auf die Sechsmonatsfrist gemäß § 12 VVG hingewiesen. Diese ist bei Klageeinreichung somit noch nicht abgelaufen.

7. Einwendungen der Beklagten:

Die Beklagte hat die Versicherungsleistung abgelehnt, weil nach ihrer Ansicht der Schaden dadurch grob fahrlässig herbeigeführt worden sein soll, dass der Kläger sein hochwertiges Fahrzeug während der Nacht auf einer öffentlichen Straße in Bukarest abgestellt habe. Damit überspannt die Beklagte die Anforderungen. Ein ordnungsgemäß verschlossenes Fahrzeug darf in einer europäischen Großstadt grundsätzlich nachts auf einer öffentlichen Straße abgestellt werden, wenn keine besonderen Umstände hinzutreten, die einen Diebstahl wahrscheinlich machen, wie die Wahl eines abgelegenen zur Begehung von Straftaten besonderes geeigneten Parkplatzes (BGH VersR 1984, 29). Der Kläger stellte sein Fahrzeug auf einem belebten Platz mitten in Bukarest ab.

...

Rechtsanwalt

II. Hausratsversicherung

1. Allgemeiner Überblick über die Versicherungssparte

Die Hausratsversicherung zählt zu den am meisten verbreiteten Privatversicherungen. Etwa 80 % aller Haushalte in der Bundesrepublik Deutschland verfügen über eine Hausratsversicherung.[383] Da die Hausratsversicherung oft mit dem Einzug in eine Wohnung oder ein Haus abgeschlossen und anschließend nicht mehr verändert wird, unterliegen viele Verträge noch alten Fassungen der Allgemeinen Hausratsversicherungsbedingungen (VHB), die in Fassungen von 1966, 1974, 1984 und 1992 vorliegen. Die aktuellste Version sind die vom GdV nur noch unverbindlich empfohlenen VHB 2000. Aus Gründen des Wettbewerbs verwenden jedoch viele Versicherer heute eigene Bedingungswerke, die in Detailfragen abweichen. Im Kernbereich, der Grunddeckung, richten sich die aktuellen AVB der Hausratsversicherung nach wie vor am Deckungssystem der VHB 92 unter Berücksichtigung der in VHB 2000 vorgenommenen Anpassungen an die Gesetzeslage.[384]

305

---

383 Van Bühren / Höra § 3 Rn. 3.
384 Van Bühren / Höra § 3 Rn. 3.

2. Versichertes Interesse

306 In der Hausratsversicherung besteht Versicherungsschutz für den privaten Hausrat gegen die festgelegten haushaltstypischen Gefahren.

307 Gemäß § 1 VHB 92 und VHB 2000 zählen zum Hausrat alle Sachen, die einem privaten Haushalt zur Einrichtung oder zum Gebrauch oder Verbrauch dienen, inbegriffen sind Bargeld und Wertsachen. Zum privaten Hausrat zählen dabei alle Sachen, die nicht ausschließlich dem Beruf oder Gewerbe dienen; Besitz oder bloßes Vorhandensein in der Wohnung genügen.[385] Der Katalog der versicherten Gegenstände wird in § 1 Nr. 2 VHB 92 und § 1 Nr. 2 und 4 VHB 2000 erweitert. Auf die Eigentumsverhältnisse kommt es nicht an, weil auch fremdes Eigentum mitversichert ist.[386]

308 Versichert sind die Zerstörung, die Beschädigung oder das Abhandenkommen versicherter Sachen durch eine der nachfolgend erwähnten Schadensursachen.

3. Wesentliche Risikoausschlüsse

309 Nicht versichert sind Gebäudebestandteile (§ 1 Nr. 4 VHB 1994 bzw. § 1 Nr. 6 VHB 2000), Kraftfahrzeuge aller Art, deren Anhänger, Wasserfahrzeuge und Hausrat von Untermietern.

4. Checkliste Hausratsversicherung[387]

310 Folgende Fragen sind bei einem Hausratsschaden zu prüfen:
- Ist der Hausrat oder eine mitversicherte Sache betroffen?
- Ist der Deckungsumfang durch eine gesonderte Klausel erweitert?
- Beruht der Schaden auf einer der versicherten Gefahren? Ist der Schaden eingetreten durch
- Brand, Blitzschlag, Explosion (§ 4 VHB 92/2000)
- Einbruchdiebstahl, Raub (§ VHB 92/2000)
- Vandalismus (§ 6 VHB 92/2000)
- Leitungswasser (§ 7 VHB 92/2000)
- Sturm oder Hagel (§ 8 VHB 92/2000)?
- Ist der Schaden an einem versicherten Ort eingetreten?
- Schaden in der Wohnung (§ 10 VHB 92/ § 9 VHB 2000)?
- Wohnungswechsel (§ 11 VHB 92/ § 10 VHB 2000)?
- Besteht eingeschränkter Versicherungsschutz in der Außenversicherung (§ 12 VHB 92/ § 10 VHB 2000)
- Mitversicherte Kosten (§ 6 VHB 92/2000)?
- Greift ein Risikoausschluss?
- Ist die Schadenanzeige unverzüglich erfolgt?
- Wurde die Stehlgutliste bei der Polizei eingereicht?
- Höhe und Berechnung der Entschädigung?
- Wiederbeschaffungswert,

---

385 OLG Hamm, NVersZ 2000, 282.
386 Van Bühren / Höra § 3 Rn. 48.
387 Nach Van Bühren / Höra § 3 Rn. 283.

- Neuwertversicherung
- Unterversicherung,
- Entschädigungsgrenzen für Wertsachen und Bargeld

5. Muster: Klage wegen Forderung aus Hausratsversicherung

Rechtsanwalt

■■■

Amtsgericht ■■■

K l a g e

In Sachen

■■■,

Kläger

Prozessbevollmächtigter: ■■■

gegen

■■■-Versicherung AG, ges. vertr. d. d. Vorstand, ■■■

Beklagte

wegen Forderung aus Versicherungsvertrag

Streitwert: € 2.278,–

Namens und im Auftrag des Klägers erhebe ich Klage zum Amtsgericht Musterstadt mit dem A n t r a g :

1. Die Beklagte wird verurteilt, an den Kläger € 2.278,00 nebst Zinsen in Höhe von 5 % über dem Basiszinssatz hieraus seit 10.11.2003 zu bezahlen.
2. Die Beklagte trägt die Kosten des Rechtsstreits.

B e g r ü n d u n g :

Der Kläger schloss mit der Beklagten einen Hausratsversicherungsvertrag. Nach dem Eintritt des Versicherungsfalles verweigert die Beklagte die Versicherungsleistung, die daher mit der Klage geltend gemacht wird.

1. Örtliche Zuständigkeit

Die örtliche Zuständigkeit des Landgerichtes Musterstadt ergibt sich aus § 48 VVG. Der Abschluss des Versicherungsvertrages wurde durch den Generalagenten Gerd Müller der Beklagten in Musterstadt vermittelt. Dies dürfte unstreitig bleiben.

2. Versicherungsvertrag

Grundlage der Versicherung ist die Versicherungspolice Nr. 102 HR 23456789 vom 12.12.2001, mit der der Hausrat des Klägers in seiner Wohnung in der Bärenstraße 8, 2. Stock in Musterstadt versichert ist.

Beweis: Police vom 12.12.2001 in Kopie beiliegend

Dem Vertrag zugrunde liegen die VHB 2000.

Beweis: Police vom 12.12.2001 in Kopie beiliegend

§ 1 VHB 2000 lautet auszugsweise:
1. Versichert ist der gesamte Hausrat. Dazu gehören alle Sachen, die dem Haushalt des Versicherungsnehmers zur privaten Nutzung dienen. ■■■
2. ■■■
3. die in Nr. 1 und 2 genannten Sachen und Kleintiere (■■■) sind auch versichert, soweit sie fremdes Eigentum sind.■■■

Beweis: VHB 2000 in Kopie beiliegend

§ 3 VHB 2000 lautet auszugsweise:
1. Entschädigt werden versicherte Sachen (siehe § 1), die durch
   a) ■■■
   b) Einbruchdiebstahl, Beraubung oder den Versuch einer solchen Tat (siehe § 5),c) – e) ■■■

zerstört oder beschädigt werden oder infolgedessen abhanden kommen (Versicherungsfall).

Beweis: VHB 2000 in Kopie beiliegend

Der Einbruchsdiebstahl ist in § 5 VHB 2000 definiert, der auszugsweise lautet:

1. Einbruchsdiebstahl liegt vor, wenn jemand Sachen wegnimmt, nachdem er in a) einen Raum eines Gebäudes einbricht, einsteigt oder mittels falscher Schlüssel oder anderer nicht zum ordnungsgemäßen Öffnen bestimmter Werkzeuge eindringt;

Beweis: VHB 2000 in Kopie beiliegend

3. Eintritt des Versicherungsfalls

In der Nacht vom ■■■ auf den ■■■ wurde in die im Erdgeschoss liegende Wohnung des Klägers eingebrochen. Ein von der Polizei bislang nicht ermittelter Täter hebelte das gekippte Fenster der Toilette aus und stieg in die Wohnung ein. Er öffnete von innen die Wohnungstüre und konnte die Wohnung mit den nachfolgend dargelegten Gegenständen verlassen. Das Toilettenfenster war gekippt, weil der zwölfjährige Sohn Matthias des Klägers gegen 23.30 Uhr noch die Toilette aufgesucht hatte und anschließend das Fenster gekippt hatte, bevor er wieder in sein Bett ging.

Beweis: Beiziehung der Akte der Staatsanwaltschaft ■■■, AZ ■■■

Der Einbruch wurde am Morgen des 15.08.2003 gegen 06.30 Uhr von der Zeugin Mustermann bemerkt. Sie alarmierte sofort telefonisch die Polizei. Die eintreffenden Streifenbeamten benachrichtigten wiederum die Kriminalpolizei, die mit Beamten der Spurensicherung die frischen Einbruchspuren feststellten und umgehend die Ermittlungen aufnahmen. Noch während der Aufnahme durch die Kriminalpolizei erstellten der Kläger und die Zeugin Mustermann die Stehlgutliste und übergaben sie den Beamten.

Beweis:
1. Sonja Mustermann, Bärenstraße 8, 90056 Musterstadt, als Zeugin
2. Beiziehung der amtlichen Ermittlungsakte

Die Zeugin Mustermann ist die Ehefrau des Klägers.

Der Täter, der sich möglicherweise gestört fühlte, entwendete bei dem Einbruch nur folgende Gegenstände aus dem Hausrat des Klägers:
- Laptop der Marke URSO XP
- Tragbarer Fernseher Sony RSX
- DVD-Player Grundig RDS

Beweis: Sonja Mustermann, b.b., als Zeugin

4. Höhe der Versicherungsleistung:

Die Höhe der vertraglichen Versicherungsleistung ist in § 27 VHB 2000 festgelegt, der auszugsweise wie folgt lautet:
1. Ersetzt werden
   a) bei zerstörten oder abhanden gekommenen Sachen der Versicherungswert zum Zeitpunkt des Versicherungsfalls;
   b) ▪▪▪
2. Versicherungswert ist der Wiederbeschaffungspreis von Sachen gleicher Art und Güte in neuwertigem Zustand (Neuwert). ▪▪▪

Beweis: VHB 2000 in Kopie beiliegend

Die entwendeten Gegenstände hatten zum Zeitpunkt der Entwendung in neuwertigem Zustand folgende Wiederbeschaffungspreise:
- Laptop der Marke URSO XP   € ▪▪▪
- Tragbarer Fernseher Sony RSX   € ▪▪▪
- DVD-Player Grundig RDS   € ▪▪▪
- Gesamtbetrag   € ▪▪▪

Beweis:
1. Kostenangebot des Elektrohändlers Müller vom ▪▪▪
2. Erholung eines Sachverständigengutachtens

5. Fälligkeit der Versicherungsleistung

Die Fälligkeit der Versicherungsleistung ist in § 24 VHB 2000 wie folgt geregelt:

Ist die Zahlungspflicht des Versicherers dem Grunde und der Höhe nach festgestellt, so hat die Auszahlung der Entschädigung binnen zwei Wochen zu erfolgen. ▪▪▪

Beweis: VHB 2000 in Kopie beiliegend

Die Festsstellungen der Beklagten zum Schadensfall waren spätestens am 09.11.2003 abgeschlossen. Mit Schreiben vom 09.11.2003 teilte die Beklagte mit, dass die Ermittlungen abgeschlossen seien, lehnte die Versicherungsleistung jedoch endgültig ab.

6. Verzug, Klagefrist:
Seit dem Zugang der endgültigen Ablehnung beim Kläger befindet sich die Beklagte in Verzug.

Die Beklagte hat mit Schreiben vom 09.11.2003 auf die Sechsmonatsfrist gemäß § 12 VVG hingewiesen. Diese ist bei Klageeinreichung somit noch nicht abgelaufen.

7. Einwendungen der Beklagten:
Die Beklagte hat die Versicherungsleistung abgelehnt, weil nach ihrer Ansicht der Schaden dadurch grob fahrlässig herbeigeführt worden sein soll, dass das Toilettenfenster gekippt

war. Zudem wendet die Beklagte ein, dass der Laptop nicht zu den versicherten Sachen gehöre, weil er auch beruflich genutzt werde und nicht im Eigentum des Klägers stehe.

Diese Argumentation geht in allen Punkten fehl.

Das Kippen des Toilettenfensters kann nicht als grob fahrlässig bewertet werden, weil der Kläger und seine Familie in der Wohnung waren und lediglich wegen des Schlafens den Einbruch nicht bemerkten. Außerdem müsste sich der Kläger das Verhalten seines minderjährigen Sohnes nicht zurechnen lassen, weil dieser nicht Repräsentant im versicherungsrechtlichen Sinn ist.

Zum privaten Hausrat zählen auch Gegenstände, die teilweise beruflich genutzt werden. Ebenso ist es nicht notwendig, dass die Gegenstände im Eigentum des Versicherungsnehmers stehen.

Der Anspruch ist daher in vollem Umfang begründet.

■■■

Rechtsanwalt

Stichwortverzeichnis

Verweise erfolgen auf Teile (fett) und Randnummern (mager)

Abänderungsklage **2** 227
– Muster **2** 227
Abfindungsvergleich **2** 223
– Muster **2** 225
Abrechnung gegenüber Rechtsschutzversicherung **3** 60
Abrechnungsschreiben an eigene Kaskoversicherung (Muster) **1** 88
Absehen vom Fahrverbot, Anregung (Muster) **1** 202
Abschleppkosten **1** 73
Adäquanztheorie **2** 129
Ärztliches Attest, Anforderung (Muster) **1** 30
außergerichtliche Tätigkeit, Abrechnung (Muster) **1** 116
Agenturgerichtsstand **4** 252
Akteneinsicht **1** 147, 261 ff.; **2** 16
Aktenvermerk **3** 21
Alkoholisierung **4** 278
Allgemeine Geschäftsbedingungen **4** 10
– Versicherungsbedingungen **4** 7 ff.
Allgemeines Lebensrisiko **2** 131
Allgemeines Persönlichkeitsrecht **2** 43 ff., 195
Alternativverhalten **2** 161
Anfechtungsklage **1** 315
Anforderung des Verzichts des Versicherers auf Ausschlussfrist (Muster) **4** 45
Anerkennung Schadensersatzpflicht (Muster) **3** 80
Anforderung von Patientenunterlagen alio loco (Muster) **3** 67, 68
Anspruchsschreiben
– an behandelnden Arzt (Muster) **3** 51
– an Krankenhaus (Muster) **3** 52
Anhörung, Sachverständige **3** 150, 158
Anscheinsbeweis **2** 90, 97, 124, 141
Anspruchschreiben **3** 22, 41, 47
Anteilszweifel **2** 68
Antragsmodell **4** 16, 54
Anwaltsvertrag **1** 134
Anzeigeobliegenheiten **4** 271

Anzeigeobliegenheiten bei Vertragsschluss
– Anfechtung **4** 118, 142, 144
– Arglistige Täuschung **4** 118, 133 f.
– Auge und Ohr Rechtsprechung **4** 125 ff.
– Beweislast **4** 124, 127
– Falschbeantwortung **4** 123, 132
– gesetzliche Grundlage **4** 116
– Leistungsfreiheit **4** 117
– Nachfrageobliegenheit, Versicherer **4** 135 ff.
– Prämienforderung **4** 119
– Prüfungsschema **4** 120
– Rechtsfolgen bei Verstoß **4** 139 ff.
– Rücktritt **4** 117, 141, 143
– Umfang **4** 121 ff.
Approbation **3** 182
Äquivalenztheorie **2** 128
Ärztekammer **3** 177
Attest **3** 30, 107
Aufklärung **3** 10, 14
Aufklärungsobliegenheit **4** 215 ff.
– Auge und Ohr Rechtsprechung **4** 221
– Begriff **4** 215
– Beifahrer **4** 229
– Belehrungspflicht **4** 223
– Berichtigung von Angaben **4** 218, 224 f.
– Kenntnis des Versicherers **4** 219
– Kfz-Entwendung **4** 298 ff.
– Nachfrageobliegenheit **4** 220
– Schlüsselgutachten **4** 300
– Umfang **4** 217
– Unfallflucht **4** 216, 226 ff.
– verbale **4** 216 ff.
– Wissenserklärungsvertreter **4** 222
Aufsichtspflicht **2** 82
Auge und Ohr Rechtsprechung
– Aufklärungsobliegenheit **4** 221
– Begriff **4** 126
– Beweislast **4** 127
– Einschränkende Klauseln **4** 128
– Geltendmachung **4** 130
– Geltendmachung (Muster) **4** 131

Stichwortverzeichnis

- Mitteilungen während der Vertragslaufzeit **4** 129

Augenblicksversagen **4** 247
Ausforschung **3** 34
Ausgleichsfunktion **2** 153
Auskunftanspruch **3** 50, 51
Ausländischer Versicherer **4** 253
Auslandsunfall **1** 19
Ausreißer **2** 102
Ausschlussfrist **4** 32 ff.
- Anforderung des Verzichts **4** 45
- Antrag auf PKH **4** 40
- Feststellungsklage **4** 40, 42
- Fristverlängerung **4** 44
- gerichtliche Geltendmachung **4** 37
- Mahnbescheid **4** 37
- Rechtsfolgenbelehrung **4** 35 f.
- Selbständiges Beweisverfahren **4** 41
- Streitverkündung **4** 41
- Teilklage **4** 38
- Verhandlungen **4** 93
- Verjährung **4** 34
- Verjährungsverzicht **4** 39
- Verzicht auf Rechtsposition **4** 43

Bagatellgrenze **2** 183
Beamtenprivileg **3** 133
Bedürfnisse, vermehrte **1** 112
Beförderung **2** 219
Begünstigter **4** 95
Behandlungsfehler **3** 148
Behandlungsfehler, grober **3** 148
Behandlungsvertrag **3** 8
Belegkrankenhaus **3** 134
Beratung **3** 17 ff.
- schriftliche (Muster) **3** 26
Berufsordnung **3** 177
Berufsrechtlicher Überhang **3** 179
Berufung **1** 418 ff.; **3** 157 ff.
- Begründung **1** 431 ff.
- Einlegung **1** 420
- Muster **1** 120, 420; **3** 165, 166
Beschwerdeschreiben
- an Approbationsbehörde (Muster) **3** 183
- an Ärztekammer (Muster) **3** 176
Beseitigung **2** 251
Beseitigungsklage (Muster) **2** 256
Besitzschutz **2** 35 ff.
Bestellungsschriftsatz
- mit Akteneinsichtsgesuch (Muster) **1** 147
- mit Akteneinsichtsgesuch (Muster) **1** 261

Betriebsbezogener Eingriff **2** 41
Beweis
- -beschluss **3** 146, 151
- -erleichterungen **3** 12
- -last **2** 166; **3** 12
- -lastumkehr **2** 141
- -not **2** 68
- -verfahren **3** 114
- -verwertungsverbot **1** 293 f., 413

Beweiserleichterung allgemein (Muster) **4** 292
Beweissicherung Antrag (Muster) **3** 124, 125
Blutalkoholwert **1** 247, 289 ff., 413
- Nachweis **1** 291 ff.
Bruttolohnmethode **2** 218
Bundeszentralregisterauszug **1** 253 ff., 350
Bußgeldbescheid **1** 161 ff.

Conditio sine qua non **2** 128, 130

Dazwischentreten
- des Geschädigten **2** 137
- Dritter **2** 138
Deckende Stundung **4** 153
Deckung, Zeitraum **4** 104
Deckungsanfrage
- an Rechtsschutzversicherung mit Kostenschutzanfrage
- bei vorsätzlichem Verkehrsdelikt (Muster) **1** 250
Deckungszusage **3** 43 ff.
Deckungszusage, Einholung (Muster) **1** 32; **3** 59
Deckungszusage, vorläufige
- Beginn des Versicherungsschutzes **4** 105
- Beratungspflicht **4** 107 ff.
- Doppelkarte **4** 108
- Geltendmachung von Beratungsverschulden **4** 112
- Kaskoversicherung **4** 108 f.
- selbstständiger Vertrag **4** 106
- Verjährung bei Beratungsverschulden **4** 111
- Verzicht auf Widerspruchsrecht **4** 67

Deliktsrecht **2** 1 ff.
- Europäisierung **2** 9
- im Rahmen von Verträgen **2** 8
- und Besitzschutz **2** 35 ff.
- und Strafrecht **2** 16 f.
- versicherungsrechtliche Aspekte **2** 12 ff., 21 ff.

Deregulierung **4** 11
Dienstvertrag **3** 8
Differenzhypothese **2** 154
Dokumentation **3** 50, 168
- Mängel **3** 50

Drittleistungen **2** 165
Drogen **1** 413
Dualistischer Schadensbegriff **2** 154

Eidesstattliche Versicherung **3** 122
- Muster **3** 126

Einholung von Verkehrszentralregisterauszug und Bundeszentralregisterauszug (Muster) **1** 255
Einkommenschaden **3** 105
Einlassung
- nach fehlerhafter Radarmessung (Muster) **1** 175
- nach Vorliegen eines Sachverständigengutachtens (Muster) **1** 164
- bei fehlerhafter Lichtschrankenmessung (Muster) **1** 184
- Schreiben an die Staatsanwaltschaft (Muster) **1** 351

Einspruch
- gegen den Bußgeldbescheid (Muster) **1** 161
- gegen den Strafbefehl (Muster) **1** 409

Einschlafen während der Fahrt **4** 283
Einsichtnahme **3** 110
Einstellung
- nach OwiG **1** 188 ff.

einstweiliger Rechtsschutz **1** 451
- aufschiebende Wirkung **1** 453

Einwände der Versicherung **4** 114
Einwilligung **3** 15
Entbindungserklärung von der Schweigepflicht **3** 40, 48, 122
- Muster **1** 9; **3** 40, 127

Entfernen, unerlaubtes v. Unfallort **1** 235, 267 ff.
- Unfallort **1** 280 f.

- Wartezeit **1** 270 ff.

Entgangene Nutzungsmöglichkeiten **2** 156
Entlastungsbeweis **2** 77, 91
- dezentralisierter **2** 80

Enumerationsprinzip **2** 4
Ereignis, Versichertes **4** 98
Erfolgsaussichten **3** 128 ff.
Ermittlungsakte **1** 28, 147 ff., 166, 263 ff., 351
- Anforderung (Muster) **1** 28

Erstbegehungsgefahr **2** 254
Erstberatung **3** 18
Exkulpation **2** 77

Fabrikationsfehler **2** 118
Fahren ohne Fahrerlaubnis **1** 298 ff.
- KfZ **1** 300

Fahrerlaubnis **1** 318 ff., 328, 399
- amtliche Verwahrung **1** 319
- ausländische **1** 317, 323, 335 ff.
- Entziehung **1** 410 ff., 422
- Klasse **1** 340 ff.
- Kontrollpflicht des Halters **1** 329 ff.
- Sperre **1** 316
- Widerspruch **1** 446

Fahrlässigkeit **3** 13
Fahrtenbuch **1** 439 ff.
- Widerspruch **1** 441

Fahrtenbuchauflage, Widerspruch (Muster) **1** 441
Fahrtkosten **3** 95
Fahrverbot **1** 139 ff., 160, 192 ff., 299, 318 ff. 399
- Absehen **1** 139 ff.
- Angemessenheit **1** 142 f
- Beruf **1** 198
- Erforderlichkeit **1** 140
- Erhöhung der Regelbuße **1** 141, 223
- Geldbuße **1** 197
- Haftungshöchstgrenze **1** 141
- Härten **1** 143 ff., 195 ff.

Feststellungsklage **2** 147
Fragebogen
- Anspruchsteller **1** 2
- Berechnung des Haushaltsführungsschadens (Muster) **1** 5
- Ermittlung der Schadensersatz- und Schmerzensgeldansprüche (Muster) **3** 38

Stichwortverzeichnis

- Schadensermittlung **3** 39
Fragebogen für Anspruchsteller (Muster) **1** 2
Fresserschäden **2** 34, 110
Frustrierte Aufwendungen **2** 158
Führen **1** 301 ff.
- Anschieben/Abschleppen **1** 304 ff.
- Halter **1** 324 ff.
- öffentlicher Straßenverkehr **1** 307 ff.
- Verschulden **1** 320 ff., 332 ff.
Führerschein **1** 318 ff.
- Beschlagnahme **1** 319
- Sicherstellung **1** 319
Führerscheinklausel **4** 267
Führerscheinsverfahren **1** 454
Führungszeugnis, polizeiliches **1** 403

Gebrauchsbeeinträchigung **2** 33
Gebühren **1** 388
Gefährdungshaftung **2** 184
Gefahrerhöhung **4** 162, 166
Gefahrerhöhung, subjektive
- Anzeigepflicht **4** 168
- Begriff **4** 166, 167
- Kündigungsrecht des Versicherers **4** 169
- Prüfungsschema **4** 171 f.
- Rechtsgrundlagen **4** 163
- Verschulden des Versicherungsnehmer **4** 170
Gegenstand, versicherter **4** 97
Geldrente **2** 209 ff.
- Dauer **2** 217
Generalquittung **3** 104
Gerichtsstand
- Agentur **4** 252
- international **4** 253
Gerichtstermin
- Ablaufinformation **1** 231
Gesamtschuldnerschaft **2** 177
Geschwindigkeitsüberschreitung **1** 152
Gewerbebetrieb, Recht am **2** 40 ff.
Gutachten **2** 18
Gutachten, Erläuterung **3** 152
Gutachterkommission **3** 20, 29, 84, 94
- Antrag auf Durchführung des Verfahrens (Muster) 3 100
- Zustimmung zum Verfahren (Muster) **3** 81
Güteverfahren **3** 94

Haftpflichtversicherung **2** 13; **3** 29, 74
Haftung für vermutetes Verschulden (Muster) **2** 170
Haftungsgrund **3** 77, 89
Haftungshöhe **3** 77
Haftungsschaden **2** 38
Halter **2** 88
Haushaltsführungsschaden **1** 5 f.f., 104 f.f.
- Berechnung **1** 8
- Bezifferung (Muster) **1** 104
- Erwerbsschaden **1** 6
- Fiktive Abrechnung **1** 7
- Unterhaltsschaden **1** 6
- Vermehrte Bedürfnisse **1** 6
Haushaltstätigkeit **2** 213
Hausratsversicherung
- Musterklage **4** 311
- Prüfungsschema **4** 310
- Risikoausschlüsse **4** 309
- Versichertes Interesse **4** 306
Heileingriff **3** 7
Honorarvereinbarung **1** 136 ff.
- Muster 1 136

Individualsphäre **2** 44
Instruktionsfehler **2** 118
Interessenkollision **1** 13 f.
Intimsphäre **2** 44
Irrtum **1** 321 ff.
- Tatbestandsirrtum **1** 322
- Verbotsirrtum **1** 323, 346

KASKO-Abrechnung **1** 89
Kassenpatient **3** 19
Kausalität **2** 128 ff.
KfZ-Haftpflichtversicherung **1** 263
KH-Richtlinie (4.) **1** 21
Klage **3** 128 ff.
- -änderung **2** 149
Klageschrift (Muster) 2 141, 226, 238
- Arzthaftpflicht (Muster) **3** 145
- Einsichtnahmeklage Krankenunterlagen (Muster) 3 113
- Sach- und Personenschaden (Muster) **1** 119
- Schmerzensgeld und Schadensersatz (Muster) 3 144

458

- wegen Forderung aus Hausratsversicherung (Muster) **4** 311
- wegen Forderung aus Versicherungsvertrag (Muster) **4** 304

Kollegenschutzgutachten **3** 172
Kommissionsentscheid, Antrag (Muster) **3** 101
Konstruktionsfehler **2** 118
Körperverletzung **1** 347 ff.; **2** 29; **3** 7
- fahrlässige **1** 347 ff.

Korrespondenz
- mit Haftpflichtversicherung **3** 74
- mit Krankenversicherung **3** 72

Kosmetische Eingriffe **3** 75
Kosten **3** 91, 117
Kostenvorschussnote **1** 153, 252
Kraftfahrtversicherung
- Alkoholisierung **4** 278
- Anzeigeobliegenheiten **4** 271
- Aufklärungsobliegenheit **4** 215 ff.
- äußeres Bild der Entwendung **4** 290
- Beweiserleichterungen **4** 287 ff.
- Beweisgrundsätze bei Kfz-Entwendung **4** 287 ff.
- Diebstahlsfälle **4** 284 ff.
- Einschlafen während der Fahrt **4** 283
- Entwendung **4** 284
- Führerscheinklausel **4** 267
- Gefahrerhöhung **4** 285
- Leichtfertiges Fahren **4** 274
- Musterklage **4** 304
- Obliegenheiten nach dem Versicherungsfall **4** 270 ff.
- Obliegenheiten vor dem Versicherungsfall **4** 263 ff.
- Rennveranstaltung **4** 268
- Rotlichtverstöße **4** 277
- Schwarzfahrtklausel **4** 266
- Telefonieren mit dem Handy **4** 276
- Trunkenheitsklausel **4** 269
- Verletzung der Aufklärungspflicht **4** 298 ff.
- Versichertes Interesse **4** 261
- Versicherungsfall, grobfahrlässige Herbeiführung **4** 273 ff., 294 ff.
- Verwendungsklausel **4** 265
- Wiederinstandsetzungs- und Verwertungsverbot **4** 272

Krankenkasse **3** 31, 68 ff.

Krankenunterlagen **3** 17, 43 ff., 27, 110, 137, 168
- Manipulation **3** 169
- Krankenunterlagen Einsichtnahmeklage (Muster) **3** 113

Krankenversicherung **3** 70
Kulanzregelung **4** 92
Kumulationsprinzip **2** 6, 100
Kündigung nach dem Versicherungsfall
- Form **4** 82
- Frist **4** 81
- Geltungsbereich **4** 79
- Muster **4** 84
- Prämienanspruch **4** 83
- Voraussetzungen **4** 80

Laserpistole **1** 164
Laufzeitbegrenzung **4** 74
Leben **2** 28
Leichtfertiges Fahren **4** 274
Leichtkraftrad **1** 340 ff.
Leitlinien **3** 13, 149
Lichtschrankenmessung **1** 176 ff.

Mahnschreiben an gegnerische Haftpflichtversicherung (Muster) **1** 115
Mandantenfragebogen (Muster) **3** 37
Mandanteninformation
- zum Ablauf eines Gerichtstermins (Muster) **1** 231
- zur Vorbereitung auf eine MPU (Muster) **1** 247

Mandatsbestätigung **1** 39
- Muster **1** 39

Mandatsübernahme **1** 2, 122, 224
- Abweisen des Mandats **1** 128
- Behandlung des Mandanten **1** 123
- bei geringen Bußgeldern **1** 131
- bei Parkverstößen **1** 131
- Bußgeldsachen **1** 122 ff.
- Doppelmandat **1** 129
- Mandant als „Herr des Verfahrens" **1** 126
- Mandatsbestätigung (außergerichtlicher Bereich) (Muster) **3** 25, 35
- Verkehrsstrafrecht **1** 224 ff.

MDK **3** 31, 68
- Gutachten **3** 31

Mietwagenkosten **1** 59

Stichwortverzeichnis

- Dauer der Inanspruchnahme **1** 66
- Ersparte Eigenaufwendungen **1** 65
- Notreparatur **1** 67
- Unfallersatztarif **1** 59

Mietwagenkosten i.H.d. Unfallersatztarifes (Muster) **1** 63
Minderjähriger Mandant **3** 106
Mindestbetrag **3** 139
Mittelgebühren **1** 136
Mitverschulden **1** 190, 242; **2** 136, 174
Mitverursachung Klageantrag (Muster) **2** 175
Modifizierte Nettolohnmethode **2** 218
MPU **1** 228, 245 ff., 257 f.
- Widerspruch **1** 442

Musterbedingungen **4** 11
- § 153 StPO ff. **1** 387 ff., 395 ff.
- § 170 StPO **1** 387

Nachfahren **1** 185 ff.
Nachfrageobliegenheit Versicherer **4** 135 ff., 220
Nachtrunk **1** 295
Nichtzahlung der Prämie
- Einzugsermächtigung **4** 153, 159
- Erstprämie mit vorläufiger Deckungszusage **4** 158 ff.
- Erstprämie ohne vorläufiger Deckungszusage **4** 147 ff.
- Folgeprämie **4** 154 ff.
- qualifizierte Mahnung **4** 155
- Überblick **4** 145

Normative Korrektur **2** 154 ff.
Nötigung **1** 352 ff.
- Ausbremsen **1** 352 ff.
- durch Radfahrer **1** 364
- Linksfahren auf der Autobahn **1** 356
- Versperren **1** 370
- Zufahren auf Fußgänger **1**

Nutzungsausfallschaden **1** 71; **2** 38

Objektive Gefahrerhöhung
- Begriff **4** 166, 173
- Kfz-Versicherung **4** 175
- Leistungsfreiheit **4** 174
- Rechtsgrundlagen **4** 164

Obliegenheit en, verhüllte **4** 179 f, 100
Obliegenheiten **1** 26
- Begriff **4** 176

- gesetzliche **4** 177
- Repräsentant **4** 182 f.
- Risikoausschluss **4** 179, 181
- verhüllte **4** 179 f
- vertragliche **4** 177
- Zurechnung fremden Verhaltens **4** 183, 192

Obliegenheiten nach dem Versicherungsfall
- AGB-Kontrolle **4** 22 ff., 212
- Aufklärungsobliegenheit **4**
- Beschränkung der Leistungsfreiheit in der Kfz-Haftpflichtversicherung **4** 236
- Kausalitätserfordernis **4** 234
- kein Kündigungserfordernis **4** 211
- Kfz-Haftpflichtversicherung **4** 236
- Objektiver Verstoß **4** 213
- Prüfungsschema **4** 210
- Relevanzrechtsprechung **4** 235
- Verschulden **4** 230 ff.
- Verschuldensvermutung **4** 233
- Zulässigkeit der Klausel **4** 211

Obliegenheiten vor dem Versicherungsfall
- AGB-Kontrolle **4** 22 ff., 188
- Begrenzung der Leistungsfreiheit in der Kfz-Haftpflichtversicherung **4** 207 ff.
- Beweislast für Kündigung **4** 200
- Einbeziehung **4** 16 ff., 185 f.
- Entbehrlichkeit der Kündigung **4** 204 ff.
- Fahrlässigkeit **4** 191 ff.
- Geltung **4** 16 ff., 185 f.
- Kausalitätsgegenbeweis **4** 194 ff.
- Kfz-Haftpflichtversicherung **4** 187
- Kraftfahrtversicherung **4** 263 ff.
- Kündigung, Unwirksamkeit **4** 199
- Kündigungserfordernis **4** 197 ff.
- Leistungsfreiheit **4** 184
- Monatsfrist Kündigung **4** 197 f.
- objektiver Verstoß **4** 189 f.
- Prüfungsschema **4** 184
- Verschulden **4** 191 ff.
- Zulässigkeit der Klausel **4** 187 f.
- Zurückweisung der Kündigung **4** 201 ff.

Offener Tatbestand **2** 42
Opferschutz **2** 181
Opportunitätsprinzip **1** 188
Original-Krankenunterlagen **3** 49

Parklücke **1** 382

Passivlegitimation **3** 19, 133
PKH-Verfahren **3** 139
Policenmodell **4** 16, 54
Privatgutachten **3** 33, 63, 161
Privatpatient **3** 19
Privatsphäre **2** 44
Produktbeobachtungsfehler **2** 118
Produkthaftung **2** 99 ff.
Punitive damages **2** 153

Qualifizierte Mahnung **4** 155 f, 160
Quotenvorrecht **1** 90
– Quotenbevorrechtigte Positionen **1** 92 ff.

Radarmessung **1** 169 ff.
Rechtsanwaltsgebühren **1** 116
– Mittelgebühr **1** 118
Rechtsbeschwerde **1** 203 ff.
– Begründung **1** 203
– Begründung: (Muster) 1 223
– Beschwer **1** 203
– Einlegung **1** 203
– Einlegung (Muster) 1 222
– Form **1** 203
– Frist **1** 203
– Sachrüge **1** 212 ff.
– Verfahrensrüge **1** 206 ff.
– Voraussetzungen, besondere **1** 205
– Zulassungsgrund **1** 205
Rechtsfortsetzung **2** 153
Rechtsgrundlagen **4** 7
Rechtssicherheit **3** 164
Rechtsmedizin **3** 170
Rechtsschutzversicherung **1** 32, 124 f., 132, 153 f., 229, 243, 250 ff., 320; **2** 12; **3** 53 ff.
Rechtswidrigkeit **2** 142
Regressabteilung **3** 20, 31
Rehabilitationsmanagment **1** 35
Relevanzrechtsprechung **4** 235
Rennveranstaltung **4** 268
Reparaturkosten **1** 42
– 130%-Rechtsprechung **1** 42
– Abzug „neu für alt" **1** 42
– Aktivlegitimation **1** 44
– Fiktive Kosten **1** 45
– Mehrwertsteuer **1** 49
– Reparaturkostenübernahmeerklärung **1** 43
– Verbringungskosten **1** 45

– Wertverbesserung **1** 42
Repräsentant
– Begriff **4** 182 f.
Reserveursachen **2** 159
Revision **1** 433 ff.
– Begründung **1** 437 f.
– Einlegung **1** 313 ff., 315
Revisionseinlegung (Muster) 1 435
Risiko **3** 30
Aufklärung **3** 30
versichertes **4** 97 ff.
Risikoausschluss
– Auslegung **4** 101
– Begriff **4** 99
– Hausratsversicherung **4** 309
– verhüllte Obliegenheit **4** 100
Röntgenbilder **3** 28, 45, 151
Rotlichtverstöße **4** 277
Rückrufpflicht **2** 118

Sachverhaltsschilderung **3** 137
Sachverständigengebühren, Klage (Muster) 1 58
Sachverständigengutachten **1** 132, 153, 164 ff., 243; **2** 18; **3** 77, 150, 160
Sachverständigenkosten **1** 55
– Bagatellschaden **1** 56
– Höhe **1** 57
– Klage **1** 58
– Schadensermittlungskosten **1** 55
Sachverständigenverfahren **4** 257 f.
– Einleitung (Muster) 4 259
Sachverständiger, mündliche Anhörung **3** 152
Schadensabwicklung über „Quotenvorrecht" (Muster) 1 90
Schadensanlagefälle **2** 133, 160
Schadenseinheit **2** 146
Schadensersatz,
– Klage mit Feststellungsantrag (Muster) **2** 169
– Geltendmachung wg. fehlende Beratung über vorl. Deckungsschutz (Muster) **4** 112
Schadensaufstellung (Muster) 1 41
Schadenswiedergutmachung **1** 239
Schlichtungsstelle für Arzthaftpflichtfragen **3** 20, 29, 84
– Antrag (Muster) 3 98

461

Stichwortverzeichnis

- Verfahren **3** 94
Schlüssigkeit **3** 136
Schmerzensgeld **1** 98; **2** 180 ff.; **3** 7, 139, 140
- Angehörigenschmerzensgeld **1** 102
- Bagatellverletzung **1** 100
- Entgangene Lebensfreude **1** 103
- Gefährdungshaftung **1** 99
- Mindestbetrag **2** 200
- Rente **2** 205
- Teilzahlung **2** 203 f.
Schockschäden **2** 135
Schreiben
- an eigene Haftpflichtversicherung (Muster) **1** 25
- an gegnerische Haftpflichtversicherung (Muster) **1** 22
- an nachbehandelnden Arzt **3** 62 ff.
- an Regressabteilung der Krankenkasse (Muster) **3** 73
- an vorbehandelnden Arzt **3** 62 ff.
Schutzgesetz **2** 62
Schutzzweck **2** 131
Schwarzfahrtklausel **4** 266
Schweigepflichtsentbindung **1** 9
Selbständiges Beweisverfahren **3** 34
Selbsthilfegruppe **1** 247 f.
Sonderkündigungsrecht **4** 75
Sozialversicherungsträger **3** 71
Staatsanwaltschaft **1** 351, 391 ff.; **3** 170
- Stellungnahme zum Sachverständigengutachten (Muster) **3** 155, 156
Sterbetafel **2** 233
Steuerpflicht **3** 105
Störer **2** 245
Strafantrag **3** 167 ff.
Strafanzeige **3** 167 ff.
Strafanzeige und Strafantrag gegen Unbekannt (Muster) **3** 175
Strafbefehl **1** 402 ff.
- Einspruch gegen **1** 409
Strafmilderung **1** 233 ff., 269, 428 f.
Streitwert **3** 111
Substanzschaden **2** 32, 38

Täter-Opfer-Ausgleich **1** 234, 401
Teilungsabkommen **2** 21
Telefonieren mit Handy **4** 276
Totalreparation **2** 153
Totalschaden **1** 76

- 130%-Rechtsprechung **1** 85
- Restwert **1** 84
- Wiederbeschaffungswert **1** 78
Trunkenheitsfahrt **1** 228, 239, 282 ff., 286
- Fahruntüchtigkeit **1** 288 ff.
- Fahrzeug **1** 283
- öffentlicher Straßenverkehr **1** 284
Trunkenheitsklausel **4** 269

Unfallkalender /Unfalltagebuch **1** 16, 129
Unfallschilderung **1** 3
Unkostenpauschale **1** 75
Unterlassung **2** 251
Unterlassungsklage (Muster) **2** 257
Urheberzweifel **2** 68

Verbraucherschutz **4** 8, 115
Verfahrenseinstellung **1** 387 ff.
- Anregung (Muster) 1 191
Vergleich **3** 102 ff.
- Schreiben an die gegnerische Haftpflichtversicherung (Muster) **3** 82
- unter Vorbehalt **3** 109
- vorbehaltloser (außergerichtlicher Bereich) (Muster) **3** 108
Verjährung **2** 144 ff.
- Abrede **2** 24
Verkehrs(sicherungs)pflicht **2** 47 ff.
- Übertragung **2** 52
- Überwachungspflicht **2** 52
Verkehrsstrafverfahren **1** 138
Verkehrszentralregisterauszug **1** 156 ff., 240, 253 ff., 350
- Einholung (Muster) **1** 156
Vermögen **2** 27
Verschulden **2** 143
Versicherung, Umfang **4** 94
Versicherungsbedingungen
- AGB-Kontrolle **4** 22 ff.
- Änderung **4** 18
- Anforderung (Muster) 4 13
- Anforderung **4** 12 f.
- Auslegung **4** 19 ff.
- Bedeutung **4** 14
- Begriff **4** 9
- deklaratorische Klauseln **4** 25
- Einbeziehung **4** 16
- Geltendmachung der Unwirksamkeit **4** 31

- gesetzliches Leitbild **4** 28
- kontrollfreie Leistungsbeschreibung **4** 26
- Transparenzgebot **4** 30
- Unwirksamkeit, Geltendmachung (Muster) 4 31
- Vereinbarung **4** 17
- Wirksamkeit **4** 22
- Wirksamkeitskontrolle **4** 23

Versicherungsfall grobfahrlässige Herbeiführung **4** 237 ff.
- Alkoholisierung **4** 278
- Augenblicksversagen **4** 247
- Begriff der groben Fahrlässigkeit **4** 245
- Beweislast **4** 248
- Einschlafen während der Fahrt **4** 283
- Entwendung des Fahrzeugs **4** 294 ff.
- Haftpflichtversicherung **4** 243
- Kraftfahrtversicherung **4** 273 ff.
- Krankenversicherung **4** 239
- Lebensversicherung **4** 241 f.
- Leichtfertiges Fahren **4** 274
- Mitversicherte Person **4** 250
- Normenverstoß, objektiver **4** 246
- Personenversicherung **4** 238 ff.
- Rotlichtverstöße **4** 277
- Schadensversicherung **4** 244
- Telefonieren mit dem Handy **4** 276
- Unfallversicherung **4** 240
- Zurechnung des Verhaltens Dritter **4** 249, 251

Versicherungsfall, vorsätzliche Herbeiführung **4** 237 ff.
- Haftpflichtversicherung **4** 243
- Krankenversicherung **4** 239
- Kündigung nach Eintritt (Muster) 4 84
- Lebensversicherung **4** 241 f.
- Personenversicherung **4** 238 ff.
- Schadensversicherung **4** 244
- Unfallversicherung **4** 240

Versicherungsnehmer, persönliche Anhörung (Muster) **4** 293

Versicherungsschutz
- Beginn **4** 103
- Ende **4** 103

Versicherungsvertrag, Beendigung
- Übersicht **4** 46, 50
- Zeitpunkt **4** 47 ff.

Verteidiger **1** 134

Vertragsverlängerung, stillschweigende **4** 78
Vertrauensgrundsatz **2** 57
Vertretung von Firmen **1** 130
Verwendungsklausel **4** 265
Verzug **3** 110
Vollmacht **1** 11, 133 ff.
- im Bußgeld-/Strafverfahren (Muster) **1** 133
- im Zivilprozess (Muster) **1** 11
Vollstreckung **3** 112
Vorbehaltsvergleich **3** 107
Vorsorgekosten **2** 167
Vorteilsausgleichung **2** 163

Warnpflicht **2** 118
Wegfall des versicherten Interesses **4** 85 ff.
Werkvertrag **3** 8
Wertminderung **1** 51
Widerrufsrecht
- Abdingbarkeit **4** 71
- Form **4** 73
- Frist **4** 72
- Lebensversicherung **4** 70
- Voraussetzungen **4** 69
Widerspruch **1** 315
- gegen Ergebnis eines Schlichtungsverfahrens (Muster) **3** 99
- gemäß § 5a VVG (Muster) **4** 63
Widerspruchsrecht
- Antragsmodell **4** 54
- Beweislast f. Zugang d. Unterlagen **4** 58
- Fälligkeit der Erstprämie **4** 152
- Form **4** 62
- Frist **4** 60 f.
- Muster **4** 63
- Policenmodell **4** 54
- Rechtsfolgen **4** 64 ff.
- Verbraucherinformation **4** 51, 53, 55 ff.
- Vertragsänderung **4** 59
- Voraussetzungen **4** 51
- Vorläufige Deckungszusage **4** 67
Wiederbeschaffungswert, Schreiben an Versicherung (Muster) **1** 77
Wiederherstellung der aufschiebenden Wirkung (Muster) **1** 453
Wiederholungsgefahr **2** 253
Wiederinstandsetzung- u. Verwertungsverbot **4** 272

463

Stichwortverzeichnis

Wissenserklärungsvertreter **4** 222

Zahnärztekammer **3** 32, 96
Zahnbehandlung **3** 32, 75
Zentralruf **1** 17
– Telefax (Muster) **1** 17
Zukunftsschaden **3** 130

Zurechnung **2** 128 ff., 190 ff.
Zurechnungsbegrenzung **2** 76
Zurückweisung mangels Vollmacht (Muster) 4 203
Zuständigkeit, internationale **4** 253